George B. Schaller

DER LETZTE PANDA

Deutsch von
Kurt Neff

Rowohlt

Die Originalausgabe erschien 1993 unter dem Titel
«The Last Panda» im Verlag The University of
Chicago Press, Chicago und London.
Umschlag- und Einbandgestaltung Susanne Müller
(Foto: Dr. Thiele / IFA-Bilderteam)

1. Auflage März 1995

Satz aus der Meridien (Linotronic 500)
Gesamtherstellung Clausen & Bosse, Leck
Printed in Germany
ISBN 3 498 06292 1

In memoriam
Sir Peter Scott

Inhalt

«Jetzt hört man vom Jahresanfang bis zum Jahresende Axt und Säge die schönsten Bäume fällen. Es stimmt betrübt zu sehen, in welchem Tempo die Zerstörung dieser Urwälder voranschreitet, von denen in ganz China nur noch Bruchstücke übrig sind und die nie mehr zu ersetzen sein werden. Mit diesen großen Bäumen verschwindet eine Vielzahl von Sträuchern und anderen Pflanzen, die nur in ihrem Schatten gedeihen, ebenso wie auch alle Tiere verschwinden, die zum Leben und zur Erhaltung ihrer Art auf Wälder angewiesen sind.

Eine selbstsüchtige und blinde Befangenheit in materiellen Interessen treibt uns dazu, diesen für jeden, der Augen hat zu sehen, so herrlichen Kosmos in einen prosaischen Bauernhof zu verwandeln. Bald werden Pferd und Schwein einerseits und Weizen und Kartoffel andererseits allenthalben diese Hunderte, diese Tausende tierischer und pflanzlicher Geschöpfe verdrängen, die Gott aus dem Nichts hat werden lassen, damit sie mit uns zusammenleben; sie haben ein Lebensrecht, und wir werden sie unwiederbringlich auslöschen, indem wir brutal ihre Existenzgrundlage vernichten. ... Man kann unmöglich glauben, der Schöpfer hätte so viele verschiedene Organismen – jeder so vortrefflich in seiner Sphäre, so vollkommen in seiner Art – auf der Erde entstehen lassen, wenn es dem Meisterstück seiner Hände hätte erlaubt sein sollen, sie auf ewig von ihrem Angesicht zu vertilgen.»

Père Armand David, *Journal de mon troisième voyage d'exploration dans l'Empire Chinois*, 2 Bde., Paris: Hachette 1875, Bd. 1, S. 188–190 (Tagebucheintragung vom 12. Dezember 1872)

大熊猫

Vorwort

Jahre sind vergangen, seit ich das letzte Mal Große Pandas in freier Wildbahn gesehen habe, trotzdem hat ihr eindrucksvolles Erscheinungsbild in meiner Welt nichts von seiner Wirkung eingebüßt. Pandas sind so sanfte und in sich gekehrte Wesen, daß sie mich mit der Gewalt ihrer Einzigartigkeit, mit ihrer Aura von Geheimnis nach wie vor im Innersten berühren. Unsere Panda-Forschungen erbrachten nur oberflächliche Einsichten in das fremdartige Dasein dieser Tiere, dennoch löst jeder neuerliche Anblick eines Pandas in einem Zoo oder auf einer Fotografie in mir einen Sturzbach von Erinnerungen aus – an verschneite Wälder, an Verfolgungsjagden auf nebelverhangenen Bergen, an ein Pandaweibchen namens Zheng-Zheng, das im Schatten von Bambuspflanzen methodisch Sprosse zwischen den Zähnen zermahlt. Doch Gefühle können nicht vollständig abgebildet, Erlebnisse nicht wirklich mit anderen geteilt werden. Um die emotionale Dimension verkürzt, lassen sich meine Jahre bei den Pandas auf ziemlich knappem Raum zusammenfassen.

Am 15. Mai 1980 ging ich das erste Mal durch einen Wald, in dem Große Pandas zu Hause waren. Zwar sah ich an jenem Tag keines der Tiere, aber ich stieß auf ihre Exkremente und nahm Plätze in Augenschein, wo sie ihre Bambusmahlzeit verzehrt hatten. Viereinhalb Jahre später, am 10. Januar 1985, verlebte ich meinen letzten Tag in ihrer Heimat. Von der dazwischenliegenden Zeit widmete ich die ersten zwei Jahre der Forschungstätigkeit im Naturreservat Wolong, dem mit einer Fläche von etwas mehr als zweitausend Quadratkilometern größten chinesischen Reservat mit Panda-Habitaten. Hier verbrachten meine Frau Kay und ich zusammen mit chinesischen Arbeitskollegen von Dezember 1980 bis Juni 1982 viele Monate in einem Forschungscamp mit Namen Wuyipeng, «Einundfünfzig Stufen». Darauf folgte ein achtmonatiger Aufenthalt in den USA – bei der New York Zoological Society, meiner Arbeitgeberin seit über fünfundzwanzig Jahren –, wo ich an einer wissenschaftlichen Buchveröffentlichung über Pandas arbeitete. Im Frühjahr 1983 kehrte ich nach China zurück, um erstens die Forschungsarbeit in Wolong fortzusetzen und zweitens noch anderes Panda-Areal in Sichuan – der Provinz mit dem höchsten Panda-Vorkommen, in der das Aktionsfeld unseres Projekts lag – zu inspizieren. Die Inspektion war insofern nützlich, als sie Aufschluß über die verschiedenerlei ökologischen Bedingungen gab, unter denen Pandas leben; außerdem half sie uns, einen zweiten Forschungsplatz zu küren und diese Rolle dem Naturreservat Tangjiahe zuzuweisen. 1984 hielt ich mich vorwiegend in Tangjiahe auf, wo ich sowohl Pandas als auch Kragenbären studierte. Ich wollte Ökologie und Verhalten dieser zwei in Größe und Gestalt einander so ähnlichen Arten vergleichen und außerdem herausfinden, ob zwischen den Tangjiahe-Pandas und den Wolong-Pandas irgendwelche signifikanten Unterschiede bestehen.

Nachdem ich den Pandas mehr als vier Jahre gewidmet hatte, stieg ich aus dem Projekt aus und überließ es ganz meinen Kollegen. Kenneth Johnson, ein Spezialist für Bären von der University of Tennessee, war 1984 zu dem Projekt gestoßen, ebenso Alan Taylor, damals Botaniker an der University of Colorado. Ken behielt die Pandas in Wolong im Auge, ich konzentrierte mich auf Tangjiahe, und Alan studierte den Bambus. 1985 kam Donald Reid von der University of Calgary nach China, um während der Zeit, in der Ken sich an einem Panda-Zensus zur Ermittlung des aktuellen Bestands der Spezies beteiligte, die Forschungsarbeit in den zwei Reservaten fortzuführen.

Aufgabe der ausländischen Experten, wie wir genannt wurden, war es nicht, die Kleinarbeit des Forschungsprogramms zu erledigen, sondern Arbeiten in Gang bringen zu helfen und unsere chinesischen Arbeitskollegen mit neuen Techniken, Ideen und Methoden bekannt zu machen. Ich hatte meine Obliegenheiten erfüllt. Wir hatten eine Menge über die ausgeklügelte Anpassung des Pandas an den Bambus in Erfahrung gebracht, indem wir mit allen Einzelheiten protokollierten, welche Teile der Pflanze das Tier zu welcher Jahreszeit fraß, und den Nährstoffgehalt des Bambus im Labor untersuchten. Wir hatten die Bewegungen des Pandas in seinem Aktionsraum und seine Tagesperiodik mit Hilfe der Radiotelemetrie studiert, einer Technik, die es uns gestattete, die Wanderwege eines Individuums mittels Abhörens der Funksignale eines Sendegeräts zu verfolgen, welches das Tier an einem Halsband mit sich herumtrug. Wir hatten überdies präzise bestimmt, welche Probleme auf die Arterhaltung des Pandas drückten und welche Schritte erforderlich waren, diese Last zu verringern. Eine Ausgangsbasis an Wissen und Erkenntnissen war geschaffen, die Zukunftsaufgaben waren klar; andere würden die Lücken schließen und Details ergänzen und anhand unserer Empfehlungen die erforderlichen Artenschutzmaßnahmen durchführen. Und ich muß zugeben, daß meine Begeisterung für ein Studienprojekt in dem Augenblick erlischt, wo die grundlegenden Erkenntnisse in die Scheune gefahren sind. Meine Gedanken wenden sich neuen, in meinen Augen dringenderen Zielen zu, und im gegebenen Fall war dies das Studium der unvergleichlichen Wildfauna des Hochlands von Tibet.

Das Panda-Projekt lief weiter, fortgeführt von dann und wann gastierenden einzelnen Ausländern und einer Reihe Chinesen, die ich großenteils nicht persönlich kannte. Ich bekam Ergebnisberichte zu Gesicht, las einschlägige Zeitungsmeldungen und wurde von Fachgenossen ins Bild gesetzt. Aber ich kehrte absichtlich nicht in meine alten Reviere zurück, obwohl es ein leichtes für mich gewesen wäre, denn nach meinem Abschied von den Pandas arbeitete ich in China weiter, studierte die Tibet-Gazelle, den wilden Yak, den Schneeleoparden und andere Hochland-Spezies mit ungewisser Zukunft. Ich hatte das Bedürfnis, Abstand von den Pandas zu gewinnen, um meine Erfahrungen sowohl mit ihnen als auch mit den Menschen auf die Reihe bringen zu können. Als Ausländer – nicht selten einziger Ausländer – unter chinesischen Arbeitskollegen monatelang von der Außenwelt abgeschnitten, fiel es mir schwer, die richtige Perspektive zu dem Projekt einzunehmen. In meinem Kopf existieren naturgemäß zwei Bilder sowohl von China als auch vom Panda, das bei der Einreise mitgebrachte und das an Ort und Stelle erblickte. Meine Wahrnehmungen sind vielleicht nicht immer zuverlässig; mir ist klar, daß sie beschränkt sind, und auf jeden Fall habe ich festgestellt, daß ich sie ständig korrigiere, wobei die Wahrheit mitunter eine Frage meiner Stimmung ist. In diesem Buch hoffe ich den Chinesen und den Pandas ein auf gemeinschaftlichen Empfindungen beruhendes Verständnis entgegenzubringen – keine ganz einfache Aufgabe, da die Chinesen wie die Pandas eine Mischung aus trügerischem Stoizismus und Warmherzigkeit verkörpern.

Das Panda-Projekt war von all meinen Forschungsunternehmen das schwierigste, und zwar nicht aufgrund irgendwelcher Probleme, die in der Sache selbst gelegen hätten – die Sache selbst war vielmehr einfach zu planen und einfach auszuführen –, sondern weil es unter der Schirmherrschaft zweier bürokratischer Institutionen stand: der chinesischen Regierung mit ihrem gigantischen hierarchischen Apparat, angefangen von den höchsten Ebenen in Beijing bis hinunter zur untersten Ebene in unserem Camp, und des World Wildlife Fund International (WWF, heute World Wide Fund for Nature), weit entfernt von den Pandas in der Schweiz ansässig, doch fest entschlossen, die Kontrolle über die Situation vor Ort auszuüben. Die beiden Institutionen verstanden die Natur des Forschungsunternehmens nicht immer ganz richtig und einander häufig falsch.

Ich hatte in den verschiedensten Ländern – Pakistan, Indien, Tansania, Zaire, Brasilien – Jahre mit dem Studium der Wildfauna verbracht und dabei mit Beamten der unterschiedlichsten Verwaltungsebenen zu tun gehabt. Ein Biologe darf sich nicht mit dem Studium der Natur begnügen, er muß auch dafür sorgen, daß etwas für den Naturschutz getan wird, und damit sind für jedes Projekt Probleme vorprogrammiert. Daß etwas getan wird, läßt sich nur auf politischer Ebene bewerkstelligen, denn Naturschutz ist Sache der Gesellschaft, nicht der Wissenschaft oder der Technik. Ich war es gewohnt, auf Probleme zu stoßen, die manchmal ihre Ursache im Fehlen eines gemeinsamen Ziels und einer übereinstimmenden Sicht der Dinge hatten, ein andermal wieder von Störungen im Kommunikationskanal herrührten. Doch nichts hätte mich auf eine so tief verankerte Auffassungssperre vorbereiten können, wie sie zwischen den Zielen und Methoden der World-Wildlife-Seite und der chinesischen Seite (wie man einander nannte) existierte. Für mich persönlich muß ich sagen, daß ich noch nirgends war, wo die zwischenmenschlichen Beziehungen so herzlich und dennoch so unartikuliert waren, wo meine Freiheit, auch nur die einfachste Aufgabe selbständig in Angriff zu nehmen oder auch nur geringfügig von einem rigide vorgezeichneten Kurs abzuweichen, so stark beschnitten war, wo alles, was ich tat, so rigoros durchleuchtet und protokolliert und meine Anwesenheit mit so großer Vorsicht genossen wurde.

Zum Teil beruhte das Problem natürlich auch darin, daß die Chinesen damals gerade aus dem zehnjährigen Chaos der 1966 eingeleiteten Kulturrevolution auftauchten, einer Periode, in der die – aus welchen Gründen auch immer über die Grenzen der Belastbarkeit hinaus vergewaltigte – chinesische Gesellschaft von der Selbstkritik zur Selbstzerstörung schritt. Alles Ausländische wurde diffamiert und jeder, der Auslandskontakte hatte, zum Reaktionär gestempelt, kujoniert und eingekerkert. 1978 setzte die Politik der «offenen Tür» ein und mit ihr ein sozialer Wandel, der ein bedeutendes Tempo vorlegte. Das China, das ich bei meiner Ankunft im Jahr 1980 vorfand, unterschied sich gewaltig vom China des Jahres 1991, in dem meine Chronik endet. Vor allem herrschte um die Mitte der achtziger Jahre ein neues Klima der Hoffnung. Aber der chinesische Volkscharakter, die Frucht einer fünftausendjährigen Kultur, war sich bei alledem naturgemäß gleichgeblieben: das philosophische Streben,

Würde zu bewahren, die Vergangenheitsorientierung, die Zurückhaltung im gesellschaftlichen Verkehr, zumal mit Ausländern. Im selben Maße jedoch, wie die Menschen neue Freiheiten genießen durften, die «geistige Fesselung durch die jahrelange Herrschaft linksradikaler Ideen» nach und nach von ihnen genommen wurde und die Ziele ihrer bescheidenen Sehnsüchte mehr und mehr in greifbare Nähe rückten, legten die Chinesen, mit denen ich zu tun hatte, ihre Vorsicht ab und behandelten mich, den *weiguoren*, «Ausländer», den es unter sie verschlagen hatte, außerordentlich freundlich.

Ein Teil dieser Hoffnung und dieser Freiheiten wurde am 4. Juni 1989 zu Grabe getragen. In den frühen Morgenstunden jenes Tages setzte die Regierung die Volksbefreiungsarmee gegen eine Masse von Studenten und jungen Arbeitern ein, die sich auf dem Tiananmen-Platz («Platz des Himmlischen Friedens») in Beijing zu einem stürmischen Protest gegen Korruption und einer Demonstration für Menschenrechte und Redefreiheit versammelt hatte; bei der Aktion töteten die Soldaten Hunderte von Demonstranten. Bedrohliche Erinnerungen an die Kulturrevolution heraufbeschwörend, ging die Regierung anschließend in dem desperaten Bemühen, die ideologische Kontrolle über die Massen zurückzuerobern, zu Untersuchungen, Säuberungen, Verhaftungen, ja sogar zur Hinrichtung der Exponenten «bürgerlich-liberaler Tendenzen» über. Auf dem Höhepunkt der Protestbewegung im April / Mai 1989 war in Beijing, Shanghai, Xian, Chengdu und anderen Großstädten sieben Wochen lang das Stimmungsbarometer gestiegen, aber die harten Repressalien schüchterten die Allgemeinheit ein. Als ich im August des Jahres nach China zurückkehrte, trug das städtische Leben nach außen hin den Firnis der Normalität zur Schau. Aber genau wie vor zehn Jahren zögerten die Menschen auch jetzt wieder, mit einem Ausländer offen zu sprechen; sie waren niedergedrückt, mit einem schwelenden Unbehagen behaftet.

Das Panda-Projekt wurde unmittelbar nach einem turbulenten Intermezzo in der jüngsten chinesischen Geschichte auf den

Weg gebracht. Ich empfand es als große Vergünstigung, daß ich während der anschließenden Periode – des einzigen friedvollen Jahrzehnts, welches das Land in diesem Jahrhundert erlebte – in China sein durfte. Man gab mir hier Gelegenheit, ein Tier zu studieren, das mit zu den nationalen Kostbarkeiten gerechnet wird, und in entlegenen Gebirgsregionen zu wohnen und zu reisen, in die nicht selten seit einem halben Jahrhundert kein Landesfremder mehr den Fuß gesetzt hatte. An meinen chinesischen Arbeitskollegen bewunderte ich nach einiger Zeit ihren Sinn für Humor, ihren Takt und ihr geduldiges Hinnehmen widriger Umstände. Und als ich sie besser begreifen lernte, betrachtete ich Eigenschaften, die meiner westlichen Mentalität als Fühllosigkeit, Arroganz, Intriganz und Besitzstanddenken erschienen, mit wohlwollendem Verständnis (wenn auch nicht immer mit tatenloser Hinnahme). Meine Erinnerung verleitet mich, die Nachtseite des Projekts auszublenden, Aspekte, die mich zuweilen fürchterlich niederdrückten. Warum ist die Erinnerung so nachsichtig, so leicht bereit zu nostalgischer Verklärung? Überdies mochte ich die Arbeit in China mit seinen einmaligen Gelegenheiten zum Forschen und seinen dringenden Naturschutzproblemen – mochte sie so sehr, daß ich dort mehr als dreimal soviel Zeit mit Wildfaunastudien verbrachte wie in irgendeinem anderen Land.

Allerdings möchte ich nicht allzu tolerant und wohlwollend erscheinen; meine Bewunderung für China macht mich nicht unbedingt zum Fürsprecher und Lobredner. Freundschaft ist nicht blind. Und meine Bewunderung für den WWF als Institution mindert keineswegs meine Verärgerung über die Neigung zu herrischer Willkür, die er im Umgang mit dem Projekt an den Tag legte. Es wäre für mich leichter und erfreulicher, könnte ich einen enthusiasmierten Bericht über selbstlosen Einsatz und erhebenden Idealismus, über Herrlichkeiten der Natur und unabweisliche Wahrheiten schreiben, um zum Schluß mit einem Ausruf des Triumphes den Panda für gerettet, ein hochherziges Wagnis für vollbracht zu erklären. Derlei hatte mir im Zusammenhang mit dem Projekt vorgeschwebt, doch die endgültige, desillusionierende Wirklichkeit sieht anders aus.

Um wahrheitsgetreu wiederzugeben, was geschah, muß ich ebensoviel über Panda-Politik wie über die Pandas selbst sprechen. Ein Naturschutzprojekt ist stets gespalten zwischen Politik und Wissenschaft, und jedes Buch über ein solches Projekt sollte das fortwährende Wechselspiel zwischen den beiden Faktoren widerspiegeln. Indes, Berichte über Kämpfe zur Rettung von Walen, Nashörnern und anderen Arten, deren Schicksal von öffentlichem Belang ist, drücken sich gern davor, die wahren Konflikte um den Naturschutz zu enthüllen und als Grundprobleme die menschliche Habgier und Gleichgültigkeit sichtbar zu machen. Der Panda ist ein lukrativer Handelsartikel geworden – nicht viel anders als der Elefant – und hat dabei an einigen Einzelmenschen und Organisationen vordem verborgene unrühmliche Züge zum Vorschein gebracht. Tatsächlich waren sowohl die wissenschaftlichen als auch die naturschützerischen Bemühungen des Panda-Projekts von politischen Problemen überschattet und ständig durch sie beeinträchtigt. Diesen Aspekt der Arbeit verhehlen zu wollen hieße, die Interessen des Pandas auf schwerwiegende Weise zu vernachlässigen. Mir ist klar, daß kein Bericht allzuviel Wahrheit vertragen kann, und deshalb hatte ich zunächst keine große Lust, überhaupt etwas zu schreiben. Kritik irritiert, ist nicht sehr willkommen und wird häufig mißverstanden. Leser dieses Buches, die China lediglich als Touristen oder kurzzeitig in Geschäften bereisten, haben vielleicht ganz andere Eindrücke aus dem Land mitgenommen als ich. Wer jedoch – als Lehrer, Journalist oder in einem anderen Beruf – ein Jahr oder länger in China gelebt und gearbeitet hat, kann die Schwierigkeiten, die dem Panda-Projekt begegneten, vielleicht nachfühlen. Aber welchen Hintergrund auch immer der Leser haben mag – ich hoffe, die ganze Skala der Empfindungen für die bedrängte Lage des Pandas in ihm wachzurufen, außer einer: der Gleichgültigkeit.

Zwiespältige Gefühle erweckte in mir auch der Gedanke, die

ständig wachsende Masse von Publikationen zum Thema gefährdete Arten um ein weiteres Buch zu vermehren, zumal um eines über ein Tier, das bereits so ausgiebig publizistisch behandelt wurde wie der Panda. Bei welcher Spezies sonst sind alle in Gefangenschaft gehaltenen Individuen der Öffentlichkeit mit Namen bekannt: Mei-Mei, Li-Li usw. (Namensverdopplung ist ein Zeichen der Zuneigung)? Bei welcher anderen Spezies wird jede Geburt, jede Erkrankung, jede spröde Romanze und jeder Todesfall in den Massenmedien gemeldet? Jedem Interessierten stehen bereits zahlreiche Artikel und mehrere Bücher über Pandas zur Verfügung. Die informativsten populären Sachbücher zum Thema sind *Men and Pandas* (1966) von Ramona und Desmond Morris, eine gute Darstellung vor allem der von Europäern unternommenen Jagd- und Fangexpeditionen, und *Pandas* (1990) von Chris Catton. Eine Reihe neuerer Sachbücher für das breite Publikum enthält zudem ansprechende Fotografien von gefangenen Pandas, häufig in natürlicher Umgebung aufgenommen. Die Qualität des Texts in diesen Büchern reicht von banal (*Die geheimnisvolle Welt der Pandas*, hg. von Byron Preiss und Xie Li, Hamburg: Hoffmann und Campe 1991) bis sachkundig (*The Bamboo Bear* von Clive Roots). *The Giant Pandas of Wolong* von meinen chinesischen Arbeitskollegen und mir ist eine wissenschaftliche Abhandlung, die detailliert ausführt, was im vorliegenden Buch allgemeinverständlich dargestellt ist.

Fast hat es den Anschein, als würde die Vielzahl der Bücher über ausgestorbene und aussterbende Arten die Intensität unserer Reaktion auf das Phänomen Ausrottung dämpfen. Wiederholung macht ein furchtbares Geschehen allmählich zur Banalität. Auch wenn wir die Ausrottung der Arten mit noch so starken Worten anprangern – im Bewußtsein der meisten Menschen spielt die Natur nach wie vor nur eine periphere Rolle. Werden diese Bücher vornehmlich gekauft zum Zeichen eines Glaubens, daß die Natur doch einen Wert hat? Nur zu oft scheinen die Monographien über gefährdete Arten bloße Gedenkveranstaltungen zu sein (mit allem, was das an Endgültigkeit in sich schließt):

Berichte über Tiere, deren Existenzdrama unwiderruflich aus und vorbei ist – die Dronte, die Wandertaube, den Riesenalk und die Stellersche Seekuh. Zumindest in meinem Fall spricht das Gefühl nicht mehr auf die ständig länger werdende Liste aussterbender Tiere an; meine Kapazität für Betroffenheit hat Grenzen.

Dennoch haben diese Druckerzeugnisse ihre Berechtigung. Erzählen und Wiedererzählen ist ein moralisches Gebot, Vergessen ein Luxus, den wir uns nicht leisten können. Vernachlässigung ist eine Form des Mißbrauchs. Manche meinen, wenn es uns nur gelänge, die biologische Vielfalt, all die Millionen Arten von Pflanzen und Tieren, ins nächste Jahrhundert hinüberzuretten, dann würde die Zerstörung schon aufhören – doch dafür gibt es keinerlei Anhaltspunkt. Also müssen wir wenigstens unsere Erfahrungen aufzeichnen in der Hoffnung, daß unsere Schriften Anstöße zu praktischem Handeln im Interesse des Artenschutzes geben und zu einträchtigem Mitgefühl anregen. Selbst in einer wahrhaft moralischen Welt würde die Zerstörung nicht aufhören, aber wenigstens würden wir die Natur aufgrund einer Revolution der menschlichen Sinnesart mit gesteigerter Feinfühligkeit betrachten. Wir würden unsere Wertmaßstäbe und Prioritäten revidieren und für die Nutzung der Naturschätze eine Ethik entwickeln, in der Verschwendung und unnötige Zerstörung negativ besetzt sind. Ein solcher Wandel läßt sich nicht mit Gefühlsausbrüchen und schrillen Worten zuwege bringen, sondern kann sich nur im Gefolge eines veränderten menschlichen Selbstkonzepts, einer Neukonzeption der menschlichen Überlebensstrategie einstellen.

Vielleicht kann der Panda uns beim Umbau unseres Kategoriensystems ein wenig Hilfestellung geben. Seine scheinbar schlichte Form erlaubt es uns, die Eigenschaften zu identifizieren, die ihm soviel Bezauberungskraft verleihen. Seit er die Grenzen seiner Gebirgsheimat überschritt, um zum Weltbürger zu werden, ist der Panda eine Symbolgestalt, die unser Bemühen um den Umweltschutz repräsentiert. Obzwar gedrungen und bärenhaft von Statur, wartet er in der Fellzeichnung mit einem

Maß an schöpferischem Elan und künstlerischer Vollendung auf, daß es fast den Anschein hat, als habe er den ganzen Evolutionsweg eigens zu jenem höheren Zweck zurückgelegt. Das runde Gesicht mit der ziemlich stumpfen Schnauze, die großen schwarzen Augenflecken und das kuschelige, tapsige Äußere geben dem Panda etwas Kindlich-Unschuldiges, das alle Herzen öffnet und das Verlangen zu knuddeln und zu beschützen weckt. Und der Panda ist selten. Wer knapp überlebt hat, wirkt aus irgendeinem Grund ergreifender als die Todesopfer. Zusammen ergeben diese und andere Merkmale eine Spezies, in der sich Legende und Wirklichkeit mischen, ein leibhaftig existierendes Fabeltier.

Wir können uns glücklich schätzen, daß der Panda noch unser Zeitgenosse ist, daß sein Evolutionsweg und der unsere sich überschneiden. Man sollte wohl keine vergleichenden Wertungen treffen in bezug auf Wesen, die selber nichts von Werten wissen und alle miteinander gleiches Anrecht auf unsere staunende Betrachtung und unseren Respekt haben. Gleichwohl würde das Aussterben des Pandas in unseren Augen einen größeren Verlust darstellen als das Verschwinden einer Heckenrosensorte oder des Piranhas, denn der Panda ist für uns das Inbild stoischer Schicksalsverachtung und rührt unser Gemüt zu Teilnahme und Bewunderung. Wenn wir den Panda verlieren, werden wir ihm nie wieder in das schwarzweiße Gesicht blicken, seine Evolution wird zu Ende, sein einmaliger genetischer Code vernichtet sein; sein Name – *Ailuropoda melanoleuca*, «Schwarzweißer Katzenbärfüßler» – wird binnen kurzem nicht viel mehr Aussagekraft haben als die Tausender anderer untergegangener Arten, die in den naturkundlichen Museen der Welt in staubigen Katalogen verzeichnet sind. Und wenn sich erst das Dunkel der Jahrhunderte zwischen uns und das Tier geschoben hat, werden uns von ihm nur noch Erinnerungsstücke geblieben sein, ein paar mächtige Knochen, etliche verschossene Felle. Welch trauriges Los für ein so außergewöhnliches Lebewesen! Gewiß, alle Kreaturen sind vergänglich, sie haben ihre Zeit, blühen eine Weile und gehen dahin. Doch die Pandas waren schon vor Jahrmillionen da, noch ehe die Menschheit zur Menschheit wurde, und anders als viele andere große Säuger, die in den Umbrüchen des Eiszeitalters untergingen, haben *sie* überlebt. Die Lebensspanne der Spezies kann doch wohl nicht ausgerechnet jetzt – sie darf jetzt noch nicht zu Ende sein!

Die 1980er Dekade zählt zu den wichtigsten und besterfaßten Jahren in der langen Evolutionsgeschichte des Pandas. Wenn das, was in diesen Jahren geschehen ist, nicht aufgeschrieben wird, wird es für die Zukunft verloren sein. Ich ging in der Rolle eines wissenschaftlichen Emissärs nach China, um zu begreifen und zu protokollieren, sprachlosem Leben Zunge zu leihen und ein Legat zu hinterlassen, das vom Dasein des Pandas zeugt. Das vorliegende Buch ist ein kleiner Teil dieses Legats.

Das Panda-Projekt wurde ermöglicht durch das Engagement und die Kooperationsbereitschaft mehrerer Körperschaften und zahlreicher Einzelpersonen. Die meisten, von denen Hilfe kam, sind im Text des Buches erwähnt; ihnen allen zusammen möchte ich hiermit meinen Dank abstatten. Manche halfen in so kontinuierlicher und selbstloser Weise und substantieller Form, daß ich mich ihnen zu besonderem Dank verpflichtet fühle.

Dem World Wide Fund for Nature (WWF) danke ich dafür, daß er mich zum Studium des Pandas einlud und mir die Leitung dieses außergewöhnlichen Projekts anvertraute. Mark Halle und Christopher Elliott halfen bei der Organisation des Programms und griffen mir in vielem unter die Arme.

Die New York Zoological Society (heute: The Wildlife Conservation Society) stellte mich in großzügiger Weise von meinen Pflichten als Direktor ihrer Abteilung Wildtierschutz (Wildlife Conservation International) frei, damit ich mich den Pandas widmen konnte. Die Finanzierung des Projekts beruhte zwar offiziell auf einem Vertrag zwischen dem WWF und der chinesischen Regierung, indessen steuerte auch die New York Zoological Society beträchtliche finanzielle Unterstützung bei. Sie übernahm den größten Teil meiner Unkosten, bezahlte Ausrüstung und Versorgungsmaterial für die Feldarbeit sowie Laboranalysen, trug die Personalkosten für mehrere Mitarbeiter und bewilligte Donald Reid ein einjähriges Stipendium: Zuwendungen, die sich alles in allem auf fast eine halbe Million Dollar beliefen. Für diese finanzielle wie auch für moralische Unterstützung danke ich insbesondere dem Generaldirektor der New York Zoological Society, William Conway, der obendrein nach China kam, um bei der Planung der Zuchtanstalt Wolong Hilfestellung zu geben. Zwei Tiermediziner der Zoological Society, der inzwischen verstorbene Emil Dolensek und Janet Stover, besuchten uns jeder zweimal, um bei den Zuchtversuchen und dem Management der gefangenen Tiere zu assistieren – in Anbetracht der randvollen Terminpläne der beiden jeweils ein außerordentlich dankenswertes Opfer an knapp bemessener Zeit.

Michael Pelton (University of Tennessee, Department of Forestry, Wildlife, and Fisheries) gewährte uns nicht nur Zugang zu der Computeranlage und der Bibliothek seines Instituts, sondern stellte darüber hinaus dem Projekt drei Assistenten zur Verfügung. Howard Quigley half mir, den Pandas die ersten Funkhalsbänder anzulegen, Patrick Carr führte die Computerauswertung der Radiotelemetrie-Daten durch, und Kenneth G. Johnson besetzte innerhalb des Panda-Projekts eine bedeutende Forscherrolle, wie sich im folgenden noch deutlicher zeigen wird.

Alan Taylor (derzeit Pennsylvania State University), Donald Reid (jetzt University of British Columbia) und Kenneth Johnson (University of Tennessee) betätigten sich mit bewunderungswürdigem Können und Engagement als Panda-Forscher. Ihren gewichtigen Beitrag zur Panda-Ökologie kann man im Literaturverzeichnis am Schluß dieses Bandes bezeugt finden. Und nach meinem Ausstieg aus dem Projekt hielten alle drei mich über das Verhalten der Pandas und der Menschen in Wolong und Tangjiahe auf dem laufenden, eine Gefälligkeit, für die ich ihnen überaus dankbar bin.

Ellen Dierenfeld (seinerzeit an der Cornell University, heute Ernährungssachverständige bei der New York Zoological Society) nahm 1980 Kontakt mit mir auf, um mich über ihre Forschungen zur Panda-Ernährung im National Zoo, Washington, D. C., zu informieren und mir ihre Hilfe bei dem Projekt – insbesondere was die chemische Analyse von Bambussorten betraf – anzubieten. In der Folge unterzogen sie und James Robertson im Labor des Department of Animal Science der Cornell University Hunderte von Bambusproben einer chemischen Analyse und lieferten damit einen wesentlichen Beitrag zum Verständnis der Lebensweise des Pandas. Außerdem unterzog mich Ellen mit Geduld und Nachsicht einem Kurzlehrgang in Tierdiätetik, einem Thema, über das ich blamabel wenig wußte. Mit ihren Kenntnissen und Einsichten trug sie zur Aufklärung des Energiehaushalts der Spezies bei. Ich schulde ihr großen Dank.

Nancy Nash, eine in Hongkong ansässige amerikanische Journalistin, war behiflich, das Panda-Projekt unter Dach und Fach zu bringen, und leistete im Laufe der Jahre zahllose Beiträge zu seinem Fortgang. Sie konnte aufgrund ihres Einfühlungsvermögens in die chinesische Erlebnis- und Gedankenwelt immer wieder wertvolle Ratschläge geben, beherbergte bei sich in Hongkong durchreisende Ausländer und Chinesen, die mit dem Projekt zu tun hatten, expedierte dringend benötigte Ausrüstungsgegenstände und fungierte als Mittelsperson zwischen den Forschern in Wolong und den Ämtern in Beijing – um nur einige wenige von ihren Hilfeleistungen zu nennen. Ihre vielfältigen Freundlichkeiten – wie etwa, daß sie uns Zeitschriften und Delikatessen in unser menschenfernes Camp hinausschickte – wurden stets dankbar willkommen geheißen. Sie setzte sich auf so effektvolle Weise und mit solchem Eifer für den Schutz der Pandas ein, daß die Chinesen von ihr per «Miss Panda» sprachen.

Mit Wang Menghu vom Forstwirtschaftsministerium kam ich erstmals im Jahr 1980 in Berührung. Als Koordinator zunächst des Panda-Projekts und dann auch einiger meiner späteren Arbeiten zeigte er sich stets für die Belange des Naturschutzes engagiert. Jedes Problem, einerlei ob wichtig oder belanglos, landete auf seinem Schreibtisch, und er tat sein Bestes, um die Forderungen der Ausländer und der verschiedenen Parteiungen unter den Chinesen zu befriedigen und unter einen Hut zu bringen. Die Zähigkeit und das Geschick, mit denen er Hindernisse aus dem Weg räumte, habe ich sehr bewundert. Er war – in der wahren Bedeutung dieser chinesischen Formel – ein *lao pengyou*, «alter Freund».

Hu Jinchu, Biologieprofessor an der Pädagogischen Hochschule Nanchong (Sichuan), war mein hauptsächliches Pendant auf der chinesischen Seite, und ich blicke mit angenehmen Empfindungen auf unsere enge Arbeitsgemeinschaft zurück. Hu, ein Naturforscher von hohen Graden, lehrte mich viel über die Vögel und die anderen Tiere des Waldes. Die Feldarbeit mit ihm zusammen war ein reines Vergnügen, denn mochte das Wetter noch so deprimierend, das Gelände noch so unwirtlich sein – er war mit Freude bei der Sache. Er hatte sich einen Sinn für das Abenteuer und ein empfängliches Herz für die Natur bewahrt.

Der gescheite und in der englischen Sprache absolut perfekte Qui Minjiang war einer von mehreren Dolmetschern, die dem Projekt im Laufe der Jahre beistanden. Er stieß zu uns mit den Träumen der Jugend und einem ungeschmälerten Potential an Begeisterungsfähigkeit, Energie und Idealismus. Und wuchs, lernbegierig, wie er war, weit über seine Dolmetscherrolle hinaus: Er machte bei der Feldarbeit mit, übersetzte zwei Bücher über Pandas aus dem Englischen ins Chinesische und wurde so durchdrungen von der Ethik der Forschung und des Naturschutzes, daß er nicht nur unermüdlich für das Projekt arbeitete, sondern auch ein Zweitstudium begann, um seine Kenntnisse in Biologie zu erweitern.

Noch andere haben ein Anrecht auf eine spezielle Dankesbezeigung. Iain Orr leitete mir einen nicht abreißenden Strom von Artikeln zu, die mich über die Umwelt in China ins Bild setzten. Millicent Se Yung und Fay Loo standen dem Projekt als Dolmetscherinnen bei und gaben eine Menge guter Ratschläge. Douglas Kreeger spendete warme Stiefel, Schlafsäcke und andere Ausrüstungsgegenstände. Lynn Saunders und seine inzwischen verstorbene Frau Irene nahmen mich gastfreundlich in ihrer Wohnung in Beijing auf, ebenso der österreichische Botschafter Wolfgang Wolte und seine Frau Ursula. Donald Bruning und Andrew Laurie lieferten mir eine Menge Information über Pandas.

Mit ausdrucksvollem Pinsel schuf Hank Tusinski die Bilder auf den Seiten 1, 3, 5 und 6.

William Conway schulde ich Dank für seine kritische Durchsicht des Manuskripts. Mit ihrem redaktionellen Geschick und Scharfblick hat Susan Abrams, meine Lektorin im Verlag Chicago University Press, meinen ursprünglichen Text sehr verbessert.

Vor allen Dingen danke ich meiner Frau Kay. Wie bei meinen anderen Projekten nahm sie auch diesmal in solchem Umfang an allen Facetten der Arbeit teil, daß die Ergebnisse fast ebensosehr auf ihr wie auf mein Konto zu schreiben sind. Sie verbrachte lange Nächte wachend im Zelt, um die Bewegungen mit Funkhalsbändern ausgestatteter Pandas zu verfolgen, sie analysierte den Inhalt von Pandaexkrementen, sie redigierte und tippte sämtliche Berichte, Aufsätze und Bücher, das vorliegende mit eingeschlossen. Wie immer machte sie die Wildnis für uns wohnlich, schuf in harscher Umgebung einen Ort menschlicher Wärme. Sie war für mich da, wenn ich jemanden brauchte, mit dem ich meine Sorgen besprechen konnte, und sie federte Enttäuschungen ab. Wenn wir, wie es zuzeiten vorkam, monatelang voneinander getrennt leben mußten, ließ meine Freude an der Arbeit nach, und mir wurde dann jedesmal wieder bewußt, *wie* sehr sie der Brennpunkt meines Lebens ist.

Prolog

Der Kammausläufer zog sich steil aufwärts, wie ein von Birken und Tannen überwachsener Drachenrücken; aus dem Gebirgsmassiv dahinter kamen die Wolken im Tiefflug angesegelt. Auf Ästen und Zweigen balancierte die weiße Hinterlassenschaft eines spätwinterlichen Schneesturms. Wenn oben ein Windstoß am Astwerk rüttelte, hüllten in Schleiern zu Boden schwebende Schneekristalle den Wald in geisterhafte Lumineszenz. Unten zwischen den Bäumen wuchs Bambus, der mit dicht an dicht stehenden Halmen den Hang so vollständig okkupiert hatte, daß unter seinem Blätterbaldachin ein grüner Unterwasserdämmer herrschte. Dumpfer Moosgeruch und Muff von moderndem Holz füllten das Halbdunkel. Die Bambuspflanzen waren steifgefroren, und auf dem ganzen Abhang herrschte Totenstille – nirgendwo eine Bewegung und scheinbar auch nirgendwo Leben.

In die Stille hinein plötzlich ein Blätterrascheln und das Knakken eines Halms, ein Geräusch wie brechendes Glas. Hinter einer Bambuswand, halb verborgen, ein Großer Panda, ein Weibchen, lässig in den Schnee gefläzt, den Rücken gegen einen Strauch gestützt. Sich seitwärts lehnend, streckte sie eine Vordertatze aus, hakte die elfenbeinfarbenen Klauen um einen Bambushalm, bog ihn zu sich her und biß ihn mit einer geschmeidigen Bewegung an der Basis ab. Den Halm fest umklammert haltend, beschnupperte sie ihn zunächst, um sich zu vergewissern, daß er wirklich schmackhaft war, und fraß ihn dann vom einen Ende her der Länge nach auf wie ein Stück Stangensellerie. Während ihre kräftigen Molaren noch den einen Halm zerkleinerten und zermahlten, sah sie sich bereits nach dem nächsten um – alles mit ruhigen, gewandten Bewegungen: eine vollkommene ökologische Integration zwischen Panda und Bambus. Sie bediente sich im Umkreis von einem Meter, verlegte dann ihren Sitzplatz ein paar Schritte weiter und setzte ihre Mahlzeit fort, immer nur die spröden Halme verzehrend und die beblätterten Spitzen wegwerfend; dann blieb sie, den Kopf gesenkt, die Vordertatzen in den Schoß gelegt, träge und zufrieden sitzen. Das Gelände im Umkreis von tausend Metern war ihre Welt, hier hatte sie alles, was sie brauchte: Bambus, einen Paarungspartner und eine behagliche Baumhöhle, in der sie Junge werfen konnte.

Einige Minuten später trottete sie mit ihrem schlingernden Seemannsgang zu einem nahe gelegenen Bergvorsprung, wo sie zwischen knorrigen Rhododendren haltmachte. Hier wuchs kein Bambus. Ein Sonnenstrahl schlüpfte durch einen Wolkenspalt und drang in das Zwielicht. Zwischen den Bambuspflanzen hatten Farbe und Form des Pandas verwischt und unbestimmbar gewirkt, jetzt in der Sonne glänzte und leuchtete das Tier in voller Pracht. Nicht weit entfernt stand eine mächtige Tanne. Das Pandaweibchen kannte den Baum: Er war ein Orientierungspunkt, er bezeichnete die Grenze ihres Reviers, er diente als Markierungsstelle. Die vielen Dimensionen des Baums halfen ihre Identität konstituieren. In dem Schnee um den Baum fanden sich keine Fußabdrücke, aber als sie die Rinde beschnüffelte, erfuhr sie, daß vor wenigen Tagen ein Männchen die Stelle mit seinen Analdrüsen markiert hatte. Sie prägte sich den Duft ein, unterließ es jedoch, ihn mit ihrem eigenen zu überlagern.

Sie bog zum nächsten Bambushain hinunter und machte sich wieder ans Fressen, dem Wesen ihrer Existenz genügend, das in der Metabolisierung von Bambus bestand. Sie pflegte einen gemächlichen Lebensstil. Mit seinem solitären Dasein in diesen Höhen vermittelte dieser Panda ein Bild absoluter Einsamkeit, einer fast schon mythischen Isolation. Wie Mäuse der Luft wippte eine Schar Grauwangenalcippen über dem Kopf der Fresserin durch den Bambus, aber nichts in ihren kleinen schwarzen Augen deutete an, daß sie dessen gewahr geworden wäre. Nach dem Fressen wälzte sie sich zum Schlafen auf die Seite, den Körper gegen einen im Schnee liegenden Baumstamm lagernd, von ihrem dichten Pelz gegen die Unbilden der Elemente geschützt.

Von drunten aus der Zone, wo der Wald Ackerflächen Platz machte, schallte das Geräusch von Axthieben herauf. Sie lauschte. Im Bambus war sie sicher verschanzt, aber um jeder möglichen Konfrontation mit etwaigen Eindringlingen aus dem Weg zu gehen, räumte sie schließlich das Feld. Sich von Dickicht zu Dickicht stehlend, wie ein Wolkenschatten dahingleitend, mit souveräner Sicherheit durch die See von Bambushalmen navigierend, wanderte sie auf ihrer Privatroute den Hang entlang, und nur ihre Fußspuren bezeugten ihr lautloses Vorüberstreifen.

1

«Jede Reise beginnt mit dem ersten Schritt»

Mai / Juni 1980

Die Frühkartoffel- und Frühmaisfelder unter sich lassend, kletterte der Pfad, der zu dem Bergvorsprung führte, den Hang hinauf, bis der Pitiao-Fluß nur noch ein Murmeln war und ringsum die Bergspitzen in einen schiefergrauen Himmel ragten. Am Pfadrand wucherte dichtes Gestrüpp. Dann und wann blieben wir stehen, um eine Anemone, eine Sauerkleepflanze oder eine andere kleine Blume zu bewundern, um einen blaßlila Rhododendron in voller Blüte in Augenschein zu nehmen oder um daumendicke Bambussprosse zu untersuchen, die aus dem Schatten hervorlugten. Auf dem Boden verstreute stachelige Litschi-Samenhüllen erweckten den Eindruck, als seien Schwärme winziger Igel unterwegs. Von weiter oben ließ ein Hopfkuckuck seinen Ruf, ein schmelzendes «Bu-bu-bu», hören.

«Da, sehen Sie... der Wolong-Drache», rief unsere Dolmetscherin Liu Yanying, mit dem Finger talaufwärts deutend. Xiao Liu, wie wir sie nannten (xiao, «klein», ist ein Diminutivum, das den Namen in eine Koseform verwandelt, wie bei uns ein angehängtes «-chen» oder «-lein»), war unsere Verbindung zu den einundzwanzig Chinesen, die hinter uns her den Serpentinenpfad hochstapften. Der grobgeformte Drachenkopf ruhte in einer Senke zwischen Bauernhütten, während der Schwanz sich droben in den Wolken verlor. Das Gebirge steckt voller Drachen – den Schlangenlinien gewundener Wasserläufe, von Hüttendächern aufsteigendem Rauch, wellenförmig verlaufenden Graten –, doch dieser Bergrücken sah in der Tat wie ein in der Zeitdimension erstarrtes gewaltiges Ungeheuer aus. Einstmals vor langer Zeit, so geht die Fabel, flog ein Drache über diese Berge und war von deren Schönheit so bezaubert, daß er beschloß, hier eine Ruhepause einzulegen. Er war noch immer da, dieser *wo-long*, «ruhende Drache», nach dem das Reservat benannt ist. Drachen sind göttliche Wesen, Symbole des Glücks, des Lebens: Wolong, so schien es, war ein Ort, der Glück verhieß.

Die Oberseite des Bergvorsprungs war eine Platte etwa von Zimmergröße. An einen Rhododendron war ein Schild genagelt, das in chinesischer Schrift verkündete: «‹Willkommen-an-Gäste›-Pfad». Dort versammelten wir uns im Schatten von Kiefern und Bambuspflanzen, schwer atmend nach dem mühseligen Aufstieg in der Frühjahrskälte. Sicherheitspolizisten, Regierungsbeamte, Journalisten, Biologen, ein Arzt und andere mehr – alle waren sie gekommen, vier Ausländern das Geleit zu geben. Wir befanden uns hier unmittelbar am Waldrand: seit Jahrzehnten die ersten Besucher aus dem Westen, die sich anschickten, das Reich der Großen Pandas zu betreten. Und was noch mehr ist: wir waren die ersten überhaupt, die das auf Einladung der chinesischen Regierung taten. Die Panda-Expeditionen der zwanziger und dreißiger Jahre hatten sich einfach nur die politischen Wirren, die Kriege und die Korruption der damaligen Zeit zunutze gemacht, um Tiere abzuschießen oder zu fangen. An der Spitze unserer Delegation stand der 1989 verstorbene Schriftsteller, Künstler und Vorsitzende des WWF Sir Peter Scott, ein Gigant der Naturschutzbewegung des zwanzigsten Jahrhunderts. Sir Peters Anwesenheit war insofern besonders sachgemäß, als er es war, der zwanzig Jahre zuvor den Panda zum Wahrzeichen des WWF erhoben und das charakteristische Panda-Emblem der Organisation entworfen hatte. Seine Frau, Lady Philippa Scott, begleitete ihn. Und Nancy Nash, die in Hongkong ansässige Journalistin, deren begeisterter Einsatz für den Naturschutz zur ersten Kontaktaufnahme zwischen China und dem WWF geführt hatte, war ebenfalls mit von der Partie.

Der Pfad führte jetzt längs einer bewaldeten Lehne in das «Choushuigou» hinein (*gou* bedeutet «Tal»), einen von hohen Steilhängen eingeschlossenen engen Kessel. Mit Erleichterung stellte ich fest, daß das Terrain zwar holprig, aber ohne große Schwierigkeiten zu begehen war. Gestern, auf dem Weg nach Wolong hinein, hatte die Straße meilenweit durch eine Stromschlucht geführt, wo türkisfarbenes Wasser brausend zwischen gewaltigen Gesteinsblöcken dahinschoß und Wolkenschleier an den nackten Felswänden klebten. Baumgruppen drängten sich entweder ganz unten auf den Flanken der Berge zusammen oder krönten die Kämme – sonst nur senkrechte Wände und Wasser: die chinesische Ideallandschaft. Wir wanderten jetzt im Gänsemarsch hintereinanderher; der weiche Untergrund verschluckte unsere Schritte, und wenn wir sprachen, dann mit gesenkter Stimme, wie an geweihter Stätte. Am Wegesrand lagen zwei blaßgrüne, spindelförmige Objekte, jedes ungefähr fünfzehn Zentimeter lang und von fünf Zentimeter Durchmesser. Pandakot! Ich kniete mich hin und nahm einen der Kotballen in die hohle Hand. Er bestand aus unverdauten Stücken von Bambushalmen, alle säuberlich in Reih und Glied geordnet und von Schleim zusammengehalten; der Geruch war süßlich, wie von frisch geschnittenem Gras. Behutsam reichte ich den zerbrechlichen Schatz an Sir Peter weiter, während die anderen herzudrängten, um der Ursache unserer ehrfürchtigen Ergriffenheit auf den Grund zu kommen. Mächtig erfreut grinsten Sir Peter und ich einander an, ohne den kleinsten Gedanken daran, was wohl unsere Gastgeber zu unserer Lust am Herumhantieren mit Exkrementen sagen würden. Es gibt Tage, die man sich im Kalender rot anstreicht. *«A grand day, isn't it»*, meinte Sir Peter mit typisch britischem Understatement.

Jetzt übernahm Professor Hu Jinchu, Chinas Panda-Experte Nummer eins, die Führung. Er studierte die Pandas seit Mitte der siebziger Jahre und hatte zwei Jahre zuvor im Choushuigou die Forschungsstation Wuyipeng gegründet. Er war ein wenig älter als ich und von mittlerer Statur, hatte ein rundliches Gesicht und einen Bürstenhaarschnitt. In dem Bewußtsein, daß wir uns unter Umständen bald in die Verantwortung für das Panda-Projekt teilen würden, hatten wir uns gegenseitig stumm taxiert: Wes Geistes Kind mochte der andere sein? Wie weit ging sein Interesse für die Sache? Aber ich hatte bis jetzt nicht viel mehr herausgebracht, als daß Hu Jinchu ein Mensch mit freundlichen Umgangsformen war, der häufig ein nervöses Lachen hören ließ. Er deutete auf eine Kiefer, deren Stamm ein Panda mit den Klauen traktiert und von deren Borke er ein Stück weggebissen hatte, so daß da jetzt eine harzende Wunde war. Ein Stück weiter, auf einer winzigen Lichtung zwischen dichtgedrängten Bambusgruppen, machte er uns auf ein Häufchen zerfaserter Abfälle aufmerksam. Hier hatte ein Panda gesessen und Bambussprosse aus ihrer Umhüllung befreit, um sich anschließend den saftigen Innenteil einzuverleiben; nicht weit weg lagen klitschige, blasse Kotballen, die faserigen Rückstände von Sprossen. Linker Hand hangabwärts verriet eine Spur von zertretenem Grün den Weg eines Tiers. *«Daxiongmao»*, sagte Hu Jinchu, den chinesischen Namen des Pandas, «Große Bärenkatze», verwendend. Lachend folgte er der Fährte, wobei er überhängende Bambushalme, die ihm den Weg versperrten, mit den Armen beiseite schob; allem Anschein nach belustigte ihn unser ausgeprägtes Interesse an der Untersuchung der Kunstdenkmäler, die herumstreifende Pandas in der Landschaft zurückließen. Nach kurzer Zeit stieß er auf einen Platz, wo ein Panda zwei Bambushalme abgebissen, ein paar Happen gefressen und die beblätterten Spitzen weggeworfen hatte. ‹Weshalb nimmt ein Panda den harten holzigen Halm und läßt die Blätter links liegen?› fragte ich mich.

«Ist das hier der beste Platz, um Pandas zu studieren?» erkundigte sich Wang Menghu, während wir die Bambusreste untersuchten. Wang Menghu hatte uns erzählt, daß sein Name «von Tigern träumen» bedeutete und daß dieser Name seines Erachtens irgendwie mitgeholfen hatte, die Wildfauna zu seinem Lebensinhalt zu machen. Er war im chinesischen Forstwirtschaftsministerium für das Naturreservate-System – und damit auch für den Schutz der Pandas – zuständig. Der kleinwüchsige Mann mit den lächelnden Augen, dem lichter werdenden Haupthaar und dem beachtlichen Manipulationstalent wartete gespannt auf eine Antwort.

«Das kann ich nicht sagen», erwiderte ich. Xiao Liu übersetzte, obwohl Wang Menghu allem Anschein nach ein bißchen Englisch verstand. «Es ist der einzige Platz, den wir bis jetzt gesehen haben. Wir müssen mehrere Areale inspizieren und danach die Entscheidung über den besten Platz zum Forschen treffen.»

Wang Menghu ließ ein schwer zu deutendes Lächeln sehen und meinte: «Bei uns gibt es ein Sprichwort, das lautet: ‹Jede Reise beginnt mit dem ersten Schritt.›»

Später stiegen wir auf derselben Route, auf der wir gekommen waren, in so gehobener Stimmung wieder zu Tal, daß wir die Strecke auf dem Serpentinenpfad beinah im Laufschritt zurücklegten. Unten überquerten wir die schwankende Hängebrücke über den Pitiao und marschierten in den Weiler zurück, wo unsere geparkten Autos auf uns warteten. Nur wenige Meilen entfernt, an einer Stelle, wo das Tal eine weiträumige Biegung machte, lag die Reservatverwaltungszentrale, eine schauerliche Ansammlung von riesigen Betonklötzen, die vor der Einrichtung des Reservats im Jahr 1975 als Unterkünfte für Tausende von Holzfällern gedient hatten. In einem der Gebäude war vor kurzem ein Stockwerk zu einem Gästeheim mit großem Konferenzraum umgebaut worden.

Konferenzräume in China gleichen einander wie ein Ei dem anderen: an den Wänden üppig gepolsterte Sessel und Sofas und im Zentrum des Geschehens niedrige Tische, auf denen Thermoskannen voll heißem Wasser aufgereiht sind, dazu Porzellanbecher mit Deckel, aus denen Grüntee geschlürft wird. Chinesische Beamte verbringen einen unverhältnismäßig großen Teil ihrer Zeit mit dem Abhalten von Konferenzen, die der Aufsplitterung und

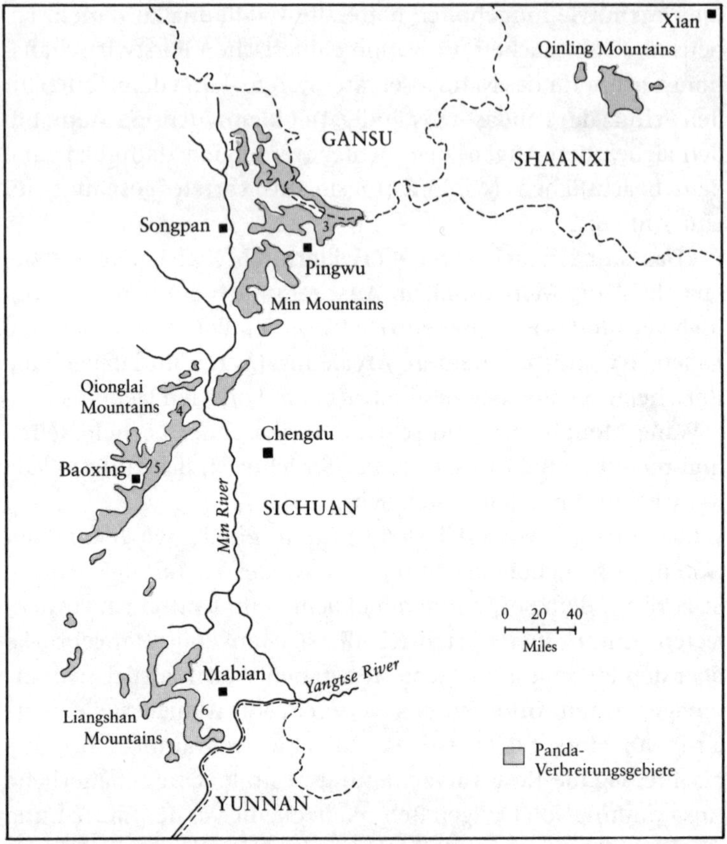

Verbreitung
Wohngebiete des Großen Panda. Die Grenzziehung fußt auf der von Ken Johnson und seinen Mitarbeitern 1985–1988 durchgeführten Panda-Zählung. Die eingetragenen Ziffern bezeichnen diejenigen Reservate, in denen ich gearbeitet habe. (1) Jiuzhaigou, (2) Wanglang, (3) Tangjiahe, (4) Wolong, (5) Fengtongzhai, (6) Mabian.

Streuung von Verantwortlichkeiten dienen; diese Gepflogenheit wird von der Regierung als kontraproduktive «ungesunde Tendenz» beurteilt. Ich hatte mir noch nie Zwang antun müssen, um meine Begeisterung für Konferenzen jedweder Art im Zaum zu halten. Dennoch hatte ich seit meiner Ankunft in China am 2. Mai – gemeinsam mit Nancy Nash (die Scotts stießen erst in Chengdu zu uns) – schon an einer Unzahl derartiger Veranstaltungen teilgenommen.

Auf einer Ganztageskonferenz wurden uns die chinesischen Naturreservate vorgestellt. Die ersten Naturschutzgebiete überhaupt, so Wang Menghu, waren 1953 und die ersten Panda-Reservate 1968 eingerichtet worden; Naturreservate gab es in China derzeit mehr als sechzig, und bis zum Jahr 1985 könnte ihre Zahl gut und gern auf über zweihundertfünfzig ansteigen, die dann insgesamt 1 Prozent der Bodenfläche Chinas beanspruchen würden. Die meisten Panda-Reservate unterstehen der Verwaltungshoheit der jeweiligen Provinzregierung, drei von ihnen – zu denen auch Wolong gehört – werden jedoch direkt von der Zentralregierung verwaltet. Insgesamt 14,27 Millionen Yuan (etwa 9,5 Millionen US-Dollar) waren, wie Wang Menghu betonte, bisher für die Panda-Reservate ausgegeben worden, und bis 1985 würde sich die Summe verdreifachen.

Bei anderer Gelegenheit hörten wir Zhu Jing, einen Mammologen von der Akademie der Wissenschaften, über die bisherige chinesische Panda-Forschung sprechen. Peng Hongshou hatte 1940 längs der Nordgrenze des Panda-Verbreitungsgebiets eine Erhebung über Panda-Habitate durchgeführt. Ein Team von Wissenschaftlern hatte 1968/69 im Wanglang-Reservat mit einem Panda-Zensus begonnen, aber die Kulturrevolution hatte der Arbeit ein vorzeitiges Ende gemacht. Ende April 1975 und Anfang Mai 1976 wurden jeweils etwa dreitausend Menschen für drei Tage in die Berge geschickt, wo sie Zahl und Verbreitung der Pandas ermitteln sollten. Dabei stellte sich heraus, daß nur noch in sechs voneinander isolierten Gebirgsregionen – einem Areal von insgesamt 31 000 Quadratkilometern – Pandas lebten:

schätzungsweise einhundert bis zweihundert in der Provinz Shaanxi, etwa einhundert in der Provinz Gansu und achthundert in der Provinz Sichuan – alles in allem nicht mehr als rund eintausendeinhundert.

Im Institut für Botanik fand eine Konferenz statt, die den Zweck hatte, Hintergrundwissen über die Ökologie des Bambus zu vermitteln. Danach gab Wang Menghu uns ein Briefing über den Verlauf der Einstandskonferenz mit dem WWF, die im vergangenen Jahr stattgefunden hatte. Es folgte die zwei Tage währende Erörterung einer Sache mit dem umständlichen Namen «Vorvereinbarung betreffend die Einrichtung eines Forschungszentrums zum Schutz des Großen Pandas». Zwischen den Konferenzen gab es Ausflüge zur Großen Mauer, in die Verbotene Stadt, in den Zoo von Beijing und zu anderen Sehenswürdigkeiten. Alles ging sehr gemächlich vonstatten: Man nahm sich Zeit, einander zu beschnuppern, Wege zueinander zu suchen, die Chancen für eine Sozialbeziehung zu taxieren, die hoffentlich über Jahre halten würde. An jenem Tag im Choushuigou äußerte Wang Menghu mir gegenüber beiläufig: «Sie haben Ihr halbes Leben anderswo verbracht, und jetzt werden Sie die zweite Hälfte in China verbringen.»

Am Morgen nach unserem Ausflug auf den Berg hing eine niedrige Wolkendecke über Wolong, und Regen trommelte auf das Ziegeldach. Eine neue Konferenz wurde anberaumt; diesmal ging es um das Reservat. Man berichtete uns, daß bislang sechsundneunzig Säugetier-, zweihundertdreißig Vogel-, zwanzig Reptilien- und vierzehn amphibische Spezies gezählt worden waren. Davon waren der Panda, der Goldstumpfnasenaffe, der Weißlippenhirsch und der Takin kraft Beschlusses des chinesischen Staatsrats «geschützte Tiere erster Klasse», die in die Zuständigkeit der Zentralregierung fielen. Die Wolong-Verwaltungszentrale liegt 1980 m ü. M., die durchschnittliche Regenmenge beträgt 101 cm im Jahr, die durchschnittliche Luftfeuchtigkeit 80 Prozent; nur 180 Tage im Jahr sind frostfrei. Die Einheimischen waren dem Vernehmen nach pandafreundlich: Im Oktober

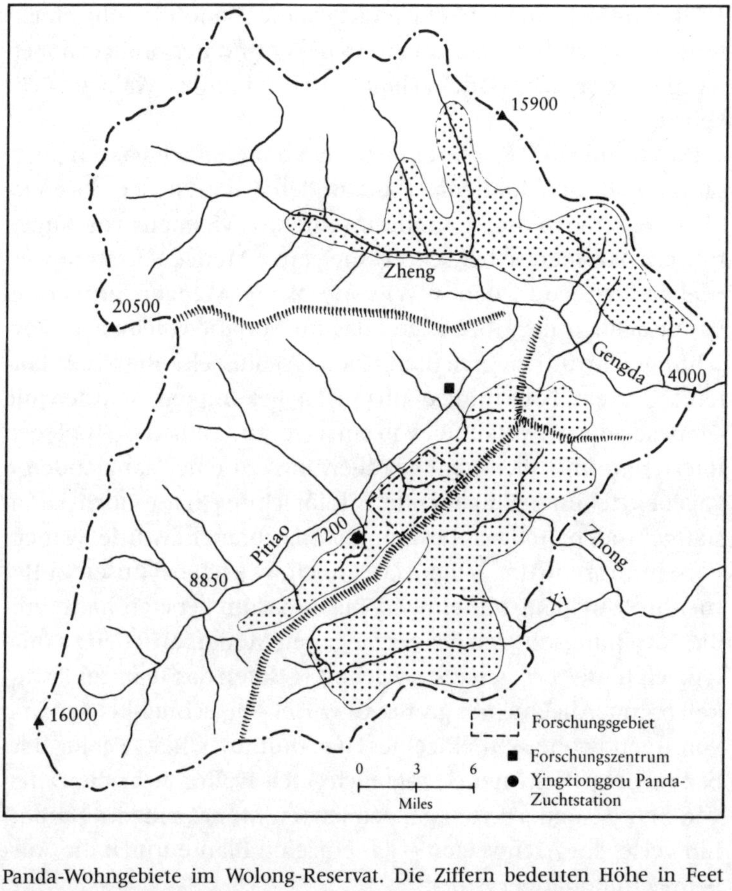

Panda-Wohngebiete im Wolong-Reservat. Die Ziffern bedeuten Höhe in Feet (1 foot = ca. 30 cm).

1978 hatte sich ein kranker Panda bei einer Bauernfamilie eingefunden, wo er drei Tage lang mit Zucker und Reisbrei gepäppelt wurde, bis er sich wieder erholt hatte und in den Wald zurückkehrte.

Daß wir in einer Konferenz nach der anderen mit Fakten überschüttet wurden, hatte nicht so sehr den Zweck, unseren Kenntnisstand zu verbessern, sondern sollte uns vielmehr vor Augen führen, daß man selber schon eine ganze Menge Forschung getrieben hatte und den WWF, wie Wang Menghu anmerkte, hauptsächlich dazu benötigte, das im Vorjahr vereinbarte Forschungszentrum zu errichten. Die verschlüsselte Botschaft lautete: Um ein Forschungszentrum zu bekommen, würden die Chinesen die Anwesenheit von ein, zwei ausländischen Biologen tolerieren. Im stillen kam ich allerdings zu einer ganz anderen Lagebeurteilung: Eingehende Feldforschung hatte noch kaum stattgefunden, und was bestimmt *nicht* gebraucht wurde, war ein Forschungszentrum. Ich entsann mich, wie ich bei unserem Besuch in Wuyipeng vor einigen Tagen darum gebeten hatte, mir die Forschungsnotizen des vergangenen Monats ansehen zu dürfen. Ich hätte gern gewußt, welche Art Daten das Team zu Protokoll nahm. Allgemeines großes Gewusel – bis schließlich jemand von irgendwoher ein einzelnes, hauchdünnes Blatt Papier herbeibrachte. «Nein-nein», sagte ich, «ich wollte nicht die Daten von heute, sondern vom ganzen letzten Monat sehen.» Daraufhin verlegenes Schweigen – das einzelne Blatt enthielt die Ausbeute einmonatiger Arbeit.

Am Nachmittag besuchten wir Hetauping, die acht Kilometer talabwärts von der Verwaltungszentrale gelegene «Walnußterrasse». Die Stelle war als Bauplatz für das Forschungszentrum in Aussicht genommen worden. Hier wurde der Fluß von dunklen Bergen bedrängt, einem bewaldeten Hang auf der einen und einem fast senkrechten Absturz auf der anderen Seite. Welchen Grund gab es, auf zwei Flußterrassen in einem kalten und feuchten abgelegenen Tal ein Forschungszentrum zu quetschen, wenn man alle chemischen Analysen, die man benötigte, in der nicht weit entfernten Großstadt Chengdu mit ihren Universitäten und Labors vornehmen lassen konnte? Warum baute man nicht ein leerstehendes Gebäude in der Verwaltungszentrale zur Forschungsstation mit Arbeitsräumen, Bibliothek, Herbarium und so weiter um? Welche Naivität von mir, anzunehmen, abendländische Logik sei gleich chinesische Logik!

In der Nacht fiel die meiste Zeit wieder Regen, der bis in den Morgen hinein anhielt. Aber als wir dann durch eine Schlucht hinauf zum Yingxionggou, einem dem Choushuigou benachbarten Tal, wanderten, war der Himmel zwar noch bewölkt, aber aufgehellt. Der Weg, der früher zum Abtransport von Holz benutzt worden war, führte an drei Stellen durch Tunnel im Gestein. Nach kurzer Zeit weitete sich die Schlucht zu einem Tal, und wir langten bei der «Panda-Zuchtstation» an, die zwar so hieß, aber in der noch keine einzige erfolgreiche Paarung stattgefunden hatte. Die Pandas waren in einer – in kleine, kahle Gitterzellen unterteilten – nach einer Seite offenen Schutzhütte untergebracht. Sieben Tiere saßen hier zusammengekauert in dem kalten Wind, der aus dem Taltrichter in die Schlucht hinunter zog. Es gab ein Freigehege mit natürlicher Vegetation einschließlich Bambus, aber offenbar durften die Pandas es nicht benutzen.

Ich war entsetzt über diese Zustände. Seit Tagen erzählte man uns, was für eine Kostbarkeit der Panda und wie stolz das Land auf ihn war. Die ganzen siebziger Jahre über hatte die chinesische Regierung den Panda als Werkzeug der Politik eingesetzt, indem sie bestimmten Ländern – Japan, den Vereinigten Staaten, England, Frankreich, Spanien, Mexiko, Nordkorea – als Geste der Freundschaft jeweils ein Pärchen dieser hochgeschätzten (und als Pärchen besonders hochgeschätzten) Tiere schenkte. Zoologische Gärten der ganzen Welt überboten sich gegenseitig, um in den Besitz von Pandas zu gelangen: Ein amerikanischer Tierpark bot für ein Pärchen sage und schreibe eintausend Holsteiner Rinder. Nach meinem Dafürhalten würde es eine meiner Aufgaben sein müssen, die «Zuchtstation» in ordentlichen Zustand zu bringen, es den Pandas hier gemütlich zu machen, für ein anständiges Management der Tiere zu sorgen. Ich dachte nur an die Pandas und nicht im geringsten daran, daß mein westlicher Gewohnheit entsprechender Wunsch nach Änderung und Verbesserung der Verhältnisse mit einer gewaltigen landesüblichen Trägheit zusammenprallen würde, die nicht zuletzt auch in der Überzeugung wurzelte, daß harte Arbeit zu absolut nichts führt.

Meine schwarzen Gedanken angesichts der trostlosen Beschaffenheit der «Zuchtstation» verflogen jedoch im Nu, als die Tierpfleger zwei sieben bis acht Monate alte Pandajunge anschleppten. Sie wogen etwa dreizehn bis vierzehn Kilogramm und waren gerade noch so klein, daß man sie auf die Arme nehmen konnte – vorausgesetzt, man nahm sich vor ihren achatfarbenen Klauen in acht, die so gebogen und scharf wie Katzenkrallen waren. Die meisten Säugetiere sind unauffällige Erscheinungen, aber einem Panda keine Beachtung zu schenken ist unmöglich. Und diese Kleinen besaßen den ganzen Reiz, der ihre Spezies zu etwas so Besonderem macht. Dem Inbild schutzbedürftiger Verletzlichkeit, als welches ihr Äußeres sich präsentierte, fügte der schwarze Fleck um die ernstblickenden Augen eine menschliche Note hinzu, die schlechthin unwiderstehlich wirkte. Ich gab mir Mühe, die Tiere objektiv zu betrachten, wobei ich mir sagte, daß kein Mensch ihnen besondere Beachtung schenken würde, wenn sie die durchgängig schwarze Fellfärbung eines Schwarzbären hätten. Aber nichts zu machen: sie blieben die liebenswertesten Kreaturen, die mir je begegnet waren.

Tags darauf fuhren wir talaufwärts ins Hochgebirge, wo uns die atemberaubende Innenansicht einer Wolke erwartete. Es war unser letzter Tag in Wolong, und am Abend wurde für uns ein Abschiedsbankett gegeben. Das Menü bestand aus einer langen Folge von traditionellen Gerichten, eingeleitet von kalten Platten mit würzigen Gemüsen, die gefolgt wurden von einer herrlichen Vielfalt pikanter Speisen (großenteils mit feurigem rotem Pfeffer): Tofu, kurzgebratenes Schweinefleisch mit Gemüse, Krabben, gedämpfter Fisch und so weiter und so fort – bis wir lange vor der Suppe, die das Ende der Mahlzeit markierte, mehr als satt waren. Dem Gebot der Höflichkeit folgend, brachte man persönliche Toasts aufeinander aus, wobei man sich, je nachdem, mit Bier oder süßem Rotwein oder *baiju*, einem jungem Arrak ähnlichen hochprozentigen klaren Kornbranntwein, zuprostete. Wir toasteten und prosteten – aßen – toasteten und prosteten – aßen – toasteten und prosteten... *Gan bei*, «Auf ex!»... Das Ausbringen der Toasts erfolgte nach starrem Ritus, die Trinksprüche der Gastgeber waren formelhafte Beschwörungen der Freundschaft und des Willens zur Zusammenarbeit: «Willkommen unseren Gästen, die von weit her zu uns gekommen sind», «Noch sind wir neue Freunde, aber bald werden wir alte Freunde sein», «Auf gute Zusammenarbeit». Von jedermann wurde erwartet, daß er irgend etwas dergleichen vorbrachte. Ich sagte: «In der Vergangenheit kamen Expeditionen aus dem Westen, um Pandas zu jagen und abzuschießen, um Tiere aus China fortzuführen. Anders der WWF. Er kommt, um zu helfen, um dafür zu sorgen, daß die Pandas in ihrer angestammten Heimat bleiben.»

Mit zugegen auf dem Bankett war Chiu Xiaochiu, ein Künstler, der zur Spitzengarnitur der Provinz Sichuan zählte. Chinesische Künstler spezialisieren sich häufig auf ein einziges Sujet oder sogar ein einzelnes Tier. Chiu Xiaochiu, ein Mann von magischem Charme, der mit seinen dicken Brillengläsern wie ein ordnungsliebender Träumer aussah, hatte sein Herz an die Pandas gehängt. Am Nachmittag hatte er ein Blatt Reispapier auf einem Tisch ausgebreitet und mit einem Dutzend knapper, flinker Pinselstriche – Beine, Ohren, Augen, gerundeter Rücken – einen Augenblick aus dem Leben eines Pandas eingefangen. Satt und zufrieden hatte das Tier sich zum Ausruhen gegen einen Bambus gelehnt und zusammensinken lassen. Chiu Xiaochiu hatte eine Widmung für mich auf das Blatt geschrieben und es mit seinem persönlichen Siegel signiert, dann hatte er mir diesen Schatz mit freundlicher Geste überreicht. Jeder von uns hatte ein Bild erhalten. In der Kunst nicht anders als im Leben ist der Panda eine so markante, einfache und dekorative Form, daß es mir ein Rätsel war, warum Pandas vor den 1950er Jahren so selten gemalt wurden. Auf antiken Bildrollen oder Wandgemälden sucht man Pandas vergeblich, obschon es in der chinesischen Kunst von wilden Tieren nur so wimmelt. Die Schildkröte ist das Sinnbild der Weisheit, der Kranich Sinnbild des langen Lebens, die Fledermaus Sinnbild des Glücks. Der Tiger symbolisiert Streitbarkeit und Kraft, der Hirsch Reichtum, aber dem Panda geht ein derartiger höherer Sinnbezug ab; er besitzt in der chinesischen Geschichte keine mythische Realität, keinen allegorischen Wert. Möglich, daß seine Gewohnheit, sich in dichten Bambushainen vor fremden Blicken verborgen zu halten, der Grund war, weshalb er aus dem zoologischen Pantheon ausgeschlossen blieb. Mehr noch als der Drache ist er ein Fabeltier.

In China ist es Tradition, bei besonderen Anlässen ein Erinnerungsgedicht zu komponieren. Auf jenem Bankett improvisierte Chiu Xiaochiu allerdings keine Ode auf den Panda, sondern begann seine Rezitation mit den Worten: «Ein Drache stieg vom Himmel herab, um sich eine irdische Heimstatt zu suchen, einen Palast der Natur, ein Land des Glücks...»

«Er ist Buddhist», rief Nancy in ihrer überschwenglichen Art aus.

«Er ist kein Buddhist! Er ist Marxist!» stellte Xiao Liu mit Nachdruck richtig und holte uns damit abrupt in die Gegenwart zurück.

Zur Mitträgerschaft des Panda-Projekts kam der WWF durch reinen Zufall. Mitte 1979 hatte die Organisation Nancy Nash für die Dauer von drei Monaten als PR-Beraterin an die Zentrale in der Schweiz engagiert.

«Wenn ihr schon den Panda als Emblem habt, weshalb habt ihr euch da noch nicht wegen einer Panda-Studie mit China in Verbindung gesetzt?» erkundigte sie sich eines Tages.

«Wir haben es probiert, aber da läuft nichts», wurde sie belehrt.

«Soll *ich* es mal probieren?»

«Ja», lautete die Antwort.

Mit dem für sie typischen Elan setzte sie ein Memorandum auf, in dem sie ein Treffen zwischen einer WWF-Delegation und den zuständigen chinesischen Stellen anregte, dessen Zweck es sein sollte, über die besten Mittel und Wege zu sprechen, gemeinsam etwas für den Tierschutz im Lande zu tun. Das Memorandum ließ sie dann über das Hongkonger Büro der amtlichen chinesischen Nachrichtenagentur Xinhua den richtigen Leuten in Beijing zustellen. Die Demarche erfolgte zu einem günstigen Zeitpunkt. China hatte im Jahr zuvor sein Programm der «Vier Modernisierungen» (Landwirtschaft, Industrie, Militär und Wissenschaft) angekündigt. In der außenpolitischen Linie des Landes hatte sich der Pragmatismus gegen das Verlangen nach Isolation und Abschottung durchgesetzt. Befangen in einem Stolz, der in Jahrhunderten glorreicher Geschichte wurzelte, hatten die Chinesen lange Zeit die Berührung mit den – in ihren Augen primitiven – Kulturen jenseits der Landesgrenzen vermieden; aber jetzt brauchten sie Technologieimporte. Die Chinesen stimmten einem Besuch von Vertretern des WWF zu.

Vom 19. bis zum 29. September 1979 hielt sich eine WWF-Delegation in China auf, die sich aus Sir Peter Scott, Lee Talbot, PR-Manager David Mitchell, Nancy Nash, Generalsekretär Charles de Haes und anderen zusammensetzte. Man erörterte eine umfangreiche Liste von Fragen des Naturschutzes. Ein gemeinsamer Ausschuß aus je drei Vertretern Chinas und des WWF wurde ins Leben gerufen, der einmal jährlich zusammentreten sollte. Man unterzeichnete ein Übereinkommen, das unter anderem eine Abmachung über ein Projekt zum «Schutz des Großen Pandas einschließlich Errichtung eines Forschungszentrums für diese Spezies sowie systematischer Forschungen zu ihrer Biologie» enthielt. Es war ein Treffen von historischer Bedeutung, allerdings wurde dabei auch der Grund zu so schwerwiegenden Mißverständnissen gelegt, daß es mit dem Panda-Projekt beinahe schon ausgewesen wäre, noch ehe es richtig begonnen hatte. Mit der Unterzeichnung des Übereinkommens stimmte der WWF praktisch einem Forschungszentrum zu, ohne sich Klarheit darüber verschafft zu haben, welche Konsequenzen das für ihn haben könnte. Und auf chinesischer Seite betraute man drei verschiedene staatliche Institutionen – das Forstwirtschaftsministerium, die Akademie der Wissenschaften und das Umweltschutzbüro (heute Nationale Umweltschutzagentur) – mit der gemeinsamen Trägerschaft des Projekts. Eine unkluge Entscheidung. Chinesen verlassen sich zuallererst auf sich selbst und im übrigen auf Familienbande; allenfalls fühlen sie sich noch – in freilich sehr viel geringerem Grade – mit ihrer Arbeitsgruppe beziehungsweise Dienststelle solidarisch. Außerhalb dieser Loyalitätssphären gibt es wenig Pflichtgefühl, es sei denn, da wäre *guanxi*, eine persönliche Beziehung, mit im Spiel. Infolgedessen zeigt jede Instanz des Apparats, sofern vom Leiter persönlich nichts Gegenteiliges angeordnet wird, anderen Instanzen gegenüber mehr Egoismus und Konkurrenzverhalten als Kooperationsbereitschaft. *Po po tai dou*, sagen die Chinesen: «Zu viele Schwiegermütter.» Das Panda-Projekt hatte viel zu viele.

Keine Rose ohne Dornen. Drei Wochen lang hatten unsere chinesischen Gastgeber, keinen Aufwand an protokollarischer Herzlichkeit und Fürsorglichkeit scheuend, uns mit herrlichen Gastmählern und Ausflügen verwöhnt. Zurück in Beijing, setzten wir uns jetzt in einem Raum des Beijing-Hotels zusammen, um in ernsthafte Verhandlungen über das Projekt einzutreten. Wang Menghu redete mehrere Stunden lang in epischer Länge und Breite über das, was für ihn höchste Priorität besaß: die Forschungsstation.

«Die Forschungslabors werden rund zwanzig Räume mit einer Gesamtfläche von achthundert Quadratmetern umfassen. Die Baukosten werden ungefähr zweihundertfünfzig Yuan pro Quadratmeter betragen. ... Die Wohngelegenheiten werden eintausendsechshundert Quadratmeter beanspruchen. Ein außerordentlicher Professor hat Anspruch auf siebzig, ein Techniker auf dreißig Quadratmeter Wohnraum. Die Zahl der Wissenschaftler und Techniker wird sich auf etwa dreißig belaufen. ... Geplant ist der Bau eines Zehn-Hektar-Freigeheges für zwanzig Pandas. Dazu werden fünf Kilometer Zaun von drei Meter Höhe benötigt, außerdem zweitausendfünfhundert Pfosten zum Preis von zehn Yuan das Stück. ... Die Forschungslabors und das Freigehege werden sich auf verschiedenen Seiten des Flusses befinden. Eine Brücke wird dreihunderttausend Yuan kosten. ... Vorgesehen ist der Bau eines Zweihundertfünfzig-Kilowatt-Wasserkraftwerks.»

Und so weiter und so fort. Wir waren wie vor den Kopf geschlagen. Die Baukosten würden sich alles in allem auf zwei Millionen US-Dollar belaufen. Die Idee einer Nachzuchtstation hatte etwas für sich, denn das Beste, was man mit der erbärmlichen Anlage im Yingxionggou anfangen konnte, war, sie zu schließen. Aber was hatte ein Großlabor mit Artenschutz für Pandas zu tun? Außerdem zäumten die Chinesen mit ihrer Planung nach meiner Meinung das Pferd beim Schwanz auf: Sie hatten Entscheidungen über die Nutzfläche und die Zahl der Techniker getroffen ohne die mindeste vorherige Beratung darüber, was für Forschungen denn hier überhaupt stattfinden sollten. Ich wußte damals noch nicht, daß in China die Größe eines Gebäudes, mochte sie sachlich noch so unangemessen sein, eine Aussage über die Wichtigkeit eines Projekts darstellt.

Sir Peter trug eine ausführliche Erwiderung vor. «Ein wichtiges langfristiges Ziel ist, den weiteren Rückgang der Panda-Zahlen infolge Habitatvernichtung zu verhindern, ein weiteres, den Bestand durch Feldforschung und Nachzucht zu vermehren. Zweck der letzteren ist es, Pandas auszuwildern und an zoologische Gärten zu liefern und damit das Bedürfnis nach wildgefangenen Tieren abzustellen.» Im weiteren Verlauf seiner Rede sprach er über die große Bedeutung von Reservaten und machte Vorschläge, wie man die Kosten des Projekts senken könne (z. B. durch Verkleinerung des geplanten Freigeheges). Dem Thema Nachzucht widmete er eine längere Betrachtung, das Thema Labor streifte er lediglich am Rande. «Das Hauptgewicht sollte auf der Feldarbeit liegen», erklärte Sir Peter abschließend.

Beide Augen starr auf die chinesischen Interessen gerichtet, betete Wang Menghu noch einmal herunter, was er zuvor schon gesagt hatte. Abwechselnd glattzüngig, bescheiden und geistreich, mal unverhohlen aggressiv, dann wieder zuckersüß, hatte er es darauf angelegt, sowohl bei seinen zuhörenden Kollegen als auch bei uns Eindruck zu schinden. «Ein Forschungszentrum ist unerläßlich für die Koordination aller Arbeiten im Umkreis des Pandas. Ohne ein derartiges Zentrum kann keine Kooperation mit anderen Stellen zustande kommen. ... Der erste Schritt ist der Bau eines Forschungszentrums.» Was er sagen wollte, war klar: ohne Forschungszentrum kein Panda-Projekt.

«Der WWF bezieht seine Mittel aus Spenden der Allgemeinheit», entgegnete Sir Peter. «Er ist keine Bank. Die Allgemeinheit möchte ihre Spenden nicht in bauliche Anlagen fließen sehen. Zum gegenwärtigen Zeitpunkt sieht sich der WWF außerstande, die Kosten für einen Großbau zu übernehmen.»

In diesem gereizten Ton klang die Sitzung aus.

Der WWF ging mit Romantik und Blauäugigkeit an das Projekt heran. Ausländische Geschäftsleute in China betrachten das Land als gigantischen Absatzmarkt, so wie in früheren Jahrhunderten die Missionare es als gigantisches Reservoir an bekehrbaren Seelen betrachteten. Im Gegensatz dazu gab der WWF zu verstehen, seine Anwesenheit hier diene einzig und allein einem selbstlosen Zweck. Daß man das Engagement für den Panda mit ihnen teilte, mußte den Chinesen doch genügen. Andere Länder hatten dankbar entgegengenommen, was immer der WWF ihnen an Geldern und Ausrüstung zu bieten hatte. Die Chinesen indessen haben schon seit langem begriffen, daß Ausländer stets ihre eigenen Interessen verfolgen, egal, ob sie nehmen oder geben. Die Chinesen ziehen einen deutlichen Trennungsstrich zwischen materiellen Interessen und anderen Zielen und wollen jene nicht mit diesen verwechselt sehen. Auf jeden Fall war der WWF auf harte Verhandlungen nicht im mindesten vorbereitet.

Der WWF hatte keinen eigenen Dolmetscher und damit niemanden, der seine Position mit allen Einzelheiten und Nuancen und darüber hinaus rhetorisch effektvoll hätte darlegen können.

Man sah sich vielmehr ganz auf die Dienste Ma Huanqins, einer Mitarbeiterin des Umweltschutzbüros, angewiesen. Ma Huanqin, eine Frohnatur mit strahlendem Lächeln, arbeitete mit wahrer Hingabe, um eine Verständigung herbeizuführen, aber natürlich lagen ihre Loyalitäten auf der chinesischen Seite. Sie opferte sogar ihre *xiu xi,* die zweistündige Mittagspause – eine allseits geschätzte, wenn auch ineffektive chinesische Institution –, für unsere Sache und übersetzte bis tief in die Nacht hinein, was wir ihr aufgeschrieben hatten. Aber das Geschäft des Dolmetschers ist eine Sache mit Haken und Ösen, und Ma Huanqins Übersetzungen wurden manchmal zum Anlaß von Verwirrung und quälenden Mißverständnissen. Im nachhinein ist auch unübersehbar, daß der WWF fortgesetzt den Fehler beging, Leute von Spitzenrang in die Verhandlungen zu schicken, und das selbst dann noch, wenn es um Nebensächlichkeiten ging. Verhandlungen sind in China Sache der mittleren Führungsgarnitur; Wang Menghus unmittelbarer Vorgesetzter ließ sich kein einziges Mal auf unseren Sitzungen blicken, und ich habe im Verlauf jahrelanger Zusammenarbeit mit dem Ministerium niemals mit einer höheren Charge Bekanntschaft gemacht. Außerdem ist es für Spitzenleute in Verhandlungen unmöglich, ohne Gesichtsverlust Rückzieher zu machen, Schuld abzuwälzen und Entscheidungen auf die lange Bank zu schieben. Der WWF setzte für diese Zwecke – ohne sonderlich überzeugend zu wirken – seinen anonymen Verwaltungsrat ein.

Für die Diskussion und das Abkommen über das komplexe Thema Forschungszentrum waren lediglich zwei Tage anberaumt worden, noch dazu die letzten vor Sir Peters Abreisetermin. Die Chinesen hatten den WWF auf raffinierte Weise in Zeitdruck manipuliert – eine ausgezeichnete Verhandlungstaktik. Sie wußten, daß dem WWF immens viel daran lag, sich das Projekt noch rechtzeitig zu seinem zwanzigjährigen Jubiläum im Jahr 1981 zu sichern. Sie wußten auch, daß der WWF darüber informiert war, daß der Stellvertretende Ministerpräsident Fang Yi im November 1979 seine prinzipielle Zustimmung zu einem

Panda-Studienprojekt der Smithsonian Institution gegeben hatte, was für den WWF die Schreckensvision heraufbeschwor, daß die erste Studie über sein Wappentier von einer anderen Organisation durchgeführt werden könnte. Und sie wußten, daß Sir Peter, falls der Vertrag nicht sofort zustande käme, gezwungen wäre, das Projekt vorerst auf Eis zu legen, bereits angelaufene Aktionen zur Beschaffung der Geldmittel abzublasen und noch andere Pläne über den Haufen zu werfen. Die Dynamik der Umstände machte es für den WWF leichter, auf dem eingeschlagenen Weg weiterzugehen, als eine Besinnungspause einzulegen. Je überstürzter du einen Vertrag abschließt, desto mehr Zeit gewinnst du, dein Tun zu bereuen. Oder um es mit einem chinesischen Sprichwort zu sagen, das Wang Menghu bei anderer Gelegenheit zitierte: *Qi hu nan xia*, «Wer auf einem Tiger reitet, hat Mühe, wieder abzusteigen.» Und entsprechend ungeniert harfte er auf unseren Nerven herum.

Die nächste Sitzung war ganz dem Thema Finanzen gewidmet. Wang Menghu führte aus: «Die chinesische Seite muß wissen, wieviel Prozent der gesamten Baukosten der World Wildlife Fund zur Verfügung stellen kann, denn in China muß für jedes Projekt ein schriftlicher Plan bei der Staatlichen Großbaukommission eingereicht werden. Die Unterlagen müssen Angaben über das Planungsziel, die Größe der Anlage und die Kosten sowie einen Terminplan für die Bauausführung enthalten. ... Solange der Beitrag des World Wildlife Fund nicht bekannt ist, kann kein Plan eingereicht werden.»

Er würde jetzt gern eine Zahl hören. Heute noch.

Mit von der Partie bei unseren Sitzungen war ein teigiger und miesepetriger Parteifunktionär, der es anscheinend hauptsächlich darauf angelegt hatte, mit gemurmelten Bemerkungen in dem Genre «Wir brauchen keine Hilfe aus dem Ausland. Wir können das allein» subtilen Druck auf uns auszuüben. Er wußte sehr wohl, daß Nancy Nash Chinesisch verstand.

«Der World Wildlife Fund hat im Moment kein Geld für das Projekt», erwiderte Sir Peter. «Ich könnte mir denken, daß vielleicht zehn Prozent von den Spendenmitteln, die für die Pandas beschafft werden, und auf alle Fälle nicht mehr als fünfundzwanzig Prozent für bauliche Maßnahmen ausgegeben werden.»

Derart unpräzise Zahlen konnten die chinesische Seite nicht zufriedenstellen. Wang Mengshu schlug vor, der WWF möge fünfzig Prozent der Baukosten beisteuern. Sir Peter konterte mit dem Vorschlag, die Kosten des Forschungszentrums auf eine Million US-Dollar zusammenzustreichen. Die Chinesen wußten ganz genau, wieviel sie haben wollten; beim WWF hatte man es versäumt, eine Entscheidung darüber zu treffen, auf welcher Basis man verhandeln wollte – eine stümperhafte Taktik.

Am Abend rief Sir Peter Charles de Haes in der Schweiz an. Aus irgendeinem Grund war die Mithöreinrichtung eingeschaltet, so daß wir alle, die wir im Zimmer anwesend waren, mitbekamen, was am anderen Ende der Leitung gesagt wurde.

«Eine Million Dollar jagt mir keinen Schrecken ein. Auch zwei Millionen nicht», meinte Charles de Haes.

Wir waren hoch erfreut, daß jetzt einer Verständigung über das Panda-Projekt nichts mehr im Weg stand. Nachdem Charles de Haes persönlich für den WWF sein Wort gegeben hatte, konnte das Forschungszentrum Wirklichkeit werden.

Am nächsten Morgen eröffnete Sir Peter die Sitzung. «Es wird anerkannt, daß der Bau des Forschungszentrums zum Schutz des Großen Pandas erforderlich ist. ... Der World Wildlife Fund International ist bereit, der Volksrepublik China den Betrag von einer Million US-Dollar zur Verfügung zu stellen. ... Der Betrag umfaßt nicht die Ausgaben für Ausrüstung, Feldforschung, Reisen nach Übersee und andere Posten dieser Art.»

Ich hatte mit lächelnden Gesichtern oder einem sichtlichen Aufatmen gerechnet. Aber Wang Menghu, Hu Jinchu, Ma Huanqin und die anderen saßen einfach nur da und trugen das Air der Gleichgültigkeit zur Schau. Nur Xiao Yu, ein Vögelchen von Frau, ließ sich zu einer Reaktion hinreißen: Ihr Kugelschreiber schwebte reglos über dem Notizblock, statt wie sonst eifrig mitzuschreiben, was auch immer die Anwesenden von sich gaben.

«Eine Million Dollar, das ist gut», meinte Wang Menghu lakonisch. «Wann wird das Geld hier sein?» Geschäft war Geschäft.

Nachdem das Finanzielle mehr oder minder geregelt war, verlangten die Chinesen nunmehr einen Aktionsplan, sprich: einen Terminplan für die Bauausführung und einen Fünfjahresplan für die Panda-Forschung in freier Natur wie an gefangenen Tieren. Spätestens bis morgen früh. Sir Peter, Nancy und ich palaverten und schrieben die halbe Nacht, und Nancy tippte obendrein diverse Rohentwürfe des Plans auf der Maschine.

Nach Sir Peters Abreise feilten Nancy und ich noch vier Tage lang an den Einzelheiten. Die Chinesen nahmen unseren englischen Text, fertigten davon eine Rohübersetzung ins Chinesische an, die alsdann ins Englische rückübersetzt wurde – ein Manöver, bei dem der Sinn vieler Sätze auf der Strecke blieb. Gemeinsam gingen wir dann Wort für Wort, Satz für Satz Entwürfe durch und schlugen uns in der allgemeinen Diskussion Spitzfindigkeiten um die Ohren. Wir waren der Meinung, wir seien dabei, eine Endfassung zu erstellen. Aber nein, in den Eingeweiden des Apparats nahmen dann irgendwelche Leute noch einmal Änderungen vor, deren Sinn häufig dunkel blieb, mit denen aber manchmal auch richtiggehende Fußangeln ausgelegt wurden. So hatten wir uns beispielsweise darauf verständigt, daß der WWF eine Million Dollar für bauliche Maßnahmen zur Verfügung stellen würde; irgend jemand änderte das in «mindestens eine Million Dollar». Durch derlei Scherze alarmiert, blieb ich fortan auf dem Quivive.

Auch andere Themen kamen zur Sprache. Es wurde ein Experte für das Management gefangener Wildtiere benötigt, der in unmittelbarer Zusammenarbeit mit den einheimischen Architekten an der Planung des Forschungszentrums mitwirken sollte. Der WWF hatte sich ein Mitspracherecht bei der Planung ausbedungen. Die Bauten sollten im traditionellen chinesischen Stil ausgeführt werden, mit den hübschen geschwungenen Dächern, die die Geister und Dämonen (die sich nur in gerader Linie bewegen können) fernhalten. William Conway, der Generaldirektor der New York Zoological Society, hatte sich zur Mitarbeit bereit erklärt, brauchte dafür jedoch ein Visum. Wenn nötig, können die Chinesen sehr schnell reagieren, und in diesem Fall kam uns noch dazu Wang Jinhe zu Hilfe, ein Xinhua-Reporter, der an mehreren von unseren Sitzungen teilgenommen hatte. Das Visum stand umgehend zur Verfügung. Ich traf mich mit Bill in Chengdu, und anschließend verbrachten wir mehrere Tage zusammen in Wolong. Die Zuchtstation, so wurde entschieden, würde eine Quarantäneabteilung, eine Kinderstube und eine Paarungsanlage umfassen sowie eine Reihe von Einzelgehegen, bestehend jeweils aus einer Hütte, in der das Tier für sich sein konnte, mit einer umzäunten Freifläche davor, die am anderen Ende durch einen umzäunten Gang mit den anderen Einzelgehegen verbunden war. Dadurch würde ein brünstiges Weibchen die Möglichkeit haben, mit allen verfügbaren Männchen Bekanntschaft zu schließen und umgekehrt, so daß die Tiere sich den passenden Paarungspartner würden selbst auswählen können.

Ein anderer Verhandlungspunkt war mein Arbeitsplan. Es war vereinbart und im Aktionsplan fixiert worden, daß ich im November 1980 meine Arbeit in Wolong aufnehmen würde. Zhang Shuzhong, ein verschlossener und wachsamer Mann mit weißen Strähnen im Haar, gab zu verstehen, daß das Leben in Wolong für eine Ausländerin zu schwierig sein würde. Ein Chinese würde niemals jemand anderem einen unangenehmen Sachverhalt direkt unter die Nase reiben, aber es war völlig klar, was mein Gegenüber sagen wollte: Kay, meine Frau, wäre hier nicht willkommen. Ich hatte bereits gelernt, daß es wenig nützen würde, auf einer offiziellen Konferenz in eine ausführliche Diskussion über eine Frage wie diese einzutreten: In diesem Rahmen verwandelt sich noch das einfachste Problem im Spannungsfeld von einem Dutzend unterschiedlicher Gesichtspunkte in einen Verhau von Komplikationen. Statt dessen eröffnete ich Wang Menghu inoffiziell, daß ich ohne Kay nicht in China arbeiten würde. Nachdem er meine Unnachgiebigkeit in dieser Frage taxiert hatte, meinte er, das Problem würde bald aus der Welt geschafft sein.

Der Aktionsplan war fertiggestellt, der Konferenzmarathon vorbei. In einem Brief an Charles de Haes versuchte sich William Conway an einer Bewertung der Globalwirkung des Abkommens: «Es kann keinem Zweifel unterliegen, daß der WWF hier einen außerordentlich vorteilhaften Handel abgeschlossen hat. Sein bescheidener Beitrag zu dem Panda-Programm und damit zusammenhängenden Entwicklungsprojekten wird, selbst wenn er sich (wie ich hoffe) alles in allem auf mehrere Millionen belaufen sollte, weltweit in unverhältnismäßig hohem Umfang beim Bewußtsein für Naturschutzfragen zu Buche schlagen. ... Es könnte sehr wohl sein, daß nichts, was der WWF bislang getan hat, so wahrhaft international in seinen Konsequenzen ist.»

Vertrag und Aktionsplan wurden von dem Chef des Umweltbüros, Li Chaobo, und dem Präsidenten des WWF, John Loudon, am 30. Juni 1980 in den Niederlanden unterzeichnet. Die ersten Worte des Vertrags lauten:

> Die Chinesische Gesellschaft für Umweltwissenschaften der Volksrepublik China und der World Wildlife Fund International sind zu der Einsicht gelangt, daß der Große Panda nicht nur ein kostbarer Besitz des chinesischen Volkes ist, sondern ebensosehr auch ein kostbares Erbe der Natur, das die Menschen auf der ganzen Welt betrifft. Er besitzt großen wissenschaftlichen, wirtschaftlichen und kulturellen Wert.

Wir sollten bald erfahren, daß die Unterzeichnung dieses Vertrages erst den Anfang, nicht das Ende der Verhandlungen – und schwerwiegender Probleme – bezeichnete. Nichtsdestoweniger fand ich mich ein halbes Jahr später, im Dezember 1980, wieder in Wolong ein, um hier zu Hu Jinchu zu stoßen und gemeinsam mit ihm unser eingehendes Studium des Pandas in Angriff zu nehmen.

2
Wintertage

Dezember 1980 – Februar 1981

Es war sieben Uhr morgens und noch dunkel, aber ich hörte Tang Gianrui, unseren Koch, schon in der Küchenhütte herumklappern. Ich zerrte mein Hemd in den Schlafsack, um es anzuwärmen, und blieb dann stocksteif liegen, bis die Kälte aus ihm gewichen war. Auf der gegenüberliegenden Zeltseite lag Hu Jinchu und schnarchte leise, zur Rückwand hin schlief, die unvermeidliche Pelzmütze auf dem Kopf, Xiao Huang, der interimistische Dolmetscher aus Beijing. Im Morgengrauen schlüpfte ich in die Kleider; für mein «deutsches» Arbeitsethos war es fast eine Sünde, nach Tagesanbruch noch in der Klappe zu liegen. Die Bewohner der zwei anderen Zelte im Wuyipeng-Camp lagen noch im Tiefschlaf, und der graue Himmel draußen kündigte einen weiteren kalten Dezembertag an. Am Stamm eines Rhododendrons war ein Thermometer befestigt; es meldete acht Celsiusgrade unter Null.

Ich schlüpfte in die Gemeinschaftshütte. Dieses Monument der Schlichtheit war eine wackelige Sammlung von ungehobelten Brettern mit Teerpappedach und zahlreichen notdürftig mit Grasmatten abgedichteten Ritzen. Ein Leinenvorhang hinter der Tür schaffte es immerhin bis zu einem gewissen Grad, die Zugluft und den Schnee, der mit ihr eindringen wollte, draußen zu halten. Es war kalt hier drinnen, etwas anderes konnte man beim besten Willen nicht sagen. Tang Gianrui, der in seiner voluminösen Daunenjacke und -hose wie ein burgunderroter Bär aussah, war, über Wok und Dampfkochtopf gebeugt, mit der Zubereitung des Frühstücks beschäftigt. Von einem Dachbalken hing an einem Strick ein Schweinehinterteil herunter, in einer Ecke lagerten Säcke mit Reis und Mehl, Kanister mit Speiseöl und anderer Proviant. Ich schnappte mir ein *mantou*, «Dampfbrötchen» – das gedämpfte Hefebrot, das in China zu den Grundnahrungsmitteln gehört –, und ging in den Nachbarraum, wo ich mein *mantou* nahe an die Glut eines mitten auf dem nackten Erdboden brennenden Holzfeuers legte. Dann ließ ich mich auf einem der Holzklötze nieder, die als Sitzgelegenheiten dienten, sah zu, wie mein *mantou* getoastet wurde, und wärmte mir dabei die Hände über dem Feuer. Der kahle Raum bezeichnete die Grenze dessen, was man noch als Wohnraum ansprechen konnte. In einer Ecke stand ein Faß, um das herum verschüttetes Wasser zu einem Minigletscher gefroren war. Jeden Tag füllte Tang Gianrui das Faß mit Wasser aus Eimern, die er an einer Tragstange von einem wenige hundert Meter entfernten Bach herbeischleppte. In einer anderen Ecke stand ein altersschwacher Tisch mit einem Transistorradio darauf, daneben hingen ein paar Regale, wo jeder seinen Zahnputzbecher aufbewahrte, in den Waschlappen, Seife, Zahncreme und Zahnbürste gestopft waren. Das Brennholz lagerte auf den unteren Dachbalken, die rußgeschwärzt waren wie alles in dem Raum. Ein Fenster gab es nicht, aber in einer Wand war am Boden ein großes Loch, durch das Holzscheite gleich von draußen ins Feuer geschoben werden konnten.

Zhou Shoude erschien auf der Bildfläche. Er griff sich eine von den Emailwaschschüsseln, die bei dem Faß auf dem Boden herumlagen, schöpfte warmes Wasser aus dem Kessel, der über dem Feuer hing, und wusch sich das Gesicht. Er war der Campvorsteher, ein schmucker junger Mann, stets höflich, aber mit einer distanzierten Art, die mich mit ihm nicht warm werden ließ. Zhang Xianti kam herein und stocherte das Feuer auf, daß die Funken flogen. Er hatte kurzes, dichtes, aufrechtstehendes Haar, das aussah wie ein galvanisch aufgeladener Maulwurfspelz, und lächelte über sein ganzes breites Gesicht. Er war ein methodischer Arbeiter, immer zur Stelle, wenn man ihn brauchte. Als nächster gesellte sich Tian Zhixiang zu uns, ein charmanter Taugenichts, dessen fröhliches und freundliches Naturell die Tatsache mehr als wettmachte, daß er zu der Sorte komisch ungeschickter Menschen gehörte, die noch über die eigenen Beine stolpern. Nachdem er an seiner ursprünglichen Aufgabe, als Proviantmeister in Wuyipeng für ein permanent gefülltes Vorratslager zu sorgen, gescheitert war, stellten die Verantwortlichen ihn zur Forschungsarbeit ab. Pan Wenshi und Xiao Wang und Da Wang – der Kleine Wang und der Große Wang, wie wir sie nannten – trudelten ein, dann weitere Teammitglieder, bis wir zuletzt alle elf Mann hoch versammelt waren. *«Chi fan»*, rief Tang Gianrui: «Essen.» Wir stellten uns an, um uns erst Reisbrei in die Eßschale zu schöpfen und anschließend geröstete Erdnüsse und eingelegtes Gemüse dazuzutun. Um das Feuer geschart, aßen wir hastig, ohne viel geselliges Blabla.

«Wo wollen wir heute hin?» fragte mich Hu Jinchu.

Bis jetzt hatten wir jeden Tag eine andere Stelle im Choushuigou aufgesucht, damit ich um so schneller Weg und Steg kennenlernte. Der Kessel ist eng, er umfaßt nicht viel mehr als fünfundzwanzig Quadratkilometer, und das Haupttal öffnet sich zu drei Seitentälern hin. In den Talkessel hinein schieben sich zahlreiche Ausläufer von Höhenzügen und schaffen hier eine zerklüftete Landschaft von schmalen Graten und steilen Hängen. Einzig gegenüber Wuyipeng gibt es ein einigermaßen ebenes Plateau, das Fangzipeng.

«Das überlasse ich Ihnen», gab ich zur Antwort.

Ich bewunderte die Hingabe, mit der Hu Jinchu Feldarbeit betrieb. Von den Biologen um die fünfzig, die ich in China kennenlernte, hatten sich die meisten im Geiste schon zur Ruhe gesetzt. Sie taten wenig mehr, als die Position, die sie erreicht hatten,

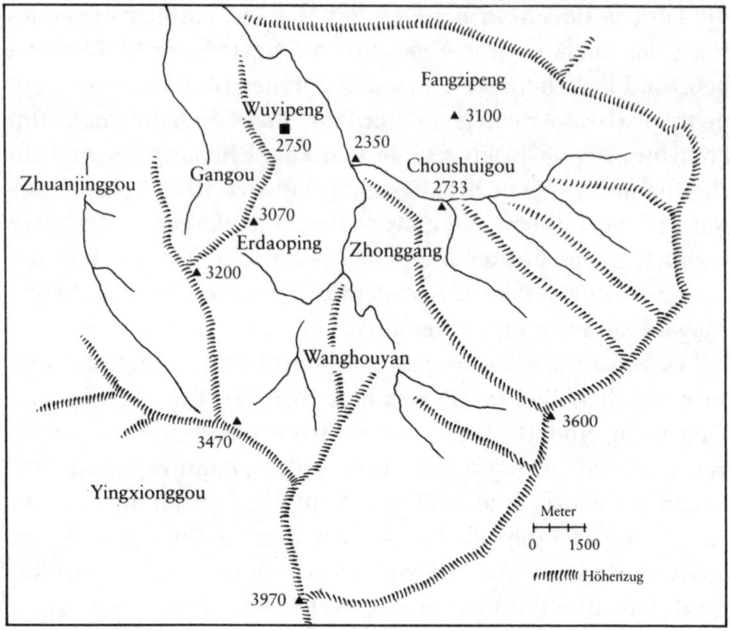

Der Talkessel von Choushuigou

gegen nachdrängende Jüngere zu verteidigen und ansonsten in ihrer sozialen Nische vor Wind und Wetter geschützt auf die Pensionierung zu warten. Demgegenüber war Hu Jinchu eine erfreuliche Ausnahme.

Hu Jinchu hatte den Platz für das Camp 1978 ausgesucht und kannte sich in dem Gebiet bestens aus. Wuyipeng lag zweitausendfünfhundert Meter über dem Meer auf halber Hanghöhe auf dem Rücken eines Bergvorsprungs nahe der Talmündung in der Übergangszone zwischen zwei Bambusarten. Wir konnten hangabwärts zum Schirmbambus – beziehungsweise Spazierstockbambus, wie die Chinesen ihn nennen – oder hangaufwärts zum Pfeilbambus gehen. Hu Jinchu entschied, daß Peng Jiagan uns zum nördlichen Seitental geleiten würde. Ein anderes Team würde stichprobenartig Bambus unter die Lupe nehmen – die abgestorbenen, jungen und alten Halme auf dem Quadratmeter zählen und wiegen. Auf diesem Wege würden wir uns ein Bild machen können von der Halmdichte, der diesjährigen Halmproduktion und der den Pandas zur Verfügung stehenden Futtermenge (Biomasse). Die Chinesen wickelten sich zum Schutz gegen Kälte und Nässe lange Binden aus grober Wolle als Gamaschen um Waden und Fußgelenke, trugen jedoch nur dünne Tennisschuhe an den Füßen. Ich machte mir im Hinterkopf eine Notiz, daß ich für das Team Stiefel besorgen müsse.

Der Trampelpfad führte über den Hang, und Lao Peng («Lao» ist ein Ehrentitel, der «alt», «ehrwürdig» bedeutet) in seiner gewohnten Ziegenfellweste, die Fellseite nach innen gekehrt, marschierte an der Spitze. Er bewegte sich über den unebenen Boden mit der Gewandtheit eines Menschen, dem das Gebirge vertraut ist, und in der Tat war er hier einstmals Jäger und später, nachdem ein kleines Gebiet außerhalb Wolongs 1965 unter Naturschutz gestellt worden war, Wildhüter gewesen. Obwohl der schattige Hang mit Schnee bedeckt war, wirkte der Wald hier eigenartig frisch und grün. In dem lichten Gehölz von Fichten und Schierlingstannen wuchsen Rhododendren, deren Blätter sich gegen die Kälte eng zusammengerollt hatten, und umfangreiche Bambushorste, in denen die Blätter grünten, als ob der Sommer eben erst eine kurze Pause eingelegt hätte. Nach kurzer Zeit passierten wir den *Bai Ai*, den «Weißen Felsen». Von der Höhe dieser kleinen Felsklippe erblickte man im Norden, jenseits des Choushuigou, einen Gebirgskamm hinter dem anderen, die näher gelegenen in der kristallklaren Luft plastisch modelliert und scharf konturiert, die weiter entfernten als schattenhaft graue Pinselstriche auf dem Himmelsgrund.

Gleich hinter dem Bai Ai führte ein Pfad steil in die Tiefe. Uns an Bambusstengeln und -schößlingen festhaltend, um nicht von der Schwerkraft nach unten gerissen zu werden, stolperten und rutschten wir im Zickzack hinunter auf den Talgrund, wo zwischen vereisten Felsblöcken ein Wildbach dahinstürzte. Wir überquerten ihn auf einer Brücke aus zwei schlanken Baumstämmen. Unser Pfad kletterte nun steil aufwärts bis zum Grat des nächsten Kamms, wo wir, schwer atmend angelangt, eine kurze Verschnaufpause einlegten, ehe wir uns auf der anderen Seite an den Abstieg machten. Am Fuß des Hangs kamen wir zu einem nach Schwefel riechenden Rinnsal, wo der Boden von Takinhufen zertrampelt war (der Takin ist ein bulliger Verwandter des in Grönland und im arktischen Nordamerika vorkommenden Moschusochsen). Lao Peng erzählte uns, daß die Takins im Sommer aus den Tälern im Westen hierherkommen, um die salzige Erde zu lecken. Ein Wasserfall versperrte uns den Weg, und wir mußten uns auf einem schmalen Felsgesims schrittchenweise zu einer breiten vereisten Schräge neben dem herabstürzenden Wasser schieben, die von einem schlanken Baumstamm überspannt wurde. Mit den Händen an dem Stamm hangelnd und mit den Füßen auf den Stufen balancierend, die Lao Peng mit seinem gebogenen Messer in das Eis gehackt hatte, kletterten wir aufwärts und über das Hindernis hinweg, während in einem Tümpel unter uns das eiskalte Wasser schäumte.

Weiden säumten den Wasserlauf, und eine Wasseramsel flüchtete, die Wasseroberfläche streifend, flußaufwärts. Lao Peng blieb jäh stehen: Er hatte eine frische, nur einige Stunden alte Pandafährte entdeckt. Die Fußabdrücke heizten meine Phantasie an, so daß ich jetzt beim Umherblicken die Berge in ganz anderem Licht sah, fast so, als müßte sich jeden Moment das betörende Bild eines lautlos durch den Bambus streifenden Pandas materialisieren. Aber nichts regte sich, nirgendwo das Schimmern einer schwarzweißen Fellzeichnung. Doch der Wald schien aufzumerken, uns zu beobachten, als wir jetzt der Fährte des Tieres folgten. Die Fußabdrücke mit den einwärts zeigenden Zehen mäanderten hierhin und dorthin, eigenartig verwischt, so als habe das Tier Überziehstiefel aus Sackleinen getragen – ein Effekt seiner behaarten Fußsohlen. Dann und wann war der Panda durch den Wasserlauf gewatet, und an diesen Stellen waren dann die Fußspuren auf einer kurzen Strecke vereist. Zwei Kotballen ruhten im Schnee wie Ostereier in ihrem Nest; sie mußten seit der vergangenen Nacht hier liegen, denn sie waren bereits gefroren. Ich ließ sie in einen Plastikbeutel gleiten, um sie zum Analysieren mit ins Camp zu nehmen. Wir sammelten monatlich mindestens dreißig Kotballen, trockneten sie, trennten die Blätter- von den Halmrückständen – was ganz einfach war, da Pandas ihre Nahrung kaum kauen – und wogen die jeweiligen Anteile, um herauszufinden, ob die Tiere bestimmte Teile der Pflanze in Abhängigkeit von der Jahreszeit bevorzugten.

Die Spur bog auf einen steilen Abhang hinauf. Im dichten Bambus sicher verborgen, verharrte der Panda in der Unsichtbarkeit. Noch dazu sprach Lao Peng mit lauter Stimme, und unsere Schritte machten einen schauderhaften Lärm. Aber durch die eingehende Untersuchung der Fährte konnten wir dem Panda wenigstens einen Teil seines Geheimnisses entreißen. Mit seinem gedrungenen, tonnenförmigen Körper war er wie gemacht dafür, sich unter umgesunkenen Bäumen und vom Schnee niedergedrückten Bambuspflanzen seinen Weg zu bahnen. Anders wir, die wir die Halme beiseite biegen mußten, um ein Durchkommen zu finden. Mit ungefähr einem Meter fünfzig hatte der Pfeilbambus gerade die richtige Höhe, um die Sicht zu behindern, uns mit nassen Blättern ins Gesicht zu peitschen und Schnee in Ärmel und Kragenöffnungen zu sprühen. Dürre Zweige brachen in haltsuchenden Händen, die Füße rutschten von im Weg liegenden Baumstämmen. Die ganze Zeit über bemühte ich mich, den Vorsprung des Pandas zu verringern. Zerdrückter Schnee mit Bambusabfällen daneben verriet, wo das Tier gesessen und gefressen hatte. Ich notierte das Alter der gefressenen Halme, auch wenn meine Finger vor Kälte so starr waren, daß sie kaum den Bleistift halten konnten. Junge Halme, die Sprosse des Vorjahres, haben noch keine Äste, wie man sie an älteren Halmen findet. Durch Zählen der von jeder Halmsorte verzehrten Exemplare sowie durch Abmessen der Stummel und der weggeworfenen Spitzen ließ sich in etwa die Gewichtsmenge der verzehrten Halme bestimmen. Eine stumpfsinnige Arbeit – aber nur das systematische Sammeln von derlei nüchternen Fakten würde uns in die Lage versetzen, die Lebensweise des Pandas mit neuen Augen zu sehen.

Auf dem Grat machten wir Pause und verzehrten unseren frugalen *mantou*-Imbiß. Der Panda war im Dauermarsch, ohne Freßpausen, der Kammlinie aufwärts gefolgt, und nach kurzer Zeit verloren wir auf einer schneefreien Fläche seine Spur. Inzwischen war es hoher Nachmittag geworden, Zeit, den Rückweg nach Wuyipeng anzutreten.

Zurück im Camp, schaute ich nach den Mausefallen. Mit seinen zahllosen finsteren Höhlungen zwischen moosbedeckten Steinen und unter Baumwurzeln versteckten Schlupfwinkeln war das Gelände um das Camp ideal für Kleingetier. Die Fallen lieferten als Beute eine glatthaarige gelbbraune Maus, die der nordamerikanischen Feldhüpfmaus ähnelte, und eine Spitzmaus mit eigenartigem Rüssel, runzlig und borstig wie der eines Elefanten. Hu Jinchu identifizierte die erstere als Vertreterin der Gattung *Apodemus* und letztere als *Soriculus*. Ich schenkte ihm die steifgefrorenen Leichen als Museumsstücke. Bei früheren Projekten hatte ich von Pflanzen bis zu Tierschädeln alles gesammelt, was mir zwischen die Finger kam – ich hamsterte sie förmlich, meine kleinen Kostbarkeiten. Indes, mit zunehmendem Alter bringen mich diese Dinge, abgesehen davon, daß ich mir vielleicht eine Notiz oder eine Skizze in meinem Tagebuch mache, nicht mehr so in Wallung. Überdies betrachteten die Chinesen Sammlertätigkeit bei einem Ausländer als eine Form des wissenschaftlichen Imperialismus. Im Auftrag westlicher Museen führten westliche Sammler einst archäologische Schätze mit sich fort, sammelten Pflanzen und fingen Tiere nach Gutdünken und gaben dem größten Teil der Arten und Sorten des Landes ihren (lateinischen) wissenschaftlichen Namen. Mir war es untersagt, irgend etwas zu sammeln, das keinen direkten Bezug zu den Pandas hatte.

Die Hütte war schon voller Menschen, als ich mich nach einem Sitzplatz umsah und mich in die allgemeine Geselligkeit einzufädeln suchte. Ich betrachtete China als Herausforderung, und meine Ankunft in Wuyipeng war hier, wenn auch aus anderer Perspektive, mit derselben Einstellung aufgenommen worden. Die meisten meiner Arbeitskollegen hatten vor 1980 noch nie einen Ausländer gesehen, und keiner hatte je engere Beziehungen zu einem unterhalten. Pan Wenshi von der Universität Beijing und Wang Xuequan (um Da Wang mit seinem vollen Namen zu nennen) vom Waldinstitut Nordost in Harbin waren Mitarbeiter großer Institutionen, doch mit Ausnahme von Hu Jinchu bestand die übrige Crew aus Arbeitern aus der Provinz Sichuan mit lediglich elementarer Schulbildung. Ich war eine exotische und wohl auch bizarre Erscheinung; auf jeden Fall würde man mir ein paar barbarische Gewohnheiten austreiben müssen. Ich sagte danke, wenn mir jemand half oder mir eine Freundlichkeit erwies. Dieses beiläufige Sichbedanken war eine schäbige Entlohnung; Dankbarkeit bezeigt man nicht mit Worten, sondern mit späteren Taten. Ich grüßte die anderen bei der ersten Begegnung am Morgen, und abends verabschiedete ich mich von ihnen mit einem «Gute Nacht» – eine höchst «lächerliche» Verhaltensweise, wie einer es einmal formulierte. Warum war ich bloß so verteufelt förmlich? Es dauerte Monate, bis ich begriff, daß diese Dinge Fehler waren, in anderen Fällen jedoch wurde mir etwas prompter ein Licht über meine Unberatenheit aufgesteckt. So zum Beispiel erwartete man von mir, daß ich mir abends nach der Rückkehr ins Camp die Füße in einer Schüssel mit warmem Wasser wusch. Und das tat ich denn auch.

Dann kam das Abendessen – eine Schale Reis mit pfannengerührtem Kohl und einigen Brocken fettem Schweinefleisch obenauf. Das Essen war einfach, aber gut, besser als das, was auf den Tisch des Durchschnittschinesen kam, denn wir bekamen täglich etwas Schweinefleisch. Die Lebensmittel des Schlüsselbedarfs wie Reis und Speiseöl waren noch immer rationiert und nur auf Bezugsschein erhältlich. Wir aßen, und das Klappern der Eßstäbchen in den Metallschalen hörte sich an wie das Geräusch des Regens auf einem Blechdach. Da Wang, ein hochgewachsener Bursche von überschwenglichem Temperament, klatschte eine Kelle Reis in meine Schale, obwohl ich den Nachschlag zweimal dankend abgelehnt hatte. Mir war absolut nicht danach. Trotz wallte in mir auf, aber wer ins Ausland geht, hat die Pflicht, sich anzupassen, also aß ich geduldig weiter – in der Hoffnung, daß die freundlichen Gesten mit der Zeit weniger aufdringlich werden würden und das Lächeln weniger bemüht.

Um sieben Uhr abends war es, abgesehen vom flackernden Feuer, in der Hütte wieder dunkel. Es gab nur eine funktionierende Laterne, ein Kerosinlämpchen, und das hatte der Koch. Ich ging in unser Zelt, wo Hu Jinchu Feuer gemacht hatte. Das Holz im Ofen wollte kaum glimmen, und der Rauch drang aus allen Ritzen – das Rohr hätte dringend ausgekratzt werden müssen. Aber im Bett liegend hatte ich die Rauchschwaden ein Stück weit über mir und konnte atmen, während ich beim Licht meiner Taschenlampe die Notizen von heute ins reine schrieb. Was wir brauchten, war ein Forschungszelt, ein sauberer, trockener Platz, wo wir Gerät, Spezimina und die gemeinschaftlichen Notizen lagern konnten. Wir hatten Formblätter für die Aufzeichnung der Daten vorbereitet, die Hu Jinchu zusammen mit Büchern, Briefschaften und anderen Papieren unter seinem Kopfkissen aufbewahrte. Er schlief auf den Sachen – fraglos ein sicherer Lagerplatz, aber nicht gerade sehr bequem.

Ein neuer Tag. Reif überzog die Birken um das Camp, und die einzelnen Zweige hoben sich wie verwandeltes Sternenlicht vom Morgenhimmel ab, als Da Wang und ich aufbrachen, um auf einem Bergrücken oberhalb des Camps nach Pandas Ausschau zu halten. Ich mochte Da Wang. Mit seinem Temperament und seiner Intelligenz brachte er Leben in unsere tranige Truppe. Irgend jemand hatte mir im Vertrauen erzählt, daß er den Auftrag habe, mich zu überwachen. Ob das nun lediglich böswilliges Gerede war oder ob es den Tatsachen entsprach – mir war es einerlei: Es störte mich genausowenig wie das Wissen, daß meine eingehende und ausgehende Post geöffnet und gelesen wurde.

Der Pfad ging den Hang im Frontalangriff an: schnurgerade aufwärts. Den Anfang machte ein geröllübersäter Absturz, der so steil war, daß wir uns mit den Händen an Baumstämme klammern und aufwärts ziehen mußten. Auf dem Grat eines Kammausläufers ging es weiter aufwärts über zwei gigantische Felsstufen; danach führte der Pfad mit verminderter Steigung zwischen mächtigen Tannen von einem Meter oder mehr Durchmesser hindurch und erreichte nach einer Weile ein kleines Plateau, das Erdaoping. Hier war die Berglehne mit einem einzigen riesigen Pfeilbambusdickicht überzogen, das so dicht war, daß in dem Schatten, der da drinnen herrschte, wenig mehr als Moos gedieh. Nur an Stellen, wo ein Baum umgestürzt war und das Blätterdach des Bambus aufgerissen hatte, schafften es kleinwüchsige und junge Bäume, sich ins Licht hinauf zu erheben und zur Lebensfähigkeit zu entwickeln, ehe der Bambus sich über ihnen schließen konnte wie ein Sargdeckel. Der Pfad war mit Macheten freigehauen worden, und dabei waren am Boden spitze Bambusstoppeln zurückgeblieben, eine Armee von winzigen Speeren, deren Bereitschaft, jeden unvorsichtigen Wanderer zu pfählen, ein mächtiger Ansporn war, sich ja vor dem Hinfallen zu hüten, auch wenn der Boden, auf dem man ging, von Schlamm oder Schnee oder Eis – und nicht selten auch von allen dreien – noch so schlüpfrig war. Mit der Zeit kannte ich auf der ganzen Länge dieses Pfads jede Stelle, die der Hand oder dem Fuß sicheren Halt bot, jeden instabil daliegenden Baumstamm und jedes trügerische Stückchen Boden; ja, ich konnte sogar einzelne Bäume an dem Gefühl der Rinde in meinen Händen wiedererkennen.

Nach einstündigem Anstieg erreichten wir die Kammhöhe. Hier oben in dreitausend Meter Höhe war es kalt, aber man war aus dem Tal heraus und fühlte sich freier, und das Auge erlebte es als Erleichterung, plötzlich den Blick wieder zum Horizont schikken zu können. Die Berge ragten so leuchtend klar und zum Greifen nah in die Luft, daß ich das Gefühl hatte, ich könnte von hier oben einen Stein direkt in den Pitiao tief dort unten auf dem Talgrund werfen. Der Kamm überblickte das kleine Zhuanjinggou und das Yingxionggou, wo sich die Zuchtstation befand. Die gegenüberliegende Wand des Pitiaotals war ein grasbewachsener Hang, an dem lediglich ein schmaler Saum von Bäumen am Oberrand das Andenken an den Wald wachhielt, der in früheren Zeiten hier gestanden hatte. Dahinter blickte die Eispyramide des Siguniang aus über sechstausend Meter Höhe distanziert auf die kleineren Bodenerhebungen hinab. Siguniang bedeutet «Vier-Mädchen-Berg»; die Sage berichtet, daß eines Tages vier Mädchen vergnügten Sinnes die Hänge des Berges erklommen. Sie entschlossen sich, für immer dazubleiben, und noch heute kann man ihr Lachen hören und ihre liebreizenden Gestalten sehen. Ihre Mutter hörte jahrelang nicht auf, nach ihnen zu rufen, sie aber blieben lieber in der Gesellschaft von Wolken, Berggipfeln aus weißer Jade und der Yaks auf den mit blühenden Wildblumen übersäten Matten unter ihnen. Wir folgten der mehrmals steil ansteigenden Kammlinie. Im Wald war es still, und dennoch war er voller Klänge, denn immer wieder klingelten, von einem Windstoß geschüttelt, vereiste Zweige wie das Glockenspiel eines Tempels.

Linker Hand, im Choushuigou, stand Tannenwald; der Hang zur Rechten, ins Zhuanjinggou hinunter, trug lediglich ein paar zerlumpte Birken: Hier hatten Holzfäller 1972 einen Kahlschlag durchgeführt. Das Areal erinnerte daran, daß auch Wolong, mochte es scheinbar noch so abgelegen sein, von der harten Hand des Menschen nicht verschont geblieben war. Ein Feldbiologe ist mit der Gabe geschlagen, Aspekte der Dinge zu sehen, die anderen häufig entgehen. In Choushuigou gab es viele Stellen, deren Schönheit mich nicht recht erfreuen konnte, weil hier der alte Waldbestand vernichtet worden war. Bei Wuyipeng stachen nicht hohe Fichten in den Nebel, hier war der Baumbestand eher kümmerwüchsig. Wuyipeng gegenüber lag eine Lärchenpflanzung, angelegt auf Feldern, auf denen, wie manche behaupten, Mohn zur Opiumgewinnung angebaut worden war. Und der Birkenwald auf dem Fangzipeng hatte seine Tannen eingebüßt, deren einstiges Vorhandensein in eindrucksvoller Größe nur mehr von alten Stümpfen bezeugt wurde.

Mehr als viertausend Menschen leben heute in Wolong, die meisten von ihnen am unteren Flußlauf, nahe der Einfahrt zu dem Reservat, wo der Pitiao sich mit einem anderen Fluß zum Gengda vereinigt. Viele Bewohner gehören dem Stamm der Qiang an. In ferner Vergangenheit, ungefähr bis zum Ende der Tang-Zeit (906 n. Chr.), waren die Qiang ein mächtiges Volk von Ackerbauern mit ausgedehntem Siedlungsgebiet im Nordosten, das sich über Teile der Provinzen Gansu, Shaanxi und Qinghai erstreckte. Nach einer verlorenen Schlacht sollen viele von ihnen nach Südosten in die Berge gewandert sein. Dort stießen sie auf einen anderen Stamm, die Ko-jen. In einem Offenbarungstraum göttlichen Ursprungs wurden sie angewiesen, die Ko-jen mit Keulen und weißen Steinen zu bekämpfen. Zum Andenken an ihren Sieg wurde ein weißer Stein – gewöhnlich ein Stück Quarz – für sie zur in heiligen Hainen verehrten Erdgottheit. Noch bis in jüngstvergangene Jahrzehnte pflegten die Dörfler einen weißen Stein auf das Dach ihres Hauses zu legen. Im letzten Jahrhundert siedelten viele Han-Chinesen in Wolong, was zur Folge hatte, daß durch die Vermischung der beiden Kulturen und Heiraten über die Volkstumsgrenzen hinweg die alten Qiang-Traditionen in Verfall gerieten.

Der Gengda zwängt sich durch eine lange Schlucht, die so unwegsam ist, daß Reisende es schon immer vorzogen, einen Umweg über das östlich davon liegende Gebirge zu machen. Eine Route führte durch ein Hochtal in der Nähe von Hetauping, dem Lagerplatz des Forschungszentrums, vorbei an einem stumpfen Berggipfel mit dem Namen Niutoushan, «Kuhkopf». Eine zweite führte auf einem – wiewohl stark bambusüberwachsenen – heute noch erkennbaren Fußweg entlang dem Nordrand des Choushuigou. Die wenigen Westler, die nach Wolong kamen, benutzten diese Routen. Der erste war 1904 A. Hosie, der zwischen Hetauping und dem oberen Ende des Pitiaotals sechsundvierzig Wohnstätten und fünf Wirtshäuser zählte. 1908 kam Ernest Wilson, der größte unter den westlichen Botanikern, die Chinas Pflanzenwelt studierten. Er war hingerissen von der Flora in Wolong, «deren Reichtum an Waldpflanzen keine Region Westchinas überbietet», weniger glücklich hingegen über die «scheußlichen» Wegverhältnisse. Er registrierte, daß die Bauern Stammholz aus dem Tal wegführten; schon damals wurde das Holz nicht nur örtlich beim Hausbau als Rohmaterial für Balken, Bretter und Schindeln genutzt. Nachdem das Tal Anfang der sechziger Jahre an das Straßennetz angeschlossen worden war, nahm der Holzeinschlag für die Abfuhr ins Tiefland dramatisch zu.

Da Wang und ich fanden an jenem Tag keine frische Pandafährte – eine nur allzu gewohnte Erfahrung. Wo steckten die Tiere? Manche hatten ihr Aufenthaltsgebiet außerhalb unseres Tals, andere waren vielleicht zu standorttreu, als daß wir auf ihre Spuren hätten stoßen können. Wie auch immer – Pandas waren selten, viel seltener, als ich gedacht hatte. Schließlich stand ihnen ein unbegrenzter Nahrungsvorrat zur Verfügung, sie steckten buchstäblich bis über den Kopf im Bambus. Es kam vor, daß ich den ganzen Tag lang die Gegend absuchte und dann am Abend durchnäßt und durchgefroren und mit schmerzenden Knien, aber mit leeren Seiten im Notizbuch ins Camp zurückkehrte. Ich war unverkennbar weniger immun gegen Kälte und Dickicht als ein Panda. Eines war mir schon nach kurzer Zeit nachhaltig klar: Das Wesen der Panda-Fährtensuche war Unbequemlichkeit.

Fernsehmagazine und Illustriertenberichte vermitteln den Eindruck, daß Feldbiologen ein abwechslungsreiches und aufregendes Leben führen, bei dem sie sich mal unter Tümmlern tummeln, sich mal unter menschenfreundliche Menschenaffen mischen. Fast ganz in Vergessenheit gerät dabei, daß viele Tiere Einzelgänger sind, die man selten zu Gesicht bekommt, und was die selbstauferlegte Isolation des Feldbiologen bedeutet, nämlich null Komfort, eine verwirrend ungewohnte kulturelle Umgebung und ein Armsünderdasein in Staub, Hitze, Schnee oder Regen. Die meisten Menschen würden der Feldarbeit nichts Romantisches abgewinnen. Beim nächtlichen Sinnieren in der Abgeschiedenheit meines Schlafsacks kam mir einmal der Gedanke, daß die größte Gefahr, die dem Feldbiologen droht, nicht darin liegt, daß er wilden Tieren begegnet oder auf trügerisches Gelände gerät, sondern daß ihm unversehens irgendwo komfortable Lebensumstände winken und er sich davon verführen läßt. Hier in diesem eisverkrusteten, rußgeschwärzten Zelt war diese Gefahr allerdings gering, dachte ich, während ich zufrieden in den Schlaf hinüberglitt.

Wenn auch von Pandas nicht viel zu sehen war, erlebten wir dennoch unsere kleinen Abenteuer, die den Alltagstrott unterbrachen. Gelegentlich streiften Leoparden über die Trampelpfade, und wir stießen auf ihre Exkremente und sauberen runden Fußabdrücke. Hu Jinchu erzählte mir, daß Leoparden manchmal junge Pandas reißen, also untersuchten wir sorgfältig den Inhalt jedes Kothaufens, um herauszufinden, welches Fressen die Quelle war. Sie enthielten größtenteils die harten, graubraunen Fellhaare des kleinen Schopfhirschs und in einigen wenigen Fällen Fellhaare vom Moschustier, vom Goldstumpfnasenaffen oder anderen Beutetieren. Eines Tages spazierte Pan Wenshi gemächlich einen Pfad entlang, als er unverhofft eines Leoparden ansichtig wurde, der sich auf einem besonnten Plätzchen rekelte. Alle beide stoben sie Hals über Kopf davon. «Ich habe viel Angst», berichtete er mir aufgeregt auf englisch. Wie eine Libelle über der Oberfläche eines Teichs hin und her schießt, hatte Pan Wenshi vorher an allen möglichen Forschungsaufgaben gearbeitet, und zwar durchweg im Labor. Seine Begeisterung, so schien es, galt hauptsächlich solchen Sachen wie der Bestimmung des Aminosäuregehalts von Bambus mittels Hochdruck-Flüssigkeitschromatographie und nicht dem Zählen von Bambushalmen auf winterlichen Berghängen. Aber was sein Interesse für Pandas anbetraf, unterlag ich einer Fehleinschätzung. Er sollte später Chinas bestes Panda-Forschungsprogramm auf die Beine bringen und durchführen (allerdings nicht in Wolong, sondern im Qinling-Gebirge in der Provinz Shaanxi).

Ein andermal hatten Da Wang und ich die Spur eines Pandas verloren und gingen jetzt ein wenig ziellos auf verschlungenem Weg in Richtung Camp. Als wir zu einer Felswand kamen, nahm ich mir die Zeit, mich an ihrem Fuß umzusehen, um festzustellen, ob hier nicht vielleicht ein Serau – eine kräftig gebaute, rauhhaarige Gemse mit kurzen, spitzen Hörnern – gelagert hatte; Tiere wählten sich solche Plätze gern als Aktionszentrum. Tatsächlich fand sich ein ausgedehnter Kotablegeplatz voll länglicher Kötel – Andenken an zahlreiche Besuche eines Serau. Noch interessanter war indessen eine Felsspalte mit ansteigendem Boden. Ich zwängte mich hinein. Nach ungefähr sechs Metern mündete die Spalte in eine kleine Kammer, die mit Nadelbaum-, Rhododendron- und stachligen Berberitzenzweigen zum Nest ausgepolstert war. Ringsum am Rand der Nestkuhle lagen Späne von faulem Holz, abgebissen von zwei Stämmen, die ein Panda hereingeschleppt hatte. Wir hatten eine Mutterschaftshöhle entdeckt, wo ein Pandaweibchen vor Jahren ihr Junges während der kritischen ersten sechs Wochen seines Lebens an trockenem und sicherem Ort aufgezogen hatte. Ich registrierte mit Interesse, daß Pandas Nester bauen konnten. Auf unseren Suchexkursionen waren wir schon auf viele Panda-Lagerstätten gestoßen; sie ließen sich am zerdrückten Untergrund und den zahlreichen Kotballen darum herum leicht erkennen. Die Tiere hatten sich auf der nackten feuchten oder gefrorenen Erde oder im Schnee zur Ruhe gelegt; manchmal war der Schnee durch die Körperwärme geschmolzen und dann zu Eis erstarrt. Andererseits hielten die Pandas aber auch unverkennbar auf einen gewissen Komfort, denn als Ruheplatz wählten sie häufig eine Stelle, wo sich etwas – beispielsweise ein am Boden liegender Baumstamm – zum Anlehnen fand. Gern lagerten sie auch am Fuß großer Tannen, wo der Untergrund weicher und trockener Humus war. Warum dann nicht auch ein Nest bauen? Ein Gorilla würde das tun. Und auch die Kragenbären tun es, wie ich zu meiner Überraschung feststellte. Diese Bären ähneln den nordamerikanischen Schwarzbären, nur daß sie stämmiger und zottiger sind und einen V-förmigen großen weißen Brustfleck haben. In der Umgebung von Wuyipeng gab es nicht viele von ihnen; hier fand ich nur drei Kragenbärennester, alle aus Bambushalmen, die zu einer weichen Unterlage zusammengebogen und -geknickt waren. Kann sein, daß sein dichtes, wolliges, elastisches Haarkleid dem Panda so viel Bequemlichkeit bietet, daß er zusätzlichen Komfort selten nötig hat.

In einem Wald, wo die meisten größeren Säugetiere es sich angelegen sein ließen, unsichtbar zu bleiben, waren die Goldstumpfnasenaffen eine temperamentvolle Ausnahme. Als der französische Biologe Alphonse Milne-Edwards sie 1870 zum erstenmal beschrieb, gab er ihnen mit gallischem Witz den Namen *Rhinopithecus roxellanae*, nach Roxellane, der stupsnasigen Lieblingsfrau Sultan Süleimans II. (des «Prächtigen», 1520–1566). Das Schicksal des Goldstumpfnasenaffen ist mit dem des Großen Pandas eng verflochten, denn beide haben fast dasselbe Verbreitungsgebiet. Etwa zweihundert bis dreihundert dieser Affen streiften in diesem Gebirge herum; das Choushuigou besuchten sie nur von Zeit zu Zeit. Manchmal hörte und sah ich sie wochenlang nicht, bis dann auf einmal eine goldene Horde ins Tal heruntergeprescht kam. Dürre Birkenäste brachen und stürzten krachend zu Boden, wenn die wilde Jagd durch die Baumkronen tobte, und mit nasalen Wimmerlauten ähnlich dem Gequengel kleiner Kinder hielten die verstreuten Gruppenmitglieder Kontakt miteinander.

Die Affen waren scheu, denn sie waren überaus intensiv bejagt worden, und in den Pelzgeschäften von Chengdu konnte man noch immer ihre Felle kaufen. Unter der Qing-Dynastie (1644–1911) war es nur hohen Würdenträgern erlaubt gewesen, Kleidung aus Goldstumpfnasenaffenfell zu tragen. In den dreißiger Jahren brachte ein Goldstumpfnasenaffenfell auf dem einheimischen Pelzmarkt die stattliche Summe von zweihundert US-Dollar. Jeder Qiang hatte früher seinen persönlichen Schutzgeist, der sich in einem Gegenstand oder einem Tier – mit Vorliebe einem Goldstumpfnasenaffen – verkörperte. Priester trugen häufig den Schädel, die Leber, die Fingernägel und andere Körperteile eines Affen, in Bogen weißen Papiers gewickelt, als Andenken an die heiligen Bücher des Stammes bei sich. Als einst, vor langer, langer Zeit, die Qiang sich durch Kriege zur Wanderung gezwungen sahen, wurden bei der Überquerung eines Flusses in undichten Booten aus Kuhhäuten die heiligen Bücher des Volkes naß. Am jenseitigen Ufer zum Trocknen ausgelegt, wurden sie von einer Ziege gefressen. Da erschien ein weiser Goldstumpfnasenaffe und gab dem Volk den Rat, die Ziege zu essen und ihr Fell zu einer Trommel zu verarbeiten. Die Trommelschläge würden allen helfen, sich der geschriebenen Worte zu entsinnen.

Wir machten oft den Versuch, die Affen zu beobachten, wurden jedoch binnen kurzem erspäht, nicht selten von einem Männchen am äußersten Rand der Gruppe, das uns aufmerksam beäugte und dann einen gluckenden Ruf ausstieß, ähnlich dem einer aufgeschreckten Amsel. Wenn wir regungslos stehenblieben, konnte es vorkommen, daß der Affe sich abwartend verhielt, das hellblaue Gesicht mit den zwei warzenähnlichen Auswüchsen unbekannter Funktion an den Enden der Oberlippe uns forschend zugewandt. Doch leider nur allzubald pflegte der Wächter sich von seinem Ast zu katapultieren und mit wilden Sprüngen das Weite zu suchen, wobei das Goldhaar wie eine Standarte hinter ihm flatterte. Die anderen, von dem Flüchtenden aufgeschreckt, folgten ihm nach.

Es war angeordnet worden, daß ich immer und überallhin von mindestens einem Chinesen begleitet werden müsse, eine Fürsorglichkeit, die begründet war in der Furcht, daß dem ausländischen Gast etwas zustoßen könnte. Außerdem sind die Chinesen dezidiert gesellige Menschen, die so gut wie nichts allein tun, was man auch zu mehreren tun kann. Für mich ist das Dasein in Gruppen ein Greuel: ich habe gern reichlich freien Raum um mich herum. Mehr als bei jedem anderen Projekt kam es bei diesem immer wieder zum Konflikt zwischen dem, was ich wollte, und dem, was ich sollte, und dem, was ich durfte. Das Problem mit dem ständigen Begleiter im freien Gelände löste ich dadurch, daß ich zu Tageszeiten, wo bestimmt niemand darauf erpicht war, mich zu begleiten – wie etwa nach Feierabend –, um die Erlaubnis zu einem einsamen Spaziergang bat, und bald kümmerte sich kein Mensch mehr um meine einzelgängerischen Streifzüge. Auf einem derartigen Ausflug stieß ich einmal auf eine Gruppe von sechzig bis siebzig Goldstumpfnasenaffen, von denen es sich einige auf Fichtenästen gemütlich gemacht hatten, um beschaulich den Abendsonnenschein zu genießen, der soeben den Hang heruntergewandert kam. Ich setzte mich ebenfalls hin und ließ mich, den Rücken gegen einen Baumstamm gelehnt, von den warmen Strahlen bescheinen. Seitlich von mir saßen vier Männchen in einer Birke und schlugen sich mit Flechten voll, die die Zweige wie Girlanden umrankten; sie zupften die Flechten entweder mit den Händen von den Zweigen, oder sie brachen einen ganzen Zweig ab, behielten ihn in den Händen und knabberten gemächlich die Flechten ab. Sieben Halbwüchsige tollten im gemeinschaftlichen Spiel zwischen den Erwachsenen herum. Ganz in meiner Nähe waren mehrere Weibchen mit noch kleinen Jungen. Ein stattlicher Affenmann ging schaukelnd auf sie zu, den Schwanz zum Zeichen seiner Dominanz hoch emporgebogen. Er näherte sich einer Mutter, die einen Säugling an der Brust hielt und neben sich ein halbwüchsiges Junges hatte, und begann das letztere zu «groomen» (engl. *grooming* = soziale Fellpflege). Nach einiger Zeit wechselte er zu einer anderen Mutter, um deren Säugling zu groomen; die wollte jedoch nichts davon wissen und schloß ihr Kleines noch enger in ihre Arme. Er entwand es ihr mit Gewalt, groomte es sacht, und nachdem er dergestalt seinen Willen durchgesetzt hatte, entließ er es ebenso sacht wieder in die Arme seiner Mutter.

Diese goldfarbenen Geschöpfe zu beobachten und Notizen über ihr Verhalten zu machen war ein Vergnügen, das mir leider nur allzu selten gewährt war. Einmal, als ich so bei einer Affengruppe verweilte, erinnerte mich Zhou Shoude: «Sie sind nicht hier, um Affen, sondern um Pandas zu studieren.» Wir hatten unsere Arbeit auf das zu beschränken, was im offiziellen Aktionsplan spezifiziert war.

An wieder einem anderen Tag wanderten einige von uns quer durch das Tal zum Fangzipeng hinüber. Entlang dem Rand des Plateaus, dort, wo der Boden steil ins Nachbartal abzufallen beginnt, bemerkte ich dürre Äste, die so aufgestellt waren, daß sie einen primitiven Zaun bildeten. Da ich solche Zäune schon in anderen Ländern gesehen hatte, wußte ich sofort, daß der hier das Werk von Wilderern war. Beim Abschreiten kamen wir bald zu einer Lücke im Zaun, die mit einer Falle präpariert war. Um einen schiefgewachsenen jungen Baum war ein Drahtende geschlungen, das freie Ende des Drahts hing, zur Schlinge geformt, in die Zaunlücke herunter. Ein Tier, das den scheinbaren Durchlaß passierte, würde sich einer Gefahr erst bewußt werden, wenn es die Schlinge um den Hals spürte. In seiner Panik würde es jetzt nicht zurückscheuen, sondern vorwärts stürzen, die Schlinge würde sich zuziehen und ihm bei seinen anschließenden wütenden Versuchen, sich loszureißen, immer tiefer in den Hals schneiden, bis es sich langsam zu Tode stranguliert hatte. Hu Jinchu erzählte mir, daß die hiesigen Wilderer hauptsächlich hinter Moschustieren her seien, denn das Männchen besitzt hinter dem Nabel eine Drüse, die Moschus enthält, ein wertvoller, ob seiner angeblichen Heilkräfte in der östlichen Medizin außerordentlich geschätzter Handelsartikel – sozusagen organisches Gold. Moschus, der in mehr als hundert Arzneimittelrezepturen als Ingrediens verlangt wird, soll gegen Asthma, Typhus, Impotenz, Schwangerschaft, Schlagfluß, Lungenentzündung und viele andere Beschwerden helfen. Einmal hatte ich eine Kehlkopfentzündung und bekam daraufhin ein Kistchen voller Medikamentengläschen ausgehändigt, die insgesamt rund dreihundert in Chengdu hergestellte schwarze Pillen enthielten. Für die Pillen war folgende Zusammensetzung angegeben: «Horn vom Nashorn 10%, Perlen 7%, Bärengalle 7%, Rinderbezoar 5%, Moschus 3%, Krötenlatwerge 10%, Rhizoma Coptidis 28%, gebrannter Borax 30 % ». Laut Verordnung hatte ich täglich dreißig Pillen zu schlucken und war denn auch binnen kurzem wieder gesund, wüßte allerdings nicht zu sagen, ob es die Zeit oder die Arznei war, was die Heilung bewirkte. An dem erwähnten Tag sammelten wir acht Würgefallen ein, darunter eine, von der nur wenige Schritte entfernt ein Panda durch den Zaun getappt war. Hu Jinchu brachte die Fallen in die Verwaltungszentrale, und wenn es nach mir gegangen wäre, hätte er bei dieser Gelegenheit energisch dagegen protestiert, daß es überhaupt möglich war, dergleichen in einem Reservat anzutreffen. Aber ich hatte schon bemerkt, daß die Zeit ihn in einer für das Überleben wichtigen Kunst geschult hatte: in unterwürfigem Schweigen zu erdulden und lieber die Augen vor etwas zu verschließen, als dagegen zu protestieren. Daher hob ich auf den Konferenzen der Folgezeit mit Nachdruck hervor, wie dringend erforderlich es sei, zum Schutz der Wildfauna einen Patrouillendienst einzurichten. Vergebens. Die Polizeikräfte in Wolong seien mit anderen Aufgaben völlig ausgelastet, wurde mir mitgeteilt, wenngleich meinem persönlichen Eindruck nach ihr Tagespensum hauptsächlich im Zeitunglesen und Teetrinken bestand.

Ich war erst seit einem Monat in Wolong, trotzdem trat ich meinen täglichen Streifzug durch das Gelände nicht an wie einer, der zur beschaulichen Jagd auf Erkenntnisse aufbricht, sondern unter dem Lust und Laune ertötenden inneren Zwang, in kürzester Zeit so viele Informationen wie nur möglich anhäufen zu müssen. Die Arbeit lief gut, während wir Bambusproben analysierten und die Freßgewohnheiten des Pandas bestimmten. Mit den Details des Verhaltens würden wir bis zum Einsatz der Radiotelemetrie warten müssen. Zum Anlegen der Funkhalsbänder würden die Pandas, wenn jede mögliche Störung von Paarungsaktivitäten ausgeschlossen bleiben sollte, frühestens im April in Fallen gefangen werden können. Es war bereits Mitte Januar, und Howard Quigley von der University of Tennessee sollte Ende des Monats mit den Sendegeräten eintreffen, aber noch war erst eine Falle fertiggestellt. Würde Howard – und würde Kay, die zusammen mit ihm kommen wollte – die Einreiseerlaubnis erhalten? Und hatte das Projekt denn eigentlich noch eine Zukunft?

Wir alle wußten, daß der WWF und China sich auf der Konferenz im November über die Geräteausstattung des neuen Forschungszentrums nicht hatten einig werden können. Zhang Shuzhong hatte damals in einem Brief unter anderem geschrieben: «Sollte dieses Problem nicht beizeiten ausgeräumt werden können, würden die Feldforschungen, welche obwohl im Gange [!], am 16. Febr. 1981 bis auf weiteres [!] eingestellt werden müssen.» Eine neue Konferenz über die Frage, wie es mit der Geräteausstattung – und unserer Arbeit – weitergehen sollte, war auf einen Termin Mitte Februar anberaumt worden.

Meinen chinesischen Kollegen schien der augenblickliche Stand der Dinge nicht sonderlich zu Herzen zu gehen. Für sie würde das vorzeitige Absterben des Projekts keinen Verlust, sondern eine Erlösung bedeuten. Mein Erscheinen auf der Szene hatte alles kaputtgemacht: die Befehlshierarchie, die Arbeitsmethoden und für einige auch ihre gewöhnliche Tätigkeit. Da Wang würde schleunigst nach Hause zurückkehren, denn «Ich habe Herzweh nach meinem Sohn», wie er sich ausdrückte. Hu Jinchu würde mit seiner Erfassung der Fauna Sichuans fortfahren können. Nicht ein einziger Mensch in diesem Camp außer mir selbst war hier, weil es sein eigener Wunsch und Wille gewesen wäre, über Pandas zu arbeiten. Die anderen waren von der Partei und dem Verwaltungsapparat ungefragt für diese Aufgabe abgestellt worden; für die meisten war der Umstand, daß sie in Wolong waren, lediglich ein Indiz dafür, daß ihnen die politischen Verbindungen fehlten, die sie gebraucht hätten, um woanders zu sein. Unter solchem Zwang verkümmert jegliches potentielle Interesse. Wie sollte das Forschungszentrum je zu kompetentem Personal kommen, wenn so gut wie jeder einen Antrag auf Versetzung stellte, sobald er nach Wolong geschickt wurde, wo Wetter und Lebensbedingungen gräßlich waren? Mochten mein Ärger und meine Bedrückung angesichts der

Kluft zwischen Versprechen und Einlösung, die sich bei diesem Projekt zeigte, auch noch so sehr wachsen – ich bemühte mich, eines niemals zu vergessen: Die Liebe zur Sache, zum Panda-Studium, war für mich der wichtigste Beweggrund – und *nur* für mich. Dies begreifend, entwickelte ich nicht mehr nur leidenschaftliches Engagement für die Sache, sondern auch mehr Verständnis und Mitgefühl für meine Arbeitskollegen – oder bemühte mich doch zumindest darum.

Man benachrichtigte mich, daß Howard Quigley und Kay Anfang Februar eintreffen würden. Ich war erleichtert, daß die chinesische Seite die Zukunftsplanung des Projekts wenigstens in vorläufiger Form aufrechterhielt, und fuhr erwartungsvoll nach Chengdu, um die beiden abzuholen; ich war glücklich, Kay wiederzusehen, und freute mich darauf, Howard kennenzulernen. Howard hatte mir ein knappes Jahr zuvor geschrieben, um Interesse an der Mitarbeit bei dem Panda-Projekt zu bekunden. Er stand damals kurz vor dem Abschluß seiner Magisterarbeit über die Funkortung von Schwarzbären, und, so merkte er an, man sagte von ihm, er sei sachkundig, fleißig und wie gemacht für diese Art Arbeit – eine Beurteilung, die sich mir als völlig zutreffend bestätigte. Im Gegensatz zum Gros der übrigen Bewerber, die davon auszugehen schienen, daß man für die Feldarbeit keine weitere Qualifikation als Tierliebe benötigt, hatte Howard Erfahrung. Da ich selbst noch niemals einen Panda narkotisiert und bisher nur Löwen, Pumas und Jaguare mittels Funkortung beschattet hatte, hielt ich es für das beste, daß wir uns von jemandem, der etwas von Bären verstand, in die einschlägigen Techniken einweisen ließen. Howard würde zwei Monate bei uns bleiben und dann meinen Platz in einem Jaguar-Projekt übernehmen, das ich in Brasilien auf die Beine gestellt hatte.

Auf dem Weg nach Wuyipeng übernachteten wir in der Wolong-Verwaltungszentrale. Die Betonwände unserer ungeheizten Zimmer strömten Kälte aus. Auf Wunsch gab es entweder ein kleines Eisenbecken voll glühender Holzkohle oder eine elektrische Heizplatte, beides als Heizquelle immerhin ausreichend, sich die Hände daran zu wärmen. Weil niemand daran gedacht hatte, das Wasser abzulassen, hatte das Eis, das sich in ihnen gebildet hatte, die erst im letzten Sommer neu installierten Toilettenspülkästen zerrissen. Die Glühbirne, die die einzige Lichtquelle im Zimmer war, leuchtete mit einer Leistung von eben mal fünf Watt, denn infolge des winterlich niedrigen Wasserstands im Fluß fiel das Wasserkraftwerk fast völlig aus. Wie sollte hochempfindliches technisches Gerät unter diesen Bedingungen im Forschungszentrum funktionieren können? Das einzige gemütliche Plätzchen hier war das Innere unserer Schlafsäcke. Ich sehnte mich nach dem qualmenden offenen Feuer der Gemeinschaftshütte in Wuyipeng.

In der Zentrale hatte es tags zuvor Aufregung gegeben. Vier Asiatische Wildhunde – fuchsrote, in Rudeln jagende *Canidae* – hatten einen Panda gehetzt, der sich den Räubern nicht durch die Flucht auf einen Baum entzog, wie ich erwartet hätte, sondern indem er den Pitiao durchwatete. Die Hetzjagd war von Leuten, die in der Nähe wohnten, beobachtet worden. Sie trieben den erschöpften Panda in einen Schafstall; von dort wurde er dann zur Verwaltungszentrale gebracht. Bi Fengzhou erkundigte sich, ob wir uns das Tier ansehen wollten. Seiner schmächtigen, scheinbar hinfälligen Erscheinung zum Trotz besaß Bi Fengzhou die Energie und Zähigkeit eines prototypischen «Machers»; er war zum fraglichen Zeitpunkt unsere wichtigste Kontaktperson im Forstamt von Chengdu, und wir alle schätzten ihn ob seines Entgegenkommens und seiner für uns lebenswichtigen Hilfsbereitschaft, die wir dankbar in Anspruch nahmen. Durch eine Gittertür besahen wir uns den Panda. Es war ein Weibchen, alt und so abgemagert, daß das Fell über dem mächtigen Schädel spannte; die unteren Eckzähne waren bloß noch Stummel. Obwohl wir uns zu sechst im Abstand von weniger als einem Meter vor ihr drängelten, nahm sie lammfromm das hingehaltene Zuckerrohr aus unseren Händen und fraß es und ließ weder durch Laute noch irgendwelches Tun erkennen, daß sie noch gestern ein freies, ungebundenes Wildtier gewesen war. Es war, als seien vor den Fenstern zu ihrer Gefühlswelt die Jalousien heruntergelassen: Die Augen waren Eingänge zu zwei lichtlosen Tunnels, die Ohren saßen an ihrem Platz wie zwei leblose Verzierungen, der Gesichtsausdruck war unartikuliert und schüchtern. Ihre Lebensuhr war fast abgelaufen; alt und schwach, wie sie war, würde sie bald erlöschen. Ich schlug vor, sie bald wieder in den Wald zu bringen und dort auszusetzen. Nein, wurde mir erklärt, man werde sie in die Zuchtstation im Yingxionggou bringen – ein Los, das mich mit Mitleid und Besorgnis erfüllte.

Vor etwas über einem Monat hatte ich noch einmal das Yingxionggou besucht, um nachzusehen, ob William Conways Vorschläge zur Verbesserung der Bedingungen, unter denen die Pandas gehalten wurden, in die Tat umgesetzt worden waren. Er hatte die Unterbringung in behaglich hergerichteten Holzboxen angeregt – vorhanden waren jetzt kahle, mit Walzblech ausgekleidete Boxen. Er hatte angeregt, man solle irgendeinen Windschutz schaffen – vorhanden waren jetzt massive Klappläden, die die Tiere in immerwährendes Dunkel hüllten. In finsteren und kalten, mit gefrorenem Urin und Kot verkrusteten Verliesen eingeschlossen, litten die Pandas zusammengerollt stumm vor sich hin und fraßen wenig. Eines der beiden Jungen war erkrankt und nach Chengdu gebracht worden. Und was war mit dem anderen? Das war letzten Sommer verendet..., wurde ich aufgeklärt, ...verhungert. Ein Tiermediziner, dessen Spezialgebiet die Hühnerkrankheiten waren, hatte die Genehmigung erhalten, sich dieser Pandas zu Studienzwecken zu bedienen. Bi Jing oder «Krankes Huhn», wie ich ihn getauft habe, war ein mächtiger Parteibonze an einer hiesigen Hochschule, der tun konnte, was ihm beliebte. Und wie es schien, hatte es ihm beliebt, Ernährungsexperimente mit dem Pandakind anzustellen – mit tragischem Ergebnis für das Versuchstier. Beim Mitarbeiterstab der Yingxionggou-Station stieß meine wilde Entschlossenheit, andere Verhältnisse zu schaffen, auf Unverständnis. Diese Menschen waren keine Rohlinge, sondern wußten einfach nichts von den Bedürfnissen der Pandas. Es kam ihnen gar nicht in den Sinn, daß die Tiere entsetzlich unglücklich sein könnten. Überhaupt habe ich in China nur wenig Einfühlungsvermögen für Tiere angetroffen. In diesem Zusammenhang verdient es möglicherweise Beachtung, daß das chinesische Schriftzeichen für «Tier» wörtlich «Sache, die sich bewegt» bedeutet.

Bäuerinnen in schwarzen Homespun-Umhängen und weißen Turbanen trugen auf dem einstündigen Aufstieg nach Wuyipeng unser Gepäck. Kay und ich hatten jetzt unser eigenes Zelt, das über dreißig Meter hangabwärts von der Gemeinschaftshütte auf einer von Schirmbambus und Birken umgebenen kleinen Lichtung stand. Innen waren die Zeltwände zur Wärmedämmung feudal mit roten Decken behängt. Auf der einen Seite stand ein Doppelbett mit einer Kiste daneben, die als Waschtisch diente, die gegenüberliegende Wand nahm ein Schreibtisch mit Stuhl davor ein, und in die Mitte des Raums hatten wir einen winzigen Ofen plaziert. Das alles hatte auf einer Grundfläche von drei auf vier Metern Platz finden müssen: In dem Zelt war es so eng, daß der eine Bewohner sich nur bewegen konnte, wenn der andere sich währenddessen nicht von seinem Platz rührte. Als Aufhänger für unsere Ausrüstung schlugen wir Nägel in den Zeltrahmen, und wir spannten Schnüre, um unsere Kleider darüberhängen zu können. Draußen vor der Zelttür hatte Yong Tianzhong Brennholz aufgeschichtet. Der schweigsame Mann mit den athletischen Schultern verrichtete unermüdlich Tag für Tag effizienteste Schwerarbeit beim Holzsägen, -schleppen und -spalten, um den Kochofen und die Heizöfen im Camp in Betrieb zu halten. Binnen kurzem war unser Zelt ein behagliches Heim. Und endlich hatte ich jemanden, der sich meine Kümmernisse und meine beiläufigen Gedanken anhörte, nach dem ich die Hand ausstrecken konnte. Jetzt konnte ich entspannen, meine Empfindungen und Gefühle mit jemandem teilen, statt lediglich das erzwungene Miteinander des Camplebens über mich ergehen zu lassen, bei dem der Anfang jeder Unterhaltung auf meiner Seite von dem Gedanken begleitet war: «Welche Antwort lege ich ihnen mit dem, was ich sage, in den Mund?»

Gegen Abend machten Kay und ich gern einen Spaziergang in Richtung Bai Ai, uns leise durch die Dämmerung bewegend in der Hoffnung, an einer Wegbiegung oder im Dunkel einer Schlucht irgendein Nachttier oder vielleicht sogar einen Panda zu überraschen. Gewöhnlich war nichts dergleichen unterwegs, jedenfalls sahen wir nichts sich bewegen außer den Wolken, die sich von den Bergkämmen ins Tal wälzten, oder einem Fetzen Birkenrinde, dünn wie Schlangenhaut, der im Abendwind zitterte. Wir untersuchten die Nahrungsabfälle von Flughörnchen und einen Hortensienzweig, von dem ein Goldstumpfnasenaffe die Rinde abgeknabbert hatte. Dann und wann machte sich ein Temminckhornfasan – ein weinroter Tragopan (Satyrhuhn) mit blauem Gesicht – raschelnd aus dem Staub und suchte Zuflucht im Gestrüpp. Oder – auch das konnte vorkommen – ein Moschustier stand, mit schimmernden Miniaturhauern, stumm wie ein Nebelschleier hinter schützendem Gesträuch, gespannt herüberäugend und abwartend, ob wir seine Gegenwart bemerken würden. Wenn wir ins Zelt zurückkamen, rochen wir noch immer nach Moos und Fichtennadeln, und kristallklare Reifperlen glänzten in unseren Haaren.

Howards Eintreffen eröffnete einen neuen Abschnitt unseres Arbeitsprogramms. Lao Peng übernahm die Leitung eines Teams, das aus Baumstämmen Kastenfallen zum Lebendfang von Pandas baute. Die Fallen waren etwa zweihundertfünfundsiebzig Zentimeter lang und jeweils einhundertzwanzig Zentimeter breit und hoch. Der Schieber hing an einem Strick vom Ende einer Stange herunter, vom anderen Ende der Stange lief ein Strick zu einer simplen Auslösevorrichtung im Inneren der Falle. Zerrte ein Panda am Köder, zog er damit den Holzstab weg, der den Strick hielt, und der Schieber fiel vor die Eingangsöffnung. Gleichzeitig machten Howard und ich uns an das Auslegen spezieller Schlingenfallen der Art, wie sie in Nordamerika verwendet werden, um Bären zu fangen, ohne sie zu verletzen. Ein

Drahtseil wird mit dem einen Ende an einem Baum befestigt; am anderen Ende befindet sich eine Schlinge, die flach auf dem Boden ausgelegt wird, um eine Metallstange herum, die ein Stück weit aus einem Loch im Boden hervorragt. Tritt ein Tier auf das Ende der Metallstange, löst es damit eine Feder aus, die hochschnellt und die Schlinge um sein Bein zuzieht. Drahtseil und Feder verbargen wir sorgfältig unter trockenem Laub. Um das Opfer in die Falle zu lenken, bauten wir aus Ästen und Stämmen einen trichterförmigen Gang, der dafür sorgte, daß der Köder nur aus einer Richtung zu erreichen war. Und schließlich befestigten wir den Köder an dem Baum. Lao Peng und Hu Jinchu erklärten beide, daß Pandas nichts lieber fräßen als Fleisch, also nahmen wir Ziegenköpfe und Schweinsknochen als Köder. Um ein übriges zu tun, verbrannte Lao Peng Knochen bei den Kastenfallen, weil er hoffte, der Geruch würde die Tiere anlocken.

Nach kurzer Zeit hatten wir zehn Schlingenfallen und vier Kastenfallen in Betrieb. Nun brauchten wir nur noch zu warten, bis ein Panda vorbeikam und sich in Versuchung führen ließ. Mit fehlerloser Logik waren die Fallen auf Bergrücken und Wechseln und Talböden so plaziert worden, daß sie von Pandas gar nicht verfehlt werden konnten. Aber ach, die Logik des Menschen ist nicht unbedingt auch die Logik des Pandas. Die Fallen blieben enttäuschend leer. Manchmal jedoch fand ich eine Falle mit geschlossenem Schieber vor; ich schlich mich behutsam näher und spähte durch eine der Ritzen zwischen den Stämmen, wobei ich mich hoffnungsvoll fragte, ob ich jetzt wohl die laut- und bewegungslose Masse eines Pandas zu Gesicht bekäme – wenngleich ich gewöhnlich die Antwort schon wußte. Stille ist nicht gleich Stille, Schweigen nicht gleich Schweigen. Die Stille einer Schneenacht ist anders als das Schweigen eines Tieres in gespannter Erwartung. Meistens hatte ein Wiesel oder ein Buntmarder an dem Köder gezerrt, oder ein Tannenhäher («Nußknacker», *Nucifraga caryocatactes*) hatte daran gepickt, bis der Schieber zugerasselt war. Die Schlingenfallen mußten zweimal täglich – sobald es hell und noch bevor es dunkel wurde –, die

Kastenfallen einmal am Tag kontrolliert werden. Es war eine aufwendige, auslaugende Arbeit.

Um die Mittagszeit, wenn alle Fallen abgeklappert waren, versammelten wir uns oft in der Hütte, um gemeinsam das Essen einzunehmen, eine Schale Nudeln, gewürzt mit Sojasoße, Knoblauch und rotem Pfeffer. Unsere Mahlzeiten waren keine ästhetischen Ereignisse. Wir saßen im Halbkreis um das Feuer und saugten die langen Nudeln mit geräuschvollem Schlürfen ein. Nudeln repräsentieren Leben – wer sie zerschneidet, verkürzt das seine. Die Kälte und der rote Pfeffer brachten die Nasen zum Laufen, und einige schneuzten sich auf den Fußboden aus. Schlürfen, Schnauben, Schniefen – unseren Mahlzeiten fehlte es nie an – sei's auch etwas eintöniger – musikalischer Untermalung.

In der Stunde nach dem Mittagessen erhielten Kay und ich manchmal Chinesischunterricht. Die chinesischen Schriftzeichen sind im wesentlichen Bilder: seien's direkte Darstellungen, seien's Abstraktionen von Dingen, Vorstellungen oder Handlungen. Beim Äquivalent des Schriftzeichens in der gesprochenen Sprache, der Silbe, ist nicht nur die Lautung wichtig, sondern auch die Tonhöhe, denn diese entscheidet letztlich über die Bedeutung. Da musikalisches Gehör bei mir nicht gerade im Übermaß vorhanden ist und ich vielleicht auch ein wenig begriffsstutzig bin, hatte ich unendliche Probleme mit den vier Grundtönen, von denen jeder ein anderes Verlaufsmuster hat. Da jedes gesprochene Wort mindestens vier nicht miteinander zusammenhängende Bedeutungen besitzt, wurden meine Ausspracheversuche entweder mit unbewegter Miene aufgenommen oder mit ausgelassener Heiterkeit begrüßt.

«Táng, tāng, tàng, tăng – Zucker, Suppe, heiß, wenn…», rezitierte alles im Chor. «Máo, māo, mào, măo – Haar, Katze, reichlich, Rost…»

Fragte ich nach dem Namen irgendeines Gegenstands, führte die Antwort auf der Stelle zu einer lautstarken Auseinandersetzung über die richtige Aussprache. Mit wütender Emphase malten Zeigefinger das korrekte Schriftzeichen zur Demonstration auf Handflächen. Der Aufruhr endete jedesmal mit demselben Fazit: Die einen hatten *pŭtōnghuà*, die zur offiziellen Landessprache erhobene Variante des Mandarin, gesprochen, die anderen den Sichuan-Dialekt. «Becher! Hand! Schnee! Brief!» Da Wang hörte mich auf englisch ab, wobei er die einzelnen Wörter wie Pistolenschüsse auf mich abfeuerte, um anschließend die Ohren zu spitzen, während ich mich abmühte, den richtigen Ton zu treffen, bis ein «Okay» mir signalisierte, daß ich es halbwegs hingekriegt hatte.

Zusammen mit Kay und Howard war He Jin, der am Fremdspracheninstitut in Beijing studierte, zu einem vierzehntägigen Aufenthalt eingetroffen. Howard machte sich He Jins ausgezeichnete Englischkenntnisse zunutze, um mit seiner Hilfe eine Unterrichtsstunde über den Umgang mit den Radiotelemetriegerätschaften abzuhalten – dem Halsband mit dem Sender, der Richtantenne, dem Empfänger in seiner wasserdichten Verschalung, dem Kopfhörer. Er erklärte, daß der Empfang des Funksignals nur innerhalb des Gesichtskreises möglich sei: Das Signal könne nicht durch Berge dringen, und deshalb suche man nach den Pandas mit Funkhalsbändern am besten von den höchsten Graten aus. Alle hörten sich das Biep-biep-biep des Signals an, um ein aktives Tier von einem inaktiven unterscheiden zu lernen. Ein Bewegungssensor am Sender zerhackt das Signal in Impulsfolgen von zweierlei Frequenz. Fünfundsiebzig Impulse pro Minute kennzeichnen ein ruhendes, hundert Impulse pro Minute ein fressendes, ziehendes oder sonstwie aktives Tier. Unter langsamem Drehen der Handantenne führte Howard vor, wie man sich an die Stellung maximaler Signalstärke herantastet, bei der die Antenne genau in die Richtung des Pandas zeigt. Der tatsächliche Standort des Tiers würde durch schlichte Triangulation bestimmt, das heißt anhand von zwei oder drei an verschiedenen Punkten des Geländes aufgenommenen Standlinien (die angepeilte Position befindet sich im Schnittpunkt der Standlinien). Mit Nachdruck wies Howard darauf hin, daß das Signal auf dem Weg zur Empfangsantenne von Hängen und Wänden reflektiert werden könne, und das unter Umständen gleich mehrfach, so daß der Beobachter mit größtmöglicher Umsicht zu Werke gehen müsse, um nicht in die Irre geführt zu werden. Und noch vieles andere galt es zu berücksichtigen, Lernstoff, den man nur durch reale Erfahrungen würde assimilieren können. Ob wir uns diese Erfahrungen würden erwerben können, hing vom Ausgang der derzeit laufenden oder in Kürze beginnenden, alles entscheidenden neuen Gesprächsrunde zwischen dem WWF und China ab.

Anfang März 1981 hatten wir immer noch keine Nachricht über das Ergebnis der Konferenz, die im Februar in Beijing stattgefunden hatte. Allerdings war unsere Arbeit nicht abgeblasen worden, und das war ein verheißungsvolles Omen.

Bisher war der Panda mehr Phantom als greifbare Wirklichkeit gewesen. Seit Monaten spukte er mir im Kopf herum. Seit Wochen war ich im Wald hinter ihm her. Zuzeiten hatte ich das Gefühl gehabt, als ob die Luft von seiner Gegenwart vibriere, aber noch kein einziges Mal hatte er mir Gelegenheit gegeben, auch nur einen flüchtigen Blick auf ihn zu erhaschen. Nun wendete sich unser Glück. Hu Jinchu hatte einige kurze Augenblicke lang einen Panda gesehen – den ersten, den einer von uns in zwei Monaten Feldarbeit zu Gesicht bekommen hatte. Bestimmt würde mir bald einer über den Weg laufen.

3
Panda-Politik

Während der ersten Monate in Wuyipeng war ich nervös und besorgt, weil ich befürchtete, die Chinesen könnten das Panda-Projekt von heute auf morgen abblasen. Die Unterzeichnung des gemeinsamen Abkommens im Juni 1980 schien ein Grund zum Feiern. Doch in der Zwischenzeit hatten wechselseitige Mißverständnisse sowie wiederholte Fauxpas in der diplomatischen Etikette, die sich der WWF geleistet, und die Beweise mangelnden Fingerspitzengefühls, die er geliefert hatte, das Projekt bei den drei beteiligten chinesischen Stellen in einigen Mißkredit gebracht. In den Amtsstuben und Büros auf der chinesischen Seite tobte ein heftiger Disput zwischen denjenigen, die das Projekt am liebsten abgesagt hätten, und denjenigen, die für die Fortsetzung waren. Man einigte sich schließlich auf den Kompromiß, den WWF zu einer Konferenz einzuladen, um Bedenken und Probleme auszuräumen. Diese Konferenz fand im November 1980 statt, kurz bevor ich mit der Feldarbeit begann.

Ich hatte geplant, am 2. November von meinem Zuhause in Connecticut nach China abzureisen, denn im Aktionsplan war für den Beginn der Feldarbeit in Wolong ein Termin im November angegeben. Am 28. Oktober wurde mir vom WWF telefonisch mitgeteilt, wegen bestehender Probleme wolle die chinesische Seite den Beginn des Projekts verschieben. Am 1. November erhielt ich dann die Aufforderung, die Reise wie vorgesehen anzutreten und in Beijing an Besprechungen teilzunehmen. Ein ominöser Auftakt für das Projekt.

An der ersten Besprechung nahmen lediglich Vertreter des WWF und des chinesischen Umweltschutzbüros teil. Die WWF-Delegation setzte sich zusammen aus Charles de Haes, Mark Halle, Nancy Nash und mir (Mark betreute beim WWF das «China-Referat»). Auf der chinesischen Seite trat unter anderen Qu Geping, ein hochrangiger Mitarbeiter des Umweltschutzbüros, in Erscheinung, daneben zwei Dolmetscher (jedoch nicht die Dolmetscherin Ma Huanqin, die bis Juni so stark in dem Projekt engagiert war). Die Konferenzatmosphäre war kühl. Wenn Chinesen unter sich sind, kann es schon mal hoch hergehen, bei Besprechungen mit Ausländern jedoch verlangt das Protokoll von beiden Seiten Selbstbeherrschung und Zurückhaltung. Aber auf dieser Konferenz war die Stimmung nachgerade frostig. Qu Geping referierte ausführlich über diverse Probleme. Zum Teil waren diese Ausfluß von Mißverständnissen und von geringerer Bedeutung. So zum Beispiel wird auf die Bitte eines Ausländers hin der angesprochene Chinese – nach dessen Maßstäben ein unumwundenes «Nein» eine Unhöflichkeit wäre – vielleicht lächeln und nicken und ja sagen, was de facto jedoch nicht mehr heißt als «Ja, wir werden es uns überlegen» oder «Ja, im Prinzip haben wir nichts dagegen». Wenn weder die eine noch die andere Seite sich in diesen kulturellen Finessen auskennt, ist der Kuddelmuddel unvermeidbar.

Eines der Hauptprobleme war die Publizität oder, wie die Chinesen sagen, die Propaganda. Qu Geping stellte fest, daß der WWF hier einen Mangel an Fingerspitzengefühl bewiesen und «die Gefühle der Chinesen verletzt» hatte. 1979 hatte der WWF das Panda-Projekt in der Öffentlichkeit angekündigt, ohne die amtliche chinesische Nachrichtenagentur Xinhua einzuschalten. Es war einfach ein bißchen zu starker Tobak, wie der WWF da im eigenen Interesse hemmungslos die Trommel rührte und auf den großen Gong haute. Die Zeitungsberichte hatten den Eindruck vermittelt, als ob es allein der WWF wäre, der sich die «Rettung des Großen Pandas» angelegen sein ließ. In jüngerer Zeit hatte der WWF die Chinesen mit seiner beharrlichen Forderung stutzig gemacht, noch vor Beginn des Projekts einen Panda-Film drehen zu dürfen. Abgesehen davon, daß ihnen dieses Verlangen reichlich verfrüht vorkam, fragten sie sich mit wachsender Besorgnis, was wohl die Beweggründe des WWF waren. War das Ganze hauptsächlich als Geschäfts- und Propagandaunternehmen zum Nutzen des WWF konzipiert? In den Überlegungen zu diesem Punkt spielte meines Erachtens auf chinesischer Seite auch das konfuzianische Ethos der Selbstverleugnung eine Rolle, das gebietet, sich dem Beifall der Menge zu entziehen – jedenfalls keinen Beifall einzuheimsen, solange die Aufgabe, um die es geht, noch nicht erfolgreich zu Ende gebracht ist. Ich konnte verstehen, warum dem WWF soviel daran lag, das Projekt publik zu machen. Mindestens drei andere Organisationen – darunter eine, die sich der Protektion Henry Kissingers erfreute – hatten sich ebenfalls darum gerissen, eine Panda-Studie durchführen zu dürfen, und Deng Xiaoping hatte der Bitte des ehemaligen US-Präsidenten Gerald Ford um Genehmigung eines Panda-Films zugestimmt, der als Gemeinschaftsarbeit von Fords Sohn und des ABC-Fernsehens entstehen sollte. Aber wenn der WWF, wie er das noch auf jeder Konferenz tat, auf Spendenbeschaffungsaktionen zu sprechen kam, versäumte er es, die damit verbundenen Vorteile für China hinlänglich zu verdeutlichen. Das bewies *Unachtsamkeit* – um es mit einem von Chinesen gern benutzten Wort zu sagen.

Charles de Haes nutzte dann das Treffen dazu, über eine Reihe neuer Spendenbeschaffungsaktionen des WWF zu sprechen. Die aggressive Interessenpolitik des WWF und seine Abneigung dagegen, die Anerkennung der Öffentlichkeit für gemeinsame Anstrengungen mit anderen zu teilen, machte anderen Naturschutzorganisationen die Zusammenarbeit mit ihm schwer, und auch bei den Chinesen spürte ich jetzt Argwohn aufkeimen. Man habe vor, erläuterte de Haes, Goldmünzen mit Bildern des Pandas und anderer gefährdeter Arten Chinas zu emittieren. Auch Briefmarken mit den Bildern der Tiere würden ausgegeben, fügte er hinzu und präsentierte gleichzeitig einen Bogen mit Probedrucken der Marken. Die gelangweilten Gesichter der Chinesen versteinerten. «Das heißt Taiwan!» rief ein Dolmetscher aus, während sein gereckter Zeigefinger auf die chinesischen Schriftzeichen auf den Marken losfuhr, als ob er sie aufspießen wollte. Unachtsamkeit.

Zur Jahresgala des WWF und zur feierlichen Unterzeichnung von Vertrag und Aktionsplan waren im letzten Juni zwar vier Funktionäre des chinesischen Umweltschutzbüros eingeladen worden, aber kein einziger Vertreter der beiden anderen chinesischen Trägerinstitutionen, des Forstwirtschaftsministeriums und der Akademie der Wissenschaften – eine Kränkung, die nicht ohne ernste Folgen bleiben sollte. Unachtsamkeit. In Europa bat man Li Chaobo, den Leiter der chinesischen Delegation, nicht nur den gemeinsam erarbeiteten Vertragstext, sondern auch einen neu hinzugefügten Nachtrag zu unterschreiben, der der «Klärung der vertraglichen Pflichten» und der «Klärung des Abwicklungsverfahrens» dienen sollte. Das von Rechtsanwälten aufgesetzte Schriftstück dokumentierte die professionelle Obsession seiner Verfasser, Schlupflöcher zu verstopfen und Gewißheit auch noch da schaffen zu wollen, wo sie der Natur der Sache nach nicht zu haben ist. Sir Peter, Nancy Nash und ich hatten uns gegen einen Vertragszusatz ausgesprochen, aber kein Gehör gefunden. Denjenigen, die dafür optierten, hätte es bestimmt nicht geschadet, wenn sie sich die Zeit genommen hätten, das vergnügliche und erkenntnisträchtige Buch *Myself a Mandarin* (1968) von Austin Coates zu lesen:

> Das abendländische Beharren auf exakten Tatsachen, präzisen Definitionen und absolut sicheren Schlußfolgerungen gerät in China zwischen der 95-Grad-Marke und 98-Grad-Marke auf einer Hundert-Grad-Skala ins Stocken und fährt sich alsbald fest. Ein Abendländer, der Exaktheit noch über 95 Grad hinaus verlangt, ist eine Nervensäge, verlangt er sie über 98 Grad hinaus, ist er ein Klotzkopf. Verträge, Eide, eidesstattliche Versicherungen und dergleichen sind weitere abendländische Eigenheiten, die, da sie Anspruch auf absolute Geltung haben, in China allerhöchstens zu 95 Prozent respektiert werden können, denn für den

Chinesen ist ein Absolutheitsanspruch in letzter Instanz eine Absurdität, weil es nichts Absolutes gibt.

Li Chaobo unterzeichnete den Zusatz wie gewünscht – eine Umgehung chinesischer Standardverfahrensregeln, die möglicherweise das Ziel verfolgte, sowohl für den WWF als auch für China das Gesicht zu wahren. Indes, mit diesem Schritt erniedrigte er sich und die übrigen Delegationsmitglieder. In Beijing wurde der Vertragszusatz einer sorgfältigen Analyse unterzogen, mit dem abschließenden Befund, daß Forderungen wie die nach Rechnungslegung mit «Belegen über Forderungen und Zahlungen» in sechsmonatigem Turnus die Würde Chinas beleidigten und die Vertrauensbasis der Zusammenarbeit untergruben. Li Chaobo hatte seine Unterschrift ohne die Zustimmung der kollektiven Führung unter den Vertrag gesetzt. Nach China zurückgekehrt, mußten die Delegationsmitglieder Armbanduhren, Fotografien und was sie sonst noch an Geschenken vom WWF erhalten hatten, abliefern. Wie in alten Zeiten, als man dem Überbringer schlechter Nachrichten den Kopf abschlug, wurde Ma Huanqin, die den Vertragszusatz übersetzt hatte, im Rang zurückgestuft. Die chinesische Seite lehnte es ab, den unterzeichneten Vertrag zu ratifizieren.

Jetzt war der WWF an der Reihe, das Gesicht zu verlieren. Charles de Haes entschuldigte sich dafür, daß man Li Chaobo in eine «peinliche Lage» gebracht hatte, und zog den Zusatz zurück.

Im Verlauf der November-Konferenz in Beijing machte Qu Geping eine aufschlußreiche Bemerkung. «Andere meinten, in Sachen Großer Panda sollte man sich auf keinerlei Gemeinschaftsprojekt einlassen. Mr. Li und ich haben sie wiederholt zur Zusammenarbeit mit Ihnen überredet.» Offenbar fanden zwischen den chinesischen Trägerorganisationen des Panda-Projekts ernsthafte Flügelkämpfe statt. Mit seiner Unachtsamkeit hatte der WWF den Grund für einen größeren Krach hinter den Kulissen geliefert.

Zu dem Konferenztermin am nächsten Tag erschienen Vertreter aller drei Trägerorganisationen – des Forstwirtschaftsministeriums, der Akademie der Wissenschaften und des Umweltschutzbüros –, unter anderen Zhang Shuzhong, Jin Jiangming, Wang Menghu und Zhu Jing, der Letztgenannte für die Akademie der Wissenschaften. Qu Geping wiederholte seine Auflistung der Probleme. Anschließend hatte Zhu Jing für den WWF eine Überraschung parat: Der gesamte derzeitige und etwaige zukünftige Ausstattungsbedarf des Forschungszentrums müsse auf der Stelle erfaßt und vertraglich festgeschrieben werden. Anscheinend befürchteten die Chinesen, der WWF könnte von seinen Zusagen später wieder abrücken. «Die vorläufige Liste, die ich hier habe, wurde nach Maßgabe früherer Arbeitserfahrungen zusammengestellt», sagte Zhu Jing. «Sie ist provisorisch und lückenhaft.»

Ich besah mir die Liste mit dem faszinierten Entsetzen eines Menschen, der soeben entdeckt, daß die niedliche kleine Schlange in seiner Hand in Wirklichkeit eine giftige Viper ist. Die Aufstellung las sich wie ein auf Vollständigkeit abzielender Katalog für High-Tech-Gerät: Atom-Absorptions-Spektrophotometer, adiabatisches Bombenkalorimeter, Elektrophorese-Ausrüstung, Gefrierzentrifuge, Schallspektrograph, Zweistrahl-UV / Vis-Spektrophotometer und so weiter und so fort. Aufgeführt waren außerdem Filmkameras für Nachtaufnahmen, Umweltmeßstationen und Heißluftballons. Von manchen Dingen auf der Liste wußte ich nicht einmal, wozu sie benutzt wurden, aber immerhin begriff ich, daß es lächerlich war, zwei Heißluftballons haben zu wollen, weil die in diesem zerklüfteten, nebelverhangenen Gebirge schlechterdings zu nichts nütze waren. Die Liste war hastig zusammengeschustert worden. Irgend jemand hatte bei verschiedenen Artikeln die ursprünglich angegebenen Stückzahlen ausgestrichen und den geschätzten Bedarf willkürlich verdoppelt oder sogar verdreifacht. *Zwei* Umweltmeßstationen? Die meisten Universitäten in Nordamerika hatten noch nicht einmal eine. Andererseits fehlten einige unverzichtbare Ausrüstungsgegenstände auf der Liste.

Man hatte uns vorher mit keiner Silbe zu verstehen gegeben, daß bei dieser November-Tagung die Frage der Geräteausstattung auf die Tagesordnung kommen würde. Bei meiner Abreise im Mai hatte man mich gebeten, in aller Ausführlichkeit sämtliche Dinge zu benennen, die effektive Änderungen in der Bauplanung des Forschungszentrums erforderlich machen könnten. Ich hatte die entsprechenden Informationen – in denen ich in Anbetracht der Tatsache, daß bei bestimmten Analysen schädliche Dämpfe entstehen würden, besonders auf die Notwendigkeit von speziellen Schutzhauben und Abzugsrohren hinwies – in Form eines Dossiers mitgebracht und dieses bereits einem Chinesen übergeben, der es jedoch, wie ich später erfuhr, allem Anschein nach verschwinden ließ. Die Chinesen waren lange Zeit vom Zugang zu technischem Gerät abgeschnitten gewesen, und ich konnte ihr Verlangen in dieser Richtung sehr gut nachfühlen, aber hier zielte die entfesselte Habgier weit über den tatsächlichen Bedarf hinaus. Unser Aktionsplan war sachadäquat, und unsere Zielvorstellungen für die Feldarbeit waren nach meinem Dafürhalten ebenfalls sachadäquat, aber irgend etwas Undefinierbares im geistigen Kern unserer Zusammenarbeit war zu Bruch gegangen, und die Schuld daran traf beide Seiten.

Auf dieser Sitzung wie auch auf den Sitzungen der folgenden Tage zeigten sich die Chinesen in ihren Forderungen wenig flexibel. Mit zäher Ausdauer, um nicht zu sagen mit der undialektischen Logik des Westens, harften sie in den Verhandlungen auf dem Problem herum.

«Prinzip und Einzelheit müssen sich auf gleicher Ebene befinden; sie lassen sich nicht voneinander trennen», sagte Zhang Shuzhong. «Das Prinzip besteht darin, daß das Forschungszentrum die erforderliche Geräteausstattung haben muß. Die Einzelheit besteht in der Frage: Wann werden die Geräte geliefert?»

«Die Ausstattung wird nach Maßgabe des Bedarfs angeschafft werden. Bedarf heißt, daß die Geräte für unser gemeinsames Forschungsprogramm benötigt werden», sagte Wang Menghu.

Einmal passierte es mir, daß ich das Forschungszentrum versehentlich als «Feldforschungsstation» apostrophierte – ein Versprecher, der genau zum Ausdruck brachte, was ich wirklich für notwendig hielt. Es war allerdings das falsche Reizwort: Die nächsten Stunden mußten damit vertan werden, die chinesische Seite zu überzeugen, daß der WWF nicht vorhatte, von seiner Zusage betreffend den Bau eines Forschungszentrums abzurücken.

Bei einer bestimmten Gelegenheit sagte Zhu Jing zu seinem Nebenmann auf chinesisch: «Vielleicht sollten wir die Zusammenarbeit mit den Ausländern besser vertagen.» Während die anderen mit angestrengtem protokollarischem Lächeln Umgänglichkeit und Höflichkeit demonstrierten, saß Zhu Jing mit der finster gerunzelten Stirn und den abgesenkten Mundwinkeln eines Olmekenstandbilds da.

Die wechselseitige Unzufriedenheit wuchs. Dem Projekt schien der vorzeitige Abbruch zu drohen.

«Wir sind an einem Punkt angelangt, wo eine fruchtbare Diskussion über die Geräteausstattung nicht mehr möglich ist», wiederholte Charles de Haes immer wieder. «George Schaller hat den Vorschlag gemacht, ausländische Sachverständige um Gutachten über den Gerätebedarf in den kommenden Jahren zu bitten. Im Vertrag und im Aktionsplan steht kein Wort darüber, daß die technische Ausrüstung zum gegenwärtigen Zeitpunkt in allen Einzelheiten verhandelt werden muß; darauf sind wir im Moment nicht vorbereitet. ... Wir können uns nicht darauf einlassen, daß wir jedes einzelne Stück Laborausrüstung Jahre im voraus benennen müssen.»

Dem WWF blieb eindeutig nur eine Hinhaltetaktik übrig: Es galt, die Entscheidung über die Geräteausstattung hinauszuschieben, bis man sich bei Laborbiologen hatte kundig machen können, was denn so an Geräten benötigt werden würde für die prospektiven biochemischen Analysen, Radio-Immuno-Assays und andere Arbeiten. Ich kannte mich in diesen Dingen nicht gut genug aus, um Hilfestellung geben zu können, und hätte auch nichts getan, um der Anschaffung von Ausrüstungsmaterial Vorschub zu leisten, das ich für überflüssig und bei den in

Wolong gegebenen Verhältnissen für völlig unangemessen hielt. Man einigte sich schließlich darauf, die Frage der Geräteausstattung zum Gegenstand einer weiteren Konferenz zu machen, die Mitte Februar stattfinden sollte.

Neunter und letzter Sitzungstag. Vor Beginn der Sitzung hatte Ma Huanqin einen Pro-forma-Auftritt. Sie war durcheinander, und als sie mich begrüßte, sah ich, daß sie Tränen in den Augen hatte. Shan Jianguo, ein lebhafter und liebenswerter Dolmetscher, der in den vergangenen Tagen Schwerarbeit verrichtet hatte, hatte eine feierliche Miene aufgesetzt; ohne ersichtlichen Grund ergriff er meine Hand und tätschelte sie. Was hatte das zu bedeuten?

An einem bestimmten Punkt der Verhandlung stellte ich die Frage: «Bleibt es bei dem Programm für November bis Mai wie geplant?» Ich bangte um die Feldarbeit dieses Winters. Im Aktionsplan war festgelegt, daß die erste Forschungsphase im November beginnen und bis Mai dauern sollte. Und wir schrieben jetzt den 24. November. Würde die Vereinbarung eingehalten werden?

«Was im Aktionsplan steht, müßte gelten», erwiderte Wang Menghu, sein Wort für den ursprünglichen Zeitplan in die Waagschale werfend.

Zhu Jing widersprach ihm: «George Schaller soll heimreisen und die Frage der Geräteausstattung mit Sachverständigen besprechen.»

Zhang Shuzhong machte uns mit einem dritten Standpunkt vertraut, indem er uns einen Brief aushändigte, in dem der Kompromiß zwischen den Cliquen im politischen Apparat festgehalten war: Die Feldforschung kann beginnen, wird jedoch eingestellt, sollte der WWF bis Ende Januar keine Vorschlagsliste für die Geräteausstattung vorlegen.

«Ich muß die Garantie haben, daß die Arbeit vor Mai nicht abgebrochen wird», antwortete Charles de Haes. «Wenn Sie mir nicht garantieren, daß es bis Mai weitergeht, brauchen wir gar nicht erst anzufangen.»

Nachdem wir die ganze Zeit aus der Defensive heraus verhandelt hatten, waren wir über de Haes' Ultimatum einigermaßen amüsiert. Man hatte uns manipuliert und vorgeführt und uns in diesen Verhandlungen die Rolle von Bittstellern zudiktiert, während man selbst seine bürokratischen Spielchen spielte. Es lag nun ganz im Ermessen der Chinesen, wie der nächste Schritt aussehen sollte.

Am 30. November reisten Xiao Shen und ich per Bahn aus Beijing in Richtung Chengdu ab; wir verließen die Stadt im Morgengrauen, wie Flüchtlinge. Der Aktionsplan war eingehalten worden, zwar nicht in den terminlichen Einzelheiten, aber immerhin im Grundsätzlichen; Zhang Shuzhongs Standpunkt hatte sich durchgesetzt – wenigstens für den Augenblick.

Chengdu liegt im Sichuan-Becken, einer Schwemmlandebene, die der charakteristischen Farbe ihres Bodens wegen auch Rotes Becken genannt wird. Das Sichuan-Becken ist Chinas fruchtbarstes Landwirtschaftsgebiet, und die meisten der einhundertzehn Millionen Einwohner der Provinz leben hier. Der deutsche Geograph Ferdinand von Richthofen, der Chengdu 1872 besuchte, beschrieb die Stadt als «ein Juwel in landschaftlicher und wirthschaftlicher Beziehung»: «Gegenwärtig ist Tshöng-tu-fu [Chengdu] eine der grössten Städte von China und unter allen die schönste und am meisten verfeinerte. [...] Die Häuser sind mit sorgfältig geschnitzten Holzfronten versehen; im Inneren ist ein ungewöhnlicher Luxus entfaltet, der, wie man es sonst in China nicht gewöhnt ist, mit Reinlichkeit und Bequemlichkeit verbunden ist. [...] Die Bevölkerung ist besser als anderswo gekleidet [...]. In den Kaufläden ist alles Holzwerk polirt, und sie werden reinlich gehalten [...]. Nirgends in China wird die Kunst höher geschätzt als in Tshöng-tu-fu. Selbst in der umliegenden Gegend fand ich denselben künstlerischen Sinn. Besonders machte er sich geltend an den aus rothem Sandstein errichteten Ehrenpforten, welche in grosser Zahl die kleinen wie die grossen Ortschaften verzieren [...]; einige unter ihnen sind wahre Meisterwerke chinesischer Kunst. Was Höflichkeit und Anstand des Betragens betrifft, stehen die Bewohner von Tshöng-tu-fu als Gesammtheit denjenigen aller anderen chinesischen Städte voran.» (Ferdinand Freiherr von Richthofen, *China. Ergebnisse eigener Reisen und darauf gegründeter Studien*, 5 Bde., Berlin: Dietrich Reimer 1877–1912, Bd. 3 [1912], S. 65 u. 236f)

Im Laufe eines Jahrhunderts hat sich so einiges geändert. Chengdu ist heute eine wuchernde, verdreckte Großstadt unter einem Himmel von so beharrlichem Grau, daß einer heimischen Redensart zufolge die Hunde zu bellen anfangen, wenn sich die Sonne zeigt. Für eine Stadt mit zweitausendjähriger Geschichte hat die Provinzkapitale dem Besucher, von ein paar Tempeln abgesehen, erstaunlich wenig Interessantes zu bieten, was unter anderem auch daran liegt, daß die Altstadt während eines Bauernaufstands im siebzehnten Jahrhundert niedergebrannt wurde. Das Jinjiang-Hotel, wo ich bei meinen Besuchen in Chengdu abstieg, ist ein klotziges Denkmal stalinistischer Baukunst. Obzwar die Küche Sichuans zu den raffiniertesten der Welt zählt, zeichnet sich das Jinjiang dadurch aus, daß man dort mit das ungenießbarste Essen der ganzen Stadt vorgesetzt bekommt. Wer in Chengdu einfach, preiswert und gut essen will, hält sich am besten an die Straßenhändler oder die in großer Zahl vorhandenen ausgezeichneten kleinen Speiselokale, die zum Teil auf einzelne Gerichte – wie zum Beispiel *dan dan mian* (pikante Eiernudeln) oder eine der zahlreichen Varietäten von gewürztem *doufu* (Tofu) – spezialisiert sind. Li Bai, ein Dichter der Tang-Zeit, schrieb im achten Jahrhundert: «Der Weg nach Sichuan ist steiniger als der Weg zum Himmel.» Das Wort hallte durch die Jahrhunderte zu mir her wie eine Prophezeiung, aber ich war dankbar, daß ich wenigstens so weit gekommen war.

Da ich noch keine Genehmigung hatte, mit der Arbeit in Wolong anzufangen, ging ich am Tag nach meiner Ankunft in Chengdu in den Zoo, um mir die Pandas anzusehen. Es gab dort neun Stück, untergebracht in einem zweckdienlichen Bau mit Freigehege. Von den vier Weibchen hatte sich eines zur natürlichen Paarung bereitgefunden, und zwei waren im vergangenen April künstlich befruchtet worden. Von diesen beiden hatte das eine, ein zauberhaftes Geschöpf namens Mei-Mei, nach einer Tragezeit von 157 bis 159 Tagen am 20. September zwei Junge zur Welt gebracht (eines starb). Pandaweibchen werfen ein oder zwei Junge, kümmern sich jedoch gewöhnlich nur um das erstgeborene und lassen Nachkömmlinge sterben. Seit 1980 kamen in Gefangenschaft dreiundzwanzig Einzeltiere oder Würfe zur Welt – alle diese Geburten bis auf eine fanden in chinesischen Tiergärten statt. Die eine Ausnahme war das Junge des Pandaweibchens Ying-Ying im Chapultepec-Zoo von Mexiko-Stadt. Ich brannte darauf, das erste Pandababy meines Lebens zu sehen. Man führte mich vor einen Käfig, der mit Grasmatten gegen das Publikum abgeschirmt war, und ich durfte mir Mei-Mei und ihren Sprößling, ein Männchen namens Ronshun, anschauen. Mei-Mei saß in der üblichen Panda-Haltung – zusammengesackt, die gebogenen Hinterbeine vor sich ausgebreitet – in der Ecke auf einer Streu von Heu. Vor ihr im Heu ruhte – in Größe und Gestalt einer verfetteten Katze gleichend und mit seinen zweieinhalb Monaten noch kaum fähig zu krabbeln – Ronshun, ein kuscheliges, bewegliches Spielzeugtier, wie gemacht zum Knuddeln.

Ich bat um die Erlaubnis, Ronshun täglich einige Zeit beobachten zu dürfen. Der Zutritt zum warmen Bau, wo chinesische Forscher am Werk waren, wurde mir von der Zoodirektion versagt, aber immerhin gestattete man mir, mich im ungeheizten Besucherbereich aufzustellen. Fasziniert stellte ich fest, daß Mei-Mei Ronshun häufig putzte und insbesondere die Analregion leckte, wobei sie sich, dergestalt das Nest sauberhaltend, seine ganzen Ausscheidungen an Kot und Urin einverleibte; weiterhin stellte ich fest, daß Ronshun tagsüber nur ein- oder zweimal saugte, gewöhnlich jeweils zehn bis fünfzehn Minuten lang. Derlei Einzelheiten sollten uns später bei der Interpretation unserer Beobachtungen in freier Natur von Nutzen sein. Während ich da in der rauhen Winterkälte stand, erwärmte mich der Anblick der innigen Beziehung zwischen Mei-Mei und Ronshun, wie das zwei Notizen, die ich an ein und demselben Tag machte, illustrieren mögen:

1042. Sie steht auf, nimmt Ronshuns Unterarm ins Maul und schwingt den Kleinen mit derselben Bewegung in ihre Arme, setzt sich hin, wiegt ihn und beißt ihn dabei leicht, wie spielerisch, ins Bein. Nachdem sie seine Analregion geleckt hat, läßt sie ihn los, und er rutscht über ihren Hängebauch hinunter ins Heu.

1046. Noch im Liegen zieht Mei Ronshun an sich und stupst ihn mit der Schnauze an Kopf und Brust; er öffnet die Schnauze und tatscht ihr ins Gesicht; sie stupst ihn wieder, an Unterarm, Hals und Kopf, und kaut und tätschelt an ihm herum, was offenbar nicht der Säuberung, sondern der Stimulation dient.

Unterdessen stritt sich in Beijing die kollektive Führung weiter über die Zukunft des Panda-Projekts. Die Clique, die für Zhang Shuzhongs Kompromißlösung war, obsiegte über die Clique, die das Ganze hintertreiben wollte. Drei Wochen nach meiner Ankunft in Chengdu und dem Beginn meiner Wartezeit durfte ich schließlich nach Wolong weiterreisen und dort mit der gemeinschaftlichen Forschungsarbeit beginnen.

4

Eine Fußnote über die Vorgeschichte

Pandas faszinieren mich seit langem. Als High-School-Schüler besuchte ich den Zoo von St. Louis und beobachtete dort über einen Sicherheitsgraben hinweg einen Panda, der in brütender Hitze in seinem Freigehege umherschlurfte. Ich hatte *Trailing the Giant Panda* (Auf den Spuren des Großen Pandas) gelesen, die Reisereportage der Brüder Roosevelt, die am 13. April 1929 als erste westliche Ausländer in China einen Panda erlegten. Obgleich ich den Bericht über ihre abenteuerliche Suche gierig verschlang, konnte ich schon als Teenager an ihrem Jagderfolg keinen rechten Gefallen finden:

Unser Wild hatte es ersichtlich nicht eilig gehabt. Eine Zeitlang war es im steinigen Bett eines Gießbachs aufwärts gezogen, dann durch einen Flickenteppich von Windbrüchen einen Steilhang hinaufgeklettert. Die umgestürzten Stämme waren vom Schnee und Eis rutschig. Da und dort konnten wir mitten- und drunterdurch kriechen, anderswo mußten wir mühsam drumherum und darüber kraxeln. Der Bambusdschungel erwies sich als besonders unerfreuliche Form von Hindernisparcours, weil die federigen Spitzen großenteils vom Schnee niedergedrückt und am Boden festgefroren waren. Wir waren von Regen und Schnee bis auf die Haut durchnäßt, und jedesmal, wenn wir zu einem kurzen Halt gezwungen waren, zitterten und keuchten wir abwechselnd. …

Nicht weit von Mochta Lone und mir befand sich einer der Lolo-Jäger. Plötzlich stürzte er lautlos vorwärts. Er war noch keine vierzig Meter weit gekommen, als er sich umdrehte, um uns heftig gestikulierend zu bedeuten, wir sollten uns beeilen.

Als ich neben ihm anlangte, deutete er auf eine dreißig Meter entfernte große Fichte. Ihr Stamm war hohl, und aus dem Inneren tauchten jetzt Kopf und Vorderhälfte eines *beishung* [Pandas] auf. Er schaute sich verschlafen um, während er sich vollends ins Freie schob. Er wirkte ungemein groß und dazu wie ein Tier aus einem Traum, denn die geringe Hoffnung, die wir gehabt hatten, jemals einen zu Gesicht zu bekommen, hatten wir bereits aufgegeben. ...

Sobald Ted herangekommen war, feuerten wir beide auf die Silhouette des davonziehenden Pandas. Beide Schüsse trafen. Im ungewissen über den Standort seiner Gegner, drehte er sich zu uns um und wühlte sich durch eine Schneewehe in der Senke zu unserer Linken. Er war nur noch fünf oder sechs Fuß von Mochta Lone entfernt, als wir zum zweitenmal feuerten. Er stürzte zu Boden, erholte sich jedoch wieder und machte sich durch den dichten Bambus davon. Wir wußten, daß er uns nicht entkommen würde.

Ich kannte auch das Buch *The Lady and the Panda* von Ruth Harkness, einen Bericht über den Begeisterungstaumel, den das Pandajunge Su-Lin, das 1936 als erster lebender Vertreter seiner Gattung in den Westen gelangte, in der amerikanischen Öffentlichkeit auslöste. Ich hatte im Atlas nachgesehen, wo Chengdu liegt, denn es war bis in die erste Hälfte der vierziger Jahre die Operationsbasis für sämtliche Panda-Fangexpeditionen gewesen.

Ich erinnere mich, wie ich Jahre später, 1963 – ich hatte inzwischen an der University of Wisconsin mein Biologiestudium abgeschlossen –, in der Zeitung las, daß es dem Zoo von Beijing gelungen war, erstmals in der Geschichte einen Panda in Gefangenschaft zu züchten. Den Zoologen, der ich war, begannen die logischen Widersprüche und Paradoxien zu interessieren, vor die das Tier den Systematiker stellt. Die Wissenschaft mit ihrer Liebe zu säuberlich abgegrenzten Kategorien hatte es nicht vermocht, dem Panda, der Ähnlichkeit sowohl mit den Bären als auch mit dem Waschbären hat, einen präzisen Platz in der zoologischen Systematik zuzuweisen. Konnte eine Studie seines Verhaltens vielleicht mithelfen, das taxonomische Rätsel zu lösen? Jenes undefinierbare Etwas namens wissenschaftliche Leidenschaft reizte der Panda zudem mit seiner eigentümlichen Lebensform. Hier hatte man ein Tier vor sich, das sich mit nichts anderem als der Metabolisierung von Bambus beschäftigte, eine Kreatur, die so unwahrscheinlich war wie eine fleischfressende Kuh. Wie war der Panda im Laufe seiner Evolution zu dieser diätetischen Spezialisierung gekommen?

Hinter meinem Interesse stand freilich mehr als der bloße Ehrgeiz, gordische Knoten der Biologie zu entwirren. Da waren ferner die lockende Kraft des Exotischen und Seltenen und die Chance, als erster Westler das Außenseiterdasein des Pandas zu studieren. Als wissenschaftlicher Weltenbummler mit missionarischem Drang wollte ich überdies etwas für das Überleben der Spezies tun. Hinzu kommt, daß in der Forschungsarbeit für mich wenig Reiz und Vergnügen liegt, wenn sie nicht einem Tier gilt, das mehr als nur verstandesmäßige Anteilnahme in mir weckt und mit dem zusammenzusein mir Freude macht. Wie der Berggorilla, der Tiger, der Löwe und andere Arten, die ich in der Vergangenheit studierte, muß ein Tier für mich ein emotionales Erlebnis sein, soll ich mich jahrelang in seine Welt einbinden, isoliert im beständigen Exil in einer fremden Kultur, bei jedem Wetter Tag und Nacht das Gelände durchstreifend, mich Schritt für Schritt sorgfältig mühend, nicht nur Erkenntnisse über die Spezies zu sammeln, sondern sie auch zu verstehen, langsam ihr Leben ausfaltend, auffächernd wie ein Origami. In allem, was man über den Panda hört, ist zuwenig von seinen eigentlichen Qualitäten die Rede, die hinter seinem anziehenden Äußeren verborgen liegen. Kurzum, nach meinem Dafürhalten war der Panda ein Tier, mit dem nähere Bekanntschaft zu schließen sich lohnen würde.

Auf politische Wirren, Bürgerkrieg und japanische Aggression folgte in China 1949 der Sieg der kommunistischen Revolution. Das Panda-Areal wurde für Außenstehende zum Sperrgebiet, und es sah ganz danach aus, als ob es das auf Dauer bleiben würde. Doch im April 1971 gab die chinesische Regierung mit der Einladung eines amerikanischen Tischtennisteams nach China in der für sie typischen indirekten Form ein Signal, daß eine Änderung der politischen Linie bevorstehe. Ich hielt den Zeitpunkt für günstig, ein Panda-Projekt anzukurbeln. Im Juli 1971 und in den darauffolgenden Monaten schrieb William Conway, der Generaldirektor der New York Zoological Society, an den Zoo von Beijing, die chinesische Akademie der Wissenschaften und die chinesische Botschaft in Kanada (die USA und China unterhielten zur damaligen Zeit keine diplomatischen Beziehungen) und unterbreitete in meinem Namen den Vorschlag einer gemeinschaftlich durchgeführten Feldstudie. Außerdem nahm er Verbindung mit Sir Peter Scott auf, um den WWF über unsere Interessenrichtung ins Bild zu setzen. Ich hielt mich gerade in Pakistan auf, als ein Brief von William Conway bei mir eintraf: «Peter meint, der World Wildlife Fund würde mit Vergnügen in die Trägerschaft Deiner Unternehmungen zum Studium des Großen Pandas mit einsteigen. Von Peter… höre ich, daß derzeit weder beim WWF noch beim IUCN [International Union for the Conservation of Nature, ‹Weltnaturschutzbund›] ein spezielles Panda-Projekt existiert.»

Auf unsere Briefe erhielten wir von den Chinesen niemals eine Antwort – was kaum überrascht, wenn man bedenkt, daß sich das Land mitten in der Kulturrevolution befand, von der wir seinerzeit fast nichts gehört hatten. Die chinesische Kulturrevolution ist unter den gravierenden Ereignissen des zwanzigsten Jahrhunderts mit Sicherheit dasjenige, das in der westlichen Presse die kümmerlichste Beachtung fand – ein kolossaler Gegensatz zu der ausführlichen Berichterstattung über die Tiananmen-Unruhen und die Folgen Mitte 1989. Über einer Wildtierstudie im Himalaja, im Karakorum und in anderen Arealen schwanden die Pandas aus meinem Aufmerksamkeitshorizont. Nachdem ich dieses Projekt abgeschlossen hatte, übersiedelte ich dann nach Brasilien in die Sümpfe des Mato Grosso, um Jaguare und ihre Beutetiere zu studieren. Ich war noch in Brasilien, als im

Herbst 1979 der damalige Direktor des Florida State Museum, Wayne King, ein engagierter Naturschützer, bei Kay anrief und dringend um meinen Rückruf bat. Dieser Bitte kam ich ein paar Tage später nach.

«George, der World Wildlife Fund und China haben sich gerade auf eine gemeinschaftliche Panda-Studie geeinigt. Hast du Lust, die Feldarbeit zu machen?»

Und ob ich Lust hatte. Aber weil ich gerade in einem anderen Projekt steckte, brauchte ich erst einmal ein paar Tage Zeit zum Überlegen, ob und wie ich mit beiden auf einmal fertig werden könnte.

Mit Schreiben vom 12. Oktober 1979 teilte ich Lee Talbot, dem damaligen Leiter der Abteilung Naturschutz beim WWF, meine Entscheidung mit: «Ich bin schon ganz kribbelig bei dem Gedanken, bei dem Projekt mitzumachen, und kann es kaum erwarten.»

Vierzehn Monate später stieß ich in Wuyipeng zu meinen chinesischen Arbeitskollegen, um die Feldarbeit aufzunehmen. Auch unabhängig von dem ganzen Forschungshintergrund brannte ich natürlich darauf, einem Panda in seinem Lebensraum in der Wildnis zu begegnen, ein Erlebnis, das seit Jahrzehnten keinem Ausländer mehr vergönnt gewesen war. Am Ende zweier Monate härtesten Bemühens um jenen elektrisierenden Moment des ersten Sichtens lautete meine Bilanz noch immer, daß die Pandas ein unheimliches Geschick darin besaßen, sich meinen Blicken zu entziehen. Immerhin war ich nicht der erste, der von diesem Pech verfolgt war.

Der Botaniker Ernest Wilson brachte viele Monate im Panda-Areal zu und machte 1908 auch einen Abstecher nach Wolong, bekam jedoch vom Panda nicht mehr als Fährten zu sehen:

> Er ist ein einzelgängerisches Tier, das Fußpfade durch den Wald trampelt, weil es über längere Perioden immer wieder dieselben Lieblingsplätze aufsucht, wie aus den großen Ansammlungen seines Kots zu ersehen ist, auf die man im Bambusdschungel häufig stößt.

Die meisten anderen Chinareisenden aus dem Westen waren im Aufspüren wildlebender Pandas nicht erfolgreicher als Wilson, wenngleich sie in einigen Fällen gefangene oder verendete Tiere zu Gesicht bekamen.

1908 jagte J. W. Brooke im Gebiet Wenchuan bei Wolong. In seinen – in einem Artikel des *Geographical Journal* von 1909 zitierten – Aufzeichnungen von unterwegs heißt es: «Wir schossen Exemplare des Takins, Seraus, Gorals und gescheckten Bären.» «Gescheckter Bär» ist einer der rund dreißig volkstümlichen Namen des Pandas. Die Notiz spricht von einem höchst ungewöhnlichen Vorfall in so beiläufigem Ton, daß sie die Vermutung nahelegt, nicht Brookes selbst, sondern einer aus seinem Gefolge von einheimischen Jägern habe den Panda geschossen. Brooke wurde noch im selben Jahr von Mitgliedern des Yi-Stamms umgebracht, konnte also den Sachverhalt nicht mehr präzisieren.

Der deutsche Zoologe Hugo Weigold sah 1916 einen gefangenen Panda und kaufte das junge Tier seinem einheimischen Besitzer ab; es verendete jedoch schon nach kurzer Zeit.

Als erster Besucher aus dem Westen, der tatsächlich einen Panda in freier Wildbahn sichtete, wird oft J. H. Edgar genannt, der 1916 dahin Gehendes von sich behauptete. An seiner Darstellung sind jedoch erhebliche Zweifel angebracht, wie Brooke Dylan unterm Datum vom 13. Februar 1941 in einem Brief an Glover Allen, einen Spezialisten für Säugetierkunde an der Harvard University, zu verstehen gab.

Was Reverend Edgars Bericht über einen weißen Bären in einem Baum an der Straße von Batang nach Derge betrifft, so würde ich mich über ein indisches Nashorn an dieser Strecke auch nicht mehr wundern. Edgar war ein ausgemachter «Eulenspiegel» und in Naturgeschichte so beschlagen, daß er eine Maus nicht von einer Ratte unterscheiden konnte. Die nächstgelegenen Bambusstandorte befinden sich viele Tagereisen südlich von Batang, mehrere hundert Meilen weit östlich und der Himmel weiß wie weit im Norden oder Westen. Die Straße von Batang nach

Derge führt durch Pappel-, Eichen-, Berberitzen-, Weidengehölz und dergleichen. Sowerby, der Edgars Konfabulation für bare Münze nimmt, war noch nie in Szetschuan.

Die ersten Besucher aus dem Westen, die bestimmt lebende Pandas im Wald sahen, waren die Teilnehmer der Jagdexpeditionen, die den Tieren nachstellten, um sie abzuschießen: die Brüder Theodore und Kermit Roosevelt 1929, die Teilnehmer der Dolan-Expedition 1931 und der Sage-Expedition 1934 und ein einzelner britischer Jäger namens Captain C.H. Brocklehurst 1935. Statt die Panda-Abschußliste zu verlängern, hätte die Dolan-Expedition sich unter Umständen den Ruhm erwerben können, den ersten lebenden Panda in den Westen gebracht zu haben, wenn einer der Teilnehmer, der deutsche Naturforscher Ernst Schäfer, seine Schießwütigkeit gezügelt und den sechs Monate alten Panda, der ihm zur Beute fiel, lebend gefangen hätte, statt ihn vom Baum zu knallen. So aber war es dann Ruth Harkness, der jener Ruhm zufiel, als sie 1936 in freier Wildbahn ein Pandajunges auftrieb und es der Weltöffentlichkeit präsentierte.

Wie Ruth Harkness, eine Großstädterin aus New York ohne jegliche Erfahrung in der Wildnis, es schaffte, einen Panda zu fangen, ist eine Geschichte, in der unwahrscheinliches Glück und unglaubliche Entschlossenheit die Hauptrollen spielen. Ruths Ehemann William Harkness war ein finanziell unabhängiger Abenteurer, der 1934 der New York Zoological Society die ersten Drachenwarane zuführte. Noch im selben Jahr brach er dann – seine Ehefrau Ruth nur vierzehn Tage nach der Hochzeit allein zurücklassend – nach China zum Panda-Fang auf. In Shanghai tat er sich mit einem amerikanischen Bankbeamten namens Floyd Tangier Smith zusammen, der seinen Job an den Nagel gehängt hatte, um Tierfänger zu werden. Die Truppen der Revolution und der Schlendrian der Behörden sorgten dafür, daß die beiden niemals das Panda-Areal erreichten. Und im Februar 1936 starb William Harkness an Krebs. Keine zwei Monate später reiste Ruth nach Shanghai, um die Asche ihres Mannes in

Empfang zu nehmen; an Ort und Stelle trat dann etwas ein, das sie selbst in die Worte faßte: «Ich erbte eine Expedition.»

In Shanghai machte Ruth Harkness die Bekanntschaft zweier Chinesen, der Brüder Jack und Quentin Young, deren Vater in den USA geboren und amerikanischer Staatsbürger war. Der ebenfalls in den USA geborene Jack hatte 1929 im Auftrag eines Museums als Naturforscher und Akquisiteur an der Panda-Expedition der Brüder Roosevelt teilgenommen. 1932 begleitete er Terris Moore, Richard Burdsall und Arthur Emmons bei der Erstbesteigung des Minya Konka (des heutigen Gongga Shan), eines Siebeneinhalbtausenders in Sichuan. Die zwei Brüder hatten auch schon eine eigene Expedition ausgerichtet, auf der sie im Auftrag eines Museums Fasane, Goldstumpfnasenaffen, Takins und Exemplare anderer Tierarten fingen. Ungeachtet ihrer Jugend – als Ruth Harkness in Shanghai eintraf, war Quentin erst zweiundzwanzig Jahre alt –, zählten sie zur Spitzenklasse der in China arbeitenden Naturforscher. Seine Einwilligung, Ruth zu begleiten, gab Quentin nicht zuletzt auch deshalb, weil er ein Pandafell für die Chinesische Akademie der Wissenschaften in Nanjing besorgen wollte. «Er wollte zum Ruhme Chinas einen Panda schießen, wollte damit beweisen, daß ein Chinese genausoviel kann wie jeder Westler», schrieb Michael Kiefer in einem hervorragenden Bericht über die Expedition in dem Wochenblatt *San Diego Weekly* vom 29. November 1990.

Nachdem Ruth Harkness und Quentin Young unweit des heutigen Wolong-Reservats das Panda-Areal betreten hatten, fanden sie in erstaunlich kurzer Zeit ein Pandajunges.

In ihrem Buch *The Lady and the Panda* schildert Ruth Harkness die Entdeckung folgendermaßen:

Quentin blieb so abrupt stehen, daß ich ihn beinahe von hinten gerempelt hätte. Sekundenbruchteile lang lauschte er angestrengt und stürzte dann so schnell weiter, daß ich ihm kaum folgen konnte. Durch die schaukelnden nassen Zweige nahm ich ihn verschwommen bei einem riesigen morschen Baum wahr. Mir das Wasser aus dem Gesicht und den

Augen wischend, stolperte ich blindlings vorwärts. Dann blieb auch ich wie angewurzelt stehen. Aus dem abgestorbenen alten Baum drang das Wimmern eines Babys.

Ich muß für einen Augenblick gelähmt gewesen sein, denn ich bewegte mich erst wieder, als Quentin mit ausgestreckten Armen auf mich zukam. Auf seinen flachen Händen krümmte sich ein *beishung*-[Panda-] Baby. Ganz automatisch griff ich nach dem Winzling. Mit der warmen, flauschigen Pelzkugel in meinen Händen wurde etwas Wirklichkeit, was bis dahin nur in der Phantasie existiert hatte...

Bei der Ausreise aus China hatte Ruth Harkness Schwierigkeiten, ihren kostbaren Fund durch den Zoll zu bringen. Als ihr Schiff aus Shanghai auslief, hatte sie schließlich eine Zollquittung mit der Eintragung «1 Hund – $ 20» in der Tasche. Am 18. Dezember 1936 traf sie mit dem Jungen, das inzwischen den Namen Su-Lin bekommen hatte, in San Francisco ein – das Datum bezeichnet den Beginn einer weltweiten «Panda-Manie». Quentin Young blieb in den Bergen zurück, wo es ihm schließlich gelang, zwei Pandas für die Akademie der Wissenschaften zu schießen.

Su-Lin war ursprünglich für die New York Zoological Society bestimmt gewesen, aber die lehnte den Erwerb des Tiers ab, weil ihre Gutachter die von Natur aus gekrümmten Beine und die Einwärtsstellung der Zehen für rachitisch bedingt hielten. Daraufhin endete Su-Lins Odyssee dann im Januar 1937 im Chicagoer Brookfield-Zoo, wo sie am 1. April 1938 an Lungenentzündung starb.

Aber hatte Ruth Harkness die Kleine tatsächlich «gefunden»? In der Öffentlichkeit kursierten Anschuldigungen, sie habe das Tier einem einheimischen Jäger beziehungsweise Missionaren abgekauft. Und Floyd Tangier Smith behauptete, sie habe sich ein Tier angeeignet, das von Rechts wegen ihm gehöre, ein Junges, das seine Jäger gefunden und für ihn in Verwahrung genommen hätten. Als ich Hu Jinchu zu der Sache befragte, antwortete er, er sei einmal Ruth Harkness' Führer, einem Mann namens Huang Daxin, begegnet und habe sich mit ihm unterhalten, und der habe ihm erzählt, sie habe das Junge von Bauern bekommen.

Die Spekulationen über den Zufallsfund wollten jahrelang nicht verstummen. Von den Hauptakteuren der Geschichte starb Floyd Tangier Smith im Jahr 1939 und Ruth Harkness im Jahr 1947, und Quentin Young lebte zwar weiter, äußerte sich jedoch nicht zu dem Thema – bis zu dem ausführlichen Interview, das Michael Kiefer Ende der achtziger Jahre mit ihm machte. Seine Darstellung des Funds gegenüber dem Interviewer kommt derjenigen in dem Buch von Ruth Harkness sehr nahe:

> Am 19. November hörten sie während des Aufstiegs durch einen verschneiten Bambuswald in 3650 Meter Höhe Schüsse und *beishung*-[Panda-]Laute. Quentin hatte den Jägern eingeschärft, beim Sichten eines Großen Pandas auf gar keinen Fall zu schießen. Er stürzte vorwärts und rannte die Anhöhe hinauf in Richtung der Jäger, doch als er merkte, daß er Ruth Harkness weit hinter sich gelassen hatte, hielt er auf einer Lichtung inne und rief zu ihr hinunter. Dann hörte er einen Babyschrei, der aus einem hohlen Baum kam. Ruth langte auf der Lichtung gerade rechtzeitig an, um ihn aus der wie ein umgekehrtes V geformten Öffnung der Pandahöhle eine Handvoll schwarzweißes Fell hervorziehen sehen zu können. Das Junge wog kaum mehr als zweieinhalb Pfund und hatte die Augen noch nicht geöffnet. ... Die Jäger hatten einen erwachsenen Panda – vermutlich die Mutter des Jungen – gesichtet und behaupteten hinterher, das Tier sei ihnen entkommen. Nach Quentins Überzeugung indessen haben sie es erlegt, das Fleisch gegessen und das Fell verkauft.

Hatte Quentin Young sich mit dieser Rekonstruktion des Geschehens als gefügiges Werkzeug, seine Erinnerung sich als formbar erwiesen?

«Was würde ich gewinnen, wenn ich lüge?» antwortete er auf die diesbezügliche Frage.

Jack Young schoß 1937 einen Panda, und das war wohl der letzte gewesen, den ein Ausländer in freier Natur zu sehen bekam. Ich hoffte, daß ich es sein würde, der danach erstmals wieder einen sichtete.

Indes, die Pandas in Wuyipeng waren ein außerordentlich

scheues Völkchen, und in all den Wochen, die ich Ende 1980/Anfang 1981 im verschneiten Wald ihre Spuren verfolgte, lief mir nie einer über den Weg. Wie um uns mit seiner Fährte zu verhöhnen, zog sogar einmal einer spätabends, von keinem von uns bemerkt, hinter unseren Zelten vorbei und wiederholte das Spiel noch in derselben Nacht.

2. März 1981. Bei Tagesanbruch mache ich mich auf den Weg zum Bai Ai, wo Xiao Wang gestern abend auf dem Rückweg von seiner täglichen Kontrollrunde bei den Fallen einem Panda begegnet ist, der den Pfad entlanggezockelt kam. In der Nacht ist ein wenig Neuschnee gefallen, und nur Minuten vom Camp entfernt stoße ich auf eine frische Fährte, die bergauf führt. Langsam folge ich den Fußspuren und setze dabei die Füße ganz sachte auf, um eventuell unter dem Schnee verborgene Zweige zu erspüren, ehe sie knackend zerbrechen können; mit angespannten Sinnen warte ich auf irgendeine Bewegung, irgendein Geräusch. Drei Kotballen, die ich finde, fühlen sich noch warm an. Ein Stück voraus bricht ein Zweig, dann Stille. Ich bewege mich einige Schritte weiter. Bambus raschelt, dann abermals gespannte Stille. Offenbar ist der Panda seinerseits bemüht, mich auszumachen. Unsichtbar füreinander stehen wir einander gegenüber, in einer Atmosphäre, die fast knistert, so stark ist sie mit emotionaler Spannung aufgeladen. Aber der Panda wittert Gefahr und sucht das Weite, und ich mache mich enttäuscht auf den Rückweg.

Nicht weit entfernt findet sich eine zweite frische Fährte, die von einem kleineren, wahrscheinlich subadulten Tier stammt und parallel zu der anderen, der ich gefolgt bin, verläuft. Howard Quigley beschließt herauszufinden, wo das kleinere Tier hergekommen ist, während ich mir vornehme, die Spur des anderen zu ihrem Ursprung zurückzuverfolgen. Gegen Morgen ist der große Panda bis auf dreißig Meter an unser Zelt herangekommen, hat sich dann, durch irgend etwas stutzig gemacht, wieder ein Stück weit zurückgezogen und anschließend auf seinem Weg bergauf einen Bogen um das Camp gemacht. Ich folge der Spur weiter den Hang hinunter durch dichten Schirmbambus, ein schier undurchdringliches Gewirr von Halmen, deren vom Schnee niedergebeugte Spitzen einen lückenlosen Baldachin bilden. Da ich die kräftigen Halme nicht auseinanderbiegen kann, krieche ich, abgestorbene Halme mit kalten, geschundenen Händen zur Seite brechend, kopfunter zwischen ihnen durch. Nicht weit vom Fuß des Hangs stoße ich unter einem Ahorn auf das Lager des Pandas.

Auf dem Rückweg zum Camp treffe ich Howard, dem abgestorbene Bambusblätter in Haar und Bart hängen und der genauso durchnäßt ist wie ich. Seine Pandaspur hat ebenfalls drunten im Tal geendet. Ist es Zufall, daß die zwei Fährten nicht weit voneinander entfernt verlaufen? Ich möchte den Tieren weiter als vorhin bergauf folgen, aber der obere Teil des Choushuigou ist bereits völlig im Nebel verschwunden, und unter Umständen fängt es bald wieder zu schneien an, dann wären binnen kurzem keine Fußspuren mehr zu sehen. Auf ihrem gewundenen Weg bergauf könnten die Pandas allerdings oberhalb des Bai Ai einen von unseren Pfaden gekreuzt haben; statt ihrer Spur von hier aus zu folgen, will ich lieber auf kürzerer Strecke dort hinauf und versuchen, irgendwo droben die Fährte wiederaufzunehmen. Zuallererst jedoch gehe ich zum Zelt, wo Kay in unserem widerspenstigen Ofen ein Feuer unterhält. Ich setze mich nahe genug an den Ofen, daß meine Kleider dampfen, und trinke in kleinen Schlucken den heißen Tee, den Kay mir, kaum daß ich eingetreten bin, gereicht hat.

Der Pfad oberhalb des Bai Ai läuft einen Talrand entlang. Während meines Aufstiegs durchbricht ein ächzender Ruf die Stille; er ist nicht sonderlich laut, aber sonor. Ein Stück weit vor mir sehe ich die reglose Gestalt Hu Jinchus, der, als er meiner gewahr wird, den Hang hinab auf eine vereinzelte hohe Fichte deutet. In ihr kauert, auf einem Ast nahe der Spitze, ein kleiner Panda. «Endlich», sage ich im stillen. Um 17.15 Uhr erhebt das Tier erneut seine Stimme, um seinen wehmütigen Ruf über die Höhen zu schicken. Ein paar Minuten später ruft es noch einmal, und während der Ton verklingt, bemerken wir im dichten unteren Astwerk desselben Baums einen zweiten Panda, einen massigen Erwachsenen. Die Hinterbeine voraus, klettert er bedächtig abwärts, rutscht auf dem letzten Teil der Strecke in einem Gestiebe von Rindenstücken am Stamm entlang zu Boden und verschwindet im Bambus. Wir sind beide der Ansicht, daß es ein Männchen ist, das aus Gründen, die wohl sein Geheimnis bleiben müssen, mit dem anderen ein Hühnchen zu rupfen hat. Seines Peinigers ledig, verläßt der kleine Panda seinen schwanken Platz draußen auf dem Ast, um sich jetzt gegen den Stamm der Fichte zu schmiegen. Über Kälte und zunehmende Dunkelheit entschlossen hinwegsehend, bleibt er – ein idealisiertes, gleichwohl reales leuchtendes Stückchen Leben – still hier sitzen, während der Nebel, die Hänge miteinander verbindend, im Tal emporsteigt und auf so leisen Sohlen zu uns geschlichen kommt, daß wir seine Ankunft erst bemerken, als er den Panda vor unseren Blicken verbirgt. Hu Jinchu und ich lächeln einander zu. Es ist ein zweifacher Glückstag.

5
Ein Berg von Schätzen

März – Juni 1981

Anfang März war der Schnee matschig geworden und zog sich in die höher gelegenen Hangregionen zurück: die ersten Anzeichen des nahenden Frühlings. Doch die Fallen, die wir nach wie vor jeden Tag kontrollierten, und das mit von Mal zu Mal wachsender Ungeduld – sie blieben leer, trotz unserer brennenden Hoffnung, vor Ablauf der Saison wenigstens *einen* Panda zu fangen. Mehrmals hatten sich Pandas einer Falle auf nervenzermürbend kurze Distanz genähert. Einmal war ein halberwachsenes Tier fast direkt auf eine ausgelegte Schlinge zugesteuert, und mir klopfte beim Anblick der Fußspuren schon das Herz vor freudiger Erwartung, aber nur allzubald wechselten sie die Richtung und liefen über einen Steilhang abwärts. Jedesmal, wenn das Tier zu einer lichten Stelle im Wald kam, wo hoher Schnee lag und der Bambus nur spärlich wuchs, rodelte es, eine tiefe Furche ziehend, auf Brust und Bauch bergab – was hätte ich nicht dafür gegeben, wenn ich bei diesem einsamen Wintersportvergnügen hätte Zeuge sein können. Ein andermal umschlich ein Panda, von dem herausdringenden Fleischgeruch angelockt, eine Kastenfalle, konnte jedoch nicht hinein, weil zuvor ein Wiesel den Mechanismus ausgelöst hatte, so daß der Schieber vor den Eingang gerutscht war.

Am 9. März schließlich jammerte Howard bei dem Gedanken, daß ihn nur noch ein Monat von seiner Abreise trennte: «Heute bin ich zum erstenmal in einer Stimmung, wo ich am liebsten die Flinte ins Korn werfen würde.»

10. März. Am nächsten Morgen sehe ich auf meinem Kontrollgang zu den Fallen mit einemmal Wang Lianke – oder Xiao Wang, wie wir ihn nennen – mir auf dem Trampelpfad entgegenstürzen. Die schmächtige Statur, die hohen Backenknochen und die Himmelfahrtsnase verleihen Xiao Wang das Aussehen eines jugendlichen Waldgeists, der zwischen moosbewachsenen Lichtungen zu Hause ist. Er ist der beste Mann in unserem Helferstab, solide und zuverlässig. Jetzt ist er mit vor Aufregung leuchtenden Augen auf der Suche nach Howard und mir. Beim Bai Ai ist ein Panda in die Falle gegangen. Xiao Wang umschließt das Gelenk der einen mit Daumen und Zeigefinger der anderen Hand, um auszudrücken, daß es sich um eine Schlingenfalle handelt.

Howard ist bald gefunden. «Siehst du dich in der Lage, einem Panda das Halsband anzulegen?» frage ich ihn.

Er läßt ein langgezogenes «Tjaaa» hören, während auf seinem Gesicht ein breites Grinsen erscheint.

Während das ganze Camp im Gänsemarsch den Trampelpfad entlanghastet, bin ich einerseits in Hochstimmung, andererseits so in Sorge, daß sich mir vor innerer Spannung der Magen zusammenkrampft. Damit wir dem Panda das Funkhalsband anlegen können, werde ich ihn narkotisieren müssen. Und das Narkotisieren ist immer ein Risiko, weil nicht vorherzusehen ist, wie das einzelne Tier auf das Betäubungsmittel reagiert. Eine allergische Reaktion oder irgendein anderes von zahllosen möglichen Unglücken könnte seinen Tod bedeuten. Gewiß, die Tiermediziner der New York Zoological Society haben mich bestens instruiert, und das Mittel, das wir verwenden – «Telazol», bekannt auch als «CI 744» –, ist ganz besonders auf Karnivoren abgestimmt. Aber wir haben es hier nicht mit einem x-beliebigen Tier zu tun, sondern mit einer Rarität, einer nationalen Kostbarkeit, einem Symbol, und wenn die Sache tödlich ausginge, würde uns das auf ewig anhängen.

Der Panda sitzt zusammengesackt am Fuß eines Baums; eine Vordertatze steckt in der Schlinge. In einem heldenmütigen Versuch, sich ganz auf sich selbst gestellt zu befreien, ist er mit den Klauen über den Stamm des Baums hergefallen; jetzt harrt er in dem Halbdunkel unter den Rhododendren der Dinge, die da kommen werden – eine sanfte Kreatur, die mit verwunderten Augen einer ungewissen Zukunft entgegenblickt. Wir stellen uns knapp zehn Meter entfernt von dem – nicht sonderlich großen – Tier auf.

«Was glaubst du, wieviel er wiegt?» flüstere ich Howard zu. Das Betäubungsmittel muß nach Gewicht dosiert werden.

«Wenn er ein Schwarzbär wäre, würde ich sagen: höchstens fünfunddreißig, sechsunddreißig Kilo», meint er.

Howard zieht eine Spritze auf und pflanzt sie auf die Spitze einer zwei Meter langen Injektionsstange, die speziell dafür gemacht ist, Wildtieren aus sicherer Entfernung ein Betäubungsmittel zu spritzen. Langsam geht er auf den Panda zu, der keinen Laut und kein Zeichen von Abwehrbereitschaft von sich gibt. Als Howard noch näher kommt, zieht er sich hinter den Baum zurück; dort bleibt er ruhig sitzen und rührt sich auch dann nicht, als die Nadel in seinen Schultermuskel eindringt.

«Geschafft!» ruft Howard. Aber als er die Spritze inspiziert, stellt er fest, daß die Nadel sich verbogen hat und nur ein geringer Teil des Mittels seiner Bestimmung zugeführt wurde. «Der hat 'n ganz schön dickes Fell», brummelt Howard und versucht es zum zweitenmal, diesmal mit Erfolg.

Doch erst nach der dritten Injektion versinkt der Panda in Tiefschlaf. Sobald das Tier auf die Seite gerollt ist und, bis auf den regelmäßigen Atem, vollkommen ruhig daliegt, beginnen wir mit unserer Arbeit; wir machen schnell, weil wir nicht wissen, wie lange die Betäubung anhält. Ich inspiziere die Tatze. Sie ist unverletzt, stelle ich mit Erleichterung fest; die Schlinge hat gehalten, ohne eine Abscheuerung am Gelenk zu bewirken. Die Maße sind: von der Nasenspitze bis zur Schwanzspitze 138 cm; Schulterhöhe 71 cm; Schwanzlänge 8 cm. Hu Jinchu stellt das

Geschlecht fest: Das Tier ist ein Männchen. Die Hoden lassen sich im Unterleib leicht ertasten; sie sind noch nicht ins Skrotum gewandert, wie es bei einem adulten Männchen der Fall wäre. Der Panda ist ungefähr zweieinhalb Jahre alt. Vielleicht bin ich ihm schon einmal begegnet, an jenem nebligen Abend des 2. März, als ich hier zum erstenmal einen Panda sah. Wenn dem so ist, dann ist er ein Pechvogel: Erst hetzt ihn ein Artgenosse bis auf die obersten Äste einer Fichte, dann tappt er uns in die Falle, und das innerhalb von bloß acht Tagen. Wir befestigen eine Federwaage an einer Stange, binden dem Panda die Beine zusammen und hängen die Waage in die Fessel ein. Um das Gewicht des Tiers festzustellen, heben wir zu zweit die Stange mitsamt Panda hoch: 54,5 Kilogramm. Kein Wunder, daß es eine Extradosis von dem Betäubungsmittel brauchte: Wir hatten sein Gewicht gewaltig unterschätzt. Wir legen ihm das Funkhalsband an. Es darf nicht eng sitzen, denn der Halsumfang wird noch zunehmen, aber auch nicht so locker, daß er es über den Kopf streifen kann. Bald darauf geht der Atem des Pandas lebhafter, und er beginnt sich zu rühren. Wir breiten ein Netz über ihn, damit er nicht halb betäubt davonläuft und irgendwo vom Felsrand stürzt oder sich einen dürren Zweig ins Auge rammt oder sonstwie zu Schaden kommt.

«Wann geht ihr auf Empfang?» fragt Kay beiläufig, weil sie wissen möchte, wann wir das Funksignal überprüfen.

Howard und ich sehen uns an. «Hast du den Magnet abgemacht?» frage ich. Howard fährt mit der Hand unter das Netz und zieht ihn ab. Um den Sender zu aktivieren, muß man den Magnet entfernen. In unserer Aufregung hätten wir das Tier beinahe mit einem nicht funktionierenden Sender laufenlassen.

«Erzähl das bloß keinem», sagt Howard mit verlegenem Lächeln.

Wir sehen zu, wie der Panda sich unter dem Netz hervorkämpft und den Abhang hinunterstiebend das Weite sucht. Ich kontrolliere die Zeit: 11.15 Uhr. Es ist ein märchenhafter Augenblick, als unser erster mit Funkhalsband ausgerüsteter Panda zwischen den schützenden Bambuspflanzen verschwindet. Bei uns allen spürbares Nachlassen der Spannung, untermalt von allgemeinem Händeschütteln. Ich merke jetzt, wie naßkalt das Wetter ist und daß ich zu dünn angezogen bin und daß die kraftlose Sonne noch immer Winterzeit meldet. Doch auf einem Abhang finde ich mitten zwischen Schneefeldern und ihrer Umgebung nicht achtend eine blaßlila chinesische Primel – ein Exemplar der «Blume, die vom Frühling spricht», wie sie bei den Chinesen heißt –, die erste des Jahres. Beschwingten Schrittes kehren wir ins Camp zurück. Unterdessen zieht der Panda stetig bergauf und über den Kamm hinweg ins Zhuanjinggou. Von jetzt an werde ich zumindest von *einem* Panda in diesem grenzenlosen Meer von Bambus wissen, auf welchem Schauplatz sein Einzelgängerdasein spielt.

Die Technik, das sollten wir alle im Camp bald lernen, schafft unter Umständen mehr statt weniger Arbeit. Jetzt, wo ein Radiosender bis zur Erschöpfung der Batterien, und das hieß: fast zwei Jahre lang, Signale ausstrahlen würde, hatten wir die Möglichkeit, ein Tier zu jeder Tages- und Nachtzeit zu orten und seine Aktivitätsperioden zu registrieren. Wir entschieden uns, es einmal am Tag zu orten und seine Aktivität während fünfmal vierundzwanzig Stunden im Monat zu verfolgen, um herauszufinden, ob die Tagesperiodik jahreszeitlichen Schwankungen unterlag.

12. März. Zwei Tage nach dem Anlegen des Halsbands sind Howard und ich auf dem Kamm oberhalb des Camps, um von den bezifferten Triangulationspunkten aus, die wir dort eingerichtet haben – 4 X, 11 X und so weiter –, die Position des Pandas zu peilen. Nachdem wir zu dem Schluß gekommen sind, daß es sinnvoll wäre, das Tier vierundzwanzig Stunden lang ohne Unterbrechung im Visier zu behalten, übernimmt Howard die Tagschicht, und ich gehe ins Camp zurück.

Am Nachmittag bin ich gerade dabei, mit Kays Hilfe Proviant

und Gerätschaften für eine Nachtwache im Wald einzupacken, da höre ich draußen jemanden rufen, und wie ich den Kopf aus dem Zelt stecke, sehe ich Zhou Shoude angelaufen kommen, der, wie von einem unwiderstehlichen Impuls getrieben, unkontrolliert die Arme schwenkt und *«Daxiongmao!»* (Panda!) schreit. Lao Peng ist gerade mit der Nachricht zurückgekommen, daß ein Panda in eine Falle gegangen ist, die wir oben am Rand des Zhuanjinggou aufgestellt haben. Lao Peng, Zhou Shoude, Xiao Wang und ich eilen mit Betäubungswerkzeug, Schlafsäcken und anderen Gerätschaften bepackt so schnell den Berg hinauf, daß wir trotz der rauhen Witterung binnen kurzem in Schweiß gebadet sind.

Die Panda-Dame nimmt fast den ganzen Platz in der Falle ein, einem umfunktionierten Tiertransportkäfig aus Aluminium, dessen Wände mit Stammholz verstärkt sind. Sie starrt zu uns heraus und tutet einen kläglichen Laut, eine Art Notsignal, durch die Nase. Als wir näher herangehen, schnaubt sie leise – eine gelinde Drohung – und produziert dann, indem sie mit klickenden Zähnen und schmatzenden Lippen in schnellem Takt das Maul auf- und zuklappt, ein eigenartiges Kaugeräusch, das ihre Angstspannung zu erkennen gibt. Als wir uns davon nicht abschrecken lassen, stößt sie ein gorillamäßiges Brüllen aus, das so explosiv und laut ist, daß wir uns unwillkürlich zur Flucht wenden. Unter verlegenem Lachen drehen wir uns wieder zu ihr um und besehen sie uns genauer, ein Weibchen, das für uns später Zhen-Zhen heißen wird, ein Tier, das sich von all seinen Artgenossen uns am tiefsten ins Gedächtnis prägen und das in vieler Beziehung zum Symbol des ganzen Projekts werden wird.

Es ist zu spät am Tag, als daß wir noch das Halsband anlegen könnten. Ich bitte Xiao Wang, Howard holen zu gehen. Wir beide werden die Nacht über hierbleiben, um sicherzugehen, daß dem Pandaweibchen nichts zustößt, und um den anderen Panda zu überwachen. Raum genug für einen gemütlichen Lagerplatz ist in dem Dickicht hier nicht, aber wenigstens findet jeder eine Stelle, wo er sich hinlegen kann. Howard übernimmt die erste

Wache, während deren er alle fünfzehn Minuten das Funksignal des Pandas kontrolliert. Ich finde allenfalls sporadisch Ruhe: Von oben bedrängt mich der Bambus und nimmt mir fast die Luft zum Atmen, von unten bedrängt und piesackt mich ein spitzer Felshöcker durch den Schlafsack hindurch, und innerlich bedrängen mich alle möglichen Sorgen. Das Pandaweibchen hat sich darauf verlegt, die hölzernen Teile ihres Gefängnisses emsigst mit den Zähnen kleinzuraspeln. Was, wenn sie an einem Holzspan erstickt? Ich höre sie schwer atmen und suche mit dem Strahl meiner Taschenlampe die hellen Reflexe ihrer Augen. Alles o. k. Mit Nachttau im Gesicht döse ich vor mich hin, bis es Zeit für mich ist, Howard auf seinem Funkhorchposten abzulösen.

Bei Tagesanbruch stehen wir auf, um das Eintreffen der anderen abzuwarten. Der Panda mit dem Halsband ist seit Stunden inaktiv, und als jetzt das Signal auch bei den Kontrollen um 7.30, 7.45, 8.00, 8.15 und 8.30 Uhr unverändert bleibt, fangen wir an, uns Sorgen zu machen. Bestimmt schläft kein Panda unter normalen Umständen so weit in den Tag hinein. Hat er es irgendwie geschafft, sich das Halsband abzustreifen?

Zwölf Menschen auf der kleinen Lichtung um die Falle – die neun Mann starke chinesische Crew hat es sich nicht nehmen lassen, vollzählig zu erscheinen – sorgen für drangvolle Enge und einen Heidenlärm, und der Panda brüllt und haut wütend mit den Tatzen in die Luft. Ich scheuche die ganze Korona von der Falle zurück und erkläre zum x-ten Mal, daß während der Betäubungsaktion, und ganz besonders während des Einschlafens und Aufwachens, um das Tier herum absolute Ruhe herrschen muß, damit in diesen Phasen unkoordinierter Aktivität kein Verletzungsrisiko aufkommt. Howard injiziert das Betäubungsmittel. Sofort stürzt die Mehrzahl der Chinesen zur Falle, reckt unter lautem Geschnatter die Hälse und fotografiert, und der Panda tobt. Meine Bitten, das seinzulassen, werden überhört, bis ich ein wütendes «Zurücktreten!» herausschleudere. Xiao Xie, ein studentischer Dolmetscher mit lediglich rudimentären Englischkenntnissen, übersetzt das mit «Verschwindet!», woraufhin die

Angesprochenen sich natürlich auf die Zehen getreten fühlen (der Vorfall wird denn auch prompt nach Beijing und von dort an den WWF gemeldet).

9.37 Uhr. Langsam senkt sich der Kopf der Panda-Dame, bis sie mit der Nase fast den Boden berührt. Ich lange in die Falle hinein, um sie sanft zu rütteln – keine Reaktion. Wir entfernen den Schieber von der Eingangsöffnung, ziehen sie ins Freie und legen sie auf eine wasserdichte Plane. Wie bei einer chirurgischen Notfalloperation konzentriert sich jeder von uns auf eine spezielle Aufgabe. Ich schmiere Salbe auf die Augäpfel unter den reglosen Lidern, um das Abtrocknen des Flüssigkeitsfilms zu verhindern. Pan Wenshi, der nach einer Pause soeben für eine weitere Dienstzeit von einem Monat zurückgekehrt ist, sucht in dem dichten Fell ergebnislos nach Flöhen und Zecken. Hu Jinchu drückt die schlaffen Zitzen, findet jedoch keine Milch; das Pandaweibchen hat im Moment kein Junges, es könnte jedoch sein, daß es früher im Jahr eines verloren hat. Howard mißt die Pulsfrequenz – 68 Schläge in der Minute –, dann nimmt er ihre Maße auf: Länge über alles 166 cm, Schulterhöhe 81 cm, Schwanzlänge 13 cm. Wir klappen das Maul auf. Die gelblichen Eckzähne weisen den für die mittleren Lebensjahre kennzeichnenden Grad von Stumpfheit auf; zuverlässige Mittel und Wege für eine genauere Altersbestimmung stehen uns leider nicht zur Verfügung. Im Gebiß fehlen links unten P 4, M 1 und M 2, und mehrere Zähne tragen eine dicke Zahnsteinkruste so grau und hart wie Bimsstein. Hat das einen Einfluß auf die Effizienz der Nahrung? Liegt es daran, daß sie mager ist und das Becken sich unterm Fell abzeichnet? Beim Wiegen müssen wir zu mehreren anpacken: 86 Kilogramm. Nachdem das Halsband mit dem Sender angelegt ist, warten wir jetzt darauf, daß sie aufwacht.

10.35 Uhr. Die Augenlider flattern, und plötzlich bellt sie und furcht mit den Klauen einer Tatze die Luft. Behutsam ziehen wir sie in die Falle zurück, wo sie nach kurzer Zeit den Kopf hebt und uns mit ihren ernsten Augen ins Visier nimmt.

11.45 Uhr. Wieder voll motorisch koordiniert, sitzt sie in der

Falle und quittiert mit Gebrüll unsere Bemühungen, den Schieber hochzustemmen. Ich rechne damit, daß sie jetzt gleich wie aus der Kanone geschossen ins Freie stürzen wird. Aber sie reagiert überhaupt nicht. Fünfundzwanzig Minuten lang sitzt sie untätig der leeren Eingangsöffnung gegenüber, ehe sie prüfend die Nase hinaussteckt. Aber dann, als wären ihre Batterien soeben schlagartig wieder geladen worden, spurtet sie jäh in den Bambus, wo Halmgewoge noch auf kurze Strecke ihre Route markiert.

Ich fühle mich ausgepumpt, schlapp. Selbst als Howard mir berichtet, daß der andere Panda um 10.15 Uhr schließlich doch noch aktiv geworden ist – sein Sender also offenbar funktioniert –, kann ich mich zu nicht mehr als einer matten Freudenbekundung aufraffen.

Am nächsten Tag fand nach dem Abendessen eine Vollversammlung statt, auf der über die Namensgebung für die zwei halsbandtragenden Pandas beratschlagt wurde. Es wäre eine ästhetisch nicht sonderlich reizvolle Lösung gewesen, sie nach ihren Sendefrequenzen zu benennen (188 bei dem Männchen, 194 bei dem Weibchen). Einem Panda einen Namen zu geben ist eine gewichtige Sache, durchaus nicht etwas, das man nebenbei und mit links erledigen kann, denn ein individueller Name hebt das Tier aus der Schar seiner Artgenossen im Wald heraus und macht es zum Mitglied unserer Gemeinschaft, zu einem Wesen, dessen Verhalten wir ebenso eingehend beobachten, besprechen und beurteilen wie das eines unserer eigenen Artgenossen. Ein Name muß zu seinem Träger passen. Hu Jinchu schlug vor, das kleine Männchen «Long-Long» zu nennen, ein ausgezeichneter Einfall, den wir alle auf der Stelle guthießen. «Long» heißt «Drache», und so kam in dem Namen des Pandas der Name des Reservats zu Ehren. Passend ist die Benennung auch in anderer Beziehung. Jeder Drache hat neun Söhne, deren jedem ein anderes Attribut zugeordnet ist: Rauch, Fluß, Phantasie, Essen, Krieg und so weiter; einer der Drachensöhne liebt die klausnerische Abgeschiedenheit wie der Panda (weshalb in China auf verschlossene Türen der Drache als Symbol der Unzugänglichkeit aufgemalt ist). Die Einigkeit über eine geeignete Benennung für das Weibchen war schwerer herzustellen. Diverse Namen wurden vorgeschlagen und abgelehnt: dieser als unpassend, jener, weil bereits irgendein Zootier ihn trug, andere aus anderen Gründen. Schließlich kam Pan Wenshi mit dem Vorschlag «Zhen-Zhen», was «selten», «kostbar», «Schatz» und «Perle» bedeutet, und damit war für Zhen-Zhen die neue Phase ihres Daseins eröffnet.

In den darauffolgenden Tagen behielt Long seinen Standort im Zhuanjinggou, während Zhen beiderseits der Kammlinie umherstreifte und dabei ihre Ausflüge talwärts bis zum Erdaoping ausdehnte, wo wir ebenfalls eine Kastenfalle aufgestellt hatten. Eine Woche nachdem wir ihr das Halsband verpaßt hatten, tappte sie in die Falle auf dem Erdaoping, und nachdem wir sie befreit hatten, beendete sie ihren nächsten Streifzug, der sie über den Kamm führte, in der Falle, in der wir sie zuerst gefangen hatten. Dort blickte sie mir mit nervöser Gereiztheit entgegen, und als ich den Schieber vom Eingang wegzog, trottete sie unverzüglich davon. Am folgenden Tag saß sie wieder in der Erdaoping-Falle. Keine Frage, sie wußte, wann sie einen guten Bissen vor der Nase hatte, und fand es anscheinend ein akzeptables Geschäft, für eine anständige Mahlzeit mit ein bißchen Streß und Unbequemlichkeit zu bezahlen. Ich bewunderte zwar das Tempo, mit dem sie sich auf die neuen Gegebenheiten eingestellt hatte, betrachtete ansonsten jedoch ihren Pragmatismus mit Mißbilligung, denn womöglich brachte sie es noch so weit, daß wir in den von ihr so geschätzten Fallen keinen einzigen anderen Panda fingen.

17. März. Mittags steige ich mit Luftmatratze, Schlafsack und Funkpeilgerät beladen zum Kamm hinauf, wo ich die Nacht über die Aktivitäten von Long und Zhen kontrollieren will. Mit einer Sonne am Himmel, die es nicht schafft, für länger als eine Minute durch die Wolken zu brechen, kann der Tag sich nicht so recht entscheiden, ob er noch winterlich oder schon frühlingshaft sein will. Schwacher Dunst und der scharfe Geruch von Moos und vermodernden Blättern steigen vom Boden auf, auf dem zwischen vom Tauschnee nassen Gesteinsbrocken Wolfsspinnen dahinhuschen. Rhododendronblätter haben sich entrollt. In einem Birkengehölz trillert ein Kleiber in absteigendem Crescendo, eine Tonfolge, die das Bild eines jungen Mädchens evoziert, das munteren Schrittes und frohgemut einen Berghang hinunterhüpft. Langsam komme ich beim Aufstieg in noch ganz winterliches Gebiet, wo stellenweise hoher Schnee liegt und wo die Knospen an den Bäumen noch nicht verdickt sind. Unser Triangulationspunkt 11 X liegt auf der Kuppe einer Anhöhe; dort setze ich mich unter eine große Tanne und beginne mit meiner Überwachung der beiden Pandas. Vor mir dehnt sich ein Pfeilbambuswald den Hang hinunter, bis er gegen die Mauer eines Nadelwalds stößt. Da etwa ein Drittel der Bambusblätter im Winter abstirbt, aber an den Zweigen hängen bleibt, hat die Bambusfläche jetzt die gelbstichige Farbe herbstlichen Graslands. Ich knuspere Erdnüsse und Cracker als Imbiß. Ein Streifenhörnchen huscht zwischen den Bäumen herum. Als ich ein Stück Cracker zu ihm hinschnipse, stiebt es auf den nächsten Baum, bleibt kopfunter am Stamm hängen und beobachtet mich mit glänzenden Augen. Zwei Birkenmeisen flitzen vorüber. Sie scheinen verpaart, was ganz gegen die jahreszeitliche Gewohnheit ihrer Art ist, die im Winter häufig in gemischten Schwärmen – zusammen mit Grauwangenalcippen, Kohlmeisen und Japanbrillenvögeln – umherzieht.

Der Luftzug von den oberen Hängen herunter wird kälter, und sowohl die Bambusblätter als auch ich beginnen zu schauern. Ich blase die Luftmatratze auf, entrolle den Schlafsack und binde als Schutzdach für beides sowie für meinen Tornister eine Plane an umstehenden Bambuspflanzen und einem Schneeballstrauch fest. In kirschblütengroßen Flocken fängt es zu schneien an. In meinen Schlafsack eingemummelt, sehe ich in die schwarzen Tannen hinauf, deren Spitzen sich droben in dem weißen Treiben verlieren; der aufziehende Nebel verwandelt die Stämme in trübe Klecksbilder, hager und entfärbt, die sich mit dem Wechsel von Dämmerung zu Dunkelheit vollends auflösen. Ein Windstoß treibt Schnee vor sich her, der sich auf meinem Gesicht niederläßt. Von meinem fernen Horchposten auf dem schmalen Grat aus stelle ich Kontakt zu den Pandas her. Ich stelle den Empfänger auf Long ein: Er hält sich direkt unterhalb von mir in einer Senke auf, wo er ungeachtet der rauhen Nacht mit Fressen beschäftigt ist. Ich wechsle auf der Frequenzskala zu Zhen hinüber: Sie befindet sich an ihrem gewöhnlichen Lieblingsstandort, der ein Stück weiter weg auf demselben Hang liegt, und ihr Signal kommt ruhig und stetig herein. Ich kann mir das Bild dort sehr gut vorstellen: wie sie zusammengerollt daliegt und den Elementen trotzt, während die Flocken sich auf ihrem schwarzweißen Pelzmantel sammeln, bis sie sich von dem Schnee und den Baumschatten ringsum nicht mehr unterscheidet.

Dösend oder in die Stille hinein – zuweilen auch zu der leuchtenden Scherbe des Monds hinauf – starrend, warte ich, bis wieder so viele Minuten verstrichen sind, daß ich Kontakt zu den Pandas herstellen muß. Als Hänge und Bäume aus der Nacht herauszutreten beginnen, finde ich mich in einer weißen Welt wieder, in der Wolken und Schnee so übergangslos ineinander verschwimmen, daß sie kaum zu unterscheiden sind. Doch binnen kurzem ist die Sonne da, und von den Tannenästen tropft es wie Regenschauer, Wolken senken sich herab und füllen das Tal mit Gletscherkälte und einem Fluß aus Licht, dessen Oberfläche so eben ist, daß es mir vorkommt, als ob ich auf Skiern darauf hingleiten könnte. Droben zeichnen sich die Bergkämme scharf umrissen gegen einen rosa überhauchten Himmel ab.

Um 9.30 Uhr kommen Hu Jinchu und Pan Wenshi mich ablösen. An den Abstieg denke ich mit gemischten Gefühlen. Einsamkeit bringt nicht notwendigerweise Seelenfrieden, aber die langen einsamen Stunden hier oben, die, frei von Alltagsgeschäften und Alltagsproblemen, nur den Pandas gehören, sind für mich eine beharrliche Verlockung. Hier oben kann sich das Denken entgrenzt im Schweigen der Nacht ergehen, hier oben, so scheint es, ist man eins und ganz. Dort unten ist es mir nicht gegeben, den Tag in ruhiger Geistesverfassung und ganz auf die Pandas konzentriert zu beginnen und zu beenden. Dort bin ich ein gespaltenes Wesen: ein Administrator mit Kopfweh bei dem Gedanken an die Konferenz im April in Chengdu, an die Künstliche-Besamungs-Aktion Ende März im Yingxionggou und an eine Serie von Terminen für Fotografen und andere Störenfriede in Wuyipeng; ein Ausländer unter fremden Menschen in einer fremden Kultur; ein Biologe unter Leistungsdruck, weil zwei bürokratische Apparate Ergebnisse von ihm erwarten, die ihre Ausgaben für das Projekt rechtfertigen; ein Naturschützer auf Ausschau nach den verschiedenerlei Bedrohungen, denen der Panda ausgesetzt ist. Aber ich will jetzt auch nach Hause ins Zelt zurück – «nach Hause», weil jeder Ort, wo Kay und ich uns längere Zeit aufzuhalten gedenken, für uns zum «Zuhause» wird –, will Kay von meiner Nacht im Freien erzählen und mir von ihr erzählen lassen, was sie in der Zwischenzeit erlebt hat. Ich absolviere den Abstieg. Kay berichtet mir von einem braunen Wiesel, das auf der Suche nach Mäusen ins Zelt eingedrungen ist, und von Quiang-Frauen, die Körbe voll Kohl und Zwiebeln und anderen Vorräten in der Campküche ablieferten und anschließend eine Stippvisite bei ihr machten, um sich bei ihr umzusehen, auf sie einzuschwatzen und sich mit unserer Polaroidkamera fotografieren zu lassen. Dann erledigen wir gemeinsam die vielen kleinen Arbeiten, die ein «Zuhause» verlangt: Brennholz herein- und die Asche hinaustragen und so weiter. Und wie an anderen Tagen sind auch heute Briefe zu beantworten, Berichte zu schreiben, Bambusproben und Pandakot zu trocknen.

Wir lebten in unserer Welt, die Chinesen in der ihren; Koexistenz fand hauptsächlich bei den Mahlzeiten und auf den Pfaden im Gelände statt. Nicht daß wir es so gewollt hätten. Abgesehen von dem Bemühen, mein Denken und meine Haltung in den Punkten zu ändern, wo die Höflichkeit es gebietet, habe ich mich nie an dem problematischen Unterfangen versucht, mich einer fremden Kultur vollkommen anpassen und mich wie ein eingeborenes Mitglied dieser Kultur geben zu wollen. Ich habe nicht die romantische Vorstellung, daß ich in einer fremden Kultur jemals aus der Rolle des randständigen Außenseiters heraustreten und in dem Kreis der Eingeweihten Aufnahme finden könnte. Doch hatte ich zu Beginn der Arbeit in Wuyipeng immerhin die Hoffnung, daß aus Bekanntschaft echte Kameradschaft werden würde, eine in gemeinsamen Vorstellungen, Gedanken, Gefühlen wurzelnde solidarische Verbundenheit, wie ich sie in anderen Ländern kennengelernt hatte. Natürlich war es mir längst nichts Neues mehr, daß die Chinesen als zurückhaltend gelten, daß jeder einen sozialen Schutzzaun um die eigene Person errichtet. Des weiteren war ich mir im klaren darüber, daß in einer Situation, wie sie in Wuyipeng gegeben war, meine Arbeitskollegen zunächst vielleicht nicht auf mich persönlich, sondern auf ihr eigenes Bild von einer fremden Kultur reagieren, daß sie in mir nicht ein Individuum, sondern den Ausländer beziehungsweise den Amerikaner sehen würden. Bei wechselseitigem Respekt und Bemühen um Verständnis, so nahm ich an, würde sich bald auch Vertrauen einstellen. Das war ein Irrtum.

In China war jetzt zwar eine «Politik der Öffnung zur Außenwelt» in Kraft, doch abgesehen von anderen Faktoren, steckte die Kulturrevolution den Menschen noch so tief in den Knochen, daß sie nach wie vor den größten Teil ihres Tuns und Lassens bestimmte. Nicht etwa bloß eine «Viererbande», nein, weite Kreise der Gesellschaft waren von dem epidemischen Wahn befallen, das «Viererlei Alte» – Ideen, Kultur, Sitten und Gebräuche – ausrotten zu müssen. Aber ohne das Alte hat das Neue keinen Sinn. Zu jener Zeit wurde die Logik des «Klassenkampfs» auf die Spitze der Absurdität getrieben. Einhundert Millionen Menschen wurden zu Reaktionären gestempelt und «gezwungen, Bitterkeit zu essen». Alle Intellektuellen rangierten automatisch in der «stinkenden neunten Kategorie», hinter Grundbesitzern, feindlichen Agenten, Kapitalisten-Raubrittern, schädlichen Elementen und so weiter – Kategorien, die allesamt von so wäßriger Allgemeinheit waren, daß es schon genügte, einen Verwandten im Ausland zu haben, um zum Opfer von Verfolgungen zu werden. Da Denunzianten Vorteile winkten und das Nichtanzeigen verdächtiger Personen strafbar war, behielt jeder jeden im Auge, die einen, um sich bei Gelegenheit als Denunzianten zu betätigen, die anderen, weil sie sich vor Denunzianten fürchteten. Die übelsten Komponenten der Menschennatur wurden hier instrumentalisiert, und letztlich schien es nicht um die Aufdeckung schuldhafter Verfehlungen, sondern lediglich um die Peinigung der Beschuldigten zu gehen. Wie die Inquisition im Spanien des sechzehnten Jahrhunderts praktizierte die Kulturrevolution den nackten Terror und benutzte diesen Terror zugleich als Vorwand für Massenaufläufe und -umzüge. Die Ketzer – die jetzt Konterrevolutionäre hießen – wurden gezwungen, in aller Öffentlichkeit Sünden zu beichten, die sie nicht begangen hatten, wurden von einer sei's aktiv beteiligten, sei's tatenlos zusehenden Volksmenge gemaßregelt, verspottet, beschimpft, mißhandelt, eingekerkert, gefoltert und ermordet. Dabei wurden so viele Hoffnungen in den Staub getreten, so viele Menschenleben zerstört, daß die Kollektivfurcht und wohl auch Kollektivschuld und Kollektivscham der Nation angesichts jener «irregeleiteten» Jahre dem Land wie eine offene Wunde anhaften werden bis zu jenem Zeitpunkt irgendwann in der zweiten Hälfte des einundzwanzigsten Jahrhunderts, an dem auch der letzte Augenzeuge jener Ereignisse zu den Ahnen eingegangen sein wird.

In unserem Camp lebten sowohl Opfer wie möglicherweise Peiniger lächelnd nebeneinander, und da sie sich nicht sicher waren, ob sich die Geschichte nicht vielleicht bald wiederholen würde, beobachteten sie einander und führten, wenn nicht auf dem Papier, so doch im Geiste nach wie vor Buch übereinander. Jede Abteilung des Verwaltungsapparates beziehungsweise jede Dienststelle unterhielt noch immer ihr eigenes Büro für Öffentliche Sicherheit, dessen Aufgabe es war, über jedermanns Tun zu wachen, und ohne dessen Genehmigung man nicht heiraten, nicht verreisen, nicht den Arbeitsplatz wechseln, kein Kind kriegen, keinen Ausländer zu sich in die Wohnung einladen, kurz: überhaupt nichts durfte. Kein Chinese wagte es, Kay und mich allein in unserem Zelt zu besuchen, keiner wollte den Anschein erwecken, er sei zu Ausländern übermäßig freundlich; in den Köpfen aller Campbewohner spukte die Furcht vor Denunziation. Jeder war seines Bruders politpolizeilicher Hüter. Oder wie mir ein Chinese einmal sagte: «Ich muß Angst haben bei allem, was ich tue oder sage.» Kein Wunder, daß jeder sich, sooft er nur konnte, aus dem Camp und der Stimmung sozialer Klaustrophobie flüchtete, deren Nährboden es war. Die meisten Chinesen, mit denen ich zusammenarbeitete, waren zwar tüchtig und intelligent, aber Phantasie und Unternehmungsgeist waren ihnen gründlich ausgetrieben worden; sie hatten lernen müssen, sich zu ducken und klein zu machen, um zu überleben, lernen müssen, sich passiv zu verhalten, ja nichts zu riskieren, sich ja nicht hervorzutun – ganz nach dem chinesischen Sprichwort: «Es sind die hohen Bäume, die gefällt werden.» Sie lebten in einer Gesellschaft, in der Buckeln eine Tugend und Aufbegehren oder Entschlossenheit ein Vergehen ist. Gewiß, dem chinesischen Volk ging es unendlich viel besser als je zuvor in seiner Geschichte. Im Gesundheits- und Erziehungswesen hatten gewaltige Verbesserungen stattgefunden, und der Lebensstandard aller war gestiegen, und zwar auf ein für alle mehr oder minder gleiches Niveau. Aber die Menschen in China hatten ein Anrecht auf viel, viel mehr als das. Kay und ich empfanden tiefes Mitgefühl für unsere Kollegen und ebenso tiefe Betrübnis darüber, daß wir uns nicht getrauen durften, im Umgang mit wem auch immer in diesem Land mehr als eine gedämpfte Freundlichkeit an den Tag zu legen, wenn wir den oder die Betreffende nicht dem Risiko einer Maßregelung oder Schlimmerem aussetzen wollten.

Abends hielt ich manchmal vor versammelter Mannschaft einen zwanglosen Vortrag, in dem ich die Bedeutung des Datenmaterials erläuterte, das wir bisher gesammelt hatten, oder eine komprimierte Darstellung von Sachgebieten wie Territorialität oder Naturschutz gab. Damit wollte ich das Interesse meiner Zuhörer wachkitzeln und ihnen zugleich eine Antwort auf die wie eine kalte Dusche wirkende rhetorische Frage liefern, die einer aus der Forschercrew gestellt hatte: «Was ist denn an dem Panda so Besonderes?» Aber am liebsten waren mir die Abende, an denen Hu Jinchu über das Bild des Pandas in der Antike und über das Volk von Sichuan und seine Bräuche sprach. Ganz «edler Mensch» im Sinne des Konfuzius, übte Hu Jinchu sich in Selbstverleugnung und Unscheinbarkeit und verbarg seine persönlichen Gefühle hinter einer lachenden Maske. Man hatte uns erzählt, daß er in der Kulturrevolution Tragisches mitgemacht hatte, nannte uns aber keine Einzelheiten, und wir versuchten auch nicht, sie herauszubekommen. Bevor er zur Panda-Forschung abkommandiert worden war, hatte er die Störe im Yangtze erforscht. Morgens machte er hinter seinem Zelt *tai-ji*-Übungen – eine in unseren Breiten zuweilen nicht ganz zutreffend als «chinesisches Schattenboxen» bezeichnete Gymnastik, die aus dem quasi rituell und in Zeitlupentempo durchgespielten Bewegungsrepertoire einer uralten chinesischen Kampfkunst besteht. Ich mochte ihn, aber unter den gegebenen Umständen konnte es zwischen uns nur zu einem Zweckbündnis und nicht zur Freundschaft kommen. Nachdem ich angefangen hatte, in seinem Gesicht zu lesen, sah ich, daß sein Lachen ohne Freude war und selten die Augen mit einbezog; wenn er jedoch über sein Lieblingsthema, die Geschichte, sprach, strahlte er vor guter Laune.

Da ich wußte, daß es vom Tigerschlüsselbein über die Bärengallenblase bis zum Flughörnchendreck nichts gibt, das nicht in irgendeinem Heilmittel der traditionellen chinesischen Medizin Verwendung findet, fragte ich Hu Jinchu, ob die Angehörigen der hiesigen Stämme auch dem Panda irgendeinen derartigen Nutzen abgewännen. Lediglich dem Harn würde eine therapeutische Eignung nachgesagt, erklärte er uns, und auch die nur für einen einzigen Zweck, nämlich eine verschluckte Nadel im Magen-

Darm-Trakt aufzulösen. Wenigstens dürfte da die Nachfrage nicht sehr groß sein. Vor der Befreiung im Jahr 1949, fuhr er fort, wurde der Panda seines Pelzes wegen stark bejagt. Auf einem Pandafell zu schlafen hat zweierlei Gutes: zum einen hält es die Geister fern, zum anderen erbringt es eine Zukunftsprognose in der Form, daß alles gutgehen wird, wenn die Nachtruhe gut war. Vor langer Zeit freilich, in der Qin-Periode, nannte das um 220 v. Chr. entstandene *Er ya*, die erste chinesische Enzyklopädie, eine weitere offizielle Eigenschaft: Das Pandafell eigne sich zur Regulierung des Menstruationszyklus. Des weiteren wurde dem *mo*, wie der Panda damals hieß, nachgesagt, daß er Kupfer und Eisen fresse. Auch in anderen antiken Büchern ist von einer solchen Vorliebe für metallene Kost die Rede. So zum Beispiel erwähnt der 770–256 v. Chr. entstandene *Klassiker der Meere und Berge*, ein berühmter geographischer Text, daß «in den Qionglai-Bergen südlich des Bezirks Yandao ein schwarzweißes bärenartiges Tier lebt, das Kupfer und Eisen frißt». Und laut dem um 100 n. Chr. entstandenen *Shuowen jiezi* des Xu Shen, dem ersten chinesischen Wörterbuch, ist der *mo* «von weißlicher Färbung und ähnelt einem Bären. Das Tier leckt Eisen und kann davon zehn *jing* [zehn Pfund] auf einmal fressen. Sein Pelz hält gut warm.» Nach Hu Jinchus Überzeugung dürfte der Glaube an die Vorliebe des *mo* für metallene Kost seinen Ursprung in dem Umstand haben, daß ausgehungerte Pandas manchmal in Bauernhäuser eindringen und dort die Kochtöpfe auslecken und dabei unter Umständen auch Zahnspuren an den Töpfen hinterlassen. Für einen Panda ist es überhaupt kein Problem, mit seinem kräftigen Gebiß einen der heute gebräuchlichen Aluminiumtöpfe zu zerkleinern. Im Yingxionggou zerkaute einmal ein Tier seinen Wassernapf und schied Stunden später mit dem Kot eine Handvoll Aluminiumklümpchen aus.

Schon im alten China galt der Panda als eine Seltenheit und Kostbarkeit, erklärt uns Hu Jinchu. Der Kaiserinwitwe Bo, Mutter Wen Dis, des vierten Kaisers der westlichen Han-Dynastie, wurde bei ihrem Tod um 170 v. Chr. ein Pandaschädel mit in ihr

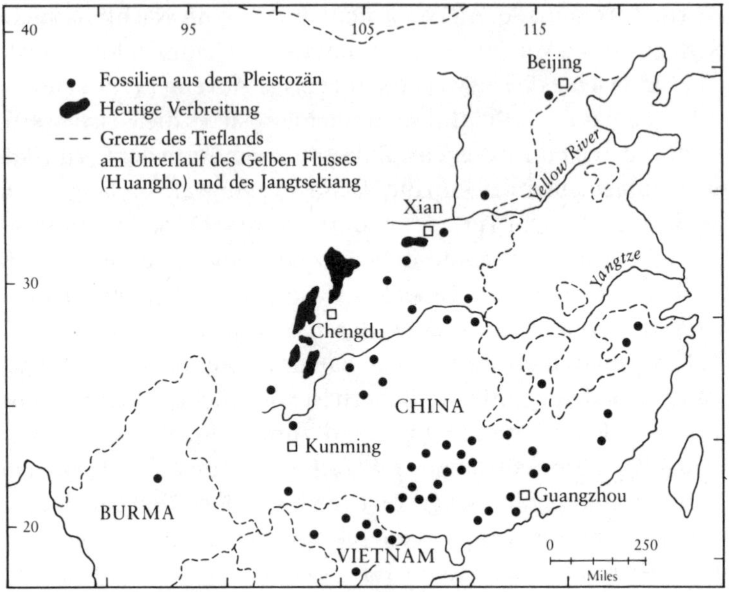

Fundstätten von Pandafossilien aus dem Pleistozän (Diluvium) und heutige Verbreitung des Pandas

Mausoleum zu Nangling bei Xi'an gegeben. Es ist nicht auszuschließen, daß der Enkel von Tang Taicong, dem Begründer der Tang-Dynastie (618–907 n. Chr.), dem japanischen Hof zum Zeichen der Freundschaft außer Pandafellen auch zwei lebende Pandas schenkte – eine politische Geste, die erst in den jüngstvergangenen Jahrzehnten eine Neuauflage erfuhr.

Unter der westlichen Han-Dynastie (206 v. Chr.–24 n. Chr.) beherbergte der kaiserliche Garten zu Xi'an dem namhaften zeitgenössischen Geschichtsschreiber Simao Xiangru zufolge eine Menagerie von vierzig seltenen Tierarten, von denen die Pandas als die kostbarste galten. Seitdem hat es bis in die fünfziger Jahre des zwanzigsten Jahrhunderts in chinesischen Tierparks keine Pandas mehr gegeben.

Am 11. März 1869 sah der französische Missionar und Forschungsreisende Armand David, ein Mitglied des Lazaristenordens, im Haus eines chinesischen Großgrundbesitzers in Sichuan als erster Westler ein Pandafell. Er war beeindruckt von der Größe der Tierart und entzückt, als seine Jäger ihm sagten, sie würden innerhalb weniger Tage ein Exemplar der Spezies für ihn schießen, die, wie Abbé David in seinem Tagebuch vermerkte, «für die Wissenschaft eine interessante Neuheit darstellen dürfte». Und in der Tat war es Armand David, der dann die westliche Zoologie mit der Existenz des Pandas bekannt machte. Meine historische Perspektive in Sachen Panda war auf die rund einhundertzehn Jahre seit Père Armands Entdeckung begrenzt gewesen; erst die Gespräche mit Hu Jinchu weiteten meinen Horizont um mehr als zweitausendfünfhundert Jahre in die Vergangenheit aus.

Außer Feldforschung umfaßte das Panda-Projekt auch ein Programm zur verstärkten Nachzucht mit gefangenen Tieren. In Kürze würden Emil Dolensk, der Chefveterinär der New York Zoological Society, und Stephen Seager, Spezialist für Fortpflanzungsphysiologie bei den Nationalen Gesundheitsinstituten der USA, bei uns eintreffen, um bei Künstliche-Besamungs-Aktionen im Yingxionggou und im Zoologischen Garten von Chengdu zu assistieren. Wenige Tage vor dem Ankunftstermin der beiden begab ich mich ins Yingxionggou, um die Arbeitsbedingungen zu überprüfen. Beim Näherkommen hörte ich in der Station ein Tier schreien. Ein Mann hielt eine schreckerstarrte Ziege fest, während der Hühnerdoktor Bing Ji mit einem Ding, das wie ein elektrifizierter Maiskolben aussah, im Rektum des Tiers stocherte. Das Instrument war eine Rektalsonde, wie sie bei der künstlichen Besamung verwendet wird, und Bing Ji übte hier sein Können auf dem Gebiet der Elektroejakulation, ehe er es an Pandas exerzierte. Die Ziege ging später ein. Man sagte mir, daß Bing Ji einem Pandaweibchen ein brunstauslösendes Hormon gespritzt hatte, und zwar gleich das Dreifache der empfohlenen Dosis. Nun mußte mit der Möglichkeit gerechnet werden, daß er

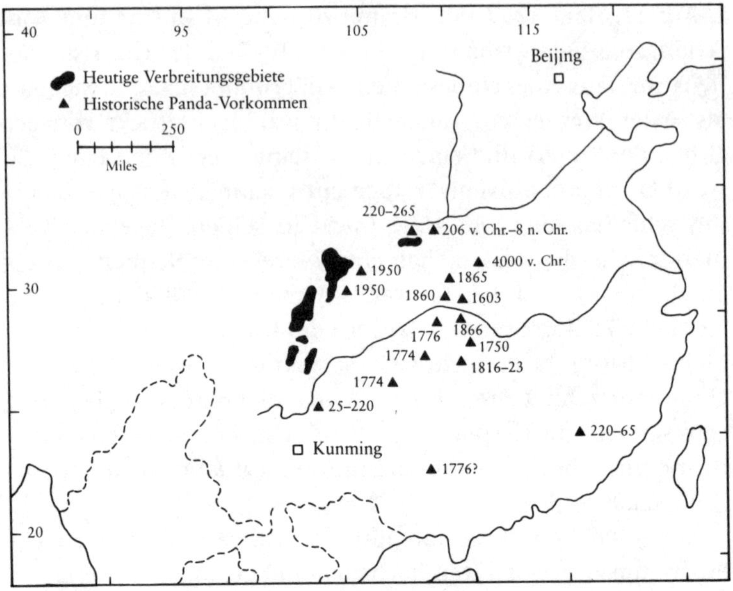

Pandavorkommen in historischer Zeit und heute

just in dem Moment, wo wir mit unserer kollektiven Arbeit beginnen wollten, den Reproduktionszyklus des Pandaweibchens in Unordnung gebracht hatte. Die Quelle seiner Weisheit war ein amerikanisches Handbuch der Endokrinologie aus den dreißiger Jahren – immerhin beruhigend zu wissen, daß sein Kenntnisstand noch vor fünfzig Jahren gar nicht so falsch war. Bing Ji strahlte Unsolidität aus, und ich befürchtete, daß unsere Arbeitsgemeinschaft möglicherweise nicht ganz reibungslos funktionieren würde. Meine Hauptsorge war, daß er die Pandas lädieren und die Schuld dann irgendwie dem WWF und der New York Zoological Society in die Schuhe schieben könnte. Allerdings überwachten wir jede seiner Bewegungen mit so viel Sorgfalt und Eifer, daß unsere Observierungsarbeit, auch wenn sie nicht hundertprozentig perfekt war, von jedem Geheimdienstler höchstes Lob geerntet hätte.

Die Besamungsaktion ging am 28. März los. Shan-Shan, ein erst ein Jahr zuvor wild gefangenes Männchen mittleren Alters, war als erster zur Sedierung ausersehen.

«Wir werden dieses Blasrohr benutzen. ... Die Spritze wurde in Deutschland entwickelt. ... Als Betäubungsmittel werden wir CI 744 verwenden. ... Sobald das Tier bewegungsunfähig ist, werden wir es in den Besamungsraum tragen.» Langsam und deutlich gab Emil vor jeder neuen Etappe der Prozedur bekannt, worin die nächsten Schritte bestehen würden. Er war ein großer, rauschebärtiger Bär von einem Mann und ein engagierter Pädagoge. Ein Dolmetscher übersetzte seine Worte für die zwei chinesischen Tierärzte und das Hilfspersonal. Stephen führte dann den elektrischen Stimulator in Shan-Shans Rektum ein, während Emil eine Schale vor den kleinen, purpurroten, wie eine Seeanemone geformten Pandapenis hielt. Dürftige 0,9 Milliliter Samenflüssigkeit waren die ganze Ausbeute. Stephen begutachtete das Sperma umgehend durch das Mikroskop.

«Die Spermien sind alle tot. Alle tot», jammerte er. Nachdem er ein wenig warme Salzlösung zugegeben hatte, registrierte er ein bißchen Leben: «So um die fünf Prozent Motilität. Und achtzig müßten es sein.»

Bei derart niedrigem Spermienanteil war eine erfolgreiche Besamung ein Ding der Unmöglichkeit. Damit konnten wir die heutige Veranstaltung eigentlich schon gleich als Generalprobe abschreiben. Das Weibchen Li-Li war vor zwei Jahren wild gefangen worden. Ihre Brunst war just bevor Emil und Stephen hier eintrafen, zu Ende gegangen; aus unerfindlichen Gründen hatte man sie, solange sie in Hitze war, mit keinem Männchen zusammengebracht. Nachdem sie sediert worden war, stellte Stephen bei einer transvaginalen Kuldoskopie (Kaltlicht-Endoskopie) der Gebärmutter fest, daß das Endometrium weder rot noch geschwollen war, wie man es bei einem konzeptionsbereiten Weibchen hätte erwarten dürfen. Durch das Innere des Kuldoskops schob er dann einen Plastikschlauch, durch den er – letzter Akt der künstlichen Besamung – das Sperma in den Uterus preßte. (Zur Ehrenrettung Shan-Shans muß ich hier noch erwähnen, daß er zwei Tage später 9,0 Milliliter Samenflüssigkeit mit fünfundsiebzigprozentiger Motilität abgab; dieses Sperma wurde dazu verwendet, sowohl noch einmal Li-Li als auch ein zweites Weibchen zu inseminieren, aber in keinem der beiden Fälle kam es zur Befruchtung. Trotzdem wurde Stephen in den Trinksprüchen, die beim obligaten Abschiedsbankett auf ihn ausgebracht wurden, als Glücksbringer für Shan-Shan und andere Pandamännchen gefeiert.)

Die meisten in zoologischen Gärten geborenen Pandakinder sind Früchte artifizieller Insemination – nicht etwa, weil dies die beste Wahl wäre, sondern weil wir keine andere haben, denn in Gefangenschaft reproduzieren sich Pandas selten auf natürlichem Wege. Zwar werden Pandas schon seit einem halben Jahrhundert in Zoos gehalten, aber trotzdem wissen wir immer noch viel zuwenig über das richtige Management dieser Spezies. Soll man die Tiere einzeln halten und nur während der Brunstzeit der Weibchen zusammenbringen – eine Verfahrensweise, die sich bei den Geparden bewährt hat, einer anderen einzelgängerischen Spezies, die sich früher in Tiergärten nicht fortpflanzte –, oder soll man sie paarweise oder in Gruppen halten? Alle diese Verfahren sind bereits ausprobiert worden, keines mit konsequentem Erfolg. Fest steht, daß die Weibchen gewöhnlich einmal im Jahr, in der Zeit von Mitte März bis Mitte Mai, in die Brunst kommen (auch wenn in Einzelfällen eine Brunst zu anderen Zeiten des Jahres nicht ausgeschlossen ist). Die Konzeptionsbereitschaft währt etwa zwölf bis fünfundzwanzig Tage, wobei das Optimum in der Regel auf zwei bis fünf Tage beschränkt ist. Während dieser Zeit zeigt das Weibchen ein verändertes Verhalten; sie verliert den Appetit und wird unruhig, ihre Vulva schwillt an, und sie reibt sie an Gegenständen.

Einmal beobachtete ich, wie sich ein Weibchen in Gefangenschaft werbend an ein Männchen heranmachte: Sie wälzte und krümmte und wand sich vor ihm auf dem Rücken, streckte sanft die Vordertatzen nach ihm aus und versuchte ihn zu sich herzuziehen: Ihre Aufforderung war nicht mißzuverstehen, ihr Verlangen nicht zu verkennen. Er seinerseits glotzte sie nur teilnahmslos an. Ein Männchen, das aus dem Londoner Zoo zu einem Schäferstündchen in den National Zoo in Washington, D. C., verfrachtet worden war, wußte mit seiner brünstigen Partnerin nichts Besseres anzufangen, als sie zu attackieren und übel zuzurichten. Offenbar müssen auch Männchen erst in Brunst geraten, um sich für das andere Geschlecht zu interessieren; tatsächlich ändert sich die Größe der Hoden mit den Jahreszeiten und erreicht im Frühjahr ihr Maximum. Männchen und Weibchen müssen, um zum Erfolg zu kommen, ihr Paarungsverhalten synchronisieren, und aus bislang unbekannten Gründen bringen Paare in Gefangenschaft diese zeitliche Abstimmung gewöhnlich nicht zustande.

Emil, dessen Herz für Tiere schlug, erstellte in Zusammenarbeit mit dem Personal der Yingxionggou-Station einen ausführlichen Management-Plan mit detaillierten Angaben zu Fütterung, Käfigreinigung und so weiter. Er hatte eine ganze Kiste mit teuren Materialien für die tierärztliche Praxis aus den USA herüberschicken lassen und schärfte nun mit wahrer Engelsgeduld den Chinesen die Gebrauchsanweisung für jeden einzelnen Artikel ein, wobei er darauf achtete, daß seine Zuhörer sich die Dosierung der Medikamente, die Applikationstechniken und andere wichtige Dinge genau notierten. Stephen entwarf einen Erfassungsbogen für die Langzeitbeobachtung der Weibchen im Hinblick auf verhaltensmäßige und anatomische Zeichen von Brunst, um mit diesem Hilfsmittel sicherzustellen, daß die künstliche Befruchtung nächstes Jahr exakt zur Zeit des Konzeptionsoptimums stattfinden würde. Emil und Stephen gaben ihr Bestes. In einem Bericht an die chinesische Seite konstatierte Emil mit gelinden Worten:

Zweiwöchige Beobachtung der Pflegepraxis – führte zu der Erkenntnis, daß auf seiten der Pfleger mehr Sensibilität für die Bedürfnisse der Tiere nötig wäre. ... Wichtig ist, daß die Pfleger eine persönliche Beziehung zu ihren Schützlingen entwickeln ... Als Reaktion auf die unsensible Behandlung sind die Tiere im Yi Shoung Gou in verhältnismäßig wildem Zustand und unansprechbar für die Pfleger geblieben.

Im Mai ging ich nachsehen, ob Emils Besuch den Pandas etwas genützt hatte. Kein Mensch kümmerte sich um den Management-Plan, und die Veterinärbedarfsartikel standen unberührt herum (und es sah auch nicht so aus, als ob sie je verwendet werden würden) – noch nicht einmal das Desinfektionsmittel für die Käfigböden wurde benutzt. Die meisten Pandas haben Spulwürmer – eine ausschließlich bei Pandas vorkommende Art, *Ascaris schroederi* –, und in der Yingxionggou-Station waren sämtliche Tiere von den Parasiten befallen; ein Weibchen hatte gerade eine Handvoll Würmergewimmel – etwa hundert stattliche Exemplare – ausgeschieden. Das Personal der Station verwendete nur Kräuterarzneien, nicht die von uns gelieferten wirksameren Entwurmungsmittel, und in den verschmutzten Käfigen infizierten die Pandas sich immerfort neu mit den Wurmeiern, die sie mit ihrem Kot ausschieden. Emil machte ein Jahr später abermals eine heldenhafte Anstrengung, eine Besserung der Verhältnisse herbeizuführen, aber nach kurzer Zeit waren die Tiere wieder genauso vernachlässigt wie zuvor – was nicht das Ergebnis von bewußtem Schlendrian, sondern einer eingefleischten Lethargie war. Wie mir einer der Pfleger einmal sagte: «Solange die Pandas am Leben bleiben und ich keine Probleme kriege, ist mir egal, was im Yingxionggou passiert.»

Ein andermal mußte ich ins Yingxionggou als Begleiter von Lars Eric Lindblad und Nigel Sitwell, die nach Wolong gekommen waren, um das Tourismuspotential des Gebiets zu taxieren. Weil wir da waren, durfte das Pandajunge, das überlebt hatte – inzwischen war es zwei Jahre alt –, ins Freigehege hinaus. Aus seiner finsteren Zelle befreit, schäumte es über vor Lebensfreude.

Mit dem spritzigen, federnden Gang eines Vollblutpferds trabte es übermütig, jede Bambuspflanze auf seinem Weg mit einem Tatzenschlag wegfegend, eine Anhöhe hinauf, machte oben kehrt und kugelte als ausgelassener schwarzweißer Ball in Purzelbäumen den Hang hinunter, um sofort wieder nach oben zu preschen und die Talfahrt zu wiederholen... und dann das Ganze noch einmal von vorn... Das Intermezzo gewährte mir einen Blick hinter die stoische Fassade des Pandas und unterstrich, welcher Einfallsreichtum dort zu Hause ist.

In glühenden Farben, die mehr Ausdruck meiner inneren Qual als der Hoffnung auf Erfolg waren, schilderte ich Wang Menghu, der sich gerade in Wolong aufhielt, nochmals die Zustände im Yingxionggou und fügte hinzu, wenn schon einige chinesische Zoos ihre Pandas ganz gut behandelten, dürfte Wolong nicht dahinter zurückstehen. Es reiche nicht mehr aus, ein paar Pfleger zu beschäftigen, die sich überhaupt nicht für ihre Arbeit interessierten. Er stimmte mir zu, meinte jedoch, daß seine Versuche, hier Abhilfe zu schaffen, bisher alles andere als von Erfolg gekrönt gewesen seien: In diesem wie in anderen Fällen habe man in Beijing Schwierigkeiten, örtliche Mitarbeiter in den Griff zu kriegen, denn wie das Sprichwort sagt: «Ein Drache kann es mit einer Schlange da, wo sie zu Hause ist, nicht aufnehmen.»

12. April. Am 10. April hat die Rund-um-die-Uhr-Überwachung von Zhen und Long begonnen, und heute sind Kay und ich mit der Nachtschicht an der Reihe. Bei Triangulationspunkt 4X ist auf dem Kamm ein kleines orangerotes Zelt aufgeschlagen. Zhen orten wir in einer Senke unweit des Erdaoping, Long wie gewöhnlich im Zhuanjinggou. Es ist ein naßkalter Nachmittag, und wir verkriechen uns bald in unsere Schlafsäcke; die Antenne krönt die Spitze eines in den Boden gerammten Pfahls, der Empfänger steht zwischen uns, beides bereit für die bevorstehende Nachtwache. Um 17.45 Uhr hören wir aus einigen hundert Metern Entfernung von drunten beim Erdaoping einen Panda, der ein Potpourri aus Stöhnen, Heulen, hellem Gekläff und dumpfgrollendem Bellen von sich gibt, so daß man fast meinen könnte, da unten sei eine ganze Menagerie in Aufruhr geraten. Ich fahre in meine Kleider, steige in die Region hinunter, aus der die Laute gekommen sind, und warte dort eine Stunde lang in der Kälte und Stille, bis durch den Bambus ein leises Stöhnen zu mir dringt. Dann lautes Keuchen und Kratzen von Klauen an Baumrinde, als plötzlich nicht weit weg ein Panda eine Tanne erklimmt. Sein Rücken ist breit und muskulös, seine Bewegungsweise kraftvoll, und das Silberweiß des Haarkleids sticht aus der Düsternis des Waldes hervor. Es ist ein großes, massiges Tier, das mich an die Gorillamännchen erinnert, die ich vor zwei Jahrzehnten unterhalb der nebelverhangenen Gipfel Zentralafrikas studierte. In sechs Meter Höhe erreicht der Panda den untersten Ast des Baums und läßt sich auf ihm nieder, als wolle er von hier aus erneut seine Rufe über das Tal hinweg schicken. Aber schon fünfzehn Sekunden später klettert er auf den Boden zurück – kann sein, weil er mich gesehen hat. Zhen, die ungefähr fünfhundert Meter entfernt ist, hört ganz bestimmt sein beharrliches Rufen, das mit Unterbrechungen beinahe bis Mitternacht anhält, zeigt sich jedoch ungerührt von seinem Liebeslied und bleibt, wo sie ist.

13. April. Xiao Wang löst Kay und mich am 4X ab, und wir kehren ins Camp zurück. Aber ich steige dann noch einmal hinauf, weil ich versuchen möchte, die Pandarufe auf Tonband aufzunehmen. Kaum bin ich bei der Stelle angekommen, wo ich am Abend zuvor die Begegnung mit dem Panda hatte, erschüttert ein ohrenbetäubendes Brüllen den Wald. Darauf folgt nach kurzer Zeit das Kläffen, Stöhnen, Bellen zweier Tiere. Zhen hat sich zu dem Männchen gesellt. Unter der Bambusdecke in dem kleinen flachen Tal sind die beiden nicht zu sehen. Um 15.55 Uhr erspähe ich Kopf und Rücken des Männchens, das zu einem Wasserlauf schaukelt, wo es innehält, um zu trinken. Ein Stück weit hangabwärts von ihm gibt ein dritter Panda leise Huptöne von sich, und das Männchen antwortet ihm genauso: *Huu, huu, huu*; eine Minute lang rufen die beiden hin und her und demonstrieren sich so gegenseitig ihre Antipathie. Dann beendet das Männchen abrupt den Dialog und geht zu Zhen zurück, die unterdessen – meckernd wie eine nervöse Ziege, um Freundlichkeit zu signalisieren – nicht weit entfernt geduldig gewartet hat. Und im Kielwasser des Männchens trottet in knapp zehn Meter Abstand ein zweites, kleineres Männchen, ein Neuling auf der Szene. Das große Männchen wirbelt herum und geht, krachend durch den Bambus brechend, zum Angriff über; das kleinere ergreift wohlweislich die Flucht. Das große Männchen kehrt zu Zhen zurück und besteigt sie; sie hat sich flach auf den Boden gekauert, und er hockt aufrecht hinter ihr, die Vordertatzen auf ihr Hinterteil gestützt. Aber sie schlüpft unter ihm weg. Das kleine Männchen nähert sich unter Gestöhn und wird prompt von neuem angegriffen, ein Vorgang, von dem ich freilich nichts weiter mitbekomme als ein heftiges Gerüttel und Geschüttel im Bambus und ein Knurren, Grollen und Jaulen wie von einer Meute kämpfender Hunde. Wieder im Freien, besteigt das große Männchen Zhen von neuem, und das kleine, immer noch nicht abgeschreckt, nähert sich dem Pärchen zweimal für kurze Zeit. Nachdem er anscheinend zu dem Schluß gekommen ist, daß die Chancen, seinem sexuellen Drang zur Erfüllung zu verhelfen, zwar gering, aber nicht gleich null sind, verdrückt sich der Kleine ein Stück weit abseits und begibt sich dort in den Wartestand. Ich bin so sehr in meine Beobachtungen und das Hantieren mit dem Tonbandgerät vertieft, daß ich zuerst gar nicht merke, daß Zhu Jing und Zhou Shoude eingetroffen sind. Bei den Pandas ist jetzt gerade eine Flaute in der Aktivität eingetreten, und so ziehen meine beiden Arbeitskollegen weiter den Berg hinauf, um droben die Funküberwachung für die Nacht zu übernehmen.

Mit einemmal klettert Zhen auf eine etwa fünfzehn Meter von mir entfernte Hemlocktanne, setzt sich lässig auf einen unteren Ast, so daß ein Bein frei in der Luft hängt, und schaut mit leerem Blick zu mir herüber. Nach kurzer Zeit erscheint auch das Männchen auf der Bildfläche und umkreist meckernd den Baum; Zhen, vor seiner zielstrebigen Zudringlichkeit sicher, späht zu ihm hinunter und läßt ihn ein hohles *Huu-huu* hören. In dem grandiosen Gefühl der Unverwundbarkeit schaukelt der Freier bis auf sieben, acht Meter Abstand an mich heran und läßt sich dann heftig schnaubend auf ein Moospolster plumpsen, wo er erschlafft liegenbleibt, so daß er einem riesigen lebenden Kissen gleicht. Ich überlege, was ich tun soll. Die sozialen Interaktionen von Pandamännchen beschränken sich auf sporadische Intermezzi, die in den seltensten Fällen freundlicher Natur sind, und der Genosse hier hütet seine Paarungspartnerin mit explosivem Ingrimm. Wird er mich als konkurrierendes Pandamännchen behandeln? Er erhebt sich und kommt auf mich zu; der kugelrunde weiße Kopf übt eine beinahe hypnotische Wirkung aus, wie er sich jetzt durch den Bambus näher und näher schiebt. Ich stehe reglos da und warte. Er bleibt zwei Meter vor mir stehen und sieht mich bloß an, sein Gesicht eine undurchdringliche Maske. Dann kehrt er zu Zhen zurück. Bei dem Baum erhebt er sich auf die Hinterbeine und reckt sich am Stamm hoch, als wolle er hinaufklettern, während sie sich hinabbeugt und wieder den hohlen Hupton hören läßt. Xiao Wang kommt auf dem Rückweg vom Bergkamm gerade noch rechtzeitig bei mir an, um mitverfolgen zu können, wie das Weibchen vom Baum herabklettert.

Ich habe verschiedentlich ungewöhnliche Begegnungen mit Tieren gehabt, von denen jede auf ihre Weise ein zutiefst bewegendes und lohnendes Erlebnis war. Ein neugieriges Berggorillaweibchen kletterte zu mir auf einen Baum und ließ sich auf dem Ast nieder, auf dem ich saß. Eine Schneeleopardin im Hindukusch verharrte eine ganze Nacht lang auf dem windgepeitschten Platz neben ihrer gerissenen Beute, obwohl ich in der Nähe Posten bezogen hatte. Im zentralindischen Dschungel liefen eine Tigerin und ich einander unverhofft in so kurzem Abstand über den Weg, daß mein Blick und der Strahl ihrer goldenen Lichter aus einer Entfernung von wenig mehr als Armeslänge zusammentrafen. Und jetzt gewähren mir Zhen und ihr Begleiter eine Stunde lang einen einmaligen Einblick in ihr rätselhaftes Leben. Zhen kommt von der anderen Seite her zu der

Tanne, hinter der wir uns postiert haben, und bleibt weniger als zwei Meter von uns entfernt stehen; wir sehen nur ihren Kopf, der im Wald glänzt wie der Vollmond in einer Winternacht. Xiao Wang tritt hinter mich. Ich schnicke mit den Fingern einer Hand zu Zhen hin und sage leise «Pst-pst», um sie auf unsere Gegenwart aufmerksam zu machen, aber das bewirkt keinerlei Veränderung in ihrem tranceähnlichen Habitus. Sie benimmt sich, als wären Xiao Wang und ich nicht da oder unsichtbar. Wie ein Mehlsack läßt sie sich gegen unseren Baum plumpsen. Da wir fürchten, wir könnten dem Männchen im Weg sein, schleichen wir uns um den Baum herum auf die andere Seite und setzen uns in knapp fünf Meter Entfernung von Zhen auf den Boden. Der Film in meiner Kamera ist zu Ende, ich brauche einen neuen aus meinem Rucksack, und der steht neben Zhen. Ich krieche vorsichtig hin und hole ihn mir – sie zeigt währenddessen nicht die geringste Reaktion. Jedes Wesen hat sein eigenes Fenster zur Wirklichkeit, und meine Begegnungen mit Pandas sind zu kurz und zu sporadisch gewesen, als daß ich in ihrem Fall Einblick in dieses Ergebnis von Millionen Jahren Evolution hätte gewinnen können. Aber niemals zuvor habe ich ein Säugetierpärchen kennengelernt, das so wie dieses hier Vergangenheit, Gegenwart und Zukunft komplett ausblendete bis auf einen einzigen Aufmerksamkeitsbrennpunkt, ein einziges Wirklichkeitspartikel.

Sobald das Männchen aus dem Bambus tritt, nähert sich ihm Zhen, kauert sich flach hin und schiebt mit vorgebeugtem Kopf die Schnauze so weit unter ihre Brust, daß ihr Schädeldach auf dem Boden ruht. Er besteigt sie, steigt wieder ab, umkreist langsam die reglose Gestalt, besteigt sie von neuem und wiederholt das noch zweimal. Dann laufen die beiden meckernd ein Stück weiter, Zhen vorneweg, er hinterher, blind und taub für die Umwelt und nur darauf aus, sie – gewöhnlich für zehn bis sechzig Sekunden – zu besteigen, wann immer sie haltmacht; zuweilen betätschelt er sie dabei sanft oder hält Körperkontakt mit ihr, indem er sich an sie oder über sie lehnt. Einmal versucht er ihren rastlosen Fortbewegungsdrang zu bremsen, indem er sie mit den Vordertatzen an einem Hinterbein festhält, aber damit kommt er schlecht an: Sie wirbelt herum und blafft ihn barsch an. Und als er ihr ein andermal allzu hartnäckig auf die Pelle rückt, entzieht sie sich seiner Liebesglut, indem sie einfach auf eine Fichte klettert. Einmal macht das Männchen bedächtig einen Bogen um mein Tonbandgerät auf dem Boden, als wäre es ein Stein, und kopuliert mit Zhen nur drei Meter weit weg von uns, so als bedeuteten wir für ihn nicht mehr als zwei Holzklötze.

Um 17.15 Uhr ist es schon fast dunkel. In den vergangenen siebzig Minuten ist das Männchen zweiundvierzigmal aufgestiegen, und das Weibchen wird zunehmend unleidlich und weniger geneigt, seinem Drängen nachzugeben, während die beiden sich jetzt in die Tiefen des Bambuswalds zurückziehen, wo das zweite Männchen noch immer vergeblich auf der Lauer liegt.

14. April. Zhen vertrödelt den Tag in der Senke, wo gestern die Paarung stattgefunden hat. Kay und ich haben uns in der Nähe postiert, weil wir hoffen, sie oder eines der Männchen zu Gesicht zu bekommen. Es ist ein strahlender Frühlingstag von der Sorte, die in Wuyipeng eine Seltenheit ist. Die Rhododendronblätter glänzen, und die Knospen sind dick und rosarot, als wollten sie gleich zu üppiger Blütenpracht aufbrechen. Die rote Birkenrinde sammelt die schrägen Sonnenstrahlen, bis der Wald voller Feuersäulen steht, und die Flechten hängen als leuchtende Stränge von den Ästen herunter. Zhen verschläft den ganzen Nachmittag. Von den beiden Männchen weit und breit keine Spur. Sie sind offenbar mehr an sexueller Hitze als an freundlicher Geselligkeit interessiert. Die Klimax von Zhens Brunst hat nicht ganz einen Tag lang gedauert.

Das Paarungsverhalten weist in diesem Fall einige Merkmale auf, die bei gefangenen Pandas nicht auftreten beziehungsweise nicht auftreten können. Das Männchen sendet – manchmal von hoch oben in einem Baum – laute Rufe aus, ein Liebeslied, wie man es nennen könnte, mit dem es seine Anwesenheit und Paarungsbereitschaft publik macht. Daraufhin kann jedes Weibchen, dem der Sinn danach steht, den Freier aufsuchen. Zhen blieb zwar in der Nähe des Männchens, gesellte sich jedoch erst in dem Moment zu ihm, als sie physiologisch bereit war – ein Verhalten, das für eine mehr oder minder freundliche Beziehung sorgt und sich himmelweit unterscheidet von der abrupten und zwangsweisen Form der Bekanntschaft, wie sie gefangenen Pandas nicht selten zugemutet wird.

Einige Wochen lang hatten wir einen zerstückelten Zeitplan: Zweimal mußte die Arbeit in Wuyipeng für ganztägige Besuche im Yingxionggou und einmal eine ganze Woche lang für eine das Projekt betreffende Konferenz in Chengdu unterbrochen werden, und am 16. April erhielten wir die Nachricht, daß Emil und Stephen via Chengdu zu einem weiteren Kurzbesuch bei uns eintreffen würden. Kay und ich stiegen zur Verwaltungszentrale hinunter, um die beiden in Empfang zu nehmen. Bauersfrauen schleppten in Körben Viehmist auf die Felder, und die Männer führten hinter den aus Yak und Rind gekreuzten Zugtieren ihre Holzpflüge die steilen Berghänge hinauf und hinunter. Rund um die Häuser standen die Apfel- und Mandelbäume in Blüte. In unserem Zimmer in der Zentrale breitete ich auf einem niedrigen Tisch Bambusproben aus, um sie über einer elektrischen Kochplatte zu trocknen. Während wir im Bad waren, um uns frisch zu machen, entzündete sich der Bambus infolge einer Spannungsspitze im Leitungsnetz, und anschließend griff der Brand auf die Matratze im Bett über. Als ich in das Zimmer zurückkam, brannte die Matratze lichterloh, und in den Flammen befand sich meine Kameratasche, die ich zuvor auf dem Bett abgestellt hatte. Ein Eimer Wasser reichte, um den Brand zu löschen. Beim Teufel waren die Bambusproben, eine Matratze und eine Kamera samt zwei Vorsatzlinsen – nicht jedoch die Fotos vom Paarungsverhalten der Pandas und eine Sammlung von Notizen über meine Freilandbeobachtungen, die ich Minuten zuvor aus der Tasche genommen hatte. (Ohnehin habe ich es mir zur Regel gemacht, von meinen Beobachtungsprotokollen zur

Sicherheit stets eine Kopie anzufertigen, die ich getrennt vom Original aufbewahre.)

Den folgenden Tag verbrachten wir auf einer Arbeitskonferenz und den Tag darauf im Yingxionggou, wo Emil und Stephen zwei Pandamännchen per Elektrostimulation Samen entnahmen, den sie zur späteren Verwendung in flüssigem Stickstoff konservierten. Bei der Rückkehr in die Verwaltungszentrale erfuhr ich, daß in Wuyipeng ein Panda in einer Falle saß – für mich eine komplette Überraschung, denn ich hatte nicht das geringste davon gewußt, daß von den Fallen wieder welche in Betrieb genommen und mit Ködern bestückt worden waren.

Am nächsten Tag kamen wir gegen Mittag hoch oben auf dem Kamm, wo uns Zhen zum erstenmal in die Falle gegangen war, bei dem gefangenen Panda an. Es war ein junges Weibchen, etwa so alt und so groß wie Long. Sie war ein so außerordentlich zahmes Tier, daß sie uns Bambus aus der Hand fraß. Als Emil sie am Kopf kraulte, beugte sie sich zu ihm hin. Die Vordertatzen hielt sie uns willig zum Halten und Streicheln hin, aber genausowenig wie andere Pandas mochte sie an den Hintertatzen angefaßt werden. Emil betäubte sie. Noch vor Ablauf einer Stunde war sie mit einem Radiosender am Hals in den Bambus zurückgetrabt. Wir gaben ihr den Namen Ning-Ning, der soviel wie «sanftmütig», «lieb», «freundlich» bedeutet.

In der zweiten Aprilhälfte erreichte der Frühling seinen Höhepunkt, und der Wald erwachte zu neuem Leben. Die dichten Rhododendronsträucher um unser Zelt waren über und über mit blaßlila Dolden besät, und aus dem Waldesinneren leuchteten die hellrosa Blüten eines Baumrhododendrons hervor. Die Tetracentren – knorrige Baumriesen, die häufig innen hohl und so der perfekte Unterschlupf für Trolle und Waldgeister sind – trugen jetzt herzförmige kleine bernsteingelbe Blätter, die im ersten Strahl der über der Kammlinie im Osten auftauchenden Sonne aufleuchteten wie über den Morgenhimmel hingestreuter goldener Sternenstaub. Der Tetracentron-Baum war im Erdaltertum, vor hundert Millionen Jahren, Teil eines Ökosystems in den Bergen Westchinas, das isoliert und sicher in sich ruhte, solange sich dort, wo heute Tibet liegt, noch das Tethysmeer erstreckte. Als dann im Gefolge von geologischen Aufwölbungen und Schüben der Boden des Tethysmeers sich hob, bis er zum Hochland von Tibet und späterhin auch noch zum Himalaja-Gebirgssystem geworden war, eröffneten sich der urzeitlichen Flora neue Wanderwege. Manche Pflanzen – so Rhododendren, Eichen und Bambusse – legten weite Wege in andere Regionen der Erde zurück, der Tetracentron indessen blieb seßhaft und zeigte sich uns jetzt in Wuyipeng als ein goldenes Relikt der Vorzeit.

Ahorne und Lärchen trieben Blätter und überzogen die tiefer gelegenen Hangregionen mit einem zarten Grün, und durch den nassen Laubteppich auf dem Boden brachen Farne ans Licht. Zugvögel stellten sich wieder ein, darunter auch der leuchtend rote und gelbe Nektarvogel. Goldstumpfnasenaffen, die den Winter über in zersprengten Kleingruppen nach ihrer frugalen Kost von Baumflechten und Birkenknospen gesucht hatten, schlossen sich jetzt zu großen Horden zusammen und ließen sich die nahrhaften jungen Blätter schmecken. Einmal zogen im Wald über zweihundert Affen – Männchen, Halbwüchsige und Weibchen mit Säuglingen – in breiter Formation über mich hinweg; die Luft vibrierte von ihren Schreien, und das Astwerk schwankte und schaukelte wie vom Sturmwind gebeutelt. Die warme Witterung machte auch ein paar Landblutegel munter. Obwohl sie mich durchweg gern mochten und mich das auch wissen ließen, konnte ich mich nicht dazu durchringen, ihre Sympathie zu erwidern. Wenn man mit zwei Begleitern durch den Wald geht, versucht man auf den schmalen Pfaden am besten die mittlere Position zu ergattern, vertraute mir Hu Jinchu an, denn den Vordermann beißen die Zecken und den Hintermann die Blutegel. Am 20. April sah ich die ersten neuen Schirmbambussprosse, die einen Durchmesser von beinahe zweieinhalb Zentimetern hatten und von rostroten scheidigen Niederblättern umhüllt waren.

Zhen übersiedelte Ende April von der Kammhöhe in tiefer gelegenes Gebiet, aus der Pfeilbambus- in die Schirmbambuszone, um sich hier an den saftigen Sprossen gütlich zu tun. Bambus pflanzt sich – im Jahresrhythmus – nicht auf dem Weg über Samen, sondern aus unterirdisch wachsenden dauerhaften Wurzelstöcken, sogenannten Rhizomen, fort. Zhen war durchaus nicht der einzige Panda, dessen Jahresterminplanung vorsah, daß man seinen Aufenthalt im Frühling rechtzeitig auf die tieferen Hänge verlegt, um sich das saisonbedingte Festbankett nicht entgehen zu lassen. Den Winter über fraßen die Pandas zumeist Blätter und junge Halme von Pfeilbambuspflanzen. Doch von irgendeinem Zeitpunkt im April an verschmähten sie die Blätter und mampften fortan ausschließlich die trockenen, zähen Halme, eine Kost, der sie bis in die zweite Junihälfte treu blieben, um alsdann ganz zu Blättern überzugehen und bis November so gut wie keine Halme mehr zu fressen. Da Bambushalme von einem gewissen Alter an verholzen und nur noch geringen Nährwert haben, ergab sich für mich die Frage, weshalb die Blätter während jener drei Monate als ungenießbar behandelt werden. Chemische Analysen erbrachten keine Antwort, und somit ist dieses Rätsel bis heute nicht gelöst. Aber immerhin konnte ich verstehen, daß Zhen in dieser Zeit Wert darauf legte, ihren Speisezettel mit Sprossen zu bereichern.

Nachdem wir die Pandajagd mit den Fallen eingestellt hatten, fand in Wuyipeng der große Exodus statt. Die Mitarbeiter kehrten nach ihrem kurzen Gastspiel hier an ihre heimatlichen Institute zurück, reisten zu Konferenzen, gingen in Urlaub oder verließen das Camp mit anderem Ziel, bis am Ende nur noch Xiao Wang, Kay und ich übrigblieben. Kay und ich konzentrierten uns auf das Studium der Bambussprosse, während Xiao Wang die Funküberwachung von Zhen, Long und Ning besorgte. Um das Wachstumstempo der Sprosse zu bestimmen, vermaßen wir allabendlich einige ausgewählte Exemplare. Anfangs betrug der durchschnittliche Längenzuwachs zweieinhalb Zentimeter pro Tag, nachdem jedoch Mitte Mai feuchtwarmes Wetter eingesetzt hatte, schossen die Halme täglich sieben bis acht Zentimeter, manche sogar bis zu achtzehn Zentimeter empor und hatten nach vierzig bis fünfzig Tagen ihre volle Größe erreicht. Im Wald stießen wir häufig auf Panda-Futterplätze, kenntlich an den herumliegenden Fetzen der papierähnlichen weißlichen Scheide, die das Tier von den Sprossen abgezogen und weggeworfen hatte. Beim Vergleich der abgefressenen mit den verschmähten Schößlingen stellten wir fest, daß Pandas dicke Sprosse, das heißt solche von mindestens einem Zentimeter Durchmesser, bevorzugen – zweifellos deshalb, weil das Ausschälen eines dünnen Sprosses aus seiner Umhüllung ebensoviel Zeit und Mühe kostet wie das Schälen eines dicken, die Ausbeute an Eßbarem bei dem dünnen aber deutlich geringer ist. Pandas gehen mit Vorliebe am Saum von Bambuswäldern oder in kleinen Horsten, jedoch nicht im tiefen Dickicht auf Nahrungssuche. Warum? Am Saum wachsen die Sprosse dichter, und der Anteil von dicken Sprossen ist hier größer. An einer Reihe von Futterplätzen zählten wir nach, wie viele Schößlinge der Besucher gefressen und wie viele er stehengelassen hatte, und stellten fest, daß ein Panda bei seinem einmaligen Besuch unter Umständen fünfzig bis fünfundsiebzig Prozent der vorhandenen Bambussprosse vertilgt. Da jeder abgebissene Sproß ein Bambusrohr weniger bedeutet, war klar, daß die Pandas den Bambusbestand nachhaltig beeinflußten. Je eingehender wir uns mit den Sprossen befaßten, desto zahlreicher wurden unsere Fragen. Die Schößlinge waren in solcher Fülle vorhanden, daß ein Panda, sobald er sich hatte hinplumpsen lassen, sich mindestens drei oder vier von ihnen zu Gemüte führen konnte, ohne seinen Hintern rücken zu müssen. Aber wie viele Sprosse und welche Gewichtsmenge an Sprossen fraß Zhen pro Tag?

Da die direkte Beobachtung von Pandas in freier Natur ein schwieriges Unterfangen ist, begab ich mich ins Yingxionggou, um mir bei den Insassen der «Zuchtstation» ein genaueres Bild von der Freßlust der Pandas auf Bambussprosse zu verschaffen. Es gab dort ein Männchen mit dem ganz unpassenden Namen Ping-Ping, «Friede» – unpassend freilich durchaus nicht etwa aufgrund eines Charakterfehlers. Bei seiner Gefangennahme waren ihm von Hunden die Ohren abgebissen worden. Der Gefangene hatte sich mit dem Futterbrei, den man ihm vorsetzte, nie recht anfreunden können; offenbar schmeckte er ihm nicht, und obendrein wurde sein Verdauungssystem mit dieser Kost kaum fertig. Da er nicht genügend Bambus bekam, litt er an chronischer Mangelernährung. Unter diesen Umständen war er reizbar geworden, und da die Tierpfleger ihn gern ärgerten, hatte sich die Reizbarkeit zur Angriffslust gesteigert. Ich hatte vergebens angeregt, man möge ihn in einem entlegenen Teil des Wolong-Reservats in die Freiheit entlassen. Wir hätten damit nicht nur Ping-Ping seinen Seelenfrieden zurückgegeben, sondern bei dieser Gelegenheit auch Informationen darüber sammeln können, wie rasch und wie effektiv sich ein Panda einem neuen Terrain anzupassen vermag. Auf meinen Vorstoß bekam ich unter anderem zur Antwort: «Der wird einmal ein prima anatomisches Präparat abgeben.» Bei einer späteren Gelegenheit brachte Ping-Ping in der Yingxionggou-Station einem unachtsamen Fotografen schwere Verletzungen bei. Pandas erfüllen mit ihrem Erscheinungsbild für unsere Wahrnehmung so perfekt das – Liebkose- und Pflegeverlangen auslösende – «Kindchenschema», daß viele Menschen in ihnen überhaupt nur noch dieses Schema und nicht mehr das reale Tier sehen – ein kraftvolles, potentiell gefährliches und in seiner unberechenbaren Launenhaftigkeit gemeinhin stark unterschätztes Tier. In den Zoologischen Gärten von Chicago, London und Washington, D. C., wurden Tierpfleger von Pandas übel zugerichtet. Berücksichtigt man die Tatsache, daß in dem Zeitraum von 1937 bis Anfang der achtziger Jahre insgesamt nur achtunddreißig Pandas in Tiergärten außerhalb Chinas gehalten wurden, kommt man zu dem Ergebnis, daß der prozentuale Anteil an Zwischenfällen mit schweren Personenschäden bei Pandas höher liegt als bei jeder anderen Zootierspezies mit Ausnahme der Elefanten.

Den ganzen Tag lang fütterte ich Ping-Ping mit nichts als Bambussprossen. Er hatte sich dicht an die Käfigstäbe gesetzt, wo er die Sprosse, die ich ihm einzeln zureichte, entgegennehmen konnte, und mampfte in seliger Entrücktheit Sproß um Sproß in sich hinein. Bald waren sein Schoß und seine Beine ganz mit den abgeschälten Fetzen der scheidigen Blätter bedeckt. Als er satt war, wälzte er sich auf die Seite und nickte ein, und das ging so schlagartig vonstatten, wie wenn in seinem Gehirn plötzlich ein Schalter von «Essen» auf «Schlafen» geknipst worden wäre. Während er schlief, sammelte ich auf den benachbarten Hängen eine neue Ladung Sprosse und wog sie, um anschließend mit einem Rechen Ping-Pings Kotballen zusammenzukratzen und sie ebenfalls zu wiegen. Es dauerte nicht allzu lange, bis Ping-Ping, mit inzwischen wieder leerem Magen, für einen Nachschlag zu haben war. Pandas brauchen weniger als fünf Stunden, um Bambus vom Fressen bis zur Ausscheidung zu verarbeiten. Ping-Ping benötigte im Durchschnitt nur siebenunddreißig Sekunden, um einen Sproß aus seiner Hülle zu befreien und ihn zu verzehren, und im Laufe eines einzelnen Tages verdrückte er sechzehneinhalb Kilogramm Bambusschößlinge. Als ich mich nach zwei Tagen von ihm verabschiedete und er währenddessen erwartungsfroh der nächsten Lieferung der Delikatesse entgegensah, tat es mir richtig leid für ihn, daß dieses paradiesische Zwischenspiel, das er so sehr genossen hatte, nur von so kurzer Dauer hatte sein können.

Wenn Ping-Pings sechzehneinhalb Kilogramm Bambussprosse pro Tag das Zeichen eines gesunden Appetits waren, dann muß man Zhens Appetit als wahrhaft gargantuesk bezeichnen. Einmal brachte Zhen etwa zehn Stunden in einem Bambushain zu; in dieser Zeit fraß sie zweihunderteinundachtzig Sprosse – alle zwei Minuten einen, wenn man die Ruhepausen mitrechnet – und legte siebenundfünfzig Kotballen ab. Da ich von meinem Experiment mit Ping-Ping her das Verhältnis zwischen Frischgewicht der Sprosse und Kotgewicht kannte, konnte ich ausrechnen, daß Zhen damals innerhalb eines Vierundzwanzig-Stunden-Zeitraums rund vierunddreißigeinhalb Kilogramm Bambussprosse vertilgt hatte. Zu anderen Zeiten fraß sie sogar noch mehr, nämlich durchschnittlich achtunddreißig Kilogramm – die Hälfte ihres Körpergewichts! – pro Tag. Da Bambussprosse zu neunzig Prozent aus Wasser bestehen, benötigte sie diese Riesenmengen schlicht dazu, ihren täglichen Nährstoffbedarf zu decken. Man konnte sie quasi mit einem Menschen vergleichen, der nur von Wassermelonen lebt. Laut Ellen Dierenfeld, der Ernährungsspezialistin der New York Zoological Society, erfüllen Bambussprosse möglicherweise noch eine andere wichtige Funktion. Sie enthalten eine chemische Verbindung mit dem eindrucksvollen Namen 6-Methoxylbenzoxazolanon, von der man weiß, daß sie bei Nagern den Fortpflanzungstrieb aktiviert. Wäre es möglich, daß sie auch bei Pandas eine derart stimulierende Wirkung entfaltet?

Verbrachte ein Panda täglich weniger, mehr oder die gleiche Zeit mit der Suche nach Sprossen wie mit der Suche nach Halmen und / oder Blättern? Da Zhen sich in der Nähe des Camps herumtrieb, konnten wir sie mühelos von unserem Zelt aus überwachen. Kay übernahm für gewöhnlich die erste Nachtwache, und ich schlief derweil. Danach war ich dran, setzte mich an den Schreibtisch und blieb dort bis zum Morgen still sitzen. Im Ofen brannte ein Feuer, denn die Mainächte waren noch kühl. Regen pladderte auf das Zeltdach. Man hatte mir gesagt, die Regenzeit würde nicht vor Ende Juni beginnen, aber schon wirbelten schwarze Wolken durch unser Tal, und überall platschte und rieselte und tropfte Wasser. Die Kerosinlampe verbreitete einen milden Schein. Draußen in der Dunkelheit ließ ein Waldkauz seinen Ruf hören. Vor mir auf dem Schreibtisch stand der Empfänger, auf die Frequenz von Zhen eingestellt, und das geisterhafte Signal verriet mir, daß sie, wie es schon zu Beginn der Jahreszeit der Fall gewesen war, die Nacht über mit Unterbrechungen aktiv war. Die Nachtstunden dehnten sich hin; ich füllte sie mit Lesen, Schreiben und Teetrinken. Aber es waren keine einsamen Stunden, denn Kay war nur einen Atemzug weit weg von mir, und um meine Füße tummelten sich unerschrockene *Apodemus*-Mäuse in solcher Zahl, daß es sich in ihren Kreisen ohne Zweifel herumgesprochen haben mußte, unser Zelt sei am Ort für Wohnungssuchende die erste Adresse. Bei Tagesanbruch trat ich ins Freie, um nach dem Wetter zu sehen. Im Morgennebel rührte sich kein Lüftchen, und die blaßlila Rhododendronblüten hatten einen kalten metallischen Schimmer, als wären sie aus Eis.

Kay übernahm die Tageswache am Empfangsgerät. Ich machte mich auf in den Wald, wo das Wasser von Ästen und Bambussen tropfte, während ich mich zwischen Farnen, Schlangenwurz, Sumpfdotterblumen, Nesseln, Weißwurz und anderen Pflanzen, die ich aus den Wäldern Neuenglands kannte, auf den Boden kniete, um den Futterplatz eines Pandas aus nächster Nähe in Augenschein zu nehmen. Ich inspizierte und vermaß die Abfälle, die das Tier hinterlassen hatte, und war sorgsam darauf bedacht, auch nicht das kleinste Fitzchen Information zu übersehen, das eventuell mit zur Beantwortung der Fragen beitragen konnte, die sich in meinem Kopf drängten. Die meisten Menschen würden meine inbrünstige Beschäftigung mit dem Bambus wohl für eine ähnlich wertlose Sache halten wie die alte ritterliche Kunst des Drachentötens und für genauso aufregend, wie dem Gras beim Wachsen zuzusehen. Wohl wahr: Fakten an und für sich machen wenig Sinn. Aber sie sind die Ausgangsbasis für Schlußfolgerungen und Ideen, die zu einer neuen Sicht der Dinge, und das heißt in diesem Fall: zum Verständnis des Pandas und seiner Lebenswelt führen können.

Oft wünschte ich mir, ich hätte einen chinesischen Arbeitskollegen gehabt, mit dem ich mich über Forschungsmethoden, Erkenntnisse und Zielvorstellungen hätte austauschen können. Dahingehende Erwartungen waren mit ein Grund für mich gewesen, nach China zu gehen. Aber die fünf Mann, die im Camp den Stamm des wissenschaftlichen Hilfspersonals bildeten, beschäftigten sich selten mit anderem als Routinearbeiten wie der Funkpeilung der Pandas und stellten wenig Fragen. Die konfuzianische Weisheit «Die Erweiterung des Wissens beruht auf der Erforschung der Dinge» war offenbar nicht bis nach Wuyipeng durchgedrungen. Jeden Monat einmal ließ sich ein interessantes periodisches Phänomen beobachten, welches darin bestand, daß unmittelbar bevor die Rund-um-die-Uhr-Überwachung der Pandas beginnen sollte, bei den Hilfskräften massiert Anfälle von Magen-, Bein-, Kopf- und Zahnschmerzen sowie anderen Arbeitsunfähigkeit bedingenden Gebrechen auftraten. Irgendwie konnte ich es ja schon verstehen, daß die Helfer lieber in der Hütte herumsaßen und die Zeit mit Teetrinken und dem Anhören der täglichen Seifenopern-Folgen im Radio totschlugen; schließlich erhielten sie für das Leben unter den erbärmlichen Bedingungen hier oben nur eine kleine Lohnzulage, und von den Informationen, die sie sammelten, hatten sie selbst keinen Nutzen. Mir war klar, daß man uninteressierten Mitarbeitern zwar das gebührende Arbeitspensum abverlangen, aber keine ordentliche Wissenschaft mit ihnen zuwege bringen kann. Oder wie ich Wang Menhu einmal sagte: «Bei uns in Amerika gibt es ein Sprichwort, das lautet: ‹Du kannst einen Gaul zum Wasser führen, aber du kannst ihn nicht zum Saufen zwingen.›» Ich hätte kreative und geistig rege Mitarbeiter gebraucht, und das ist genau die Sorte Menschen, auf deren Abschaffung das chinesische System hinwirkt. Den Beiträgen eines 1974 veröffentlichten Sammelwerks über den Großen Panda ist ein editorisches Geleitwort mit dem Titel «Die Kritik an Lin Piao und Konfuzius vertiefen und auf dem Weg der Sozialistischen Revolution fortschreiten» vorangestellt, ein Appell, der wohl kaum viel dazu beigetragen haben dürfte, das Niveau der wissenschaftlichen Forschung zu heben. Auf jeden Fall fand ich es frustrierend, im wesentlichen auf die Rolle des Gastes beschränkt zu sein, dem es nicht zustand, anderen Weisungen zu geben oder Arbeiten an sie zu delegieren. Alles, was sich von meiner Seite auch nur im entferntesten so angehört hätte, als wolle ich jemandem eine Weisung erteilen, wäre mir als Anmaßung – eine schwere Verfehlung – angekreidet worden, und als nicht minder anmaßend hätte es gegolten, jemanden auf einen Fehler in seiner Methode der Datenerhebung aufmerksam zu machen oder ein Stück eigenen Wissens weiterzugeben, ohne sich gleichzeitig der äußersten

Selbstverleugnung zu befleißigen. Ohnehin stand ich bereits im Ruf der «Dünkelhaftigkeit» und «Herrschsüchtigkeit», den ich mir, um nur ein Beispiel zu nennen, mit einem Telegramm an Howard Quigley zugezogen hatte, in dem ich ihm auftrug, den Riesenottern in Brasilien keine Sendehalsbänder anzulegen – eine Instruktion, aus der man in der Wolong-Verwaltungszentrale Gott weiß wie herauslas, daß ich Howard verbot zu heiraten (!). Oberflächlich betrachtet, war dies zwar ein unbedeutendes und eher komisches Vorkommnis, nichtsdestoweniger prägte es das Bild, das man sich von mir machte.

Eines Tages, als Hu Jinchu gerade im Urlaub war, schilderte ich Zhu Jing, dem Vertreter der Akademie der Wissenschaften, der zu einem Kurzbesuch ins Camp gekommen war, in knapper Form verschiedene teils himmelschreiende, teils nur ärgerliche Mißstände. Ich erwähnte, daß es im Umgang mit dem technischen Gerät an der nötigen Sorgfalt fehlte: Kameras und die Telemetrie-Ausrüstung blieben einfach im Dreck oder im Regen stehen. Da müsse unbedingt jemand mit der Aufgabe betraut werden, sich verantwortlich um die Geräte zu kümmern, denn solange keiner ausdrücklich die Verantwortung hatte, würde sich jeder davor drücken. Ich wies darauf hin, daß Hu Jinchu und ich zusammen den Löwenanteil der Forschungsarbeiten zu bewältigen hatten und daß es durchaus nicht schaden könne, wenn die anderen sich etwas mehr beteiligten. Außerdem würde nicht selten nachlässig gearbeitet, manchmal so schlampig, daß man das gesammelte Datenmaterial nur noch in den Papierkorb werfen konnte. Während ich ihm meine Besorgnis über diese und andere Dinge anvertraute, hörte Zhu Jing, dessen Englisch perfekt und der auf wissenschaftlichem Gebiet vollkommen *à jour* war, mir sorgfältig zu – um mir dann mit dem gleichen Aufwand an Sorgfalt vorzuspiegeln, daß er leider nicht in der Lage sei, eine verständliche Antwort zu formulieren (und ich muß sagen, seine schauspielerische Leistung war große Klasse). Später wiederholte ich meine Klage gegenüber Hu Jinchu. Er erwiderte sanft:

«Auch ich sehe, was die Arbeitsmoral betrifft, viele Probleme.

Aber da ist für mich nichts zu machen. Genau wie Sie bin ich in Wolong nur Gast. Nominell bin ich hier zwar der ‹Chef›, aber damit bin ich noch lange nicht irgend jemandem gegenüber weisungsberechtigt. Ich kann niemanden zum Arbeiten zwingen oder auch nur zum Dableiben, wenn er lieber anderswohin gehen möchte; ich kann nur Vorschläge machen, und die anderen entscheiden selbst, ob sie meine Vorschläge annehmen oder nicht. Das ist nun mal unser System – allerdings sind die Dinge im Wandel.»

Langsam begriff ich, daß Hu Jinchu sich in einer weit schwierigeren und frustrierenderen Lage befand als ich. Noch dazu hing ihm jener kategorische Imperativ der chinesischen Lebensphilosophie als Klotz am Bein, der da von ihm verlangte, unter allen Umständen das Gesicht zu wahren. Ich als Angehöriger einer Kultur, in der es nicht unbedingt eine Schande ist, die eigene Unwissenheit einzugestehen, fragte ihm Löcher in den Bauch zu allen möglichen Gegenständen der chinesischen Naturgeschichte, und er ließ mich großzügig an dem wahren Schatz von Wissen teilhaben, den er auf seinen jahrelangen Streifzügen durch die Berge Sichuans gesammelt hatte. Er seinerseits durfte jedoch nie so weit aus sich herausgehen, mich unverblümt um Informationen zu bitten. Zu seiner sozial vorgeschriebenen Rolle als Hochschulprofessor gehörte es, Belehrungen auszuteilen; dagegen hätte er mit einem offen geäußerten Wunsch nach Belehrung den Stolz und die Würde seines Standes verletzt, und das konnte er sich zumal in Gegenwart des Dolmetschers, den wir für unsere Gespräche benötigten, schlechterdings nicht erlauben. So jedenfalls sah meine eigene Interpretation der Lage aus (die nicht unbedingt die richtige gewesen sein muß). Die Ratlosigkeit, die ich empfand, erkannte ich in den folgenden Sätzen aus Austin Coates' Buch *Myself a Mandarin* wieder:

Für jeden, der sich bemüht, die anderen Menschenrassen auf dieser Welt zu verstehen, sind die Chinesen gewiß die härteste Nuß von allen; umgekehrt haben diese ihrerseits ihre Probleme mit dem Rest der Welt.

In meinem Fall glich das Bestreben, die Chinesen zu verstehen, einem Kampfspiel, bei dem ich immer der Verlierer war.

Bei jedem Projekt erlebt man Phasen ungeahnter Euphorie und dann wieder welche, in denen die Stimmung auf den Tiefpunkt absackt. Mitte Mai brachen unter dem Druck der Probleme, die sich seit November in gleichem Maße vermehrt hatten wie die Mäuse in unserem Zelt, meine Abwehrmechanismen zusammen, und ich verfiel in tiefste Niedergeschlagenheit. Meine Kräfte waren aufgezehrt durch ohnmächtige Wut über die Intriganz und die Spannungen in der Gesellschaft, die gegenwärtig mein soziales Umfeld war, einer Gesellschaft, deren ganzer Stil noch von der – offiziell zwar für tot erklärten, aber längst nicht zu Grabe getragenen – «Großen proletarischen Kulturrevolution» geprägt war. Es war eine Phantomwelt aus manipulierten Fakten und Ausweichstrategien. Ein offenes wissenschaftliches Procedere gab es im Rahmen dieses Projekts nicht. Sachdienliche chinesische Publikationen über Pandas wurden mir bewußt vorenthalten, ebenso Laboranalysen von Bambusproben, die wir gesammelt hatten. Meine Bitten, zwecks bestimmter Arten von Analysen, zu denen man in China nicht in der Lage war, Bambus ins Ausland verbringen zu dürfen, wurden äußerst widerwillig aufgenommen. Wollte man das Datenmaterial als Faustpfand einbehalten, bis der WWF die Ausrüstung für das Forschungszentrum vollständig geliefert hatte? Glaubten die Chinesen etwa, ich würde mit den Daten durchbrennen? Ich war weniger empört über den Mangel an Vertrauen, der sich da zeigte, als verärgert über die Unsinnigkeit solchen Tuns. Aber wie bei so vielem ist nicht Tun, sondern Denken die Quelle des Leidens, und ich bemerkte, wie in mir die Freude an der Arbeit nach und nach dahinstarb. Ich fühlte mich desorientiert und keiner schlüssigen Überlegung mehr fähig und in dieser Verfassung dem Projekt nicht gewachsen. Bei meinen früheren Forschungen wußte ich immer, in welcher Richtung ich mich bewegte und warum; ich war Herr der Lage. Nicht so in diesem Fall. Restriktionen können bedrohlich werden. Ich tat meine Arbeit in dem Bewußtsein, daß Eile geboten war. Schließlich konnte man es im Falle des Pandas nicht beim *Versuch* zur Rettung bewenden lassen: Erfolg tat not! Und konnte es nicht immer noch passieren, daß das Projekt von heute auf morgen abgeblasen wurde, wie die Chinesen es vergangenen November angedroht hatten?

Außerdem war da noch ein Leistungsdruck besonderer Art, denn jeder Wissenschaftler und jede Wissenschaftlerin fühlt sich aufgerufen, nicht nur die bisherigen eigenen Leistungen, sondern auch die von seinen Vorgängern gesetzten Maßstäbe mit immer neuen Höchstleistungen zu überbieten. Aber mit meiner gnadenlosen Neugier und unbeirrbaren Zielstrebigkeit erregte ich nur Argwohn in einer Kultur, in der man über das Dasein triumphiert, indem man es widerstandslos akzeptiert und sich willenlos mit dem Strom treiben läßt. Mein Selbstwertgefühl war angeschlagen.

Das Wetter war nicht dazu angetan, meine Laune zu heben. Ein schwarzer Wolkenteppich verhüllte die Berge. Das Camp war ein einziges Schlammloch. Auch bei den chinesischen Helfern herrschte gedrückte Stimmung. Der fortgesetzte Personalwechsel hatte die gewachsenen Sympathiebindungen aufgelöst, und jeder schlang nun hastig und wie mit Scheuklappen vor den Augen sein Essen in sich hinein. In wenigen Tagen schon würde Kay nach Amerika abreisen, um den Sommer mit unseren beiden studierenden Söhnen zu verbringen, die für die Dauer der Semesterferien nach Hause kommen würden – und sie würde jene Dinge mit sich nehmen, die freundlichen Worte und das liebevolle Lächeln, die in der zum Ersticken mit stummer Spannung geladenen Atmosphäre hier mein ganzer Trost waren.

Nachts im Bett blickten Kay und ich manchmal nostalgisch auf frühere Projekte zurück. «Weißt du noch...» begann sie oder ich. Und anschließend durchlebten wir noch einmal unsere Suchaktionen nach den Berggorillas, Kletterpartien in Vulkanbergen, auf nebelverhangenen, moosbewachsenen Steilhängen, die in den tiefergelegenen Zonen mit Bambus bewachsen waren, ganz wie die Hänge hier in Wolong.

«Es ist so schön hier», sagte Kay. «Wäre es nicht herrlich, wenn wir zwei das Projekt ganz allein durchführen könnten? Nur du und ich. So wie wir es früher gemacht haben. Wenn wir niemandem Rechenschaft schuldig wären außer uns selbst. Das wäre ideal.»

Und dann sprachen wir über die Jahre, die wir gemeinsam in der Serengeti verbracht hatten, und wie wir dort einmal auf einer Fahrt in die goldene Abendröte hinein unter einer Schirmakazie ein ganzes Rudel lohfarbener Löwen entdeckten. Und wir sprachen über die Tiger in Indien. Und über Brasilien und Pakistan. «Weißt du noch…?» Wir dachten gewohnheitsmäßig in Kategorien der Freiheit – der Freiheit, den eigenen Alltag nach eigenem Wunsch und Willen zu gestalten, der Freiheit, nach Belieben zu kommen und zu gehen, der Freiheit, offen seine Meinung zu sagen, der Freiheit zu träumen und der Freiheit, seine Träume in Wirklichkeit zu verwandeln. Wir waren verwöhnt, und das machte es uns manchmal schwer, uns in allen Punkten einer Gesellschaft anzupassen, die aufgrund ihrer konfuzianischen Tradition den Respekt vor der Obrigkeit und die Rücksicht auf das Gemeinwohl weit höher bewertet als Selbstverwirklichung des einzelnen und geistige Freiheit. Als beispielsweise Kaiser Kang Xi 1685 mit der Öffnung der chinesischen Häfen für ausländische Handelsschiffe seine Politik der offenen Tür inaugurierte, waren da für die ausländischen Besucher bald so viele Vorschriften und Verordnungen zu berücksichtigen und ihre Bewegungsfreiheit so stark eingeschränkt und die Forderungen nach Geschenken so horrend, daß der Handel binnen kurzem zum Erliegen kam.

Zum Glück wechselten wir uns gewöhnlich in unseren Depressionen ab, so daß immer der eine dem anderen wieder die Perspektive zurechtrücken konnte.

«Das größte Problem ist, daß man sich nicht frei bewegen

kann. Man müßte einfach mal, wenn sowieso nicht viel zu tun ist, für ein paar Tage den Alltagstrott hinter sich lassen und irgendwohin fahren können. Aber bis wir die Genehmigung dafür kriegen, ist es schon wieder zu spät. Ich wär ja schon glücklich, wenn wir es uns erlauben könnten, einmal spontan einen Tag für einen Picknickausflug freizunehmen.»

«Weiß ich doch. Dieses Mißtrauen und diese Dickfelligkeit sind schwer zu ertragen, aber bedenke bitte, daß die Chinesen sich gegenseitig auch nicht anders behandeln. Und wir sind aus freien Stücken hier; im Grunde lieben wir doch diesen Lebensstil.»

«Und wir haben eine Möglichkeit, die sie nicht haben. Wir können dieses Land verlassen, wenn wir wollen.»

So pflegte ich dann in der Regel mit ein bißchen Humor und Sinn für surrealistische Konstellationen meinen Durchhänger zu überwinden. Ich würde also weiter die Freiheit des Lagerlebens über alles schätzen, auch wenn ich mich hier eingesperrt fühlte, ich würde Schwerarbeit an einem Ort verrichten, wo Nichtstun eine Tugend war, ich würde mich damit abfinden, daß dieselben Leute, die mich zu Forschungszwecken hierher eingeladen hatten, mir im stillen die Lust an der erfolgreichen Erledigung meines Auftrags vergällten, und ich würde für die Rettung einer weltweit beliebten Kostbarkeit der Natur arbeiten, die in ihrer Heimat mit Gleichgültigkeit behandelt wurde.

Ich würde meine Individualität unterdrücken und Restriktionen hinnehmen – aber ich würde mich nicht unterkriegen lassen.

In Kammhöhe begannen jetzt, Ende Mai / Anfang Juni, gerade die Birken zu grünen, und die dünnen Sprosse des Pfeilbambus durchbrachen die Moosdecke. Doch um Wuyipeng herum war der Frühling vorbei. Meine der Pandasuche gewidmeten täglichen Fußmärsche führten durch einen Wald, der unterm Regenhimmel in vollem, saftigem Blättergrün stand. Wie verspätete Schneeflocken taumelten Wildkirschblütenblätter zu Boden. Von Blumen war wenig zu sehen; Wachslilien, *Androsace*, Wintergrün und andere, die in Blüte standen, waren in dem wildwuchernden Gestrüpp nur als schwache weiße Flecken auszumachen. Die Hornfasane hatten gebrütet, und mit gluckenden Lauten führte die Fasanenmutter eine Schar winziger Flaumbällchen durch das Dickicht. Da und dort ließ sich neben dem Pfad eine hübsch gelb-braun-grün gefleckte Viper, *Trimeresurus*, sehen; anderswo huschten Eidechsen – Drachenkinderchen, wie die Chinesen sie nennen – davon.

27. Mai. Ich gehe auf halber Höhe einen Hang entlang; auf dem elastischen Untergrund machen meine Schritte kein Geräusch. Mein Empfangsgerät ist auf Zhens Frequenz eingestellt. Das Signal ist so stark und eindringlich, daß ich damit rechne, sie im nächsten Bambuswäldchen jeden Moment sehen zu können. Ich spähe angestrengt zwischen die Halme, kann jedoch in dem Halbdämmer nichts weiter ausmachen als die schwarzen Schatten von bemoosten Steinen und Baumstämmen. Auf einer kleinen Lichtung setze ich mich auf den Boden und warte. Das Tal hängt voll bewegungsloser Wolken, die Schierlingstannen lassen die regennassen Äste hängen, und selbst die Atmosphäre der Stille hat etwas Melancholisches. Minuten vergehen. Ich versuche mir das Leben eines Pandas in den Tiefen des Bambuswalds vorzustellen, immerzu von Halmen umringt, in eine dicht herandrängende Blätterkuppel eingeschlossen, und jenseits davon der weiße Nebel. Jede Berührung eines Bambushalms löst eine kalte Dusche aus; wenn die Pandas eine Erkennungsmelodie hätten, könnte das eigentlich nur *Raindrops keep falling on my head* sein.

Von weiter unten her plötzlich Geräusche, die die Stimmung im Wald verändern – das Knacken eines abbrechenden Bambussprosses, gefolgt von dem Rascheln und Quietschen beim Abziehen der Hülle und schließlich das laute Knirschen, mit dem Zhen den zarten Innenteil zerkaut. Dann ist sie minutenlang bei der Futtersuche zu hören. Pandas haben einen sehr feinen Geruchssinn. Würde sie meine Anwesenheit bemerken und sich ungesehen aus dem Staub machen? Mitnichten – sie schaukelt lautlos bergauf. Ich sehe irgendwo irgend etwas in schneller Bewegung und verfolge dann mit gespannter Aufmerksamkeit, wie sie sich vor meinen Blicken materialisiert, um sich alsbald hinter einer transparenten Bambuswand niederzusetzen. Sie lehnt sich zur Seite, um sich mit den gebogenen Klauen einer Vordertatze einen Bambussproß zu krallen, und bricht im selben Zug den Schößling dicht an der Basis ab. Dann lehnt sie sich zurück, hält den Sproß schräg vor sich hin, beißt in die Umhüllung und zieht nun, mit dem Maul in Seitwärtsrichtung und mit den Tatzen abwärts ruckend, unter gleichzeitiger Drehung des Schößlings, die Hülle ab und läßt sie fallen. Dann frißt sie mit schnellen Bissen, indem sie den Sproß seitlich ins Maul schiebt, wo er rapide kürzer wird, wie ein Bleistift in einem gefräßigen Anspitzer. Sich suchend umblickend, erspäht sie einen zweiten Sproß, und auch der ist binnen einer Minute geschält und hinuntergemampft. Ein dritter folgt gleich hinterher, und wieder agiert sie ruhig und kontrolliert, in vollkommenem Einklang mit ihrer Umgebung und doch gleichzeitig fix und zügig, als habe sie wenig Zeit.

Ich sehe ihr beim Essen zu und staune über die Geschicklichkeit, die sie dabei entwickelt: das Zusammenspiel von Maul und Vordertatzen erfolgt mit größter Präzision und Sparsamkeit der Bewegungen. Die Evolution hat den Panda mit speziellen anatomischen Modifikationen seiner Rolle als Bambusfresser angepaßt. An jeder Vordertatze hat sich ein Gelenkknochen, das Sesambein der Speiche, zu einem zum Greifen benutzbaren sechsten Finger verlängert, der als Daumen fungiert und sich geradezu ideal dazu eignet, Sprosse und Halme – einschließlich der dünnen Pfeilbambusstengel und -schößlinge – zu halten und zu manipulieren. Die Halme werden in der unbehaarten Kuhle zwischen dem Ballen des ersten Fingers und dem «falschen Daumen» («Pandadaumen») wie in einer Zange eingeklemmt. Das typische Karnivorengebiß des Pandas durchlief eine Spezialmodifikation für die Aufgabe, zähe Nahrung zu zerkleinern und zu

Zhen-Zhen trottet durch den Schirmbambus bei unserem Lager.

Das Wuyipeng-Forschungslager drängt sich an einem mit Bambus, Rhododendren und Birken bestandenen Berghang zusammen.

Oktoberschnee auf Ahornblättern kündigt den Winter an.

gegenüber: Tang-Tang erwacht aus dem Schlaf in einer Kiefer im Tangjiahe-Reservat – erschrocken sieht er ganz nah mich.

gegenüber: Senkrechte Felswände, Wolken, knorrige Bäume – das Wolong-Reservat bietet Ansichten wie aus der chinesischen Landschaftsmalerei.

rechts: Der Schutz des Pandas gewährt gleichzeitig Tausenden anderer Tierarten, wie diesen Blutfasanen, eine Überlebenschance.

Weihnachtsessen in Wuyipeng. Von links mit dem Gesicht zur Kamera: Kay Schaller, Bi Fengzhou und Qiu Mingjiang

Howard Quigley vermißt die sedierte Zhen-Zhen, während ich Notizen mache.

Teng Qitao (Mitte), der Leiter unseres Tangjiahe-Teams, hilft beim Hochziehen der Tür des Transportkäfigs. Tang-Tang kehrt mit einem Senderhalsband versehen in sein gewohntes Leben zurück.

Ein noch nicht ganz ausgereiftes Pandamännchen, am linken Ohr mit der Erkennungsmarke Nr. 86 geschmückt, erwacht aus der Narkose in der Balkenfalle, mit der wir das Tier gefangen hatten.

Teng Qitao (mit Handantenne) und Shen Heming orten mit Senderhalsband versehene Pandas und Bären im Tangjiahe-Reservat.

Im Juni blühen die Pleione-Orchideen auf Moospolstern in Tangjiahe.

zermahlen; nicht nur die Molaren, sondern auch ein Teil der Prämolaren sind breit und platt. Der Pandaschädel ist ungewöhnlich groß, und über das Dach zieht sich eine kammartige Knochenleiste, die als Ansatzfläche für die kräftige Kaumuskulatur dient. Der Panda ist ein Meisterstück der Evolution. Allerdings ist durch seine sehr weitgehende Spezialisierung auf Bambus als Nahrung die Palette seiner Möglichkeiten sehr verarmt. Von Entscheidungszwängen entlastet, wie er ist, macht er auf den ersten Blick vielleicht den Eindruck eines Tiers, das sich größerer Freiheit als alle anderen erfreut, aber der Schein trügt, denn die Evolution hat die Spezies jeglicher Innovationskraft beraubt und sie ohne Aussicht auf Begnadigung zur Kerkerhaft in einer ökologischen Nische verurteilt, wo ihr der Bambus als nicht abzuschüttelnde lähmende Fußfessel am Bein hängt. Während ich also einerseits Zhens evolutionäre Spezialanpassungen bewundere, rührt mich andererseits die tragische Geschichte ihrer Spezies, ihre Hilflosigkeit. Teilnahmslose Schicksalsmächte haben die Herrschaft über sie angetreten.

Zhen hebt witternd die Nase. Anscheinend hat sie bemerkt, daß ich in der Nähe bin. Mit einer wogenden Bewegung erhebt sie sich auf die Füße und tritt aus dem Bambus auf einen vom Kronendach des Waldes überwölbten Platz, von dem ein Pfad direkt zu meiner Lichtung führt. Mit einer Kombination aus Scheu und Verwegenheit bewegt sie sich weiter. Ihre schwarzen Beine verschwimmen im Waldesdunkel, so daß der Eindruck entsteht, als ob eine weißleuchtende Laterne auf mich zuschwebe. Sie nähert sich mir bis auf weniger als zehn Meter. Dann bleibt sie stehen, und ihr Kopf schwingt auf und nieder, während sie argwöhnisch vor sich hin schnaubt; ihr ist die Situation nicht ganz geheuer, mir ist die Situation nicht ganz geheuer, und insoweit gibt es zwischen uns auf der Gefühlsebene ein Band der Gemeinsamkeit. Ich forsche in ihrem Gesicht nach einem Anzeichen dafür, was sie wohl als nächstes tun wird, aber da rührt sich nichts, weder Ärger noch Bereitschaft, sich zu ducken. Hierzulande lädt der Panda nicht zur Vertraulichkeit ein, sondern verharrt in ebenso majestätischer Ungerührtheit wie die Tannen und die zerklüfteten Berge – ein Wesen wie eine Monade, in sich geschlossen und vollendet, endgültig und unabänderlich.

Als das Wesen ohne Selbstausdruck, das sie ist, verrät Zhen nicht, was in ihr vorgeht. Ich warte darauf, was sie als nächstes tun wird. Sie tut etwas, womit ich absolut nicht gerechnet habe. Nachdem sie eine Weile unverwandt in meine Richtung gestarrt hat, zieht sie sich bis an den Saum des Bambuswäldchens zurück, setzt sich, den Rücken an die Halme lehnend, in der üblichen zusammengesackten Haltung hin und gibt ein aufgeregtes Geblöke von sich, Laute, die aus dem Maul dieses so großen Tiers sonderbar wehleidig und verzagt klingen. Wie sie so, die Vordertatzen auf dem rundlichen Bauch, die Schultern leicht gebeugt, in Ruhehaltung dasitzt, als ob sie meditiere, hat sie etwas von einem Buddha an sich. Das Blöken wird leiser und leiser, während der Kopf ihr langsam auf die Brust sinkt. Der ruhige, regelmäßige Rhythmus ihrer Atembewegungen verrät, daß sie in aller Gemütsruhe eingeschlafen ist.

Zhen hat zwar gerade gefressen und ist daher auf eine Verdauungstrance programmiert, aber daß sie direkt vor mir in Schlaf sinken würde, hätte ich nicht gedacht. Was verbirgt sich in diesem dicken, harten Schädel an intuitivem Wissen und Kombinationsvermögen? Ein Panda hat sein Bild von der Welt, und ich habe meines. Wie stellt sich die Welt für einen Panda dar? Treffe ich auf einen Tiger oder einen Gorilla, kann ich die Beziehung, die uns miteinander verbindet, an den Gemütsbewegungen ablesen, die das Tier ausdrückt, denn Neugier, Freundlichkeit, Verdruß, Argwohn, Zorn, Furcht – das alles verrät sich in seiner Körpersprache und seinem Mienenspiel. Dagegen sind Zhen und ich zwar an ein und demselben Ort beisammen, aber dennoch durch eine unermeßliche Kluft voneinander getrennt. Ihr Inneres bleibt unerforschlich, ihr Verhalten unergründlich. Verstandesmäßige Einsichten vertiefen emotionales Erleben. Aber bei Zhen besteht für mich die Gefahr, daß ich von einem Berg von Schätzen mit leeren Händen weggehe. Um sie zu begreifen, müßte ich mich in einen Panda verwandeln – müßte mein eigenes Ich vergessen und mich viele Jahre lang ganz auf ihre Aktionen und ihre Innenwelt konzentrieren, bis mir am Ende vielleicht neue Erkenntnisse aufgingen. Indes, ich sehe Zhen und ihre Artgenossen so selten, daß ich zwar ein wenig von ihrer Zoologie, aber nichts von ihrem Wesen mitbekomme. Ich bin mir noch nicht einmal sicher, wie ich die Sache anpacken soll. Der Panda ist die Antwort. Aber wie lautet die Frage?

Zhen wacht nach kurzer Zeit auf und setzt sich auf der Stelle und ohne einen einzigenBlick in meine Richtung bergaufwärts in Marsch: Die Schatten haben sie so schnell verschluckt, daß ihr Verschwinden für mich genauso überraschend kommt wie ihr Auftauchen. Ich bleibe sitzen, weil ich sie, wo immer sie sein mag, jetzt nicht mehr stören will und weil ich diese Augenblicke noch eine Weile festhalten möchte. Regentropfen wispern im Blattwerk, und die Wipfel rauschen wie eine ferne Meeresbrandung. Wie lange bin ich schon auf der Lichtung? Die Zeit hat kein Einheitsmaß. In Zhen vertieft, bin ich herausgelöst aus Vergangenheit und Zukunft, bis sie den Zauberbann unserer Begegnung bricht und mich mit Gefühlen, die stärker sind als jede Erinnerung, allein zurückläßt.

Schon Mitte Juni hatte sich der größte Teil der Sprosse zu hohen, harten Halmen ausgewachsen, und bald siedelte Zhen wieder um, hinauf in die Pfeilbambuszone zurück. Dort würde sie bleiben, bis die nächstjährige Bambussprossensaison sie wieder in tiefere Regionen lockte.

Ich erhielt unverhofft die Genehmigung, Bambusproben zu Analysezwecken ins Ausland zu verbringen. Zu meiner eigenen Überraschung empfand ich beim Erhalt der Nachricht eine ganz unangemessene Dankbarkeit. Doch ich nahm an, daß die Bewilligung meines Antrags zugleich signalisierte, daß mir auch die Wiedereinreise nach China genehmigt werden würde. Da mein Enthusiasmus und meine Arbeitsfreude eine Aufbauspritze nötig hatten und ich überdies gern meine beiden Söhne wiedergesehen und einige Büroarbeiten erledigt hätte, beabsichtigte ich, für zwei Monate nach Hause zu reisen. Zhens Paarung hatte Mitte April stattgefunden, das Junge mußte irgendwann im September auf die Welt kommen. Rechtzeitig zu dem Ereignis wollte ich wieder zurück sein.

6
In einer hohlen Tanne

September–Dezember 1981

Als ich Anfang September wiederkam, hatten die Maiskolben auf den Feldern von Wolong einen Bart, und die Bohnen waren erntereif. In Wuyipeng dagegen hatte sich scheinbar nichts verändert. Nach wie vor sorgte eine unbewegliche Wolkendecke für eine triste Atmosphäre, es tropfte von den Bäumen, die Pfade waren schlammig und obendrein rutschig wie eine Eisbahn, und Sturzbäche zogen sich wie Lamettastreifen über die Hänge. Doch in subtilen Wandlungen dokumentierte sich der Fortschritt des Jahreslaufs seit Juni. Nur noch wenige Blumen – hier eine gelbe *Pilea*, dort eine blaue Aster – ließen sich neben den Trampelpfaden sehen, dafür leuchteten jetzt alle Pilze aller Art – purpurrote, scharlachrote, rosarote, weiße, schwefelgelbe – aus dem Waldesdunkel. Aus den Hornfasanküken waren feiste Jungfasane geworden, fast schon so groß wie ihre Mütter. Felsenhörnchen stopften sich zur Vorbereitung auf den Winterschlaf mit Haselnüssen voll. Drei von diesen schokoladenbraunen, spitznasigen Hörnchen lebten im Camp. Streckte man einem der Tiere die flache Hand mit einer Erdnuß darauf entgegen, kam es mit nervös zuckendem Schwanz vorsichtig näher, raste dann plötzlich am Hosenbein hoch, schnappte sich den Bissen und brachte sich Hals über Kopf wieder in Sicherheit. Das alles und mehr war ein Zeichen dafür, daß der Herbst vor der Tür stand.

Bei meiner Ankunft im Camp erkundigte ich mich als erstes

nach Zhen. In der zweiten Augusthälfte, so erfuhr ich, war sie aus dem Zhuanjinggou über den Kamm in einen dichten Bambuswald direkt über dem Erdaoping umgezogen, in dem es zwei geeignete hohle Bäume, beides Tannen, gab. Ein trächtiges Weibchen benötigte für ihr Junges eine Höhle an sicherem Ort, aber geeignete Plätze sind rar und in Waldarealen, in denen Holz geschlagen wird, unter Umständen überhaupt nicht vorhanden. So muß beispielsweise eine Tanne, die zur Mutterschaftshöhle taugen soll, einen Durchmesser von mindestens einem Meter haben – was zweihundertjähriges Wachstum voraussetzt – und am Fuß eine Höhlung aufweisen, deren Eingangsöffnung groß genug ist, um einen ausgewachsenen Panda durchzulassen. Um sie nicht zu stören, hatte nach Zhens Wegzug niemand nach ihr gesehen, und so war nicht bekannt, ob sie schon geworfen hatte, ja nicht einmal, ob sie überhaupt trächtig war.

In der Hoffnung, aus Zhens Tagesperiodik, wie sie sich in ihrem Funksignal verriet, Rückschlüsse auf den Stand ihrer Schwangerschaft beziehungsweise Mutterschaft ziehen zu können, unterzogen wir sie in der Zeit vom 4. bis zum 24. September einer in Abständen von jeweils fünfzehn Minuten rund um die Uhr durchgeführten Funküberwachung. In den vorangegangenen Monaten waren Zhen und die anderen Pandas etwa vierzehn Stunden täglich aktiv, was im Normalfall hieß: mit Fressen beschäftigt; die inaktiven Tageszeiten waren dem Ausruhen und Schlafen gewidmet. Die Tiere legten jeden Tag ein bis zwei lange Ruheperioden ein, die zwei bis vier Stunden dauerten, gelegentlich jedoch bis auf zwölf Stunden ausgedehnt werden konnten. Aktivität war im Prinzip zu jeder Tages- und Nachtzeit möglich, wies jedoch im allgemeinen ein im Vierundzwanzig-Stunden-Rhythmus wiederkehrendes Muster auf («circa-diane [Aktivitäts-] Periodik» oder «Tagesperiodik»): Mit Aktivitätsphasen war am sichersten kurz vorm und im Morgengrauen, also in der Zeit von 4 bis 6 Uhr, und dann wieder am Spätnachmittag, von 16 bis 19 Uhr, zu rechnen; Kernzeiten der Ruhephasen waren die Spanne von 8 bis 9 Uhr, kurz nach Sonnenaufgang, und die Zeit der hereinbrechenden Nacht, ab 19 Uhr. Von schlechtem Wetter ließen sich die Pandas gewöhnlich nicht in ihrer Aktivität beeinträchtigen, äußerstenfalls kam es vor, daß ein Tier während eines heftigen Sturzregens unter oder in einem Baum Schutz suchte. Im Sommer, wenn sie sich in kurzer Zeit den Bauch mit Blättern vollschlagen konnten, dehnten die Pandas ihre Ruhephasen etwas länger aus als in den Jahreszeiten, während deren sie große Mengen Halme fraßen, die erst sorgfältig ausgesucht und dann mühselig Stück für Stück zerkaut werden mußten. Alle vierundzwanzig Stunden studierten wir aufmerksam das neueste Protokoll von Zhens Tagesperiodik. Gegenüber älteren Befunden zeigte sich ein sehr verändertes Bild. Ihre Aktivität war stark zurückgegangen, was im einzelnen so aussah, daß sie sich insgesamt nur noch neun Stunden am Tag in Aktion befand und die frühmorgendlichen und vorabendlichen Aktivitätsspitzen vermissen ließ; außerdem war sie extrem unruhig, wie man an dem häufigen Wechsel der Signalgeschwindigkeit erkennen konnte. Hinzu kam, daß sie sich ständig im Umkreis einer der zwei hohlen Tannen aufhielt, von der sie sich – offenbar zum Fressen und Trinken – jeweils nur für kurze Zeit und niemals weiter als zweihundert Meter entfernte. Wir waren nun sicher, daß Zhen ein Junges hatte, das wahrscheinlich am 2. oder 3. September – eine oder zwei Wochen nachdem sie sich in der Region mit den hohlen Bäumen angesiedelt hatte – auf die Welt gekommen war. Die Tragezeit hatte in diesem Fall um die 142 Tage gedauert.

Bei gefangenen Pandas dauert die Tragezeit durchschnittlich 135 Tage; die Abweichungen davon reichen von 97 bis zu 165 Tagen. Diese Schwankungsbreite zeigt an, daß bei Pandas zwischen der Befruchtung des Eis und der Nidation («Einnistung» des Keims in die Uteruswand) eine Verzögerungsphase liegt, während deren das befruchtete Ei nur wenige Teilungen zur Blastozyste durchläuft, um dann eine Zeitlang frei im Uterus zu vagabundieren, ehe es sich einnistet und weiterentwickelt. Diese Eigentümlichkeit des Reproduktionsprozesses findet sich bei verschiedenen Karnivoren, so auch bei den Bären. Bei den Pandas schwankt die Dauer der Nidationsverzögerung zwischen eineinhalb und vier Monaten, das heißt, die tatsächliche Entwicklung des Jungen *in utero* dauert nur eineinhalb bis zwei Monate, und es wird in wenig entwickeltem körperlichem Zustand zur Welt gebracht – blind, nackt und fast vollkommen hilflos. Es wiegt bei der Geburt nur 85 bis 110 Gramm – nicht mehr als eine Ratte oder ein Streifenhörnchen –, das ist der neunhundertste Teil des Körpergewichts seiner Mutter. Die gleiche Relation beim Menschen würde bedeuten, daß eine 60 Kilogramm schwere Frau ein Kind von knapp 60 bis knapp 70 Gramm zur Welt bringt. Ich hätte gern beobachtet, wie die massige Zhen mit ihrem Winzling von Jungen umging, und ich glaube, sie hätte meine stumme, Abstand wahrende Gegenwart sogar geduldet. Aber es gab ein Dutzend Menschen im Camp, die sich nicht davon hätten abbringen lassen, meinem Beispiel auf der Stelle zu folgen, und ein solcher Andrang hätte zu einem ungewollten Schaden für das Kleine führen können. Als im mexikanischen Chapultapec-Zoo erstmals ein Pandababy zur Welt gekommen war, drängelten sich binnen kurzem so viele Fotoreporter um den Ort des Geschehens, daß die Mutter nervös wurde und in ihrer Nervosität versehentlich ihr Neugeborenes erdrückte. Eines Tages, als Zhens gemutmaßtes Junges ungefähr drei Wochen alt sein und – wenn man das Entwicklungstempo von Zootieren als Maßstab zugrunde legte – ein knappes Kilogramm wiegen und wie die Miniaturausgabe eines Erwachsenen aussehen mußte, schlug Hu Jinchu vor, daß wir beide uns an Ort und Stelle durch Augenschein von der Existenz eines jungen Pandas überzeugten, um die Gewähr dafür zu haben, daß unsere ja nicht ganz unaufwendige Funküberwachung nicht für die Katz war. Ich stimmte zu. Demgegenüber meinte Long Zhi, ein von der Akademie der Wissenschaften bestellter Forschungsbeauftragter auf Zeit: «Das Weibchen könnte sein Junges auffressen, wenn man es stört.» Allerdings, so merkte er an, liege die Entscheidung, ob wir nun hingingen oder nicht, ganz in meinen und nur in meinen Händen. Diese Verantwortung ließ ich mir nicht ans Bein binden, denn ich wußte, was sie bedeutete: Sollte das Junge irgendwann im Laufe seines Lebens verschwinden, würde man eine Handhabe haben, es mir als Schuld zuzurechnen. Nein, wir würden weiter warten.

Mein Tagesprogramm war nun, nicht anders als das von Zhen, ziemlich prosaisch, mein Tagebuch uninspiriert und lakonisch.

14. Sept. In der Nacht meist Regen. Den Morgen dazu verwendet, dies und das ums Zelt herum zu erledigen – Wasserabzugsgraben gegraben, Steinstufen auf rutschiger Böschung angelegt. Heute mit der Nachtwache dran. Aufbruch 14.15 Uhr. Unterwegs die Goldstumpfnasenaffen gesehen. Kalt – etwas über 4 Grad Celsius. Nebel und Regen.

15. Sept. 7.30 Uhr losgestiefelt, Azimute messen. Starker Wind vom Obertal her reißt den Nebel auf, bis die unteren Höhen frei sind. Aber die Bergspitzen immer noch in dicken Wolken. Vegetation sieht langsam schon ziemlich ramponiert aus – Blätter von Insekten zerfressen, teils vergilbt am Rand, im Absterben. Um 10.00 wieder zu Hause. 3 Stunden geschlafen. ... Um 16.00 Uhr zum Bai Ai, nach Affen Ausschau halten. Kein Glück.

16. Sept. Wetter weiterhin trüb und naß. Arbeite Notizen auf, um nächstes Jahr Zeit zu sparen. Um 16.00 Uhr Spaziergang bis hinter den Bai Ai. Wenig Tiere zu sehen bis auf vereinzelte Hornfasanhennen mit Jungen.

17. Sept. Kurz nach 10.00 Uhr ins Affenfelsengebiet und durch den Bambus gestreift, um frische Pandaspuren zu finden. Drei hohle Bäume in der Region, die ich untersuche. Nichts.

18. Sept. Klarer Morgen! Heute bin ich dran mit Tagesdienst bei der Funküberwachung auf dem Kamm. Der Wald glänzt, und statt in den Schlafsack zu kriechen, um mich warm zu halten, stelle ich mich auf sonnige Flecken. Fliegen summen. Immer mehr Wolken zogen auf, und um 16.00 Uhr war es dann wieder völlig bedeckt, aber bloß einmal

die Gipfel gesehen zu haben gibt schon mächtig Auftrieb. ... Neuigkeit aus Chengdu: ein Junges im Zoo. Ich muß hin und es mir ansehen und Janet Stover besuchen.

Janet Stover, eine Tiermedizinerin von der New York Zoological Society, war Ende August nach China gekommen, um im Yingxionggou und in Chengdu gegebenenfalls bei der künstlichen Aufzucht von Pandababys, die von ihren Müttern ignoriert wurden, mit der Flasche zu helfen. Wirft ein Pandaweibchen Zwillinge, kümmert es sich in der Regel nur um das erstgeborene Junge und ignoriert das zweite. Die künstliche Aufzucht eines solchen winzigen Wurms ist eine heikle Aufgabe, die erstens Liebe zur Sache, zweitens Wissen und Können verlangt. So kann beispielsweise ein Neugeborenes weder harnen noch koten, wenn es nicht zuvor durch Lecken am Bauch – oder eine äquivalente Maßnahme – stimuliert wird, und es benötigt als Muttermilchersatz eine spezielle Babynahrung mit dem richtigen Verhältnis von Fett- und Zuckeranteilen. Leider hatte Janet keine Gelegenheit zur praktischen Anwendung ihres Könnens, denn im Yingxionggou gab es überhaupt keinen Pandanachwuchs, und in Chengdu brachte Mei-Mei nur ein Junges zur Welt.

Am 18. September um 2 Uhr morgens hatte Mei-Mei ein Männchen namens Jin-Jin geboren, und am 22. September schloß ich mich Janet bei einer dreitägigen Beobachtung der Mutter an. Mei-Mei saß auf einem Lager von Heu und drückte mit einer Tatze Jin-Jin an die Brust. Die Tatze war so groß und haarig, daß sie den Kleinen vollständig verbarg, und ich hätte von seiner Gegenwart effektiv nichts mitbekommen, wenn er nicht ein mißtönendes, durchdringendes Quäken von sich gegeben hätte. Das geöffnete Maul über seinen Rücken schiebend, nahm Mei-Mei ihn sacht zwischen die Zähne, schob ihn hoch und beugte sich dann mit der Geschmeidigkeit eines Kunstturners nach vorn, um ihren Kopf wie auf ein Kissen auf ein Hinterbein zu betten. Für einen kurzen Moment bekam ich Jin-Jin zu sehen, der mit seinem von einem dünnen Silberflaum überzogenen blaßrosa Körper, dem nackten Rattenschwanz und den spindeldürren Beinchen einem dilettantisch gemachten Gummispielzeugtierchen ähnelte, aber gleich war er wieder – unter dem Kinn seiner Mutter sicher verstaut und von einer großen Pranke beschirmt – meinen Blicken entschwunden.

Als Mei-Mei einmal ihre Lage veränderte, ließ er ein schneidendes Quäken hören, woraufhin sie ihre Armhaltung korrigierte. Wenn man eine Mutter hat, die so unendlich viel schwerer ist als man selbst, macht es sich schon bezahlt, ein überlautes Organ zu besitzen, mit dem man sein Vorhandensein in Erinnerung bringen kann. Von diesem Organ machte Jin-Jin in großzügigster und nachdrücklichster Weise Gebrauch, sooft er sich in seiner Behaglichkeit beeinträchtigt fühlte – und das war häufig der Fall: beispielsweise wenn seine Mutter ihn kopfunter hielt oder seine Beine in der Luft baumeln ließ oder beim Hochheben mit den Zähnen aus Unachtsamkeit zu fest zupackte. In Abständen von jeweils etwa einer Stunde leckte Mei-Mei ihm mehrere Minuten lang bedachtsam Brust, Rücken, Bauch und Hinterteil. Wie man uns erzählte, saugte Jin-Jin ungefähr zehnmal täglich an einer oder mehreren der vier Zitzen seiner Mutter, aber deren Tatze verbarg ihn so gut vor unseren Blicken, daß wir von unserem Platz vor dem Käfig aus nicht erkennen konnten, was er dahinter machte. Mei-Mei wechselte genau wie Zhen oft die Haltung: bald saß sie, bald lag sie, bald wälzte sie sich auf die andere Seite, doch bei alldem setzte sie Jin-Jin niemals ab; selbst wenn sie das Lager verließ, um ihre Notdurft zu verrichten, nahm sie ihn im Maul mit. In seinen ersten sechsundzwanzig Lebenstagen wurde Jin-Jin kein einziges Mal von den Armen seiner Mutter gelassen. Danach besaß er zwar schon ein recht ordentliches Pelzkleid, das ihn etwas weniger abhängig machte vom Wärme und Schutz spendenden Körper der Mutter, war aber immer noch hilflos. Seine Augen würden sich erst im Alter von eineinhalb Monaten vollends öffnen, und die ersten, unsicheren Schritte würde er erst mit zweieinhalb Monaten machen können. Beim Anblick von Mei-Meis fast beuteltierhaft inniger Brutpflege – bei der die

Tatzen die Funktion des Beutels übernahmen – begriff ich, warum Pandas sich schwer damit tun, Zwillinge aufzuziehen. Daß ein Weibchen, das in Gefangenschaft Zwillinge geworfen hatte, alle zwei Jungen aufzog, geschah zum erstenmal 1990 im Zoo von Chengdu. Und im selben Jahr entdeckte man in einer Höhle in Wolong etwa drei Wochen alte Pandazwillinge.

Wie alle Feldbiologen verbringe ich, motiviert durch die Liebe zu meiner Arbeit, aber auch durch die Prise von Abenteuer, die in jedem Projekt steckt, häufig eine größere Strecke meines Lebens einsam in der Wildnis. Es macht Freude, unter Entbehrungen zu leben, Hindernisse zu überwinden, den Elementen zu trotzen. Freilich, ob man sich Unbequemlichkeiten bei schlechtem Wetter oder bei Sonnenschein zumutet, ist nicht dasselbe. Um den Wechsel vom September zum Oktober hing das Tal noch immer voll trübsinnig stimmendem Gewölk, das uns in Dämmerlicht, Nässe und Kälte hüllte. Auch in der Melancholie kann sich Strahlkraft offenbaren, so wenn am Herbstende die Ahornblätter sich karmesinrot färben und zu Boden fallen. Aber in diesem grauen Nebel war dergleichen Strahlkraft nirgends zu entdecken. Den langweiligen Alltagstrott unterbrachen allenfalls kurze Intermezzi. Am 4. Oktober traf ein riesiger Berg Post ein, und ich las bis tief in die Nacht Briefe und Zeitschriften. Wenigstens bekam man heutzutage dank hervorragender internationaler Postverbindungen auf ein Schreiben nach Amerika binnen sechs Wochen eine Antwort; zu anderen Zeiten war das noch ganz anders: Als der italienische Jesuitenpater und Missionar Matteo Ricci um das Jahr 1600 aus China nach Hause schrieb, rechnete er mit der Antwort nicht vor Ablauf von sechs Jahren. Es blieb dabei: Ein grauer Tag folgte dem anderen, und als ich am Morgen des 8. Oktober erwachte, bogen sich das Zelt und die Bäume unter einer acht Zentimeter hohen Last von pappigem Neuschnee.

Am 15. Oktober standen die Wolken endlich hoch am Himmel, und da und dort war ein Fleckchen Blau zu sehen. Ich wurde von dem Verlangen gepackt, aufzubrechen und zu gehen, irgendwohin zu gehen, egal, wohin; ich spürte eine Begierde nach anarchischer Freiheit in mir. Nach einem hastigen Frühstück brach ich zum Ostrand des Choushuigou auf, einem Gebiet, wo ich bis jetzt noch nicht gewesen war. Auf einem weit in den Kessel hineinragenden Talsporn stieg ich bis in die Region hinauf, wo Bambus und Tannenwald endeten und ein von hohem Torfmoor überwachsener und von arthritischen Rhododendren beschatteter Hang begann. Von hier an war es, als watete ich knietief durch einen riesigen vollgesogenen Schwamm, aber vier Stunden nach meinem Aufbruch vom Camp erreichte ich dann endlich den – ungefähr 3350 Meter hoch gelegenen – östlichen Talrand. Nach Süden hin hatte es sich eine Wolke auf einem Gipfel gemütlich gemacht, eine andere hatte sich zwischen die Sonne und das Choushuigou geschoben und verdunkelte das Tal mit ihrem Schatten. Ein Wildwechsel führte am Talrand entlang, und ich bemerkte die Fährten von Takins und Asiatischen Wildhunden; alte Kotballen verrieten, wo ein Panda vorbeigezogen war. Hier, an der oberen Vegetationsgrenze des Bambus, wurden die Halme nur einen halben Meter hoch und wuchsen in kleinen Horsten auf dem mit weißen Immortellen bestandenen Höhengrasland. Vor meinen Füßen öffnete sich eine tiefe Schlucht mit beinahe senkrechten Wänden im unteren Abschnitt. Im Nordwesten drifteten zerklüftete Gebirgskämme wie Eisberge auf dem Wolkenmeer, und abgerundete Gipfel tauchten wie Wale daraus hervor. Wolken, Himmel und Rhododendronblätter entbanden in der Sonne Wogen von gleißendem Licht. Über dem Kamm trieben zwei Habichte im Wind unter Schreien seitwärts. Ihre Stimmen wirkten piepsig in der grenzenlosen Weite. Hier empfand ich ein Gefühl von Befreiung; am liebsten hätte ich den Habichten aus der Überfülle meines Herzens ein paar Worte zugerufen.

Etliche Jahre zuvor hatte ich einige Yanamamo-Indios durch den Regenwald von Amazonien nach Norden ins Neblina-Hochland auf der Grenze zwischen Brasilien und Venezuela zu begleiten gehabt. Nach einigen Tagen stieg das Terrain steil an, bis hinauf in Höhenregionen, wo der Wald sich nur mehr aus Kümmerformen von Bäumen zusammensetzte, dann in niedrigen

Buschwald überging, der zuletzt von Höhengrasland abgelöst wurde, das dem Blick die Aussicht ins Grenzenlose freigab: Unter uns wogte ein Ozean von Bäumen bis zum Horizont. Die Indios waren noch nie in einer solchen Landschaft gewesen; sie hatten ihr ganzes bisheriges Leben in finsterem Wald verbracht und nie einen größeren Gesichtskreis kennengelernt als den, der an der Wand von Bäumen rings um ihre Felder endete. Jeder einzelne von ihnen erklomm einen Felsbrocken, um dort oben auf und nieder zu hüpfen, die Arme zu schwenken und, so laut er konnte, «Juhu!» zu schreien. Jetzt wußte ich, was sie damals empfanden. Je tiefer ich auf dem Weg zurück ins Camp wieder in das Tal eintauchte, desto mehr verflüchtigten sich die märchenhaften Augenblicke, die ich auf dem Kamm erlebt hatte, aber dennoch – der Aufenthalt dort oben hatte mir neue Energie gegeben. Und spätabends schrieb ich in mein Tagebuch: «Heute abend habe ich Sterne gesehen.»

Am 19. Oktober ging eine fünftägige Funküberwachung Zhens zu Ende. Hu Jinchu war gerade aus dem Urlaub zurückgekommen, und ich zeigte ihm das Ergebnis: Keine Spur mehr von anhaltend niedrigem Aktivitätspegel bei gleichzeitiger Unruhe, vielmehr war das Bild wieder normal. Obendrein hatte sie heute den Kamm überquert und sich dabei vierhundert Meter von der Baumhöhle entfernt. Hatte sie ihr Junges anderswohin gebracht? Hatte sie es verloren? Erst mit ungefähr fünf Monaten kann ein Pandajunges so gut gehen, daß es in der Lage ist, seiner Mutter zu folgen, und frühestens im Alter von sechs Monaten – es hat dann 26 bis 28 Zähne – beginnt es Bambus zu fressen. Infolgedessen ist es, allein gelassen, stets von Kleinraubtieren bedroht; für einen Marder oder eine Goldkatze wäre es ein leichtes, in eine Baumhöhle einzudringen und ein unbewachtes Pandajunges zu reißen. Ich sagte Hu Jinchu, daß ich es für das Beste hielt, wir beide würden die Höhle am folgenden Tag inspizieren. Er stimmte zu.

20. Oktober. Nachdem sich am frühen Nachmittag ein dichter Nebel gehoben hat, kämpfen Hu Jinchu und ich uns durch mannshohen Bambus in ein enges Tal, das zu Zhens Mutterschaftshöhle führt. Das Funksignal zeigt an, daß Zhen sich zwar irgendwo in der Nähe, aber nicht in der Baumhöhle selbst aufhält. Hu Jinchu geht voran. Auf einmal sehen wir zehn Meter voraus den Bambus in Bewegung geraten, und im nächsten Moment taucht Zhen neben einem umgestürzten Baum auf. Sie wendet sich zum Rückzug, überlegt es sich dann aber unvermittelt anders und trabt unter zweimaligem lautem Aufbrüllen und anschließendem wiederholtem Schnauben auf uns zu. Es gibt Situationen, in denen es unklug wäre, es darauf ankommen zu lassen, daß ein Tier nur blufft – und dies ist ein solcher Fall. Krachend stürze ich durch den Bambus zu einem nahen Baum – einem von der kleineren Sorte, mit einem Stamm von nicht mehr als fünfzehn Zentimeter Durchmesser, es ist ein *Sorbus*, glaube ich – und klettere Hals über Kopf hinauf. Ich blicke mich erst wieder um, als ich in zweieinhalb Meter Höhe auf einem der unteren Äste sitze. Hu Jinchu hat auf derselben Route, auf der wir gekommen sind, einen etwas überstürzten Rückzug angetreten. Zhen, die einen Moment lang unschlüssig verharrt hat, setzt zur Verfolgung Hu Jinchus an, dreht dann aber zu meinem Baum ab. Nachdem sie unter meinen Füßen durchgelaufen ist, bleibt sie prustend und schnaubend stehen, um eine Minute lang zu lauschen – die Minute kommt mir wie eine kleine Ewigkeit vor. Es ist nichts zu hören, und daraufhin kehrt sie zu Hu Jinchus Fährte zurück, so als sei sie jetzt entschlossen, ihm nachzusetzen. Aber statt dessen nimmt sie dann Kurs auf den dreißig bis vierzig Meter hangabwärts stehenden hohlen Baum. Auf halber Strecke hält sie inne und verharrt regungslos und stumm, so als warte sie nur auf die geringste Provokation, um sofort wieder zum Angriff überzugehen; man spürt eine in ihr schlummernde Gewaltbereitschaft zutage treten, die weit entfernt ist von ihrer üblichen Gutartigkeit und Willfährigkeit. Ich kann den kegelförmigen Eingang zur Höhle sehen, aber drinnen ist es so dunkel, daß ich nichts erkennen kann. Ich höre lautes Quäken – einmal, zweimal. Das Junge befindet sich in dem Baum, keine Frage – und wird von seiner reizbaren Mutter offensichtlich bestens beschützt. So lautlos, wie es nur geht, rutsche ich von meinem Hochsitz auf den Boden hinunter und trete den Rückzug an. Ein Stück weit weg klettere ich auf einen anderen Baum; Zhen hat sich die ganze Zeit nicht gerührt, trotz des Geräuschs, das ich mache. Kurze Zeit später stoßen Hu Jinchu und ich auf dem Hauptpfad wieder zueinander.

Am 23. Oktober legten wir uns an einem Herbstabend schlafen, tags darauf erwachten wir an einem Wintermorgen. In der Nacht waren zehn Zentimeter Schnee gefallen, und die Berghänge präsentierten sich jetzt im gleichen stumpfen Silberglanz wie ein Pandarücken. Als gegen Mittag der Schnee zu schmelzen anfing und mit einem zischenden Geräusch von den Ästen rutschte, kam der größte Teil der Belaubung gleich mit herunter, und binnen kurzem war der Boden mit einem lebhaft braun-gelb-rot gemusterten Teppich bedeckt. Der Wintereinbruch signalisierte uns, daß es eigentlich Zeit war, neuerlich Pandafallen aufzustellen. Dabei mußten wir Zhens Aktionsraum aussparen, denn wir durften nicht das Risiko eingehen, Mutter und Kind auseinanderzureißen – Zhen in der Falle, das Junge, außer sich vor Angst, irgendwo draußen. Aber wir hofften, daß es uns gelingen würde, anderswo im Tal ein zweites erwachsenes Weibchen und ein erwachsenes Männchen zu fangen. Doch die Vorbereitungen für das Aufstellen der Fallen kamen nicht in Gang: Die teilweise von den neuen Bambuspflanzen dieses Jahres überwachsenen Pfade wurden nicht gesäubert, die Fallen waren instandsetzungsbedürftig, und es fehlte an Köder. Auf meine Frage, wann wir mit dem Fallenstellen anfangen könnten, erhielt ich keine präzise Antwort. Würden wir es in diesem Winter überhaupt noch so weit bringen, unsere Fallen aufzustellen? Nicht daß ich besonders erpicht auf das Betäuben von Pandas gewesen wäre: war mir bisher schon immer nicht ganz wohl bei der Sache gewesen, so machten mich die jüngsten Meinungsverschiedenheiten zwischen China und der Smithsonian Institution jetzt noch besorgter.

Die Smithsonian Institution hatte der chinesischen Regierung im Dezember 1978 eine gemeinsame Panda-Feldstudie vorgeschlagen und Stillschweigen über die Sache gewahrt. Der WWF erfuhr von dem Interesse der Smithsonian erst, nachdem er mit China im September 1979 ein Abkommen über eine solche Studie getroffen hatte. Im Mai 1980 – also zu der Zeit, als sich der WWF und China über die Einzelheiten ihres gemeinschaftlichen Projekts, einschließlich der Eine-Million-Dollar-Spende des WWF für ein Forschungszentrum, handelseinig wurden – setzte der damalige Sekretär der Smithsonian Institution, S. Dillon Ripley, mit seinen Kontaktpersonen in China das Gespräch über eine gesonderte Panda-Studie fort. Im April 1981 bereiste eine Abordnung der Smithsonian drei chinesische Panda-Reservate und wählte Tangjiahe als geeigneten Ort für die Durchführung einer Intensivstudie aus. Noch im selben Monat schlossen die Smithsonian und die Chinesische Gesellschaft für Wissenschaft und Technik einen Vorvertrag miteinander, in dem es unter anderem hieß: «Es ist durchaus von Nutzen, während der Laufzeit längerfristiger Forschungsprojekte in bestimmten Reservaten einige Kurzzeiterhebungen durchzuführen, um auf diesem Wege die umfassende Einsicht in die Populationsstruktur des Großen Pandas in freier Wildbahn zu beschleunigen, die dann zum Anstoß für die Einleitung bestimmter Schutz- und Managementmaßnahmen wird.»

In ähnlicher Form standen diese Ziele bereits in den Verträgen, die mit dem WWF abgeschlossen worden waren. Unterschiedliche chinesische Stellen und unterschiedliche Institutionen des Auslands arbeiteten an je eigenen Panda-Projekten, ohne daß auch nur der Versuch einer Koordination stattfand. Der WWF hatte eine erkleckliche Summe für die Schaffung eines Forschungszentrums bereitgestellt; Grundlage dafür war das von der chinesischen Seite vorgebrachte Argument, ein solches Zentrum sei unabdingbar für die künftige Koordination sämtlicher

Panda-Forschungen. Nun zeichnete sich die Möglichkeit vertaner Mühe und konkurrierender Projekte ab, was mir gar nicht gefiel. Eine solche Sachlage wäre nicht zum Vorteil der Pandas. Um eine Zusammenarbeit herbeizuführen, informierte der damalige Direktor des National Zoo in Washington, D. C., Theodore Reed, der in zentraler Position an dem Smithsonian-Projekt mitwirkte, den WWF und die New York Zoological Society in nobelster Weise über die Fortschritte des Smithsonian-Vorhabens. Die Smithsonian Institution hatte bereits ein einsatzbereites Feldforschungsteam beisammen, zu dem unter anderen Melvin Sunquist, den ich von gemeinsamen Tagen in Pakistan her kannte, John Seidensticker und John Eisenberg zählten. Im Laufe eines Treffens zwischen der Smithsonian und den Chinesen entwickelte sich dann aus einem einzelnen Gesprächspunkt ein Grundsatzproblem. Als ein Mitglied der Smithsonian-Verhandlungsdelegation sich erkundigte, ob die Gegenseite an Sanktionen denke für den Fall, daß ein Panda im Zuge der Betäubung unbeabsichtigt zu Tode käme, erhielten die Smithsonianer prompt zur Antwort, in diesem Fall hätten sie eine Geldbuße von fünfhunderttausend US-Dollar zu entrichten.

Das chinesische Recht sieht für die Tötung eines Pandas eine Haftstrafe, aber keine Geldbuße vor. Der genannte Betrag fußte offenbar auf der Versicherungssumme für einen Panda, der für kommerzielle Zwecke nach Hongkong ausgeliehen worden war. (Der Versicherungsvertrag war allerdings auf der Basis von Hongkong-Dollars abgeschlossen worden, deren Kurswert lediglich etwa ein Siebtel eines US-Dollars beträgt.) Jene Forderung löste naturgemäß Verblüffung aus. Wie ein Unterhändler der Smithsonian es in einem Schreiben an die Chinesen mit höflicher Zurückhaltung formulierte:

> In Ermangelung von einschlägigen Gesetzen und Verordnungen würde die Verhängung einer Geldbuße gleich welcher Höhe für die Verletzung oder Tötung eines Großen Pandas Geist und Absicht des Kooperationsvertrags zuwiderlaufen.

Andere Möglichkeiten wurden in Betracht gezogen. Die Chinesen regten den Abschluß einer Haftpflichtversicherung an, aber die Smithsonian sah sich außerstande, irgendeine sie betreffende Haft*pflicht* anzuerkennen, und konterte mit dem Vorschlag, die Betäubungen sollten ausschließlich von chinesischen Tiermedizinern durchgeführt werden. Dem hielten nun freilich die Chinesen entgegen, da es sich um ein Gemeinschaftsprojekt handle, würde dadurch die Haftung lediglich halbiert. Bei Abschluß der Konferenz war das Problem ungelöst. Als jemand von der Smithsonian nach Beijing telefonierte, um die – im endgültigen Vertragstext zu verankernde – Möglichkeit einer Freistellung von der Schadenshaftung zu erörtern, lief das Gespräch nach Informationen aus zuverlässiger Quelle folgendermaßen:

China: «Das Forstwirtschaftsministerium möchte keinen Präzedenzfall schaffen.»
Smithsonian: «Die Angelegenheit kann nicht erst dann diskutiert werden, wenn ein Problem auftaucht.»
China: «Der World Wildlife Fund hat in seinem Vertrag auch keine Freistellungsklausel. Wozu braucht dann die Smithsonian eine?»

Die Chinesen hatten eine unannehmbare Forderung gestellt, und weil das auf einer offiziellen Konferenz geschehen war, widerstrebte es ihnen, einen Rückzieher zu machen. Da die Smithsonian Institution auf einer schriftlichen Verzichterklärung bestand, die Chinesen sich zu einer solchen aber nicht bereit finden mochten, ging das Projekt in die Binsen. Ich vermute, daß man auf chinesischer Seite das Interesse daran verloren hatte.

Ich hatte auf zweien unserer Konferenzen mit den Chinesen über die mit der Betäubung verbundenen Gefahren gesprochen, aber der Gedanke an eine Haftung für den Todesfall war mir noch nie in den Kopf gekommen und auch von den Chinesen nie angesprochen worden. Sollte der WWF eine Freistellung verlangen? Sollte der WWF das Thema einfach ignorieren? Ende Oktober würden der WWF und seine chinesischen Partner in

Chengdu zu ihrer Jahrestagung zusammentreffen, bei dieser Gelegenheit könnte ich dann ja meine Besorgnisse artikulieren. Was auch immer dabei herauskommen mochte, auf jeden Fall würde ich von jetzt an vor den unsteten kalten Winden der chinesischen Haltung in dieser Frage auf der Hut sein.

Ende Oktober stieß ich in Chengdu zu der WWF-Delegation und begleitete sie zu ihrer gemeinsamen Jahrestagung mit den Chinesen. Unterderhand ließen mich die Chinesen wissen, ich möge auf der Konferenz doch bitte nicht das Smithsonian-Problem zur Sprache bringen, denn den WWF betreffe das Ganze nicht. Ein Problem weniger. Auf der Tagung sprachen wir über das Programm für 1982. Wir wiesen darauf hin, daß im Aktionsplan «genaue Bestandserhebungen in ausgewählten Teilgebieten aller Reservate und anderer Panda-Habitate» vorgesehen waren, bislang jedoch noch keine Genehmigung für Arbeiten außerhalb des Choushuigou erteilt worden war. Die Erhebungen würden durchgeführt werden, erhielten wir zur Antwort, allerdings nicht im kommenden Jahr. Wir regten an, man möge einem Team der Smithsonian Institution die Einreise und die Arbeit unter den Auspizien des WWF erlauben. Eine ausgezeichnete Idee, meinten die Chinesen, nur etwas abwegig, an den Umständen gemessen, es gebe da Restriktionen und Probleme, die man nicht unter den Teppich fegen könne. Immerhin wurde man sich zuletzt handelseinig, daß eine einzelne Zoologin der Smithsonian Institution, Devra Kleiman, einreisen und im Yinxionggou und im Zoo von Chengdu das Verhalten gefangener Tiere während der Paarungszeit beobachten dürfe.

Am 5. November kehrte ich in Begleitung von Kay, die zwei Tage zuvor wieder in Chengdu eingetroffen war, nach Wuyipeng zurück.

Zhen hatte das Areal um ihre Mutterschaftshöhle am 24. Oktober verlassen, und wir wollten uns den Ort jetzt genauer ansehen. Qiu Minjiang, unter Freunden Xiao Qiu genannt, und ich stiegen den Hang hinauf. Xiao Qiu, ein schmächtiger, bebrillter Neunzehnjähriger, der gerade das Staatsexamen für den Beruf des Englischlehrers abgelegt hatte, war in der zweiten Septemberhälfte als Dolmetscher nach Wuyipeng abgeordnet worden. Sein Englisch war vorzüglich, aber noch bemerkenswerter waren sein Interesse für unsere Arbeit und die Begeisterung, mit der er sich an ihr beteiligte. Doch Vortrefflichkeit birgt Gefahren, und Xiao Qiu hatte sich in eine schwierige Lage begeben mit seinem Bemühen, für seine Person die Kluft zwischen zwei Welten zu überbrücken, der einen, in der seine Fähigkeiten nicht viel galten, in die er jedoch hineingeboren worden war, und der anderen, fremden, in die einzutreten ihm nicht erlaubt war.

Obwohl in dem Neuschnee um das Baumhöhlenareal keine Pandaspuren zu sehen waren, näherten wir uns unserem Ziel vorsichtig, denn Zhens grimmige Bereitschaft zur Verteidigung ihres Nachwuchses war uns noch lebhaft in Erinnerung. Vor dem Eingang lag, wie eine riesige Stufe, ein großer Stapel Kotballen, aber das – größtenteils aus von der Höhlenwand gekratztem Holzmehl bestehende – Nest selbst war sauber. Die Bodenfläche hatte einen Durchmesser von ungefähr neunzig Zentimetern, so daß Zhen hier drinnen bequem sitzen konnte. Sie hatte mehrere in der Nähe wachsende junge Birken und Tannen abgebissen und zum Höhleneingang gezerrt, wo sie so lagen, daß die Enden in das Höhleninnere hineinragten; nach drinnen geschleppt hatte sie auch mehrere Zweige und einen Holzblock. Aufrecht im Nest stand eine kleine Tanne, etwa anderthalb Meter hoch. Wozu sie all das Holz zusammengetragen hatte, blieb Zhens Geheimnis.

Während der Winter sich im Laufe des Novembers so richtig einnistete, machten wir in unserer Routinearbeit weiter wie gehabt: einmal täglich die drei Pandas mit den Sendern am Hals orten und einmal im Monat sie während einer Periode von fünf aufeinanderfolgenden Tagen rund um die Uhr überwachen – eine Arbeit, die durch die erste Schönwetterperiode seit Mai zum Vergnügen wurde. Die Landkarten, auf denen wir Tag für Tag die gepeilte Position jedes Tiers eintrugen, füllten sich mit Markie-

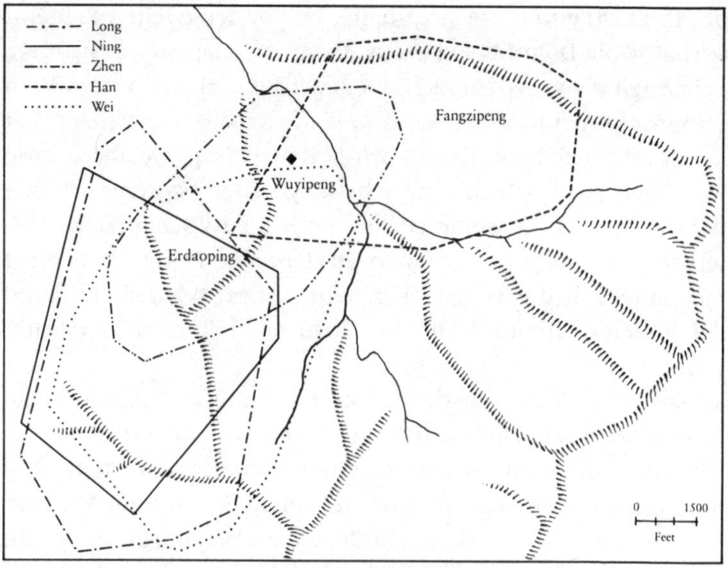

Die Aufenthaltsgebiete von fünf mit Senderhalsband versehenen Pandas

rungen, die uns ein ziemlich verläßliches Bild von der Ausdehnung der einzelnen Aufenthaltsgebiete vermittelten. Zhens Aktionsraum umfaßte nicht mehr als knapp vier Quadratkilometer. Im Frühjahr hatte sie ihren zweimonatigen Ausflug in die Schirmbambuszone gemacht, sonst jedoch blieb sie nahe dem Grat des Bergkamms, der das Choushuigou vom Zhuanjinggou trennte. Hier hielt sie sich monatelang ausschließlich auf einem dreißig Hektar großen Areal auf, das alles enthielt, was sie zum Leben brauchte: Bambus in Hülle und Fülle, Wasser und hohle Bäume. Long und Ning teilten sich ein Aufenthaltsgebiet im Zhuanjinggou, machten aber beide gelegentlich auch Abstecher ins Choushuigou. Longs Aktionsraum war sechs, der von Ning knapp vier Quadratkilometer groß. Das Gebiet der beiden überschnitt sich zwar mit dem von Zhen, doch hielt sich weder Long noch Ning sonderlich häufig in der fraglichen Region auf. Vielmehr favorisierten sie beide eine andere Ecke ihres Gebiets als Aufenthaltsort, und zwar beide dieselbe; doch obwohl sie dort häufig nahe beieinander waren, kamen sie selten zusammen: Sie zogen es vor, zu zweit allein zu sein. Es war eine seltsame Beziehung, die da zwischen Long und Ning bestand, eine Beziehung, die ich mir in Unkenntnis der Familiengeschichte der beiden nicht erklären konnte. Es konnte sein, daß Ning eine Tochter von Zhen war, denn bei großen Karnivoren kommt es häufig vor, daß eine ausgereifte Tochter sich ihr Aufenthaltsgebiet neben dem der Mutter sucht, während junge Männchen lieber in die Ferne schweifen und sich weit weg von ihrer ersten Heimat ansiedeln. Long und Ning waren zwar gleichaltrig, aber wahrscheinlich keine Geschwister, sondern lediglich miteinander befreundet.

Wir wußten von mindestens zwei Männchen, deren Aktionsräume mit dem von Zhen überlappten, hatten jedoch keinerlei genauere Informationen über ihre Aktivitäten und Wanderungen – also mußten sie ein Funkhalsband verpaßt bekommen und überwacht werden. Dazu war es erst einmal nötig, die Pfade zu säubern und die Fallen zu reparieren; ich bot an, für diese Aufgaben Bauern anzuheuern, die ich aus eigener Tasche bezahlen würde. Mein Anerbieten wurde in der Form angenommen, daß die Hilfskräfte-Mannschaft des Camps die Sache selbst erledigte, um so zu einem Nebenverdienst zu kommen. Anfang Dezember wurden mehrere Fallen aufgestellt und mit Ködern bestückt, und unser tägliches Arbeitsprogramm umfaßte jetzt auch wieder den Punkt «Fallenkontrolle». Ich streifte weiträumig durch die Gegend auf der Suche nach Pandafährten und den Spuren anderer Wildtiere. Einmal scheuchte ich zwei truthahngroße Grünschwanz-Glanzfasane mit irisierendem kupferrotem Gefieder auf. Zuweilen entdeckte ich auf dem Pfad die Fußabdrücke von Affen, so als ob vor mir eine Horde winziger barfüßiger Kinder hier längs gezogen wäre, und wenn ich Glück hatte, bekam ich auch die Affen selbst zu Gesicht, gewöhnlich droben im Wipfelgeäst, wo sie wie goldfarbene Riesenfrösche von Zweig zu Zweig sprangen, um mit den Füßen voran in einem Schneegestiebe zu landen, das, wenn die Tiere schon längst weg waren, noch immer wie eine glitzernde Spitzengardine zwischen den Bäumen hing.

Eines Tages stieß ich beim Fangzipeng auf Würgefallen; die Wilderer hatten sie am selben Ort wie im vorigen Winter aufgehängt. Außerdem entdeckte ich frische Baumstümpfe, was bedeutete, daß Bauern tief in unser Untersuchungsgebiet eingedrungen waren, um Nadelbäume zu fällen. Derlei «Kavaliersdelikte» würden mit der Zeit noch den ganzen Wald hier zugrunde richten. Ich hatte die Landschaft lieben gelernt, und mit der Eifersucht des Liebhabers erstattete ich Anzeige bei der Reservatleitung. Da könne man im Augenblick noch nichts machen, bekam ich zu hören, denn die Polizeigewalt über die Bauern lag nicht in den Händen des Forstwirtschaftsministeriums, sondern war Sache anderer Behörden. Das würde sich allerdings bald ändern. Der illegale Holzeinschlag hatte nicht zuletzt deswegen so zugenommen, weil jedermann sich einen Vorrat an Stammholz und Dachschindeln schaffen wollte, bevor die erwartete Neuregelung der amtlichen Zuständigkeit in Kraft trat.

Was eine Arbeit an Ertrag produziert, ist gewöhnlich umgekehrt proportional zur Zahl derjenigen, die sie verrichten. Die chinesische Devise «Mehr Arbeiter, mehr Produktion» erwies sich bei unserer Unternehmung in mannigfacher Beziehung als Hemmschuh. Doch nachdem der Winter eingesetzt hatte, zogen so viele Mitarbeiter aus dem Camp in Gegenden mit wärmerem Klima um oder wurden zu Arbeitseinsätzen andernorts abberufen, daß wir effektiv zuwenig Personal für die Rund-um-die-Uhr-Überwachung hatten. Kay und ich entschlossen uns, zwei Nächte und einen Tag in einem Stück am Beobachtungspunkt 4X auf dem Kamm zu verbringen. Beim Aufstieg waren wir wie gewöhnlich leise und wachsam, weil wir hofften, eventuell ein Tier zu Gesicht zu bekommen; einen Monat zuvor waren wir auf demselben Pfad einem Panda begegnet. Beim 4X war aus den

Stämmen junger Bäume und Teerpappe eine Überdachung errichtet worden, um das winzige Bergsteigerzelt vor Nässe zu schützen. Es war ein trüber, naßkalter Dezembertag, und wir krochen sofort in unsere Schlafsäcke. Unser Atem stieg zu der niedrigen Zeltdecke auf und bildete dort winzige Eiskristalle; später funkelte die Decke im Lampenlicht wie der Himmel in sternklarer Nacht, und Kay, die sich so fest in ihren Schlafsack eingemummelt hatte, daß nur noch die Nase und die Augen frei waren, machte sich einen Spaß daraus, die Sternbilder aufzuzählen, die sie dort oben entdecken konnte – Orion, Großer Bär, Kreuz des Nordens, Siebengestirn. In der Nacht sank die Temperatur auf minus 9 Grad Celsius. Schräg fallender Schnee hängte eine Tüllgardine um uns herum, die für uns die Welt auf den Lichtkreis unserer Kerosinlampe begrenzte. Ich übernahm die erste Schicht, und Kay versuchte, der in den Sack sickernden Kälte zum Trotz, zu schlafen. Ich hatte mir ein Buch mitgebracht, aber es war zu kalt zum Lesen; es hätte sich nicht gelohnt, auch nur den Versuch zu machen. Statt dessen hielt ich mich damit wach, daß ich von Zeit zu Zeit ein Schlückchen heißes Wasser aus einer Thermoskanne trank, Erdnüsse und Cracker knabberte und der schlechthin absoluten Stille lauschte.

Als ich mich im Morgengrauen anzog, um mich auf den Kontrollgang zu entfernt stehenden Fallen zu machen, waren meine Stiefel hartgefroren. Schneeverwehungen hatten die Formen von Baumstümpfen und Erdhügeln verzerrt und den vertrauten Pfad längs des Kamms unkenntlich gemacht. Die Sonne war in dichtem Nebel vergraben, der auch alles einhüllte, was sie sonst zu bescheinen pflegte. Als ich um die Mittagszeit zurückkam, peilte ich zunächst die Positionen von Long, Ning und Zhen und schlüpfte dann umgehend in meinen Schlafsack. Kay und ich sprachen wenig miteinander, jeder von uns widmete seine Aufmerksamkeit und Energie hauptsächlich der Wärmeerzeugung. Und wenn wir dennoch einmal den Mund zum Reden aufmachten, hörten sich unsere durch Schneefall und Nebel gedämpften

Stimmen an, als sprächen wir in einem schalltoten Raum. Der Rest des Tages und die darauffolgende Nacht waren genauso vergnüglich, wie Kay es in ihrem Tagebuch schildert:

Meine Luftmatratze verlor andauernd Luft, so daß ich sie die ganze Nacht über in regelmäßigen Abständen neu aufblasen mußte. Weil nicht geheizt war, blieben wir tags wie nachts die ganze Zeit in den Schlafsäkken – ich in Handschuhen, wattierten Stiefeletten, wattierten Hosen und wattierter Jacke und darunter 3 Trikot-Hemdhosen, Nylonrolli mit langen Ärmeln und Wollpullover. Gefroren habe ich trotzdem. Wenn man sich jede Viertelstunde einmal auf den Ellbogen stützen muß, um die 3 Halsband-Pandas abzuhorchen, hat man ganz schnell einen wunden Ellbogen. George und ich haben uns die Nachtarbeit geteilt, die Tagschicht hab ich übernommen, währenddessen war er unterwegs, Fallen kontrollieren und Azimute messen – zur Mittagszeit kam er durchgefroren und durchnäßt wieder. Ich hatte seinen Schlafsack usurpiert, um tagsüber in den Genuß der besseren Luftmatratze zu kommen, deswegen tauchte er in meinen Schlafsack; seine nassen Sachen behielt er teils an, damit sie drinnen durch die Körperwärme trockneten, teils legte er sie zu eben den Behufe unter den Schlafsack. Er schlief den halben Nachmittag lang und übernahm um 4 oder 4.30 Uhr die Panda-Überwachung, und ich wechselte in meinen eigenen Schlafsack zurück. Wir fühlten uns zu verfroren und zu elend, um auch nur den Versuch zu machen, den launischen Kerosinofen in Gang zu bringen, aber unsere große Thermoskanne hielt das mitgebrachte Wasser überraschend heiß, so daß wir warmen Tee und Kakao machen konnten.

Dienstag nacht ging es mir dreckig; ich fror die ganze Nacht, weil es im Schlafsack ein bißchen klamm war, seit George ihn als «Wäschetrockner» zweckentfremdet hatte, meine Luftmatratze sank mit zuverlässiger Regelmäßigkeit in sich zusammen, und ich bekam jetzt die richtige Erkältung, gegen die ich seit Tagen ankämpfte. Um Mitternacht brach ich schließlich in Tränen aus und weckte George nach 3 Stunden Schlaf, damit er mich ablöste – und mein Unglück machte ihn unglücklich. Aber nach dem Tränenausbruch konnte ich dann schlafen und stand 3 Stunden vor der Zeit auf und löste George wieder ab. Auf zwei Tage trübes und nebliges Wetter, das die Bäume dick mit Reif überzogen hatte, folgte am Mittwoch strahlender Sonnenschein, und vom Kamm aus waren wunderschön klar die Berge zu sehen. George machte sich auf seinen

Kontrollgang zu den Fallen, und ich machte bis um 9.15 Uhr mit der Funküberwachung weiter, dann waren die 5 Tage um – dann packte ich in meinen Tornister, was nur hineingehen wollte, und machte mich auf den Weg nach Wuyipeng. Neuschneedecke auf dem Pfad und darin verschiedene Kleintierfährten, aber keine Panda- oder Leopardenspur....

War Punkt 11 Uhr morgens zu Hause, stellte meinen schneebedeckten Tornister ab, machte schleunigst Feuer im Ofen, setzte mich zum Auftauen daneben und blieb – kakaotrinkend und auspackend – eine Stunde sitzen. Um 12 Uhr dann ins Bett gekrochen und 1½ Stunden geschlafen. Feuer fast ausgegangen, also wieder in Gang gebracht und zurück ins Bett, bis Waschwasser heiß war. George zwischen 14.30 und 15.00 Uhr wieder da, müde und durchgefroren; ich machte ihm Tee, und er legte sich ins Bett, um die Briefe und Zeitschriften, die mit der Post gekommen waren, zu lesen.

Ich ging zum Abendessen – seit zwei Tagen meine erste richtige Mahlzeit –, und als ich zurückkam, legten wir uns beide um 19.30 Uhr schlafen, weil wir so müde waren, daß uns fast die Augen zufielen.

Am 22. Dezember war das Wetter blendend, der Himmel tiefblau, die Landschaft leuchtend weiß und der Wald mit hellen Sonnenstrahlen durchschossen.

Kay und ich stiegen den Hang hinterm Camp hinauf, um einen Weihnachtsbaum zu besorgen, und zwar einen ganz bestimmten, den Zhen für uns ausgesucht hatte. Wir wollten die kleine Tanne holen, die Zhen aufrecht gegen die Wand ihrer Baumhöhle gelehnt hatte; dieser Baum, dachten wir, würde dem Weihnachtsfest 1981 für jedermann in Wuyipeng eine besondere Bedeutung geben. Wir hatten noch mehr als die Hälfte des Wegs zu Zhens Mutterschaftshöhle vor uns, als wir vom Bai Ai her ein anhaltendes Geschrei hörten. Aus der Ferne klang, schwach vernehmbar, das Wort *xiongmao* zu uns herüber. Ein Panda saß in der Falle.

Wir hasteten zum Camp zurück, packten Gerätschaften zusammen und machten uns gemeinsam mit Zhang Xianti, der in der Falle am Bai Ai ein erwachsenes Männchen entdeckt hatte, auf den Weg zu dem Gefangenen. Ein Team des chinesischen

Fernsehens, das einen Film über das Projekt drehte, war uns vorausgeeilt und umringte die Falle. Der Panda saß in zusammengesackter Haltung still und stumm da; er hatte sich so vollständig in sich selbst zurückgezogen, daß er nicht die kleinste Reaktion zeigte, als ich ihm die Injektionsnadel in die Schulter stach. Nach fünfeinhalb Minuten lag er im Tiefschlaf. Wir legten ihm ein Halsband um und nahmen seine Maße. Doch gerade als wir mit dem Wiegen begannen, erhob er sich auf die Füße, riß sich mit Gewalt los und pflügte mit noch unsicheren Schritten durch tiefen Schnee bergabwärts. Allein und in einiger Entfernung folgte ich ihm, um mich zu vergewissern, daß er sich gut erholte. Nach einer kurzen Ruhepause in einem Dickicht zog er in gleichbleibendem Tempo den Hang hinauf und verschwand hinter einem hochgelegenen Stück der Kammlinie. Von drei Uhr nachmittags bis zum Einbruch der Dunkelheit war sein Funksignal auf jenem Kamm gut zu empfangen – aber immer zeigte es Inaktivität an. War er betäubt? Oder hatte er sich das Halsband abgestreift? Daheim im Zelt durchlebte ich während der langen Stunden vor Morgengrauen, in denen mich die Sorge wach hielt, im Geiste noch einmal die Betäubungsaktion. Ich hatte die Finger zwischen das Halsband und den Hals des Tieres gesteckt, um sicherzugehen, daß das Band nicht zu fest und nicht zu locker saß. Ich war mir sicher, daß alles in Ordnung war. Dennoch plagten mich wieder Zweifel, als Kay und ich am nächsten Morgen noch einmal den Aufstieg zu Zhens Baumhöhle antraten.

Kay hob die kleine Tanne sacht aus dem Hohlraum im Inneren des Baums. Ein Teil der Nadeln war abgefallen, der Stamm trug Zahnspuren, und Ebenmaß war mit Sicherheit nicht das Kriterium, nach dem Zhen ihre Wahl getroffen hatte. Dennoch waren wir entzückt. Während Kay das Bäumchen zum Camp hinuntertrug, stieg ich zum Kamm hinauf und stellte dort den Empfänger auf die Frequenz 197 – die des neuen Männchens – ein: Es war da, im Nachbartal, der Signalpuls war schnell, das Tier aktiv. Alles in Butter.

Der nächste Tag war Heiligabend. Nachdem wir die Fallen kontrolliert hatten, schmückten Kay und ich in unserem Zelt das Bäumchen mit den schlichten Sachen, die wir zur Erinnerung an andere Weihnachtsfeste, die wir fern von hier gefeiert hatten, mitgebracht hatten – mit Weihnachtsmännern aus Papier, Mäusen aus Filz und anderen Dingen, die unsere Söhne als kleine Kinder gebastelt hatten, einer Meise aus Holz, die schon einen Baumheide-Busch in der Heimat des Berggorillas gekrönt hatte, und silberglänzenden Tierfiguren – Hirschziegenantilope, Hase, Axishirsch, Tiger –, die ich aus Milchdosendeckeln ausgeschnitten hatte, um mit ihnen den blühenden Bambus mit Samenbüscheln zu schmücken, der uns im zentralindischen Dschungel den Weihnachtsbaum hatte ersetzen müssen. In diesem Jahr konnten wir zusätzlich die Miniaturpandas und -goldstumpfnasenaffen an den Baum hängen, die uns unsere chinesischen Kollegen geschenkt hatten. Ein roter Holzstern krönte die Spitze. Am Abend feierten Kay und ich dann still für uns allein, was so aussah, daß wir uns gegenseitig mit Büchern und anderen Kleinigkeiten beschenkten, von dem Früchtebrot aßen, das uns Freunde aus Hongkong geschickt hatten, Cherry Heering süffelten und uns aus dem Kassettenrecorder Beethoven und Mendelssohn anhörten.

Am Weihnachtsfeiertag veranstaltete die Reservatleitung ein Festessen für uns. Den ganzen Tag über waren zwei Köche mit der Zubereitung der Gerichte beschäftigt. Wir stellten Zhens Bäumchen in der Gemeinschaftshütte auf und legten die Geschenkpäckchen darunter, die wir für unsere Arbeitskollegen und die Besucher aus der Verwaltungszentrale und aus Chengdu vorbereitet hatten. Nancy Nash und der World Wildlife Fund Hongkong hatten uns Glanzpapiergirlanden und -schlangen geschickt, die wir durch den Raum spannten; sie reflektierten das Licht des Holzfeuers und brachten so einen Hauch von Ausgelassenheit in die düstere Hütte. Dong Cai, ein neuer Mitarbeiter im Camp, hatte aus Schnee einen Panda geformt, der, die Augen und Ohren mit Holzkohle geschwärzt, lässig in einer großen Handwaschschüssel saß. In den vergangenen Monaten hatte es viele Festbankette gegeben, sei's zur Feier von jemandes Ankunft oder Abreise, sei's, um Festtage wie den zur Herbstmitte im September oder den Befreiungstag im Oktober zu begehen, jedes eine passende Gelegenheit und wie gemacht dafür, Spannungen abzubauen und den Kameradschaftsgeist zu fördern. Aber diese Weihnachtsfeier war das festlichste Ereignis des Jahres, einte sie uns doch alle im Gedenken an unsere fernen Angehörigen.

Das Mahl begann um halb sieben Uhr abends. Dicht gedrängt wie die Ölsardinen saßen wir achtzehn Mann hoch in der kleinen Hütte, wo die Köche einen Gang nach dem anderen auftrugen: gewürzten Tofu, gedämpfte Eier mit einer Garnierung von rotem Pfeffer, gebratene süße Nudeln, pfannengerührtes Schweinefleisch und Gemüse – um nur einige Beispiele zu nennen –; hinuntergespült wurde das alles mit Bier oder Süßwein oder mit höllisch scharfem *bai jiu*. Aus Chengdu waren Kuchen eingetroffen, und die zerstückelte man vergnügt mit den Eßstäbchen. Kay und ich wurden beschenkt, passenderweise mit einem Porzellanpanda und einer Bildrolle mit Pandamotiv. Auch wir hatten für alle Anwesenden Geschenke: Kugelschreiber, Taschenlampen, Socken und andere nützliche Dinge aus den USA.

Bi Fengzhou, der aus Chengdu angereist war, brachte einen Toast auf unser Projekt aus und meinte: «Das schönste Weihnachtsgeschenk ist, daß noch ein Panda gefangen worden ist.» Wir erhoben begeistert die Gläser auf diesen Trinkspruch.

«Heute abend verkünden wir den Namen des neuen Pandas», ließ Hu Jinchu sich vernehmen und legte danach eine Kunstpause ein, um die Bedeutung seiner Proklamation zu unterstreichen. «Er heißt Wei-Wei.» Der Name paßte vorzüglich, er bedeutete soviel wie «stattlich», «imposant», also leerten wir unsere Gläser auf Wei-Wei.

Als nächstes meldete sich Kay mit einem feierlichen Toast zu Wort: «Gewöhnlich feiern wir Weihnachten im engsten Familien- und Freundeskreis, und dieses Jahr sind wir glücklich, bei unserer chinesischen Familie zu sein.» Dann intonierte sie zum Mitsingen für alle «Stille Nacht», und mit viel Dynamik, wenn auch mit weniger Melodik fiel ein Teil der Anwesenden ein.

«Hinter uns liegt ein Jahr guter Zusammenarbeit», begann Hu Jinchu seinen formellen Toast. «Peter Scott, Lee Talbot, de Haes und Halle vom World Wildlife Fund, Miss Nancy in Hongkong und Conway, Dolensek, Quigley und Stover von der New York Zoological Society – all diesen Freunden im fernen Ausland und auch den Söhnen Schaller entbiete im Geiste ich meine besten Wünsche zum Weihnachtsfest.» Wir erhoben uns allesamt, um darauf zu trinken. Ex! *Gan bei!*

Ich ließ eine kleine Tischrede folgen, in der ich feststellte, daß wir heute abend drei Gründe zum Feiern hatten: Hinter uns lag ein Jahr in enger Zusammenarbeit gestalteter Feldforschung, es war Weihnachten, und wir hatten in unserer Gruppe ein neues Mitglied, Jilin Zhiha, willkommen zu heißen.

Jilin Zhiha, ein Yi-Stammesangehöriger aus dem Südteil des Panda-Verbreitungsgebiets, wo er im Mitarbeiterstab des Mabian-Reservats arbeitet, war erst drei Tage zuvor zu uns gekommen. Wie schon eine Reihe von Mitarbeitern anderer Reservate vor ihm war er für einige Wochen nach Wuyipeng abgeordnet worden, damit er sich mit unseren Forschungsmethoden vertraut machen konnte. In seinem Umhang aus weißem Homespun und mit dem weißen, über der Stirn – dem Sitz der Seele, den zu berühren niemandem gestattet ist – zu einem Horn gedrehten Turban auf dem Kopf brachte Jilin Zhiha Eleganz der Kleidung in unsere Runde. Bereitwillig ging er auf jede von wem auch immer lärmend vorgetragene Aufforderung ein, mit ihm das Glas zu leeren, und ließ es zu, daß das seine umgehend wieder gefüllt wurde, denn er hatte dem Ruf der Yi als Zecher von reckenhafter Trinkfestigkeit Ehre zu machen. Mit einemmal wurde er ernst, erhob sich und kündigte an, daß er jetzt sogleich in Liedform einen speziell für diesen Anlaß komponierten Willkommensgruß vortragen werde:

Mit großem Vergnügen weile ich an Weihnachten in der Gesellschaft
unserer amerikanischen Freunde;
vor lauter Glück
weiß ich nicht: Soll ich
essen oder trinken?

Aber die Platten waren leer gegessen, daher entschied sich Jilin Zhiha unter den stürmischen Prost- und *ban gei*-Rufen der Runde für das letztere, und alles folgte seinem Beispiel. Das Feuer erstarb, es wurde eiskalt im Raum, trotzdem glühten die Gesichter und perlte Schweiß auf den Stirnen. Die nächsten Toasts im Rükken, traten wir aus der Tür und stiegen vorsichtiger als sonst auf dem rutschigen Pfad zu unserem Zelt hinunter.

Drei Tage später ging uns Ning zum zweitenmal in die Falle. Im Gegensatz zu ihrem freundlichen und extravertierten Betragen von vor acht Monaten duckte sie sich jetzt, die Schnauze auf den Bauch gesenkt, wie verzweifelt zusammen. Ihr Halsband saß nach wie vor gut und würde noch mindestens ein Jahr lang funktionieren, trotzdem ersetzte ich es durch ein neues für den Fall, daß wir sie nächsten Winter nicht fangen würden. Sie hatte seit April achteinhalb Kilogramm zugenommen. Nachdem ich den Schieber vom Falleneingang weggezogen hatte, spazierte sie gelassen an mir vorbei und zwängte sich fast geräuschlos durch ein Dickicht von schneegebeugtem Bambus und Gestrüpp bis zu einem Bächlein, an dem sie haltmachte, um zu trinken. Ihr Fellkleid verschwamm für das Auge so sehr mit der Umgebung, daß sie kaum zu sehen war.

Es wurde und wird viel darüber gemutmaßt, weswegen der Panda so eindrucksvoll gefärbt ist. Manche meinen, die Schwarzweiß-Zeichnung sei eine Schutzanpassung, die dem Panda helfe, sich vor Beutetieren verborgen zu halten. In der Tat ist ein Panda im Schnee für das Auge schwer zu erkennen, wie Ning soeben bewiesen hatte, aber Schnee liegt nur wenige Monate im Jahr, und in den unteren Höhenabschnitten kann es vorkommen, daß überhaupt keiner fällt. Außerdem ist ein Panda im dichten Bambus, ganz unabhängig von seiner Farbe, vollkommen unauffällig. Andere vertreten die Ansicht, die Färbung sei, da Schwarz die Wärme nicht so leicht abgibt wie Weiß, ein Mittel zur Regulierung der Körperwärme. Mag sein, daß Wärmeregulierung mit eine Funktion der Fellzeichnung ist, aber diese Funktion bietet keine Erklärung für das clowneske Gesicht des Pandas.

Einen großen Teil des Jahres übt das Pandafell keine visuelle Schutzfunktion aus, sondern macht mit seiner Leuchtkraft seinen Träger eher auffällig. Mit auffälliger Färbung gibt ein Tier häufig den Artgenossen komplexe Signale. Pandas sind im allgemeinen kontaktscheu und, von der Paarungszeit abgesehen, schweigsam, ihr Lebensraum ist mit dichter Vegetation bestanden und ihr Gesichtssinn nicht sonderlich scharf. Nach meiner Überzeugung hilft das helle Fell den Pandas, der allzu intimen Begegnung mit anderen Pandas auszuweichen. Wie bei vielen anderen Tieren ist Anstarren auch bei den Pandas eine Drohgebärde. Die Augenflecken vergrößern das an sich kleine Pandaauge auf das Zehnfache und machen so das Anstarren effektiver. Hinzu kommt, daß ein Drohblicke aussendender Panda häufig den Hals gesenkt hält, so daß er dem Gegner nicht nur die Augenflecken, sondern auch die Silhouette der schwarzen Ohren vor dem Hintergrund des weißen Halses und damit effektiv zwei drohende Augenpaare präsentiert. Umgekehrt demonstriert ein Panda die Aggressionslosigkeit seiner Absichten, indem er den Kopf abwendet, die Augenflecken mit den Vordertatzen bedeckt oder, wie Zhen es während des Paarungsvorgangs tat, sein Gesicht versteckt. Wenn meine Mutmaßung zutrifft, haben wir hier den kuriosen Fall, daß eine Schreckensmaske für die menschliche Psyche zum Inbild der Knuddeligkeit wurde.

Einen nicht ganz so stark auf die Evolutionstheorie eingeschworene Erklärung dafür, «wie der Panda zu seinen schwarzen Flecken kam», zitierte Nancy Nash in dem Magazin *Young Discoverer / Cathay Pacific*:

Eines Tages vor langer, langer Zeit sah ein chinesisches Mädchen, wie ein Leopard mit einem Panda kämpfte. Das Mädchen wußte, daß der Panda getötet werden würde, deshalb versuchte es, den Leoparden von ihm wegzuziehen. Der Leopard stürzte sich auf das Mädchen und tötete es anstelle des Pandas. Und der Panda konnte entkommen.

Als der Panda später erfuhr, daß das Mädchen bei dem Versuch, ihm das Leben zu retten, den Tod gefunden hatte, erfaßte ihn ein großer Kummer. Und er rief alle Pandas der Welt zusammen, damit sie eine Totenfeier für das Mädchen hielten. Wie es aber bei den Panda-Totenfeiern Sitte war, trugen alle Teilnehmer um beide Arme schwarze Armbinden. Und sie weinten und weinten in ihrer Trauer. Sie wischten sich mit ihren schwarz bebänderten Armen die Tränen aus den Augen, da wurden ihre Augen schwarz. Um das allgemeine Jammergeheul nicht mehr mit anhören zu müssen, hielt sich ein jeder mit den Armen die Ohren zu, und ein jeder umschlang mit den Armen seinen eigenen Leib vor Kummer. Nach kurzer Zeit hatten die schwarzen Armbinden auf den Fellen aller Pandas schwarze Flecken hinterlassen.

Am Silvesterabend traten Kay und ich um acht Uhr aus unserem Zelt in die silberglänzende Waldwinternacht hinaus. Aus der Hütte waren Gelächter und lautes Stimmengewirr zu hören. Über unseren Köpfen wölbte sich eine mit flammenden Sternen übersäte Kuppel, und einen Blitzstreif hinter sich herziehend, huschten verglühende Meteore über den Himmel. Weiter droben auf dem schwarz vor uns aufragenden Hang bemerkten wir eine Gruppe von fünf oder sechs stillstehenden Lichtern, klein, weiß und von intensiver Helligkeit. Wozu sollte sich jemand in derart kalter Nacht mit einer Laterne auf diesem schroffen Abhang herumtreiben, fragten wir uns. Außerdem rührten sich die Lichter nicht von der Stelle. Was mochten sie sein? Phosphoreszierende Baumschwämme? Wir betrachteten sie durch das Fernglas und überlegten uns, ob wir hinaufsteigen und uns die Sache näher besehen sollten. Aber auf einmal waren die Lichter verschwunden wie Geistererscheinungen und tauchten nicht wieder auf, weder in dieser noch in anderen Nächten. So endete das alte und begann das neue Jahr mit einem Rätsel.

7
Die Welt des Wei-Wei

Januar–Juni 1982

Ungefähr ein Jahr nach meiner Ankunft in Wuyipeng folgte ich im Schneetreiben einer Pandafährte auf dem Grat des hohen Kamms oberhalb des Camps. Die Fußspuren drehten zum Pfadrand ab, wo das Tier sich dann offenbar umgedreht hatte, um im Krebsgang auf eine Tanne zuzusteuern. Ich unterzog den Baum einer skrupulösen Inspektion. Am Fuß war die Borke bis auf einen halben Meter Höhe glattgerieben und mit einem dunklen Sekret benetzt; oberhalb des beriebenen Bereichs waren Borkenstücke mit den Klauen abgekratzt worden. Als ich mich hinabbeugte, um die Stelle zu beriechen, konnte ich einen süßlich-säuerlichen Geruch wahrnehmen. Mit einemmal wurde mir klar, daß ich an einer Markierungsstelle stand, wo Pandas wiederholt ihren persönlichen Duft deponiert hatten. Was war ich doch für ein ausgemachter Trottel! Monatelang war ich an diesem Baum vorübergelaufen, ohne die charakteristischen Markierungen zu bemerken. Jetzt schritt ich eilends den ganzen Pfad ab, um die vorhandenen Duftdepots zu zählen, und stellte fest, daß volle zwölf Prozent der Bäume, die meinen Weg säumten, diesen Zweck erfüllten, und meistenteils handelte es sich dabei um Tannen von fünfzehn Zentimeter oder mehr Durchmesser. Manche Bäume waren auch mit einem Harnstrahl markiert worden (ganz ähnlich wie ein Zaun von Hunden beharnt wird) und strömten einen starken Moschusgeruch aus. Mir war bekannt, daß Pandas beiderlei Geschlechts im Analbereich eine große Drüsenregion besitzen, und in Zoos hatte ich beobachtet, wie Tiere diese Drüsen entweder hin und her oder mit kreisförmiger Bewegung an Steinen, Wänden oder anderen Flächen rieben. Der Panda trägt seinen kurzen, buschigen Schwanz normalerweise zum Schutz der Drüsenregion an den Körper gepreßt. Beim Markieren jedoch streckt das Tier den Schwanz aus und benutzt ihn wie einen Pinsel zum Verstreichen seines Duftstoffs. Zuweilen läuft ein Panda mit den Hintertatzen eine senkrechte Fläche hinauf und führt seine Duftmarkierung im Handstand aus. Bei meinen Gängen auf dem Kamm hatte ich zwar die Augen offengehalten, aber mein nur schwach ausgeprägter Geruchssinn hatte mich im Stich gelassen. Wie sollte ich jemals die Pandas verstehen? Während sie von einer Duftmarkierung zur anderen zogen, war die Luft für sie voll wichtiger Nachrichten, von denen ich nichts mitbekam.

Ein Tier wie der Panda mag zwar seiner Natur nach ein Einzelgänger sein, lebt jedoch gleichwohl in einem organisierten Sozialverband von Verwandten und Nachbarn, von denen einige ihm freundlich gesinnt sind, andere dagegen nicht – je nach den vorausgegangenen Kontakten und der individuellen Bündnislage. Natürlich gelten für jeden Panda, mag er sich auch noch so asozial gebärden, zwei unumstößliche soziale Imperative: Solange er klein ist, ist er zum Überleben auf seine Mutter angewiesen, und als Erwachsener muß er einen Paarungspartner finden. Jeder Sozialverband ist auf ein Kommunikationssystem – ein System von visuellen, auditiven, olfaktorischen Zeichen – angewiesen. Pandas verwenden außerhalb der Paarungszeit keine Zeit und Kraft darauf, sich zu Stelldicheins zu verabreden, ja mehr noch: sie vermeiden mit Fleiß jeden Kontakt. Eines der Hilfsmittel, um die Voraussetzung dafür zu schaffen, daß man sich gegenseitig aus dem Weg gehen kann, besteht darin, die eigene Gegenwart mittels Stimmäußerungen bekannt zu machen: Der Hörer kann daraufhin selbst entscheiden, welche Möglichkeit aus seinem Verhaltensinventar er jetzt aktivieren möchte: Annäherung an den Rufer, Flucht vor ihm oder Nichtbeachtung des Rufs. Die Rufe der Pandas sind von beachtlicher Vielfalt und Lautstärke – erwachsene Tiere verfügen über ein Repertoire von mindestens elf Lauten – und übermitteln selbst kleinste Gefühlsschwankungen. Allerdings benutzen die Tiere ihre Stimme als Kommunikationsmittel hauptsächlich nur während der Brunst und bei unverhofften Begegnungen. Dem Rufen haftet insofern ein gravierendes Manko an, als es flüchtiger Natur ist: Es muß häufig wiederholt werden, wenn der Informationsfluß so lange in Gang bleiben soll, bis der Rufer mit einiger Gewißheit davon ausgehen kann, daß irgendwer da draußen seine Nachricht empfangen hat.

Demgegenüber ist die Duftmarkierung eine effizientere Art und Weise der Informationsvermittlung: Der Geruch fungiert als haltbare Visitenkarte, die nicht nur den Urheber nach seinem Weggang von der Markierungsstelle unverwechselbar identifiziert, sondern auch Auskunft gibt über seinen derzeitigen Status in puncto Fortpflanzungsverhalten sowie über die Zeit, die seit seinem letzten Besuch des Duftdepots verstrichen ist. Pandas, zumal die männlichen, markieren mit Urin und verriebenem Drüsensekret, aber auch indem sie die Rinde von Bäumen mit ihren Klauen traktieren. Die Unterschiedlichkeit der Markierungstechniken konnte ich sehen und riechen, doch konnte ich mir keinen Begriff davon machen, welche spezifische Nachricht die einzelnen Techniken übermittelten. Die meisten Duftdepots waren logischerweise auf Kammgraten und anderen vielbegangenen Pandarouten zu finden, indes konnte ich mir nicht erklären, warum der und jener Baum – auf dessen beriebener Fläche sich inzwischen lichtgrüne Algen ausgebreitet hatten – als Markierungsstelle aufgegeben und ein, zwei Meter daneben ein neues Duftdepot angelegt worden war oder warum ein Panda auf einzelnen Wanderungen bestimmte Duftdepots auffrischte, andere jedoch nicht.

Die Telemetrie ist insofern eine nützliche Sache, als sie es uns ermöglicht, dieses und jenes bestimmte Tier zu orten, und uns außerdem verrät, ob es aktiv ist oder ruht. Indes, der Einsatz von derlei Technik hat die Tendenz, die beobachteten Tiere in Abstraktionen zu verwandeln, in bloße Punkte auf Landkarten und Aktivitätskurvendiagrammen; von den lebenden Wesen mit ihren täglich wechselnden Nöten und Bestrebungen kommt dabei wenig zur Erscheinung. Mir war bekannt, daß Pandas in der Regel ortstreu sind und, wie wir bei der Funkpeilung über mehrere aufeinanderfolgende Tage hinweg festgestellt hatten, sich täglich nicht weiter als um die vierhundert Meter Luftlinie fortbewegen. Aber was tat denn nun so ein Tier konkret in der fraglichen Zeit? Um diese Frage zu klären, wollte ich mich jetzt, wo ich wußte, welch wichtige Rolle die Duftmarkierung im Leben des Pandas spielt, einmal an die Fersen unseres frisch mit Halsband versehenen Männchens Wei-Wei heften, der dasselbe Areal wie Zhen, Long und Ning bewohnte.

Am 17. Januar zog Wei vor Tagesanbruch über den Grat auf die Schattenseite des Kamms, ins Choushuigou, wo die Schneedecke stellenweise ziemlich tief war. Dort konnte ich seiner Spur folgen, aber dabei einen vollen Tag Abstand zu ihm halten, so daß ich ihn nicht in seinen Alltagsgeschäften störte.

Wei schaukelte im Schutz des Bambus hangabwärts, manchmal auf – sei's durch einen Pfad, sei's durch einen umgestürzten Baum – vorgegebener Bahn, die meiste Zeit jedoch querfeldein, in stetiger Gangart, so als wisse er genau, wo er hinwollte. Er suchte sich seinen Weg in heiterer Unbekümmertheit um Dikkichte, Windbrüche, Felsstürze und andere Hindernisse, die mich hier mal zwangen, mich durch ein Gestrüpp von Bambushalmen durchzukämpfen, und mich dort mal in die Situation brachten, daß ich an den Händen vom Astwerk eines jungen Baums herabhing und mit den Füßen in der Luft ruderte, um einen Halt zu finden. Indem ich Wei nicht in einem von mir, sondern in dem von ihm gewählten Tempo verfolgte, machte ich mehr Gebrauch von meinen Sinnen als sonst und bemerkte viele Kleinigkeiten, die zu seinem Tageslauf gehörten.

Auf einer mit Torfmoos und Rhododendron bewachsenen Bodenerhebung markierte er mit seinem Duft eine große alleinstehende Tanne und ein Stück weiter eine zweite. Einen Steilhang, über den seine Route führte, rutschte er – anscheinend mehr aus Jux und Tollerei, als weil eine Notwendigkeit dazu bestanden hätte – in Bauchlage hinunter, um anschließend seinen Weg horizontal den Hang entlang fortzusetzen. Einem zugefrorenen und schneebedeckten Wasserlauf folgte er ein kurzes Stück bis zu einer kleinen Terrasse im Gelände. Dort kratzte er mit einer Tatze Eis und Geröll beiseite, so daß eine kleine Kuhle entstand, in der sich Wasser sammelte; dann trank er. Dann und wann legte er eine kurze Vesperpause ein. Eine Reihe weiterer Bäume markierte er wie wahllos, denn es handelte sich bei ihnen nicht um etablierte Duftdepots, doch fiel mir bald auf, daß er seinen Duft an Stellen hinterließ, wo sein Weg eine scharfe Biegung machte – so als wolle er ihn ausschildern. Zweimal machte er jeweils mindestens eine Stunde lang Rast, und an einem seiner Rastplätze stärkte er sich nach dem Erwachen mit einem Imbiß im Bett. Am Spätnachmittag bezog er Quartier in einem flachen Engtal, wo er die ganze Nacht lang abwechselnd fraß und schlief und einmal aus einem seichten Rinnsal Wasser zu sich nahm. Am anderen Morgen heftete er seine Visitenkarte an zwei Tannen und tappte dann weiter, schmale Grate entlang, über Klammen überspannende Baumstämme hinweg.

Fünfeinhalb Tage lang folgte ich Wei auf seinem Weg. Er führte in zwei großen Schleifen talwärts, dann wieder bergauf und zurück zum Ausgangspunkt. In meinen Notizen habe ich eine Fülle von Detailbeobachtungen festgehalten. Ich registrierte, daß er auf seiner Wanderung durchschnittlich gut 1,2 Kilometer pro Tag zurücklegte – erstaunlich wenig für ein so großes Tier –, daß er fünfundvierzig Bäume längs der Strecke mit seinem Duft markierte, daß er neun längere Rastpausen machte, daß er im Tagesdurchschnitt 97 Kotballen ablegte. Aber da waren viele – und für Wei selbst bei weitem wichtigere – Dinge, die ich nicht bemerkte oder nicht verstand beziehungsweise über die er keine Nachricht hinterließ. Was ging in ihm vor, als er eine acht Tage alte Fährte von Zhen kreuzte? Weshalb ging er einmal unvermittelt fünfunddreißig Meter in seinen eigenen Fußstapfen zurück? Was dachte er bei sich – wenn er denn dachte –, als er an einer Latrine seines kleinen Vetters, des Roten Pandas, vorüberkam? Wenngleich mir manche Einzelheit entging, entwickelte ich auf Weis Spuren doch immerhin ein geschärftes Wahrnehmungsvermögen und begriff die Einzigartigkeit seines individuellen Kosmos jetzt besser.

Ein Forscher vermag bestenfalls nur einige wenige Bruchstücke eines Tierlebens zu rekonstruieren. Aber alle Fakten über den Panda, und seien es auch nur halbverstandene Fakten, sind wichtig und wesentlich, wenn sie uns helfen können, den Überlebenskampf der Spezies aussichtsreicher zu machen. Darum folgten Kay und ich bei nächster Gelegenheit abermals Weis Fährte, diesmal um herauszufinden, wieviel Bambus er pro Tag fraß. Denn wenn es uns festzustellen gelänge, wieviel Bambus rund um Wuyipeng vorhanden und für Pandas genießbar ist und wieviel an Blättern und Halmen ein Tier wie Wei täglich verzehrt, dann würden wir in etwa berechnen können, wie vielen Pandas die hiesigen Wälder die Existenzgrundlage bieten könnten. Wei hatte sich fast vierundzwanzig Stunden lang nicht aus einem in einer Talmulde stehenden Zwergbirkengehölz weggerührt. Der Bambus beugte sich unter einer mächtigen Schneelast, und Weis gestochen scharfe, hierhin und dorthin mäandernde Fußstapfen waren gar nicht zu übersehen. Auf der Speisekarte standen einjährige Halme und Blätter. Stunden um Stunden des kalten, trüben Tags verbrachten wir mit Zählen, Messen und Wiegen, bis wir schließlich errechnen konnten, daß Wei an einem einzigen Tag Stücke von etwa zweitausendzweihundert Halmen und einen Teil der Blätter von fast eintausendvierhundert Halmen, anders gesagt: ungefähr vierzehn Kilogramm Bambus verspeist hatte. Andere Pandas, die wir an anderen Tagen beobachteten, fraßen weniger, trotzdem lag der Durchschnittskonsum noch zwischen elf und dreizehneinhalb Kilogramm. Die nackte Tatsache mag banal und – wie jedes aus dem Zusammenhang des Lebens gerissene Faktum – nichtssagend erscheinen. Dringt man jedoch tiefer in ihre Bedeutung ein, legt sie Zeugnis ab von des Pandas erstaunlicher Vorgeschichte.

Karnivoren (Fleischfresser) und Omnivoren (Allesfresser) fressen normalerweise Fleisch, Früchte und Samen – alles protein- und stärkereiche Nahrungsmittel. Nahrung dieser Art wird vom Körper mühelos aufgeschlossen und in körpereigene Substanzen umgesetzt (assimiliert), und die betreffenden Tiere kommen infolgedessen bei der Verarbeitung ihrer Nahrung mit einem einfachen Magen und einem verhältnismäßig kurzen Darm aus. Herbivoren (Pflanzenfresser) dagegen leben von Gräsern, Blättern und Stengeln, also von nährstoffarmer und schwer verdaulicher Kost. Wie Peter Van Soest uns gezeigt hat, setzen sich Pflanzen, unterm Blickwinkel der Herbivorenverdauung betrachtet, aus zwei Hauptkomponenten zusammen: erstens dem Zellinhalt mit seinen löslichen Nährstoffen (Proteinen, Stärke) und zweitens der harten, faserigen Zellwand mit Zellulose, Halbzellulosen und Lignin. Zellinhalt ist leicht verdaulich. Den Herbivoren fehlen jedoch die zum Aufschließen von Pflanzenzellwänden erforderlichen Enzyme. Um diesen Teil ihrer pflanzlichen Nahrung nutzen zu können, sind die Herbivoren eine Symbiose mit Bakterien und Protozoen eingegangen, die in ihrem Verdauungstrakt leben und dort Zellulose und andere nichtlösliche Nahrungsbestandteile mittels Gärung aufschließen. Da der Gärungsprozeß Zeit braucht, müssen Herbivoren ihre Nahrung entsprechend lange im Verdauungstrakt behalten, und der muß einen Gärbottich bereitstellen. Pferde, Elefanten und Hasen zum Beispiel haben sowohl ein sackförmiges Zäkum als auch einen verlängerten Darmtrakt, was beides die Einlagerung, Vergärung und Resorption von Nährstoffen unterstützt. Bei Rindern, Hirschen und anderen Wiederkäuern gelangt die Nahrung zuerst in den speziell der Vergärung dienenden geräumigen Pansen, ehe sie auf dem weiteren Verdauungsweg die anderen Mägen und den Darm passiert.

Betrachten wir nun den Panda. Die Spezies hat den einfachen Verdauungstrakt des Karnivoren behalten, das heißt, sie hat keine Spezialkammer, in der Nahrung vorübergehend zurückgehalten werden könnte, ihr Darm ist kurz, und sie hat keine symbiotischen Mikroben zur Vergärung von Zellulose. Da sie nicht in der Lage ist, aus Zellulose Nährstoffe zu gewinnen, muß sie ihren Energiebedarf zur Hauptsache aus dem Zellinhalt decken. Bambus ist für den Panda eine außergewöhnlich geringwertige Kost. Bambus besteht größtenteils aus Zellwand, von deren Bestandteilen er die Zellulose und das Lignin überhaupt nicht und die Halbzellulosen nur teilweise verdauen kann, wie sowohl aus unseren eigenen Forschungen als auch aus den im Zoo von Calgary und im National Zoo in Washington, D. C., durchgeführten Untersuchungen hervorgeht. Ein Panda assimiliert nur etwa 17 Prozent des verzehrten Bambus – das ist ein extrem niedriger Anteil. Selbst die für das Tempo des Nahrungsdurchlaufs berühmte Gans kommt auf einen Nutzungsgrad von ungefähr 30 Prozent, und ein Hirsch, der sich von frischem Gras ernährt, kann es auf einen Nutzungsgrad von 80 Prozent bringen. Bei Fleischfressern wie dem Löwen beläuft sich der Nutzungsgrad auf 90 Prozent. Eines steht fest: Aufgrund der Ineffizienz seines Verdauungsapparats ist ein Großteil der Nahrung, die der Panda zu sich nimmt, nutzloser Ballast.

Alles, was ein Tier tut oder was sein Organismus leistet, erfordert Energie – Nahrung verdauen, Blut durch die Adern pumpen, Körperwärme erzeugen, sich den Kopf kratzen, Bambus fressen und all die anderen für die Aufrechterhaltung der elementaren Lebensfunktionen notwendigen Aktivitäten. Energie erfordert zudem auch jegliches Wachstum, sei es das des Tieres selbst, sei es das eines Fetus. Mit diesem Bedarf verrechnet sich die Energie, die ein Tier aus seiner Nahrung zieht. Wei verbrachte zwar dreizehn Stunden am Tag damit, Halme zu mampfen und sich den Bauch mit Blättern vollzuschlagen, erzielte dabei jedoch nur eine geringe Ausbeute an Nährstoffen. Nach meiner Berechnung holt ein Panda aus dem ganzen Bambus, den er kiloweise in sich hineinstopft, nur 4300–4500 Kilokalorien pro Tag heraus. Und der Energieverbrauch im Grundumsatz sowie beim Fressen,

Umherziehen und anderen Aktivitäten dürfte sich auf 4000 Kilokalorien und mehr pro Tag belaufen – was nur geringfügig weniger ist als die tägliche Energieaufnahme. Das bedeutet, daß der Sicherheitsfaktor im Bereich Ernährung für den Panda recht klein ist und daß der Panda keine überschüssige Energie zum Verschwenden hat. Nun könnte man, abstrakt argumentierend, sagen, daß der Panda, wenn er mehr Energie braucht, ja einfach nur mehr Zeit an das Fressen wenden müßte, um das Problem zu lösen. Ebendas jedoch geht nicht, weil die Fassungskraft eines Pandamagens begrenzt ist und der Verdauungsprozeß seine Zeit braucht.

Die nährstoffarme Kost macht sich in vielen Facetten des Pandalebens bemerkbar. Ein Panda kann schlechterdings nicht so viel Bambus fressen, wie er müßte, um sich eine dicke Fettschicht zuzulegen, und deshalb ist er auch nicht in der Lage, ausreichend Energie für einen Winterschlaf zu speichern. Während der Bär zusammengerollt im Schutz seiner Höhle den Winter verschläft, muß der Panda immer weiter fressen und fressen, selbst bei Schneesturm und bitterer Kälte. Genau besehen kann der Panda von Bambus nur aufgrund einer Reihe ungewöhnlicher Merkmale leben, welche diese Pflanze aufweist. Bambus zählt zur Familie der Gräser, und in Regionen mit stark ausgeprägtem jahreszeitlichem Klimawechsel – sei's zwischen Winter und Sommer, sei's zwischen Regen- und Trockenperiode – fluktuiert der Nährstoffgehalt der Gräser; so zum Beispiel hat das welke, trokkene Gras, das die Elche im Wyoming über Winter fressen, sehr viel weniger Nährwert als das saftige grüne Sommergras. Bambus ist nicht nur in Hülle und Fülle vorhanden und das ganze Jahr über grün, sondern hat auch einen mehr oder weniger konstanten Nährstoffgehalt. Daher gibt es im Jahresverlauf des Pandas keine Fest- und keine Fastenzeiten.

Bei seiner nur eben zum nackten Überleben ausreichenden Kost muß der Panda dafür sorgen, daß sein Verdauungstrakt ständig gefüllt ist, wenn für seinen Organismus der ununterbrochene Zustrom von Kalorien gewährleistet sein soll. Statt größere Zeiträume mit Schlaf auszufüllen, muß er mit Pausen Tag und Nacht auf Futtersuche sein. Zudem benötigt er eine effiziente Freßstrategie – bei Auswahl und Aufnahme der Nahrung unter Zuhilfenahme der spezialisierten Vordertatzen und Zähne unterbleibt jegliche überflüssige Bewegung. Der Zwang, Energie zu sparen, unter dem der Panda steht, setzt der Flexibilität des Verhaltens enge Grenzen. Alles, was mit einem Energieausbruch verbunden ist, wird vermieden beziehungsweise auf das unerläßliche Mindestmaß beschränkt; das gilt nicht zuletzt auch für das Ersteigen von Steilhängen, das Erklettern von Bäumen und die Fortbewegung im Laufschritt. Wanderungen sind auf maßvolle Distanzen begrenzt, und Männchen verschwenden nicht viel Kraft auf Territorialkämpfe; soziale Interaktionen werden vermieden, da sie den Energiehaushalt unausweichlich mit einem erhöhten Kostenrisiko belasten. Der Panda verbringt den größten Teil seiner Zeit mit Fressen und Ruhen. Das Weibchen knausert sogar mit der Energie, die sie in den Fortpflanzungsprozeß steckt. Die Empfängnisbereitschaft stellt sich erst ab dem fortgeschrittenen Alter von fünfeinhalb Jahren ein, die tatsächliche Tragezeit ist ungewöhnlich kurz und das Neugeborene infolgedessen winzig, und aufgezogen wird nach Zwillingsgeburten nur ein Junges. Stirbt das Junge bald nach der Geburt, hat der Energiehaushalt des Weibchens nur eine geringe Belastung erfahren. Bleibt es am Leben, wird es frühzeitig – in der Regel schon mit zweiundzwanzig Monaten – unabhängig von der Mutter.

So weit meine Mutmaßungen darüber, wie der Lebensstil des Pandas in der großen Mehrzahl seiner Aspekte durch das Zusammenwirken der drei Faktoren «Nährstoffgehalt des Bambus», «Verdauungsphysiologie des Pandas» und «Energiehaushalt des Pandas» geprägt ist. Die Bambuskost muß offenbar der Spezies während der Evolution einen elementaren Vorteil verschafft haben. Ja, es könnte sein, daß der Große Panda zu einem «Großen» im Zuge der Anpassung an seine Kost von Bambushalmen wurde: In diesem Fall würde das Tier mit der massigen Statur die Körperkräfte erworben haben, die es befähigten, auch harte

Stengel zu ernten und zu verzehren. Aber warum haben die Pandas ihre ganze Zukunft unwiderruflich auf die Karte Bambus gesetzt? Es hat natürlich seine Vorteile, zu jeder Jahreszeit Nahrung in Überfülle zur Verfügung zu haben, selbst wenn es sich um Nahrung von minderer Qualität handelt. Trotzdem bleibt es mir unerklärlich, weswegen die Pandas in aller Regel die zahlreichen nährstoffreichen Pflanzen verschmähen, die zur Sommerzeit im Wald wachsen – Pflanzen, an denen sich die Kragenbären dick und rund fressen und von denen gelegentlich selbst die Pandas etliche probieren. Hat die Bambuskost noch mehr Vorteile? Darauf hat unsere wissenschaftliche Untersuchungstätigkeit bisher noch keine zufriedenstellende Antwort erbracht.

Ein tägliches Brot in Gestalt von dreizehneinhalb Kilogramm Bambus... Das bezeichnet nicht bloß ein Faktum, ja nicht einmal nur einen Lebensstil, sondern den Kern von Weis Existenz, die eine große Vision in seinem Leben.

Denke ich mir jedenfalls.

Als Erforscher tierischer Verhaltensweisen beobachte ich sorgfältig, was ein Individuum tut, und schreibe alles auf, damit mir nichts von dem, was ich gesehen habe, verlorengeht. Später nehme ich die schlichten Tatsachen und unpersönlichen Beschreibungen her, verwandle sie in säuberliche Tabellen und Diagramme und gebe dem Informationsgehalt eine logische Form, so als ob die Arbeit sich Schritt für Schritt auf ein unausweichliches Resultat zubewegt hätte. Damit ist der Wahrheit und der Wissenschaftlichkeit Genüge getan. Was freilich in derlei Rechenschaftsberichten nicht vorkommt, das ist der menschliche Faktor, die Entdeckerfreude, die Lust an der neuen Erkenntnis, das Eingeständnis, daß das Forscherglück selten und zufallsbestimmt ist – und die Tatsache, daß die gebotene Information nicht so objektiv ist, wie man gern glauben möchte. Die Statistik hilft vielleicht das Universum, aber nicht andere Lebewesen beschreiben. Zahlen können nicht die Eigenart einer lebenden Kreatur vermitteln, nicht Liebe, Zorn, Freude oder Mut wiedergeben.

Hinzu kommt, was Werner Heisenberg einmal so formulierte: «Wir dürfen nicht vergessen, daß der Gegenstand unserer Beobachtung nicht die Natur an sich ist, sondern die unserer Fragestellung unterworfene Natur.» Ein Faktum wird zu einem solchen erst dann, wenn jemand die Frage stellt, die es beantwortet, und aus Fragestellungen und zusammengetragenen Fakten tritt langsam die Welt eines Tiers ans Licht. Indes, für jemand anderen, der andere Fragen stellt, gewinnt ein anderes Wesen, eine andere Realität Dasein. Das Tier ist ein Phantom, geboren aus der Interaktion des Tiers mit einem Beobachter, der entscheidet, was an seinem Beobachtungsgegenstand zu messen und zu registrieren und was zu ignorieren ist. Vom Gesehenen ziehen wir fortwährend Rückschlüsse auf das, was wir nicht sehen; wir werfen Gedanken und Tatsachen durcheinander. Überdies hüpfen und schleichen und gleiten und flattern Tiere durch unser Unbewußtes in Gestalt von mythischen Löwen, Fledermäusen, Füchsen, Eulen, Schlangen und Tauben aus dem Reservoir der kollektiven Phantasien, die sich jede Kultur in eigener Ausprägung schafft. Bei Victor Hugo liest man: «Tiere sind nichts als Allegorien unserer Tugenden und Laster, die sich als gestaltgewordene Traumbilder unserer Seele vor unseren Augen tummeln.» In solcher Laun' wird Wissenschaft geschaffen. Jeder Biologe (und natürlich jede Biologin), der einen Tiger, Gorilla, Panda oder welche Kreatur auch immer beobachtet und behauptet, er tue das in absolut objektiver Einstellung, ist entweder ein Ignorant, ein Heuchler oder ein Narr.

Solche Gedanken gingen mir in jenem Winter im Kopf herum, weil Hu Jinchu und ich uns kommenden Juni für einige Monate aus Wuyipeng verabschieden würden, um gemeinsam einen Bericht über unsere Panda-Forschungen zu verfassen. Die Aufgabe würde mit Schwierigkeiten verbunden sein. Wir hatten bis jetzt eine Menge gesicherter und brauchbarer Informationen zusammengetragen. Wie würde die gemeinschaftliche Bearbeitung dieses Stoffs durch zwei Kulturen, zwei unterschiedliche Denksysteme aussehen? Methoden, wissenschaftlicher Bewußtseinsstand und Forschungsinteresse der chinesischen Biologen, mit denen ich gesprochen und deren wissenschaftliche Publikationen ich gelesen hatte, waren nach meinem Eindruck von rein westlichem Zuschnitt; da wurde noch nicht einmal, wie die Chinesen es ausdrücken würden, «eine westliche Mahlzeit auf chinesische Art gegessen». Es würde die Mühe lohnen, herauszufinden, was Hu Jinchu an spezifisch chinesischer Perspektive in die Panda-Forschung eingebracht hatte.

Welches Problem es darstellt, in das Rätsel Panda einzudringen, wurde mir vollends bewußt, als Hu Jinchu und ich uns einmal an einem nebligen Nachmittag in einem fast undurchdringlichen Bambusdickicht verfranzt hatten. Mit einemmal wurde der Nebel von einer intensiven Helligkeit durchflossen, so als wolle die Sonne ihn zerteilen, und von einem seltsamen Licht angestrahlt, tauchte ein Panda vor uns auf, der, die Hände im Schoß, den Rücken gegen eine Tanne gelehnt, uns mit unheimlich wirkender Gemütsruhe entgegenblickte. Zuerst dachte ich, es sei Wei, doch er trug kein Halsband. In seiner Miene spiegelte sich Strenge, aber auch eine Spur von Humor, und seine Augen blitzten wie Falkenaugen. Ich war einigermaßen erstaunt, als er unvermittelt zu einem Monolog anhob, der die Grenzen der normalen Sprache hinter sich zu lassen schien – wenngleich es durchaus sein kann, daß die märchenhafte Szene sich nur in meinem Kopf abspielte.

Hochverehrte Herren Wissenschaftler! Ich möchte Sie beglückwünschen zu Ihren Bemühungen, mich und meinesgleichen zu studieren. Es erfordert Hingabe höchsten Grades, so viele Kotballen zu quantifizieren. Tag für Tag folgen Sie meinen Spuren mit bewunderungswürdiger Ausdauer, wenn auch nicht mit bewunderungswürdiger Technik: ich kann Sie schon von weitem hören und riechen. Eigentlich weiß ich ja nicht, was Sie sich von Ihren Verletzungen meiner Privatsphäre versprechen. Sie produzieren sterile Statistiken des Inhalts, wie viele Bambushalme ich täglich fresse und wie viele Stunden ich schlafe. Bedenken Sie jedoch, daß Zeit nicht für alle Lebewesen ein und dasselbe ist. Diese Tanne hier lebt in gemächlicherem Tempo als Sie, ich in schnellerem Tempo.

Und was das Halmezählen betrifft – damit finden Sie lediglich ein paar simple Dinge über mich heraus; die meisten Aspekte meines Lebens lassen sich nicht in mathematischer Sprache ausdrücken. Wie sollten Sie mich verstehen? Wir haben vielleicht gewisse Stimmungslagen miteinander gemein, aber Sie können meine Stimmungen nicht begreifen. Schließlich zählt hier nicht *Ihre* Art, die Welt wahrzunehmen. Sehen Sie beide sich doch einmal gegenseitig an! Ihre Denkweisen sind himmelweit verschieden, und das, obwohl Sie derselben Spezies angehören.

Ihr Menschen seid unvorstellbar eingebildet. Bloß weil eure Intelligenz das Auffälligste ist, was es auf diesem Gebiet gibt, gebärdet ihr euch, als sei sie die höchste Form von Intelligenz überhaupt. Dabei steckt eure Art zu denken voll schwerwiegender Probleme; ihr müßt euch von euren ideologischen Vorurteilen und anderen kontraproduktiven Tendenzen in eurer Wissenschaft freimachen. Beispielsweise vertreten manche von euch die Ansicht, daß Denkenkönnen Sprechenkönnen voraussetzt, und erklären damit uns und alles, was da sonst noch kreucht und fleucht – nur euch selbst ausgenommen –, zu denkunfähigen Wesen. Was für ein bodenloser Unsinn! Welche Arroganz! Eure Laborleute suchen erst mal nach allem, was ein Tier nicht kann, und dann versuchen sie es ihm beizubringen. Untersucht lieber, was ein Tier am besten kann. Unter diesen Umständen wundert es nicht, daß einer von euch mich, den Panda, einmal als einen Artikel bezeichnet hat, bei dem die Verpakkung wegen ihrer Farbe interessanter ist als der Inhalt. Wie könnt ihr euch anmaßen, meine Intelligenz, meine Art zu denken, mit eurer Elle messen zu wollen? Sie beide geben sich wenigstens Mühe, nur zu beobachten und nicht zu beurteilen. Vergessen Sie niemals, daß Sie und ich in verschiedenen Welten leben, Welten, zwischen denen der Unterschied unvorstellbar groß ist – ich in erster Linie in einer Geruchswelt, Sie in einer Welt des Sehens; ich denke hauptsächlich in Gerüchen, Sie in Worten. Einer Ihrer Spezies namens Ludwig Wittgenstein schrieb einmal: «Wenn ein Löwe sprechen könnte, wir könnten ihn nicht verstehen.» Für einen Menschen, und zumal für einen ausländischen Barbaren, eine höchst intelligente Bemerkung!

Der Panda leuchtete blendendweiß auf. Er verschwamm zur amorphen Masse und löste sich in Luft auf wie Rauch. Ebenso unerwartet verdichtete er sich wieder zu einem greifbaren und doch flüchtigen Wesen, einem integralen, untrennbaren Bei-,

Mit- und Ineinander von Form und Leere, Materie und Raum, Energie und Geist.

Noch etwas. Sie untersuchen meine Ernährungsweise, Sie untersuchen, wie oft ich Duftmarkierungen anbringe und wie oft ich mich paare und wie weit ich meine Wanderungen ausdehne. Bedenken Sie, daß Sie mich nicht in isolierte Existenzstückchen zerlegen können. Sie könnten es so bestenfalls zu einem Phantombild des Pandas, nicht zu einer Anschauung von der Realität des Pandas bringen. Ich bin wie jedes andere Wesen unendlich komplex, unteilbar, ein harmonisches Ganzes.

Erlauben Sie mir, Ihnen einige Vorschläge zu machen, wie Sie Ihre Arbeit verbessern können. Vergessen Sie ab und zu einmal die Wissenschaft; bringen Sie Ihren Verstand zum Schweigen. Versuchen Sie mit Hilfe von Intuition, Sensibilität und Einfühlungsvermögen meinem realen Sein auf die Spur zu kommen. Vergessen Sie nie, daß alles Lebendige Teil vom großen Bambuswald des Lebens ist. Alle Lebewesen, einschließlich des Menschen, sind ein einziger großer Organismus. Sie können keinen Panda beschreiben, ohne sich zugleich selbst zu beschreiben: Getrenntsein ist eine Illusion. Schicken Sie mir Ihre Philosophen, Dichter und Kinder, denn sie werden mich mit neuen Augen sehen. Gleichwohl werden wir, Sie und ich, immer Bürger zweier Welten bleiben. Kein Mensch vermag die Wahrheit über den Panda zu fassen. Deshalb freut euch an dem Rätsel – und helft uns überleben.

Nach diesem eindringlichen Schlußappell raffte der Panda den Nebel um sich zusammen, und der Lichtschein schrumpfte zu einem verlöschenden Funken.

Aber er hatte bei dem Baum zwei Kotballen hinterlassen, und die nahm ich mit.

Ein Biologe muß, bevor er sich an eine Freilandstudie macht, auf die eine und andere Frage gekommen sein, die zu beantworten sich lohnen würde, er muß ein Ziel vor Augen haben, das berechtigte Erwartungen erfüllen und den – in der Regel vom Steuerzahler bestrittenen – finanziellen Aufwand für seine Unternehmung rechtfertigen würde. In meinem Fall lautete die Frage: «Wie sieht die Anpassung des Großen Pandas an den Bambus im

Detail aus?» – und nach meiner Überzeugung würde die Antwort sich nicht nur als wissenschaftliches Faszinosum, sondern auch als eine große Hilfe beim Artenschutz erweisen. Wir stellten fest, daß Bambus eine geringwertige Nahrung ist, eine Nahrung mit so niedrigem Nährstoffgehalt, daß der Große Panda unterm ökonomischen Gesichtspunkt kaum etwas davon hat, daß er sich viele Stunden am Tag mit Bambus vollstopft, weil nämlich bei diesem Geschäft die Kalorienaufnahme die Kalorienverausgabung nur geringfügig übersteigt. Und wir kamen unter anderem auch zu dem Schluß, daß die Körpergröße des Großen Pandas offenbar eine Anpassung an seine minderwertige Nahrung war, denn aufgrund physiologischer und anderer Umstände kann ein größeres Tier Nahrungsressourcen besser verwerten als ein kleineres. Ich war natürlich der festen Überzeugung, daß wir auf dem Wege lupenreiner Logik zu unseren Schlußfolgerungen gekommen waren. Aber die Kleinen Pandas im Choushuigou brachten mich auf den beunruhigenden Gedanken, daß es in unseren Prämissen vielleicht an irgendeiner Stelle eine Lücke gab.

Bei der allgemeinen Verliebtheit in den Großen Panda wird oft vergessen oder gar nicht erst zur Kenntnis genommen, daß es noch einen zweiten, den Roten oder Kleinen Panda gibt, der zu den reizvollsten und ansprechendsten Säugetierarten zählt. Man nehme einen Großen Panda, verkleinere ihn rigoros, färbe das Weiß seines Fells mit Ausnahme des Gesichts in ein sattes Rostrot um, füge einen langen, beringten Schwanz ähnlich dem des Waschbären hinzu, und man hat den Kleinen Panda. Das breite Gesicht mit der stumpfen Schnauze und der schwarzen Maske hat er ebenso mit dem Großen Panda gemein wie den vierschrötigen Körper mit den stämmigen schwarzen Beinen, nur daß der ganze Kerl nicht neunzig, sondern gerade mal fünfeinhalb Kilogramm wiegt. Der Kleine Panda ist weiter verbreitet als der Große; er bewohnt hauptsächlich Wälder der gemäßigten Zone entlang dem Himalaja über Nordbirma bis nach China, wo er sich den Lebensraum häufig mit seinem größeren Vetter teilt.

Zu dem Zeitpunkt, als ich meine Arbeit in Wolong aufnahm,

war der informativste Bericht über die Lebensgewohnheiten des Kleinen Pandas auch einhundertfünfzig Jahre nach der Veröffentlichung noch eine einschlägige Publikation von Brian Hodgson aus dem Jahr 1947, und ich brannte darauf, mehr über die Spezies in Erfahrung zu bringen. Doch Kleine Pandas waren in unserem Studiengelände in Wolong selten; ich bekam nur ein einziges Mal einen zu Gesicht, der über einen Pfad wegflitzte. Allerdings fand ich ihre – wie Miniaturausgaben von Kotballen des Großen Pandas aussehenden – Exkremente und folgte den hierhin und dorthin durch den Bambus mäandernden Fußspuren der Tiere im Schnee. Dabei stellte ich fest, daß Kleine Pandas, anders als die Großen, eine kleine Heimzone mit Lieblingsruheplätzen, ein oder zwei Latrinen und mehreren Markierungsstellen (als welche unter anderem auch Fallholz und umgestürzte Bäume dienen) bewohnen. Auf den Ruf des Kleinen Pandas lauschte ich vergeblich. «Die Chinesen nennen ihn ‹Kind der Berge›, weil seine Stimme der eines Kindes ähnelt», hatte Père David beobachtet.

Es war nicht zu übersehen, daß Kleine Pandas fast ausschließlich Bambus fraßen, doch anders als die Großen ließen sie die Halme links liegen und verzehrten nur Blätter und frische Sprosse. Als Zusatzkost fraßen sie im Herbst, wie Don Reid herausfand, Wildkirschen, Stachelbeeren und etliche andere Früchte. Wenn der Große Panda nur mit knapper Not von Bambus leben kann, wie schafft es dann der Kleine Panda, dessen täglicher Kalorienverbrauch infolge seiner Kleinheit unverhältnismäßig viel größer ist? Waren unsere Schlußfolgerungen betreffend den Großen Panda lückenhaft oder falsch? Um zwischem Großem und Kleinem Panda einen Vergleich in puncto Energiebedarf anstellen zu können, würde ich den Aktivitätsrhythmus des Kleinen Pandas bestimmen und mir ein Bild von seinen Bewegungen im Aktionsraum verschaffen müssen, was beides nur mittels Telemetrie möglich war. Eine Untersuchung von Kleinen Pandas war allerdings in unserem Aktionsplan nicht vorgesehen.

In einer späteren Phase des Projekts ging eines Februartags zufällig ein Kleiner Panda in eine der Kastenfallen für Große Pandas. Ebenso zufällig hatten wir gerade ein passendes Funkhalsband für einen Kleinen Panda zur Hand, dessen Sender nicht größer als eine Streichholzschachtel war. Ken Johnson, Alan Taylor und ich waren kurz zuvor in Wuyipeng eingetroffen; in Begleitung zweier chinesischer Helfer stiegen wir zum Kamm auf und wechselten ins Zhuanjinggou hinüber, wo sich das gefangene Tier befand. Es war ein klarer Tag, die Wolken hatten sich tief ins Tal hinabgesenkt, nur dünne Ausläufer züngelten wie Flammen in die hochgelegenen Klingen hinauf. Ich zog das Pandaweibchen mit einem eigens für diesen Zweck konstruierten kurzen Leitstock aus der Falle; die an dem einen Ende des Stocks angebrachte Schlinge hatte ich nur locker um den Hals des Tiers zugezogen, trotzdem geriet es in verständliche Wut und gab fauchende Laute von sich wie eine aufgebrachte Katze. Ken, der die ungnädige Dame festhielt, bis wir ihr das Halsband angelegt hatten, brachte sie mit ihren nadelspitzen Krallen einen Kratzer bei. Das zierlich gebaute – wahrscheinlich subadulte – Tier wog nur knapp über dreieinhalb Kilo. Minuten später befand es sich wieder auf freiem Fuß. Neun Monate lang – bis schließlich im November der Sender am Halsband den Geist aufgab – überwachten Ken und das Hilfspersonal des Camps das kleine Weibchen, das auf den Namen Jiao-Jiao, zu deutsch «Die Erste», getauft worden war.

Jiao war eine Einzelgängerin wie die Großen Pandas. Einmal hielt sie sich allerdings gemeinsam mit einem anderen Kleinen Panda in einem Bambushain auf, wo die beiden in zehn Meter Abstand voneinander der Ruhe pflegten, ersichtlich nicht gerade von brennendem Verlangen erfüllt, einander näherzukommen. Die Funküberwachung brachte zutage, daß Jiao neun Stunden täglich aktiv war – gegenüber der durchschnittlich fünfzehnstündigen Aktivität des Großen Pandas –, und zwar die meiste Zeit nacht- oder dunkelaktiv: In der Zeit von zehn Uhr morgens bis sieben Uhr abends war sie nur ganz selten in Bewegung. Wir folgerten, daß Jiao ihre Nahrung besser verarbeitete als ein Großer Panda und daher mit weniger Zeit zum Fressen auskam. Statt die Blätter büschelweise – einschließlich der abgestorbenen – mit den Tatzen zu ergreifen und zum Maul zu führen, wie ein Großer Panda es zu tun pflegt, verzehrte sie zierlich Blatt für Blatt und suchte sich dabei die nährwertreichsten grünen aus. Und sie schlang ihre Nahrung nicht im Eiltempo hinunter, sondern kaute sie penibel, die Pflanzengewebe dabei so weit aufspaltend, daß sie effizienter verdaut werden konnten. Jiaos Aktionsraum war mit etwas weniger als vier Quadratkilometern erstaunlich groß – fast so groß wie derjenige Weis, wenn man von dessen saisonalen Ausflügen in die Schirmbambuszone zum Sprossenfressen absieht. Ihr Aufenthaltsgebiet teilte sie mit Wei und mindestens vier weiteren großen Pandas. Wei und Jiao favorisierten sogar dieselben Bambushaine und waren recht häufig gar nicht so weit voneinander entfernt, allerdings haben wir keine Ahnung, wie sie beim Zusammentreffen aufeinander reagierten. Wir staunten noch mehr, als wir feststellten, daß Wei und Jiao auf ihren täglichen Wanderungen im Durchschnitt etwa die gleichen Entfernungen zurücklegten. Sicherlich hatte die winzige Jiao es nicht nötig, bloß zum Bambusfressen oder zu welchem Zweck auch immer genauso weit durch die Gegend zu laufen wie der massige Wei. Wir hatten bei Jiao mit starker Ortstreue im Interesse der Energieersparnis gerechnet. War sie ein atypischer Fall? Durch sorgfältige Auswahl und gründliches Kauen ihrer Nahrung heimste Jiao zusätzliche Kalorien ein, aber diesen Zugewinn vergeudete sie mit Herumlaufen. So sah es jedenfalls aus. Als der Sender schließlich seine Tätigkeit einstellte, hatten wir Neues und Interessantes über einen weiblichen Kleinen Panda herausgefunden, wußten aber immer noch nicht, wie die kapriziöse Dame es schaffte, eine ausgeglichene Energiebilanz zu erzielen.

Don Reid legte später in derselben Gegend, wo auch Jiao lebte, zwei anderen Kleinen Pandas, einem erwachsenen Männchen und einem erwachsenen Weibchen, Funkhalsbänder an. Bei allen beiden belief sich der Aktionsraum auf knapp 1,3 Quadratkilometer und war damit viel kleiner als derjenige Jiaos. In der Aktivitätsperiodik waren die zwei das Gegenteil von Jiao, nämlich überwiegend tag- oder lichtaktiv; zudem kamen sie mit nur neunstündiger Aktivität pro Tag nicht aus, sondern waren etwa elf Stunden täglich auf den Beinen und geschäftig. In einer von Pralad Yonzon im nepalesischen Langtang-Nationalpark durchgeführten Studie haben die weiblichen Kleinen Pandas ebenfalls einen Aktionsraum von etwa 1,3 Quadratkilometern, während der Aktionsraum der Männchen sich in manchen Fällen über bis zu neun Quadratkilometer erstreckt. Derlei Verhaltensunterschiede sind zwar interessant, helfen jedoch nicht erklären, wie der Kleine Panda die Einnahme- und Ausgabeseite seiner Energiebilanz im Gleichgewicht hält.

Des Rätsels Lösung wurde – wie denn auch anders? – im Labor gefunden. An der University of Florida beschäftigt sich Brian McNab seit Jahren mit faszinierenden physiologischen Forschungen zum tierischen Energiehaushalt. Während wir Pandas in freier Wildbahn beobachteten, machte er die Entdeckung, daß der Kleine Panda seinen Stoffwechsel bei niedrigen Temperaturen erheblich zurückschrauben kann, indem er den peripheren Kreislauf drosselt, wodurch die Hauttemperatur gesenkt und die Wärmeabgabe an die Umgebung reduziert wird, ohne daß damit eine Beeinträchtigung der lebenswichtigen Temperatur im Körperinneren verbunden wäre. Das Stoffwechseltempo eines Kleinen Pandas im Ruhezustand war um beinahe die Hälfte vermindert, was eine gewaltige Energieeinsparung – erzielt sozusagen durch das Zurückdrehen des Thermostats in einigen Körperregionen – bedeutete. Derartiges Herunterfahren des Stoffwechsels darf allerdings im Einzelfall nur kurze Zeit dauern und muß in Aktivitätsphasen eingebettet sein, weil bei allzu lange gedrosselter Durchblutung eine gangränöse Nekrose (Gewebstod infolge Minderdurchblutung) droht. Mit dieser stoffwechselbasierten Strategie der Energieeinsparung stimmt die fast reptilienhafte Reaktion auf Kälte zusammen, die wir an Jiao beobachteten; kein Wunder, daß sie bei den verschiedenen Gelegenheiten, wo wir sie versehentlich aus dem Schlaf rissen, steif und lethargisch wirkte. So gesehen sind die Kleinen Pandas noch stärker auf den Bambus spezialisiert und haben möglicherweise eine noch wakkeligere Energiebilanz als die Großen.

Damals, im Januar 1982, waren wir in Wuyipeng eine kleine, hart arbeitende Crew. Die Kälte nötigte uns zu verstärkter Geselligkeit und hielt uns ungebetene Besucher fern. Das Stammpersonal an Helfern hatte sich zusammen mit drei Aushilfskräften und dem Dolmetscher Xiao Qiu aus dem Camp verabschiedet. Der Yi Jilin Zhiha war auf unseren Zusammenkünften immer die pittoreskeste Erscheinung.

Die Yi – oder Lolo beziehungsweise Nosu, wie sie früher genannt wurden – stehen in dem Ruf, ein Volk von grimmigen Streitern zu sein, das in der Vergangenheit Chinesen und bisweilen auch Westler umbrachte, die sich auf ihr Stammesterritorium in Südsichuan und Yünnan vorwagten. Seine Kollegen begegneten Jilin Zhiha mit lärmender Achtung und derbem Gefrotzel, Umgangsformen, in denen sich eine Mischung aus Unbehagen und Fasziniertheit verriet – nicht unähnlich der Haltung, die man anfangs mir gegenüber an den Tag gelegt hatte. Um dem Ruf seines Volkes gerecht zu werden, führte Jilin Zhiha unentwegt Geschichten von Mord und Metzeleien im Mund.

Auch den Januar hindurch waren wir damit beschäftigt, Fallen zu kontrollieren. Sowohl Wei als auch Ning wurde gefangen und umgehend wieder freigelassen. Und auch Long erlag der Versuchung, die vom Köderfleisch ausging. Mit einem Gewichtszuwachs von fünfzehneinhalb Kilogramm war er seit dem letzten März zum stämmigen Halbwüchsigen herangereift; mit einem neuen Halsband wurde er wieder in die Freiheit entlassen. Jenseits des Tals, auf dem Fangzipeng, fingen wir ein Weibchen, das den Namen Han-Han erhielt. Han-Han war so groß, daß wir sie anfangs für ein Männchen hielten. Und sie war schön – der makelloseste Panda, den ich bis dahin gesehen hatte, harmonisch in den Proportionen und mit einem Fell, das strahlte vor Glanz. Ein paar Tage später fanden wir in einer anderen Falle ein subadultes Männchen von nur zweieinhalb Jahren. Anders als seine sanftmütigen Artgenossen Long und Ning in diesem Alter bekundete er sein nicht geringes Mißvergnügen über die Freiheitsberaubung durch Quieken und Brüllen und Tatzenhiebe gegen jedermann, der mit dem Gesicht an die Falle herankam, um durch die Ritzen zwischen den Stämmen zu ihm hineinzulugen. Irgendwer fragte mich: «Wollen Sie wirklich einem so kleinen Tier ein Halsband anlegen oder nicht doch lieber auf ein größeres Männchen warten? Im Aktionsplan sind Ihnen bloß drei Pandas pro Saison zugestanden, und wir haben schon Wei-Wei und Han-Han in der Mangel gehabt.» Eine interessante Frage. Zumal da es dieses Limit im Aktionsplan nicht gab und über ein solches auch niemals gesprochen worden war. Irgend jemand im Apparat wollte uns jetzt beim Datensammeln an die kurze Leine legen. In China wird einem auf die harte Tour Zynismus beigebracht. Es hätte überhaupt nichts gebracht, wenn ich jetzt den Aktionsplan geschwenkt, den «Irrtum» aufgedeckt und mich durchgesetzt hätte: Mit Konfrontation erreicht man hier gar nichts. Nach dem dritten Panda würde es trotzdem mit dem Fallenstellen aussein: Irgendein Vorwand – etwa daß kein Köder mehr zu beschaffen sei – würde sich schon finden. Ich ließ die Sache auf sich beruhen, klemmte dem jungen Männchen eine Identifikationsmarke – Gelbe Marke Nr. 81 – ans Ohr und ließ ihn ohne Halsband frei.

Wir schritten häufig Zhens «Straßen» ab und durchstreiften das Gelände, wo sie sich aufgehalten hatte. Aber weder damals noch später entdeckten wir eine Spur von ihrem Jungen. Sie mußte es auf irgendeine Weise verloren haben.

Wenn sie nicht draußen im Gelände mithalf, ging Kay im Camp ihrer Arbeit nach. In ihrem Tagebuch schildert sie die typische Form ihres Tageslaufs:

Seit die Fallen aufgestellt sind, läuft der Camp-Alltag in einigermaßen geregelten Bahnen. Sobald es zu dämmern beginnt, steht George auf, um die Fallen abzugehen. Ich kuschle mich noch eine Weile tiefer in die

Daunenhöhle, dann ziehe ich mich noch im Schlafsack halb an, um keine Wärme zu verlieren. Wenn wir am Abend vorher vergessen haben, die Waschschüssel zu leeren, schlage ich die Eisdecke auf und kippe das Wasser aus. Gieße aus der Thermoskanne warmes Wasser ein und mache eine Blitzwäsche. Anschließend zum Frühstücken hinauf in die Hütte, wo ich neben dem qualmenden Feuer eine Tasse Tee trinke. Dann eine Schale Reissuppe und ein kaltes hartgekochtes Ei. Noch eine Tasse Tee. Zurück ins Zelt, Feuer im Ofen machen. Sobald es richtig brennt, gehe ich nach der Leopardenfalle sehen. Der tägliche Spaziergang zur Falle macht mir Vergnügen. [Wir haben nie einen Leoparden gefangen. – G.B.S.] Der Nebel von gestern ist aus den Bäumen verschwunden, und die herabhängenden Flechten und Moose wirken mit ihrem Reifüberzug irgendwie gespenstisch.

Zurück im Zelt, kümmere ich mich um das Feuer und sehe im Trokkenofen nach, ob irgendwelche Pandaexkremente so weit sind, daß man Halme von Blättern trennen kann; setze frisches Brennholz zum Trocknen neben den Ofen; führe Tagebuch, schreibe Briefe, lese; mache Wasser für die Thermoskanne oder zum Wäschewaschen heiß. Ich bin ständig am Wäschewaschen – es ist leichter, täglich kleine Mengen zu waschen, weil die Sachen zum vollständigen Trocknen zuletzt doch immer im Zelt aufgehängt werden müssen. Und so, wie wir leben: mit dem qualmenden Ofen und dem qualmenden Feuer in der Hütte, sind unsere sämtlichen Sachen und wir selber dauernd rußig. Ich koche unsere Badetücher, aber sie bleiben trotzdem grau. Nach der Nudelmahlzeit zu Mittag mache ich entweder mit der Ofentrocknung von Specimina weiter oder gebe unseren Arbeitskollegen Englischunterricht oder lerne Chinesisch.

Um vier Uhr müssen die Fallen noch einmal kontrolliert werden – je später, desto besser. Heute habe ich George auf dem zweistündigen Gang über den schmalen Hangpfad begleitet. Es ist mehr ein Gesims als ein Pfad, auch wenn es stellenweise durch einen jungen Baum, der am Außenrand wächst, ein paar Zentimeter breiter ist. Auf und ab, auf und ab; da – ein paar Schieferplatten rutschen unter deinem Stiefel weg. Die letzte Fallengruppe ist tief unten entlang einem Wildbach aufgestellt, und nach der Kontrolle müssen wir einen steilen Pfad hinauf – in meinen Augen ist es eigentlich mehr ein Wildwechsel und nicht immer deutlich zu erkennen –, fast so, als müßten wir eine steile Treppe emporsteigen. Dieser Aufstieg bringt uns in einem Zug beinahe wieder auf die alte Höhe zurück, und als wir oben ankommen, zittern mir die Beine.

Dann Abendessen, Gesprächsrunde ums Feuer, heim ins Zelt zum Lesen, Schreiben oder einfach bloß Schlafengehen.

Das Frühlings- oder chinesische Neujahrsfest begann dieses Jahr Ende Januar, mit dem Neumond. Es ist eine Zeit der Festlichkeiten, die jeder bei sich zu Hause im Kreis von Verwandten und Freunden zu verbringen sucht, eine Zeit, in der man besondere Gerichte kocht und mit Böllern und Feuerwerk die bösen Geister vertreibt. Der chinesische Kalender basiert auf dem archaischen Mondjahr. Das Neujahrsfest geht auf eine Einladung zurück, die der Buddha Schakjamuni einstmals an alle Tiere der Schöpfung ergehen ließ. Seinem Ruf folgten nur die Ratte, der Büffel, der Tiger, der Hase, der Drache, die Schlange, das Pferd, die Ziege, der Affe, der Hahn, der Hund und das Schwein, und zur Belohnung für ihr Kommen ehrte der Buddha die zwölf Tiere, indem er jedem von ihnen ein – im Zwölf-Jahres-Turnus wiederkehrendes – Jahr schenkte und es nach ihm benannte. 1982 war das Jahr des Hundes. Am Abend des 24. Januar fand in der Verwaltungszentrale ein großes Bankett statt. Eines der Hauptgerichte waren *baozi* (Hefeklöße mit Fleischfüllung), die Silberbarren symbolisierten. Ohne *baozi* zum Frühlingsfest würde einem das kommende Jahr kein Glück bringen. Am Morgen darauf waren Kay, ich und Xiao Qiu bei Zhao Changgui, dem Leiter des Wolong-Reservats, zu Hause zum traditionellen Neujahrsfrühstück mit *mahua* (Schmalzgebäck in Zopfform) und *tangyuan* (Reismehlklößen mit süßer Füllung) eingeladen. Zhao Changgui, ein ruhiger Mann mit den geschliffenen Umgangsformen eines Höflings, zeigte sich uns gegenüber stets hilfsbereit und um unser Wohl besorgt; nicht lange nach dem Neujahrsfest wurde er anderswohin versetzt, und wir bedauerten seinen Weggang. Am Abend desselben Tages fand dann noch einmal ein Bankett statt, und anderntags noch eins – an drei Tagen hintereinander jeden Tag ein Bankett, wie es Tradition war: ein Schwelgen in Essen und Wein und Toasts.

Der Februar war ein schwieriger Monat, denn alle im Camp

litten an einem Wuyipeng-Äquivalent von Hüttenkoller, das den von der winterlichen Dauerschwerarbeit erschöpften Mitarbeiterstab vollends in abgestorbene Bäume und ausgeglühte Asche verwandelte, wie die Chinesen sagen würden. Ich freute mich auf die Zeit im März, wenn das Krähen der Koklasfasane bei Tagesanbruch und blühende Primeln den nahen Frühling ankündigen würden. Freilich, der März würde auch Konferenzen in Chengdu und überdies eine Invasion von Menschen aus dem Westen mit sich bringen, denn im Yingxionggou würde das Künstliche-Besamungs-Programm weitergehen, ein Botaniker des WWF würde mit dem Studium des Bambus beginnen und ein Fernsehteam würde einen Film über das Projekt drehen.

Der WWF und das chinesische Forstwirtschaftsministerium waren der Ansicht, daß eine enge Zusammenarbeit zwischen dem Zoo von Chengdu und der Zuchtstation im Yingxionggou beiden Institutionen bei ihren Bemühungen um die Zucht von Pandas nur nützen könne. Leider stand der Zoo von Chengdu damals unter der Leitung eines Triumvirats, dessen Glieder nichts als gegenseitige gründliche Abneigung miteinander verband. Mir graute jedesmal vor meinen halbjährlichen Besprechungen mit diesem Gremium. Entscheidungsscheu war für es der Schlüssel zur Flexibilität, und es ließ sich weder durch frühere Vereinbarungen in seiner Willkür bremsen noch von so etwas wie Kooperationswilligkeit aus kollegialem Geist anfechten. So hatten wir beispielsweise im Vorjahr eine gemeinschaftlich durchgeführte Künstliche-Besamungs-Aktion verabredet, und hinterher inseminierte man im Zoo in aller Stille zwei Pandaweibchen, während Emil Dolensek und Stephen Seager in Hotel vergebens auf das Zeichen zum Beginn der Arbeit warteten. Im vergangenen Jahr war auch vereinbart worden, daß Janet Stover bei der künstlichen Aufzucht neugeborener Pandas mithelfen und Devra Klein das Verhalten von Pandas im Zoo beobachten würde. Und auf der diesjährigen März-Konferenz nun lehnte die Führungstroika des Zoos dies ab – freilich erst, nachdem sie etliche teure elektrische Geräte in Empfang genommen hatte, deren Lieferung zuvor dem WWF gegenüber als Basis der Zusammenarbeit bezeichnet worden war. Emil, der die Sachen mitgebracht hatte, erbot sich, beim Zusammenbau und der Installation zu helfen, erhielt jedoch eine brüske Abfuhr. Prompt brannten bei der Inbetriebnahme der Geräte im Zoo die Netzteile durch, so daß die ganze Lieferung am Ende nur noch ein Haufen Schrott war. Die Konferenzen mit der Zooleitung hörten auf.

Der britische Botaniker Julian Campbell hatte bei seinem Eintreffen in Wolong nicht viel mehr im Gepäck als eine Pflanzenpresse, ein Instrument zum Messen der Bodenfeuchtigkeit und einen Sack Bohnen, mit denen er – Vegetarier, der er war – sich zu verköstigen gedachte. Die apparatehungrigen Chinesen hatten viel mehr erwartet. Sie zerbrachen sich den Kopf darüber, wie Julian mit seinem dürftigen Besteck einen so komplexen Gegenstand wie den Bambus studieren wollte, und fühlten sich in diesem Punkt auch durch die Beobachtung, daß er überall im Wald leere Bierflaschen als Regenmesser aufstellte, nicht sonderlich erleuchtet. Hinter Julians zur Schau getragener Nonchalance verbargen sich Ausdauer und Zähigkeit. Er erzählte mir, daß er vorhabe, Jahre hier zu arbeiten und als der «Chinesen-Campbell» in die Geschichte seines Fachs einzugehen, nach dem Beispiel des «Chinesen-Wilson», der etliche Jahrzehnte früher im Reich der Mitte botanisiert hatte. Ein weiteres Vorhaben bestand darin, unter den Bauern Handzettel mit einem dreifachen Appell zu verteilen: Fällt keine Bäume, denn das führt letzten Endes zu Überschwemmungen; beschränkt eure Kinderzahl auf eins oder noch besser, auf null, und wendet beim Koitus aus Spaß Verhütungsmittel an. Obzwar das beherzigenswerte Ratschläge waren, hätte man ihm für seine Geste sicherlich keinen Dank gewußt, am wenigsten von seiten der Qiang, die gleich anderen Minderheitengruppen von der in China geltenden 1-Kind-pro-Familie-Regelung ausgenommen sind. Julian mußte sich belehren lassen, daß es besser für ihn war, wenn er sein Interesse für Fortpflanzungsfragen ausschließlich auf den Bambus konzentrierte. Aber auch mit diesem Vorhaben erlitt er Schiffbruch. Die Chinesen und Julian waren ganz verschiedener Auffassung in der Frage, wie die Zusammenarbeit zwischen ihnen auszusehen habe, und so kehrte Julian schon nach wenigen Monaten China den Rücken.

Aus Pittsburgh, Pennsylvania, traf ein Kamerateam der National Geographic Society und der Fernsehgesellschaft WQED ein, das Ausrüstung im Gewicht von einer Tonne mitführte – nicht nur Aufnahmegerät, sondern auch Köstlichkeiten wie Nußriegel, Salami, Käse und Erdnußbutter. Das Team bestand aus Regisseurin Miriam Birch, Kameramann Norris Brock und Toningenieur David Clark: als Unterkunft für die drei während ihres intermittierenden Aufenthalts im Camp wurde in Wuyipeng ein Zelt aufgeschlagen. Es wurde für Kay und mich zu einem gern besuchten Clublokal, nicht der exotischen Speisen und des japanischen Kirin-Biers wegen, die hier zu haben waren (wenngleich wir natürlich auch diese Dinge zu schätzen wußten), sondern der Geselligkeit wegen, die uns hier geboten wurde. Norris erzählte uns von der Floß-Expedition, auf der er Thor Heyerdahl begleitet hatte, und David berichtete über seine Fahrt den Yukon hinunter. Miriam und Kay waren beglückt, sich über Musicals und Theaterstücke unterhalten zu können. Daneben sprachen wir über mögliche Filmsequenzen. Die drei waren besorgt über gewisse Probleme: Der Zoo von Chengdu verlangte für das Drehrecht hundert Dollar pro Minute; im Yingxionggou sperrte man sich dagegen, Pandas in Freigehege zu lassen, weil man befürchtete, sie könnten von dort ausbrechen. Wir plauderten, zogen einander ins Vertrauen, sprachen offen aus, was wir dachten, ohne befürchten zu müssen, daß wir angezeigt wurden: Wir feierten ein regelrechtes Redefest.

Das leise Surren von Norris' Arriflex wurde zum Generalbaß unser täglichen Arbeit. Bestimmte Floskeln kehrten mit der gleichen Beharrlichkeit wieder wie der Ruf eines Kuckucks: «Jetzt das Ganze noch mal von vorn!» – «Würdest du mir einen Gefallen tun? Ich möchte jetzt mal was ganz anderes ausprobieren. Könntest du…» Ein seltsamer Jargon klang durch den Wald: «Wo bleibt die Klappe?» – «Die siebenundachtzigste zum ersten.»

Immer auf der Jagd nach einer neuen Sequenz, fragte Norris einmal, ohne jemand Bestimmten anzusprechen: «Und was macht ihr als nächstes?»

«Ich werde mir die Haare waschen», juxte Kay.

«Prima – das nehmen wir auf», erwiderte Norris zu Kays nicht geringer Verblüffung.

Eines Abends, als Kay und ich gerade das Zelt auf dem Kamm bezogen hatten, um die Nachtschicht bei der Funküberwachung anzutreten, erschienen Norris und David auf der Bildfläche, um auch diesen Aspekt unserer Arbeit zu filmen. Als Mitbringsel hatten sie Käse und eine Flasche Chardonnay dabei, und so konnten wir dort oben in dem Nebel und der voranschreitenden Dämmerung eine kleine Party feiern, zu der Wei, Zhen und Genossen mit dem Piep-piep-piep ihrer Sender die musikalische Untermalung beisteuerten.

Am 4. April fand ich eine voll erblühte Anemone, und am 15. April stellte sich ein Felsenhörnchen im Camp ein, das erste seit Beginn der Winterschlafperiode Mitte November. Die Temminckhornfasanhähne balzten, mit ihren orangeroten Federhauben protzend, als ob es knallige Toupets wären, und mit dem Geschrei von mißvergnügten Säuglingen, das sie dabei veranstalteten, machten sie ihrem chinesischen Namen *wawa ji*, «Hühnerkleinkind», alle Ehre. Und am 17. April war ein Bambussproß durchgebrochen. Der Frühling war wieder eingekehrt. Ein trister Frühling freilich, mit windgepeitschten Graupeln und Regentropfen, die mit ihrem Bombardement die ersten Blumen zwangen, sich niederzuducken und die Köpfe einzuziehen. In Wuyipeng sah es aus wie in einem Goldgräbercamp im Alaska der 1890er Jahre: verschlammte Wege, windschiefe, durchhängende Zelte, Abfall und Müll, wo man hinsah. Die chinesischen und amerikanischen Filmleute mitgerechnet, drängten sich hier fünfundzwanzig Menschen in acht Zelten und einer Hütte.

Alles wartete darauf, daß Zhen das Paarungsritual von 1981 wiederholen würde. Aber dieses Jahr vermied sie es klüglich, ihr Schäferstündchen an die große Glocke zu hängen. Und als wir sie einmal in der Nähe von Wei und einem anderen Männchen überraschten, waren Norris und David gerade im Yingxionggou. Obwohl dort schon längst Bambussprosse zu haben waren, zog Zhen erst am 15. Mai, zwei Wochen später als im Vorjahr, auf die unteren Hänge hinunter. Sowohl an diesem wie am darauffolgenden Tag pirschte ich mich mit Norris so nahe an Zhen heran, daß wir hören konnten, wie sie Sprosse schälte und kaute; sie jedoch zog es vor, unsichtbar zu bleiben. Morgen würden wir sie bestimmt auf das Zelluloid bannen, und wenn nicht, dann übermorgen. Doch am 17. Mai packte das Filmteam plötzlich seine Siebensachen und reiste aus Wolong ab. Und selbstverständlich zeigte sich Zhen nach diesem Zeitpunkt kooperationswillig: Im Laufe der nächsten zwei Wochen fanden zwischen ihr und mir mehrere ausgedehnte und denkwürdige Begegnungen statt. David und Norris indessen, die mit gespitzten Ohren und voller Hoffnung stundenlang still und stumm in Zhens Nähe ausgeharrt hatten, bis Regen und eiskalter Nebel sie fast ausgekühlt hatten – David und Norris war es nur ein Mal gelungen, eine Aufnahme von ihr zu schießen, eine flüchtige Ansicht von ihrem Kopf, die einzige Sequenz von einem Panda in freier Wildbahn, die das Team hatte drehen können.

Wie alles, was mit Pandas zu tun hatte, stand auch das Filmen dieser Tiere im Zeichen der Konkurrenz um die Priorität. Zweihunderttausend Dollar hatte die Fernsehgesellschaft ABC gezahlt, um 1981 südöstlich von Wolong drehen zu dürfen, und 1982 war der Aufnahmestab kurz wiedergekommen. In dem Kamerateam der ABC befanden sich mehrere erfahrene Wildtierfilmer, und deren Aufnahmen von Pandas in freier Natur waren das Beste, was während der achtziger Jahre in diesem Genre produziert wurde. ABC und National Georgraphic / WQED rührten fleißig die Werbetrommel für den eigenen Streifen und schreckten dabei, wie die folgenden Zitate aus der Zeitschrift *Sports*

Illustrated vom 14. Juni 1982 zeigen, auch vor kleinen Rempeleien nicht zurück, um dem Konkurrenten beim Wettlauf um die Publikumsgunst den Rang abzulaufen:

«Wir waren von den Socken, als wir herausfanden, daß die ABC auch Drehrechte hatte», erklärte Miriam Birch, die Regisseurin der National Geographic, die just von einem Chinatrip heimgekehrt ist, von dem sie das erste westliche Fernsehfilmmaterial über Pandas in ihrem Bambusdschungel hatte mitbringen wollen. ...

«Bei der ABC kommt der Film im Programm von Roger Caras, der damals diese Sache im GEO-Magazin gebracht hat», fügte sie hinzu – unter Anspielung auf einen Artikel des ABC-Naturwissenschaftsredakteurs vom August 1981, der mit Fotografien von angeblich wildlebenden Pandas illustriert war, die in Wirklichkeit in einem Gehege aufgenommen worden waren.

...Caras kochte letzte Woche vor Wut: Er denke nicht daran, die Panda-Expedition *seines* Kanals von dem National-Geographic-Team miesmachen zu lassen. «Ich glaube nicht, daß die National Geographic auch nur einen einzigen wilden Panda auf dem Zelluloid hat. *Wir* haben fünf!» sagte er.

Mit in der Konkurrenz war ein Aufnahmestab des chinesischen Fernsehens und später, 1984, dann auch ein japanisches Team.

Die Produktionskosten der vier Panda-Filme dürften zusammen wohl zwei Millionen Dollar betragen haben. Und was hatte dieser Aufwand gebracht? Der Dokumentarstreifen der ABC enthielt gutes Bildmaterial über wilde Pandas, ließ jedoch in Redaktion und Kommentar eine prägnante Perspektive vermissen und wurde unangebrachterweise im Rahmen eines Programms mit dem Titel *American Sportsman* gesendet. (Eine spätere Neufassung war weit besser gelungen.) In der Sendung der National Geographic lag das Schwergewicht auf Pandas in Gefangenschaft, und angesichts des verfügbaren Datenmaterials war der Informationsgehalt überraschend dürftig. Die Stärke des chinesischen Films lag in seinen Genrebildern vom Leben im Camp und von der Schönheit tropfender Zweige und in Kaskaden zu Tal stürzender Gießbäche. Und der japanische Dokumentarstreifen konzentrierte sich auf einen Panda, der seine Nahrung in der Abfalldeponie von Wuyipeng suchte. Die Pandas warten noch immer auf den engagierten Kameramann, der ihrer einzelgängerischen Lebensform und ihrer tapferen Schicksalsverachtung das verdiente Denkmal setzt.

1981 hatte sich Zhen mit einem Männchen gepaart, das größer als Wei war. Würde 1982 Wei der erfolgreiche Freier sein? Mit voyeuristischer Ausdauer peilten wir im April Tag für Tag die Positionen von Wei und Zhen und beschatteten die beiden in der Hoffnung, irgendwann Ohrenzeugen des dissonanten Konzerts zu werden, das die Begleitmusik eines Panda-Rendezvous ist, aber viel Erfolg war uns nicht beschieden. Es gab, Zhen eingerechnet, drei Weibchen in Weis sechseinhalb Quadratkilometer großem Aktionsraum – eine ziemlich kleine Auswahl für eine mehrere Männchen zählende Aspirantengruppe. Wei gab sich immerhin Mühe, zum Zuge zu kommen. Einmal zog er tagelang hinter Zhen her, allerdings stets in respektvollem Abstand wie ein verschämter liebeskranker Jüngling; fast hätte er es geschafft, mit ihr zusammenzutreffen, aber letzten Endes kam es dann doch nicht zu einer richtigen Kontaktaufnahme. Genähert hatte er sich ihr erstmals am 30. April, nicht weit weg von Wuyipeng. In der darauffolgenden Nacht stieg sie zum Kamm auf und überquerte ihn. Wei wanderte ihr anderntags nach und hielt sich in ihrer Nähe, und auch während der nächsten Tage blieb er in ihrem Kielwasser, wenn sie mal in der einen, mal in der anderen Richtung den Kamm überquerte, wobei er offenbar ihrer Witterung folgte. Am 7. Mai wurden wir Ohrenzeugen eines einstündigen gereizten Dialogs, den Wei und Zhen im dichten Bambus miteinander führten.

Am anderen Morgen, während Zhen ruhte, setzte Wei in hundert Meter Entfernung einem subadulten Männchen zu. Der fremde Panda war so klein wie Nr. 81, trug allerdings keine Marke am Ohr. Er war auf einen buschig gewachsenen Baum geklettert, und auf einem schwankenden Ast unter ihm stand Wei, der sich mit einer Vordertatze am Stamm festhielt und mit der anderen nach dem Kleinen schlug, der mit gleicher Münze herausgab. Die beiden Kampfhähne quiekten und bellten. Dann ließen sie voneinander ab; Wei blieb auf seinem Posten am Fuß des Baums, und der Kleine machte es sich auf einem Ast bequem. Nach mindestens fünfstündigem Aufenthalt in dem Baum kletterte der Jüngere mit einemmal an Wei vorbei auf den Boden und suchte das Weite. Am folgenden Tag gingen auch Wei und Zhen auseinander – sofern man ihre vorangehende lockere Verbindung überhaupt als ein Beieinander betrachten konnte –, und damit war es mit Weis Sozialkontakten für ein weiteres Jahr vorbei.

Würde Wei jemals eine wahlverwandte Gefährtin finden? Auch im darauffolgenden Jahr 1983 tummelte sich Wei wieder hartnäckig wie eh und je auf dem Panda-Heiratsmarkt, und diesmal lieferte er mir eine teilweise Erklärung für sein Los.

15. April. Ganz oben auf dem Kamm treffe ich in Nebel und Regen zwei Leute vom chinesischen Forscherstab, die im Eilschritt nach Wuyipeng unterwegs sind, um die Nachricht zu überbringen, daß auf dem Kamm, der das Zhuanjinggou vom Yingxionggou trennt, Pandas beim Werben sind. Oben in einer Tanne saß ein Weibchen, und unten um den Fuß strich Wei herum, berichten sie mir. Ein zweites Männchen, groß, kräftig und ohne Halsband, mit Blut an der Stirn und am einen Ohr, näherte sich und verjagte Wei. Der ließ sich jedoch nicht abschrecken, sondern kam wieder und kletterte ein Stück weit in die Tanne, auf das Weibchen zu, das ihm ein dumpfes Heulen entgegenschickte, aber als dann zwei andere Männchen auftauchten, kehrte er wieder auf den Boden zurück. Die Neuankömmlinge waren das große Männchen ohne Halsband und der mit seinen 106,5 Kilogramm dem anderen an Gewicht ebenbürtige Pi-Pi, dem wir im vorigen Dezember ein Halsband verpaßt hatten. *Pi* bedeutet «tapfer» und ist wie *mo* ein alter chinesischer Name des Pandas.

Die beiden Hünen kamen frontal aufeinander zu und begannen unter Gebrüll zu raufen; die Sache endete damit, daß der Panda ohne Halsband das Feld räumte. Anschließend erstieg Pi den Baum und begattete das Weibchen, wobei die zwei im Geäst einen waghalsigen Balanceakt vollführten. Nach ungefähr einer Stunde kehrte Pi dem Weibchen den Rücken und machte sich davon.

Ich haste zum Schauplatz der Ereignisse. Ein Stück weiter den Hang hinunter zanken sich Pandas im Bambus. Als ich mich durchs Unterholz arbeite, sehe ich, wie sich ein kurzes Stück vor mir ein Männchen davonmacht. Ich steige auf einen Baumstumpf, um einen besseren Ausblick zu haben, und sehe ein zweites Männchen, das zwischen den Wurzeln einer Tanne wie in einen Liegestuhl gefläzt auf dem Rücken liegt. Ein plötzliches lautes Gebrüll läßt mich zusammenschrecken. In nicht allzu großer Entfernung geradewegs vor mir umrundet das halsbandlose große Männchen das Weibchen und gibt mit dem hörbaren Mahlen seiner Zähne zu verstehen, daß er es bewacht. Unter meinem Fuß knackt ein Zweig, und das überall Konkurrenten witternde Männchen wendet sich schnaubend in meine Richtung. Nachdem er es begattet hat, scheint Pi keinerlei Anspruch auf dieses mehr zu erheben. Fünf Männchen haben sich hier versammelt, ein beachtlicher Auflauf. Zwei sind groß, drei von mittelgroßer Statur; zwei von den mittelgroßen sind etwas kleiner als Wei. Long, der mit seinen dreieinhalb Jahren noch nicht erwachsen ist, hält sich desinteressiert abseits im Nachbartal.

Da meine Kleider von dem nassen Bambus völlig durchgeweicht sind, fängt mich binnen kurzem zu frieren an, und nachdem ich eine Stunde lang Ausguck gehalten habe und bis dahin alles ruhig geblieben ist, trete ich den zweistündigen Fußmarsch ins Camp an.

16. April. Es schneit den ganzen Tag, und im Tal dreht sich dichter Nebel. Große, nasse Schneeflocken setzen sich auf mich und den Bambus um mich herum, während ich in einer abgeholzten Mulde auf dem Hang gegenüber Wuyipeng die Pandas beobachte. Um den Fuß einer einsamen Tanne ist der Bambus niedergetreten, und im Wipfel des Baums kauert das Pandaweibchen. Pi taucht auf und trabt den Hang herunter auf das andere große Männchen zu, das im Krebsgang zurückweicht. Als die zwei dicht beieinander sind, beginnen sie unter Knurren und Brüllen mit den Tatzen zu hauen und zu stoßen und versuchen, die Mäuler weit aufgerissen, einander mit den mächtigen Zähnen zu packen. Das große Männchen stürzt davon zu der Tanne und bringt seine Duftmarkierung an ihr an. Unterdessen zieht Pi im Halbkreis den Hang hinauf, stellt seinen Rivalen von neuem und treibt ihn mit der schieren Schubkraft seines wuchtigen Körpers vor sich her den Hang hinunter; als der andere sich umwendet, beißt Pi ihn in die Schulter. Einmal erheben sich beide auf die Hintertatzen und umklammern einander in verbissenem Tanz, das Tal mit ihrem dröhnenden Gebrüll erfüllend. Im Laufe der Balgerei rutscht das große Männchen über den Rand eines schroffen Absturzes und purzelt sechs Meter in die Tiefe, eilt jedoch mit grimmiger Entschlossenheit sofort wieder auf den Kampfplatz zurück.

Dann Schweigen. Der übergangslose Wechsel von tosendem Lärm zu tiefer Stille schafft eine so gespenstische Atmosphäre, wie sie im Auge eines Sturms herrscht. Pi verschwindet von der Bildfläche – eine Naturgewalt, deren Energien erschöpft sind; der andere stöbert noch kurze Zeit herum, dann verläßt auch er den Schauplatz.

Plötzlich tauchen die zwei mittelgroßen Männchen auf und kommen, der eine auf der Flucht vor dem anderen, den Abhang heruntergewetzt. Der Flüchtende paßt nicht auf und saust quiekend über den Rand des Absturzes hinaus, der kurz zuvor schon von dem großen Männchen seinen Tribut gefordert hat; er überschlägt sich einmal in der Luft, ehe er mit dumpfem Aufprall wieder auf festem Boden landet.

Das Weibchen steigt von seinem Baum herunter. Weder Pi noch das andere große Männchen reagiert auf die Verfügbarkeit des Sexualobjekts. Anscheinend ging es bei ihrem wüsten Kampf nicht um das Weibchen, das einer der beiden, vielleicht auch alle beide gestern begatteten, sondern um die Klärung der Rangfrage. Durch die erfolgreiche Demonstration seiner Stärke hat Pi seine Position als ranghöchster Panda behauptet, und sein Sozialstatus verschafft ihm die Priorität beim Zugriff auf sämtliche brünstigen Weibchen. Armer Wei! Er steht jetzt bereits im mittleren Panda-Alter: So groß wie Pi kann er in seinem restlichen Leben nicht mehr werden und daher auch nie in einen der höheren Ränge aufsteigen.

Doch jetzt geschieht etwas Merkwürdiges. Ein mittelgroßes Männchen nähert sich dem Weibchen und besteigt es; sie sitzt bloß da und kümmert sich nicht um ihn, bis er sie mit einer Vordertatze zu Boden drückt. Dann klettert er mit allen vieren auf ihren breiten Rücken und hält sich dort oben balancierend im Gleichgewicht. Sie zwitschert. Die Laute wecken anscheinend Pis Neugier, und er geht nachsehen, was da los ist. Das mittelgroße Männchen will auf den großen Rivalen losgehen, aber Pi dreht gelangweilt ab: Das Weibchen interessiert ihn nicht mehr, und seinen Rang zu behaupten, hat er keine Lust. Das Männchen kehrt daraufhin zu dem Weibchen zurück, um sie zuerst flüchtig zu besteigen und sich danach sieben Minuten lang an ihrer Nähe zu berauschen. Aus seinem Charakterbild weicht auch noch die letzte Spur von Härte, als er jetzt auf enger Kreisbahn um das Weibchen herumscharwenzelt, über sie wegkriecht, sich schlapp wie ein nasses Handtuch quer über ihren Rücken drapiert, sie verliebt betätschelt, sich der Länge nach über sie hinwegwälzt, kurzum, selig und ausgelassen auf alle erdenkliche Weise den Körperkontakt mit ihr sucht. Sie kauert sich geduldig hin, während er mit dem anderen mittelgroßen Männchen ein kleines Scharmützel austrägt. Aber dann scheint sie auf einmal die Nase voll von den Possen zu haben, versetzt dem einen Männchen einen Hieb und brüllt das andere an, und als der Angebrüllte sich umdreht und das Weite sucht, bekommt er einen Hieb aufs Hinterteil mit auf den Weg. Er kühlt sein Rachegelüst, indem er in einen Stock beißt.

Wem Wei 1984 den Hof gemacht hätte, wird ein ungelöstes Rätsel bleiben – er starb am 9. oder 10. Dezember 1983. Nach dem Autopsiebefund war die Todesursache möglicherweise eine Verstopfung des Pankreasgangs durch Fadenwürmer.

In jenem Mai 1982 wandten wir nach Weis Fiasko bei der Werbung um Zhen unsere Aufmerksamkeit den durchbrechenden Bambussprossen zu. Im Vorjahr hatten wir zahlreiche kleinere Bambushaine geortet. Dort zählten wir die durchbrechenden Sprosse, maßen sie in regelmäßigen Abständen und führten Buch darüber, wie viele lange genug lebten, um sich zu Halmen auszuwachsen. Pandas dezimierten die Sprosse in ganz erheblichem Umfang, in geringerem Grad taten dies auch Nagetiere; häufig fraßen Fliegen- und Käferlarven Schößlinge von innen her auf, die dann gelb und schlapp wurden. Auf diese Weise wurde ein Drittel aller Bambussprosse vernichtet.

Eines schönen Tages beobachtete ich, wie ein Bambussproß vor meinen Füßen zu rucken und zu schwanken begann, als sei er lebendig geworden – ein um so sonderbareres Verhalten, als der Sproß dabei nicht etwa größer, sondern immer kleiner wurde, bis zuletzt seine Spitze im Boden versank. Neugierig geworden, grub ich an der Stelle, wo er gestanden hatte, nach und stieß nach kurzer Zeit auf einen Gang von etwa fünfzehn Zentimeter Durchmesser. Ein Bambusrattenbau. An Geländestellen, wo die Erdschicht tief und gut entwässert war, stieß ich oft auf Erdhügel, die aussahen, als ob sie von einem Riesenmaulwurf stammten. Diese Hügel markierten die unterirdischen Gänge von Bambusratten, knapp ein Kilo schweren massigen Nagern mit kräftigen Grabkrallen und weichem grauem Pelz. Einmal überraschte ich eine Bambusratte außerhalb ihres Baus. Sie erhob sich gereizt auf die Hinterbeine, wie bereit zu einem Boxkampf, und sah mich mit zusammengekniffenen kurzsichtigen Augen über ihre rosarote Nase hinweg an, die platt war wie die Nase eines alten Berufsboxers; dabei klapperten ihre Zähne vor Erregung. Bambusratten interessierten mich, weil sie sich genau wie der

Kleine und der Große Panda in ihrer Ernährung auf Bambus spezialisiert haben. Bisweilen legte ich, wenn mich ein Drang zum Graben überkam, einen ganzen Gang im Bau einer Bambusratte frei. Die Tiere zerren den Bambus in ihre finstere Wohnung, fressen die Stengel und entledigen sich der Zweige und Blätter, indem sie mit diesen nicht mehr benutzte Gänge ihres Baus vollstopfen. Um ihre «Straßen» sauberzuhalten, verbreitert die Bambusratte ihre Gänge an einigen Stellen und benutzt den dort hinzugewonnenen Platz als Latrine.

In jenem Frühjahr hielt sich Yong Yange, ein Mitarbeiter des Foping-Reservats in der Provinz Shaanxi, in Wolong auf. Da er sich sehr für unsere Arbeit interessierte, begleitete er mich zuweilen auf meinen Rundgängen, und ich zeigte ihm mit großem Vergnügen, welcherart Informationen wir sammelten. Seine eigenen Panda-Forschungen in Foping hatten mich zutiefst beeindruckt. Er und seine Kollegen hatten sich mit grenzenloser Geduld wieder und wieder einem Pandaweibchen genähert, bis sie schließlich an die Gegenwart von Menschen gewöhnt war. So konnten sie ihr Verhalten Tag und Nacht direkt beobachten, ohne sie in ihrer natürlichen Lebensweise zu beeinträchtigen. So konnte Yong Yange mir beispielsweise berichten, daß sie während eines bestimmten Zeitraums von achtundvierzig Stunden fünfmal getrunken und vierzehnmal gefressen hatte und daß die einzelnen Freßperioden von einer halben Stunde bis zu fünf Stunden dauerten – eine Art von Detailinformation, wie sie mit unserer Telemetrie nicht zu erlangen war.

Was hätte ich nicht dafür gegeben, im Mitarbeiterstab unseres Projekts einen jungen Biologen zu haben, der genauso auf Draht war wie Yong Yange. Hu Jinchu und ich würden Wuyipeng demnächst verlassen und erst zum Jahresende wiederkommen, und in der Crew gab es niemand Zuverlässigen, der uns hätte vertreten können. Wang Menghu hatte sich über ein Jahr lang erfolglos um personelle Verstärkung für Wuyipeng bemüht.

Die Kulturrevolution hatte das Land um Generationen von Studenten gebracht, infolgedessen waren interessierte und gut ausgebildete junge Leute rar. In einer Nummer der *Beijing Review* vom Jahr 1987 hieß es:

> ...in den Jahren 1966–1969 wurde an den chinesischen Hochschulen und Universitäten kein einziger Student zur Neuimmatrikulation zugelassen. Viele akademische Bauten wurden zu Fabrikhallen und Kasernen umfunktioniert – zahlreiche Dozenten und Professoren wurden gedemütigt und als «reaktionäre Kräfte» gebrandmarkt, und das Gros der Universitätslehrer wurde zur körperlichen Arbeit aufs Land, in die Fabriken oder zur Armee geschickt. – Zwar begannen die höheren Bildungsanstalten Chinas 1970 wieder Studenten zur Immatrikulation zuzulassen, doch wurden die landesweiten Zulassungsprüfungen, die bisher den Zugang zum Universitätsstudium geregelt hatten, abgeschafft. ... Die während jener Periode immatrikulierten Studenten wurden «Arbeiter / Bauern / Soldaten»-Studenten genannt. ... Der Bruch, den die «Konterrevolution» bewirkte, warf Chinas höheres Bildungswesen faktisch um Jahrzehnte zurück und legte eine Zeitbombe, die in späteren Jahren als ein bedrohlicher Mangel an Fachkräften zur Explosion kam.

Fähige Leute wie Yong Yange hatten entweder keine Lust, zu uns zu kommen, oder ihre Dienststellen weigerten sich, sie freizugeben. Zu haben waren nur frischgebackene Universitätsabsolventen. Mehrere von der Sorte wurden in diesem Frühjahr nach Wolong verfrachtet, zu einem Arbeitseinsatz, der von Chinesen allgemein als einheimisches Äquivalent zur Verschickung nach Sibirien betrachtet wurde.

Kay war Anfang Mai nach Hause abgereist, und ich machte mich jetzt ebenfalls reisefertig. Ich hatte den Eindruck, daß wir in den vergangenen neun Monaten ein gutes Stück vorangekommen waren, nicht nur beim Panda-Studium, sondern auch bei der Schaffung einer Arbeitsbeziehung auf freundschaftlicher Basis. Meine Anwesenheit wurde akzeptiert, meine persönlichen Eigenarten wurden toleriert, die Aufrichtigkeit meines Wunsches, dem Panda zu helfen, wurde – wie es schien: mit Dankbarkeit – anerkannt. Nachdem der WWF sich bereit erklärt hatte, den größten Teil der von den Chinesen auf jener spannungsgeladenen Sitzung im November 1980 geforderten Geräteausstattung für das Forschungszentrum zu liefern, war der wichtigste Streitpunkt zwischen den beiden Seiten ausgeräumt. Daraufhin durfte man eigentlich erwarten, daß die Feldarbeit 1983 ohne die periodischen Klimastürze in der Arbeitsatmosphäre vonstatten gehen würde, die gewöhnlich das Zeichen dafür waren, daß es wieder zu Reibereien zwischen dem WWF und Beijing gekommen war. Das Projekt war nach wie vor mit zahlreichen Problemen befrachtet – am schwersten wog die Unzulänglichkeit des chinesischen Forscherstabs –, aber diese Dinge waren in China eben systemimmanent. Mit der Zeit war mir klargeworden, mit wieviel echtem Engagement und Interesse man das Projekt in Beijing und Chengdu behandelte und wieviel harte Arbeit man investierte, damit es planmäßig über die Bühne gehen könnte. Nur allzu oft wurden diese Tatkraft und Einsatzfreude der höchsten Stellen auf lokaler Ebene zunichte gemacht. Wie Millicent Yung, eine Beraterin des WWF, die das Projekt in vielerlei Hinsicht förderte, mir einmal schrieb:

Jeder Angehörige der Nomenklatura, Wissenschaftler, Techniker, Verwaltungsfunktionär, Zoodirektor und studentische Dolmetscher, hat seine eigene Loyalitätsbindung, sein eigenes Ziel, seinen eigenen Modus operandi. Das Ministerium, das Umweltschutzbüro, der Zoo, die Akademie wiederum mögen sich zwar auf ein gemeinsames Ziel festlegen, das ändert jedoch nichts daran, daß sie jeweils ihre eigene Vorstellung davon haben, wie dieses Ziel zu erreichen sei, und gleichzeitig zuallererst ihr eigenes Interesse verfolgen. Die Autorität zur letztgültigen Entscheidung liegt zwangsläufig bei der Nomenklatura, aber der ursprüngliche Sinn dieser Entscheidung kann durchkreuzt werden von einem studentischen Dolmetscher, dem Verwaltungsfunktionär, dem Zoodirektor. …

Daß das Projekt einer Vielzahl von Problemen zum Trotz Fortschritte machte, schien zu dokumentieren, wie sehr China den Panda schätzte.

Im kommenden Jahr würde ich meine Erhebungen in anderen Panda-Arealen fortsetzen und nur noch zu Kurzbesuchen nach

Wolong kommen. Vor der Abreise machte ich noch die eine und andere kleine Wallfahrt. Ich stieg zu dem Zelt an Punkt 4X auf, in dem Kay und ich so viele Nächte mit der Funküberwachung der Pandas verbracht hatten; von jetzt an würden andere diese Routinearbeit machen. Plätze wie dieser graben sich einem unauslöschlich ins Gedächtnis – die Windungen des Pfads und die Konturen der Berge würde ich mein Leben lang nicht vergessen. Daß ich mich hier oben mit nostalgischen Gefühlen umsah, war ein weiterer Beleg dafür, daß man über aktuelle Beschwerlichkeiten zwar gern lamentiert, überstandenes Ungemach jedoch in der Erinnerung genießt. Auch auf die felsige Spitze des Bai Ai kraxelte ich hinauf, um mir noch einmal die spezielle Varietät von karmesinrotem Rhododendron anzuschauen, die in dieser Jahreszeit dort oben blühte. Das Tal war geteilt zwischen sanftem Frieden und brodelndem Ungestüm: Während ich mich des schönsten Sonnenscheins erfreute, ergoß sich drüben ein Wasserfall von Wolken vom Kamm über die östliche Talwand ins Choushuigou hinunter.

Am 6. Juni machte ich auf dem Weg nach Chengdu im Hetauping Station und fotografierte für den WWF die Fortschritte im Bau des Forschungszentrums. Acht Tage später schrieb ich dem WWF einen Brief, der mit den Worten schloß: «In separatem Umschlag schicke ich mit gleicher Post einige Fotos vom Forschungszentrum an Sie ab. Das Hauptgebäude ist im Rohbau fertig, und die Brückenfundamente befinden sich im Bau.»

Am 13. August schickte der WWF an Zhang Shuzhong vom Umweltschutzbüro ein auf höchster Leitungsebene ausgefertigtes Schreiben, in dem es unter anderem hieß:

Infolge der Ungewißheit über die Bauarbeiten an dem Forschungszentrum sahen sich unsere nationalen Sektionen außerstande, speziell für diesen Zweck einsetzbare Mittel zu beschaffen, und wie Sie wissen, gehört es zu unseren Grundsätzen, für den allgemeinen Naturschutz bestimmte Mittel nicht für Bauvorhaben zu verwenden.

Der WWF bot dann an, eine spezielle Geldbeschaffungskampagne zu starten, «vorausgesetzt, wir haben die Gewähr dafür, daß mit den Bauarbeiten begonnen wurde». Weiter hieß es in dem Schreiben:

Wir sehen uns allerdings zu der Klarstellung genötigt, daß wir zwar die Finanzierung eines dauernden Forschungs- und Naturschutzprogramms garantieren können, jedoch nicht, daß wir in der Lage sein werden, Mittel in ausreichender Höhe zu beschaffen, um sämtliche ursprünglich vereinbarten Kosten der baulichen Anlagen und der Geräteausstattung abzudecken. ... Zum Schluß möchten wir Sie unseres Wunsches nach Fortsetzung der engen und fruchtbaren Zusammenarbeit versichern.

Die Chinesen waren perplex und ich nicht weniger. Was das Schreiben bezweckte, schien klar. Der WWF wollte seine in dem Vertrag und dem Aktionsplan von 1980 gegebenen Zusagen brechen und sich um die Zahlung der restlichen sechshunderttausend Dollar an Baukosten für das Forschungszentrum und in der Folge auch um die Lieferung der Geräteausstattung drücken.

Damit war alles wieder in Scherben geschlagen, was sich in den vergangenen Jahren an Vertrauen zwischen dem WWF und China aufgebaut hatte, und die Zukunft des Feldforschungsprojekts stand erneut in Frage.

8
Der Tod im Choushuigou

April 1983

Ich hatte gehofft, die Feldarbeit nach dem Frühlingsfest, im Februar, fortsetzen zu können, und zwar zunächst mit der Inspektion einer Reihe von Panda-Habitaten. Aber als der WWF nach China schrieb, er könne seinen Verpflichtungen in Sachen Forschungszentrum nicht nachkommen, wurde mein Programm für 1983 prompt annulliert. Ein im Dezember 1982 abgehaltenes Meeting zwischen dem WWF und den Chinesen brachte keine Lösung der Finanzierungskrise. Später sagte der WWF jedoch für April eine Abschlagszahlung von vierhunderttausend Dollar zu. Zum fraglichen Zeitpunkt sollte dann auch ein neuer Vertrag abgeschlossen werden, und sobald das geschehen wäre, so wurde mir mitgeteilt, würde ich die Feldarbeit wiederaufnehmen können. Da ich es kaum erwarten konnte, das Neueste über Zhen und die anderen Pandas zu erfahren, ersuchte ich um die Erlaubnis, schon vor der formellen Unterzeichnung des neuen Vertrags nach Wolong zurückkehren zu dürfen. Die Chinesen bewilligten mir entgegenkommenderweise die Rückkehr zu einem Termin Ende März. In Beijing traf ich mit Wang Menhu und anderen zusammen. Mit teils echtem, teils gespieltem unterdrücktem Zorn legten sie mir des langen und breiten ihre Enttäuschung über den WWF dar. Gegen Ende der Besprechung sagte Wang Manhu: «Ich habe schlechte Neuigkeiten für Sie. Regen Sie sich bitte nicht auf, wenn Sie sie hören. Behalten Sie die Ruhe.»

Nach dieser Präambel rechnete ich damit, schon mit dem nächsten Flugzeug nach Hause expediert zu werden. Aber es kam noch schlimmer.

«Han-Han ist am 24. Januar getötet worden. Der Staatsrat hat einen Bericht über den Vorfall erhalten. Ministerpräsident Zhao Ziyang hat eine Untersuchung angeordnet.»

Die schöne Han-Han, der wir vor einem Jahr ein Funkhalsband umgelegt hatten, war tot, stranguliert von der Schlinge eines Wilderers. Hu Jinchu, der mich in Chengdu abholte, berichtete mir die Einzelheiten des Vorfalls.

Die Wuyipeng-Crew hatte am 23. Januar mit der allmonatlichen mehrtägigen Dauerüberwachung im Viertelstundentakt begonnen. Als Hans Funksignal am folgenden Morgen um 11.15 Uhr den Wechsel zu Inaktivität anzeigte, erregte das weiter kein Aufsehen, sondern wurde als Beginn einer normalen Ruheperiode verbucht. Als jedoch der Sender den Rest des Tages und die ganze folgende Nacht hindurch nur Inaktivität meldete, folgerten die Überwacher daraus, das Tier müsse sich das Halsband abgestreift haben, und machten sich mehrere Mann hoch auf die Suche danach. Nach zwei Tagen fanden sie es – versteckt unter einem Stein. Nahebei lagen, mit Schnee und Laub bedeckt, Hans Eingeweide. Ohne es zu wissen, hatten die Überwacher Tage zuvor Hans Sterben mitbekommen, die Momente, in denen sie mit der Drahtschlinge um den Hals langsam erstickte. Der Wilderer hatte ihren toten Körper an Ort und Stelle abgehäutet, ausgeweidet und ausgebeint und anschließend Fell und Fleisch mit nach Hause ins Tal hinunter geschleppt. Die staatlichen Stellen reagierten umgehend auf die Meldung von Hans Tod. Das Amt für Öffentliche Sicherheit in Chengdu schickte mehrere Männer an den Tatort, die zwei deutsche Schäferhunde mitführten. Die Hunde verfolgten die Spur des Wilderers zu Tal bis zu seinem Haus. Er wurde verhaftet und Hans Fell beschlagnahmt.

Hu Jinchu erwähnte noch, daß Han, ihrer Aktivitätsperiodik vom vergangenen September nach zu schließen, wahrscheinlich ein Junges gehabt hatte, wenngleich weder damals noch später jemand bei den Baumhöhlen nachgesehen hatte. Zum Zeitpunkt von Hans Tod wäre das Junge noch zu klein gewesen, um auf sich selbst gestellt überleben zu können.

Han war in dem Gebiet zu Tode gekommen, wo ich schon im vorigen und vorvorigen Winter Schlingen gefunden hatte. Auf meine wiederholten dringenden Appelle hin, das Jagen und den illegalen Holzeinschlag im Reservat zu unterbinden, war nichts geschehen. Als ich die Nachricht von Hans Tod erhielt, dachte ich sofort an Ning-Ning. Wir hatten ihr Funksignal zum letztenmal am 30. März 1982 von einer Stelle nicht weit über den höchstgelegenen Äckern her gehört. Die Sendeaktivität hatte von einem Tag auf den anderen aufgehört, und seither hatte unser Abhorchgerät nie wieder ihr Signal aufgefangen. Unsere – von der Firma Telonics in Arizona hergestellte – Telemetrieausrüstung war Spitzenklasse, und daß ein Sender nach nur drei Monaten am Hals eines Tiers abrupt und total den Geist hätte aufgeben sollen, war denkbar unwahrscheinlich. Für mich stand fest, daß auch Ning-Ning in einer Schlinge verendet war. Der Wilderer hatte wahrscheinlich, als er das Halsband entfernte, um es zu verstecken, unabsichtlich die Antenne im Inneren zerschnitten und so die Reichweite des Senders gewaltig vermindert.

Nicht lange nach Hans Tod, am 8. April, war ich in dem Gebiet, das ihr Lebensraum gewesen war, um dort die von Holzräubern verursachten Schäden zu besichtigen. Den ganzen Winter hindurch, so hatte man mir gesagt, seien von dort Axthiebe zu hören gewesen. Der Anfang eines alten Qiang-Lieds lautet: «Die Höchsten sind Himmel und Erde, im Rang am nächsten steht ihnen der heilige Wald…» Nach den zahlreichen frischen Baumstümpfen zu schließen, die ich sah, galten diese Worte heute nicht mehr viel. Beim Abgehen eines Wildwechsels erspähte ich das Silberweiß eines Pandarückens, der zu einem schlafend bei einem Bambusbüschel kauernden Tier gehörte. Ich schob mich leise seitwärts in einen besseren Blickwinkel, als sich in meinem Kopf plötzlich gellend die Erkenntnis meldete, daß der Panda ungewöhnlich ruhig war. Er war tot, sein Hals steckte in einer Schlinge. Betäubt vom Schock des Lebenden in der Gegenwart des jähen Todes, stand ich neben dem Kadaver. Die regungslose Gestalt des Pandas verkörperte das Leiden des unschuldigen Opfers mit einer Ausdruckskraft, deren Wirkung in ihrer Intensität fast an religiöse Empfindungen heranreichte. Zum ersten Mal sah ich mich mit der Tragödie des Pandatods direkt konfrontiert. Der Schmerz, den Hans Tod mir verursacht hatte, war überwiegend verstandesmäßiger Natur gewesen, denn ich hatte ihr Jammerbild nicht mit eigenen Augen gesehen. Neben diesem Panda kniend, dessen Tod bar jeglichen Sinnes war, fühlte ich heiße Wut in mir hochkommen – Wut auf den ins Blaue hinein zielenden Mörder, aber genauso auch auf die Leute in den Behörden, die nichts weiter taten als ewig nur reden und reden, während fort und fort Pandas lautlos im Dunkel verschwanden. «Verdammt! Verdammt noch mal! Alle miteinander.»

Meine Ungehaltenheit wuchs, als ich das tote Tier, ein Weibchen, genauer in Augenschein nahm. Die Schlinge war an einem jungen Baum befestigt, der so dünn war, daß die Gefangene ihn mit einem einzigen Biß hätte kappen können. Doch statt dessen hatte sie so lange das nahebei stehende Bambusbüschel umrundet, bis sie erstickt war. Im Todeskampf hatte sie sich die Zungenspitze abgebissen.

Ich streckte die Hand aus und strich ihr über den Rücken. Der Körper war kalt.

Am nächsten Morgen marschierten wir, einschließlich Hu Jinchu und Vertretern der Reservatpolizei ungefähr ein Dutzend Mann hoch, zu dem Kadaver, vor dem wir stumm, die Blicke auf die regungslos daliegende Gestalt gerichtet, im Halbkreis Aufstellung nahmen wie eine Versammlung von Betern. Das Schweigen der Gruppe tönte viel lauter in den Ohren als das übliche Geschnatter. Wie in Zeitlupe wickelten wir schließlich mit Hilfe einer Zange den Draht vom Hals des Tiers und drehten es auf den

Rücken. Die Zitzen waren von Milch geschwollen. Das Pandaweibchen war auf einem Höhepunkt seiner Lebenslaufbahn vom Tod ereilt worden: Irgendwo im Wald hielt sich ein etwa sieben Monate altes verwaistes Pandajunges auf, das noch immer die Muttermilch brauchte, aber mit einigem Glück sich vielleicht mit Bambusblättern würde am Leben halten können. Wir banden den Kadaver an eine Stange, und zwei Männer trugen ihn zu Tal; der eine Arm des Tiers wippte im Takt ihrer Schritte. Wir anderen gingen als Leichenzug hinter den Trägern her, bis wir bei einem sechs Häuser zählenden Weiler die Talstraße erreichten. Hier war Leng Zhizhong zu Hause, der Mann, der Han getötet hatte. Die Bauern standen beiderseits der Straße Spalier und sahen zu, wie der Kadaver vorbeigetragen und auf den wartenden Lkw geladen wurde. Vom Amt für Öffentliche Sicherheit hatte sich ein Einsatzkommando mit Spürhunden eingefunden, aber es kam in diesem Fall nie zu einer Festnahme.

Innerhalb eines Jahres waren nach unserer Kenntnis mindestens zwei, wahrscheinlich drei Pandaweibchen aus der von uns untersuchten kleinen Population Opfer von Wilddieben geworden. Ich empfand Schuldgefühle angesichts der Tatsache, daß ungeachtet all unserer Bemühungen, den Pandas zu helfen, solche Verbrechen noch immer möglich waren. Die Hoffnungen, die in meinen Augen anfangs mit dem Studienprojekt verknüpft gewesen waren, hatten sich inzwischen in Schimären verwandelt; mein Idealismus von einst war einem grimmigen Pessimismus gewichen. Aber man darf nicht vor der Verzweiflung kapitulieren: Die Tiere brauchen jemanden, der für ihr Existenzrecht kämpft. Wenn die Pandas andernorts dieselben Probleme hatten wie in Wolong, dann war die Spezies am Vergehen, ein unwiederholbares Werk der Evolution im schweigenden Wald vernichtet.

Vor dem Sieg der Befreiungsbewegung im Jahr 1949 wurden Pandas in China intensiv bejagt. So schildert beispielsweise Donald Carter eine Speerfalle, die er in den dreißiger Jahren sah:

Ein Speer aus Eisenspitze und Holzschaft wird in der erforderlichen Höhe waagerecht zwischen zwei aufrecht stehende Stangen gelagert. Das hintere Ende des Speers wird an einem jungen Baum festgebunden, der nach hinten gebogen und in einer auslösbaren Halterung verankert wird. Der junge Baum bildet die Triebfeder. Von der Halterung läuft eine Schnur über den Wechsel des Pandas. Auf einen Ruck an der Schnur hin wird der Speer mit ungeheurer Wucht vorwärts getrieben, wobei die beiden aufrecht stehenden Pfosten als Führung fungieren. Der Speer ist so angebracht, daß er das Tier nahe beim Herzen trifft.

Und in den vierziger Jahren sah William Gruenerwald, wie er in einem Brief berichtet, auf einem Markt zahlreiche Pandafelle zum Verkauf ausliegen:

Während der zweiten Hälfte des Zweiten Weltkriegs war ich als Markscheider in Westchina und Tibet tätig. Eine unserer Versorgungsquellen war die am Rand der tibetischen «Marken» gelegene Stadt Kangding (damals noch Tatsienlu). Im Teehandel war sie der Umschlagplatz zwischen den Lastkulis aus Setschuan und den tibetischen Yak-Karawanen. Die Hauptstraße war ein Marktplatz, wo Händler alle Waren Chinas und Tibets zum Kauf oder Tausch anboten. Ich war erstaunt, welches Sortiment von Tierhäuten und Pelzen dort feilgehalten wurde: Felle von Sibirischen Tigern und Goldstumpfnasenaffen sowie stapelweise Schneeleoparden-, Antilopen- und Pandafelle. Ein Händler hatte einen Stapel von fünf Pandafellen zur Auswahl.

Ich hatte fürwahr nicht damit gerechnet, in einem Naturreservat Tiere durch Wilddiebe einzubüßen, und das erst recht nicht in einem Gebiet, das als Arbeitsfeld eines internationalen Kooperationsprogramms mit dem Ziel, einen verbesserten Artenschutz für den Panda zu begründen, ausgewiesen war.

Ich hatte eine Unterredung mit Lai Binghui, einem Parteisekretär, der nach Zhao Changguis Ausscheiden Leiter des Wolong-Reservats geworden war. Lai Binghui, der sich normalerweise betont jovial gab, war ziemlich gedämpft, als er mir eröffnete: «Unsere Kraft reicht nicht aus, um Minoritäten zu bändigen; wir sind bis jetzt zu nachgiebig gewesen. Greifen wir hart durch, wird uns Rassendiskriminierung vorgeworfen. Und wir haben noch immer innenpolitische Probleme.»

Ich antwortete ihm, daß ich die Situation verstehen könne – die USA befänden sich in bezug auf Indianer und Eskimos in einer ähnlichen Lage –, betonte dann jedoch, daß dringend etwas zum Schutz der Pandas in Wolong unternommen werden müsse. Die Verluste seien zu groß, und eine allfällige Regeneration des Bestandes würde lange dauern. Ich nannte Zahlen, die das außerordentlich langsame Fortpflanzungstempo des Pandas verdeutlichen. Ein Weibchen kann bestenfalls alle zwei Jahre ein einzelnes Junges aufziehen. Da die Jungen häufig zu Tode kommen, ist es ein Glücksfall, wenn ein Weibchen für jedes dritte Jahr seiner Fortpflanzungsperiode einen Nachkommen in die Welt entläßt. In Gefangenschaft werden Pandas zwar fünfundzwanzig bis dreißig Jahre alt, in freier Wildbahn jedoch dürften wenige auch nur das Alter von zwanzig Jahren erreichen. Wenn also ein Weibchen mit sechs Jahren ihr erstes Junges bekommt, wird sie als Achtzehnjährige Chancen zum Aufziehen von nicht mehr als etwa fünf Jungen gehabt haben. Falls man die Verluste im Choushuigou als zuverlässigen Indikator betrachten darf, ist die Panda-Population in Wolong in rapidem Rückgang begriffen.

Von neuem betete ich meine Litanei herunter, daß Polizeistreifen durch den Wald patrouillieren müßten, wenn man den Wilddieben das Handwerk legen wolle. Verführt von der Möglichkeit, sich auf bequeme Tour aus der Affäre zu ziehen, tat Lai Binghui meine Bedenken mit der vollmundigen Ankündigung ab: «Wir werden dafür sorgen, daß die Einheimischen an allen Dingen des täglichen Bedarfs genug haben, damit sie nicht mehr illegal Holz schlagen und jagen. Wir werden sie unter erheblichem Einsatz von Staatsmitteln zu begüterten Leuten machen.»

Han war umsonst gestorben.

Um die Bedeutung von Hans Tod zu unterstreichen und vor den Augen der einheimischen Bauern ein Exempel zu statuieren, hielt der Hohe Volksgerichtshof von Sichuan seine Verhandlung des Wildfrevelfalls am 22. April in Wolong ab. Ich wurde als Zuschauer eingeladen.

In China werden Strafrechtssachen meistenteils von Vermittlungsausschüssen bearbeitet; nur die allerwenigsten gelangen vor ein Ordentliches Gericht. Die Fälle, die in die Mühlen der Justiz geraten, enden fast unweigerlich mit einem Schuldspruch.

Einige hundert Bauern und andere Wolong-Einwohner drängelten sich im Versammlungssaal der Verwaltungszentrale. Ihnen allen war nicht nur klar, daß der angeklagte Leng Zhizhong ins Gefängnis wandern würde, sondern auch, für wie lange ungefähr. Trotzdem breitete sich schlagartig erwartungsvolle Stille aus, als die Kammer den Saal betrat und zur Eröffnung der Verhandlung schritt. Bauern in Ziegenfellwesten sogen gespannt an ihren kleinen Messingpfeifen, und sogar die auf dem Rücken ihrer Mütter festgezurrten Wickelkinder machten keinen Mucks.

Der Vorsitzende, die zwei Beisitzer, der Gerichtsschreiber, der Staatsanwalt und der Verteidiger nahmen hinter den auf dem Podium des Versammlungssaals aufgestellten Tischen Platz. Der Gerichtsschreiber rief den zur Verhandlung stehenden Fall auf, worauf der in eine blaue Baumwollkluft gewandete Vorsitzende die Vorführung des Angeklagten anordnete.

Zwei uniformierte Polizisten mit umgeschnallten Revolvern eskortierten den sechsundzwanzigjährigen Missetäter strammen Schrittes vor seinen Richter. Leng Zhizhong, ein mittelgroßer Mann mit großflächigem, freundlichem Gesicht und schmalem Lippenbärtchen, trug die gleiche blaue Leinwandkluft wie der Vorsitzende, allerdings mit einem Besatz von synthetischem Pelz auf dem Revers. Er trat nervös von einem Fuß auf den anderen.

«Der Angeklagte wird hiermit darüber belehrt, daß er nicht auszusagen braucht», verkündete der Vorsitzende. «Falls er es jedoch wünscht, kann er Einlassungen zu seiner Entlastung vortragen.»

Anschließend wurde die Anklageschrift verlesen.

«Der Angeklagte wurde am 21. Februar 1993 festgenommen. Aufgrund der vorliegenden Verdachtsmomente fand am 1. März eine Vernehmung der Ermittlungsbehörde statt. Der Angeklagte verfügt über eine ausreichende Schulbildung, um zu wissen und zu begreifen, daß seltene Tiere unter Naturschutz stehen. Er tötete mittels einer Schlinge einen Panda, der ein Funkhalsband trug. Auf dem Heimweg begegnete er drei Personen, die ihn über die Tragweite seines Handelns hätten aufklären können. Doch er verschwieg ihnen den Vorfall und begab sich später mit einem Messer an den Ort der Tat zurück, durchschnitt das Halsband, häutete den Panda und kochte sein Fleisch. Er hat das Gesetz mit Füßen getreten. Seine Straftat besteht in der Vernichtung eines seltenen Tieres.»

Der Vorsitzende schritt alsdann zur Vernehmung des Täters.

VORSITZENDER: Wovon bestreiten Sie Ihren Lebensunterhalt?

LENG: Ich bin Bauer in Wolong.

VORSITZENDER: Wie haben Sie den Panda getötet?

LENG: Mit einer Drahtschlinge.

VORSITZENDER: Wo hatten Sie den Draht her?

LENG: Von einer Brücke abgeschnitten.

VORSITZENDER: Wann haben Sie die Schlinge ausgelegt?

LENG: Am 3. Januar 1983.

VORSITZENDER: Wie viele Schlingen haben Sie ausgelegt?

LENG: Sechzig bis siebzig.

VORSITZENDER: Waren Sie sich im klaren darüber, daß Sie die Schlingen in einer Verbotszone auslegten?

LENG: Ja.

VORSITZENDER: Warum haben Sie überhaupt Schlingen ausgelegt?

LENG: Im Dezember war ich zum Holzmachen in den Bergen, und da habe ich viele Schlingen gesehen, und da habe ich mir gedacht, es ist nichts dabei, wenn man dort den Tieren mit Fallen nachstellt. Ich wollte die Tiere fangen, um einige Rechnungen bezahlen zu können. Ich habe so getan, als ob ich Brennholz holen ginge. Die Schlingen hatte ich unter der Jacke versteckt.

VORSITZENDER: Was wollten Sie fangen?

LENG: Moschustiere. Und Wildschweine.

VORSITZENDER: Erzählen Sie mir, wie Sie den Panda fanden.

LENG: Ich habe seine Fußspuren im Schnee gesehen. Zuerst habe ich gedacht, es sind Spuren von einem Menschen. Dann habe ich den toten Panda in der Schlinge gefunden. Ich weiß, daß es nicht recht ist, einen Panda zu töten, und deshalb wollte ich es verheimlichen. Mit einem Messer habe ich ihm die Füße abgeschnitten, dann habe ich ihn aufgebrochen und ausgeweidet. In der Nähe war ein Dickicht, dort habe ich die Eingeweide versteckt. Das Fleisch und das Fell habe ich mitgenommen.

Das Messer wurde als Beweisstück vorgelegt: ein Schlachtermesser mit fünfundzwanzig Zentimeter langer Klinge in einer Scheide aus ungegerbtem Fell.

VORSITZENDER: Ist Ihnen an dem toten Tier etwas Besonderes aufgefallen?

LENG: Ja, ein Funkhalsband.

VORSITZENDER: Was haben Sie damit gemacht?

LENG: Ich habe den Riemen durchgeschnitten und das Halsband unter einem Stein versteckt.

Das Funkhalsband mit dem durchgeschnittenen Riemen wird als Beweisstück vorgelegt. Ein Zeuge wird aufgerufen, der Leng Zhinzhong an dem verhängnisvollen Tag unterwegs begegnet ist, ein rundlicher, rotgesichtiger Mann, der mit hartem Lachen in den Zeugenstand tritt.

VORSITZENDER: Was hat der Angeklagte zu Ihnen gesagt, als Sie ihm begegnet sind?

ZEUGE: Ich war auf dem Weg zum Bambusschneiden. Als ich ihn fragte, ob er etwas gefangen hätte, sagte er nein.

Anschließend wurde Hans Fell als Beweismittel vorgelegt. Der Kopf und die Füße waren abgeschnitten. Der Vorsitzende wandte sich wieder an Leng Zhizhong.

VORSITZENDER: Was haben Sie mit dem Fleisch gemacht?

LENG: Ich habe es nach Hause getragen, und meine Frau hat es mit Rüben gekocht. Wir haben etwas davon gegessen. Geschmeckt hat es nicht. Also haben wir es den Schweinen gegeben. Und meine Schwester hat etwas abgekriegt.

Es folgte die Verlesung des amtlichen Protokolls des Einsatzes der Polizisten, die am 5. Februar die Spur des Angeklagten vom Tatort zu seinem Haus verfolgt hatten.

VORSITZENDER: Was möchten Sie zu Ihren Gunsten vorbringen?

LENG: Ich habe die Tat begangen. Ich bin arm und habe es für meine Familie getan. Ich habe damit dem Volk großen Schaden zugefügt. Das habe ich jetzt eingesehen, und ich werde es nicht wieder tun. Ich habe mich von egoistischen Motiven leiten lassen. Die Haftstrafe wird mir helfen, einen neuen Weg zu beschreiten.

Am Ende seines Verhörs erklärte der Vorsitzende die Beweiserhebung für abgeschlossen und bat Staatsanwalt und Verteidiger um ihre Plädoyers.

Der Staatsanwalt erhob sich und rekapitulierte den Tathergang. Er beschloß seinen Vortrag mit den Worten:

STAATSANWALT: Der Täter hat ein umfassendes Geständnis abgelegt. Mit seiner Tat hat er dem Volksganzen geschadet. Der Panda ist ein seltenes, schönes, vom ganzen chinesischen Volk geliebtes und in aller Welt bekanntes Tier. Er besitzt einen besonderen Wert für die wissenschaftliche Forschung; ein Todesfall beeinträchtigt zwangsläufig das laufende Untersuchungsprogramm. Es ist verboten, in Schutzgebieten Tiere zu töten. Seltene Tiere müssen in Naturreservaten Schutz finden können. Der Angeklagte war sich im klaren darüber, daß er nicht hätte jagen dürfen. Wenn eine Schlinge einen Eber zur Strecke bringt, kann sie auch einen Panda zur Strecke bringen. Insofern wurde die Tat mit bedingtem Vorsatz ausgeführt. Der Vorfall enthält eine Lektion nicht nur für den Angeklagten, sondern auch für andere. Die Leitung des Wolong-Reservats ist nicht in den Fall verwickelt. Trotzdem hat auch sie aus dem Ganzen eine Lektion zu lernen: Ihre

Arbeit ist lückenhaft. Und was die Dorfbewohner betrifft: auch daß sie arm sind, entbindet sie nicht von der Pflicht, die Landesgesetze einzuhalten.

Der Verteidiger hielt zunächst ein eloquentes Plädoyer für den Naturschutz, mit Hervorhebung der Tatsache, daß der Schutz von Naturräumen in den letzten Jahren in zahlreichen Ländern große Fortschritte gemacht hat. Auch in China gebe es Gesetze zum Schutz seltener Tiere, zudem seien im Land einhundertundvier Naturreservate ausgewiesen, zu denen auch Wolong zähle, das zum *World Biosphere Reserve* erklärt worden sei. Der Tod eines Pandas, so fuhr er fort, sei ein großer Verlust für Wolong, für China und für die Menschen auf der ganzen Welt, doch gebe es in diesem Fall mildernde Umstände, die das Gericht in Betracht ziehen möge.

VERTEIDIGER: In den Zeitungen ist zu lesen, daß die Beweislage sehr zuungunsten des Angeklagten spricht. Es ist meine Pflicht, unter Beweis zu stellen, daß seine Tat so schwerwiegend nicht ist und daß ihn keine Schuld trifft. Daß seine Schlinge den Panda erwürgt hat, steht außer Zweifel. Aber die Tatmotive müssen eingehender betrachtet werden. Die Tat des Angeklagten ist kein Einzelfall: Er hat zahlreiche Schlingen gesehen, die von anderen gelegt waren. Seine Absicht war es lediglich, Moschustiere zu fangen wie die anderen. Er hat einen Denkzettel verdient. Zu bedenken ist indessen, daß er mit seiner Familie in Armut lebt und er die Straftat ohne konkreten Vorsatz begangen hat. Der Angeklagte verfügt nur über Grundschulbildung; von Ökologie weiß er nichts. Der Zweck unserer Rechtsprechung ist Erziehung, nicht Bestrafung. Im Reservat liegen mehrere tausend Schlingen. Die Gefahr für den Panda bleibt unvermindert bestehen. Hier liegt ein bedenkenswertes Problem. Unsere Propaganda hält offenbar mit den tatsächlichen Verhältnissen nicht Schritt. Die Bauern hier sind arm, und wir müssen ihre Lebensbedingungen verbessern. ich hoffe allerdings, daß sie ihrerseits begreifen, daß auch unser Land Probleme hat. Wir müssen nicht nur die Tötung von Wildtieren unterbinden, sondern auch die Menschen erziehen und ihren Lebensstandard heben. So werden wir die heute noch verantwortungslosen in verantwortungsbewußte Bürger verwandeln.

Nach dem Plädoyer des Verteidigers zog sich das Gericht zur Beratung zurück, die zehn Minuten dauerte. Sobald sich das Publikum wieder im Saal versammelt hatte, verkündete der Vorsitzende die Entscheidung der Kammer.

Das Urteil lautet auf zwei Jahre Haft. Gegen diese Entscheidung kann der Verurteilte innerhalb einer Frist von zehn Tagen Berufung einlegen.

Obwohl jedermann im Saal schon vorher gewußt hatte, wie die Sache ausgehen würde, stockte den Zuschauern der Atem. Die Verhandlung war beendet. Sie hatte zwei Stunden gedauert.

Ich fand, das Verfahren war recht eindrucksvoll gewesen. Ich fand aber auch, daß man den Falschen ins Gefängnis geschickt hatte. Nach meinem Dafürhalten hätte nicht Leng Zhizhong einsitzen müssen, sondern die zuständigen Leute in den Lokalbehörden, die sich mit ihrer Fahrlässigkeit und unerschütterlichen Gleichgültigkeit zu Mitschuldigen am Tod nicht nur von Han, sondern auch des von mir gefundenen strangulierten Weibchens gemacht hatten. Leng Zhizhong würde man «helfen, einen neuen Weg zu beschreiten», die Amtsträger hingegen würden in ihre Amtsstuben zurückschreiten und dort im alten Trott weitermachen.

9

Reisen im Pandaland

April – Juni 1983

Geographisch gesehen ist Sichuan eine Welt für sich: Die Zentralregion der Provinz, das Rote Becken, ist von hohen Gebirgszügen umschlossen, und in der Vergangenheit führten über diese natürliche Barriere nur unsichere Wege nach Norden, Osten und Süden ins übrige China. Der Yangzi bietet freilich seit eh und je eine leidliche Verkehrsverbindung zur Außenwelt, wenngleich er es mit seinen Engen und Stromschnellen der Schiffahrt nicht leichtmacht. Am Westrand des Roten Beckens erhebt sich ein chaotisches Gebirgslabyrinth, ein wildbewegter Ozean von scharfen Graten, schneebedeckten Gipfeln und düsteren Tälern, der sich bis zum Hochland von Tibet erstreckt. In den mehr als zweitausend Jahren seit den ältesten chinesischen Ansiedlungen im Sichuanbecken war die Bevölkerungszahl bis zu den dreißiger Jahren des zwanzigsten Jahrhunderts auf fünfzig Millionen angestiegen, und heute beträgt sie einhundertundzehn Millionen; ermöglicht wurde dieses Wachstum durch den fruchtbaren Boden und das milde Klima, die bis zu drei Ernten im Jahr gestatten. Ungeachtet der geographischen Isolation des Landeteils blieb das Gros von Sichuan in kultureller Beziehung über den Wechsel der Zeitalter hinweg ein integraler Teil von China. Nicht so das Bergland im Westen. In dieser – ehemals als Chinesisch-tibetisches Grenzland bezeichneten – Region existierte kein klar definierter Grenzverlauf zwischen China und Tibet, bis die neugegründete

Volksrepublik China das Nachbarland besetzte (1950) und es sich als «autonomes Gebiet» angliederte (1951).

Im Frühjahr 1983 erhielt ich erstmals die Genehmigung, in diesem Grenzland zwecks Feststellung von Panda-Vorkommen freizügig umherzureisen (siehe die Karte auf Seite 424). Der Reiz, den der Besuch eines uns unbekannten Landstrichs auf uns ausübt, gründet oft in seiner Geschichte. Père Armand David war dort zu seinem ersten Pandafell gekommen, andere bekannte Westler – Forscher, Akquisiteure für Museen, Reisende – waren kreuz und quer durch die Berge gezogen oder der Haupthandelsroute nach Tibet gefolgt, die sich von Chengdu über Kanding (Tatsienlu) und Betang nach Lhasa zog. Im Süden des Panda-Verbreitungsgebiets leben die Lolo oder Yi, wie sie heute genannt werden, eine traditionell allen Fremden gegenüber feindselige Völkergruppe. Die Region ist von zahlreichen nichtchinesischen Volksstämmen bewohnt, deren jeder in vergangenen Zeiten eine Feudalherrschaft mit einem Erbfürsten an der Spitze gebildet hatte. Manche von ihnen, wie zum Beispiel die Yi, bewahrten sich ihre Unabhängigkeit, die meisten jedoch gerieten unter chinesischen Einfluß oder sogar in Tributpflichtigkeit gegenüber dem Qing-Kaiser, nachdem dessen Armeen 1775 einen Aufstand verbündeter Stammesfürstentümer niedergeschlagen und die Macht der lokalen Stämme gebrochen hatten. In der gesamten Grenzregion unterhielten die Chinesen an strategisch wichtigen Punkten Handelszentren und Militärstützpunkte, die ihnen insbesondere die Kontrolle über die Haupthandelsroute nach Tibet sicherten. Nicht anders als damals stellen in den Zentren noch heute die Chinesen den zahlenmäßig weit überwiegenden Bevölkerungsanteil. Die Angehörigen der einheimischen Stämme leben zumeist in kleinen Dorfgemeinschaften oder auf Einödhöfen in den Bergen und mühen sich da, dem Boden Ertrag abzuringen und Vieh zu züchten, schlagen Bauholz im Wald, sammeln Heilkräuter und jagen Wildtiere. Obwohl bis in die vierziger Jahre Westler in großer Zahl dieses Gebiet bereisten und es in einer Anzahl von Städten sogar christliche Missionen gab, war die Region in die Anonymität zurückgefallen. Ich war gespannt darauf festzustellen, welche Veränderungen in den vergangenen Jahrzehnten hier eingetreten waren.

24. April. Ich bin vergnügt. Zum ersten Mal in zweieinhalb Jahren Panda-Projekt komme ich heute über die Grenzen von Wolong hinaus und kann andere Panda-Habitate besuchen. Unser erstes Tagesziel ist Baoxing, ein an das Wolong-Gebiet angrenzender Landkreis. Wir – Hu Jinchu, Xiao Qiu, der Forstbeamte Cui Yangtao und ich – fahren von Chengdu aus in südwestlicher Richtung erst über die Ebene des Roten Beckens, später durch bis zu den Kuppen hinauf mit Anbauflächen terrassierte Hügel. Weizen-, Raps- und Gemüseparzellen, die aussehen wie im Bilderbuch, zeugen für die Effizienz der Anbaumethoden. Daß China, ein im Laufe seiner Geschichte immer wieder von Hungersnöten heimgesuchtes Land, heute in der Lage ist, seine 1,2 Milliarden Einwohner von nur 1350 Quadratmeter bestellbarem Boden pro Person zu ernähren, ist eine Leistung gewaltigen Ausmaßes. Zu einem nicht unerheblichen Teil spielt sich das Landleben in China auf den «freien Märkten» am Straßenrand ab, wo die Bauern alles, was sie über die Staatsquote hinaus erwirtschaftet haben, gewinnbringend losschlagen. Hier quellen Verkaufsstände und Karren über von Gemüse, Früchten, Eiern, Hühnern, Schweinen und hausgemachten Gebrauchsartikeln, angefangen von Besen und Körben bis hin zum Sofa mit Vinoplastebezug. Neben den fliegenden Händlern mit ihren Süßigkeiten und Zigaretten, Seifenriegeln und Sonnenblumenkernen bieten freischaffende Friseure, Schuster und Fahrradmechaniker ihre Dienstleistungen an. Eine neue Vision ist zum ökonomischen Ansporn geworden, der die Bevölkerung antreibt, die «acht neuen Dinge» – Armbanduhr, Farbfernseher, Fotoapparat, elektrische Waschmaschine, Kassettenspieler und wie sie sonst noch hießen – haben sich in den Wunschträumen jedes Chinesen eingenistet.

Hinter der Stadt Ya'an führt eine unbefestigte Piste am Fluß entlang westwärts zu einer schroff aufragenden Gebirgskette. Dort nimmt uns eine dämmrige Schlucht auf, eine Art Torweg zu dem dahinterliegenden weiten Tal. Am Ende des Tals gewährt ein Paß Einlaß in das gebirgige Innere des Chinesisch-tibetischen Grenzlands. Wir fahren ein Tal entlang, das links und rechts von Bergen begrenzt wird, deren Gipfel sich in den Wolken verlieren. Auf den steilen Hängen sind unterrassierte Anbauflächen angelegt, mit vertikalem Furchenverlauf, damit starker Regen besser ablaufen kann – der natürlich um so leichter die Krume mit sich fortträgt. Überall am Straßenrand sieht man die Bauern den heruntergespülten Ackerboden in Körben sammeln und mühsam auf die Felder zurückschleppen.

Hinter einer Straßenbiegung kommt schließlich, eingezwängt zwischen Gebirge und Fluß, die Stadt Baoxing in Sicht. Es ist die typische Kreisstadt mit der obligaten Ansammlung von gesichtslosen mehrstöckigen Betonbauten, in denen neben Regierungsbehörden ein Kaufhaus, ein Gasthof und ein Kino untergebracht sind; mit kleineren Geschäftshäusern und Wohnhäusern wuchert die Stadt in die ländliche Umgebung hinein. Baoxing – ehemals Muping (beziehungsweise für die Franzosen Moupin) – war einst eines von vielen Feudalfürstentümern zwischen Chengdu und der tibetischen Grenze gewesen. Vor etwa fünfhundert Jahren machten die Chinesen den Versuch, die Ureinwohner zu vertreiben, und als sie damit kein Glück hatten, bewogen sie etliche osttibetische Stämme zur Invasion, und diese Stämme stellten dann die Herrscher der Region. Mit deren Macht war es allerdings zu Beginn des zwanzigsten Jahrhunderts im wesentlichen vorbei, wie die Brüder Roosevelt feststellten, als sie hier 1929 Pandas jagten.

Seit unvordenklichen Zeiten hatte es [Muping] zu seinem nächsten mächtigen Nachbarn, wer immer es war, in einem recht lockeren Botmäßigkeitsverhältnis gestanden. Trotz seiner Nähe zu Tschengtu, das schon seit Zeiten lange vor den drei Reichen ein großes chinesisches Zentrum ist, konnte es sich bemerkenswert lange seinen Eigencharakter bewahren. Die Annalen der Stadt sind eine fortgesetzte Dokumentation von Kämpfen gegen fremde Aggressoren. Über dem letzten Akt dieses Dramas senkte sich der Vorhang erst im vergangenen Sommer. Die herrschende Dynastie waren Tibeter. Der letzte Fürst war etliche Jahre zuvor gestorben und hatte Frau und Tochter hinterlassen. Letztere verheiratete man mit einem Prinzen aus der Tschalu-Dynastie von Tatsienlu, der nach Muping übersiedelte. Vor ungefähr einem Jahr wurde er umgebracht, ob von seinen eigenen Vasallen oder von den Chinesen, ist offen – in diesem Punkt widersprechen sich die Berichte. Heute hat Muping einen chinesischen Gouverneur. [...] Zu sehen waren die Überreste vergangener Glorie in Gestalt des altersschwachen Steinbaus eines Lamaklosters – heute die Garnisonskaserne –, einer alten Bergfestung in der näheren Umgebung und der zerfallenen Fundamente des einstigen Königspalasts, bewacht von zwei steinernen Löwen am Eingang.

Bei der Einfahrt in die Stadt entdecke ich am Straßenrand eine Steintafel, deren alte Inschrift dem Zahn der Zeit und dem Wandel der politischen Verhältnisse zum Opfer gefallen ist. Über die alten Schriftzeichen ist die aktuelle Frohbotschaft in den Stein gehauen: «Nur der Kommunismus macht ein Volk groß.»

Baoxing ist ein Wallfahrtsort für jeden Westler, der in irgendeiner Form mit Pandas befaßt ist, denn von hier brach Père Armand David in die Berge auf, wo er den Großen Panda für den Westen entdeckte. Jean Pierre Armand David wurde am 7. September 1826 im französischen Departement Basses-Pyrénées als Sohn baskischer Eltern geboren. Mit zweiundzwanzig Jahren trat er in die «Kongregation der Mission» ein (deren Mitglieder üblicherweise nach dem ersten Mutterhaus, St-Lazare in Paris, als Lazaristen oder nach dem Stifter, dem hl. Vinzenz von Paul, als Vinzentiner bezeichnet werden). 1851 wurde er zum Priester geweiht und elf Jahre später nach Beijing in die dortige Missionsstation der Lazaristen entsandt. In China befaßte er sich so eifrig mit dem Studium der einheimischen Fauna und Flora, daß er zum Entdecker einiger der bemerkenswertesten Tiere und Pflanzen Asiens wurde. Schon 1865 war ihm im kaiserlichen Jagdrevier bei Beijing ein «interessanter Wiederkäuer» aufgefallen, ein Hirsch von ungewöhnlichem Aussehen. Im Chinesischen hieß das Tier *sibuxiang*, «das vierfach Ungleiche», weil es den Schwanz eines Esels, das Geweih eines Hirschs, den Hals eines Kamels und die Hufe eines Rinds zu haben schien; in freier Natur war es bereits ausgestorben, die kaiserliche Herde umfaßte die letzten noch lebenden Exemplare. Père David kaufte die Überreste zweier Exemplare des Tiers, das später ihm zu Ehren den wissenschaftlichen Namen *Elaphurus davidianus*, «Davidshirsch», erhielt. Seine zweite Sammlerreise, die in den Zeitraum 1868–1870 fiel, führte ihn auch nach Baoxing, und die Entdekkungen, die er hier machte, brachten ihm nicht nur Anerkennung in der Gelehrtenwelt ein, sondern machten ihn auch in breiten Kreisen populär.

In den Tagen des Père David dauerte die Reise von Chengdu nach Baoxing sechs Tage, von denen der letzte ganz für die Überquerung eines hohen, dicht bewaldeten Bergzugs benötigt wurde. Beim Abstieg nach Baoxing sah Père David «zahlreiche uralte Stämme einer sehr großen *sha-mu* (Kiefer) auf dem Boden verfaulen, die auf Anordnung des *T'u-ssu* oder Fürsten von Muping zwecks Errichtung einer für die chinesischen Truppen unüberwindlichen Barriere gefällt worden waren». Zur damaligen Zeit befand sich bei Baoxing eine *mission étrangère*, die von einem jungen französischen Missionar, einem gewissen Monsieur Dugrité, geleitet wurde, der fünfzig chinesische Schüler in «Latein, Philosophie, Theologie, Geschichte etc.» unterrichtete, und hier stieg Père David zunächst ab.

In sein Tagebuch schrieb er:

1. März 1869. Montag, mein erster Tag in Muping. Sehr schönes Wetter. Wie bereits vermerkt, wurde das Kolleg in Muping vor fünfzig oder sechzig Jahren gegründet, als die in China tobenden Verfolgungen die Missionare zwangen, auf dem Territorium des Manzu-Fürsten Zuflucht zu suchen. Zu der Zeit waren diese Täler noch durchweg bewaldet, und die einzigen Landesbewohner wurden als Barbaren bezeichnet. Aber bald folgten den Missionaren christliche und andere Chinesen und erhielten

vom Landesherrn die Erlaubnis, unter bestimmten Auflagen und gegen bestimmte Abgaben den Boden zu bebauen. Nach und nach nahm das Tal ein chinesisches Aussehen an, die chinesische Form der Landwirtschaft wurde eingebürgert, und die Missionare führten aus Europa die Kartoffel und den Kohl ein, zwei Nutzpflanzen, die heute die Hauptnahrungsmittel dieser Bergbewohner sind.

Vom Anbau von Getreide und der bereits erwähnten Feldfrüchte abgesehen, ziehen die Bewohner dieser unzugänglichen Gebirgsregion ihren Lebensunterhalt aus dem Anbau von Heilpflanzen, der Jagd auf Moschustiere und der Gewinnung von Pottasche aus Pflanzenasche.

Die Ausfuhr von geschlagenem und zu breiten Bohlen zersägtem Holz ist eine weitere Einkommensquelle des Landes.

[...]

Sobald ich mich in dem gemütlichen kleinen Zimmer, das Monsieur Dugrité mir zur Verfügung gestellt hat, wohnlich eingerichtet habe, werde ich mir schleunigst die Umgebung meiner neuen Unterkunft ansehen, in der ich mich aller Voraussicht nach eine ganze Weile aufhalten werde [...]. Ich verbringe jeden freien Augenblick des ersten Tags mit der Jagd auf Vögel [...].

Die Begierde, auf Erkundungsstreifzügen durch die umliegenden Wälder seine Neugier zu befriedigen, kann ich Père David nachfühlen. Es gibt eine Fotografie von ihm, die ihn in Mantel und Pelzmütze *à la chinoise* zeigt. Er trägt einen schwarzen Spitzbart, der Blick ist durchdringend, die Gesichtszüge verraten Vitalität und Entschlossenheit, und um den Mund spielt ein Hauch von Humor; das Gesicht vermittelt den Eindruck von Einfallsreichtum und stiller Leidenschaftlichkeit. Sammelte Père David zwar einerseits Specimina von Wildfauna und -flora, so schrieb er doch andererseits auch: «Der Mensch ist der König des Naturreichs, aber er hat nicht das unerquickliche Recht, sich hier als Schlächter zu betätigen, es sei denn, dies wäre absolut unvermeidlich.» Seine Einsichten in den Naturzusammenhang, ja seine ganze persönliche Überzeugung, wie sie in dem eingangs dieses Buches zitierten Motto anklingt, sie könnten genausogut auch der Feder eines Naturschützers unserer Tage entstammen.

Welche Lust wäre es gewesen, gemeinsam mit diesem Mann das Gebirge zu erkunden!

25. April. Eine Parade von Felsspitzen und ein Flickenteppich von Feldern und Gesträuch auf halsbrecherisch steilen Hängen ziehen sich auf dem Weg nach Yaoji neben der Straße längs des Dong-Flusses hin. Bei einem Nebental, der Dengshi-Schlucht, machen wir halt; hier gibt es einen, um es mit Cui Yangtaos Worten zu sagen, «katholischen Tempel», in dem Père David Station gemacht hat. Als erster Ausländer seit den vierziger Jahren hätte ich eine Sondergenehmigung, den Ort zu besuchen, eröffnet mir Cui. Von dem Fußsteig, auf dem wir gehen, sieht man drunten ein Wildwasser gegen Felsbrocken gischten. Ein Gänsefuß und eine Schwertlilie präsentieren sich in Blüte. Nach kurzer Zeit weitet sich das Tal und wendet sich nach Norden; die Hänge sind hier fast bis zu den Gipfeln hinauf mit Raps, Kartoffeln und Mais bebaut. Da und dort kauert auf einer Terrasse eine einzelne mit Holzschindeln gedeckte Hütte, und unser Weg windet sich zwischen Kastanien- und Walnußbäumen aufwärts. Nach einer guten Stunde Fußmarsch zeigt sich uns hinter einer Wegbiegung der Tempel, ein beeindruckender Holzbau mit geschwungenem chinesischem Dach, groß, jedoch keineswegs als Fremdkörper in der Landschaft wirkend, wie er sich da mit Ausblick auf die schneebedeckten Gipfel bis zu einer Tagesreise weit weg talaufwärts an den Hang schmiegt. Hier oben in eintausendachthundert Meter Höhe wärmt die Sonne, und es geht ein frischer Wind. Hier treffen die vergangene und die gegenwärtige Geschichte des Pandas zusammen.

Ein massives zweiflügeliges Portal schottet das Innere der Anlage gegen ungebetene Besucher ab. Ein großes Schild über dem Portal trägt die Aufschrift «Dem Volke dienen», eine Losung, die in jede Epoche paßt. Ein Hausmeister drückt die Türflügel auf, und wir treten in einen Innenhof. An einer Balkonbrüstung mahnen farbige Schriftzeichen: «Wir müssen unsere Fördermenge auf dreitausend Tonnen erhöhen!» Einige Jahre lang hat der Tempel als Quartier für Arbeiter des nahegelegenen Asbestbergwerks gedient, doch zur Zeit stehen die Räumlichkeiten leer; außer dem Hausmeister wohnt hier niemand. Und der fühlt sich hier unwohl, denn wenn der Wind von den Bergspitzen herunterpfeift und -heult, beginnen in dem Bauwerk Geister zu krächzen und zu stöhnen. Viele Balken im Tempel sind angekohlt, ein Andenken an die Jahrzehnte der Vergangenheit, in denen die Einheimischen das Gebäude teilweise niederbrannten und die Missionare es wieder aufbauten. Die Kapelle ist groß und hoch oben von einem Netzgewölbe aus intarsiertem Holz überspannt. Gedämpft fällt das Licht durch das exquisite Maßwerk der gotischen Fenster. Ein Fenster ist groß und rund, es umschließt eine Rosette mit einem Kreuz in der Mitte, die entfernt an ein buddhistisches Mandala erinnert. Früher gab es hier viele Standbilder, sagt der Hausmeister, aber im Zuge der Kulturrevolution wurden sie zerschlagen. Grubenholz und Bergbaugerät beanspruchen jetzt den Platz in der Kapelle.

Draußen gehe ich durch einen von Gras und Rankenwerk überwucherten Garten und setze mich auf die Überreste einer Steinmauer. Der Ort ist vom Andenken Père Davids erfüllt. Hier war sein Quartier, von dem aus er vor über hundert Jahren zu seinen Streifzügen durch die Berge aufbrach, die ihn zu einigen seiner größten Entdeckungen führten – dem Taubenbaum *(Davidia involucrata)*, dem Grünschwanz-Glanzfasan, dem Goldstumpfnasenaffen und dem Großen Panda, über den er in seinem Tagebuch schrieb:

11. März [1869]. Nach der Rückkehr von einer Exkursion werden wir von einem gewissen Li, dem größten Grundbesitzer im Tal, auf eine Erfrischung in sein Haus eingeladen und dort mit Tee und Gebäck bewirtet. Bei diesem Heiden erblicke ich ein schönes Fell von dem mächtigen schwarzweißen Bären, einem offenbar ziemlich großen Tier. Es ist eine bemerkenswerte Spezies, und ich bin entzückt, als meine Jäger mir sagen, daß sie mir das Tier mit Sicherheit innerhalb kurzer Zeit werden beschaffen können. Morgen werden sie ausziehen, um das Tier zu erlegen, das für die Wissenschaft eine interessante Neuheit darstellen wird.

Père David spricht *du fameux ours blanc et noir*, was gewöhnlich mit «von dem berühmten schwarzweißen Bären» übersetzt wird, obwohl nichts darauf hindeutet, daß er zuvor viel von dem Tier gehört hätte. Französisch *fameux* kann aber außer «berühmt» auch «kapital», «riesig», «mächtig» oder ähnliches bedeuten, und es in diesem Sinne zu übersetzen scheint mir hier besser angebracht.

Am 23. März erhielt Père David einen jungen Panda, den seine Jäger lebend gefangen, anschließend aber zum Zwecke des leichteren Transports getötet hatten, und am 1. April ein frisch geschossenes erwachsenes Tier. Nach seinem Eindruck «muß es sich um eine noch unbekannte Art von *Ursus* handeln, ungewöhnlich nicht nur in der Färbung, sondern auch durch die unten behaarten Pfoten und andere Merkmale».

Von 1949 bis Anfang der achtziger Jahre wurden aus der Region Baoxing mehr Pandas als aus jeder anderen Region Chinas in zoologische Gärten geliefert – Anfang der achtziger Jahre belief sich ihre Zahl (die auch Hsing-Hsing im National Zoo, Washington, D.C., einschließt) auf 108.

Um das überwiegend von Tibetern bewohnte Yaoji herum ist das Gelände sanfter, und die Hänge sind weniger fruchtbar als in der Region um Baoxing. Das Zentrum besteht aus einer kurzen, von Holzbauten – zumeist Kaufläden – gesäumten Hauptstraße, diversen Bürosilos, in denen Behörden und Ämter residieren, und einer etwas erhöht gelegenen Tempelruine. Die Wohnhäuser sind im tibetischen Stil erbaut, mit zwei Geschossen – das untere aus Stein, das obere aus Holz – und nicht selten auch mit einem Balkon; die Architektur erinnert stark an Häuser, wie man sie in den Alpen findet. Die einheimischen Frauen tragen die *chuba*, den gebräuchlichen knöchellangen Umhang der Tibeterinnen, dazu einen charakteristischen Kopfputz: ein vielfach gefälteltes steifes schwarzes Tuch mit Applikationen aus Bernstein, Korallen, Türkis und Silber, das mittels eines Haarzopfs auf dem Kopf befestigt wird.

Wir suchten die Oberhäupter der Lokalverwaltung auf, um

ihnen den Zweck unseres Besuches zu erklären, und während wir unser Anliegen vortragen, blicken von den Postern an den Wänden die in unterschiedlicher Fülle bartgeschmückten Gesichter von Marx, Engels, Lenin und Stalin und dazu der glattrasierte Mao Zedong auf uns herab.

26. April. Am Morgen nach unserer Ankunft wandern wir ein Tal – das «Nibaugou» – hinauf zu einem von den Holzfällercamps, bei denen sich häufig Pandas sehen lassen und wo sie sich im Winter sogar bis zu den Hütten vorwagen, um in den Abfällen zu wühlen. Mit von der Partie ist Gao Huahang, ein junger Förster aus dem nahe gelegenen Fengtongzai-Reservat, dessen sympathische Art und breites Lächeln mir von seiner Assistenzzeit in Wuyipeng her noch bestens in Erinnerung sind. Vergangenes Jahr hat er ein Pandaweibchen in einer Baumhöhle beobachtet, und den Platz will er uns jetzt zeigen.

Wir schlängeln uns durch ein Chaos von gefällten Stämmen, abgetrennten Ästen und zerfetztem Unterholz aufwärts und erreichen zuletzt den Grat eines Bergvorsprungs, auf dem ein schmaler Streifen Wald als letzter Rest stehengeblieben ist. Hier, im Fuß einer Tanne, nur sechs Meter von einem vielbegangenen Fußsteig entfernt, befindet sich die Höhle, durch deren knapp vierzig Zentimeter weite Öffnung sich ein Panda gerade noch durchzwängen kann. Das Weibchen warf hier am 24. September und blieb einen Monat lang in der Höhle, obwohl in ihrer Nähe täglich die Arbeiter vorüberzogen, die den jenseitigen Hang abholzten. Die warfen ihr manchmal Fleisch und Knochen zum Fressen hin.

Gao Huahang zeigte mir ein Foto, auf dem er selbst zu sehen war, wie er sich vor der Baumhöhle Notizen machte, während das Weibchen ihn von drinnen beäugte. Da sie dringend einen Wurf- und Aufzuchtplatz brauchte, gewöhnte sich die Pandamutter daran, Menschen und den Lärm der allüberall um sie herum niederkrachenden Bäume zu tolerieren.

Auf dem Rückweg fragen wir einige Arbeiter, ob sie in jüngster Zeit etwas von Pandas bemerkt haben. Ja, gestern konnte man weiter oben auf dem Hang hier einen rufen hören. Mit Xiao Qiu und Gao Huajang im Schlepptau kraxle ich aufwärts. Ein Stück weit vor mir sehe ich einen Panda davontrotten, vorbei an dem von lautstark knatternden Motoren getriebenen Drahtseil, mit dem die gefällten Stämme zu Tal geschleift werden. Das ganze Tal ist erfüllt vom Lärm der Axthiebe und dem Schreien und Rufen der Arbeiter.

Später am Tag hören wir beim Holzfällercamp einen Panda quieken und fünfzehn Minuten danach einen zweiten. Aber die Tiere bekommen Wind von uns, und wir sehen von ihnen nicht mehr als den schwankenden Bambus, der ihre Rückzugslinie markiert.

Der ganze von Menschen in dem Gebiet veranstaltete Wirbel hat offenbar die Pandas nicht davon abzuschrecken vermocht, ihr Quartier hier beizubehalten.

Mit Interesse stelle ich fest, daß hier zwei Bambusarten vorherrschen. Die eine, *Sinarundinaria chungii*, hoch und zierlich wie der Schirmbambus, wächst bis in zweitausendsiebenhundert Meter Höhe, die zweite, der Pfeilbambus, gedeiht in höhergelegenen Zonen. Viele Pfeilbambuspflanzen stehen in Blüte; die Ähren und Rispen an den Zweigspitzen, von brauner, ins Purpurne spielender Farbe, ähneln in der Form den Blütenständen des Reises.

Diese so harmlos aussehenden Blütenstände sind unter Umständen Vorboten einer Katastrophe, die die ohnehin gefährdete Existenz des Pandas noch enorm viel mehr gefährdet. Für Pandas gibt es allem Anschein nach nicht viel mehr zu tun, als zu fressen, zu schlafen und sich zu gegebener Zeit dem Fortpflanzungsgeschäft zu widmen. Doch fordert die Natur für diese sybaritische Existenz offenbar einen schrecklichen Tribut, denn jedesmal, wenn es nach vieljähriger Pause zu einem Massenblühen des Bambus kommt, ist der Panda vom Hungertod bedroht, weil die meisten Bambusarten nur ein einziges Mal in ihrem Leben blühen und nach dem Fruchten absterben.

Die Bambusse gehören zu der Familie der Gräser (Gramineen),

wenn sie auch, ungewöhnlich für Gräser, verholzte Stämme und Zweige ausbilden. Anders als typische Grasarten, die jährlich blühen und Samen auswerfen, blühen die meisten Bambusarten mit vieljährigen Pausen, während deren sie sich über Rhizome vermehren. Kleinere Arten kommen nach ungefähr drei bis vier Jahren, größere nach zwanzig bis achtzig, manche sogar erst nach einhundertzwanzig Jahren zur Blüte.

Nach der Blüte und dem Fruchten sterben diese periodisch blühenden Bambusarten (nur ganz wenige Arten blühen und fruchten wie reguläre Gräser jährlich, ohne abzusterben). Aus keimenden Samen entstehen schließlich neue Bambusbüschel. Jedes Jahr kommen wieder neue Halme hinzu und alte sterben ab; kein Halm lebt länger als zehn bis fünfzehn Jahre. Zuweilen kann es vorkommen, daß ein einzelnes Bambusbüschel blüht, aber gewöhnlich ist die Blüte bei Mitgliedern einer Art ein über einen Gebirgsabschnitt, ja über ganze Regionen verbreitetes Massenphänomen. Danach sterben die Büschel alle gleichzeitig ab.

Der Vorgang des Massenblühens ist noch ungeklärt. Theoretisch muß jede Zelle der Bambuspflanze eine genetische Uhr enthalten, die das Signal gibt, wann von der einen auf die andere Fortpflanzungsweise umzuschalten ist. Da die Pausen zwischen den Massenblüten einer Art nicht exakt gleich lang sind, wird man Umweltfaktoren – Sonnenflecken-Maxima, Dürreperioden, Erdbeben – als zusätzliche Auslöser in Betracht ziehen müssen. Das Auftreten dieser Faktoren ist freilich nicht zuverlässig voraussagbar.

Das spektakuläre Phänomen des Bambus-Massenblühens findet im chinesischen Schrifttum schon seit langem Beachtung. In einem aus der Qin-Zeit (221–206 v. Chr.) stammenden Werk über den Bambus heißt es: «Nach sechzig Jahren trägt er Früchte und stirbt ab.»

Und ein landwirtschaftliches Handbuch des späten siebzehnten Jahrhunderts empfiehlt folgendes Rezept zur Verhinderung des Bambussterbens:

Jedesmal, wenn der Bambus blüht, gehen hinterher alle Bambusse auf der Pflanzung zugrunde. Dagegen hilft folgendes Vorgehen: Man schneide den dicksten Halm jedes Büschels einen Meter über dem Boden ab, höhle das Innere des Stummels aus, indem man ihn der Länge nach durchbohrt, und fülle den Hohlraum mit Jauche. Das bringt das Blühen sofort zum Stillstand.

Diese Methode mag in einem Bambusgärtchen praktikabel sein, jedoch nicht auf einem mit schlankem Pfeilbambus bewachsenen Berghang, wo sich auf einer einzigen Quadratmeile unter Umständen hundert Millionen Halme drängen.

Mitte der siebziger Jahre war es in den Min-Bergen Nordsichuans und Südgansus zu einem Bambus-Massenabsterben gekommen; in unterschiedlichem Grade betroffen war eine Fläche von weit über fünftausend Quadratkilometern. Ein derart ausgedehntes Massenblühen war – von dem Russen M. Beresowski und anderen – zuletzt in den 1880er Jahren beobachtet worden. Die Bambusblüte in den Siebzigern hätte vielleicht lediglich unter chinesischen Spezialisten für Aufregung gesorgt, hätte sie nicht den Panda, der damals bereits zur nationalen Kostbarkeit erklärt war, in einem seiner wichtigsten Wohngebiete in eine Hungersnot gestürzt. Man konnte nicht viel tun, um ihm zu helfen. «Bei Inspektionen und Nachforschungen wurden insgesamt 138 tote Pandas gefunden», schrieb Wang Menhu. «Welch ein herzzerreißender Verlust.»

Wird die jetzige Pfeilbambusblüte auf einen Berghang im Kreis Baoxing beschränkt bleiben? Ich bezweifle es. Vor zwei Jahren, im Mai 1981, bin ich oberhalb von Wuyipeng auf blühende Pfeilbambushorste gestoßen. Damals habe ich mir gedacht, daß die Spezies bald zum Massenblühen, Fruchten und Absterben kommen werde. Außerdem ist der Zeitpunkt dafür im normalen Lebenszyklus des Pfeilbambus gekommen: Den Ortsansässigen zufolge haben die letzten Fälle von Massenblühen und -sterben in den Jahren 1893 und 1935 stattgefunden. Die Erinnerung an diese Vorkommnisse ist insofern zuverlässig, als beide in zeitlicher Parallele zu herausragenden historischen Ereignissen gestanden haben, das erste zu einem Bauernaufstand, das zweite zum «Langen Marsch» Mao Zedongs und seiner Gefolgsleute von Westsichuan nach Shaanxi, der 1935 Wolong am Westrand berührte. Mit Sicherheit steuern die Pandas in den Qionglai-Bergen – in Wolong wie in den anderen Habitaten – auf eine Krise zu.

3. Mai. Das frühjahrstypische Hochwasser des Min-Flusses ist braun von der mitgeführten Erde. Linker Hand mündet aus einem Gebiet, wo sich die Bergspitzen förmlich drängeln, das Tsaopo- ins Min-Tal. Im Tsaopo-Tal haben mehrere der ersten Panda-Expeditionen ihre Beutestücke erlegt – so die Dolan-Expedition von 1931, die Saga-Expedition von 1934 –, und sowohl Ruth Harkness als auch Floyd Tangier Smith haben dort Zootiere gefangen. Ein Stück weiter nördlich, wo das Min-Tal sich weitet, erreicht die Straße Wenchuan, ehemals Hauptstadt des Fürstentums Wassu, des Stammlands der Qiang. Heute jedoch ist Wenchuan eine moderne Kreisstadt, und selbst «die uralte zerfallene Stadtmauer», von der William Sheldon in den dreißiger Jahren berichtete, ist restlos verschwunden.

Das Min-Tal war mehr als zweitausend Jahre lang eine wichtige Route für Kaufleute und Invasoren, aber nur die Ruinen von Festungswerken und Wachtürmen auf den Berghöhen erinnern an die mittelalterliche Lokalgeschichte. Die Berge müssen damals noch bewaldet gewesen sein und anders anzusehen als das triste Grau und die ausgedörrten Hänge mit ihren Flecken von kümmerlicher Vegetation, an denen wir vorüberkommen. Der Frühling muß diesen öden Landstrich übergangen haben. Noch im Mai präsentieren sich Gras und Gesträuch im stumpfen Gelb des Winters, aber bei einem Weiler, an dem wir vorbeikommen, stehen die Apfelbäume in Blüte. Die staubige und holprige Straße erlaubt nur ein mühsames Fortkommen; von einer Felswand löst sich ein faustgroßer Brocken, kracht auf unsere Motorhaube und hinterläßt zum Abschied einen Sprung in der Windschutzscheibe. Im Forstamt Songpan, einem gigantischen Holzwirtschaftsbetrieb weit oben in einem von Mischwald aus Nadelbäumen und Birken bestandenen Nebental, empfängt uns die Führungsriege mit einem üppigen Bankett; hinterher setzen wir uns vor den Fernseher, um ein Tischtennisländerspiel zwischen Schweden und China zu verfolgen – eine Erinnerung daran, daß Weltabgeschiedenheit in der heutigen Zeit meistenteils nichts als Illusion ist.

4. Mai. Weiter oben im Min-Tal, in zweitausendsiebenhundert Meter Höhe, führt der Fluß wenig, aber dafür klares Wasser, und die Luft ist frisch unter dem tibettypischen kristallklaren Himmel. Auf einer von frühlingsgrünen Feldern überzogenen Ebene liegt die Stadt Songpan. Hinter dem Gewimmel und Getümmel eines Markts ragt die sechs bis neun Meter breite und ungefähr ebenso hohe alte Stadtmauer empor. Mit Waren bepackt durchpflügen Yaks und struppige Ponys das allgemeine Gedränge auf der Hauptstraße. Die Frauen tragen weinrote *chubas*, die von einem silberbeschlagenen Gürtel zusammengehalten werden. Ihr Kopfputz ist, wie bei Tibeterinnen üblich, stammestypisch: ein roter Turban mit einem Kranz von walnußgroßen bernsteinfarbenen Perlen.

Songpan wurde 1755 von Kaiser Qianglong als Garnison gegründet, mit der den hier ansässigen Tibetern, den Sifan, symbolisch die Knute des Herrschers gezeigt werden sollte, und entwickelte sich in kurzer Zeit zu einem wichtigen Handelszentrum. Ernest Wilson, der die Stadt in den ersten Jahren des zwanzigsten Jahrhunderts mehrere Male besuchte, schrieb:

Sollte das Schicksal es mir bestimmen, in Westchina leben zu müssen, würde ich nicht mehr verlangen, als daß Sungpan mein Wohnort wird. Wenngleich in beträchtlicher Höhe gelegen, erfreut sich die Stadt eines vollkommenen Klimas. [...] Rind- und Hammelfleisch, Milch und Butter von vorzüglicher Qualität sind hier stets äußerst preiswert zu haben. Das heimische Weizenmehl ergibt ein recht gutes Brot, und während der Jagdsaison steht ein reichhaltiges Angebot von Wildbret zur Verfügung. Man zieht hier gutes Gemüse, wie beispielsweise irische Kartoffeln,

Erbsen, Kohl, Speiserüben und Karotten, und baut Obstsorten wie Pfirsich, Birne, Pflaume, Aprikose, Apfel und Wilde Himbeere *(Rubus xanthocarpus)* an. Nirgendwo im chinesischen Binnenland geht es einem Abendländer besser als in Sungpan Ting. Nimmt man noch ihre ausgezeichneten Reit- und Jagdgelegenheiten hinzu sowie ein interessantes Studienobjekt in Gestalt eines exotischen Volkes – um von der Pflanzenwelt gar nicht erst zu reden –, dann läßt diese Stadt alle anderen Städte Westchinas an Attraktivität weit hinter sich.

Nördlich von Songpan flacht das Gelände ab zu einer sanft gewellten Hügellandschaft, deren ebenmäßige Konturen vielerorts von Zedern- und Fichtenstreifen aufgerauht werden, und um diese Jahreszeit ist der Boden teilweise noch mit Schnee bedeckt. Der Fluß verwandelt sich in einen seichten Wasserlauf, der sich über weidengesäumte Schotterbänke schlängelt. Von einem Paß, der gut dreitausenddreihundert Meter über Meereshöhe die Kammhöhe der Min-Berge bezeichnet, windet sich die Straße in engen Serpentinen abwärts; gezackte Kalksteingipfel mit Fichtenwäldern auf den Flanken verstellen die Fernsicht. In dreitausend Meter Höhe sehe ich die ersten Bambuspflanzen, zierliche grüne Büschel von *Fargesia nitida*. Weiter unten stehen diese Pflanzen in Blüte: Die entblätterten Halme sind braun, alle Zweige über und über mit Blütenständen besetzt. Das Tal mündet in das größere Tazang-Tal, das uns ostwärts durch bebaute Felder zum Eingang des Jiuzhaigou-Reservats führt. Wir sind am Ziel unserer Reise.

Zwischen den mit Kiefern bewachsenen Tallehnen eilt ein klarer Wasserlauf dahin, stellenweise gestaut von natürlichen Dämmen, den Hinterlassenschaften von Erdbeben in ferner Vergangenheit. Vor jedem Damm weitet sich das gestaute Wasser zu einem türkisfarbenen See, der so klar ist, daß man die umgestürzten Baumstämme sehen kann, die wie schattenhafte Krokodile fünf Meter tief oder noch tiefer auf dem Grund ruhen. Von den Oberkanten der Dämme ergießt sich das Wasser in Kaskaden oder Katarakten zu Tal, auf den Etappen dazwischen plätschert es zwischen weidenbestandenen Inseln dahin. Voraus stechen Kalksteingipfel wie riesige Sägezähne in den Himmel. Die Landschaft hat etwas zugleich Erhabenes und – dank ihrer harmonischen Schönheit – Intimes. An einer Stelle, wo das Tal sich gabelt, liegt die Reservat-Verwaltungszentrale – hierher plaziert mit dem in chinesischen Reservaten nur allzu häufig zu konstatierenden unfehlbaren Geschick, ein großartiges Stück Landschaft ausfindig zu machen und es alsdann mit desolat wirkenden Bauten aus Beton und Ziegelsteinen gründlich zu verschandeln.

Vom Erkundungseifer getrieben, mache ich mich auf einen Fußmarsch entlang dem Ufer des nahen Sees. Unterwegs sehe ich reichlich zerbrochene Flaschen und Konservengläser – chinesische Touristen lieben es, Glas zu zerschlagen –, Plastiktüten, leere Filmkartuschen und andere Abfälle in der Landschaft herumliegen. Ich biege auf einen Berghang ab und komme zum Fuß einer Steilwand, wo ein großer Bambushorst in Blüte steht; mehr noch: der gesamte Bambus unterhalb der Zweitausendfünfhundert-Meter-Grenze ist simultan aufgeblüht. Oberhalb davon hat nach Auskunft des Reservatpersonals 1976 ein Massenabsterben stattgefunden. Da im Jiuzhaigou nur eine Bambusart vorkommt, liefert die Ungleichzeitigkeit der Massenblüte-Zyklen die Erklärung, wie die Pandas hier das periodische Massenabsterben des Bambus überleben: Sie brauchen nur ihren Standort auf dem Berghang höher hinauf oder weiter nach unten zu verlagern.

5. Mai. Am Morgen fahren wir eines der Täler, das Chawa-Tal, hinauf. An einem Berghang drängen sich unter Gebetsfahnen, die an hohen Stangen wehen, die Häuser eines großen Tibeterdorfs zusammen. Rund achthundert Tibeter leben, jagen und bestellen ihre Felder in dem Reservat. Die Straße klettert stetig aufwärts durch einen Cañon, dann an ehemals fichten- und tannenbewachsenen, jetzt kahlgeschlagenen Hängen vorbei, auf denen, wiewohl im Zuge der Abholzung stark beschädigt, noch immer Bambus wächst. Das Jiuzhaigou wurde erst nachdem es holzwirtschaftlich ausgebeutet – und damit einer der schönsten

Flecken Chinas verhunzt – war, 1978 in ein Reservat verwandelt. Die Straße endet auf der Krone einer natürlichen Talsperre, die den Chang Hai, den «Langen See», aufstaut, dessen blaue Wasser sich von hier zwischen grauen Felswänden über sechs Kilometer tief ins Reich der mit Schneestreifen bepuderten Gipfel erstrecken.

Durch das düstere Halbdunkel unter Zedern-, Fichten- und Tannenkronen erklimmen Hu Jinchu und ich einen Kamm. Der Abstieg auf der anderen Seite gestaltet sich halsbrecherisch: Der Hang ist förmlich übersät mit Ausstrichen und fast senkrechten Abstürzen, wo es mit fataler Regelmäßigkeit jedesmal keinen einzigen Halt außer einem Rosenstrauch zu geben scheint. Bambus ist hier eine Rarität, und Pandas dürften sich selten hierher verirren. Da wir die Klettertour nicht noch einmal in umgekehrter Richtung machen wollen, arbeiten wir uns bis zum Chang Hai vor und folgen dann dem schmalen Uferstreifen. Stellenweise fällt der nackte Fels geradewegs in den See ab, aber wir bewältigen diese Hindernisse. Alle bis auf eins. Wenn wir nicht umkehren wollen, bleibt uns nichts übrig, als das Hindernis zu umgehen, indem wir uns eine lange Lawinenrinne ganz hochquälen. Kurz bevor wir oben sind, hemmt eine Bruchstelle im Weg – ein drei Meter breites unsicheres, dichtbesätes Geröllfeld mit fast senkrechter Neigung – unseren Schritt. Hu Jinchu setzt lachend zum Sprung an – und landet drüben auf der anderen Seite. Tief unter mir sehe ich Li Yuan, einen Englischstudenten von der Fachhochschule Nanchong, der uns auf dieser Reise begleitet, zusammen mit einem hiesigen Förster auf einem Floß aus drei Baumstämmen. Die beiden scheinen nicht auf der Wasseroberfläche zu treiben, sondern, wie sie da über zitternde Spiegelungen der Berggipfel hinweggleiten, irgendwo zwischen dem Blau des Sees und dem Blau des Himmels zu schweben. Statt Hu Jinchus waghalsigem Beispiel zu folgen, mache ich mich mit lautem Rufen Li Yuan bemerkbar und werde, indem alle Beteiligten mit Holzbrettern paddeln, was das Zeug hält, um den Felsen herumgeschifft.

6. Mai. Westlich vom Rizegou folgen wir einem ausgetretenen Viehweg aufwärts, bis der Wald von alpinen Matten abgelöst wird. Mit tumultuarischem Flügelschlagen und Gegacker stieben fünf Blaue Ohrenfasane, massige, blaugraue Vögel, aus einem Dickicht auf. Während des Sommers werden diese Triften intensiv von Viehhirten genutzt, die noch immer Wald niederbrennen, um Weideland zu gewinnen, aber so früh im Jahr wie jetzt haben wir diese Höhenlandschaft noch für uns allein. Über Grasland und durch Zedernwäldchen ziehen wir weiter. Wir sehen alte Takinfährten, aber nirgendwo eine Spur von Rotwild, obwohl ich kurz zuvor eine abgeworfene Geweihstange gefunden habe, die Hu Jinchu als die eines Weißlippenhirschs identifizierte, einer Spezies, deren Vorkommen auf das osttibetische Hochland begrenzt ist. In fast dreitausendsechshundert Meter Höhe suchen wir nahe bei der letzten Baumgruppe Zuflucht in einer Hirten-Schutzhütte, wo wir unser karges Mittagsmahl aus Salzgebäck und harten Eiern verzehren, während draußen ein Schneesturm den Frühling aus der Tagesordnung streicht. Dann machen wir uns in einer von fahlem Sonnenlicht durchschossenen Wolkensuppe Hals über Kopf an den Abstieg. Mit Bedauern verabschiede ich mich von der herben Schönheit dieser Hochgebirgsregion. Im Wald stoßen wir auf eine zweite Schutzhütte, die sich als strategischer Stützpunkt von Wilddieben entpuppt. Drinnen finden wir mehrere Armvoll Drahtschlingen, die wir unter Steinen und Moos vergraben.

Bi Fengzhou vom Forstamt Chengdu ist eingetroffen und hat Ken Searle, den Direktor des Zoologischen Gartens Hongkong, dessen Frau Sue und Mary Ketterer vom WWF Hongkong mitgebracht. Wir verbringen zusammen einen geselligen Abend rund um den warmen Ofen. Wie stets bei solchen Gelegenheiten erzählt Hu Jinchu mit vor Lebhaftigkeit und Gutgelauntheit leuchtendem Gesicht historische Schnaken und Schnurren um den Panda.

Zur Zeit der Tang-Dynastie, im frühen siebten Jahrhundert, so erzählt er, gab Tang-Kaiser Tang Taicong einmal ein großes Fest für diejenigen von seinen Untertanen, die sich auszeichnungswürdige Verdienste erworben hatten. Die Auszeichnung bestand in einem Pandafell. Vierzehn von ihnen waren zu vergeben. Unter denen, die sie empfangen sollten, waren zwei Brüder aus einer Familie namens Xue Wan, von denen der ältere, Xue Wan Jun, verstorben war; der jüngere, Xue Wan Ze, war Gast auf dem Fest. Als ersten von den zweien rief der Kaiser den älteren auf. Alle Anwesenden waren bestürzt, weil er einen Ruf ins Totenreich gerichtet hatte. Aber der Kaiser sagte: «Und wenn er auch gestorben ist, so müssen wir dennoch seiner Verdienste gedenken. Es ist so Sitte bei uns, ein Brandopfer darzubringen, auf daß es die Seele des Toten erreiche.» Und daraufhin wurde ein Pandafell verbrannt.

8. Mai. Hu Jinchu und ich wandern in einem trockenen Bachbett auf der Ostseite der Verwaltungszentrale bergauf. Vor uns ragen lichtumflossene Kalksteingipfel auf, fossile Hinterlassenschaften eines Meers, das in Urzeiten hier wogte. Weiter oben führt das Bachbett Wasser, und je dichter sich das Kronendach über unseren Köpfen zusammenzieht, desto deutlicher ist das Gemurmel und Geplätscher zu vernehmen. Jetzt hören wir nicht weit voraus Pandaleute – dumpfes Hu-hu und Quieken und Bellen. Wir beschließen, anzuhalten und zu warten, weil wir so mitzubekommen hoffen, was der Panda tun wird. Ich strecke mich, einen daliegenden Baumstamm als Kopfkissen benutzend, auf einem sonnenbeschienenen Plätzchen längelang auf dem Boden aus und betrachte das Spiel von Licht und Schatten im Blattwerk über mir. Der Panda ruft noch mehrere Male, dann verstummt er. Ich döse vor mich hin. Nachdem wir mehr als drei Stunden herumgelungert haben, beschließen wir, die Stelle in Augenschein zu nehmen, von der wir die Pandarufe gehört haben. Wir finden eine Tanne, deren Rinde stark von Klauen zerfetzt ist. Überall liegen Kotballen herum, und ein ausgetretener Pfad führt zum Wasserlauf. Der Panda hat sich schon tagelang hier aufgehalten – wahrscheinlich um ein Weibchen hierher zu locken.

Wir begeben uns auf den Rückweg. Etwas packt mich am Fuß

und hält mich fest – ich habe mich in der Schlinge eines Wilderers verfangen.

12. Mai. Ich freue mich, daß bei der Fahrt nach Norden in die Min-Berge, zu den Reservaten Tangjiahe und Wanglang, neben Hu Jinchu, Xiao Qiu und mir auch Qin Zisheng mit von der Partie sein kann. Qin, eine gedrungene Person in den Fünfzigern mit rundem Gesicht und einem schlichten Dutt, ist Botanikerin beim Panda-Projekt, bienenfleißig und überaus beschlagen in der reichhaltigen Flora der Region. Obwohl die nichtchinesischen Botaniker des Projekts ihr nachsagen, sie sei abweisend und zugeknöpft, was ihre Arbeit betrifft, und höchst unwillig, sich in die Karten sehen zu lassen, zeigt sie sich mir gegenüber stets äußerst hilfsbereit, wenn ich ihre Unterstützung brauche. Und auf Reisen ist sie munter und fidel wie ein Eichhörnchen, singt und schwatzt und verkürzt uns aufs unterhaltsamste die langen Stunden im Auto und im Biwak. Anders als im Jiuzhaigou soll es in Tangjiahe viele Pandas geben. Auf der Liste der Kandidaten für die Rolle eines zweiten Forschungsgeländes steht das Tangjiahe-Reservat auf einem der obersten Plätze, deshalb haben wir für die Inspektion eine ganze Woche des Monats Mai veranschlagt. Mit mehr als beiläufigem Interesse schaue ich bei der Einfahrt in das Reservat zu den bewaldeten Höhen hinauf.

Von Maoxiangba aus, wo sich die Verwaltungszentrale befindet, erkunden wir jeden Tag ein anderes Tal. Alle Täler sind in unterschiedlichem Grad entwaldet und jetzt in nahezu tropischer Üppigkeit von Baumschößlingen, Dornengestrüpp und Rankenwerk überwachsen. Wo ein Pfad vorhanden ist, geht es sich trotz Hitze und Feuchtigkeit angenehm, anderswo kämpft man mit der Sorte von dichter und dorniger Vegetation, die nur ein Takin sympathisch finden kann.

An eine Wegbiegung ist eine wackelige Hütte hingeklemmt, die einmal einem Holzfällertrupp als Unterkunft gedient hat. Einige Instandsetzungsarbeiten – ein neues Dach zum Beispiel – könnten sie in eine passable Forschungsstation verwandeln. In den umliegenden Bergen treiben sich Pandas herum, wir haben

Goldstumpfnasenaffen gesehen, und auch Takins sind hier ziemlich häufig. Kann sein, daß wir wiederkommen.

Südwestlich von Tangjiahe liegt die Kreisstadt Pingwu. Bei dem Erdbeben, das 1974 einen Teil der Stadt zerstörte, blieb ein kleiner Tempel unbeschädigt, eines der entzückendsten Bauwerke seiner Art, die ich je gesehen habe, mit roten Säulen und grünblauen Stützbalken, die das Schindeldach tragen. Im Inneren birgt er einen tausendarmigen Buddha. Den Tempel Erlauchter Güte ließ der Provinzstatthalter Wang Shi im fünfzehnten Jahrhundert als exakte Kopie eines Tempels zu Beijing erbauen. Damit versetzte er allerdings den Kaiser in Sorge, der aus Wang Shis Bautätigkeit den Schluß zog, der Statthalter hege Aspirationen auf den Thron. Ein Abgesandter des Kaisers erschien in Pingwu, um die Pläne des Provinzpotentaten zu ermitteln. Der Statthalter demonstrierte seine Untertänigkeit, indem er eine Tafel mit der Aufschrift «Lang, lang lebe der Kaiser» aufstellen ließ. Dessenungeachtet ließ der Kaiser seinerseits – auf einem Sockel, der eine Schildkröte darstellte – eine Schrifttafel mit einem Edikt aufstellen, das den Bau weiterer Tempel in der Stadt verbot.

Von Pingwu dringt eine Straße nach Norden zum Wanglang-Reservat vor; sie folgt dem Lauf des Fajiang-Flusses, auf dessen schlammgrauem Wasser Flößer ihr schwimmendes Transportgut mit langen Stangen durch Stromschnellen und die verwirbelte Strömung in engen Biegungen ins Tiefland hinunter steuern. Wo das Tal sich weitet, beginnt das Wohngebiet der Di, eines tibetischen Volksstamms, dessen Angehörige eine charakteristische flache weiße Filzkappe mit ein bis drei munter wippenden langen Hahnenfedern tragen. Die Äcker der Di werden von Buschwerk und Wald abgelöst, und in gut dreitausenddreihundert Meter Höhe überqueren wir die Grenze des Wanglang. Dieses 1965 eingerichtete Reservat umfaßt reichlich zweihundertfünfzig Quadratmeilen Bergland am Ostrand des Jiushaigou. Im Anschluß an ein großes Bambus-Massenabsterben gingen hier Mitte der siebziger Jahre viele Pandas verloren; die derzeitige Populationsstärke wird auf nicht mehr als zehn bis zwanzig geschätzt. Ein Teil der Tiere verhungerte, ein anderer Teil ist wohl abgewandert – möglicherweise verscheucht durch ein Erdbeben im Jahre 1976, bei dem die Berge zitterten wie verschreckte Moschustiere, so daß Wälder umstürzten, Felswände zusammenbrachen und Lawinen Erde, Steine und Bäume in die Täler hinunterrissen.

Teile des Reservats sind abgeholzt, aber in zwei größeren Tälern im Westteil ist der Wald praktisch unberührt, und dort wollen wir uns ein Bild von der vorhandenen Wildfauna verschaffen. Am Eingang zu dem abgelegeneren der beiden Täler blühen wilde Päonien, und ein samtschwarz gefiederter Haarbuschdrongo, *Dicrurus hottentottus*, fliegt vorüber. Im Wald ist es finster. Wolken verdunkeln die Berggipfel. Ich habe die anderen weit hinter mir gelassen; von der Seite vernehme ich beim Gehen das Gemurmel eines Wasserlaufs; auf dem Nadelteppich, der den Boden bedeckt, sind meine Schritte vollkommen lautlos, so daß, als ein Zweig unter meinem Fuß zerbricht, das peitschende Geräusch die Weißschwanz-Laubsänger in einer nahen Weide aufscheucht. Die meisten Bambushorste sind abgestorben, die hohen Halme ragen wie die Schäfte in den Boden gestoßener Lanzen in die Luft. Am Fuß grauer Felswände entlang talaufwärts wandernd, komme ich zu einer mit winzigen rosa blühenden Rhododendronsträuchern bestandenen Lichtung. Takins haben hier Rast gemacht und, einer Fährte nach zu schließen, auch ein Leopard, und ich tue jetzt ein Gleiches, um auf die anderen zu warten. Ich befinde mich in dreitausend Meter Höhe, und die schneegekrönten Gipfel droben sind von einem Nimbus aus Wolken umgeben.

Die folgenden zwei Tage regnet es, und Nebelschwaden drehen sich um uns, während wir die aufgeweichten Pfade entlangstapfen und -schlittern. Einmal kämpfen wir uns in einem Tal, wo der Bambus noch grün steht, durchs Gestrüpp, und als wir endlich ins Freie kommen, sind wir zwar vollkommen derangiert, durchnäßt und durchgefroren, aber auch glücklich über einen Fund von frischem Pandakot. Gestein und Gewässer, Matten und Wälder formen den Geist des Menschen genauso stark wie die Lebensgewohnheiten des Pandas, und dieses Reservat erinnert mich mehr als Wolong, Tangjiahe und andere an die Gegend in Alaska, wo ich vier Jahre lang gelebt habe – es erweckt in mir Heimatgefühle. Aber es beherbergt nicht mehr genügend Pandas, als daß der Plan vertretbar wäre, es zum Aktionsfeld eines Forschungsunternehmens zu machen.

26. Mai. Wir kehren nach Pingwu zurück. Heute ist mein Geburtstag, mein fünfzigster, in China ein besonderer Anlaß, denn in diesem Alter hat man seine Lebensarbeit herkömmlicherweise abgeschlossen, das Alter beginnt, und von nun an ist es nicht unschicklich, einen Bart zu tragen. Kreisamtsleiter Wei Zhangjun, dessen Stentorstimme jede seiner Bemerkungen wie ein Kommando klingen läßt, gibt mir zu Ehren ein Festmahl. Mit überbordender Freundlichkeit und der spezifisch chinesischen Kunst, jeden Anlaß zu einer Denkwürdigkeit zu machen, nudelt er uns mit zahllosen Gängen bis hin zu einem Kuchen, der mit dem Zeichen für langes Leben verziert ist.

10. Juni. Wir sind in Leshan, einer Stadt südwestlich von Chengdu, die ihre Bekanntheit der aus der Felswand am Zusammenfluß des Min und des Dadu herausgemeißelten siebzig Meter hohen Monumentalfigur eines sitzenden Buddhas verdankt. Der Min, in seinem Quellengebiet ein glitzernder Bach, ist hier ein breiter, schlammiger Strom, der bei Hochwasser unter Umständen das Land überflutet. Um etwas für die Sicherheit der Bewohner des Gebiets zu tun, begannen Mönche 613 n. Chr. mit dem Ausmeißeln der Buddha-Figur, deren Fertigstellung neunzig Jahre in Anspruch nahm. Mag sein, daß auf manche Menschen schon die schiere Größe schön wirkt, aber dieser Figur mit ihrem Gesicht ohne die heitere Gelassenheit des Buddhas und ihrem Körper ohne Anmut mangelt bedauerlicherweise jeglicher ästhetische Wert.

Wir überqueren den angeschwollenen Min auf einer Fähre. Drüben zieht sich die Straße stundenlang durch bestelltes Bergland, ehe sie die Stadt Mabian erreicht. Ich beziehe mein Zimmer im Gasthof, und während ich meine Sachen auspacke, drängeln sich rund hundert Schüler einer nahen Schule grinsend und kichernd vor meiner Tür oder linsen durchs Fenster herein, um einen Blick auf den Ausländer zu erhaschen: Ich komme mir wie ein Zoo-Insasse vor. Nach dem Abendessen machen Hu Jinchu, Qin Zisheng, der Fahrer Li und ich, wie wir es auf unseren Reisen fast allabendlich zu tun pflegen, einen Spaziergang, diesmal ein enges Sträßchen zwischen dicht aneinandergedrängten Holzbauten hinunter. Büschel von rotem Pfeffer hängen unter den Dachtraufen, alte Leute sitzen schwatzend auf den Eingangsstufen, und Kinder hopsen oder rennen herum. Wir kommen an Gärtchen vorbei, wo in Beeten grüner Pfeffer, Auberginen und Bohnen gezogen werden. Durch die Schindeldächer der Bauernhütten dringt Rauch ins Freie, und gleich dahinter türmen sich schwarze Höhenzüge, einer höher als der andere. Unter einem großen Feigenbaum machen wir halt, um einen Blick auf das jenseitige Ufer des dunklen Mabian-Flusses zu werfen, der einen schwungvollen Bogen um die Stadt zieht. Kleine Jungen mit Angelruten aus Bambus und an Schnüren aufgereihten kleinen rosa Fischen, die sie gefangen haben, trotten heimwärts. In dem trüben Wasser halten sich Riesensalamander versteckt, *Megalobatrachus davidiani*, eine weitere nach Père David benannte Spezies. Es sind gewaltige, bis zu fünfundvierzig Kilogramm schwere Amphibien von dunkelgrauer, fast schwarzer Farbe, mit Drachenschnauze und winzigen Knopfaugen. Da sie in der chinesischen Küche als Delikatesse gelten, sind sie selten geworden.

Mabian liegt am Rand des Yi-Territoriums. Die Yi sind ein Fünf-Millionen-Volk, dessen Heimat sich über Südsichuan, Westyunnan und Westguizhou erstreckt. Im Kulturellen ist dieser Stamm eher nach Birma (jetzt Myanmar) als nach China orientiert. Yi und Han leben zwar heute friedlich nebeneinander, aber dieses Einvernehmen ist neueren Datums, wie der folgende Bericht aus dem Jahr 1936 zeigt.

In Mapien [Mabian] und Opien – Grenzstädten im Norden – kommt es häufig zum Aufruhr gegen die chinesische Grenzhoheit. Ist der Aufruhr niedergeschlagen, werden die Oberhäupter der verschiedenen Lolo-[Yi-]Sippen auf einem großen öffentlichen Platz einbestellt, damit sie dort die Versöhnungszeremonie absolvieren. Zum Zeichen des Eingeständnisses einer Verfehlung wird ein Rind geschlachtet und sein Blut dahin und dorthin verspritzt. Dann wird sein Fell vor den Augen beider Parteien ausgebreitet, und Treuegelöbnisse werden über ihm gesprochen.

Seit alters eingewurzelte Feindseligkeit und Furcht leben noch heute im Verhältnis zwischen den zwei Kulturen fort. «Hör auf zu weinen, oder ein Yi kommt und holt dich», ermahnen in der Gegend chinesische Eltern ihre kleinen Kinder. Auf unserer heutigen Fahrt nach Mabian zum Besuch des Dafending-Reservats gibt Hu Jinchu uns die Geschichte vom Los der jüngsten chinesischen Expedition ins Yi-Land zum besten, bei der zwei Teilnehmer auf mysteriöse Weise verschwanden. Und das Schicksal des britischen Landvermessers J. W. Brooke, der 1908 südwestlich von Mabian in den Händen von Yi ums Leben kam, ist Stoff einer Anekdote, die man in vielen Beschreibungen der Region wiedergegeben findet. Zwischen Brooke und einem einheimischen Stammeshäuptling kam es zu einer Meinungsverschiedenheit. Brooke legte dem Häuptling begütigend die Hand auf die Schulter, erhielt jedoch einen heftigen Schwertstreich als Antwort. Nachdem Brooke den Häuptling mit einer Kugel niedergestreckt hatte, flüchtete er sich auf ein Hüttendach, wo er von Yi belagert und mit Steinen beworfen wurde; von einem Wurfgeschoß getroffen, sank er in Ohnmacht und wurde daraufhin von seinen Belagerern umgebracht.

11. Juni. Beim Forsthaus Dayunze empfängt uns Jilin Zhiha, der Yi, der eine Zeitlang bei uns in Wuyipeng mitgearbeitet hat. Er ist mit rotem Turban, schwarzbestickter weißer Bluse und grünen Pluderhosen prächtig herausgeputzt; an seinem linken Ohr baumelt ein Bernsteinperlenkettchen. Alle Vorkehrungen für unsere Ankunft sind getroffen, Führer und Träger stehen bereit für einen viertägigen Fußmarsch durch das Panda-Reservat. Ein

Epos der Yi beginnt mit den Worten: «Die Ahnen des Yi-Stamms erschlossen die Wildnis des Hochgebirges.» In der Tat ist die Erschließungsarbeit so gründlich, daß man vom Forsthaus aus weit und breit nichts als bestelltes Bergland sieht, ausgenommen im Westen und Nordwesten, wo sich hinter einem Dunstschleier kaum sichtbar ein hohes bewaldetes Gebirgsmassiv abzeichnet, das Dafending-Reservat im Liang-Gebirge.

Zur Mittagsstunde brechen wir dann auf, eine Schlange von fünfzehn Leuten, die sich durch Mais- und Bohnenfelder auf einen langen Bergvorsprung zu windet, über den wir in den dahinterliegenden Wald gelangen werden. Es herrscht drückende Schwüle, kein Lüftchen regt sich. Immer, wenn die Träger eine Rastpause einlegen, stöbere ich den Wegrand entlang nach wilden Erdbeeren. Nach vier Stunden erreichen wir in ungefähr eintausendfünfhundert Meter Höhe den Waldrand. Jetzt haben wir zwar Schatten, aber der Weg ist fürchterlich: Rinder sind durch den Wald auf die Hochweide getrieben worden und haben den Pfad zu einem Schlammbett zertreten. Der Wald ist durch intermittierenden Holzeinschlag lädiert, aber wir kommen an blühendem Hartriegel vorbei, und weißbäuchige Tauben flattern geräuschvoll davon. Ich untersuche mehrere mir neue Bambusarten, darunter auch *Qiongzhuea* mit seinen wulstigen Nodien, der zur Herstellung von Spazierstöcken verwendet wird. Als wir in zweitausendzweihundert Meter Höhe ankommen, haben wir die Wachstumszonen von fünf verschiedenen Bambusarten durchquert, jede ein schmaler Gürtel auf dem Hang. (Insgesamt sollen in der Region dreizehn Bambusarten vorkommen.) Diese Vielfalt sichert dem Panda ein ausreichendes Nahrungsangebot, auch wenn die eine und andere Spezies infolge Massenblühens und -absterbens ausfällt. Die Abenddämmerung hat eingesetzt; zum erstenmal sind wir auf diesem Berg auf Wasser – etliche stehende Tümpel – gestoßen und schlagen jetzt schleunigst unser Lager auf. Unter einem moosbewachsenen Rhododendron breite ich auf einer Unterlage aus Bambuszweigen meinen Schlafsack aus und errichte als Regenschutz ein Zeltdach darüber. Zum

Glück habe ich ein Moskitonetz dabei, denn die winzigen Kriebelmücken hier sind geradezu blutrünstig. In Erwartung des Abendessens hocken wir um das Feuer herum. Die trockenen Bambushalme, die wir als Brennholz benutzen, knallen beim Zerspringen wie Pistolenschüsse, und aus dem Dunkel ist der Ruf eines grauen Ziegenmelkers zu hören.

12. Juni. Wir verbringen den Tag damit, den Wald kreuz und quer nach Pandafährten abzusuchen. Anyo Dago, ein hochgewachsener, gutaussehender Yi in den Zwanzigern, erledigt seine Aufgabe als Führer mit ruhiger Effizienz, und sein Freund Jilin Zhiha fungiert als Dolmetscher vom Yi ins Mandarin und umgekehrt, tritt allerdings jetzt, wo er wieder zu Hause bei den Seinen ist, zugleich förmlicher und zurückhaltender auf als in Wuyipeng. Die zwei Yi sind einander eng verbunden: Jilin Zhihas siebenjähriger Sohn ist mit Anyo Dagos kleiner Tochter verlobt. Das Wetter ist unbeständig, mit tiefhängenden, den Kamm einhüllenden Wolken am Morgen und Regen und Nebel am Nachmittag. Wir finden zwar Pandaspuren, aber nicht in der erwarteten Menge, und die Yi meinen übereinstimmend, ja, das Tier – *otche*, wie sie es nennen – sei hier rar. In den Schätzungen von Einheimischen schwankt die Stärke der Panda-Population in dem dreihundert Quadratkilometer großen Reservat zwischen zwanzig und einhundert – verbürgt ist keine von den Zahlen, die genannt werden. Wir finden keine Fußspuren oder Exkremente von Moschustieren, Takins, Leoparden oder irgendwelchen anderen größeren Säugern mit Ausnahme des Kleinen Pandas, so daß wir uns fragen, ob die Jagd die Wildfauna hier praktisch ausgelöscht hat.

Zur Mittagessenszeit macht Anyo Dago ein Feuer und sammelt dann einen Armvoll langer und schlanker grüner *Chimonobambusa*-Sprosse. Er wirft sie ins Feuer, wo sie sich schwarz färben. Nach einigen Minuten angeln wir uns die Sprosse heraus, ziehen die verkohlten Hüllen ab und essen das knackige Innere, das wie Spargel schmeckt. Und wir finden, daß man dem Tang-Dichter Bai Juyi nur beipflichten kann, wenn er schreibt:

Ich habe lange in Cha'ang und Luoyang gelebt, doch
konnte ich nie so viele Bambussprosse bekommen,
wie ich gern gegessen hätte. Hier nun gibt es sie in Fülle.
Warte nicht lange mit dem Essen, denn bald erhebt sich der Südwind,
und sie werden zu hohen Bambusstengeln heranwachsen.

16. Juni. Auf einer Nebenstraße gelangen wir zur Nordspitze des Reservats, wo uns fünf Träger erwarten. Von neuem kraxeln wir auf vom endlosen Regen verschlammten Pfaden bergauf, erst durch Ackerland, dann durch Buschwerk. Als wir den Grat des Kamms erreichen, hat das Auge nur noch Wald vor sich. Seitwärts im Gesichtskreis erhebt sich der Kegel des Jigung Shan, des «Hahnengipfels». Der Pfad taucht ins Tal hinunter und führt auf dem Grund unter mächtigen Bäumen mit vermoosten Stämmen, deren Kronen in über dreißig Meter Höhe ein dichtes Blätterdach bilden, am Ufer eines Wasserlaufs entlang. Die Baumriesen sind *Lithocarpos* und *Castanopis* – zwei Mitglieder der Familie der Birkengewächse – und andere immergrüne Laubhölzer, darunter auch der Taubenbaum, der normalerweise selten ist, hier jedoch am Bachufer Spalier steht. Bambus wächst, wie immer, an lichten Stellen in Hülle und Fülle, doch im Waldesdunkel trifft er auf schwierigere Bedingungen, hier sind große Leerräume zwischen den einzelnen Halmen. Die Luft ist unbewegt, ihr Feuchtigkeitsgehalt steht kurz vorm Sättigungsgrad; Zikaden schrillen. Der Baumbestand hier ist der schönste, den ich in Sichuan bisher gesehen habe, hoch und stattlich wie tropischer Regenwald, eines der letzten Vorkommen von Urwald, wie er einmal das gesamte Tiefland des Roten Beckens und die umliegenden Berge bedeckt hat. Doch diese letzten Baumriesen werden von den Yi illegal gefällt und zu Dachschindeln verarbeitet, die wir entlang unserer Route stapelweise auf Trockengestellen aufgeschichtet sehen.

Im modernden Laub gedeihen die Blutegel in solchen Mengen, daß wir uns nicht getrauen, auf dem Waldboden zu kampieren, sondern uns lieber auf eine Schotterbank im Bachbett retirieren, auf der gerade genug Platz für unsere Zelte ist.

17. Juni. Zum Frühstück backen die Yi auf den Kohlen eines Feuers ein flaches Buchweizenbrot, während die Chinesen über einem anderen Feuer Reis für sich kochen. Ich nehme meine Schale Reis in Empfang und geselle mich zu den Yi, bei denen ich sie gegen knuspriges warmes Brot eintausche.

Die Sonne schießt Strahlen in unser Biwak, als wir uns zur Besteigung des Jigung Shan aufmachen. Die Blutegel attackieren in beeindruckender Zahl, sobald wir die schützende Schotterbank verlassen, indem sie sich an unsere Hosen und Schuhe klammern, bis wir sie wegschnicken, geben jedoch hundert Meter höher und ebensoweit weg vom feuchtwarmen Talgrund ihre Nachstellungen auf. Noch weiter bergauf, jenseits des Hochwalds, erklimmen wir einen mit knorrigen Rhododendren und Bambus bedeckten Kalksteinhang, auf dem sich ein paar Pandakotballen älteren Datums finden. In zweitausendachthundert Meter Höhe machen wir Rast und verzehren unser Mittagessen aus Erdnüssen und ein paar unterwegs gesammelten wilden Zwiebeln. Diesmal sind die Berge wolkenfrei. Die höchste Stelle des Reservats liegt etwa viertausend Meter hoch, und in der Ferne sehe ich über einem schwarzen Tannengürtel alpines Grasland. Ein Stück weit westlich von hier, bei dem Dorf Yehli, haben die Brüder Roosevelt 1929 ihren Panda geschossen.

18. Juni. In der Nacht hat es die meiste Zeit geregnet, und auch als wir am Morgen den nächsten hohen Hang hinaufklettern, nieselt es noch. Dreckverschmiert und durchnäßt kehren wir um die Nachmittagsmitte ins Biwak zurück. Ich streife allein zwischen den großen Bäumen auf einer nahen Berglehne umher, teils um ihren Umfang zu messen, teils auch, um ihnen unter dem Gewölbe ihres Kronendachs schweigend nahe zu sein. Später höre ich Rufe, durch die Bäume gedämpft, wie aus weiter Ferne zu mir dringen, und ich begreife, daß es Zeit für das Abendessen ist. Mein letzter Tag im Freiland auf dieser Inspektionstour ist zu Ende.

Noch nicht vier Tage nach Abschluß der Inspektion befand ich mich auf dem Flug nach Beijing, wo ich gemeinsam mit Pan Wenshi, Qiu Mingjiang und anderen in mehrwöchiger Arbeit einen Bericht über unsere bisherige Forschungstätigkeit erstellen sollte. Während die Maschine über die durch nichts aufgelokkerte Eintönigkeit von Dörfern und wie mit dem Lineal begradigten Feldern hin dröhnend nordwärts zog, dachte ich an den herrlichen Wald von Dafending und den bestürzenden Wechsel zu kahlgeschlagenen Bergen am Rand des Reservats. Der Kontrast hatte mich nachdrücklich daran erinnert, was ich während unserer Inspektionsreise wieder und wieder beobachtet hatte: Die Wälder Sichuans, Chinas zweitgrößtes Baumreservoir, sind in rapidem Schwinden begriffen.

Ein solcher Schwund der Wälder ist der Tod des Pandas. Schon jetzt sind die Panda-Populationen klein und isoliert, auf hohe Bergrücken zurückgedrängt und von Ackerland eingeschlossen. Das Überleben jeder Spezies dürfte letzten Endes von ihrer genetischen Diversität – der Vielfalt des in ihrem Gen-Pool verfügbaren Materials – abhängen. Eine kleine Population wird durch die unvermeidliche Inzucht diese Diversität mit der Zeit einbüßen. Auf kurze Sicht kann Inzucht die Fortpflanzung durch Schwächung der Fruchtbarkeit der erwachsenen Tiere und der Lebensfähigkeit der Jungen beeinträchtigen; auf lange Sicht kann eine Population der genetischen Variation nicht entraten, wenn sie die Fähigkeit, sich den gewandelten Umweltbedingungen anzupassen, nicht verlieren will. Damit die Aushöhlung seines Evolutionspotentials verhindert wird, sollte der Panda in großen, vorzugsweise mehrere hundert Individuen zählenden Populationen leben – bei der derzeitigen Zersplitterung seines Lebensraums eine Unmöglichkeit. Wie ich indessen nach unserer Inspektionstour in einem Bericht an das Forstwirtschaftsministerium festhielt, bestand noch immer die Möglichkeit, die vorhandenen Reservate so zu vergrößern, daß sie mehr Tieren Schutz boten und die Voraussetzungen für das Anwachsen der Populationsstärke bereitstellten. So ließen sich zum Beispiel im Min-Gebirge das Baishuijiang-, das Tangjiahe-, das Jiuzhaigou- und das Wolong-

Reservat zu einem einzigen großen Reservat vereinen, wenn man nur vergleichsweise wenige Quadratkilometer dazwischenliegendes Territorium mit hinzunähme. Ein dergestalt erweitertes Schutzgebiet würde verhindern, daß die Pandas in vier voneinander abgeschnittenen Gebieten eingepfercht werden, sobald die holzwirtschaftliche Nutzung der Waldstreifen zwischen den Reservaten beginnt – was sicherlich bald der Fall sein wird. Zu denken wäre ferner an die Möglichkeit, zwischen getrennten, aber nicht weit voneinander entfernten Panda-Habitaten Bambuskorridore anzupflanzen, um es den Tieren so zu ermöglichen, vom einen in den anderen Habitat überzuwechseln. Ohne derartige Maßnahmen sind einige der kleineren Panda-Populationen unweigerlich zum Aussterben verdammt, es sei denn, sie würden durch ein Intensivmanagement-Programm gerettet. Ein solches Programm könnte *theoretisch* für genetische Diversität sorgen, indem alle paar Jahre ein Panda von einer Population in eine andere verpflanzt wird (wie allerdings die Einbürgerung eines Neuankömmlings in einem Panda-Wohngebiet *in der Praxis* erfolgreich zu bewerkstelligen wäre, darüber weiß man derzeit noch so gut wie nichts).

In meiner Sorge um die Zukunft des Pandas bezog ich solche Fragen in meine Überlegungen mit ein, obwohl sie keine Dringlichkeit besaßen. Der Degenerationsprozeß geht bei einer Spezies mit dem gemächlichen Fortpflanzungstempo des Pandas sehr langsam vonstatten. Wenn das, was ich in Wolong und Jiuzhaigou gesehen hatte, symptomatisch war, dann würden die Pandas von Wilderern ausgerottet sein, bevor sich das Inzucht-Problem überhaupt stellen konnte. Und selbst wenn einige der Tiere es schaffen sollten, den Fallen der Wilderer zu entgehen, würde ihnen das wohl lediglich den zweifelhaften Vorteil bringen, gerade noch miterleben zu dürfen, wie die letzten Wälder abgeholzt wurden. Durch Umwandlung in Ackerland, staatliche Abholzungsaktionen großen Stils, illegalen Holzeinschlag der Ortsansässigen und Brandrodung zur Gewinnung von Weidefläche wurden die Wälder Sichuans im Zeitraum 1949–1980 um dreißig Prozent dezimiert, und die rapide Vernichtung geht weiter. Die großangelegten Aufforstungskampagnen, die unter gewaltigem publizistischem Tamtam in China seit Jahren durchgeführt werden, haben meistenteils relativ wenig Erfolg gezeitigt. Zwei Drittel aller neu gepflanzten Bäume gehen infolge Vernachlässigung und schlechten Managements wieder ein. Es ist, wie ein chinesisches Sprichwort sagt: «Im Frühling überall Bäume, im Sommer ist nur noch die Hälfte übrig, im Herbst kümmert sich keiner um sie, im Winter sind sie alle dahin.»

Eine nationale Konferenz zu Fragen der Forstwirtschaft kam 1979 zu einer düsteren Prognose: «Nach einer Schätzung auf der Basis der derzeitigen jährlichen Schwundquote wird es Ende dieses Jahrhunderts keine einschlagreifen Bäume mehr geben.» Nur dreizehn Prozent des chinesischen Territoriums sind heute noch Waldfläche, und der vorhandene Wald besteht nur zu vier Prozent aus einschlagreifen Nutzhölzern.

Der Rückgang des Waldbestands ist die Ursache von Umweltschäden immensen Ausmaßes, deren Tragweite über die Gefährdung des Großen Pandas weit hinausgeht. Mit der Walddecke verliert der Boden die Fähigkeit, Wasser zu speichern; die Folge davon sind schwere Überschwemmungen, der Rückgang der Wasserführung von Flüssen während der Trockenzeiten, dazu Dürren, Erosion, das Wachstum der Wüsten, die Verschlammung von Stauseen und Wasserwegen und die Zerstörung ganzer Ökosysteme mit ihren zahlreichen Pflanzen- und Tierarten. 1981 wurde Sichuan von schrecklichen Hochwasserkatastrophen heimgesucht, von denen zehn Millionen Menschen betroffen waren; die Ursache des Desasters erkannten die Behörden im Kahlschlag von Ablaufflächen. In China sind Naturschätze sinnlos vergeudet worden, die kommende Generationen von Chinesen bitter entbehren werden. Einst lieferten die Wälder des Landes die genetischen Prototypen von Kulturpflanzen wie Orange, Walnuß, Apfel, Gurke und Tee. Und sicher wird man in China noch mehr solcher Entdeckungen machen wie in

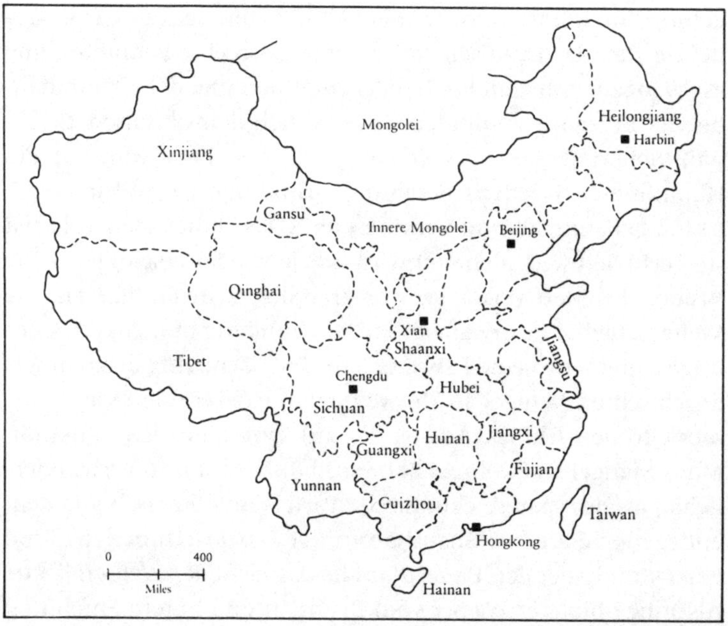

Die im Text erwähnten Provinzen und Autonomen Regionen Chinas

jüngster Vergangenheit. 1941 tauchte die majestätische *Metasequoia glyptostroboides,* von der man geglaubt hatte, sie wäre seit hundert Millionen Jahren ausgestorben, in vollem Saft im Grenzland zwischen Sichuan und Hubei auf – eine der großen botanischen Entdeckungen unseres Jahrhunderts. 1950 fand man in Guizhou die herrliche Silbertanne.

Chinas aktuelle Naturschutzprobleme sind großenteils die Folge einer von Mao Zedong in den fünfziger und sechziger Jahren eingeleiteten vernunftwidrigen und zerstörerischen Politik. Mao war der größte Revolutionsheld unseres Jahrhunderts. Ihm gelang es, das riesige Land zu einen – nach Jahrhunderten der politischen Mißwirtschaft, der Bürgerkriege und der Korruption, die gefolgt waren von einem Jahrhundert der Bedrückung und Gängelung durch ausländische Mächte, die chinesisches Gebiet annektierten, das Land seiner Souveränitätsrechte beraubten und es zwangen, sich dem Freihandel zu öffnen und den Opiumhandel der Europäer zu dulden. Mao verlieh den Chinesen Zielbewußtheit und Stolz, als er am 1. Oktober 1949 vom Tor des Himmlischen Friedens herab die Gründung der Volksrepublik China bekanntgab und verkündete: «Das chinesische Volk hat sich erhoben [...] niemand wird uns je wieder beleidigen.» Die Vision, die Mao verfolgte, war grandios, sein Einfluß auf die Weltgeschichte des zwanzigsten Jahrhunderts immens. Dessenungeachtet wird seine Leistung zum Teil nachhaltig diskreditiert durch seinen Mangel an Umweltbewußtsein; seine «Vier Irrtümer» trüben Chinas Aussichten auf eine glückliche Zukunft. Maos Mangel an ökologischer Sensibilität ist um so verwunderlicher, als der spätere chinesische Partei- und Staatschef in dem entlegenen Bergdorf Shaoshan in der Provinz Hunan als Kind einer wohlhabenden Bauernfamilie das Licht der Welt erblickte. Als Junge holte er Wasser vom Brunnen und hütete Enten und Büffel. Sein Hauptirrtum – der Mißgriff mit den schwersten Langzeitfolgen – bestand darin, ein unbegrenztes Bevölkerungswachstum zu fördern: «Mehr Menschen, das bedeutet mehr Ideengärung, mehr Begeisterung, mehr Energie.» Im Laufe der ersten drei Jahrzehnte der kommunistischen Herrschaft wuchs die Bevölkerung der Volksrepublik China um 450 Millionen Menschen an und erreichte 1982 die Milliardenmarke. Heute beträgt die Bevölkerungszahl des Landes 1,2 Milliarden – ein Faktor, der ungeachtet aller derzeitigen Anstrengungen, das Bevölkerungswachstum unter Kontrolle zu bringen, auch künftighin die Verbesserungsbemühungen auf den Sektoren Gesundheitsvorsorge, Erziehung, Industrie und Landwirtschaft untergraben wird.

Im August 1958 leistete sich Mao mit der Forderung nach dem «Großen Sprung nach vorn» (in der sozialistischen Produktion) seinen zweiten Mißgriff. Überall im Land wurden die Bauern dazu angehalten, auf ihren Hinterhöfen Eisen und Stahl zu produzieren. Zur Gewinnung von Holzkohle für die Hochöfen wurden Millionen von Bäumen gefällt; Tonnen und Tonnen von Eisen wurden erzeugt und wegen Unreinheiten als unverwendbar ausgemustert. Auf den Feldern verfaulte die Ernte, während die Menschen mit der Erzverhüttung beschäftigt waren. Die Regierung glaubte ihren eigenen geschönten Erntestatistiken, bis eine Hungersnot ausbrach. Bis zum Jahre 1961, in dem «ökonomische Anpassungen» vorgenommen wurden, verhungerten in China schätzungsweise zwanzig bis dreißig Millionen Menschen. Die Pro-Kopf-Getreideproduktion stand auf demselben Niveau wie vor zweitausend Jahren. Zur Nahrungsbeschaffung wurden Tiere in unvorstellbaren Mengen abgeschlachtet – ein gewaltiger Aderlaß an einem der größten Wildtierbestände der Welt. Diese harten Jahre waren kaum vorüber, als Mao 1964 bereits seinen dritten ökologischen Irrtum beging, indem er die Chinesen dazu vergatterte, «Getreide als den Schlüsselfaktor zu begreifen». Empfindliches Weideland wurde zu Anbaufläche für Getreide umgepflügt und die Krume dem Wind preisgegeben. Auf steilen Berghängen wurden Waldstücke gerodet, damit man dort Getreide aussäen konnte, und das Ergebnis war Erosion. In ihrer Angst, sie könnten als «Konterrevolutionäre» gebrandmarkt werden, weil sie etwas anderes als Getreide anbauten, fällten die Menschen sogar ihre Obstbäume. Zum Glück wurde diese politische Linie nach zwei Jahren wieder aufgegeben. Aber das Chaos der «Großen Proletarischen Kulturrevolution» – Maos vierter Mißgriff – trieb 1966–1976 die Vernachlässigung und Zerstörung der Umwelt weiter voran (von der großen Tragödie, die es für die Menschen bedeutete, ganz zu schweigen).

Ich kann gut verstehen, daß Menschen, die seit Jahrzehnten nur Armut und Leiden kennen und zum ersten Mal in ihrem Leben die Aussicht auf ein Dasein in bescheidenem Wohlstand haben, im allgemeinen für die Belange des Naturschutzes nicht viel übrig haben. Ein Bauer, schreibt Vaclav Smil in seinem Buch *The Bad Earth*, hat nur eines im Sinn: aus allem einen Nutzeffekt zu ziehen, und das sofort:

Wenn da ein Berg ist, machen wir ihn zu einem Weizenfeld.
Wenn da Wasser zu finden ist, verwenden wir alles zum Reisanbau.

Indes, die anhaltende Entwaldung wird für die weitere Entwicklung Chinas gravierende Folgen haben. Wer die Berge von Sichuan durchreist, dem wird um mehr als nur um die Zukunft des Großen Pandas bange.

10

Zhen-Zhen bekommt Bitterkeit zu schmecken

Anders als Pandamännchen, die ihren Aktionsraum bereitwillig mit Artgenossen teilen, bestehen Pandaweibchen auf Exklusivwohnrecht: Ihre Aufenthaltsgebiete sind konsequenter separiert, will sagen, sie weisen wenige oder gar keine Überlappungen auf. Zhen hatte sich vor Jahren den langgestreckten Bergrücken oberhalb von Wuyipeng als ihr Territorium ausgesucht. Abgesehen von dem alljährlichen Frühjahrsausflug talwärts zu der mit Bambussprossen gedeckten Schlemmertafel, blieb sie in ihrer Einsiedelei, wo ihr Friede nur ganz sporadisch von einem Holzfäller, Jäger oder Heilkräutersammler gestört wurde. Im April 1978 wurde dann die Wuyipeng-Forschungsstation innerhalb der Grenzen ihres Reviers eingerichtet, und durch die Bambusflächen wurden Schneisen geschlagen. Menschliche Stimmen wurden zur Alltagserscheinung, und vom Camp her zogen eigenartige neue Gerüche über die Hänge, doch Zhen blieb eisern in dem Gebiet, das sie am besten kannte und wo es ihr am besten gefiel. Als einziger Panda in der unmittelbaren Umgebung des Camps zog sie natürlich unser aller Aufmerksamkeit auf sich und wurde für uns zu einer Quelle wertvoller Informationen. Sie paßte sich dieser Menscheninvasion sehr gut an – eine arglose Kreatur, die nicht wissen konnte, daß sie sich mit ihrer Anpassungsbereitschaft zum Spielball des Schicksals machte, dessen diktatorische Launenhaftigkeit sie eines Tages zu spüren bekommen sollte. Nicht daß sie sich uns häufig gezeigt hätte – obgleich ich täglich die Pfade abging, bekam ich durchschnittlich nur einmal im Monat einen Panda zu Gesicht –, aber mittels ihrer Nase und ihrer Ohren hielt Zhen sich über unser Treiben auf dem laufenden.

Im Mai 1979 wurden oberhalb des Erdaoping Fußspuren eines Weibchens – das höchstwahrscheinlich Zhen war – zusammen mit denen eines Jungen gesichtet. Nach diesem erfolgreichen Auftritt in der Mutterrolle zog Zhen weder im nächsten noch im übernächsten Jahr einen Sprößling auf. Für 1982 jedoch hatten wir in dieser Beziehung die besten Hoffnungen. Wir hatten zwar keinen Paarungsvorgang beobachtet, wußten jedoch, daß Wei und noch mindestens ein weiteres Männchen sich in diesem Frühjahr in ihrer Nähe aufgehalten hatten. Um die Jahresmitte verabschiedete ich mich aus Wuyipeng, um einen Bericht über unsere bisherigen Forschungen abzufassen und andere Panda-Reservate zu inspizieren, und von da an war die Kommunikation zwischen Zhen und mir wie der Kontakt mit einem weit entfernt lebenden Bekannten, der zusammengeschrumpft ist auf ein bißchen Klatsch, die obligate Weihnachtskarte, ein gelegentliches Zusammentreffen.

1982. Aus Wuyipeng wurde ich über Zhens herbstliche Aktivitäten informiert. Am 28. August ortete man sie per Funkpeilung bei einem hohlen Baum in etwa vierhundert Meter Entfernung von der Stelle, wo sie vergangenes Jahr ihr Junges zur Welt gebracht hatte. Zwei Tage später fanden sich in der Baumhöhle fünf Zweige, die sie dort hingeschafft hatte, wie wenn sie ein Nest bauen wollte – ein Indiz dafür, daß sie möglicherweise bald gebären würde. Sowohl am 1. wie am 2. September wurde sie in der Höhle gesichtet, aus der sie sich auch dann nicht wegrührte, als sie von mehreren Menschen gestört wurde, und am 7. September war das Quäken eines Neugeborenen zu hören. Zehn Tage darauf blieb ihr Funksignal inaktiv; in Wuyipeng nahm man an, Zhen sei etwas zugestoßen, und begann Nachforschungen anzustellen.

Sie saß mit dem Rücken zur Eingangsöffnung regungslos in der Höhle. Anrufe aus zehn Meter Entfernung und selbst ein unüberlegter Rippenstoß mit einem Stock entlockten ihr keine weitere Reaktion als einen Blick über die Schulter zu den Störenfrieden – ein erheblich friedfertigeres Verhalten als das, mit dem sie Hu Jinchu und mich im Vorjahr empfangen hatte. Ihr Halsband war verschwunden. Ihr katzengroßes Junges wurde zum letztenmal am 15. Oktober gesichtet; an diesem Tag entdeckte die Botanikerin Qin Zisheng es in einem anderen hohlen Baum, in dem Zhen es versteckt hatte. Qin Zisheng war in der Nähe des Baums mit dem Untersuchen von Bambuspflanzen beschäftigt, verdrückte sich jedoch schleunigst, als sie Zhen kommen hörte. Noch vor Jahresende war jede Spur des Jungen verschwunden.

Am 10. November kam Zhen unversehens vom Erdaoping nach Wuyipeng herunter, wo die Campbesatzung ihr Ziegenfleisch zu fressen gab. Um diese Jahreszeit war das ein ungewöhnlicher Ausflug für sie, und bei dem Besuch im Camp trat sie so dezidiert auf, wie wenn sie sich vielleicht den Schritt lange überlegt und schließlich jegliche Zurückhaltung fahrengelassen hätte. Binnen vierundzwanzig Stunden war sie wieder oben auf dem Erdaoping.

1983. Weder in jenem Winter noch im ganzen darauffolgenden Jahr 1983 bekam Zhen ein neues Halsband um. Ohne die Möglichkeit der Funkpeilung und -überwachung erhaschten wir nur flüchtige Impressionen von ihrem Leben. Am 28. April wurde auf dem Erdaoping ein Panda in einem Baum gesichtet, an dessen Fuß vier Männchen (darunter Pi und Wei) harrten – ein recht zuverlässiges Anzeichen dafür, daß das Tier im Baum ein brünstiges Weibchen war. Panda-Individuen lassen sich nur schwer anhand der Fellzeichnung identifizieren, und weil das Halsband als Anhaltspunkt fehlte, konnten die Beobachter nur mutmaßen, daß es sich bei dem Weibchen um Zhen handelte.

In diesem Frühjahr machte sie ihren gewohnten Ausflug in die Schirmbambuszone hinunter, um sich an den Sprossen gütlich zu tun, und kam dabei wiederholt auch in die Nähe des Camps, jedesmal ohne Junges. Einmal kam in einer Regennacht, als ich schon zu Bett gegangen war, Xiao Qiu an mein Zelt: «Schlafen Sie schon? Zhen-Zhen ist bei unserem Zelt.» Sie hatte in Küchenabfällen herumgeschnüffelt, und als ich eintraf, fraß sie gerade Bambussprosse. Der schwache Strahl meiner Taschenlampe traf auf etwas, das aussah wie ein grauer Felsblock mit Augen aus Diamanten. Die Nacht war so schwarz wie Pandaohren, und Zhen benutzte nicht ihren Gesichts-, sondern den Geruchssinn für die Suche nach Sprossen, indem sie, langsam gehend, mit der gesenkten Schnauze durch die Halme pflügte, bis sie einen Schößling auftat, den sie dann in gewohnter Weise verzehrte.

Als ich Mitte Dezember 1983 zu einem vierzehntägigen Aufenthalt in Wolong eintraf, informierten mich die chinesischen Mitarbeiter im Camp, daß sie im September bei drei verschiedenen Gelegenheiten Zhen gemeinsam mit einem einjährigen Jungen gesehen hatten. Am 4. Dezember war Zhen eingefangen worden, damit man ihr ein neues Halsband anlegen konnte, und dabei hatte sich gezeigt, daß sie säugte. (Des neuen Halsbands entledigte sich Zhen binnen kürzester Zeit.) Nun glaubten alle in Wuyipeng, daß ihr Junges von 1982 doch überlebt haben müsse. Als ich mir jedoch die Fakten durch den Kopf gehen ließ, kam ich, wenn auch ungern, zu einer anderen Ansicht: Wir hatten im Frühjahr kein Junges bei ihr gesichtet, an ihren Lagerplätzen waren niemals kleine Kotballen gefunden worden, und überdies säugt ein Pandaweibchen sein Junges gewöhnlich nicht weit über ein Jahr lang. Die Folgerung, die sich für mich ergab, lautete: Zhen hatte Ende August oder Anfang September geworfen, aber das Neugeborene muß praktisch sofort verendet sein; Zhen muß daraufhin eine Waise adoptiert haben, um die sie sich mindestens so lange kümmern würde, bis ihr starker Bemutterungsdrang versiegte. Wo mochte sie gerade im richtigen Moment ein mutterloses Junges aufgetan haben? Ich hoffte inständig, daß der kleine Panda, dessen Mutter vergangenen April einem Wilddieb zum Opfer gefallen war, tatsächlich überlebt hatte und jetzt bei Zhen Wärme und Geborgenheit fand.

Auf der Anfahrt zu meinem Kurzaufenthalt im Dezember hatte ich in Hetauping Station gemacht. Der Bau des Forschungszentrums stand kurz vor dem Abschluß, und die Pandas aus dem Yingxionggou waren bereits in ihre neuen Quartiere verlegt worden; wir hofften, daß sie sich in dieser wohnlicheren Umgebung vermehren würden. Ich bemerkte ein neues Männchen. Es hieß Hua, wurde mir gesagt, und war Ende November in unserem Studienareal gefangen worden. Warum hatte man dem Tier nicht ein Halsband angelegt und es dann wieder freigelassen, sondern hielt es statt dessen hier in Gefangenschaft? Wer hatte diese bedauerliche Entscheidung zu verantworten? Geplant hatten wir einmal eine Langzeitstudie einer unberührten Panda-Population, aber dann hatten uns die Wilddiebe ins Handwerk gepfuscht. Und jetzt das! Als Antworten auf meine Fragen wurden mir schamlose Doppeldeutigkeiten und Ausflüchte aufgetischt, die jegliche Plausibilität vermissen ließen. Ich hatte den Verdacht, daß etwas anderes hinter der Sache steckte. Vor einigen Monaten hatte Hu Jinchu bei einer Besprechung angedeutet, daß acht Pandas als Lebendinventar für das Forschungszentrum eingefangen werden sollten. Ich hatte mich auf das energischste gegen dieses Vorhaben ausgesprochen, von dem ich hoffte, daß es nie verwirklicht werden würde. Hatte man mit der Verwirklichung schon so bald begonnen? Was ich als nächstes zu tun hatte, war klar: Ich mußte für die Freilassung von Hua-Hua kämpfen.

1984. Mitte 1983 nahmen Hu Jinchu und ich eine Evaluation der Forschungsarbeit vor, die in Wuyipeng während unserer längeren Abwesenheiten zum Besuch anderer Panda-Areale geleistet worden war. Wir waren uns einig darin, daß in der Arbeit etliche ungesunde Tendenzen eingerissen waren, gegen die entschlossen vorgegangen werden mußte. Der Mitarbeiterstab war um eine Reihe frischgebackener Hochschulabsolventen verstärkt worden, eine Maßnahme, die die wissenschaftliche Dignität des Projekts heben sollte. In China, wo die akademische Bildung auf weniger als fünf Prozent der Bevölkerung beschränkt ist, sind jeder Hochschulabsolvent und jede Hochschulabsolventin Repräsentanten einer Elite, selbst wenn er oder sie, wie es so häufig der Fall ist, sich in allem, was über eingepaukten Lehrbuchstoff hinausgeht, durch entsetzliche Unwissenheit auszeichnet. Wie zu Zeiten der Kaiser, als der in den Mandarinstand aufstrebende Gelehrte drei Serien von dreimal im Jahr stattfindenden Prüfungen – Präfektur-, Provinz- und Reichsprüfungen: *shengyan, juren* und *jinshi* – abzulegen hatte, besteht die Substanz der höheren Bildung noch heute in purem Pauken. Die Studenten werden nicht zum Denken, sondern zu rein mechanischem Auswendiglernen, zur Passivität erzogen. Diese Passivität ist häufig gepaart mit Desinteresse sowohl am Beruf wie am Arbeitsplatz, die beide im allgemeinen nicht vom Studenten selbst gewählt, sondern ihm von höherer Stelle zugeteilt werden. Obendrein gibt der Akademikerstatus manchen seiner Besitzer Anlaß zu snobistischer Selbstgefälligkeit und verächtlichem Herabsehen auf die Arbeiter, die solcher Weihe nicht teilhaftig geworden sind. Vereint schufen diese Faktoren in Wuyipeng eine denkbar mißliche Situation. Arbeiter wie Tian Zhixiang, Zhang Xianti und Xiao Wang, die ungeachtet der Härten des Camplebens jahrelang unverdrossen beim Sammeln von Fakten und Informationen geholfen hatten, mußten sich nun von Neulingen über die Schulter sehen lassen, die mit ihrer Dreistigkeit häufig nur ihre Inkompetenz, Faulheit und Einfallslosigkeit zu verschleiern suchten. Zwar hatte es schon vorher in gewissen Abständen immer wieder Tiefs in der Gruppen- und Arbeitsmoral gegeben, aber stets war hier jeder jedem mit Freundlichkeit und Herzlichkeit begegnet. Damit war es nun bei den Chinesen vorbei – zum Schaden der gesamten Forschungsarbeit.

Zhou Shoude war versetzt worden, und in die Funktion des Campvorstehers war ihm ein frischgebackener Hochschulabsolvent namens Wang Pengyan nachgefolgt, ein schmächtiges, scheinbar bescheidenes Männchen. Er entpuppte sich als katastrophaler Fehlgriff, denn die Diskrepanz zwischen seiner Position und seinen Fähigkeiten hätte größer nicht sein können. Ungeachtet der Lebensgefahr, in die eventuell gefangene Pandas dadurch gerieten, blieben aufgestellte Fallen tagelang unkontrolliert, und die Funküberwachung wurde nach dem Zufallsprinzip durchgeführt. Die Forschungsprotokolle, die bisher jedermann jederzeit zugänglich gewesen waren, wurden in einen Aktenschrank weggeschlossen. Als ich sie sehen wollte, erhielt ich die Auskunft: «Der Mann, der den Schlüssel verwahrt, ist nicht da.» In China ist das ein abgedroschener Refrain: Der Mann, der den Schlüssel verwahrt, ist nicht da. Mag China auch eine Politik der offenen Tür auf die Tagesordnung gesetzt haben, es bleibt trotzdem ein Land der Schlösser – der Schlösser an Türen, Schreibtischen, Büchervitrinen, Aktenschränken, überall. Und die Person, die den Schlüssel verwahrt – und in aller Regel gibt es zu jedem Schloß nur *einen* Schlüssel –, denkt nicht daran, ihre Verantwortung zu delegieren: Sie gibt den Schlüssel selbst dann nicht aus der Hand, wenn sie für einen vollen Monat verreist. Ein Schlüssel ist ein Zeichen der Macht. Aber jener Satz dient auch als faule Ausrede, mit der man abwimmelt. Und er ist im übertragenen Sinne der Wahlspruch der ganzen Nation. Immer ist jemand anderer, vorzugsweise weit entfernter für das gerade aufgetauchte Problem zuständig – ein von jedermann bei jeder Gelegenheit beschrittener Weg, sich vor einer Entscheidung oder der Verantwortung zu drücken. Wang Pengyan wurde zu guter Letzt ersetzt, aber sein Nachfolger war dasselbe Modell in Grün. Der neue Vorsteher Zhang Heming, auch er ein frischgraduierter Akademiker, war ein Freund von Wang. Unter der abgefeimten Koalition von fehlgeleiteter Intelligenz und kleingeistiger Intrige, die die beiden verkörperten, geriet unser Forschungsprogramm im Choushuigou an den Rand einer Katastrophe. Wang Menghu, der für jede Gelegenheit das passende Sprichwort parat hatte, hätte in diesem Fall gesagt: «Hat der Tiger sich vom Berg wegbegeben, ruft der Affe sich zum König aus.»

Hu Jinchu hatte mich gebeten, Westler ausfindig zu machen, die mich während der Zeiten, in denen ich anderswo für das Projekt tätig war, in Wolong vertreten könnten. Ich trieb zwei Männer auf, und wie sich herausstellen sollte, hatte ich mit beiden einen glücklichen Griff getan. Kenneth Johnson hatte mehrere Jahre lang bei Michael Pelton an der University of Tennessee über die Biologie der Schwarzbären gearbeitet. Mit seiner umfangreichen Erfahrung in der Betäubung und telemetrischen Beobachtung von Bären war er für das Projekt ein großer Gewinn. Da wir auch einen Botaniker benötigten, telefonierte ich mit Thomas Veblen an der University of Colorado, und er empfahl mir seinen Doktoranden Alan Taylor, der mit seinem Spezialgebiet «Dynamik der Wälder» der ideale Mann für unsere geplanten Forschungsaktivitäten zur Interaktion zwischen Bambus und Baumwuchs war.

Mitte Januar 1984 reiste ich für einen Monat nach Hause zu einem verspäteten Weihnachtsfest mit Kay und um in meinem Büro bei der New York Zoological Society diverse Tierschutzangelegenheiten zu bearbeiten, ehe ich für den Rest des Jahres nach China zurückkehrte. Im Februar 1984 traf ich in New York mit Alan Taylor und Ken Johnson zusammen, und zu dritt machten wir uns dann auf die Reise nach Wolong, wo ich zehn Tage bleiben wollte, um die beiden während dieser Zeit mit den Pandas und dem Mitarbeiterstab bekannt zu machen. Anschließend würde ich nach Norden weiterziehen, um im Tangjiahe-Reservat einen zweiten Forschungsstützpunkt zu etablieren.

Die Neuigkeiten, die mich in Wolong bei meiner Rückkehr nach einmonatiger Abwesenheit erwarteten, waren unvermindert schlecht. Das Pandajunge, das sich Zhen angeschlossen hatte, war gefangen und ins Forschungszentrum gebracht worden. Über das Wie und Warum bekam ich unterschiedliche Versionen zu hören, manche davon, wie es schien, völlig unbeschwert von so etwas wie Rücksicht auf die Welt der Tatsachen. Als Fazit reimte ich mir zusammen, daß Zhang Heming das Junge in einem Baum gesichtet hatte, hinaufgeklettert war und – nicht ohne sich dabei einen zerkratzten Arm zuzuziehen – das Tier gepackt hatte. Das Kleine war dann in eine Kastenfalle gesteckt worden und dort über Nacht geblieben, bis Parteisekretär Lai Binghui am nächsten Tag die Genehmigung erteilt hatte, es ins Forschungszentrum zu bringen. Ich kochte innerlich vor Zorn, wenngleich ich mein möglichstes tat, mir nichts davon anmerken zu lassen. Waren die Leute denn von allen guten Geistern verlassen? Nach dem Debakel mit Hua-Hua hatte ich unmißverständlich klargestellt, daß weder irgendwelche von den Pandas, die unser Studienmaterial waren, noch andere Tiere des Reservats gefangen werden durften zu dem Zweck, sie in Gefangenschaft zu halten. Aber es ist ja niemand so taub wie derjenige, der nicht hören will. Hua war noch immer nicht freigelassen worden. Sollte denn aus dem Panda-Palast, wie das Forschungszentrum genannt wurde, nichts als ein Panda-Gefängnis für die Population von Wolong werden? Ein Haus für lebendige Tote? Das frisch gefangene Jungtier erkrankte schon nach kurzem Aufenthalt im Forschungszentrum, und die zwei Betriebsveterinäre, die nicht viel von der ärztlichen Behandlung von Tieren verstanden, schickten es nach Chengdu, wo es verendete. Ich fühlte die Last der Verantwortung, die auf mir ruhte, wachsen und war zugleich ratlos, wie ich die Hindernisse, die sich mir in den Weg stellten, überwinden sollte. In dreijähriger Mitarbeit an dem Projekt war es mir nicht gelungen, das Verständnis meiner chinesischen Kollegen für das Hauptziel unseres gemeinsamen Unternehmens zu schärfen: dafür, daß dem Panda ein Dasein in Freiheit und die Möglichkeit, in der Wildnis zu überleben, garantiert werden mußten.

Einige Tage zuvor hatte mir Wang Menghu in Beijing von einem Weibchen erzählt, dem die Wuyipeng-Crew am 4. Januar ein Halsband angelegt hatte. Bei-Bei, wie sie genannt wurde, war inzwischen fast zur Mitbewohnerin des Camps geworden und erhielt jetzt dort ihr Futter. Wang Menghu überlegte sich, ob man nicht eine Touristenattraktion aus ihr machen sollte. Bei der Ankunft in Wolong erhielt ich als erstes den besorgten Rat, ich möge lieber nicht in meinem gewohnten Zelt übernachten, denn das diene jetzt Bei-Bei als Unterschlupf. Wer war diese Bei-Bei? Es konnte sich nur um Zhen handeln, die sich bereits auskannte im Camp als solchem wie in seinem Angebot an Leckerbissen.

Kaum daß Alan, Ken und ich in Wuyipeng eingetroffen waren, wurden wir auch schon mit Geschichten von Bei delektiert und auf einen Besichtigungsrundgang geschleift. In dem Zelt, das Kay und ich seinerzeit für uns aufgeschlagen hatten, lagen fünfzehn Kotballen auf dem Doppelbett und ein großer Haufen dieser Produkte in einer Ecke, wo Bei müßige Stunden verbracht hatte; nebenbei hatte sie eine Ecke des Schreibtischs abgenagt. In der Campküche wurde mir expliziert, wie sie auf einen Schrank geklettert war, um an ein Zehn-Kilo-Trumm Schweinefleisch heranzukommen, das vom Dachstuhl herunterhing. Im Forschungszelt ruhte sie sich häufig auf einem weichen Bett von aufgehäuften Bambus-Spezimina aus, die sicher zu verwahren sich niemand die Mühe gemacht hatte. An der neuerrichteten Mitarbeiter-Schlafbaracke hatte Bei die Fensterscheiben eingeschlagen, woraufhin man die Fensteröffnungen von außen mit Brettern vernagelt hatte, um sie draußen zu halten; drinnen in der Baracke war es finster wie in einem Bergwerk, so daß man auch tagsüber die Laternen brennen ließ.

In Zhens Unterkiefer fehlten mehrere Zähne, aber niemand hatte das Gebiß der sogenannten Bei untersucht, als sie zum Anlegen des Halsbands narkotisiert worden war. Ken holte sich später die Bestätigung dafür, daß es sich bei Bei tatsächlich um Zhen handelte. Doch der Name Bei blieb ihr erhalten – ein bitteres Los für Zhen, die unter ihrem ersten Namen zu Weltruhm gekommen war und ihr Leben dann in der Anonymität einer Zufallsbezeichnung beschloß.

Mag der Panda auch zu einem Symbol der brüderlichen Gemeinschaft alles Lebendigen avanciert sein und mag auch bis zu einem gewissem Grad der Reiz des Unvergleichlichen darin liegen, sein Bett mit einem solchen Tier zu teilen – ich entschied mich trotzdem gegen das gemeinsame Nachtlager mit Zhen. Zugegeben, sie hatte sich bei den meisten unserer Begegnungen friedlich gezeigt. Aber ich hatte keinen Schimmer, wie ich sie hätte abwiegeln sollen, wenn ihr der Kamm geschwollen wäre. Ich siedelte in die Schlafbaracke über.

Ich war gerade dabei, meine Siebensachen auszupacken, als Zhen im Camp eintraf. Zhang Heming streckte ihr ein Stück Zuckerrohr hin, das sie geschickt schälte, indem sie mit den Zähnen die harte Außenhülle wegriß, um dann mit triefenden Lippen das saftige innere Stengelgewebe zu verzehren. Mit überraschend aggressivem Schnauben, Brummen und Schnarren ihren Appetit auf mehr bekundend, schob sie sich anschließend auf uns zu. Während wir in alle Richtungen davonstürzten, warf ihr jemand ein zweites Stück Zuckerrohr hin. Jetzt trat Wang Pengyan ganz nahe an sie heran und begann wie ein Picador, der einen Stier reizt, sie mit einem Stock zu knuffen und zu klopfen, bis sie wütend auf ihn losging und dem Enteilenden mit einem Hieb ihrer messerscharfen Klauen die Hose aufschlitzte. Er wetzte davon, und sie blieb ihm dicht auf den Fersen, doch auf einmal drehte er sich um und streckte ihr ein neues Stück Zuckerrohr hin. Sie nahm eine Notbremsung vor, schnappte sich das Zuckerrohr und fraß es. Jetzt war mir klar, warum Zhen so reizbar war: Man hatte sie auf derlei Angriffe dressiert. Zhen brauchte gar nicht übermäßig intelligent zu sein, um zu begreifen, daß sie für aggressives Verhalten mit guten Bissen belohnt wurde. Wang Pengyan hatte an Wuyipeng schließlich doch noch eine für ihn reizvolle Seite entdeckt: Durch das Allotria, das er mit Zhen trieb, konnte er sich interessant machen. Aber mit seinem verschlagenen Opportunismus hatte er aus dem findigen Plagegeist, der Zhen war, ein gefährliches Tier gemacht. Selbstbewußt trottete Zhen jetzt in das Forschungszelt, als ob sie da zu Hause wäre. Als ich durch das Fenster hineinlugte, kam sie heran und spähte hinaus, und unsere Gesichter waren in diesem Moment kaum einen halben Meter voneinander entfernt. Es war eine surreale Konstellation: Das Forschungsobjekt hatte das Forschungszelt okkupiert, als wäre es sein Besitztum, während der Forscher draußen wie ein Vagabund herumstrich.

Nachdem sie ein Schläfchen gehalten hatte, suchte Zhen die

Gemeinschaftshütte auf: Während sie zur einen Tür hereinkam, witschten alle, die drinnen waren, durch die andere Tür hinaus. Sie ging auf das Feuer zu, bis sie nicht etwa daneben, sondern darin stand – die Vordertatzen auf einem brennenden Holzscheit, den Bauch über glühenden Brocken. Der Rauch brachte sie zum Niesen, aber die Hitze ignorierte sie; ihr Pelz isolierte so gut, daß sie nicht einmal reagierte, als das Feuer ihr das Fell versengte, so daß an der Stelle die weißen Haare sich gelb färbten. Ich versuchte sie fortzuscheuchen, aber erst Wang Pengyang und sein Stock vermochten sie zum Rückzug zu bewegen. Sie verließ die Hütte, war jedoch bald wieder da. In einer Ecke war aus dem nackten Erdboden ein kleiner Gemüsekeller ausgehoben, nicht mehr als eine mit Bohlen abgedeckte Grube, und die nächste Stunde brachte Zhen damit zu, sich in aller Gemütsruhe an dem Zuckerrohr, das dort lagerte, gütlich zu tun. Sie unterbrach ihr Mahl immer nur so lange, wie sie brauchte, um sich tief in die Grube hinunterzubeugen und, während nur noch ihr Hinterteil aus dem Loch herausragte, einen neuen Stengel herauszuangeln. Man teilte sich den vom Feuerschein erhellten Hüttenraum wie unter Brüdern: Wir hatten die eine Hälfte belegt, Zhen die andere.

Zhens Kommen und Gehen gehorchte keiner Ordnung, aber mindestens einmal täglich erschien sie im Lager, um sich schmatzend eine Waschschüssel Reisbrei einzuverleiben und nebenbei abzustauben, was gerade anfiel. In unserer Tagesplanung war sie der Dreh- und Angelpunkt. Der Koch getraute sich nicht, mit den Frühstücksvorbereitungen vor dem Hellwerden zu beginnen, weil er Angst hatte, ihr andernfalls in der Küche in die Quere zu kommen, wenn sie gerade einen Raubzug auf *mantou* oder Fleisch unternahm. In ihrer fehlgeleiteten Begeisterung taten Wang Pengyan und einige andere aus der Crew nichts anderes mehr, als den ganzen Tag lang Zhens Funksignal abzuhorchen und sie zum Füttern abzupassen. Auf unseren Gängen im Gelände waren wir jetzt allesamt ziemlich fahrig, weil wir immerfort auf dem Quivive sein mußten, ob nicht von irgendwoher

Zhen auftauchte und etwas zu fressen haben wollte; wir nahmen sogar Zuckerrohrstücke mit, um sie beschwichtigen zu können, falls sie die Lust ankommen sollte, uns anzugreifen. Beherzte, die den Mut aufbrachten, nach Einbruch der Dunkelheit noch vor die Tür der Schlafbaracke zu treten, kamen in der Hälfte der Fälle stehenden Fußes wieder hereingeschossen. Alan und Ken hatten sich entschlossen, den Nächten in ihren Zelten zu trotzen; schließlich harrte auch Tiang Zhixiang hinter verbarrikadierter Tür in seinem Zelt aus. Eines Nachts hörte ich kurz vor Tagesanbruch einen Chinesen *«Weiguoren»* (Ausländer) zu mir sagen. Vollends erwachend, hörte ich zudem Ken schreien. Während ich hastig in meine Kleider fuhr, kam Ken schon in die Schlafbaracke gestürzt, mit nichts auf dem Leib als einer weißen langen Unterhose, ungeschnürten Schuhen und einer schiefsitzenden chinesischen Pelzmütze. Viel mehr besaß er übrigens auch nicht – seine gesamten Habseligkeiten waren auf dem Weg nach China bei der Firma, die den Gepäcktransport zwischen dem LaGuardia- und dem Kennedy-Flughafen in New York besorgt, entwendet worden. Während Zhen sich mit den Klauen durch die Rückwand seines Zelts zu arbeiten versucht hatte, war Ken wie der Blitz durch die Tür entwichen; sie war dann eingedrungen und hatte drinnen Nachforschungen angestellt – ihr gutes Recht, denn schließlich waren wir nur Landräuber in ihrem Revier. Alle dösten wieder ein, aber schon nach kurzer Zeit waren erneut Hilferufe zu hören, diesmal von Alan: «Lao Tian!» Tian Zhixiang bewohnte das Zelt gleich neben dem seinen. Zhen war offenbar entschlossen, Alan einen Besuch abzustatten. *«Meiguanxi»* (Am besten gar nicht um sie kümmern) war Lao Tian mit hilfreichem Rat zur Hand. Wang Pengyan und ich rannten hinaus und lockten Zhen mit Zuckerrohr von Alans Zelt weg, der sich unterdessen Hals über Kopf in Sicherheit brachte. Ken und Alan zogen daraufhin beide zu den zehn anderen in die Schlafbaracke um, wo es zwar aus war mit der Ungestörtheit in den eigenen vier Wänden, man dafür jedoch Vorteile anderer Art genoß.

Zhen mußte so bald wie möglich dazu gebracht werden, ihre

Besuche im Camp einzustellen, das stand fest. In einem Brief an Lai Binghui schilderte ich in kurzen Worten das Problem «Bei-Bei»:

1. Von einigen Mitarbeitern in Wuyipeng ist sie darauf dressiert worden, aggressiv um Nahrung zu betteln. Sie stellt jetzt eine Gefahr dar, weil die Möglichkeit besteht, daß sie jemanden ernstlich verletzt.
2. Sie beeinträchtigt die Forschungsarbeit in Wuyipeng. Die Arbeiter verbringen mehr Zeit damit, Bei-Bei zu füttern, als ihre Aufgaben zu erledigen. Man kann sich nicht mehr in einem Zelt aufhalten. Die Leute fürchten sich, in den Wald zu gehen.
3. Es ist völlig verkehrt, einen wilden Panda zum bloßen Gaudium menschlicher Zuschauer in einen breifressenden Camp-Bewohner zu verwandeln. Ein Naturreservat ist für wilde Tiere da. Wer zahme Pandas sehen möchte, soll in den Zoo gehen.
4. Dank Bei-Bei verwandelt sich Wuyipeng aus einem Forschungscamp in ein von Besuchern, Presseleuten und anderen Schaulustigen überlaufenes Touristencamp.

Im Prinzip wäre es einfach gewesen, mit dem Füttern aufzuhören und Zhen zu verjagen. Aber Wang Pengyan und etliche andere wollten sie im Camp haben, und Lai Binghui schlug sich immer, wenn er in die Verlegenheit kam, eine Entscheidung fällen zu müssen, auf die Seite der Mehrheit. Eine andere Möglichkeit hätte darin bestanden, Zhen in eine andere Gegend des Reservats umzusiedeln, wenngleich das bedeutet hätte, daß wir noch eins von unseren Studienobjekten einbüßten. In schwachen Momenten war ich zugegebenermaßen selbst meiner Sache nicht sicher, was die Unersprießlichkeit von Zhens Anwesenheit im Camp betraf, bot sie uns doch damit eine Möglichkeit, ihr Intelligenzpotential für die Anpassung an neue Situationen zu beobachten. Und sie sorgte unbestreitbar für das Salz der Abwechslung in unsrer Alltagssuppe. Das änderte freilich nichts daran, daß ihr Rollenwechsel zugleich maßlos traurig stimmte. Von einem Umschwung im Schicksal eines Wesens von solch kolossaler Statur erwarten wir tragische oder zumindest schmerzliche

Aspekte. Zhen jedoch hatte sich aus einer imposanten und geheimnisvollen Kreatur in eine simple Schnorrerin verwandelt. Wieder und wieder hatte ich betont, daß es für alles, was wir zu tun und zu lassen hatten, nur ein einziges Bewertungskriterium geben konnte: Ist es zum Besten des Pandas?

Als ich Ende Februar 1984 nach Tangjiahe aufbrach, war die Angelegenheit noch nicht geregelt. Die kollektive Unverantwortlichkeit, einen Panda zum Gefangenen zu machen, begeht man hier schnell und ohne sich viel dabei zu denken – darüber befindet man auf lokaler Ebene, stellte ich verbittert fest, aber wenn es darum geht, ein Tier wieder in die Wildnis zu entlassen, dann müssen die Funktionäre in Wolong und Chengdu und Beijing anscheinend monatelang darüber debattieren. Ken und Alan hielten mich jetzt brieflich über die Vorgänge in Wuyipeng auf dem laufenden, außerdem bekam ich Zeitungs- und Zeitschriftenausschnitte zugeschickt. Zhen wurde (unter ihrem Zweitnamen Bei-Bei) zu einem Medienstar von der «Ach-wie-niedlich»-Sorte, aber in keinem einzigen der zahlreichen Artikel über sie wurde die Frage gestellt, ob es ethisch vertretbar war oder irgendeinen wissenschaftlichen Wert hatte, sie durch regelmäßiges Füttern an das Camp zu fesseln.

Die Lage in Wuyipeng verschlechterte sich weiter. Ken schrieb mir: «In Wolong geht es schlimmer drunter und drüber, als die Herrschaften in Chengdu und Beijing wahrhaben wollen.» Als ob sie von einem Fuchsgeist besessen wären, formierten Wang Pengyan, Zhang Heming und ein Hochschulabsolvent von der Verwaltungszentrale namens Shi Junyi sich zu einer Dreierbande, die, wie es schien, das Ziel verfolgte, das Forschungsprogramm zu sabotieren. Hu Jinchu kam selten zu Besuch nach Wuyipeng, und Lai Binghui blieb allzeit ein Chamäleon mit überaus wandlungsfähigen Ansichten. Die Crew fing zwei Pandas und ließ sie, ohne Ken zu informieren, wieder frei, ohne den Tieren ein Funkhalsband angelegt zu haben: Mehr Pandas mit Halsband hätten mehr Arbeit bedeutet. Ja, man hielt sogar eine Mitarbeiterversammlung ab, auf der die Resolution verabschiedet wurde, die Arbeit sei zu mühsam – wenngleich die einzelnen Mitarbeiter nur höchstens jeden zweiten Morgen Geländedienst hatten. Darauf blieb es häufig Ken allein überlassen, sämtliche Fallen zu kontrollieren.

Zhen alias Bei wurde immer aufsässiger, meldeten Alan und Ken in ihren Briefen.

Bei-Bei hat es, offenbar von Wang Pengyan eingelassen, inzwischen bis in die große Hütte geschafft. Beinahe wäre das gestern abend wieder passiert; jemand hatte Zuckerrohr in den Windfang gelegt. Der Koch und ich waren im Freien ausgesperrt. [...] Vorige Woche hat sie in der Küche den Herd aus dem Fundament gerissen, daraufhin mußte ein neuer gebaut werden. Sie ist angriffslustiger geworden, und am 13. März hat sie abends so richtig mit Gusto Leute durch die Gegend gehetzt. [...] Die Arbeiter hier würden liebend gern ums Feuer herumsitzen und verfettete Pandas füttern; alle halten das für den Sinn und Zweck des Camps. [...] Wenn Bei-Bei nicht von hier fortgeschafft wird, wird man sich zum Thema sichere Unterbringung etwas einfallen lassen müssen. In der Schlafbaracke übernachten derzeit 12 Leute in 10 Betten. [...] Ich laufe von einem Platz zum andern auf der Suche nach einer Schlafgelegenheit.

Wang Menghu kam aus Beijing angereist, um über Zhens weiteres Schicksal zu befinden, aber die Wuyipeng-Crew sperrte sich gegen die Einmischung von außen. Ken schrieb mir einen Brief, in dem er seine Eindrücke schilderte

Wang Menghu vermittelte einem das Gefühl, daß er uns am liebsten weit vom Schuß in Tangjiahe gehabt hätte. Das gleiche Gefühl flößen einem auch die Leute hier ein. [...] Genießen Sie die Ruhe und den Frieden in Tangjiahe. Hier sind das knappe Güter.

Etwas Ruhe und Frieden hatte ich in Tangjiahe insofern, als Briefe aus Wuyipeng Wochen brauchten, um mich zu erreichen – offenbar wurden sie auf irgendeine Weise unterwegs aufgehalten.

Einer von Zhens «lustigen kleinen Streichen», wie die Zeitungen ihre Unarten nannten, bestand darin, daß sie Wang Pengyan mit den Klauen das Bein aufschlitzte. Daraufhin errang Wang Menghu einen symbolischen Sieg: Zhen wurde verbannt, allerdings auf die andere Seite des Kamms ins Yingxionggou, kaum nennenswert weit weg von ihrem gewohnten Aufenthaltsgebiet. Kaum war sie am 23. Mai dort ausgesetzt worden, spazierte sie wieder auf den Bergrücken hinauf und blieb dort, möglicherweise nicht sonderlich erpicht darauf, die publizistischen Triumphe, die sie in Wuyipeng eingeheimst hatte, zu wiederholen. Doch Wang Pengyan, der sich in Gefahr sah, das Interesse der Öffentlichkeit zu verlieren, legte eine Fährte von Zuckerrohr und Fleisch, mit deren Hilfe er Zhen wieder ins Camp lockte. Auf Kens Einwände entgegnete er: «Ich füttere Bei-Bei. Die Oberen haben es mich geheißen.»

Kens vorrangiges Bemühen war es zur fraglichen Zeit, Long wieder einzufangen, denn der Sender in seinem Halsband würde bald seine Funktion einstellen. Long zeigte sich jedoch außerordentlich gerissen im Umgehen von Fallen. Als Hu Jinchu und ich im Vorjahr anderswo zu tun gehabt hatten, war die Arbeitsmoral in Wuyipeng so lax geworden, daß die Fallen tagelang nicht kontrolliert wurden. Long sei zweimal in die Falle gegangen, wurde mir vertraulich berichtet, aber niemand habe sich um ihn gekümmert. Halb wahnsinnig vor Hunger sei er auf die Wände der Falle losgegangen, bis er es irgendwie geschafft habe, den Schieber ein Stück hochzustemmen und zu entkommen. Long blieb in der Folge der Zusammenarbeit mit dem Forschungsprojekt standhaft abgeneigt: Er ging nie wieder in eine Falle. Gefangen wurde jedoch ein neues Weibchen, das den Namen Li-Li erhielt und dem Ken ohne die geringste Hilfe von seiten des Wuyipeng-Personals das Funkhalsband anlegen mußte. Dann tappte Zhen in eine von unseren Bodenschlingen. Unter Mithilfe von Seidoh Hino von Nippon Television und dessen chinesischem Mitarbeiter setzte Ken sie frei. Die Schlinge hatte Zhens Vordertatze aufgescheuert und eine dreizehn Millimeter lange Schramme hinterlassen, eine unbedeutende Hautwunde.

Nachdem er es erst versäumt hatte, ihm bei der Arbeit zu helfen, erhob der Mitarbeiterstab nun gegen Ken den unbegründeten Vorwurf der Inkompetenz im Narkotisieren von Pandas und im Umgang mit den betäubten Tieren. Zhen sei drei Stunden lang betäubt gewesen, wurde behauptet, obwohl sie nur eine halbe Stunde lang nicht bei sich war. Infolge der Schramme habe Zhen nun einen humpelnden Gang, wurde behauptet, obwohl keiner der Nichtchinesen im Camp davon etwas zu erkennen vermochte. Zwei chinesische Tierärzte wurden herbeibemüht, damit sie völlig überflüssigerweise die Schramme behandelten, und die medikamentöse Ruhigstellung, die Zhen zu diesem Zweck über sich ergehen lassen mußte, könnte sehr wohl ihren Brunstzyklus in Unordnung gebracht haben. Wo Rauch ist, ist ein Feuer: Aber in diesem Fall gab es kein Feuer, den Rauch hatte das Wuyipeng-Personal erfunden. Einen Ausländer kann man mit einem Gerücht immer hart treffen, mag es auch noch so unbegründet sein. Alan blieben derartige Spitzen weitgehend erspart, weil Bambus die Leidenschaften weniger aufrührt, als die Pandas es tun.

Bei Konfuzius kann man lesen: «Der Edle vermag eine Frage unvoreingenommen von allen Seiten zu betrachten» – was im wirklichen Leben eine höchst schwierige Sache ist, wenn zwei Kulturen aufeinanderprallen. Westler interessieren sich im allgemeinen für den Faktenaspekt eines Streitgegenstands; die Wahrheitsfindung bewerkstelligt man in ihrer Sicht, indem man jeden einzelnen Streitpunkt – in diesem Fall die verabreichte Dosis des Narkotikums und die Schwere der Verletzung – für sich genommen verifiziert. Im Prinzip gelangt man hier zu einem brauchbaren Fazit durch Überprüfung der Einzelaspekte des Sachverhalts, nicht durch dessen Globalbewertung. Dagegen betrachten die Chinesen Fakten häufig unter dem Blickwinkel des Werturteils, indem sie sich fragen, ob etwas von Hause aus gut oder böse ist. Fakten, mögen sie auch noch so belanglos oder fehlgedeutet sein, können unter diesen Voraussetzungen dazu benutzt werden, eine Globalbewertung zu untermauern. Die in

China immerfort wiederholte pragmatische Losung «Suche die Wahrheit in den Tatsachen» tendiert dazu, eine bloße Floskel zu bleiben. Die bedauerliche Folge davon ist, daß keine der beiden Kulturen die andere versteht. Der Westler hält vielleicht die Chinesen für unehrlich, der Chinese schimpft vielleicht die Westler böse. Es ist ein bißchen so wie in der Pekingoper *Der dreifach gegabelte Weg*, in der zwei Brüder einander in stockfinsterer Nacht begegnen und sich schlagen, weil jeder glaubt, der andere sei sein Feind, bis sie im Schein der Laterne eines Gastwirts einander als Freunde und Brüder erkennen.

Für ein bestimmtes Vorkommnis allerdings waren die durch die kulturelle Differenz bedingten Mißverständnisse keine ausreichende Erklärung. Ken und Alan hatten die Verwaltungszentrale aufgesucht, um dort noch einmal das Problem Zhen darzulegen. Lai Binghui war verreist, aber man lud sie zu einer Besprechung mit Shi Junyi, Zhang Heming, Qin Zisheng und mehreren führenden Leuten von der Reservatverwaltung. Wang Menghu war schon wieder nach Beijing zurückgereist. Mit der Einmütigkeit eines sektiererischen Konventikels machten die Chinesen in unschöner Stimmung Front gegen die Ausländer. Der allzeit bereite Wadenbeißer Shi Junyi beschuldigte Ken in einer lautstarken, zornigen Tirade der Unfähigkeit, der Fahrlässigkeit im Umgang mit den Pandas und einer ersichtlich «falschen Einstellung». Auf eindrucksvolle Weise demonstrierte er seine Meisterschaft in der Kunst der Desinformation. Kens Erklärungen wurden mit einem ruppigen «Sie verstehen nicht viel von Pandas» übergangen und Alans Beschwerden als «Phantasien» abgetan. Die Parole «Nieder mit dem US-Imperialismus», die einst auf eine Felswand am Rand der Straße nach Wolong gemalt worden war, ist dort inzwischen verblaßt. Die politischen Kalendersprüche und das Tschingderassabum der Militärkapellen, die noch im Jahr 1980 bei Tagesanbruch aus den Lautsprechern der Verwaltungszentrale geplärrt hatten, waren 1984 längst von *Jingle Bells* und *Red River Valley* abgelöst. Aber noch bei jener Besprechung waren die vom Eifer für die gerechte Sache getragene Irrationalität und Gehässigkeit kulturrevolutionären Taktierens mit im Spiel: Man hatte die Phantasie der Ankläger zu fürchten, nicht ihr Wissen.

Ich war empört, als die Nachricht vom Verlauf der Besprechung schließlich bis zu mir nach Tangjiahe durchdrang. Ken hatte die Situation bewunderungswürdig gemeistert. Er schrieb mir: «Zu meiner eigenen Überraschung bewahrte ich die ganze Zeit über Ruhe und Haltung, gewann der ganzen Szene einen hochgradig humoristischen Aspekt ab und verspürte keinerlei Bedürfnis, mich zu rechtfertigen oder mich von ihrer Gefühlsraserei anstecken zu lassen [...].» Mit Schreiben an Lai Binghui protestierte ich gegen die unangemessene Behandlung sowohl von Pandas wie von WWF-Mitarbeitern und stellte fest, daß es «dem Image Chinas einen schweren Makel zufügen wird, wenn die Welt von den Vorgängen in Wuyipeng erfährt. [...] Es könnte sich als notwendig erweisen, zur Behebung der Probleme eine gemeinsame Konferenz von Vertretern des WWF und Teilnehmern aus Beijing, Chengdu und Wolong einzuberufen.»

Die Chinesen wünschten keine förmliche Konfrontation mit dem WWF. Wang Menghu reiste erneut nach Wolong, und diesmal sorgte er dafür, daß etwas geschah. Im Zuge einer verspäteten Säuberungsaktion wurde Wang Pengyan aus Wuyipeng abberufen. Aber was Zhen betraf, wurde nicht etwa ein strenges Fütterungsverbot ausgesprochen, sondern die Übersiedlung ins Forschungszentrum angeordnet. Am 4. Juni geriet Zhen ohne eigene Schuld in einen Alptraum. Sie bekam Bitterkeit zu schmekken – um den treffenden Ausdruck für das Unglück all jener zu gebrauchen, die unter der Kulturrevolution zu leiden hatten. Immerhin fand die Forschungstätigkeit in Wuyipeng jetzt in die alten Bahnen zurück.

Drei Monate später, im September, besuchte ich Zhen im Forschungszentrum. Sie war träge und schmerbäuchig – nach wie vor ernährte sie sich von Reisbrei, den Wang Pengyang, der hier einen neuen Arbeitsplatz gefunden hatte, ihr mit hirnlosem Eifer zu fressen vorsetzte.

Um diese Jahreszeit hätte Zhen eigentlich genau wie in den vergangenen Jahren in Freiheit für ein Neugeborenes sorgen müssen. Zhens Nachbar war der inzwischen seit neuen Monaten in Gefangenschaft lebende Hua-Hua. Man hatte den beiden ihre Würde geraubt. Unter der Oberfläche ihrer derzeitigen Lebensform verbarg sich eine unartikulierte Qual, die mich weniger mit Mitleid als vielmehr mit Empörung erfüllte. Sollte es künftig Huas Los sein, sich einmal im Jahr einer Elektroejakulation unterziehen zu müssen, statt mit konkurrierenden Art- und Geschlechtsgenossen um das Paarungsrecht zu kämpfen? Sollte es künftig Zhens Los sein, wieder und wieder betäubt und künstlich besamt zu werden? Fernab von ihrer Kultur – von ihrem Sozialverband isoliert und aus den Gesetzmäßigkeiten ihrer natürlichen Lebensform herausgerissen – würden die beiden ein ruhiges, aber leeres Leben leben: ein Leben, das einer Tragödie gleichkam. Ich war entschlossen, für ihre Interessen zu kämpfen, und dies notfalls auch lärmend und wütend, und dabei hatte ich in Hu Jinchu de facto einen stillen Verbündeten. Man muß allerdings Idealismus mit Pragmatismus verbinden und muß die Grenzen des Erreichbaren bestimmen. Auf einer Reihe von Konferenzen entfachten wir immer wieder neue Debatten – bis wir schließlich die Freilassung der Tiere erreicht hatten.

Der 23. September brachte für Zhen ein wichtiges Ereignis, bei dem ich leider nicht Zeuge sein konnte. Lastträger hoben die Stangen, an denen ihr Gitterkäfig hing, auf die Schultern, als seien sie die Sänftenträger einer Kaiserin. Sie trugen Zhen über den Pitiao-Fluß zum Fuß eines bambusüberwachsenen Berghangs. Sie bellte verärgert und schlug nach jedem, der annähernd auf Reichweite herankam; einem unachtsamen Träger brachte sie eine blutende Verletzung bei. Als die Käfigtür aufgemacht wurde, blieb sie Kens Bericht zufolge zunächst mit dem Rücken zu der Öffnung sitzen, spazierte schließlich aber doch ins Freie und trollte sich davon. Der Platz, wo sie ausgesetzt worden war, lag gut fünfzehn Kilometer flußabwärts von Wuyipeng; in ihre Heimat konnte sie zurückgelangen, indem sie eine Reihe kleinerer Erosionstäler durchquerte. Ihren Ortssinn hatte sie auch in der Gefangenschaft nicht verloren, und so trat sie jetzt eine gemächliche Rückwanderung an.

Fünf Wochen später, am 1. November, erhielt ich ein Telegramm vom Leiter des Wolong-Reservats:

Zhen-Zhen am 30. Oktober im Choushuigou eingetroffen und am 31. Oktober nahe Wuyipeng angelangt. Wird möglicherweise nach Wuyipeng zurückkehren. Was sollen wir mit ihr machen? Bitte übermitteln Sie telegraphisch Vorschläge.

Ich antwortete wie folgt:

Zu Zhen habe ich drei Vorschläge zu machen. 1. Sie darf auf gar keinen Fall gefüttert werden. 2. Die Nahrungsmittel in der Küche so lagern, daß sie nicht an sie herankommt. 3. Das Personal soll sie verscheuchen, wenn sie sich in Wuyipeng blicken läßt. Vielleicht wird sie dann in ihrem alten Revier wieder zum wilden Panda. Viel Glück.

Auf ihrer Wanderung war Zhen wieder zur Bambuskost zurückgekehrt, so daß Wuyipeng für sie seine Anziehungskraft verloren hatte. Falls sie sich an das gute Fressen dort erinnern konnte, hatte sie vielleicht auch die Quälereien nicht vergessen. Einmal kam sie zum Camp, aber niemand gab ihr etwas zu fressen, und so blieb dies ihr letzter Besuch. Zhen war jetzt wirklich wieder frei.

Im April hatte eine Debatte darüber stattgefunden, ob man Hua freilassen solle. Doch John Knight, einem Tiermediziner vom Zoologischen Garten London, der angereist war, um bei der künstlichen Besamung zu helfen, war aufgefallen, daß Huas Gang nicht normal war. Beim Röntgen wurde festgestellt, daß ein Hüftknochen dreifach gebrochen war, so als sei er von einem schwergewichtigen Gegenstand – möglicherweise der Eisentür eines Tragekäfigs – zerschmettert worden. Die Knochenstücke waren erst teilweise wieder zusammengewachsen. Im September waren Huas Frakturen dann ausgeheilt; das eine Hinterbein war ein wenig verkürzt, aber das schien ihn nicht zu behindern. Sechs Tage nach der Aussetzung Zhens wurde Hua auf den Berg hinauf befördert, damit er sich dort wieder in die alte Wohngemeinschaft der Einzelgänger eingliedern konnte. Daß er sich nach fast einjähriger Gefangenschaft ohne weiteres wieder in das Dasein in der Wildnis einlebte, machte ihn zu einem erfolgreichen Pionier, dem andere Gefangene, wie ich hoffte, bald nacheifern würden. Wie seine Heimkehr sich gestaltete, wissen wir nicht. Beim Besuch von Markierungsstellen, bei denen er seine Visitenkarte hinterlegte, um seine Rückkehr bekanntzumachen, stellte er zweifellos fest, daß Long noch da war. Zhen war noch nicht wieder zurück, und in ihrem seit Juni vakanten Wohngebiet waren ihre Duftmarken bis auf schwache Überreste verweht. Pi, das dominante Männchen, dem Hua einst sorgfältig aus dem Weg ging, hatte schon seit fast zwei Monaten seine Wechsel nicht mehr markiert, ein Umstand, der Hua nicht entgangen sein dürfte. Freilich konnte er nicht wissen, daß Pi tot war.

Am 1. September 1984 machte ich mich im Hotel Jin Jiang in Chengdu fertig für die Rückkehr nach Tangjiahe. Vor drei Tagen hatte ich mich hier mit Ken getroffen: Von Tangjiahe kommend, wo er den Sommer verbracht hatte, war er auf der Durchreise nach Wolong; ich kam von der Sommersaison im Hochland von Tibet zurück. Nachdem wir Erfahrungen ausgetauscht und gemeinsam das Arbeitsprogramm für die kommende Saison aufgestellt hatten, hatten wir uns am frühen Morgen dieses Tages voneinander verabschiedet.

Am Spätnachmittag kam Ken zu mir ins Hotelzimmer gestürzt. Er war so aufgeregt, daß ihm das näselnde Tennessee-Idiom nur abgehackt aus dem Mund kam. Seine blonden Haare waren von getrocknetem Schweiß verklebt, seine Kleider waren in Unordnung und dreckverschmiert, und er roch wie eine Jauchegrube.

«Pi-Pi ist tot!» rief er. «Ich habe Pi-Pi ausgegraben. Ich habe mit eigenen Augen seinen Kadaver gesehen.»

Aus seinem Tornister holte Ken grausige Belege für seine Geschichte: einen Hüftknochen mit daranhängenden Fetzen von verwestem Fleisch, drei Rippen und ein Stück verfaulten Darms.

Bei seiner Ankunft in Wuyipeng hatte Ken von Alan gehört, daß, als die Crew vom 17. bis 19. August die Dauerüberwachung der Pandas vorgenommen hatte, Pis Signal inaktiv geblieben war. Am 20. August rückten Zhang Heming und Shi Junyi mit einem Suchkommando aus, das tags darauf Pis Leiche fand. Man verständigte die beiden Veterinäre des Forschungszentrums, die eine Obduktion vornahmen, allerdings nicht im Labor, sondern in aller Eile am Fundort im Wald. Ein paar Tage später wurde bekanntgegeben, daß Pi an einem Darmverschluß verendet war. Man tat alles, um WWF-Mitarbeiter davon abzuhalten, die näheren Umstände von Pis Tod zu ermitteln. Dem in Wolong hospitierenden britischen Tiermediziner John Knight verweigerte man die Genehmigung, der Obduktion beizuwohnen, und ich wurde von den zuständigen Bürokraten in Chengdu nicht über Pis Tod informiert. Der Kadaver wurde schnellstens an Ort und Stelle verscharrt. Man vertuschte etwas – schaffte, bildlich gesprochen und beinahe schon buchstäblich, die Leiche in den Keller. Wie war Pi ums Leben gekommen? Alan erfuhr, daß Pi in einer Schlinge verendet war.

Tage später machten Ken, eine Anzahl Chinesen und ich uns zur Inaugenscheinnahme von Pis Kadaver auf. Im Wald war es düster; in einem leichten Regen zogen wir über den Fußpfad am Bai Ai vorbei und stiegen dann ins Tal hinunter. Auf dem Grund arbeiteten wir uns durch undichtes Unterholz am Ufer entlang mühsam flußaufwärts und kamen nach kurzer Zeit zu einer Schotterbank. Auf dem Boden lag eine Tatze, zwischen deren zerfetztem schwarzem Fell Knochen zu sehen waren, und aus einer hastig zugeschaufelten Grube ragten Skeletteile heraus. Auf einem Felsblock in der Nähe schaukelte Pis Wirbelsäule.

Ich starrte die Relikte an. Nur allzu oft war einem bei diesem Projekt schon die Freude vergangen, und man hatte nur noch Kummer und fehlgeschlagene Hoffnungen übrigbehalten. Allerdings verspürte ich wenig Mitleid mit dem Tier: Auf ein Mitleid, das nichts nützt, läßt sich verzichten. Knochen sind kein Panda, und Pi würde mir als mit anderen Männchen um die Vorrangstellung kämpfendes unbezähmbares Naturgeschöpf in Erinnerung bleiben.

Kein Wilderer hätte in einer derart finsteren Schrunde Schlingen gelegt. Ich suchte die Umgebung nach Schleifspuren oder sonstigen Anzeichen dafür ab, daß Pi in totem Zustand hierher gezerrt worden war. Ich fahndete nach kürzlich abgeschnittenen Schößlingen, Wildwechseln, nach irgendwelchen Indizien – aber nichts deutete darauf hin, daß Pi in eine Schlinge gegangen war. Weshalb behaupteten dann mehrere Chinesen das Gegenteil? War das ein Versuch, Zhang Heming und Shi Junyi in Schwulitäten zu bringen, um ihnen so ihre Selbstüberzogenheit, Arroganz und Blasiertheit heimzuzahlen? Was einem mitgeteilt wird, ist gewöhnlich nur ein Schatten der Realität. Weshalb die Geheimniskrämerei um Pis Tod?

Ich trennte mich von den anderen, die am Fundort der Leiche blieben, und ging allein nach Wuyipeng zurück. Das Camp hatte sich in den vergangenen Monaten vom Zeltlager zum kleinen Dorf mit vier großen Holzhütten entwickelt. Bald würde es hier auch elektrischen Strom geben. Die rauhbeinige Zünftigkeit von früher war dahin. Tian Zhixiang hielt sich im Camp auf, und ich bat ihn, mir das Journal mit den telemetrischen Daten über Pis Aufenthaltsorte und Aktivitäten im Monat August zu zeigen, weil ich hoffte, hier einen präzisen Hinweis auf sein Todesdatum zu finden. «Der Mann, der den Schlüssel verwahrt, ist nicht da», erklärte mir Tian Zhixiang. Die Daten seien nicht verfügbar. Ich würde warten, sagte ich ihm, und zwar tagelang, wenn es sein müsse. Nach wenigen Minuten wurden mir die verlangten Unterlagen widerwillig ausgehändigt. Ich durchblätterte das Journal. Noch zu einer Zeit, wo er unbezweifelbar schon tot gewesen sein mußte, war er tagelang mit vereinzelten Aktivitätsphasen registriert worden. Die reine Schlamperei.

Nachdem Ken mich über Pis Tod und die Unklarheit, die dessen Ursache umgab, ins Bild gesetzt hatte, ging ich mit mir zu

Rate, wie ich reagieren sollte. Ich war seelisch erstarrt und wie ausgebrannt; alles hat eine Grenze, auch das, was ein Mensch mit noch so geübter Geduld ertragen kann. Ich wollte mich nicht in Dispute mit gleichgültigen Vertretern der Wolong-Verwaltungsbürokratie verwickeln, denen das erforderliche Wissen und Können für ihre Position fehlte, andererseits war ich jedoch entschlossen, es nicht hinzunehmen, daß jetzt wieder einmal ein Zwischenfall nach bewährter Manier unter den Teppich gefegt wurde. Wenn ein Problem sich gar nicht mehr ignorieren läßt, tritt gewöhnlich irgendwer aus den unteren Rängen der Hierarchie mit dem Eingeständnis, Fehler gemacht zu haben, auf den Plan und erlangt mit dem Vorsatz, «sein Denken zu korrigieren», und der «Einsicht in die Schwere seiner Irrtümer» die Erlösung von seinen Sünden. Selbstkritik mag ein Weg zum persönlichen Seelenheil sein, ihr Abschreckungseffekt ist jedoch zweifelhaft und ihre reformerische Wirkung fragwürdig. Im Jahre 1984 waren schon so viele Fehler gemacht worden, daß es jetzt mit bloßen verbalen Distanzierungen nicht getan sein konnte.

Als Gast im Lande konnte ich keine Veränderungen durchsetzen, nur Druck ausüben. Wo verlief die Grenze zwischen Beharrlichkeit und Anmaßung? Ein schwer zu überquerender Berg, wie die Chinesen sagen würden. Ich entschied mich dafür, die Einberufung einer Konferenz von Vertretern der Forstverwaltungen von Sichuan und Wolong zu verlangen.

Der Konferenzraum war gesteckt voll; die Chinesen standen unter nervöser Spannung, weil ihnen noch unklar war, was für Stechmücken das waren, die sie mit ihrer Politik der offenen Tür ins Land gelassen hatten. Lai Binghui eröffnete die Sitzung mit einer Litanei von Schuldzuweisungen. Das Personal in Wuyipeng «hat falsche Vorstellungen von kooperativer Forschungsarbeit. [...] Die jungen Leute müssen sich harte Kritik gefallen lassen und besser ausgebildet werden. [...] Manche haben es an Höflichkeit gegenüber den ausländischen Mitarbeitern fehlen lassen.» Zhen war «wegen körperlicher Schwäche» ins Forschungszentrum gebracht worden – eine überraschende Enthüllung besonders für diejenigen, die von ihr schon einmal durch die Gegend gehetzt worden waren. Was Pi betraf, «liegt es nicht in meiner Absicht, chinesischen und ausländischen Experten irgend etwas zu verheimlichen». Sodann begrüßte er Kritik und Anregungen zur Verbesserung seiner Arbeit von unserer Seite. Und so weiter und so fort. Die rituellen Floskeln.

Jetzt wurde mir das Wort erteilt. Ich bat um Entschuldigung dafür, daß ich als Ausländer Kritik vorbrachte. Indessen war es meine Pflicht, um dem Panda zu helfen, meinem bedrängten Herzen Luft zu machen. Ich war zutiefst betrübt und verärgert über die zahlreichen unglücklichen Entscheidungen der Reservatleitung und ihre fortwährende Einmischung in die Forschungsarbeit und das Leben der Pandas. Hua, Zhen und ein Jungtier waren ohne plausiblen Grund aus dem Untersuchungsareal entfernt worden. Mindestens drei unserer Pandas waren in den Schlingen von Wilddieben verendet. «Sie sagen, wir stehen einem durch die Bambusblüte verursachten Notstand gegenüber», hielt ich meinen Opponenten vor, auf das Bambussterben anspielend, das im vergangenen Jahr eingesetzt hatte und jetzt in einigen Gebieten außerhalb von Wolong die Pandas mit dem Hungertod bedrohte. «Ich sage, wir stehen einem durch Wilderei verursachten Notstand gegenüber. Warum ist der Panda in den Wäldern so selten? Weil dort gewildert wird. Und noch immer gibt es keine Patrouillen oder andere Maßnahmen, um die Wilderei zu unterbinden.»

Das kostspielige Forschungszentrum, so stellte ich weiter fest, stand voller vom WWF gestiftetem hochempfindlichem Gerät. Gleichwohl findet hier noch ein Jahr nach Fertigstellung der Anlage keine Forschung statt, ist kein qualifiziertes Forschungspersonal vorhanden, spielen die Arbeiter Dame und trinken Tee, statt sich um die Pandas zu kümmern, werden Apparaturen demoliert und Bücher aus der Bibliothek entwendet. Ausländische Journalisten, die nach Wolong kommen, um Interviews mit den Forschern vom WWF zu machen, erhalten in der Verwaltungszentrale die Auskunft, das gehe nicht, und werden an Ort und

Stelle mit einem Informationsgespräch abgespeist, bei dem ihnen vielfach unzutreffende Fakten aufgetischt werden. Warum das?

Wozu sind die Ausländer hier? Mit Sicherheit nicht, um den größten Teil der Kleinarbeit allein zu machen. Es ist Zeit für ein Großreinemachen und einen Neuanfang. Wir brauchen allmonatliche Versammlungen zur Lagebesprechung, bei denen jedesmal die detaillierte Agenda für die nächste Programmetappe von allen Beteiligten unterschriftlich anerkannt wird. Wir müssen Zhen und Hua freilassen. So märte ich stundenlang weiter, jedes einzelne Problem in Wolong und anderswo mit Details illustrierend. Alan und Ken schoben ihre Stellungnahmen nach, desgleichen John Knight, der neben anderen Problemen auch erwähnte, daß er fünf der Pandas des Forschungszentrums bei seiner Ankunft in krankem Zustand vorgefunden hatte.

Niemand wies unsere Vorhaltungen zurück. Alle Chinesen nickten beifällig, als Gung Tongyang, der oberste Naturschützer Sichuans, sagte: «Wir müssen die eiserne Reisschale [das heißt die Arbeitsplatz- und Lohngarantie, auch bei noch so schlechter Arbeitsleistung] zerschlagen.» Später sagte er noch: «Wir müssen die Einheimischen erziehen und sie zu Beschützern des Großen Pandas machen.» Die Höflichkeit verbietet es, einem Redner ins Wort zu fallen, also wartete ich, bis er seine Rede beendet hatte. Solange die Regierung den Bauern zu Höchstpreisen Moschus abkauft und solange am Weltmarkt eine starke Nachfrage nach Moschus herrscht, hielt ich ihm entgegen, würden die Einheimischen nicht aufhören, Schlingenfallen für Moschustiere aufzustellen und dabei unabsichtlich auch Große Pandas fangen, selbst wenn sie noch soviel Erziehung genössen. An handfesten Maßnahmen gegen die Wilderei führe nach meiner Ansicht kein Weg vorbei.

Lai Binghui bemerkte, man müsse «zum Zwecke der Umerziehung und der Schärfung des sozialen Bewußtseins» eine «Reformversammlung» der Wuyipeng-Crew organisieren. Hu Shixiu, eine energische Dame, die von Freunden liebevoll als «Frau Panda» apostrophiert wurde, fügte hinzu: «Wir sollten die Probleme entschlossen einer Lösung zuführen.» Das Ende der Konferenz waren Friede, Freude, Eierkuchen.

Nach der Konferenz hatte ich Gewissensbisse, weil ich soviel Kritik vorgebracht hatte. Viele der Menschen, mit denen ich zu tun hatte, waren mir persönlich sympathisch; ich wollte sie nicht in Schwierigkeiten bringen, nur weil es in Wolong ein paar «faule Äpfel» gab, wie die Chinesen es ausdrückten. Hu Jinchu versuchte im privaten Gespräch meine Bedenken zu zerstreuen: «Ich bin Ihnen dankbar, daß Sie den Mund aufgemacht und Ihre Meinung gesagt haben. [...] In die Arbeit haben Leute hineinregiert, die keine Ahnung haben, was Wissenschaft ist.» Als ich einige Tage später Wang Menghu traf, meinte er: «Ein ausgezeichnetes chinesisches Sprichwort lautet: ‹Sich selbst schonen heißt den Feind schützen.›» An jenem Tag wirkte er niedergeschlagen, von seiner gewohnten Überschwenglichkeit war nichts mehr übrig. «Wenn ich an Wolong denke, sinkt mir der Mut. [...] Der Aufwand ist zu groß für das, was wir bisher erreicht haben.»

Man hätte sich vielleicht damit begnügt, in Wolong ein paar kosmetische Korrekturen vorzunehmen, wäre bei der Konferenz nicht eine Reporterin der amtlichen chinesischen Nachrichtenagentur Xinhua zugegen gewesen. Die elegante Dame machte sich schweigend Notizen, die später zu einem internen Bericht an die Parteispitze in Beijing ausformuliert wurden.

Wolong erlebte den Besuch einer Delegation aus Beijing, der auch der Stellvertretende Forstwirtschaftsminister Dong Zhiyong angehörte. Der Vizegouverneur von Sichuan schaltete sich in die Überwachung des Forschungsprogramms ein. Versammlungen, auf denen Selbstkritik geübt wurde, wurden abgehalten. Die drei Hauptstörenfriede wurden maßvoll gerügt und auf andere Posten versetzt. Zhang Heming ging kurze Zeit später zur Fortsetzung seines Studiums nach Übersee; nach seiner Rückkehr wurde er zum Geschäftsführenden Direktor des Forschungszentrums ernannt. Das nenne ich eine Bestrafung! Man hätte sich vielleicht doch besser an das alte chinesische Sprichwort halten sollen, das da sagt: «Wer Unkraut jäten will, muß es mit der Wurzel ausziehen.» Indes, das System schreibt Nachsicht gegenüber all denen vor, die ihre Fehler eingestehen. Bestraft wurde lediglich ein Dolmetscher – weil er Ausländern gegenüber zuviel ausgeplaudert hatte. Lai Binghui behielt natürlich seinen Posten: *Xin bu shang da fu,* «Strafe reicht nicht hinauf zu den Bonzen.» Die eiserne Reisschale blieb heil. Zu erwähnen ist freilich auch, daß einige neue, kompetentere Forscher nach Wolong geschickt wurden, daß die Zusammenarbeit eine Zeitlang besser klappte und daß die Einmischungen von seiten der Verwaltung abnahmen. Und was das Wichtigste war: Hua und Zhen wurden bald wieder in die Wildnis entlassen.

1985. Zhen starb am 18. April nicht weit von Wuyipeng entfernt. Sie war mindestens dreizehn Jahre alt. Ihre Leiche wurde zum Forschungszentrum gebracht, wo John Knight und Qi Xiangmeng eine Obduktion vornahmen:

Todesursache in Zusammenfassung: Erwachsenes Tier, möglicherweise an der Schwelle des Alters, eines natürlichen Todes gestorben. Der Blutandrang in den Meningen könnte eine Gehirnhautentzündung indizieren, auch wenn sich keine Erreger kultivieren ließen. Bauchwassersucht und Fettgewebsschwund deuten auf langzeitigen Gewichtsverlust hin, eine Auszehrung, die zum Zeitpunkt des Todes gravierende Form angenommen hatte. Eine andere nennenswerte Todesursache war nicht festzustellen.

Weshalb war Zhen stark abgemagert? Hatte sie, wenn die Gehirnhautentzündung die Ursache war, die Todeskeime aus dem Forschungszentrum mitgeschleppt? Hua hatte sich an das Leben in Freiheit bestens wiederangepaßt.

Han, Ning, Wei und Pi waren gestorben und jetzt auch noch Zhen; das Rascheln ihrer aller Schritte auf den Hängen war jetzt nur mehr für die melancholische Erinnerung zu vernehmen. Von den Pandas, deren Leben wir verfolgt hatten, war nur noch Long übrig. Zhen hatte dem Choushuigou einen besonderen Reiz verliehen; ein bezauberndes Geschöpf aus eigenem Recht, war sie zugleich zum Sinnbild unseres Projekts geworden. Obwohl sie ihre Welt dahinschwinden sah, hatte Zhen auf ihrem Bergrücken ausgeharrt und mit stoischem Gleichmut zugesehen, wie der Wald Baum um Baum zusammenschrumpfte, und hatte andere Pandas in Schlingen verenden sehen. Zuletzt war sie selbst in Gefangenschaft geraten, aber dann wieder freigelassen worden, denn ihre Zeit war noch nicht ganz vorüber. Jetzt war auch sie dahin, aber sie lebt in mir weiter als unvergeßliches, heldenhaftes Geschöpf, dessen bewegtes Leben die Botschaft enthält, daß der Panda sich in der Tat zu behaupten vermag.

11
Tangjiahe

Februar 1984 – Januar 1985

Auf der schmalen Straße, die in gerader Linie durch das Chengdu-Becken nach Norden führte, herrschte dichtes Verkehrsgewühl: überfüllte Busse, Lkw-Veteranen, die ölige Rauchwolken ausspien, lärmende kleine Schlepper mit Anhängern. Eine endlose Fahrradkarawane zog im Strom der Motorfahrzeuge mit oder schlängelte sich zwischen den Eselskarren mit ihren lustlosen Zugtieren durch. Fast alle Fahrräder waren bepackt mit Säcken voll Getreide, Stangen, Körben voll landwirtschaftlicher Produkte, kopfunter an der Lenkstange baumelnden Hühnern oder hinter dem mühsam das Gleichgewicht haltenden Fahrer festgeschnürten Schweinen. Jenseits des Doppelspaliers von Pappeln am Straßenrand lagen verstreute Gehöfte zwischen hohen Bambushorsten und Feldern von jungem Weizen und jungen, vereinzelt schon in leuchtendem Gelb erblühten Rapspflanzen. Während ich vor nervöser Anspannung schon ganz verkrampft war, preschte unser Fahrer Lu Daiming, der zuversichtlicher als ich darauf baute, daß schon nicht irgendwann von irgendwoher ein überraschendes Hindernis vor uns auftauchen würde, in stetem Wechsel von Spurts und Bremsaktionen dahin. Unser neues Auto, ein vom World Wildlife Fund Japan gestifteten Toyota Land Cruiser, war mit Instrumenten und Habseligkeiten vollgestopft – mit allem, was ich für das neue Projekt in Tangjiahe brauchen würde.

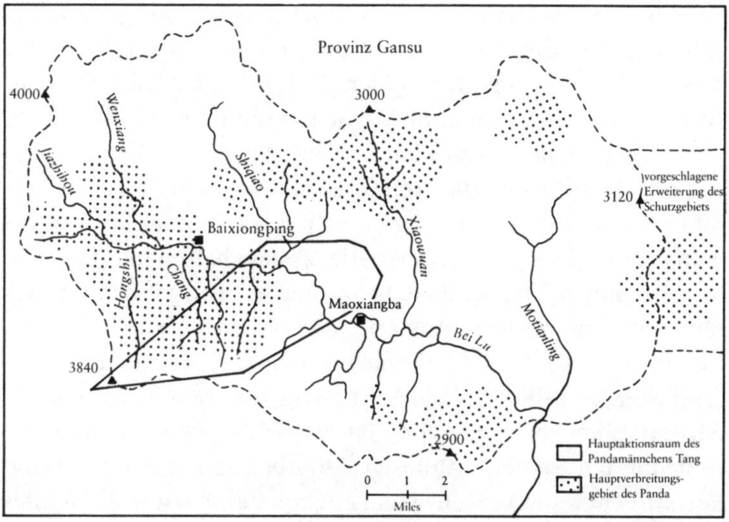

Das Tangjiahe-Reservat

Wir schrieben den 29. Februar 1984; über drei Jahre war es her, daß in Wolong das Panda-Projekt angelaufen war. Jetzt würden wir in weniger schroffem Gelände ein zweites Forschungsprogramm starten; hier wuchsen auch andere Bambusarten, die Mitte der siebziger Jahre geblüht hatten, so daß wir uns ein Bild davon würden machen können, wie Pandas sich diesen Umständen angepaßt hatten. Ich hatte zudem nach einem Areal Ausschau gehalten, auf dem sich Pandas und Kragenbären die Wälder als Wohngebiet teilten. Die beiden Spezies ähneln einander in Größe und Statur, und ich hegte die Hoffnung, daß von Erkenntnissen über die Lebensweise der Bären ein klärendes Licht auch auf einige Eigentümlichkeiten der Pandas fallen würde.

Im Vorjahr hatten wir auf der Suche nach dem geeigneten Gelände für zusätzliche Freilandforschungen eine Reihe von Panda-Reservaten inspiziert, und dabei hatte das im Min-Gebirge in

Nordsichuan, an der Grenze zur Provinz Gansu gelegene Tangjiahe mich auf der Stelle für sich eingenommen. Verglichen mit den wie Gefängnismauern einengenden hohen Talwänden in Wolong, sind die Berge in Tangjiahe fast sanft und die Täler weit, und die Hänge steigen zu Kämmen auf, die selten höher als dreitausend Meter sind. Die weiten Ausblicke hatten Freiheitsgefühle in mir erweckt; hier geriet nicht jeder Fußmarsch zwangsläufig zur mühseligen Kletterpartie. Zudem hatten mir die Ruhe und Einsamkeit hier gefallen. In Wolong steht am einen Ende des Reservats ein riesiges Wasserkraftwerk (es liefert Strom ins Chengdu-Becken, aber nicht nach Wuyipeng); es gibt dort Bauerndörfer, und die Hänge des Pitiao-Tals werden intensiv landwirtschaftlich genutzt; es gibt das große Reservat-Verwaltungszentrum mit seinen zahllosen Mitarbeitern; auf der Straße herrscht ein reger Verkehr von Langholztransportern – das alles zusammen läßt in dem Reservat keine friedvolle Atmosphäre aufkommen. Tangjiahe dagegen liegt am Ende einer Stichstraße. Im ganzen Reservat lebten nur dreihundert Bauern, und zwar allesamt in dem Gebiet hinter der Einfahrt, und das Verwaltungspersonal belief sich auf ganze zwanzig Mann; dank seiner Abgelegenheit war man in dem Areal sicher vor Einmischungen von außen, Medienpräsenz und anderen Störungen. Und hier würden wir mit neuem Quartier und neuem Mitarbeiterteam ein neues Kapitel unserer Forschungsarbeit beginnen. Während unser Toyota nordwärts brauste, fragte ich mich, ob die Renovierung der verfallenen Hütte, die wir zur Forschungsstation gekürt hatten, wohl schon abgeschlossen war und ob man auch daran gedacht hatte, die Kastenfallen für die Pandas zu bauen.

Begleitet wurde ich auf der Reise von Wang Xiaoming, einem Hochschulabsolventen, der von Wolong nach Tangjiahe versetzt worden war. Ich kannte ihn nicht besonders gut. Während der Phase mörderischer Bruderkämpfe innerhalb des Wuyipeng-Mitarbeiterstabs hatte er sich eine Tarnfarbe zugelegt, die ihn für jedes fremde Auge völlig unscheinbar machte; er tat genau, was wir ihm auftrugen, nicht mehr und nicht weniger. Mit von der Partie waren auch Alan Taylor und Qin Zhisheng, die eine Woche bleiben würden, um geeignete Plätze für die Untersuchung des Bambus ausfindig zu machen, sowie ferner Xiao Qiu, der für uns eine Weile als Dolmetscher zur Verfügung stehen würde.

Nach einigen Stunden begann die Straße sich zwischen steilen, im unteren Abschnitt mit struppigem Gras, Strauchwerk und Feldern bedeckten Berghängen durchzuwinden; die Felder waren teils terrassiert, teils aber auch – mit stellenweise halsbrecherischer Neigung – im unmeliorierten Boden aufgebrochen. Den Schlangenlinien des Baimajiang, des «Weißpferdflusses», folgend, der, uns entgegenkommend, ins Tiefland hinunter rauschte, preschten wir durch zahlreiche Weiler, wo vor unserer Kühlerhaube aufflatternde Hühner nur um Zentimeter dem Tod entgingen. Dann führte die Straße auf und ab durch kleine Täler und niedrige Pässe, bis wir schließlich bei einem Dorf auf eine Piste einbogen, die gefurcht war von Bewässerungsrinnen, die die Felder links und rechts von uns verbanden. Hier roch es nach frisch aufgebrochener Erde und Gülle. Nach kurzer Zeit verengte sich das Tal, Grasnarbe und Ackerboden auf den Hängen waren von Felswänden oder Waldstücken unterbrochen, die vereinzelten Hütten längs dem Fluß lagen weit auseinander. Kurz hinter der Einfahrt zum Tangjiahe-Reservat – das sich von hier über etwa vierhundertvierzig Quadratkilometer Bergland nach Norden und Westen erstreckt – gabelt sich das Flußtal. Dem von links kommenden Zufluß, dem Beilu, folgend, gelangten wir nach Maoxiangba, einem ehemaligen Holzfällercamp, das bei der Gründung des Reservats 1978 zur Verwaltungszentrale umgewidmet wurde. Unsere Fahrt hatte neun ermüdende Stunden gedauert. Mehrere Politgrößen des Kreises Qingchuan, unter ihnen die Spitzen der Kreisverwaltung Sun und Wen, hatten sich eingefunden, um uns zu begrüßen und uns zu versichern, daß wir uns jederzeit an sie wenden könnten, falls wir Hilfe benötigten – die erste von vielen Freundlichkeiten, die uns im Laufe dieses Jahres widerfuhren. Der Leiter des Tangjiahe-Reservats, Yue Zhishun, begrüßte uns mit einem gewaltigen Lächeln, und Teng-Qitao, der nach einigen Monaten in Wolong hier Chef des Arbeiterteams sein würde und auf den Beginn unserer gemeinschaftlichen Unternehmung brannte, bemerkte, daß sowohl unsere Forschungsstation als auch die Fallen fertig und einsatzbereit seien.

März 1984. Ich übernachtete in Maoxiangba und ging kurz nach Tagesanbruch ins Freie. Die Temperatur war hier, in knapp eintausenddreihundertfünfzig Meter Höhe, nahe dem Gefrierpunkt, und die Hänge waren noch immer von einer Bräune, die nichts vom nahen Frühling zu wissen schien. Jemand rief mir etwas zu und deutete zum jenseitigen Flußufer hinüber. Dort drüben äste ein Takinbulle. In all den vielen Monaten, die ich in Wolong verbracht hatte, hatte ich nicht ein einziges Mal einen Takin gesehen – nur die aus viel dickerem Draht als die Moschustierfallen verfertigten angerosteten Schlingen, mit denen die Bauern die Tiere schon fast ausgerottet hatten. Der Bulle hier hatte die Ruhe weg; völlig unbekümmert um meine Gegenwart ihm direkt gegenüber auf dem anderen Ufer bog er mit einer schwungvollen Kopfbewegung einen jungen Baum um und knabberte gemächlich die immergrünen Blätter. Er besaß die gleiche Hautgout-Attraktivität wie ein Warzenschwein, nur daß seine Widerristhöhe über einhundertzwanzig Zentimeter und sein Gewicht knapp dreihundert Kilogramm betrug. Sein strohgelbes Fell mit grauschwarzen Flecken an den Beinen und Flanken, auf dem Rücken und am Hinterteil unterschied sich optisch kaum von dem vertrockneten Gras und Strauchwerk in seiner Umgebung. Seine Färbung verriet, daß er ein Vertreter der Sichuan-Takinrasse war – zum Unterschied sowohl von den dunkelbraunen Takins im Verbreitungsgebiet längs des Himalajas von Westchina bis Bhutan als auch von der goldfarbenen Unterart im Qinling-Gebirge in der Provinz Shaanxi. In einer Beziehung freilich sind sich die Takins aller Rassen gleich: Sie sehen aus, als seien sie aus Körperteilen anderer Tiere zusammengestoppelt. Man nehme den massigen, am Widerrist überhöhten Rumpf des Braunbären, die Beine der Kuh, den abgeplatteten Schwanz der Ziege, das geschwungene Gehörn des Weißschwanzgnus und das geschwollene Gesicht eines Elchs mit Ziegenpeter, und man hat den Takin. Als Waldbewohner auf schroffen und entlegenen Bergen, die sich in der Regel nicht in Höhen von unter eintausendzweihundert Metern hinabbegeben, haben die Takins sich in solch hohem Grade ihre Zurückgezogenheit bewahrt, daß schon ihr bloßer Name nur ausgebufften Kennern alles Exotischen und allenfalls noch passionierten Kreuzworträtsellösern bekannt ist. Die beste Globalbeschreibung der Spezies fand sich auch heute noch in H. Wallaces 1913 veröffentlichtem – auf eigenen Jagderlebnissen des Verfassers beruhendem – Buch *The Big Game of Central and Western China* (Das Großwild Zentral- und Westchinas), deshalb war ich besonders gespannt darauf, diese Tiere bald aus eigener Beobachtung kennenzulernen.

Wir fuhren auf einer schmalen Piste entlang dem mit Felsblöcken übersäten Ufer des Beilu talauf. Die Berglehnen sahen zerrupft aus – mit Inselchen von Strauchwerk und Baumschößlingen übersät, dazwischen vereinzelte Gruppen von Eichen, Espen und anderen Bäumen. Die verhältnismäßig sanft geböschten Hänge, zumal die nach Süden und Westen blickenden, waren früher landwirtschaftlich genutzt gewesen, aber jetzt von Gras, Unkraut und Dornengestrüpp überwachsen. Stellenweise zeigten in Reih und Glied stehende junge Kiefern Wiederaufforstungsbemühungen an. 1965–1978 wurde hier in allen zugänglichen Lagen Nutzholz geschlagen, was bedeutete, daß ganze Hänge kahlgeschlagen oder sämtliche Nadelhölzer auf ihnen abgeholzt wurden. Die Holzarbeiter legten für sich selber Felder an, die sie bestellten, obwohl Gruppen von hohen Espen und anderen für Sekundärwald typischen Bäumen anzeigten, daß dieses Bergland seit Jahrzehnten, wenn nicht Jahrhunderten von Landwirten genutzt wurde. Wie anderswo galt auch hier für die

Wiederaufforstung das Sprichwort «Zehn Äxte gehen auf eine Hacke»: Da war weit mehr gefällt worden, als hinterher neu angepflanzt wurde. Schon von der Straße aus war zu sehen, daß auf den ehemals bestellten Hängen nicht genügend Bambus vorhanden war. Das Gestrüpp mochte Früchte für Bären und Äsung für Takins bieten, aber zum Panda-Habitat taugte es nicht. Man würde Bambus neu anpflanzen müssen.

Etwa zehn Kilometer hinter Maoxingba machte die Straße eine Haarnadelkurve, und dahinter weitete sich das Tal ein Stück weit zur Baixiongping, der «Panda-Platte»; *baixiong*, «weißer Bär», war bis zu den vierziger Jahren ein in China gängiger Name für den Panda. Eingezwängt zwischen Straße und Berg lag hier, in knapp eintausendachthundert Meter Höhe, unsere neue Forschungsstation – eine in sechs Zimmer und einen großzügiger bemessenen Gemeinschaftsraum unterteilte große Hütte. Von den lehmbeworfenen Wänden des ursprünglichen Baus war ein Teil stehengeblieben, der Rest durch Bohlen und Strohmatten ersetzt worden. Jedes Zimmer hatte ein kleines Fenster und war mit Schreibtisch und Stuhl sowie ein oder zwei Betten – mit einer Strohschütte als Matratze – eingerichtet. Hier ließ es sich behaglich leben, und ganz besonders, wenn erst einmal die Öfen eingebaut waren. Hinter der Hütte gab es noch einen Schuppen, der in Gemeinschaftsschlafraum, Vorratskammer, Küche und Schlafkammer des Kochs unterteilt war. Wie in Wuyipeng befanden wir uns auch hier mitten in einem Panda-Habitat, doch anders als dort konnten wir in Tangjiahe bequem auf der Straße und in Nebentälern umherstreifen. Mit wohliger Vorfreude auf die kommenden Monate ergriff ich Besitz von meinem Zimmer und packte, nachdem ich die Wände zum Schutz gegen Zugluft mit roten Wolldecken behängt hatte, meine Siebensachen aus.

Unser Team war klein. Campvorsteher war Teng Qitao, ein dynamischer Mann in den Vierzigern mit bulligem Kinn und drahtiger Haarbürste. Mit seiner Impulsivität und seinem gelegentlichen Ungestüm erinnerte er mich an einen Leoparden mit eingezogenen Krallen. Im Gegensatz zur Mehrzahl der Chinesen hatte er nie gelernt, Frustrationsgefühle mit dem Firnis gespielter Gleichgültigkeit zu kaschieren. Sein hitziges Temperament hatte ihm lokale Berühmtheit und den Spitznamen «der Unkochbare» (will sagen: der Ungenießbare) – ein Wortspiel mit seinem Namen, der «Koch» bedeutet – eingetragen. Er sollte für mich zu einem der liebsten Kollegen werden. Wang Fulin vom Reservatspersonal hatte, wie ich bald herausfand, erstaunlich geschickte Hände, mit denen er mir ein Graskissen für meinen Stuhl flocht, aus Draht Feuerzangen und Trockengestelle verfertigte und sich auf vielerlei andere Weise im Camp nützlich machte. Shen Heming, ebenfalls Mitarbeiter der Reservatsverwaltung, war zwar fast noch ein Halbwüchsiger, aber auch ein so vergnügter und zuverlässiger Arbeiter, daß er sich binnen kurzem unser aller Wertschätzung erfreute. Mit in die Stirn hängenden Haaren und immerzu pfeifend oder singend kontrollierte er die Fallen, zählte Bambushalme, sammelte Kotballen auf, protokollierte die Tagestemperaturen und verrichtete unzählige andere Routinearbeiten, die das Projekt verlangte. Wang Xiaoming hatte sich wie die meisten in Wolong stationierten Arbeitskräfte in ein inneres schwarzes Loch verkrochen, aber hier, wo er aus der drückenden Wolong-Atmosphäre heraus war, lebte er schnell wieder auf und überraschte mich mit Tatkraft und Interesse für die Sache.

Schon nach Tagen waren wir mehr als nur mit Forschungsarbeiten beschäftigte einzelne, die mehr oder minder zufällig ein Camp miteinander teilten, nämlich Kollegen, die solidarisch ein gemeinschaftliches Ziel verfolgten und zwischen denen Verständigung und Zusammenarbeit so reibungslos klappten, wie es in Wuyipeng nie der Fall gewesen war. Zum Teil lag dies daran, daß wir hier mehr im Stil einer großen Familie zusammenlebten – alle unter einem Dach wohnten und uns zu den Mahlzeiten alle um einen Tisch versammelten –, zum Teil aber auch daran, daß wir der jegliche Initiative ertötenden Überwachung durch den politischen Apparat entlaufen waren. Wir hatten zwar ein Parteimitglied unter uns, aber der Betreffende gab sich locker, und so fühlte sich keiner als Aufseher, sondern jeder nur als Arbeiter.

Wenn Besucher eintrafen, wurden meine Kollegen schlagartig zugeknöpfter und vorsichtiger. Wir hatten auch einen Koch, aber wenn das wirklich sein Beruf war, müssen sich anderswo viele gefreut haben, daß sie ihn los waren; nach einigen Wochen trat vorübergehend eine Frau aus der Gegend an seine Stelle, und nach ihr gaben bei uns die Köche einer dem andern die Tür in die Hand.

Alan Taylor, Qin Zisheng und Shen Heming zogen jeden Tag los, um Bambusflächen zu orten, und wir anderen kontrollierten unterdessen die sieben Kastenfallen und erneuerten die Köder. Die Berge präsentierten sich in diesem März in steriler Öde und waren die meiste Zeit in grauen Nebel gehüllt. Auf schattigen Hängen lag noch eine dreißig Zentimeter hohe Schneedecke. Die Straße führte zwischen Dickicht von Weiden und Buddleia – einem hohen Strauch mit brüchigen Zweigen, der gern auf abgeholzten Flächen wächst – bergauf. Nach ungefähr drei Kilometern wurde sie für Fahrzeuge unpassierbar. An dieser Stelle gabelte sich das Haupttal in das Hongshi- und das Jiazhihou-Tal. Im Hongshi waren der Grund und der benachbarte untere Abschnitt der Talwände dicht mit Bambus bewachsen. Das Tal war zwar stark entwaldet, aber weiter oben in Randnähe gab es in Klingen noch guten Baumbestand, und dort hatten wir unsere Fallen aufgestellt. Die Fußsteige zu den Fallen führten in den meisten Fällen mindestens einmal über eine steile Schräge, die je nach Jahreszeit vereist oder matschig oder beides war. Den Beutel mit dem Köder auf dem Rücken, klammerte ich mich an Baumschößlinge oder Bambuspflanzen, während ich mit den Füßen nach einem bißchen Halt suchte, und jedesmal, wenn ich meine Runde beendet hatte, ohne daß ich ausgerutscht und lang hingeschlagen war, hatte ich das Gefühl, eine athletische Meisterleistung vollbracht zu haben.

In Lagen unterhalb zweitausendzweihundert Meter Höhe herrschte eine Bambusart vor, die dem Schirmbambus in Wolong ähnelte, allerdings nicht ganz so hoch wurde und dünnstämmiger war. Diese *Fargesia scabrida* hatte 1972–1980 stellenweise geblüht und war anschließend abgestorben; das Massenblühen hatte im Jahr 1975 seinen Scheitelpunkt erreicht. Von dem Massensterben war hauptsächlich der Bambus auf den unteren Hängen bestimmter Täler betroffen; Kammlagen beziehungsweise andere Täler, so auch das Hongshi, blieben fast vollständig verschont. In Höhen von etwa zweitausendzweihundert Metern und darüber wuchs *Fargesia denudata*, eine Art von ungefähr gleicher Größe wie die vorige, nur kleinblättrig; sie war Mitte der siebziger Jahre Opfer eines Massenblühens geworden, von dem lediglich einige wenige Flächen auf Kammhöhe verschont blieben. Der Bambusteppich im Reservat war also ein Mosaik aus Horsten von Pflanzen unterschiedlichster Größe, angefangen von winzigen Sämlingen bis hin zu ausgewachsenen Halmen von einhundertachtzig bis zweihundertvierzig Zentimeter Höhe.

Zwar puderte Mitte März noch ab und an ein Schneesturm die Hänge weiß, aber der Frühling war nahe. Ein paar Primeln blühten, und an den seltenen Tagen, an denen sich der Himmel ohne Wolken zeigte, summten Hummeln durch die Luft. Unsere Fallen lieferten keine Pandas. Ich patrouillierte ohne Unterlaß auf der Straße auf und ab und suchte die Hänge mit den Augen ab in der Hoffnung, ein Tier beim Überqueren einer Lichtung oder unter winterlich kahlen Bäumen sitzend zu entdecken. Am 19. März hörte ich nachmittags in einem Fichten- und Tannengehölz hundert Meter über mir einen Panda jaulend und tutend und bellend seinen Paarungsruf vortragen. Mich dem Tier unbemerkt zu nähern und es zu beobachten war ein Ding der Unmöglichkeit. Auf den von Holzfällern malträtierten unteren Hangflächen hatte sich ein dichtes Gewirr von Sekundärbewuchs gebildet, bestehend aus einer amorphen Masse von Dornengestrüpp, das sich mit tückischen Haken in Kleidern festklammerte und sie zerriß, aus einem Labyrinth von Zweigen, die einem das Gesicht zerkratzten und zerstachen, und aus Rankenwerk, das nicht nur alles übrige zusammenflocht, sondern auch den Eindringling umwickelte wie die Spinne ihre Beute. Statt zu versuchen, hier durchzukommen, kraxelte ich lieber einen nahen Felsrutsch hinauf, der eine Schneise durch den Wald gerissen hatte, die bis zur Straße hinunter reichte. Während ich mich zwischen unsicher gelagerten Kalksteinbrocken behutsam emporarbeitete, setzte der Panda sein Lied eine Zeitlang fort, dann brach er plötzlich ab. Hatte er mich bemerkt? Im nächsten Augenblick erhaschte ich einen Blick auf das Tier – aber alles, was ich von ihm zu sehen bekam, war ein schaukelndes weißes Hinterteil, das zwischen den Bäumen verschwand.

Nur zwei Tage darauf wurde ich bei der Rückkehr von meinem Kontrollgang zu den Fallen in der Station mit der Nachricht empfangen, daß auf einem nahe gelegenen Hang ein Panda gesichtet worden war. In der Nähe unserer Hütte zog sich ein überwachsenes Feld über vierhundert Meter weit die Talwand hinauf; dort hatte sich Wang Xiaoming aufgehalten, um einen Takinbullen zu beobachten, als er einen Panda den Waldrand entlangtrotten sah. Ich hastete zu dem Stück Grasland und stieg zu dem Platz hinauf, von dem aus Wang Xiaoming den Panda beobachtete, der in einer Mulde zwischen den verstreut hier wachsenden Bambusbüscheln saß und Blätter fraß. Drunten auf der Straße hielten zwei Autos an. Es waren die Japaner vom Aufnahmeteam der Nippon Television, das im Rahmen der Dreharbeiten zu einem Dokumentarfeature über Pandas eine Woche lang in Tangjiahe Station machte. Der Panda sah einen Menschenschwarm aus den Autos quellen und tat, was er so gut konnte: Er verschwand. Der Takinbulle bewahrte seinen stoischen Gleichmut und tat, als ginge ihn der ganze Trubel nichts an.

Der Forscher im Labor kann sich seine Arbeit nach Geschmack und Gutdünken einteilen, der Botaniker braucht sein ortsfestes Studienobjekt nicht zu beschleichen und sich auch nicht mit bloßen Exkrementenfunden zufriedenzugeben, der Ornithologe kann seine Aufmerksamkeit stundenlang auf einen Vogel beim Nestbau konzentrieren. Obschon ich gelegentlich einem Säugetier begegnete, ähnelte Tangjiahe für mich insofern Wolong, als am Ende eines langen, mit Streifzügen zu Fuß und Spähen und

Lauschen ausgefüllten Tages die Seiten meines Notizbuchs kaum Notizen aufzuweisen pflegten und meine Tasche allenfalls eine bescheidene Menge Panda-, Leoparden- oder Wildhundexkremente enthielt. Allerdings fiel einer aus dem Rahmen des Üblichen heraus, und das war der Takin.

Der Takin hatte mir überall Zeichen hinterlassen. Wann immer ich einen Streifzug durch den Wald machte, war die Wahrscheinlichkeit groß, daß ich einem Takinwechsel folgte, denn die Tiere hatten sich lange vor mir die besten Routen um Felsklippen herum, Abhänge hinauf und Grate entlang ausgesucht. Unterwegs bemerkte ich teilweise entrindete Weiden und wie von einem Wirbelsturm gerütteltes und zerfetztes Gebüsch – hier hatten Takins geäst. Leicht zu beobachten waren Takinherden nicht unbedingt. Ein kräftiger Stallgeruch oder, falls ich Glück hatte, Schnauben und das Stampfen flüchtender Hufe, das war gewöhnlich alles, was die Tiere mir von ihrer Anwesenheit wahrzunehmen gönnten. Die Bullen freilich waren häufig ungesellig und verbrachten einen großen Teil des Jahres nicht im Wald versteckt bei der Herde, sondern allein oder zu zweit auf den tieferen Lagen der Wände des Beilu-Tals.

Wenn ich, die Augen auf der Suche nach Pandaspuren auf den Boden geheftet, durch den Wald lief, konnte es vorkommen, daß ich plötzlich die Gegenwart eines anderen Wesens spürte. Aufblickend sah ich dann in einer Entfernung von weniger als sechs Metern regungslos, als sei er ein brauner Felsblock, einen Takinbullen im dichten Gebüsch stehen und mit geblähten Nüstern und hocherhobenem Kopf über seine knollige Schnauze hinweg zu mir herüberspähen – in offenkundiger Bereitschaft, sich je nachdem, wie seine Einschätzung der Umstände ausfiel, alsbald entweder von seiner friedfertigen oder von seiner unleidlichen Seite zu zeigen. Ich wußte dem Himmel Dank dafür, daß diese Bullen nicht zu impulsiven Reaktionen veranlagt waren und mir deshalb Zeit blieb, mir mein weiteres Vorgehen sehr genau zu überlegen. Gewöhnlich machte sich das Tier krachend aus dem Staub, aber manchmal kam es auch vor, daß es drohend das Gehörn senkte: ein meinerseits bereitwilligst befolgter Wink mit dem Zaunpfahl, mir ja keine Vertraulichkeiten erlauben zu wollen. Da Takins bekanntermaßen schon Hunde und Jäger angegriffen hatten und wohl auch aus einem achtlosen Waldgänger leicht einen Fall für den Rollstuhl machen konnten, trat ich bei Begegnungen mit ihnen klüglich beiseite, um ihnen freie Bahn zu lassen.

Vor allem ein bestimmter Bulle kam des öfteren in die Nähe unserer Station, um sich hier friedlich wie ein Hausrind der Futtersuche zu widmen. Es war ein magerer Bursche, der die besten Jahre seines Lebens schon hinter sich hatte und von dessen linkem Horn nur noch ein Stummel übrig war. Wir gaben ihm den Namen Lao Pengyou, «Alter Freund». Zum erstenmal begegnet war ich ihm auf dem Stück Grasland nicht weit entfernt vom Camp, wo er in der dürren Pflanzendecke nach dem ersten frischen Grün des Jahres schnupperte. Um ihn nicht zu irritieren, hatte ich ihn aus der Ferne beobachtet, aber da er mich überhaupt nicht zu beachten schien, rückte ich schließlich bis auf dreißig Meter Abstand an ihn heran. Sein geruhsamer Tageslauf setzte sich zusammen aus morgendlicher und nachmittäglicher Futtersuche und einer Ruheperiode im mittleren Tagesabschnitt, während deren er vor sich hin döste, wiederkäute oder juckende Hautstellen an einem Baum rieb. Wenn der Boden schneebedeckt war, ruhte er im Stehen, die Breitseite der Sonne zugekehrt, falls sie schien, um jeden sei's auch noch so schwach wärmenden Strahl aufzufangen. Futter für ihn war reichlich vorhanden. Er biß Zweigspitzen von Weiden, Ahornen, Haselbüschen und anderen Bäumen und Sträuchern ab, nagte Kiefernrinde, riß Blätter von Buddleiasträuchern und winterharten Salbeischößlingen ab, weidete die Ähren von Schachtelhalmen ab, und was das Wichtigste war: fraß die immergrünen Blätter von Steineichen, Rhododendren, Stechpalmen und etlichen anderen Waldgewächsen. Dank seiner Größe und Körperkraft war ihm Äsung zugänglich, die für andere Tiere unerreichbar blieb. Auf den Hinterbeinen balancierend fraß er Blätter ab, die zweieinhalb Meter über dem Boden wuchsen. Leckerbissen, die auf diese Weise nicht erreichbar waren, holte er sich mit einer anderen Methode: Er stemmte Brust oder Vorderbeine gegen einen jungen Baum und lehnte sich vorwärts. Manchmal brach der Stamm unter dem Druck des massigen Körpers, meistens jedoch gab er nach und bog sich; der Takin schob sich dann rittlings auf ihn und hielt ihn, während er ihn abweidete, mit seinem Gewicht zu Boden. Stämme mit bis zu zwölf Zentimeter Durchmesser können auf diese Weise bezwungen werden.

Zwar machte die Lebensweise der Takins den Eindruck schwerfälliger Bequemlichkeit, doch stellte der Winter für sie ein Problem dar. Obgleich Meister der Nahrungsbeschaffung, verloren die Takins im Laufe des Winters unverkennbar an Gewicht – nicht weil es ihnen an Nahrung gefehlt hätte, sondern weil es ihnen an *nährstoffreicher* Nahrung fehlte. Um sich angemessen zu ernähren, müssen Pflanzenfresser die Pflanzen auf ihren Speisezettel setzen, die zur jeweiligen Jahreszeit auf die geringste Energieinvestition die größte Menge Eiweiß und assimilierbarer Energie zurückliefern, und die Chancen eines Tieres auf hochwertige Kost stehen um so besser, je mehr genießbare Pflanzenarten sich ihm bieten. Die Winterkost der Takins war ohne Frage abwechslungsreich. An assimilierbarer Energie litten sie keinen Mangel, da sie als Wiederkäuer im Gegensatz zu Bären und Pandas auch Zellulose verdauen und in körpereigene Energiereserven umwandeln können. Mit der Deckung des Bedarfs an – zur Erhaltung des Baustoffwechsels und des Lebens benötigtem – Eiweiß freilich haperte es. Immergrünes Blattwerk enthält wenig Eiweiß: gerade mal eben eine ausreichende Menge zur Erhaltung des Körpergewichts der Pflanzenfresser. Allerdings enthält es nicht selten auch toxische Bestandteile, die den Verdauungsprozeß beeinträchtigen und die Assimilation eines Teils des verfügbaren Eiweißes verhindern. Wenn ein Takin bei Eintritt des Winters nicht in guter körperlicher Verfassung ist, kann es sein, daß es ihm an den nötigen Reserven fehlt, um so lange überleben zu können, bis er im Frühjahr mit frischem Gemüse wieder nährstoffreichere Kost – doppelt so nährstoffhaltig wie seine Winterdiät – zur Verfügung hat. Man hätte erwarten können, daß die Takins sich im Winter an den nahrhaften und reichlich vorhandenen Bambusblättern satt fressen würden, aber das taten sie nicht. Warum nicht? Ich habe keine Ahnung.

Lao Pengyou war mit Gewichtsverlust, aber lebend über den Winter gekommen. Indes, noch im März begegneten wir einem anderen Bullen, der buchstäblich nur noch Haut und Knochen war. Vertrocknete Salbeiblätter fressend, wie wenn er nicht die Kraft hätte, sich eine bessere Nahrung zu suchen, schleppte er sich dahin. Ich sichtete ihn mehrere Tage hintereinander, jedesmal ein Stück weiter talab, als wolle er dem Frühling und dem neuen Leben, das er brachte, entgegenziehen. Aber er kam nicht ans Ziel. Vierzehn Tage nachdem wir ihn zum erstenmal gesichtet hatten, stolperte er und fiel am Ufer eines Bachs zwischen die vom Wasser glattpolierten Felsbrocken hin; zu schwach, um sich wieder zu erheben, verendete er da. Seine Zähne waren vom Alter zu flachen Scheiben abgeschliffen, und er wog ein Drittel weniger als ein erwachsener Bulle in guter körperlicher Verfassung.

April 1984. Am 1. April traf Kay hier ein und fand nicht etwa nur das nackte Obdach, sondern eine luxuriöse Unterkunft mit elektrischem Licht vor. Ein kleines Wasserkraftwerk an einem nahen Bach lieferte Strom, wenn auch in jenen Hochwassermonaten nur während weniger Stunden am Tag. Wir hatten auch einen kleinen Ofen, der launisch und nicht besonders leistungsfreudig war und ständig umsorgt sein wollte, wenn er Wärme abgeben sollte. Wir fütterten ihn lieber mit minderwertiger Kohle, als den Wald in unserer Umgebung als Brennstoffreservoir auszubeuten.

Wenn ich heute meine Tagebucheinträge von jenem April durchsehe, finde ich meistenteils Notizen über Umweltvorgänge von geringerer Bedeutung, etwa den Rückkehrtermin der Weißkopfschmätzer, Langschwanz-Mennigvögel, Amseln, Bachstelzen, Rötelschwalben, Chinanachtigallen und anderer Vögel.

Am 7. April ließen die Mauerläufer auf allen Felswänden ihre rosenrote Flügelzeichnung blitzen, aber schon tags darauf reisten sie höher hinauf weiter. Eine Woche später wimmelte es in den Gebüschen von Laubsängern *(Phylloscopus)*, grasmükkenartigen grünlichen Vögeln, die nervös im Unterholz hin und her schossen. In einer Notiz habe ich das Datum des Tages vermerkt, an dem die gelbbraunen Elliothäherlinge im Umkreis unserer Hütte erstmals ihren mißtönenden Revierschrei hören ließen, und auch den Zeitpunkt, zu dem ich der ersten Schlange des Jahres, einer kleinen, schwarzweiß gestreiften *Lycadon*, guten Tag sagte. Während ich über Tiere Buch führte, behielt Kay die Pflanzen im Auge: die ersten blühenden Exemplare von Anemone, Klematis, Gänsefuß, Veilchen, Sauerklee, Schneeball, Wildkirsche, Geißbart. Ich merkte mir die Plätze, wo Walderdbeeren blühten, deren reife Früchte zu gegebener Zeit nicht nur uns, sondern vielleicht auch Bären zugute kommen würden.

Mitte April schimmerte der Wald dann im zarten Grün junger Blätter. Verschiedenerlei Rhododendron setzten nacheinander Farbkleckse auf die Hänge: Rosa, Rot, Weiß, Blaßblau und Purpur. Ende des Monats leuchteten die Goldnesseln in gelber Blütenpracht. Dieses Frühjahr war eine Zeit der Erkundungen und Entdeckungen in einer entlegenen Region Chinas, in die bisher nur wenige Naturforscher den Fuß gesetzt hatten. Als erste hatten zwei Russen, der Botaniker Grigori Potanin und der Zoologe M. Beresowski, sich hierher, in das Grenzgebiet zwischen Sichuan und Gansu, vorgewagt. Auf dieser 1892–1894 durchgeführten Expedition beschafften Einheimische Beresowski mehrere Spezimina vom Großen Panda, die ersten Zeugnisse von den Pandas des Min-Gebirges, die ins Ausland gelangten. Wenn ich heute meine Tagesprotokolle vom April und auch vom Mai durchgehe, wird mir klar, daß diese Zeit die erfreulichste Phase des ganzen Panda-Projekts war, weil damals Naturgenuß mit der Annehmlichkeit einer entspannten, freundlichen Atmosphäre vereint war. Auch Hu Jinchu und Qin Zisheng schienen das mitgekriegt zu haben, denn sooft sie nur konnten, kehrten sie Wolong den Rücken und verlegten ihren Arbeitsplatz hierher.

Mehrere meiner Mitarbeiter waren eifrig dabei, Englisch zu lernen. Morgens hörte ich meist Shen Heming unbekümmert um die Eiseskälte in seinem Zimmer mit lauter Stimme Vokabeln repetieren. Manchmal kam er zu unserer Tür und rief: «George.» Sobald ich den Kopf hinaussteckte, deutete er stumm auf eine Stelle in seinem Lesebuch. *«Chopstick»* (Eßstäbchen), artikulierte ich dann langsam und deutlich, und er wiederholte das ein- oder zweimal. *«Hao»* (Gut), sagte ich, woraufhin er nickend davonging, um womöglich kurze Zeit später mit einem neuen Problemwort vorstellig zu werden. Die Wände zwischen den Zimmern waren aus dünnen Brettern, und so konnten wir auch die anderen üben hören. Teng Qitao und Wang Xiaoming hatten in der Schule Englisch gelernt und verfügten über einen ansehnlichen Wortschatz, aber da sie wenig Übung im Sprechen und Hören der Sprache hatten, waren sie nur schwer dazu zu bringen, in Englisch Konversation zu machen. Um das Selbstvertrauen der beiden zu stärken, gab Kay jeden Tag mal dem einen, mal dem anderen eine «Nachhilfestunde». Wenn die Sonne schien, saßen Lehrerin und Schüler, eine langsame Unterhaltung auf englisch führend oder laut in einem Lehrbuch lesend, draußen auf einer Bank neben dem Eingang. Überdies protokollierten Teng Qitao und Wang Xiaoming jetzt ihre Beobachtungen von Tieren in englischer Sprache im Camp-Journal – eine liebenswürdige Art und Weise, ihre Erlebnisse mit mir zu teilen. Ich wünschte, ich hätte beim Aufbessern meiner Chinesischkenntnisse die gleiche Willenskraft und Hingabe aufgebracht. Aber so wie die Dinge lagen, verständigten wir uns in einem Kauderwelsch von englischen und chinesischen Sprachbrocken.

In Wuyipeng hatte ich viele Mitarbeiter in die Grundlagen der Feldbiologie eingeführt, doch jedesmal, wenn ich die Betreffenden wiedersah, stellte ich fest, daß sie – bis auf wenige Ausnahmen wie Yong Yange und Qiu Mingjiang – entweder von ihren neuen Kenntnissen in der Praxis keinen Gebrauch machten oder in den Innendienst, den Fahrdienst oder auf irgendeinen anderen Arbeitsplatz übergewechselt waren. In bezug auf Wang Xiaoming und Teng Qitao hegte ich die Hoffnung, ihnen beibringen zu können, daß es mehr Vergnügen machte, eigene kleine Projekte durchzuführen, als immer nur genauso mechanisch, wie sie Englisch lernten, Daten über den Panda zu sammeln. Ich sah Wang Xiaoming wieder und wieder seine Ökologie-Fibel lesen und hörte ihn dabei die Grundprinzipien laut wiederholen wie Merksprüche, statt daß er hinausging ins Freie und einen kreativen Blick auf die Natur warf, wahrnahm, was da war, und nicht, was ihm vorbuchstabiert wurde. Daher war ich hoch erfreut, als er und Teng Qitao mit einer Untersuchung des Speisezettels der Takins und der Nistzeiten diverser Vögel in der näheren Umgebung der Forschungsstation begannen.

Nachdem ich Mitte März – ungewöhnlich früh im Jahr – den Paarungsruf eines Pandas gehört hatte, ging ich viele Nachmittage lang in der vergeblichen Hoffnung auf eine Wiederholung des Auftritts die Straße ab. Da Pandamännchen unter Umständen nach Einbruch der Dunkelheit auf Brautschau gehen, hielt ich es für geraten, an der Mündung des Hongshi-Tals ein Zelt zu errichten, in dem wir dann und wann eine Nachtwache halten könnten. Am 6. April schlugen wir es alle zusammen mit vereinten Kräften auf. Mit dem Hauen von Stangen für den Rahmen, mit Hämmern und Sägen und lautem Reden veranstalteten wir einen ganz schönen Lärm. Ein weißer Fleck droben auf dem Hang weckte mein Interesse: Es war der Kopf eines Pandas, der aufmerksam unser Treiben verfolgte. Das Wetter an dem Tag war sonnig und frisch. Zu Mittag verzehrten wir am Straßenrand einen Imbiß, und auch der Panda wandte sich in seinem Bambushain dem Fressen zu, bei dem er sich manchmal sehen ließ, die meiste Zeit jedoch unseren Blicken entzogen blieb. Kay und ich verbrachten eine ganze Anzahl von Nächten in dem Zelt. Vom späten Nachmittag bis in die späte Nacht patrouillierten wir im kalten Nieselregen oder im silbernen Mondlicht auf der Straße. Wir hörten Koklasfasane, Hornfasane und eine Eule rufen und ein nicht zu identifizierendes Tier durch das Gebüsch brechen. Doch die Pandas blieben stumm. Für diese Saison schlossen wir unsere Fallen, ohne daß wir einen von ihnen hatten überlisten können.

Unsere Aufmerksamkeit wandte sich jetzt mehr den Takins und den Bären zu. Sobald sich der Schnee bis in die allerhöchsten Felsschrunden zurückgezogen hatte, nahm ich mir öfter Zeit, die Täler einiger Zuflüsse des Beilu zu erkunden, vor allem das Jiazhihou- und das Wenxiang-Tal, die sich beide nach Norden zu der Kammlinie hin erstrecken, die die Reservatgrenze bildet. Ich genoß die Einsamkeit dieser Täler. Zwar hatte man einst selbst in diese entlegenen Wasserabzugsrinnen – inzwischen aufgegebene – Felder geklemmt, aber der Wald hatte sein ursprüngliches Gesicht fast unverändert behalten, und entlang dem Wasserlauf drängelten sich schummrige Fichten- und Birkengehölze und andere Baumgruppen. Ich ging längs des einen Ufers, bis mir eine vom Wasser bespülte moosüberwachsene Felswand oder -nase den Weg abschnitt, und überquerte dann von Felsbrocken zu Felsbrocken springend den Fluß zum anderen Ufer hinüber. Das Rauschen und Gurgeln des Wassers übertönte meine Schritte. Hinter jeder Biegung wartete eine unbekannte Situation der Klärung: Vorsichtig spähte ich nach vorn in der Hoffnung, einen Bären, einen Takin, einen Serau oder sogar einen Leoparden zu erblicken, ehe das Tier Gefahr witterte und davonstob. Einmal sah ich einen Panda sich an den halbmeterlangen Bambussprossen gütlich tun, die wie Wiesengras das Flußufer überzogen, aber einige Vögel begannen zu zetern, und solchermaßen gewarnt, ergriff der Panda die Flucht. Ich muß um Hunderte von Flußbiegungen gepirscht sein, habe aber nicht mehr als ein knappes halbes Dutzend Tiere überrumpelt, und trotzdem spürte ich in der gleichen Situation jedesmal wieder dieselbe Erwartung in mir.

Wo der Humus weich und tief war, wuchsen Waldblumen in großer Vielfalt: Primeln, Rührmichnichtan, Wachslilien, Minze, Butterblumen, Knöterich, Sauerampfer. Man sah das langstielige *Cardiocrinum*, auf dessen großen Blättern ein kupferroter Schimmer spielt, und den altvertrauten Dreiblättrigen Zeichenwurz, eine insofern absonderliche Pflanze, als sie ihr Dasein als männliches Wesen beginnt und ihre *midlife crisis* in der Weise löst, daß sie als weibliches Geschlechtswesen weiterlebt. Der Takin und ich liebten es gleichermaßen, zwischen diesen Blumen herumzuspazieren. Derlei junge Pflanzen waren zu dieser Jahreszeit das von Takins bevorzugte Futter; auf Händen und Knien besah ich mir aus der Nähe, was die Tiere aberntеten – und das waren die meisten Pflanzen in Reichweite ihrer großen Mäuler. Ich sammelte einen bunten Frühlingsstrauß von Takinkost für meine Pflanzenpresse. Jedesmal, wenn Qin Zisheng nach Tangjiahe kam, identifizierte sie den Ertrag meines Sammelfleißes – nicht nur die Futterpflanzen, sondern auch Blumen, deren Schönheit ich bewunderte und beim Namen wollte nennen können.

Eines Tages traf aus Maoxiangba ein Fahrer ein und ratterte vor mir im Sichuan-Dialekt schnell wie ein Maschinengewehr eine ellenlange Meldung herunter, von der ich nicht ein Jota mitbekam, außer daß irgend etwas tot war. Da niemand in der Nähe war, der hätte dolmetschen können, kletterte ich zu ihm ins Auto, weil ich annahm, daß ein Tier am Straßenrand verendet war. Wir fuhren zur Verwaltungszentrale, wo zwei Männer zustiegen, anschließend noch ein Stück weiter flußabwärts, und dann ging es zu Fuß weiter. Nachdem wir den Beilu, dessen eiskaltes Wasser uns bis zu den Hüften reichte, unsere Hosen und Schuhe mit den Händen über den Kopf haltend durchwatet hatten, zogen wir das Xiaowuan-Tal hinauf, anfangs auf einem Fußpfad, später, nachdem die bewaldeten Hänge uns wie Schraubzwingenbacken auf den Leib gerückt waren, indem wir den Wildbach immer wieder von der einen auf die andere Seite überquerten – mal auf schwankenden Baumstämmen balancierend, mal mit einem tollkühnen Sprung über ihn hinwegsetzend. Eine Herde Stummelschwanzmakaken nahm in den Baumkronen Reißaus – es war das erste Mal, daß ich diese Affen im Reservat sah. Nach zwei Stunden gelangten wir zu einer überhängenden Felswand, einem natürlichen Unterstand, in dem drei Männer um ein Feuer hockten. Sie hatten auf Patrouille einen toten Takin gefunden, erfuhr ich. Anders als in Wolong unterhielt die Reservatleitung in Tangjiahe – mit Yue Zhishun, dann mit Jiang Mingdao an der Spitze – Patrouillen, um die Wildfauna zu überwachen und Wilderer abzuschrecken. Obwohl ich weit im Reservat herumstreifte, bin ich niemals auf eine Schlingenfalle gestoßen. Einmal begegneten Kay und ich, als wir ein kleines Tal hinaufwanderten, drei Kräutersammlern, die Körbe voller Wurzeln schleppten. Sie machten sich sofort aus dem Staub, offenbar in höchstem Erschrecken darüber, daß sie bei dieser geringfügigen Übertretung ertappt worden waren; ja, ihr Schrecken ging so tief, daß sie Yue Zhishun ein namentlich gezeichnetes Entschuldigungsschreiben schickten. Jahrzehntelanges Jagen hatte den Wildtierbestand hier dezimiert und den Kleinen Panda, dessen Pelz noch heute für Mützen sehr begehrt ist, sogar ganz ausgerottet, aber dank dem Schutz, den die Tiere inzwischen genossen, nahm der Bestand der einzelnen Arten jetzt wieder zu.

Wir untersuchten den toten Takin, eine einjährige Kuh mit spießartigen Hörnern. Das Tier war abgemagert; der Fettmangel im Knochenmark verriet Unterernährung. Wie war es möglich, daß es verhungerte, obwohl ringsum massenhaft Futterpflanzen wuchsen? Ich bemerkte, daß ein Auge eine Linsentrübung aufwies; das andere hatte eine Krähe ausgepickt. Möglicherweise war die Takinkuh blind gewesen.

Es war zu spät geworden, um noch am selben Tag zurückzukehren. Einige aus unserer Gruppe richteten aus belaubten Eichenzweigen ein Lager zum Schlafen her, unterdessen kümmerten sich andere um die Zubereitung des Abendessens, das aus gekochtem Reis und pfannengerührtem altem Takinfleisch mit strengem Hautgout bestand. Während wir aßen, qualmten und schmurgelten der Kopf und die Läufe des Takins im Feuer: Die Fellhaare wurden abgesengt, ehe man die Stücke zum Essen mit nach Hause nahm. Um es warm zu haben, lagerten wir uns zum Schlafen in einer Reihe so dicht nebeneinander wie Ölsardinen. Bei Tagesanbruch erhoben wir uns mit steifen Gliedern und drängten uns um das Feuer. Zum Frühstück gab es Takin. Uns direkt gegenüber auf dem anderen Bachufer zeichnete sich ein gelb blühender Baum hell vor der dunklen Kulisse des Nadelwalds ab. Um die Mittagszeit war ich schließlich wieder in der Station, zurück von einem Ausflug, der etwas länger gedauert hatte als vorhergesehen.

Mai und Juni 1984. Im Mai schlugen Büsche und Bäume alle auf einmal aus, und die Grasnarbe stand hoch, so daß die Wildfauna in dem üppig sprießenden Wald gut versteckt war. In dem Maße, wie das neue Grün alterte und an Nährwert verlor, zogen die Takinbullen dem Frühling nach über die Hänge in höhere Zonen hinauf. Ich vermißte Lao Pengyous Gegenwart. Es schien ihm eine Art Befriedigung gewährt zu haben, sich in der Nähe unserer Hütte herumzutreiben. Wenn Kay am Bach Wäsche wusch, plagte sie sich dabei zuweilen unter seinem unerforschlichen Blick, und manchmal, wenn wir unser in die Landschaft gebautes fragiles Plumpsklo benutzten, äste er so beunruhigend nahe, daß zu befürchten war, mit dem nächsten Schritt werde er geradewegs durch die Teerpappenwand kommen.

7. Mai. Ein denkwürdiger Takin-Tag. Einer von den seltenen Tagen, an denen die Berge sich in ungetrübter Klarheit zeigen. Den dunklen Keil des flußaufwärts gelegenen Gipfels krönt die Helligkeit eines strahlend blauen Himmels, und das Laub der Birken auf seinen Flanken leuchtet mit blaßgrünem Feuer. Ich sitze in der Sonne und arbeite Notizen aus, als ich plötzlich jemanden – wahrscheinlich Shen Heming – rufen höre, daß auf dem Stück Grasland hoch oben über unserer Hütte eine Takinherde zu sehen ist. Alle zusammen beobachten wir die Tiere abwechselnd durch den Feldstecher. Beim Heraustreten aus dem Waldesdunkel ins Freie werden etliche junge Bullen und Jährlinge übermütig und beginnen zu hüpfen und Bocksprünge zu vollführen; von soviel Ausgelassenheit mitgerissen, lassen sich mehrere Kühe zu den nämlichen Darbietungen in etwas gesetzterer Form verleiten, wobei allerdings ihre massigen Leiber, die mehr auf Geländegängigkeit auch auf schwierigem Terrain als fürs Kapriolenschlagen ausgelegt sind, es an weiblicher Anmut sehr vermissen lassen. Uns ist bekannt, daß sich in diesem Teil des Reservats mehrere kleine Herden von jeweils zehn bis fünfunddreißig Tieren aufhalten. Aber heute erscheinen da oben immer mehr Takins auf der Bildfläche und zerstreuen sich über das Grasland, bis es schließlich um die hundert sind. Kann sein, daß sich in Anbetracht des reichlich vorhandenen Futters mehrere Herden vereinigt haben. Meine Kollegen zog es nach und nach zu anderen Dingen fort, so daß am Ende nur noch Kay und ich in Abständen die Herde beobachteten. Ich machte es mir mit einer Tasse Tee neben mir in einem Sessel bequem und war restlos glücklich und zufrieden damit, nichts zu tun, als den Tieren zuzuschauen.

Wie die männlichen Tiere vieler Arten schüchtern Takinbullen einen Konkurrenten lieber ein, als sich auf einen kräftezehrenden und mit Verletzungsrisiko verbundenen Kampf einzulassen. Zwei junge Bullen demonstrieren sich gegenseitig ihren Mut – noch spielerisch zwar, aber auch schon mit ernstem Einschlag. Mit steifen Schritten und weit nach unten gebogenem Hals schiebt sich der eine dem anderen von der Seite her in den Weg, mit Bewegungen, als sei er völlig schlapp, zugleich aber auch sein gewölbtes Profil voll zur Geltung bringend. Der andere Bulle ist überhaupt nicht beeindruckt, er wendet sich nicht weg, um anderswo zu grasen, noch signalisiert er auf andere Weise Unterwerfung. Der erste Bulle versucht es erneut, diesmal sich noch dichter heranschiebend. Als nächstes gehen die beiden in ungefähr zwei Meter Abstand nebeneinander her, aber keiner ist bereit, sich als den Unterlegenen zu bekennen. Wie auf ein Signal hin prallen sie mit den Hörnern aufeinander und wogen mit in äußerstem Kraftaufwand gespannten Muskeln hin und her. Einer der zwei entwischt und hetzt bergauf, um dann von neuem seinem Widersacher Gehörn gegen Gehörn zu begegnen. Mit der Schwerkraft auf seiner Seite treibt er jetzt den anderen zügig bergab. Der befreit sich aus seiner unvorteilhaften Position, dann laufen die zwei zusammen weiter und setzen mit Einander-Umkreisen, Verfolgungsjagd, Hörnergehakel, Gerempel ihr Dominanzgerangel fort.

Nachdem ich ihnen eine Weile zugeschaut habe, fällt mir ein, daß ich bisher überhaupt keine Jungen gesehen habe. Wo sind sie? Da die Takinjungen wahrscheinlich im April zur Welt kommen, müßte die Wurfzeit jetzt vorbei sein. Dann erscheinen sie doch noch allesamt, beim Schwanzende der Herde, ein dunkelbraunes, wolliges Takingewühl, ganz anders gefärbt als die Erwachsenen. Zum allergrößten Teil hüpft das hinter einer einzelnen Kuh her, der kleine Rest hat sich um eine andere geschart – die Kleinen werden offenbar im Kindergarten betreut, während ihre Mütter auf Futtersuche sind und ihren gesellschaftlichen Verpflichtungen nachkommen. Ich sehe dem Treiben zu, bis die Herde sich in der Abenddämmerung in den Wald zurückzieht. Bei Tagesanbruch kommt der ganze Pulk noch einmal kurz zum Vorschein; diesmal sind alle Jungen um eine einzige Kuh geschart, und zwar so dicht, daß ich sie erst zählen kann, als die Tagesmutter sich in Bewegung setzt und sechzehn Takinkitze ihr im Gänsemarsch folgen.

Jetzt, Anfang Mai, machten wir auch ausgiebig Bekanntschaft mit Flöhen, die in bestürzender Zahl am Straßenrand lebten. Als Kay mir zum erstenmal vorhielt, daß ich von meinen Ausflügen ins Gelände Flöhe mit nach Hause brachte, wies ich den Verdacht weit von mir. Ein paar Tage später gab es Flöhe in solchen Mengen, daß ich sie dabei beobachten konnte, wie sie mir einer nach dem anderen auf die Hosenbeine sprangen, wenn ich auf der Straße stand. Ich war in Alaska schon von Moskitoschwärmen belagert, in Sarawak von Landblutegelschwadronen gejagt und in Brasilien von Zeckenheeren angegriffen worden und hatte in Nepal unfreiwillig ganze Bataillone von Wanzen bewirtet, aber das hier war für mich eine neue Erfahrung. Wir führten nun einen Abwehrkampf mit dem Ziel, unser Zimmer flohfrei zu halten. Wenn wir von einem Ausflug ins Gelände ins Camp zurückkamen, untersuchten wir uns mit größter Sorgfalt, und wenn wir einen Biß entdeckten, wurden sämtliche Kleidungsstücke draußen vor der Tür abgeworfen. Unser Bettzeug wurde jeden Tag gründlich ausgeschüttelt und gelüftet, und das ständige Absuchen unserer Hosen war bei uns schon zu einem nervösen Tick geworden. Das verstohlene Sichkratzen meiner Kollegen verriet mir, daß auch sie streunenden Flöhen Logis gewährten, und wahrscheinlich ein gemütlicheres als ich, da sie bis in die sommerliche Hitzeperiode hinein lange Unterwäsche zu tragen pflegten. Glücklicherweise war die Flohschwemme nach vierzehn Tagen vorbei.

Der April war bereits zur Hälfte verstrichen, ohne daß ich auch nur die geringste Spur von einem Bären wahrgenommen hatte. Jetzt, wo die Temperatur an sonnigen Tagen auf über 15 Grad Celsius anstieg und das Tal voll von saftigem Grün war, konnten die Tiere sich bestimmt nicht mehr im Winterschlaf befinden. In Wuyipeng hatte ich im letzten Frühjahr den Wald nach dem Baum abgesucht, der Han im September zuvor als Mutterschaftshöhle gedient hatte. Ich war von Baum zu Baum gegangen und hatte alle größeren Exemplare auf einen Hohlraum im Fuß untersucht; dabei hatte ich in einer Baumhöhle einen Kragenbären entdeckt, der mit dem Rücken zur Eingangsöffnung zusammengesackt dasaß. Es war ein ziemlich kleiner Bär, der an diesem 12. April zwar schon halb wach war, aber sein Winterquartier noch nicht verlassen hatte. In Tangjiahe entdeckte ich schließlich am 30. April einen matschigen Kothaufen, und zwei Tage später schreckte ich an der Mündung des Hongshi-Tals unabsichtlich einen Bären auf, der sich dort an den zarten frischen Trieben der Hortensiensträucher gütlich tat. Bären, so stellte sich bald heraus, würden nicht ganz einfach zu studieren sein, da sie weite Wanderungen machten. Auf ihren Streifzügen talauf und talab und über die Kämme machten sie gelegentlich halt zum Fressen, aber nicht zu längerem Verweilen. Die Frühjahrskost dieser wählerischen Fresser bestand aus ganz bestimmten Pflanzen und Schößlingen – alles in allem mindestens fünfzehn Spezies. Einmal zum Beispiel folgte ich der Spur eines Bären, der in einem Tal einen Kilometer weit abwärts trottete und dabei mit seinen großen Tatzen eine deutlich sichtbare Fährte von niedergetretenen Pflanzen hinterließ. Das Tier fraß die knackigen Stengel von Dreiblättrigem Zeichenwurz und wildem Sellerie und zeigte eine besondere Vorliebe für die frischen Schößlinge einer bestimmten wilden Himbeere, *Rubus coreanus*, die überall auf abgeholzten Flächen anzutreffen war. Diese – Bambussprossen nicht unähnlichen – Schößlinge waren sehr saftig, allerdings auch mit stacheligen roten Haaren bedeckt. Manchmal schälten die Bären die behaarte Haut ab, bevor sie die Schößlinge verzehrten, aber meistens fraßen sie die Stengel umstandslos so, wie sie waren – es muß ein Gefühl gewesen sein, wie auf einer Flaschenbürste zu kauen.

Eine Abwechslung im Alltagseinerlei bedeutete für uns die Einladung in die Kreisstadt Qingchuan zur Gründungsfeier der Ortsgruppe des neuen Chinesischen Wildtierschutzverbands. Diese landesweite Organisation war im Spätjahr 1983 zu dem Zweck ins Leben gerufen worden, den Schutz der Wildfauna zu fördern und die erforderlichen Finanzmittel dafür zu beschaffen. Hu Jinchu und Xiao Qiu waren mit dabei, als wir die zweieinhalbstündige Fahrt nach Qingchuan antraten. Die Fahrtroute wand sich zwischen blühenden Apfelbäumen und terrassierten Feldern zur Reisanzucht durch die Berge. In einer Anwandlung von statistischer Pedanterie zählte Wang Xiaoming die Kurven in der Straße mit und kam auf die stolze Summe von fünfhundertundelf – nicht mitgerechnet die jähen Schlenker, mit denen Lu Daiming Hühnern und Hunden auswich. Fahrer werden in China gehätschelt und umschmeichelt, erst recht, wenn sie Parteimitglieder sind. Niemand hätte es gewagt, an Lus Fahrkünsten zu mäkeln.

Auf der Gründungsfeier wurden eine Menge Reden gehalten, auch eine kurze von mir über die enorme Wichtigkeit des Naturschutzes, die Xiao Qiu ins Chinesische übersetzte. Engagement auf lokaler Ebene ist für den Naturschutz unerläßlich, und ich hegte die Hoffnung, daß unsere Anwesenheit die große Bedeutung der Regierungsinitiative unterstrich. Diverse Gruppierungen überreichten der neuen Ortsgruppe Schriftrollen, auf denen ihre

Glückwünsche in roter Tusche – die rote Farbe bedeutete Glück und Gelingen – kalligraphiert waren, anschließend stellten wir uns zum obligaten Gruppenfoto auf – eine der wichtigsten Zeremonien bei Veranstaltungen auf kommunaler Ebene. Dann folgte ein Festbankett mit lokalen Spezialitäten: getrockneten Farnwedeln, Farnwedelnudeln, Austernpilzen. In der Produktion der blättrigen, weichgummiähnlichen Austernpilze, einer beliebten Zutat zu vielen chinesischen Gerichten, nimmt Qingchuan unter allen Kreisen in Sichuan die führende Position ein. Die Pilze werden auf dem in meterlange Stücke zerschnittenen Holz junger Eichen gezüchtet.

Man sagte mir, einige einheimische Schüler würden sich freuen, Hu Jinchu und mich kennenlernen zu dürfen. Wir wurden zu der Schule eskortiert, und als wir um die Ecke des Gebäudes bogen, sahen wir uns zu meiner unbeschreiblichen Verblüffung etwa tausend in Reih und Glied auf einem Sportplatz aufmarschierten Schülern gegenüber. Man bat mich, einen zwanzigminütigen Vortrag über Naturschutz zu halten. Die Menschenmenge war mucksmäuschenstill vor Spannung – nicht so sehr auf das, was ich sagen würde, sondern vielmehr darauf, mich englisch sprechen zu hören. Ich war im Leben dieser Menschen der erste Ausländer, den sie leibhaftig zu sehen und zu hören bekamen. Obschon auf eine längere Ansprache nicht im mindesten vorbereitet, tat ich doch mein Bestes, meinen Zuhörern einzuschärfen, wie wichtig es war, daß sie ihr Erbteil an natürlichen Werten hegten und pflegten, um es sich zu bewahren. Ich forderte sie auf, den neuen Naturschutzverband zu unterstützen, alles Leben zu achten und zu schützen, Bäume zu pflanzen und stolz zu sein auf die Pandas und die anderen Wildtiere in ihrem Verwaltungskreis. Nachdem wir beide, Hu Jinchu und ich, Ansprachen gehalten hatten, banden junge Mädchen uns das rote Dreieckshalstuch der Jungen Pioniere um.

Nicht lange nach unserem Besuch in Qingchuan kam eines Abends Wang Fulin aus Maoxiangba angeradelt, um uns die Nachricht zu überbringen, daß weit oben im Motianling – dem zweiten Hauptttal, das ich noch nie besucht hatte – ein toter Panda gefunden worden war. Im Motianling gab es wie bei uns im Beilu-Tal eine Straße, die aber, seit die Holzfäller abgezogen waren, nicht mehr instand gehalten wurde, so daß schon längst alle Brücken eingestürzt waren. Am nächsten Morgen fuhren wir so weit, wie die Motianling-Straße es noch zuließ, und gingen dann, während die Sonne uns auf den Rücken brannte, zu Fuß weiter. Der Panda lag in einem Bambushorst, wo ihn sein – allen Anzeichen nach friedliches – Ende schon vor mindestens zwei Monaten ereilt haben mußte. Nur Haare, Hautfetzen und das Skelett waren noch von ihm übrig. Wir schnürten die Knochen bündelweise zusammen und gingen zu dem vereinbarten Treffpunkt zurück, um auf unseren Fahrer zu warten, der in die Stadt gefahren war, um Proviant zu besorgen.

Über uns klebten an der Talwand mehrere Katen. In einer davon wohnte ein Bekannter von Teng Qitao, ein alter Bärenjäger, der uns einlud, die Rückkehr unseres Autos in seinen vier Wänden abzuwarten. Seine Kate lag inmitten von Feldern – winzig kleinen Parzellen zumeist –, die den Unebenheiten des Geländes angepaßt und mit Kartoffeln, Kohl, Gemüse, Mais, Weizen, Gerste, Zwiebeln, Erbsen und Bohnen bepflanzt waren. Die Hüttenwände bestanden aus senkrechten Brettern, das Dach war mit Teerpappe gedeckt, den Boden im Inneren gab die nackte Erde ab. Zu beiden Seiten der von Walnußbäumen beschatteten Eingangstür befand sich ein mit aufgeschichteten Steinen umgrenzter Schweinekoben. Auf einem saubergefegten Platz an einer Schmalseite der Kate war auf Grasmatten Getreide zum Trocknen ausgebreitet. In der Nähe sah man mehrere Bienenstöcke. Eine Glucke war unter einem umgedrehten Korb eingesperrt, dessen Rand sich gerade so weit über dem Boden befand, daß für ihre flauschigen Küken, aber nicht für deren Mutter Platz zum Hinaus- und Hereinschlüpfen war. Zwei klapperdürre Hunde, die einen auffallenden Kontrast zu den wohlgenährten Schweinen bildeten, kamen argwöhnisch um eine Ecke geschlichen, so als seien sie jederzeit bereit, einem Steinwurf oder einem Fußtritt auszuweichen. In dem rußgeschwärzten Hauptraum der Kate war aus dem Boden eine Feuergrube ausgehoben, über der ein an einem Haken aufgehängter Kessel hing. Wir setzten uns auf mit Bären- und Moschustierfellen behängte Schemel. An einer Wand hing ein Poster, das ein im Damensitz auf einem Tiger, dem Symbol männlicher Energie, reitendes elfenhaft zartes junges Mädchen zeigte; an einer anderen Wand steckten in den Ritzen zwischen den Brettern so kunterbunte Dinge wie ein Staubwedel, ein Krummdolch und eine langgestielte Tabakspfeife mit Messingkopf. Durch eine offene Tür sah ich eine Schlafkammer, in der, von einem durch ein winziges unverglastes Fenster einfallenden Lichtstrahl abgesehen, Dunkelheit herrschte. Das *kang* an der Wand war mit Steppdecken überhäuft, auf der mit zwei Schwänen bemalten roten Truhe daneben standen ein Wecker und ein Transistorradio. An der Wand hing neben einem Bild von Zhou Enlai eine gerahmte Foto-Collage. Als ich mich bei unserem Gastgeber nach seiner Familie erkundigte, reichte er mir die Fotos zum Betrachten. Sie zeigten seine Mutter, seine acht Kinder, ihn selbst in unterschiedlichen Lebensaltern und vier chinesische Schauspielerinnen. Jetzt lebten nur noch seine Frau, ein Sohn, eine Schwiegertochter und ein Enkelkind bei ihm.

Er war ein gastfreundlicher und redefreudiger Greis, dessen Gesicht genauso braun und gekerbt war wie die Walnüsse, die er uns vorsetzte. Mit seinem dünnen Bärtchen und den gerade mal vier gelben Eckzähnen, die ihm von seinem Gebiß noch geblieben waren, sah er aus wie das Inbild eines Druiden. Er servierte uns mit Honig gesüßtes heißes Wasser. Seine Frau, die dunkelblaues Homespun und Turnschuhe trug, kam mit einem Teller eingelegte Zwiebeln an. Er kramte dann in einem Korb und brachte eine Plastikflasche voll Schnaps, *bai jiu*, zum Vorschein, den wir dankend ablehnten.

«Ich bin Selbstversorger», bemerkte er mit sichtlichem Vergnügen. «Ich ziehe fast alles, was ich brauche, selbst, ausgenommen Salz und Speiseöl. Und das und auch Reis bekomme ich im Austausch gegen einen Teil von meinem Bodenprodukt.»

Sein Leben war hart, der Überschuß, den er produzierte, kümmerlich, aber dennoch schien er mit dem, was er hatte, zufrieden und mit seiner Lage und seinem Schicksal einverstanden zu sein; indem er seine Wünsche und Bedürfnisse in bescheidenem Rahmen hielt, hatte er zur Zufriedenheit gefunden. Ich beneidete ihn darum. Er und seine Frau hatten für die Zukunft vorgesorgt: In einem der Schuppen draußen standen zwei wuchtige Särge, jeder aus nur vier dicken Bohlen und zwei Endplatten gezimmert. Ich hatte gehört, daß binnen ein, zwei Jahren alle Bauern aus dem Reservat ausgesiedelt und die einzelnen Familien getrennt voneinander in neue Sozialverbände integriert werden sollten. Wußte er, daß er unter Umständen bald entwurzelt sein würde? Ich hoffte, daß ihm vergönnt sein würde, hier, in der Geborgenheit und dem Frieden seines vertrauten Heims, zu sterben, andererseits bewunderte ich aber auch das Bemühen der Regierung um Sanierung des Reservats. Fragen des Naturschutzes sind in den seltensten Fällen unproblematisch, sie führen vielmehr häufig in moralische Konflikte, und der glückliche alte Mann auf seinem sonnenbeschienenen Talhang ist mir noch heute in unbehaglicher Erinnerung.

Das gesellschaftliche Ereignis der Saison fand am 26. Mai statt. Die politische Führungsspitze des Kreises Qingchuan gab in Maoxiangba ein Bankett für vierzig Leute, eine Festivität, die zu einer Demonstration von Großzügigkeit und gutem Willen geriet und mich zutiefst rührte, weil sie aus Anlaß meines Geburtstags stattfand. Zuallererst stellte sich alles im Freien für das Gruppenfoto auf, und zwei kleine Mädchen in korallenroten Kleidern überreichten Kay und mir je einen Strauß Plastikblumen. Dann verlegten wir unseren Aufenthalt in einen Versammlungsraum, wo Lobesworte über Kooperation und harte Arbeit gesprochen wurden und Hu Jinchu, der aus Chengdu angereist war, dem Wunsch nach vielen weiteren Jahren gemeinsamen Wirkens Ausdruck gab. Ich erhielt ein phantastisches Sortiment von Geschenken, wurde von allen Seiten mit Gaben förmlich überschüttet, die sich zum größten Geschenkberg addierten, den ich je an einem meiner Geburtstage vor mir gesehen hatte. Unter anderem bekam ich ein Kistchen voll heilkräftiger Pflanzenwurzeln, deren spezielles Wirkungsvermögen darin bestehen sollte, daß sie die Kopfschmerzen von Intellektuellen kurierten. Ich war fasziniert. Aber da keiner der Anwesenden mir über die richtige Einnahme und Dosierung der Wurzeln Auskunft geben konnte, habe ich nie Gebrauch von ihnen gemacht; ohnehin habe ich selten Kopfschmerzen – was vielleicht ein gewisses Licht auf meinen Intellekt wirft. Aus Qingchuan waren vier dick mit Zukkerguß überzogene Torten westlicher Machart herbeigeschafft worden. Auf zweien davon war entlang dem Rand ein Kreis von Kerzen aufgestellt, insgesamt einundfünfzig Stück. Bei dem Versuch, sämtliche Kerzen auszublasen, ohne zwischendurch Atem zu holen, ging mir zu meinem großen Verdruß bei der zweiten Torte auf halber Strecke die Luft aus. Mit großem Beifall belohnt, brachten die zwei kleinen Mädchen einen Volkstanz und ein Volkslied der Region zur Darbietung, und Kay stimmte für alle zum Mitsingen *Happy Birthday* an. Während des Banketts mußte ich jedem Gast einzeln zuprosten und dabei jedesmal mein Gläschen ganz austrinken. Von allen Seiten wurde ich hartnäckig daran erinnert, daß die Tradition mir vorschrieb, einundfünfzig Gläser – eines für jedes Lebensjahr – zu leeren. Es war ein denkwürdiges Fest – so hat man mir jedenfalls hinterher erzählt.

Auf halber Strecke zwischen Maoxiangba und unserer Station, an der Mündung des Shiqiao-Tals, standen etliche Horste von *Bashania*-Bambus, einer großblättrigen Spezies, bei der die neuen Sprosse Mitte April durchbrachen. Am 1. Juni entdeckten Hu Jinchu und Wang Xiaoming, daß dort vor kurzem ein Panda Sprosse – hohe, an der Basis bereits verhärtete Schößlinge – gefressen hatte, und zwei Tage darauf erblickte jemand anders an derselben Stelle wieder einen Panda. Hu Jinchu und ich hielten uns gerade zwecks Feststellung des Pandavorkommens im Nachbarkreis Pingwu auf, als uns am 8. Juni die Nachricht erreichte, daß in Tangjiahe ein Panda gefangen worden war. Wir fuhren sofort nach Maoxiangba zurück, wo wir am Nachmittag eintrafen. Dort erfuhren wir, daß Teng Qitao an der Mündung des Shiqiao-Tals erneut den Panda gesichtet hatte. Er und achtundzwanzig Bauern kreisten das Tier in einem Bambuswäldchen ein, und es tat ihnen den Gefallen, sich in eine Höhle zu flüchten und dort zu bleiben. Teng Qitao und Wang Xiaoming hatten sich auf der Straße postiert und erwarteten uns. Um den Panda am Entkommen zu hindern, hatten sie die Nacht ohne Schlaf vor dem Eingang der Höhle verbracht, in eine von Stechmücken wimmelnde Kuhle gelagert, über die sie zum Schutz gegen den Regen eine Öltuchplane gebreitet hatten. Ich spähte in die Höhle, die in Wahrheit ein nicht mehr als anderthalb Meter tiefer niedriger und feuchter Felsspalt im Berghang war, durch dessen Decke Pflanzenwurzeln gebrochen waren. Drinnen saß, in die hinterste Ecke gedrängt, der Panda und starrte mich aus regungslosen Augen an. Ich sagte, während ich die Sachen zum Narkotisieren holen ginge, würde man am besten aus Maoxiangba einen Transportkäfig herbeischaffen.

Der Panda machte keinen Mucks, als ich ihm die Spritze gab. Fünf Minuten danach kroch ich in den Spalt und band ein Seil um ein Hinterbein; langsam zogen wir das Tier ins Freie und verfrachteten es in den Käfig, in dem es, fast das ganze Innere ausfüllend, benommen sitzen blieb. Es war ein Tier mittleren Alters, mit gelben, etwas abgeriebenen Zähnen; laut Teng Qitao war es ein Männchen. Zwei Helfer streckten die Hände durch das Käfiggitter und hielten den Kopf des Insassen hoch, während ich das Funkhalsband anlegte. «Das ging ja prima», sagte ich erleichtert zu mir selbst und überlegte, ob wir das Tier gleich freilassen sollten. Bis die Wirkung des Betäubungsmittels vollständig abgeklungen war, würde es Nacht sein. Am besten, wir warteten bis morgen.

Unter den zahlreich herumstehenden Menschen befand sich ein Mann, den ich nicht kannte; es war ein Chirurg aus einem Krankenhaus in Qingchuan, den man am Vortag gerufen hatte, weil der Panda Fadenwürmer erbrochen hatte. Ich wurde jetzt informiert, das Tier müsse erst entwurmt und anschließend zwecks Beobachtung mindestens eine Woche lang gefangengehalten werden.

«Aber Pandas haben doch alle Würmer», erwiderte ich mit unverhohlenem Befremden. «Das bedeutet nicht, daß sie krank sind. Bloß weil ein Panda ein paar Parasiten hat, können wir ihn nicht aus seiner natürlichen Umgebung reißen.»

Da er sich mit Tieren nicht auskannte, hatte der Chirurg mit seiner Behandlungsempfehlung auf Nummer Sicher gehen wollen, und seinem Beispiel folgend, hatten Hu Jinchu und Teng Qitao ihre Zustimmung gegeben. Ich lehnte es ab, den Panda länger als über Nacht gefangenzuhalten. Wir nahmen das Tier im Käfig mit zur Station und setzten ihm, nachdem wir es im Schuppen untergebracht hatten, Reisbrei, Bambus und Wasser vor. Es saß zusammengesackt da und gab keinen Ton von sich.

Obwohl er schon seit zwei Tagen hungerte, hatte der Panda, als wir am nächsten Morgen nach ihm sahen, das Fressen nicht angerührt. Kay goß ihm ein wenig Wasser auf die Schnauze, und das leckte er immerhin auf. Dann und wann ließ er ein klägliches Grunzen hören. Wir traten vor den Schuppen, um sein weiteres Schicksal zu erörtern.

«Er ist unverkennbar krank. Er hat nichts gefressen», sagte Teng Qitao.

«Natürlich hat er nichts gefressen», konterte ich. «Er hat Angst. Bevor wir ihn gefangen haben, hat er offenbar sehr gut gefressen.»

Teng Qitao blieb hartnäckig. «In der Verfassung, in der er sich befindet, können wir ihn nicht laufenlassen.»

«Ich kann Ihre Beunruhigung durchaus begreifen; mir ist klar, daß Sie sich um die Gesundheit des Tieres sorgen», sagte ich mit einer Mischung von Verständnis und unterdrücktem Zorn. «Aber wenn Sie den Panda noch länger in Gefangenschaft halten, wird er wirklich krank werden. Und dann können Sie ihn nicht so bald wieder freilassen. Das Projekt in Wuyipeng hat schwer gelitten unter den Fehlentscheidungen vorgesetzter Stellen, drei Pandas gefangenzusetzen. Eines der Tiere ist verendet.

Damals war ich nicht zugegen und konnte daher den Verantwortlichen nicht widersprechen, aber jetzt bin ich hier. Wenn Sie dieses Tier in Gefangenschaft bringen, sehe ich für meinen Teil in der Fortsetzung unserer Arbeit in Tangjiahe keinen Sinn mehr.»

Nach diesem Ultimatum wandte ich meinen Kollegen den Rücken. Kay war den Tränen nahe bei dem Gedanken, was dem Panda womöglich noch alles bevorstand. Da ich die Verantwortung für die Sache übernommen hatte, brauchten die anderen weniger als eine Minute Zeit, um zu dem Entschluß zu kommen, daß dem Panda die Freiheit geschenkt werden solle. Wir verluden ihn umgehend auf den Wagen und fuhren mit ihm zu der Stelle, wo wir ihn gefangen hatten. Sowie er das vertraute Bambuswäldchen sah, kam Leben in ihn, und von seiner Trübsal war keine Spur mehr wahrzunehmen, als er sich jetzt auf die Hinterbeine erhob, um sich besser umsehen zu können. Kaum hatten wir die Käfigtür geöffnet, wetzte er ins Freie und davon.

Am Nachmittag sahen wir noch einmal nach ihm und am nächsten Tag wieder. Er war in der Nähe geblieben. Wir bekamen Besuch aus Hongkong – es waren die ersten ausländischen Touristen, die ihren Fuß ins Tangjiahe-Reservat setzten: Mary Ketterer sowie Ken und Sue Searle, die alle drei uns bereits im Jiuzhaigou-Reservat besucht hatten, dazu der bekannte britische Naturschützer Ian Grimwood und sein Freund John Brocklehurst. Ich freute mich, ihnen die von dem ersten mit Funkhalsband versehenen Panda in Tangjiahe ausgehenden Piepser vorführen zu können. Teng Qitao, Wang Xiaoming und ich drangen leise in den Bambus ein, um uns davon zu überzeugen, daß der Panda auch wirklich wieder fraß. Im Dickicht lagen frische Kotballen herum.

Wir gaben diesem Männchen den Namen Tang-Tang – eine Reminiszenz sowohl an das Reservat wie an das «süße» Wesen des so Benannten (eine der Bedeutungen des Wortes *tang* ist «Zucker»), aber auch an die chinesische Dynastie dieses Namens, die heute vor allem ihrer reichhaltigen Schatzkammer wegen in allgemeiner Erinnerung ist.

Nachdem er eine Zeitlang in seinem Bambuswäldchen residiert hatte, fühlte sich Tang unvermittelt zu grüneren Weiden hingezogen. Er überquerte den Beilu, schaukelte zu einem Bergkamm hinauf und verlor sich auf einer Route, die ihn über Maoxiangba hinaus nach Osten führte, im Labyrinth der Berge. Ein paar Tage lang empfingen wir noch ein schwaches Funksignal, dann war er fort. Wir kraxelten enge Felstäler hinauf, um doch noch sein Signal aufzufangen, aber das einzige, was wir uns einfingen, waren Blutegel. Tangs Verhalten unterschied sich gewaltig von dem der ortstreuen Pandas von Wolong. Er hatte uns womöglich etwas Neues über Pandas zu lehren – vorausgesetzt, wir kamen ihm wieder auf die Spur.

Tangs Aufenthaltsort ausfindig zu machen würde die vordringlichste Aufgabe für Ken Johnson sein, denn Kay und ich würden Tangjiahe am 23. Juni verlassen – sie, um nach Hause zurückzukehren, ich, um mit einer zweimonatigen Inspektion des Geländes meine Wildfauna-Forschungen auf der Tibetanischen Hochebene zu beginnen. Ken würde für die Dauer meiner Abwesenheit von Wolong nach Tangjiahe übersiedeln. In Wolong hatte er die projekteigenen Bodenschlingen zum Pandafang eingesetzt und würde nun sein Geschick auch an den Bären von Tangjiahe erproben.

Ende Mai und im Juni fiel nachts oft Regen, tagsüber jedoch schien die Sonne und sorgte für eine zermürbend heiße und feuchte Atmosphäre. Kay und ich machten gewöhnlich gegen Abend, wenn der Duft von Geißblatt in der Luft lag, einen Spaziergang, und häufig gelangten wir dabei bis zur Mündung des Wenxiang-Tals. Dort lag im Schatten von Kiefern und Haselsträuchern ein riesiger Felsblock. Auf einer Seite war er mit einem hochflorigen Moosteppich überwachsen, der um diese Jahreszeit mit Hunderten von blaßblauen *Pleione*-Orchideen übersät war. Hier verweilten wir oft. Auf einem nahen Stück Grasland reiften herrliche rote und weiße Erdbeeren. Die Beeren zu sammeln war ein Wagnis. Man konnte sich nie sicher sein, ob die pflückenden Finger nicht im nächsten Moment eine der zahllosen *Trimeresurus*-Vipern aufscheuchen würden, die sich ebenfalls mit Vorliebe in diesem Erdbeerfeld aufhielten. Diese reizbaren Kreaturen lagen auch zusammengerollt in dem hohen Grasstreifen in der Mitte der Straße, aus dem sie uns, wenn wir vorübergingen, erbost an die Stiefel fuhren. Um diese Jahreszeit blühte auch der Liguster, und die über und über mit weißen Blüten besetzten Bäume am Waldrand nahmen sich wie Schneeverwehungen aus.

In der Nacht des 19. Juni setzte ein heftiger Regen ein. Von unserem Bett aus hörten wir das Murmeln des Flusses zu einem anhaltenden Lärm anwachsen, einem Getöse wie von einem endlosen fahrenden Eisenbahnzug. Der Fluß wurde zu einem reißenden Strom, einer braunen Wasserlawine, jeder Bach zu einem wirbelnden Wildwasser, jedes Rinnsal zu einem Gießbach. Von der Hütte aus ging der Blick auf einen alten, inzwischen von Grün überwachsenen Erdrutsch; jetzt konnten wir zusehen, wie Hangsegmente sich lösten und Stück für Stück abwärts glitten: Erneut öffnete sich die alte Wunde, und sie würde Jahrzehnte brauchen, um wieder zu heilen. Der Fluß, vordem ein Bild friedlicher Schönheit, hatte sich, wie er jetzt durch das Tal brauste, in eine machtvolle Naturgewalt verwandelt. In Hochstimmung standen Kay und ich im Regen, sahen zu, wie die ungestümen Wasser unsere Füße bespritzten, und hörten auf dem Grund des Flußbetts mit einem Geräusch wie fernes Donnergrollen Steine kullern. Der Regen hielt eine dritte Nacht hindurch an. Gegen Morgen bebte die Hütte, als in der Nähe ein Stück Uferstreifen wegbrach. Ein größerer Erdrutsch oder eine weggespülte Brücke würde die Straße tagelang unpassierbar machen. Wir packten eilends unsere Sachen und fuhren einen Tag früher als geplant nach Maoxiangba und anschließend weiter nach Chengdu.

September und Oktober 1984. Mitte September waren wir erneut unterwegs nach Tangjiahe. Am Lenkrad saß unser neuer Fahrer Lao Chen, ein hochgewachsener, stiller Mann mit einem Kopf, so knochig, als sei er aus Holz geschnitzt; er war, wie man mir von seiten der Forstverwaltung versichert hatte, ein «ausgeglichener» Fahrer. Längs des Beilu kündigte das erste gelbe Laub den Herbst an. Unbekümmert darum blühten am Straßenrand hohe purpurfarbene Anemonen, *Anemone hupehensis*, wie Souvenirs des Frühlings. Riesige Haufen von Treibholz säumten die Straße, alle Stämme und Äste von Gestein und Sand blank gescheuert, so daß sie jetzt weiß wie Knochen waren. Am 3. August waren zwölfeinhalb Zentimeter Regen gefallen und der Wasserstand des Beilu in der Folge über den Pegel des Juni-Hochwassers angestiegen; in der Tat zeigte die Hochwassermarke an der Brücke vier Meter über Normalstand an.

Bei der Durchsicht des Journals, in dem das Team Tiersichtungen protokollierte, stellte ich fest, daß der Sommer keine günstige Zeit für die Beobachtung von Wildtieren war. Sei's drum – ich war sowieso in erster Linie an Neuigkeiten über unsere zwei Halsbandträger, einen Panda und einen Bären, interessiert. Augenblicklich war keiner der zwei zu orten, wurde mir gesagt. Wir hatten Tangs Signal im Juni verloren, doch im Juli hatte Ken das Tier eine kurze Zeit lang in den Bergen im Süden, außerhalb des Reservats, orten können. Tangs Aktionsraum maß mindestens dreiundzwanzig Quadratkilometer – ein riesiges Gebiet, wenn man es mit den Aktionsräumen der Pandas von Wolong verglich. So weit mußte Tang mit Sicherheit nicht zur Nahrungssuche umherziehen. Konnte es sein, daß Tang ein Halbwüchsiger war, der sich noch nicht in einem festen Wohngebiet niedergelassen hatte? Ich hatte mich auf Teng Qitaos Auskunft verlassen, daß er ein erwachsenes Männchen sei. Falls es sich um ein subadultes Tier handelte, mußte ich das Halsband gegen ein anderes auswechseln, das weiter war, damit sein Hals Platz zum Hineinwachsen hatte. Im Rückblick kam der Panda mir jetzt für ein adultes Tier doch ungewöhnlich klein vor. Je länger ich über die Frage nachdachte, desto unsicherer wurde ich mir, ob Tang adult oder subadult, Männchen oder Weibchen war. Im folgenden Juni gelang es Teng Qitao, Tang das Halsband zu wechseln. Er war tatsächlich ein erwachsenes Männchen, wenn auch ein kleines, nur siebenundsechzigeinhalb Kilogramm schweres.

Unser zweiter Halsbandträger war Kui-Kui, so benannt nach dem Choleriker und Kraftprotz Li Kui (Li K'uei), einem der Haupthelden des altchinesischen Romans *Die Räuber vom Liang Schan Moor*. Kui-Kui war ein Kragenbär, ein großes Männchen, das nach allem, was man über ihn hörte, seinen Namen zu Recht trug. Er hatte bei meinen Kollegen einen so nachhaltigen Eindruck hinterlassen, daß sie, kaum daß Ken abgereist war, aus Furcht, noch einmal einem in der Schlinge gefangenen Bären gegenübertreten zu müssen, das Fallenstellen ganz aufgaben. Kui hatte den Baum, an dem die Schlinge befestigt war, durchgenagt – einen Stamm von immerhin fünfzehn Zentimeter Durchmesser. Er brüllte, machte Ausfälle gegen seine Peiniger und schwang seine Arme vor ihnen wie Dreschflegel in der Luft. Ken, der es schon mit vielen amerikanischen Schwarzbären zu tun gehabt hatte, war von seiner Wildheit geziemend beeindruckt.

Man narkotisierte Kui bei Nacht. Das Betäubungsmittel wirkte langsamer als erwartet, und die Dosis mußte mehrfach erhöht werden, ehe der Bär sich sediert zeigte. Noch immer nicht vollständig betäubt, schlug Kui nach Teng Qitao; eine Klaue des Bären verhakte sich in Teng Qitaos Hemd und zog ihn nun auf das mächtige Gebiß zu. Hu Jinchu und Xiao Qiu sprangen hinzu und zerrten Teng Qitao in die andere Richtung – und gewannen das Tauziehen. Später, als Ken mit gespreizten Beinen über dem schlafenden Bären stand und ihm das Halsband anlegte, machte Teng Qitao eine Blitzlichtaufnahme – und riß damit prompt das Tier aus seiner Betäubung: Kui packte mit den Vordertatzen eines von Kens Beinen, fiel dann jedoch jäh in Schlaf zurück, ehe er zubeißen konnte. Als er schließlich wieder wach und auf den Beinen war, begann er zu brüllen und zu attackieren und zersprengte so die ganze Mannschaft in der Dunkelheit; zum Schluß fiel er in einer letzten Aufwallung von bäriger Ungehaltenheit über Kens auf den Boden gefallene Mütze her und ließ an ihr seinen Ärger aus. In seinem Bericht notierte Ken lakonisch, Kui habe «sich zufriedenstellend erholt».

Verstimmt setzte Kui seine Wanderungen fort. Aus seinem Signal ging hervor, daß er hauptsächlich bei Tag aktiv war und sich so um neun Uhr abends für die Nacht zur Ruhe begab. Er ließ uns gerade mal drei Tage Zeit, ihn in den umliegenden Bergen telemetrisch abzuhorchen, dann streunte er genau wie Tang auf und davon bis weit über die Reservatgrenze hinaus nach Süden; sein Aktionsraum umfaßte mindestens dreißig Quadratkilometer unwegsamsten Geländes.

Kurze Zeit nach meiner Rückkehr ging ich mit hocherhobener Empfangsantenne die Straße ab, um in jedes Nebental nach einem eventuellen Funksignal hineinzuhorchen. Binnen kurzem entdeckte ich Tang in demselben Bambuswäldchen, in dem wir ihn im Juni eingefangen hatten, und ortete Kui in einem Eichengehölz auf dem Grat eines Bergrückens. Während Kui bald wieder verschwand, blieb Tang am Ort und mästete sich an Bambusblättern. Einmal überraschte ich Tang nicht weit entfernt von der Straße in einer Kiefer schlafend. Als er den Verschluß meiner Kamera klicken hörte, heftete er einen bohrenden Blick auf mich, überließ sich jedoch alsbald recht unbekümmert wieder dem Schlummer – ein Betragen ganz ähnlich dem, das man in Wuyipeng zuweilen an Zhen hatte beobachten können.

An einem nebligen Nachmittag wäre ich beim Nachhausekommen um ein Haar gegen einen Takinbullen geprallt. Er schnaubte und wich zurück. Von seinem linken Horn war nur noch ein Stummel übrig: Lao Pengyou. Nachdem er im Mai unserem Tal den Rücken gekehrt hatte, hatte er wahrscheinlich den Sommer in den oberen Hangregionen verbracht, und dort dürfte er seine einzelgängerische Lebensweise vorübergehend aufgegeben haben, um während der Brunstzeit die Gesellschaft von Kühen zu suchen. Höhepunkt der Paarungszeit soll bei den Takins der Monat August sein, eine Spanne des Jahres, während deren die Berge in Wolkenwirbel gehüllt sind. Doch jetzt war Lao Pengyou für die Dauer des Winters zurückgekommen.

Alan Taylor besuchte uns für eine Woche, begleitet von seiner Frau Kristin und seiner Gitarre. Tagsüber inspizierten Alan und Shen Heming die Bambussprosse auf den zur Beobachtung ausgewählten Flächen – seit dem Durchbrechen der Sprosse im Juli hatten Pandas sechzehn Prozent davon verzehrt. Und an den Abenden sangen Alan und Kristin manchmal *Blowing in the Wind, My Darling Clementine* und andere Lieder, die wir besonders mochten. Nach meiner Abwesenheit während des Sommers begann ich in der Arbeit allmählich wieder Tritt zu fassen, wie mir schien. Um zu den Erkenntnissen zu kommen, von denen der Erfolg einer Studie abhängt, um ein Gefühl für den Rhythmus der Jahreszeiten zu bekommen und die kleinen Veränderungen zu registrieren, nach denen Tiere ihre Lebensweise einrichten, muß man sich ununterbrochen im Studiengelände aufhalten und nicht kommen und gehen wie ein Zugvogel. Trotzdem mußte ich Ende September Tangjiahe erneut verlassen.

Ich flog in die Schweiz, um mit den zuständigen Leuten in der WWF-Zentrale über die Zukunft des Panda-Projekts zu sprechen. Nach fast vollen vier Jahren Feldforschung war es an der Zeit, eine Zwischenbilanz zu ziehen und Richtlinien für die zukünftige Arbeit aufzustellen. Die Forschungen hatten sich bisher auf die Naturgeschichte des Pandas konzentriert, damit für alle weitergehenden Überlegungen und Unternehmungen im Zusammenhang mit der Spezies zunächst einmal eine tragfähige Wissensbasis geschaffen würde. Diese Arbeit bedurfte der Fortsetzung, da viele Fragen offengeblieben waren. Allerdings war jetzt der Zeitpunkt gekommen, das Schwergewicht des Projekts auf das Thema «Schutz» zu verlagern, genauer gesagt: auf die Vorbereitung eines Generalplans für Schutz und Management des Großen Pandas und seines Lebensraums. In einem solchen Plan würden diverse menschengemachte Faktoren mit in Rechnung gestellt werden müssen – ökologische, soziale und ökonomische Größen innerhalb und außerhalb der Reservate, die sich auf den Panda auswirkten. Schließlich war das Panda-Wohngebiet heute von einer dichten menschlichen Population eingeschlossen, von der eine starke Belastung des Waldes ausging, die in Zukunft nur zunehmen konnte.

Wir beschlossen eine Reihe von Zielsetzungen für das Projekt: die Zählung der Pandas in ihrem gesamten Verbreitungsgebiet, die Erarbeitung eines Atlas der geographischen und quantitativen Distribution der einzelnen Bambusarten, eine Beschreibung der speziellen Naturschutzprobleme jeder einzelnen Region samt möglicher Lösungen. Die zur Realisierung dieser Vorhaben erforderlichen Erhebungen würden wohl zwei bis drei Jahre in Anspruch nehmen. Man würde diese und andere Pläne der chinesischen Seite als Gesprächsthema vorschlagen.

Nachdem das erledigt war, traf ich mich in Deutschland mit Kay, und zusammen reisten wir nach Tangjiahe zurück, wo wir am 11. Oktober eintrafen, um in die drei Monate währende Schlußphase unseres Aufenthalts bei den Pandas einzutreten.

31. Oktober. Ein normaler Arbeitstag. Bei Tagesanbruch, gegen sieben Uhr früh, trete ich aus der Hütte, um einen Blick zum Himmel zu werfen. Tiefhängende Wolken auf den Hängen, Neuschnee herunter bis knapp an die Zweitausend-Meter-Grenze. Das Thermometer zeigt eineinhalb Grad Celsius über Null. Beim Anblick des Schnees kommt mich unwillkürlich ein Frösteln an, dabei freue ich mich auf den Winter. Mit dem rot, orange- und goldfarben durch die Luft wirbelnden Herbstlaub bietet das Tal jetzt zwar einen zauberhaften Anblick, aber bald wird Schnee das Wild in den unteren Hangregionen zusammentreiben. Während Kay ein Feuer in Gang bringt, mache ich einen kurzen Spaziergang das Chang-Tal hinauf, das sich vom Camp aus nach Süden erstreckt. Dort habe ich zwei Fußschlingen für Bären ausgelegt, wenngleich ich nicht ernstlich glaube, daß ich einen fangen werde; Bären halten sich um diese Jahreszeit zur Eichelnlese in tiefergelegenen Regionen auf. Aber ein Morgenspaziergang mit einem Ziel vor Augen macht mir mehr Spaß. In dem Dickicht, das den ehemaligen Holzabfuhrweg begrenzt, ist es still, und meine Schritte werden von aufgeweichtem Laub verschluckt. Ein Maskengimpel sitzt mit aufgeplustertem Federkleid auf einer Weide, und ein Elliothäherling macht sich davon. Beide werden den Winter hier bei uns verbringen. Ein Schieferkopf-Laubsänger huscht durchs Gestrüpp. Gleich den Rhododendrondrosseln, Halsbandbülbüls, Chinanachtigallen und anderen Sommervögeln, die jetzt noch massenhaft das Beilu-Tal beleben, wird er bald davonziehen. Als ich zurückkomme, ist das Frühstück fertig. Es gibt das Übliche: Reisbrei, geröstete Erdnüsse, hartgekochte Eier, Dampfbrötchen und eingelegtes Gemüse.

Teng Qitao hat einen Wochenarbeitsplan an die Wand gepinnt. Ich habe heute morgen drei Kastenfallen und am Spätnachmittag die weiter weg ausgelegten Bärenschlingen zu kontrollieren. Der Fußmarsch das Hongshi-Tal hinauf wird ungefähr vier Stunden dauern, deshalb mache ich mich sofort auf den Weg, begleitet von meinem neuen zeitweiligen Assistenten Lu Xiaolin. Unser Team ist am Zerfallen. Wang Fulin ist weg, Wang Xiaoming wird binnen Monatsfrist an die Universität zurückgehen, und ich werde im Januar aus dem Projekt aussteigen. Das Wissen von den bevorstehenden Veränderungen schafft naturgemäß ein Klima der Unruhe und Verunsicherung, aber ich spüre auch, daß das Engagement für die Zukunft unseres Projekts abgenommen hat, und das macht mich besorgt. In Tangjiahe hat die Arbeit noch kaum richtig begonnen. Die wichtigsten Entdeckungen werden häufig nicht nach ein oder zwei, sondern nach fünf oder zehn Jahren Feldforschung gemacht, wo dann unter Umständen seltene, schwer zu bemerkende Ereignisse im Leben des Tiers die entscheidenden Einsichten bringen. Als ich Teng Qitao in meine Sorgen um die Zukunft einweihe, meint er beruhigend: «Ich werde hier sein, wenn nicht in leitender Position, dann als Arbeiter.» Die Fallen sind, entmutigenderweise, wieder leer. Die Panda-Population in Tangjiahe ist klein, mehr als fünfzig bis sechzig Individuen dürften es wohl kaum sein. Entgegen ihrer in Wuyipeng geübten Praxis wandern die Pandas hier nicht auf festen Routen, so daß es schwierig ist, ihre Wanderwege zu prognostizieren, um auf ihnen dann an geeigneten Plätzen Fallen zu plazieren.

Eine Schale Nudeln: das Mittagessen. Hinterher gehen Wang Xiaoming und ich auf der Straße fünf Kilometer talab. Wie gewöhnlich suchen wir die Tallehnen mit den Augen nach Takins ab. Am Fuß einer Felswand lagert ein einsamer Bulle, dessen Fell von der Herbstlaubung kaum zu unterscheiden ist. Von Herden ist nichts zu sehen, wenngleich sie um diese Jahreszeit manchmal in das Tal kommen, um an bestimmten Stellen den Boden zu belecken oder zu benagen. Kann sein, daß die Erde den Takins Mineralien liefert oder irgendwie mithilft, schädliche Pflanzen zu entgiften, die sie gefressen haben. Vielleicht waren es Gründe dieser Art, aus denen Takins sich den größten Teil eines verlassenen Hauses am Straßenrand einverleibt haben, indem sie Löcher in die Lehmwände fraßen, bis sie einstürzten. Zum Glück besteht unsere Hütte größtenteils aus Holz, sonst würde Lao Pengyou sie vielleicht auseinandernehmen. Er hält sich oft im Umkreis der Station auf, in größerer Nähe als je zuvor trotz Lärms, qualmender Öfen und umherlaufender Menschen. Kay, die von seiner friedfertigen Wesensart nicht restlos überzeugt ist, meinte einmal, als sie ihn draußen vor unserem Fenster sah: «So beobachte ich Takins am liebsten: wenn ich mit einer schönen Tasse Tee gemütlich am Feuer sitze.»

Unterwegs sehen wir auch den Spiegel eines Schopfhirschs blitzen – den weißen Fleck um den After, der meistens alles ist, was einen diese Tiere von sich sehen lassen, ehe sie flugs im nächsten Gebüsch verschwinden. Die einzelgängerisch lebenden kleinen Schopfhirsche sind in Tangjiahe ziemlich verbreitet, aber sie gönnen uns nicht viel Einblick in ihre unerforschten Lebensgewohnheiten. Diese graubraunen Tiere mit weißer Zeichnung an Beinen und Ohren sind zweifellos eine der schönsten Hirscharten. Die Männchen haben zwei hauerartig verlängerte Eckzähne im Oberkiefer und zwei winzige, von dem Haarschopf über ihrer Stirn halb verdeckte Spieße.

Wir kommen an einer einsamen Eiche vorbei, die aussieht, als hätte ein Dutzend großer Vögel in ihrer Krone ihre Laubnester gebaut. Vor einigen Tagen haben wir in diesem Baum einen Kragenbären beobachtet. In einer Gabelung kauernd, brach der Bär mit der einen Vordertatze Äste ab und zog sie zu sich heran, um mit dem Maul eine nach der anderen alle Eicheln abzupflücken, die daran hingen. Die Früchte befreite er mit den Zähnen von der Schale, die er ausspuckte, ehe er den Kern auffraß. Abgefressene Zweige wurden in die Gabelung unter seinen Füßen geschoben, wo sie mit der Zeit eine nestähnliche Plattform bildeten. Beim Anblick des Bären haben wir zunächst gehofft, daß es Kui wäre, zu dem unsere Verbindung vor über einem Monat abgerissen war, aber er war es nicht. Sorgfältig inspizieren wir jetzt noch einmal den Baum. Ich weiß nicht recht, wozu das gut sein soll, denn der Bär ist schon längst in ferne Täler zu anderen Eichen weitergezogen. An fast allen Eichen sind Äste abgebrochen; manche Bäume sind so ramponiert, daß von ihnen nur noch der Stamm und Aststummel übrig sind. In ihrem herbstlichen Eifer, die nährstoffreichen Eicheln abzuernten, haben die Bären einen Teil der Nahrungsquellen künftiger Jahre verstopft. Aber da sie keine Naturschützer sind, ist ihre einzige Sorge, sich vor dem Winterschlaf noch möglichst rasch eine möglichst dicke Fettschicht anzufressen.

Von Felsblock zu Felsblock springend überqueren wir den Beilu und keuchen drüben zu einem Gehölz hinauf, in dem wir am Fuß einer Eiche, unter Laub versteckt, eine Bärenschlinge ausgelegt haben. Der Köder – ein ordentliches Trumm Ziegenfleisch, am Baumstamm hinter der Falle festgebunden – ist unberührt geblieben. Lediglich ein Wiesel hat sich, gleichsam als Wegezoll für unseren Transit durch sein Territorium, ein Stückchen von dem Fleisch stibitzt. Die zwei anderen Schlingen ein Stück weiter flußabwärts sind ebenfalls leer. Nachdem wir das festgestellt haben, ist unser Tagespensum erledigt, und Wang Xiaoming und ich marschieren jetzt auf der Straße talauf heimwärts.

Tang blieb wie gehabt in den Bambuswäldchen an der Mündung des Shiqiao-Tals. Sein Verhalten gab mir Rätsel auf. Aus unseren Arbeitsprotokollen wie auch aus den Ergebnissen der von Teng Qitao und Don Reid im nächsten Jahr fortgesetzten telemetrischen Überwachung ging hervor, daß er sich – mit Ausnahme der Zeit von Juni bis August, die er in höhergelegenen Regionen verbrachte – ständig in diesem nur 1,3 Quadratkilometer großen Areal aufhielt. Doch war er unseres Wissens während der Paarungszeit weder hinter Weibchen her, noch wurde er von Weibchen besucht. Damit ein Weibchen sich darin niederlassen kann, muß ein Areal als Mutterschaftshöhle benutzbare hohle Bäume aufweisen, und Tangs Territorium war wie die meisten Hangflächen in Tangjiahe abgeholzt. Auf meinen sämtlichen Streifzügen durch das Reservat bin ich im näheren Umkreis von Bambusflächen nicht auf einen einzigen Baum gestoßen; ein Weibchen hatte einen zugigen, ungeschützten Platz unter einem Felsüberhang als Obdach für ihr Neugeborenes ausgesucht. Auch in seiner Aktivitätsperiodik unterschied Tang sich einigermaßen von anderen Pandas. In der Nähe von seinen Lieblingsaufenthaltsplätzen stand ein verfallener Bau, in dem ein Raum von einem gnomenhaften Greis mit zahnlosem Lächeln bewohnt wurde, der Kohl anbaute und einen Obstgarten mit Apfel- und Birnbäumen pflegte. Einen leerstehenden Raum in dieser Hütte benutzten wir als Beobachtungspunkt, von dem aus wir Tang abhorchten. Er verbrachte mehr Zeit mit Ruhepausen als jeder andere von den Pandas, die wir bisher studiert hatten, und wie Kui verschlief er den größten Teil der Nacht. Einmal trafen Kay und ich, als wir in der Hütte ankamen, um die nächste Schicht der Überwachung zu übernehmen, Teng Qitao und Wang Xiaoming recht besorgt an, denn Tang war seit dreizehn Stunden inaktiv. War er krank? Oder tot? Zu unserer nicht geringen Erleichterung begann er sich nach einem achtzehnstündigen Nikkerchen wieder zu regen. Tang bewegte sich so wenig – den ganzen November über rührte er sich nicht aus einem vier Fünftel Hektar bedeckenden Bambuswäldchen hinaus –, daß er bestimmt nicht viel Energie verausgabte. Kay und ich beobachteten ihn einmal auf dem jenseitigen Ufer des Beilu, an einer Stelle, wo nur Kopf und Beine von ihm zu sehen waren. Während er da mit der einen Vordertatze Bambushalme zu sich herzog und sich mit der anderen Blätter ins Maul schob, war das Beugen und Strekken der Arme im Ellbogen das Äußerste, was er sich an Kräfteverschleiß zumutete. Eine Stunde lang beobachteten wir seinen laternengleich leuchtenden Kopf, bis er plötzlich mitten in der Kaubewegung innehielt. Der Wind hatte gedreht, und offenbar witterte er uns. Leise schlug er sich seitwärts in die Büsche. Tang gemahnte uns immer wieder daran, daß Tiere nicht nur in ihrem Verhalten von Gebiet zu Gebiet wechseln können, sondern auch Individuen sind, von denen jedes seine ganz spezifischen Eigenheiten hat.

November 1984 – Januar 1985. Am 5. November fingen wir oberhalb von Maoxiangba einen Bären in einer Schlinge. Er war klein, aber durch den Kragen, der sein Gesicht umrahmte, wirkte er größer, und auf jeden Fall war sein Grimm gigantisch. Noch nie hatte ich ein so wütendes Tier gesehen. Mit gellendem Gebrüll stürzte der Bär wieder und wieder auf Jiang Mingdao und mich los, in seinem Angriffseifer jedesmal abrupt gebremst durch das gespannte Drahtseil. In seinem Frust riß er mit den Zähnen große Holzsplitter von dem Baum. Als er schließlich doch noch einmal für ein paar Augenblicke Ruhe gab, jagte ich ihm die Spritze in den Schenkel, und drei Minuten später war er eingeschlafen. Er war ein ungefähr dreijähriges Männchen, siebzig Kilogramm schwer. Die Schlinge lag nicht um sein Fußgelenk, sondern hatte nur drei Zehen erwischt. Wäre es ihm bei einer seiner Attacken gelungen, sich loszureißen, hätte das möglicherweise interessante Folgen gehabt. Da bei Bären das Körpergewicht im Laufe eines Jahres beträchtlicher Schwankung unterworfen ist – sie verlieren während des Winterschlafs mindestens ein Viertel ihres Gewichts –, schwankt auch der Halsumfang, so daß es ein Problem ist, ihnen das richtige Halsband zu verpassen. Ich legte unserem Wüterich das Halsband um, hoffend, daß er es nicht abstreifen würde, und ging ziemlich weit auf Distanz. Innerhalb von Minuten war er wieder auf den Beinen, blaffte uns einmal kurz an und zog dann im Eilschritt davon. Wir nannten ihn Chong-Chong nach einem anderen reizbaren Protagonisten der *Räuber vom Liang Schan Moor*.

Der November war unser Bärenmonat und gehörte als solcher zum allergrößten Teil Chong. Um die Monatsmitte hatten die Bäume das Laub schon fast vollständig abgeworfen, und mit jedem neuen Niederschlag rückte jetzt die Schneefallgrenze tiefer in Richtung Talsohle herunter. Chong streifte noch immer umher, futterte Eicheln, Walnüsse, Haselnüsse und was er sonst an Früchten auftreiben konnte, und ließ nicht die geringste Lust erkennen, sich zum Winterschlaf niederzulegen. Vielleicht hatte er sich schon eine Spalte in einer der zahlreichen Felswände um Maoxiangba als Quartier ausgesucht. In den letzten Novembertagen gab Chong schließlich das Herumwandern auf, aber das schwache Signal aus den höchsten Bergregionen zeigte ihn nach wie vor aktiv. Am 8. Dezember schaltete das Signal dann allerdings auf inaktiv um und blieb auch in diesem Status: Chong hatte sich schlafen gelegt.

Zum Zwecke der Energieeinsparung während des Winterschlafs gehen mit den Bären außerordentliche Modifikationen vor. Die Tiere fressen nicht, trinken nicht, koten nicht und harnen nicht. Die Herzfrequenz verlangsamt sich, die Körpertemperatur sinkt leicht ab, der Stoffwechsel geht um fünfundzwanzig Prozent zurück. Die Verbrennung des angelagerten Fetts liefert die Energie für den Stoffwechsel und deckt den Wasserbedarf für die Aufrechterhaltung des lebensnotwendigen Blutvolumens sowie anderer Flüssigkeitsspiegel. Trotz alledem ist der Winterschlaf der Bären kein Tiefschlaf; die Weibchen bleiben immer noch wach genug, um Junge werfen und sie versorgen zu können.

Teng Qitao und ich nahmen uns vor, Chongs Schlafhöhle ausfindig zu machen. Den Aufstieg machten wir durch ein steilwandiges Tal, wo wir uns mehrere Stunden lang ein von vereisten Wasserfällen unterbrochenes Bachbett hinaufquälten. Auf einem vom Schneesturm gepeitschten hohen Bergrücken horchten wir auf Chongs ungleichmäßiges Signal, das einmal deutlich und dann wieder schwach wie aus weiter Ferne zu hören war. An diesem Tag war es zu spät geworden, um noch nach der Höhle zu suchen. Den Abstieg machten wir über einen anderen Hang, der sich schon ganz in der Gewalt des Winters befand und auf dem sich kein Zeichen organischen Lebens mehr zeigte mit Ausnahme der Fußspur eines Pandas, der einsam in dieser Höhe wie ein Verstoßener anmutete. Die Abhängigkeit des Pandas vom Bambus zwang ihm einen ganz anderen Lebensstil auf, als Chong ihn pflegte, der sich bis zur Rückkehr des Frühlings in seine behagliche Höhle verkrochen hatte.

Bären und Pandas in Tangjiahe ernährten sich von nahezu grundverschiedener Kost. Die Pandas leben von Bambus, die Bären von Kräutern, Früchten und Nüssen. Dann und wann konnte es vorkommen, daß ein Panda wilden Sellerie, eine Lieblingsspeise der Bären, probierte, und die Bären fraßen auch Bambussprosse, aber das waren dann auch schon alle Gemeinsamkeiten in den Freßgewohnheiten. Bambus stellt eine konstant in grenzenloser Fülle sprudelnde Nahrungsquelle dar, Kräuter und Nüsse sind nur verstreut und saisongebunden verfügbar. Analysen ergaben, daß die Bärenkost im Durchschnitt zwei- bis dreimal soviel assimilierbare Nährstoffe enthält wie Bambus. Gleiches Verdauungsvermögen unterstellt, ziehen diese Bären aus jedem Kilogramm verzehrter Nahrung zwei- bis dreimal soviel Energie wie die Pandas. Eicheln sind besonders nahrhaft, aber sie verlangen von dem Bären, daß er für sein Fressen arbeitet: Um an die täglich benötigte Ration von fünf Kilogramm Eicheln zu kommen, muß der Bär je nach Größe der Frucht vier- bis zwölftausend Eicheln auftreiben, abpflücken und von der Schale befreien. Schätzungen zufolge kann der amerikanische Schwarzbär *(Euarctos americanus)*, der, ökologisch betrachtet, in Freßverhalten und Aktivität große Ähnlichkeit mit seinem asiatischen Vetter (*Euarctos tibetanus*, Kragenbär oder Asiatischer Schwarzbär) aufweist, pro Tag eine Kalorienmenge aufnehmen, die ausreicht, seinen Energiebedarf für fünf Tage Winterschlaf zu decken.

Pandas müssen im allgemeinen täglich zwölf Stunden auf das Fressen verwenden, aber weil ihre Nahrung reichhaltig vorhanden ist, brauchen sie keine großen Wanderungen zu machen. Bären dagegen sind durch ihre spärlich und nur stellenweise vorhandenen Nahrungsquellen gezwungen, ihren Aktionsraum über ein großes Gebiet auszudehnen und auf der Suche nach reifen Beeren oder vereinzelt wachsenden Eichen weite Strekken zurückzulegen. Dafür ist jedoch ihre Nahrung so hochwertig, daß sie mit nur elf Stunden oder weniger Aktivität am Tag ausreichend Fett noch für den Winterschlaf anlagern und die Freizeit zum Ausschlafen nutzen können. Dank hochwertiger Ernährung sind Bären in niedrigerem Lebensalter als Pandas fortpflanzungsreif – wo reichlich gute Nahrung vorhanden ist, bereits mit dreieinhalb Jahren. Die durchschnittliche Wurfzahl liegt bei Bären höher; ein Muttertier zieht oft zwei oder drei Junge gleichzeitig auf.

Die Bären sind im Laufe ihrer Entwicklungsgeschichte opportunistisch und anpassungsfähig geblieben; stets auf krasse Wechsel ihrer Wirtschaftslage eingestellt, haben sie einen Lebensstil entwickelt, der es ihnen erlaubt, in einer Vielzahl unterschiedlicher Habitate zu wohnen und zu gedeihen. Der Panda hat sich zum Spezialisten entwickelt und damit eine sichere Nahrungsversorgung gewonnen. Im selben Zuge hat jedoch auch sein Umweltverhalten das Moment des Erkundens, wachsamen Beobachtens, Experimentierens mit Neuem eingebüßt: Sein Schicksalshorizont hat sich geschlossen. Der Bär und der Panda sind jeder für sich ein Triumph der Evolution, im gegenwärtigen Zeitalter der Umweltzerstörung hat allerdings die anpassungsfähige Spezies die besseren Überlebenschancen.

Am 14. Dezember blickten wir beim Erwachen in eine veränderte Welt: Der erste ausgiebige Schneefall der Saison hatte die braunen Hänge und die kahlen Bäume weiß übermalt. Auf dem Weg talauf zum Fallenkontrollieren waren meine Schritte so gedämpft, als ginge ich auf einer Steppdecke. An einem Wasserlauf kreischte ein Fleckenscherenschwanz, *Enicurus maculatus*, und schwirrte wie ein schwarzweißes Geschoß davon. Später, auf dem Nachhauseweg, sah ich die Fußabdrücke von jemandem, der im Laufschritt talab gehastet war. Shen Heming hatte die anderen Fallen kontrolliert; vielleicht hatte er in einer von ihnen einen Fang entdeckt. Nach kurzer Zeit sah ich eine freudig rufende Kay mir entgegenkommen.

«In Falle sieben ist ein Panda!» Falle sieben stand auf einem Grat, über den mindestens zwei Pandas wechselten. Nach monatelangem Bemühen hatten wir endlich einen gefangen.

Als ich einen Baumstamm von der Kastenfalle löste, um meine Stange mit der Spritze daran durch die entstehende Lücke stekken zu können, brüllte der Panda auf, und eine schwarze Pranke kam aus dem Spalt gefahren. Vorsichtig spähte ich ins Innere der Falle – und blickte direkt in zwei Augen, die nach draußen spähten. Schließlich wandte sich das – relativ kleine – Tier ab, und ich injizierte das Betäubungsmittel.

«Nü» (Ein Weibchen), sagte Teng Qitao, als wir sie herauszogen. Die Zitzen waren lang und schwarz. «Sie hat Junge gehabt», stellte ich fest. «Meinst du wirklich?» erkundigte sich Kay. «Sie ist so klein.»

Sie wog knapp achtundsechzig Kilogramm, rund ein Viertel weniger als die Weibchen in Wolong. Teng Qitao hatte mir gesagt, daß die Pandas hier viel kleiner seien als in Wolong, und nach Tang und diesem Weibchen zu urteilen, hatte er recht. Während die anderen ins Camp zurückgingen, blieben Teng Qitao und ich noch da, um abzuwarten, bis die Wirkung der Spritze abgeklungen war.

«Wir nennen den Panda Xue-Xue», sagte Teng Qitao. *Xue* (gesprochen: schu-ee) bedeutet «Schnee» – zum Gedenken an diesen Tag ein durchaus passender Name.

Zwei Pandas und zwei Bären mit Funkhalsbändern, das bedeutete eine ausreichende Basis für das Tangjiahe-Projekt, eine solide, ausbaufähige Grundlage für weitere Arbeit. Als ob er meine Gedanken gelesen hätte, sagte Teng Qitao mit einigem Ungestüm: «Bleiben Sie hier. Im Januar und Februar fangen wir drei

Pandas, vier Pandas.» Bald würde er allein die Verantwortung tragen, und das machte ihm Kopfzerbrechen.

«Sie verstehen sich sehr gut auf die Arbeit», erwiderte ich. «Ich werde hier nicht mehr gebraucht. Außerdem kommen im Frühjahr Alan und Ken wieder nach Tangjiahe, und Sie werden auch noch einen dritten ausländischen Mitarbeiter haben.»

Schließlich steckte Xue ihre Nase aus der Falle, zockelte bergauf und verschwand.

Im Dezember herrschte die meiste Zeit trübes Wetter mit tiefhängenden bleiernen Wolken. Zur Mittagszeit schien manchmal eine bleiche Sonne auf die Hütte, die jedoch schon bald wieder hinterm Talrand versank, um uns neuerlich einen Tag lang in eisiger, stiller Düsternis zurückzulassen. Als der Bach zufror, stellte unser Kleinkraftwerk seine Funktion ein, und ohne elektrisches Licht waren unsere Zimmer trist. Ich verbrachte soviel Zeit wie nur möglich im Freien, im frischgefallenen Schnee nach Fährten suchend und auf eine Gelegenheit hoffend, irgendein Tier beobachten zu können.

Die Straße diente den Tieren als außerordentlich intensiv – wenn auch von den meisten nur nachts – benutzte Verkehrsader. Ich fand die quer über die Fahrbahn gezogenen winzigen paarweisen Fußabdrücke von Ratten und Mäusen, die gewundenen Laufrinnen von Spitzmäusen, Tapfen von hüpfenden Wieseln, die zierlichen Hufabdrücke von Schopfhirschen und die klobige Rinderfährte der Takins. Ab und zu, wenn auch sehr selten, lief eine Leoparden- oder eine Goldkatzenspur den Straßenrand entlang. Und gelegentlich zogen kleine Wildhund-Rudel zielstrebig des Wegs, hin und wieder innehaltend, um ausgiebig eine bestimmte Stelle auf dem Boden zu beriechen oder gemeinschaftlich Kot abzulegen. Ich registrierte, wo ein Panda über die Straße gestapft war und wo ein Buntmarder – die Fußabdrücke mit den gespreizten Zehen waren unverwechselbar – einen Reisighaufen untersucht hatte. Ende Oktober und Anfang November hatte ich beim Fluß Buntmarderpaare gesehen, die dort in ihrer wellenförmigen Fortbewegungsweise wie kleine Ottern dahinhuschten.

Diesen Takin-Bullen, der sich oft in der Nähe unseres Tangjiahe-Camps aufhielt, tauften wir Lao Pengyou, Alter Freund.

Im April und Mai locken die saftigen Sprosse des Schirmbambus die Pandas von den Bergen in die Täler.

Die Pandas schälen die derben Scheiden der Bambussprosse ab und essen das zarte Innere. Solche Futterplätze habe ich in großer Zahl untersucht.

Nach dem Absterben des Pfeilbambus von Wolong im Jahre 1983 waren die Berghänge nur noch von blattlosen trockenen Halmen bestanden.

Zahlreiche Pandajunge wurden grundlos gefangen und auf Zuchtstationen interniert.

1869 schlug Père Armand David in der Nähe dieser alten katholischen Missionsstation sein Lager auf. Dort bot ihm ein einheimischer Jäger ein Pandafell an, das erste, das ein Abendländer je zu Gesicht bekam. Seit jener Zeit ist das Panda-Habitat weithin in Ackerland verwandelt worden.

Ein betäubter Panda wird im Wolong-Forschungszentrum zum Operationssaal gerollt, zum Zweck einer künstlichen Besamung.

Mitarbeiter des Wolong-Reservats transportieren den Leichnam eines Pandaweibchens, das ich in einer Wildererschlinge fand.

Hu Jinchu vermißt Zhen-Zhens Mutterschaftshöhle in einer hohlen Tanne.

Zhen-Zhen stöbert in unserer Gemeinschaftshütte nach Eßbarem.

Zhen-Zhen lugt aus dem Fenster unseres Forschungszelts.

Der in seinem Bestand bedrohte Goldstumpfnasenaffe bewohnt das gleiche Habitat wie der Panda.

Zhen-Zhen liegt mit eingezogenem Kopf am Boden, während sich ein Männchen, wahrscheinlich Pi-Pi, mit ihr paart.

Auf einem nebelverhangenen Abhang zirkuliert Pi-Pi um einen Baum, auf den sich ein läufiges Weibchen vor ihm geflüchtet hat.

(folgende Seite:) Um in freier Wildbahn überleben zu können, braucht der Panda die Ungebundenheit und den Schutz der Bergwälder.

Weshalb hatten sie sich als Bühne für den Auftritt, der ihr Paarungszeremoniell zu sein schien, das Flußufer ausgesucht? Einmal, als ich gerade Rast machte, hörte ich plötzlich dicht neben mir ein rauhes, durchdringendes «Uaaaii»; ich machte einen Satz vorwärts und war schon bereit, im nächsten Moment das Hasenpanier zu ergreifen, als ich einen kleinen grauhaarigen Schweinsdachs, *Arctonyx collaris*, davontrippeln sah. Die Marder, Larvenroller, Schweinsdachse, Goldkatzen und anderen Kleinraubtiere des Gebiets interessierten mich. Sie waren es wert, daß man ihnen eine Studie widmete, die allerdings jemand anders als ich würde durchführen müssen.

Anfang Dezember, bevor der Boden gefror, hatten Kay und ich behutsam eine kleine Kiefer ausgegraben, die unser Weihnachtsbaum werden sollte und die wir nach dem Fest als lebendes Denkmal unserer vorübergehenden Anwesenheit vor der Hütte einpflanzen wollten. Wie 1982 in Wuyipeng schmückten wir den Baum mit den Sachen, die wir normalerweise zu Hause in den USA benutzten. An Heiligabend feierten wir ein wenig unter uns – mit einer Flasche Wein, Brot und Wurst, Dingen, die wir im Oktober aus Europa mitgebracht hatten. Am nächsten Tag gab es im Gemeinschaftsraum ein Festessen für alle. Aus Wolong gesellten sich Hu Jinchu und Qin Zhisheng zu uns. Der Weihnachtsbaum mit den Geschenken darunter erstrahlte im Licht zahlreicher Kerzen. Das Mahl verlief still, wie ein Essen im Familienkreis. Es gab gedünsteten Karpfen, geräucherten Tofu, Suppe mit Klößen und eine ganze Anzahl von anderen Gängen. Man trank einander von Mensch zu Mensch zu, aber es wurden keine offiziellen Tischreden gehalten bei diesem Mahl, über dem das Glück der Freundschaft und die Trauer des Abschieds lagen.

Ich schied von den Kollegen hier ungern und schweren Herzens. Hu Jinchu und ich hatten vier Jahre lang in freundschaftlichem Geist zusammengearbeitet; gemeinsam erduldete Mühsal hatte die Kulturschranke zwischen uns niedergebrochen. Mit ihrer lebenslustigen Art hatte Qin Zhisheng die Vergnüglichkeit vieler von unseren Reisen beträchtlich gesteigert, und Teng Qitao und Shen Heming hatten jeder auf seine Weise mitgeholfen, die Monate in Tangjiahe so erfreulich wie erfolgreich zu gestalten. Die Kerzen waren niedergebrannt und die Platten geleert; draußen herrschte dichtes Schneetreiben. Plötzlich flog die Tür auf, und der Sturm spie Jiang Mingdao und Yue Zishun über die Schwelle, die alle beide eine beachtliche Ladung Schnee auf Kopf und Schultern trugen, nachdem sie zehn Kilometer weit marschiert waren, um bei unserem Fest mit dabeisein zu können. Die beiden hatten viel dazu beigetragen, unser Jahr in Tangjiahe zu einem glücklichen Jahr zu machen, und Kay und ich tranken ihnen jetzt mit einem speziellen Dankeschön zu.

Mit dem Näherrücken unseres Abreisetermins verband sich mit jeder unserer Beobachtungen und jedem unserer Handgriffe eine eigentümliche Bitternis. Nachdem ich den letzten getrockneten Pandakotballen zum Analysieren auf die Schale plaziert hatte, bot ich ihn Kay an, aber sie überließ mir die Ehre. Im Hongshi-Tal war ein Zelt aufgeschlagen worden, von dem aus man Xue abhorchen konnte, die in den verflossenen drei Wochen in der Nähe der Stelle geblieben war, wo wir sie gefangen hatten. Am 6. Januar stiegen Kay und ich zu dem Zelt hinauf, um dort die Nacht zu verbringen und während dieser Nacht zum letztenmal mit Hilfe von Antenne und Empfänger das monotone Treiben eines Pandas zu verfolgen. Zu unserer großen Freude begegneten wir nicht weit entfernt von dem Zelt Lao Pengyou, der sich heute, als habe er einer gesellschaftlichen Verpflichtung nachzukommen, drei Kilometer weit von seinem gewohnten Dickicht entfernt hatte. Er bewegte sich mit steifen Beinen, und sein Hinterteil war abgemagert. «Armer Kerl», sagte Kay. «Ich fürchte, er schafft es nicht mehr bis zum nächsten Frühjahr.»

Im Abendlicht wirkten die Talwände blaugrau. Bei einer Innentemperatur von minus sechs Grad Celsius verzehrten wir im Zelt, in die Schlafsäcke verkrochen, unser *mantou* und schlürften Kakao dazu. Kay hatte Geburtstag. «Ich habe dich an deinem Geburtstag sogar zum Essen ausgeführt», stellte ich fest.

Am 8. Januar kontrollierte ich meine letzte Falle. Bevor ich am nächsten Tag das Auto vollpackte, ging ich ein letztes Mal die Straße hinunter. Über mir auf dem Hang jaulten Goldstumpfnasenaffen; drei von ihnen konnte ich in den entlaubten Birken ausmachen. Die Fußspuren eines Pandas führten mich zu mehreren Bambusbüscheln, wo das Tier gefressen und dabei über fünfzig Halme abgebissen hatte, um sich an den Blättern gütlich zu tun.

Gegen Mittag fuhren wir nach Maoxiangba und am folgenden Morgen den Beilu entlang weiter und aus dem Reservat hinaus. Mir kam es so vor, als ob jetzt irgendeine abschließende Geste am Platze wäre, die das Ende eines Abschnitts in unserem Leben markieren würde, doch wir fuhren einfach nur weiter in dem Bewußtsein, daß wir unsere Arbeit getan hatten, daß das Projekt indessen noch nicht zu Ende geführt war.

Ein buddhistischer Tempel in Chendu trägt die Inschrift: «Die Dinge unter dem Himmel sind niemals vollendet und sind als unvollendete vollendet.»

12
Die Krise

1983–1985

Unsere Forschungsarbeit in Wolong und Tangjiahe wurde gebremst durch eine Krise: ein Bambusabsterben größeren Ausmaßes.

Auf einer Besichtigungstour durch verschiedene Panda-Habitate bemerkte ich im Frühjahr 1983, daß im Kreis Baoxing, südwestlich von Wolong, der Pfeilbambus en masse zu blühen begonnen hatte, ein periodisches Ereignis, das nur ungefähr alle fünfundvierzig Jahre eintritt. Nach dem Blühen würden die Pflanzen fruchten und anschließend binnen weniger Monate absterben. Da Pfeilbambus ein Hauptnahrungsmittel der Pandas ist, konnte sein Massenabsterben für die Tiere auf eine ausgebreitete Hungersnot hinauslaufen. Mitte der siebziger Jahre hatte ein Massenblühen des Bambus im Min-Gebirge den Hungertod zahlreicher Pandas zur Folge gehabt. Ein neuer tragischer Verlust ähnlicher Größenordnung mußte um jeden Preis verhindert werden. Ich befürchtete seinerzeit, daß das Massenblühen nicht auf den Kreis Baoxing beschränkt sei, und in der Tat fand ich bei unserer Rückkehr nach Wolong auch dort den Bambus in Blüte vor. Die Blütenstände färbten den Wald braun, als wäre er voll von hohem, herbstlich dürrem Gras. Drei Viertel der Pfeilbambuspflanzen waren im Absterben begriffen. Aber es gab auch noch grüne Bambusflächen, und sie genügten, um die Pandas monatelang mit Nahrung zu versorgen. Um die nächste Zukunft der Tiere in Wolong brauchte ich mir keine Sorgen zu machen. Selbst wenn nächstes Jahr auch der übrige Pfeilbambus blühen sollte, würden die Pandas immer noch den Schirmbambus in den tiefergelegenen Regionen zur Verfügung haben. Aber auch der Schirmbambus konnte blühen. Zur Überwachung der Lage wurden – zusätzlich zu der Wuyipeng-Crew – zwei Arbeitstrupps in entfernten Tälern stationiert.

Ernste Sorgen machten wir uns um die Pandas in anderen Regionen des Gebirges. Ob und wieweit andere Teile des Panda-Verbreitungsgebiets von dem Massenblühen betroffen waren, darüber war wenig bekannt, aber wir gingen davon aus, daß der Pfeilbambus im ganzen Qionglai-Gebirge blühte. Wir mußten uns auf eine größere Rettungsaktion für vom Hungertod bedrohte Pandas vorbereiten.

Mit bewundernswerter Schnelligkeit leitete das Forstwirtschaftsministerium unter Federführung des Stellvertretenden Ministers Dong Zhiyong eine Reihe von Vorsorgemaßnahmen in die Wege. Man bereitete den Bau von Auffanglagern für hungernde Pandas vor, Panda-Bewahranstalten, in denen die Tiere würden aufgepäppelt werden können, um zu gelegener Zeit wieder in die Wildnis zurückgeführt zu werden. In allen Landkreisen, die Pandas beherbergten, wurden von einem stellvertretenden Landrat geleitete Ausschüsse zur Koordinierung der Rettungsmaßnahmen eingesetzt. Vier bis sechs Mann starke Trupps streiften durch die Berge, um hungernde Pandas aufzuspüren und zu retten. Eine Anzahl hilfsbeflissener Gemeinden stellte eigene Suchtrupps auf. Jeder Bauer, der einen hungernden Panda fand und einen Rettungstrupp zu ihm führte, sollte eine Belohnung in Höhe von umgerechnet etwa einhundert US-Dollar erhalten – eine beachtliche Summe. Den Einheimischen wurde verboten, in Panda-Habitaten Bambus zu schneiden, und zu alledem rollte eine ausgedehnte Medienkampagne für die Rettung der Pandas.

Das Absterben des Pfeilbambus würde nicht vor dem Spätherbst eintreffen, und Hu Jinchu und ich hatten uns vorgenommen, den Winter über die Verhältnisse in verschiedenen Regionen des Panda-Verbreitungsgebiets im Auge zu behalten. Nachdem alle Vorbereitungen getroffen waren, konnten wir nur noch abwarten. Ich kehrte für die Dauer einer dreimonatigen Arbeitsunterbrechung in die USA zurück.

In den Pressemeldungen des Sommers 1983 wurde von weiteren Nothilfemaßnahmen berichtet. Die chinesische Regierung hatte Mittel für die Fütterung hungernder Pandas mit Ersatznahrung wie Gras und Fleisch bewilligt, die an geeigneten Plätzen ausgelegt werden sollte. Außerdem sollten Sondertrupps ausziehen, um Pandajunge zu retten, die man dann in Gefangenschaft aufziehen wollte. Als ich von diesen Vorhaben las, fragte ich mich, wie man es anstellen wollte, in zerklüftetem, zivilisationsfernem Bergland von nicht geringer Ausbreitung Tag für Tag genügend Futter auszubringen, um die Pandas dort am Leben zu erhalten. Der Plan, Pandajunge einzufangen, beunruhigte mich. Meine chinesischen Kollegen und ich waren in bezug auf das Thema «Gefangenschaft für Tiere» grundverschiedener Auffassung. Beeinflußt von dem noch heute allgemein virulenten konfuzianischen Credo von der Fähigkeit des Menschen, es der Natur zuvorzutun, vermag die Mehrheit der Chinesen den Härten der Natur nichts Positives abzugewinnen. Mehrmals hatte ich zu hören bekommen, daß die Pandas entschieden besser führen, wenn sie die Unbilden des Waldlebens gegen das Dasein in Gefangenschaft eintauschten: Da saßen sie schließlich glücklich und zufrieden hinter schützenden Mauern – mit einem Dach überm Kopf, bei ausreichend guter Nahrung, sicher vor Feinden und sorgenfrei. Für die Mitglieder einer Gesellschaft, die die Große Mauer baute, ist es vollkommen logisch, so zu denken. Ich für meinen Teil glaube jedoch an das Freiheitsrecht der Tiere auf ein Leben ohne menschengemachte Fesseln, was auch immer es an Drangsal mit sich bringen mag.

Im November 1983 war es für mich Zeit, nach China zurückzugehen.

Vor der Weiterreise nach Wolong nahm ich in Beijing an einer Besprechung zwischen Vertretern des WWF und der chinesischen Seite teil, bei der Form und Inhalt der Zusammenarbeit für das kommende Jahr festgelegt werden sollten. Die Chinesen legten dar, daß der Bau von zehn Bewahranstalten für hungernde Pandas geplant sei, und konstatierten einen Bedarf an hundert Transportern zum Einsatz bei den Rettungsmaßnahmen.

«Wir waren in die vorbereitende Planung des Nothilfeprogramms nicht eingeschaltet», gab Charles de Haes zu bedenken. «Es wäre tunlich, wenn George sich selbst ein Bild von der Bedarfslage machen könnte.»

Sein Vorschlag stieß bei den Chinesen auf keinerlei Gegenliebe; für sie schließt die Bereitschaft, materielle Hilfe von Ausländern entgegenzunehmen, durchaus nicht die Bereitschaft ein, sich von seiten der Geber belehren zu lassen.

«Wir betrachten es hauptsächlich als unsere eigene Aufgabe, Anstrengungen zur Rettung der Pandas zu unternehmen», erwiderte Li Guilin, ein hochgewachsener Mann mit asketisch strengem Habitus. Er war Wang Menghus Vorgesetzter und nahm zum erstenmal an einer solchen Projektsitzung teil. «Der WWF sollte allerdings gewisse Lasten des Rettungswerks mittragen.» Sein Vorschlag: Der WWF solle zwanzig Transporter spenden und die Kosten der Rettungsaktion zur Hälfte übernehmen.

«Seit drei Jahren drängen wir auf eine vorsorgliche Planung für den Notfall. Nichts ist geschehen», sagte Charles de Haes. «Ich sehe mich außerstande, dem Ansuchen zuzustimmen. Zwanzig Transporter zu beschaffen ist jedoch kein Ding der Unmöglichkeit. Ich verspreche, daß ich mein möglichstes tun werde.»

Es war unübersehbar, daß man auf chinesischer Seite nicht daran dachte, den WWF an der konkreten Gestaltung des Nothilfeprogramms oder an den Rettungsmaßnahmen zu beteiligen. In der zwischen Verfeindung und Verbrüderung schwankenden Beziehungskiste, die zwischen dem WWF und den Chinesen am Laufen war, war augenblicklich wieder einmal Verfeindung angesagt.

In dem Nachrichtenmagazin *Time* vom 28. November 1983

hatte ich einen Artikel über die Pandas von Wolong gelesen. Darin hieß es, die Tiere litten an Verdauungsstörungen, weil sie angefangen hätten, gewöhnliches Gras zu fressen. Zwei seien bereits verendet. Und weiter: «Unterstützt vom World Wildlife Fund, leisten chinesische Wissenschaftler Nothilfe. Eine Vorgehensweise dabei: In der Hoffnung, die Tiere so zum Verzicht auf ihre normale vegetarische Kost zu bewegen, legt man auf Berghängen gebratene Schweineschnitzel und Ziegenbraten aus.»

In Wolong zurück, verabredete ich mich umgehend mit Hu Jinchu und anderen zu einer Besprechung über die Krise; bei dieser Gelegenheit bemühte ich mich auch, dem Wahrheitsgehalt des *Time*-Artikels auf den Grund zu kommen. Ja, Qin Zhisheng hatte Panda-Kotballen gefunden, die Gras enthielten, allerdings nur wenige, an einer einzigen Stelle über eine nicht sonderlich große Fläche verstreut. Nein, in Wolong erfreuten sich die Pandas noch bester Gesundheit, keiner hatte Verdauungsprobleme, und keiner war gestorben. Ja, man hatte über eine Tonne Schweineknochen, Schafsschädel und anderen Schlachthausabfall ausgestreut, um die Pandas in den Schirmbambus herunterzulocken. Ich dachte bei mir, daß die Pandas schon von selbst herunterkommen würden, wenn ihnen danach war, wie sie es ja auch schon in der Vergangenheit getan hatten, und daß die wenigsten von ihnen noch etwas von diesen Knochen finden würden. Aber Wiesel und Marder und andere Kleintiere dürften natürlich hoch erfreut sein über diese Zulage von Fleischabfällen.

Da geplant war, Bewahranstalten zu bauen, hatte ich William Conway gebeten, Baupläne für eine kleine provisorische Anlage dieser Art zu entwerfen. Zusätzlich hatte Emil Dolensek eine Liste von Erste-Hilfe-Maßnahmen an entkräfteten Pandas – beispielsweise: Verabreichung von Zuckerwasser als Kalorienstoß – zusammengestellt. Diese Unterlagen überreichte ich den Verantwortlichen auf chinesischer Seite. Einer ließ mich wissen: «Sobald wir von der Regierung Geld bekommen, können wir mit dem Entwurf von Bauplänen für die Reha-Zentren beginnen.» Unverkennbar wollte man von preisgünstigen Anlagen nichts wissen: Da hatte ich mich mit meiner Annahme ganz schön vergaloppiert.

In den Tageslauf im winterlichen Wuyipeng fand ich mich mühelos wieder hinein. Da war Tian Zhixiangs lauter Morgengruß, der mich zum Essen rief: «*Chefan*, Georgie.» Da waren die Abende, wenn alles dichtgedrängt um das Feuer im Gemeinschaftsraum hockte. Die Tagesstunden wurden mit dem Abgehen der Pfade im Pfeilbambus zugebracht, der jetzt eine Wüstenei von braunen, brüchigen, entblätterten abgestorbenen Halmen war. Ich machte ausgedehnte Streifzüge, um eine Karte der Bambusflächen anzulegen, die noch nicht geblüht hatten, und dabei entdeckte ich auf dem entfernteren Hang des Zhuanjing-Tals ein umfangreiches grünes Areal. Dort hatten sich unsere Pandas mit Funkhalsband konzentriert.

Am 21. Dezember brachte das erste schwere Sturmwetter dieses Winters Neuschnee, und das Thermometer fiel auf minus neuneinhalb Grad Celsius. In dem unter seinem Schneeüberzug schallgedämpften Wald verfolgte ich Zhens Fährte in der Hoffnung, an dem Platz, wo sie vorige Nacht geschlafen hatte, die kleinen Fußabdrücke eines Jungen zu finden. Aber da waren keine.

Dann kam Weihnachten, ohne Kay dieses Jahr eine einsame Sache, aber die Camp-Mitarbeiter machten es zu einem festlichen Ereignis. Sie drapierten den Gemeinschaftsraum mit Buntpapiergirlanden. Am einen Ende wurde eine mit Papierblumen und Kerzen geschmückte kleine Fichte aufgestellt. Lai Binghui erschien mit zwei in Chengdu gebackenen Kuchen, die er höchstpersönlich den steilen Weg von der Verwaltungszentrale hierherauf getragen hatte. Das Festbankett war wie üblich lärmend und lang, mit zahlreichen Gängen und Tischreden und Toasts. Daß die Crew so freundlich und großzügig gewesen war, ganz allein meinetwegen eine Weihnachtsfeier zu arrangieren, rührte mich zutiefst. Die Chinesen haben eine besondere Fähigkeit, einem mit unerwarteten Freundlichkeiten ans Herz zu greifen.

Am Tag nach Weihnachten brachen Shi Junyi und ich zu Fuß zum Niutoushan, dem «Kuhkopf-Berg», auf, um die Verfassung des Bambus in der Umgebung dieses Bergs zu erkunden. Mit unseren Schlafsäcken auf dem Rücken nahmen wir Kurs nach Südosten, zunächst über das Fangzipeng-Plateau mit seinen geschlossenen Reihen von abgestorbenen Bambushalmen, dann hinauf zu dem Kamm, der die Grenze des Choushuigou-Grabens bezeichnet. Die Kammhöhe war in Wolken gehüllt. In die trägen Schwaden um uns herum drang keine Wärme und nur wenig Sonnenlicht. Windstöße peitschten den Schnee, so daß wir nach kurzer Zeit mit einer eisigen Kruste überzogen waren. Mehrere Stunden lang stapften wir, vom Wind mit Messerstichen vorwärts getrieben, den Grat entlang, im ungewissen darüber, wo wir uns befanden, nur des einen gewiß, daß irgendwo dort unten im Yayadi-Tal eine von einem Panda-Rettungstrupp bewohnte Hütte stand.

Gegen Abend kletterten wir bergab in der Hoffnung, unten irgendeine Spur des Trupps zu entdecken. Die Schatten verdichteten sich, als wir in ein Dickicht eindrangen; binnen kurzem würde es dunkel sein. Das Glück führte uns zu einem Pfad; einer frischen Fußspur folgend, gelangten wir zu der Hütte, die sich, kaum wahrnehmbar, am Rande einer Lichtung in den Schnee duckte. Die vier Mitglieder des Trupps, dessen Anführer Shu Jiegong ich bereits kannte, begrüßten uns herzlich. Sie bestanden darauf, daß wir die warmen Plätze beim Ofen einnahmen, und machten uns einen Tee, den wir dankbar schlürften. Die Hütte war primitiv – so spartanisch, daß wohl kaum ein Bär sie hätte als Winterquartier haben wollen. Die Wände waren aus Grasmatten und das Dach aus Teerpappe. Eine Hälfte des Innenraums wurde von einem *kang*, einer Pritsche aus Stangen, der größte Teil der anderen vom Ofen und vom Brennholz in Anspruch genommen. In einer Ecke lagerte ein Haufen gefrorener Chinakohl, von den Dachbalken hing ein Viertel von einem geschlachteten Schwein herab. Ich bewunderte unsere Gastgeber dafür, wieviel gute Laune, Nachsicht und Geduld sie unter diesen Umständen aufbrachten. Für die Nacht betteten wir uns alle in Ölsardinenmanier auf dem *kang;* unter der Pritsche nahmen mit leisem Gegakker etliche Hühner ihren Schlafplatz ein.

Am nächsten Morgen holte mich ein Hahn, der in kaum dreißig Zentimeter Abstand von meinem Ohr sein fröhliches Krähen ertönen ließ, schlagartig ins Wachleben zurück. Vom Wind katapultiert, prasselte Schnee gegen die Hütte, und als ich die Zeltbahn vor der Tür beiseite schob, um nach draußen zu spähen, blickte ich in eine graue Suppe. Nach dem Reisbrei-Frühstück stiegen wir alle zum Kamm hinauf. Der Wald war hier abgeholzt worden, übrig geblieben war nur Gebüsch, das jetzt unter dem Gewicht des Schnees zu einer konturlosen, rundlichen Masse zusammengesackt war. Nebel nahm uns den Atem. Man zeigte mir zwei Kastenfallen, die seit Tagen nicht kontrolliert worden waren. Der Trupp hatte von Hu Jinchu den Auftrag erhalten, Pandas zu fangen und sie überflüssigerweise in tiefergelegene, bambusreichere Zonen zu transportieren. Da wir bei dem herrschenden Wetter nicht viel sehen konnten, gingen wir am frühen Nachmittag zur Hütte zurück. Die Stunden dehnten sich. Windstöße bliesen Schnee in den Raum. Die Chinesen rauchten, schwatzten und tranken Tee, sofern sie mir nicht Nachhilfeunterricht in Mandarin gaben. Bevor ich mich am Abend in meinen warmen Schlafsack verkroch, sah ich nach dem Wetter: Die Schneeflokken tanzten wie Leuchtkäfer im Lichtstrahl meiner Taschenlampe.

Am nächsten Tag schneite es noch immer. Wir marschierten in ein benachbartes Tal, wo wir einem von vereisten Steinen holprigen und in gefrorenen Wasserfällen verstummten Bachbett folgten. Auf den Hängen gab es etliche Schirmbambusflächen und in höheren Lagen ein wenig Pfeilbambus, der noch nicht erblüht war. Wir fanden keine frische Pandafährte; die Tiere waren möglicherweise nach Nordosten in ein anderes Tal übergesiedelt.

Auch das Hanfunding, wo ein anderer Rettungstrupp sein Quartier hatte, besuchte ich, um dort die Verfassung des Bambus zu erkunden. Die Fußmärsche in diesem Tal waren eine Strapaze; auf dem Boden lag dreißig Zentimeter hoch der Schnee, im Unterholz hatten sich Stengel und Stämmchen unter der Last des Schnees gegeneinander geneigt und zu einem schier undurchdringlichen Gestrüpp ineinander verfilzt. Unser Weg kreuzte den eines Pandas: eine tiefe Furche im Schnee, die sich in einem Bambushorst verlor. Es gab noch eine Menge Schirm- und Pfeilbambus in diesem Gebiet; ein Rettungstrupp wurde hier nicht gebraucht.

Wenngleich diese Erkundungstrips jeweils kurz ausfielen, erbrachten sie doch mit hinlänglicher Sicherheit den Befund, daß den Pandas noch unerblühter Pfeilbambus zur Verfügung stand. Und was noch wichtiger war: in tieferen Lagen gab es andere Bambusarten, auf die die Tiere im Bedarfsfall umsteigen konnten. Nach meiner Überzeugung würden die Pandas von Wolong das Bambusabsterben gut überstehen.

Die Zeitungen zeichneten freilich ein anderes Bild von den Verhältnissen im Wolong der Jahre 1983 und 1984:

Chinesische Wildtierhüter haben einen dem Hungertod nahen älteren Panda eingefangen und ihn zum Aufpäppeln auf eine Pandafarm gebracht, meldet die Nachrichtenagentur Xinhua.

Der schätzungsweise 18 Jahre alte Panda, der den Namen Huahua erhielt, wurde mit Rinder- und Lammbraten in eine Falle gelockt, als er im Naturreservat Wolong auf der Nahrungssuche einen Berghang erkletterte.

Zusammen mit anderen alten und geschwächten Pandas wird er auf der Hetaoping-Farm bleiben, bis die derzeitige Hungersnot – eine Folge der verfrühten Pfeilbambusblüte – vorüber ist. [...] *(Hong Kong Standard)*

In Wirklichkeit war Hua eines von unseren Studienobjekten und wurde völlig grundlos bei bester Gesundheit aus einem Gebiet mit mehr als genug Bambus weggeführt.

«Die Pandas hier sind in Gefahr, buchstäblich Hungers zu sterben», sagte kürzlich Lai Binghui, der Leiter des 2000-Quadratkilometer-Naturreservats Wolong.

«Es ist nur noch sehr wenig zu fressen für sie da, und manche sind bereits zu geschwächt, um dieses wenige aufspüren zu können», erklärte Lai. «Ungefähr 60 Prozent der Pandas von Wolong stehen kurz vor dem Hungertod. Bei ständig zunehmender Entkräftung, wächst für sie auch die Gefahr, Opfer von Raubtieren zu werden oder einfach nur über einen Felsrand abzustürzen. [...]» *(Los Angeles Times)*

Als ich mich Anfang 1985, zwei Jahre nach dem Beginn des Massenblühens, aus dem Panda-Projekt verabschiedete, war der restliche Pfeilbambus in Wolong entgegen meinen Erwartungen nicht abgestorben. Rettungstrupps hatten nicht einen einzigen vom Hungertod bedrohten Panda gefunden; nicht ein einziger Bauer hatte ein entkräftetes Tier gemeldet und Anspruch auf die ausgesetzte Belohnung erhoben. Das Forschungsteam in Wuyipeng hatte ein wachsames Auge auf die örtlichen Verhältnisse und entdeckte keinerlei Anzeichen dafür, daß die Pandas mit Problemen zu kämpfen hätten.

Wie bewältigten die Pandas das Verschwinden von mehr als drei Vierteln ihrer bevorzugten Nahrung und die Situation, daß der restliche Bambusbestand in vereinzelte kleinere Flächen fragmentiert war? Ken Johnson und seine chinesischen Kollegen fanden die Antwort, und sie war banal. Die Pandas machten im großen und ganzen genauso weiter wie zuvor. Sie hielten sich weiterhin im Pfeilbambus auf, wo sie wie gewohnt im Frühjahr überwiegend alte Halme, im Sommer Blätter und im Winter ältere Schößlinge und Blätter fraßen. An ihrer Tagesperiodik änderte sich nichts. Sie dehnten noch nicht einmal ihren Aktionsradius aus, nur daß sie jetzt, statt wie früher auf verschlungenen Wegen im Bambus umherzuschweifen, auf kürzestem Weg von einem Hain zum nächsten zogen. Wei, Pi, Long und Zhen wahrten ihrem alten Aktionsraum die Treue, verlegten allerdings die Hauptschauplätze ihrer Aktivität in bestimmte neue Zonen, und zwar naturgemäß solche, wo unerblühter Bambus wuchs. Einmal verließ Pi sein Aufenthaltsgebiet zu einem siebentägigen Ausflug in ein östlich davon gelegenes Tal, so als wolle er sich mal umsehen, wie anderswo die Lage war. Offenbar reichte der übriggebliebene Pfeilbambus für den Nahrungsbedarf der Pandas aus, und zwar so gut, daß sie, von den Sprossen im Frühjahr abgesehen, den Schirmbambus weitgehend ignorierten.

Ein anderes Verhalten zeigte allerdings ein bestimmtes Weibchen, eine Heranwachsende namens Li-Li, die im April 1984, ein Jahr nach dem Einsetzen des Massenblühens, mit Funkhalsband versehen worden war. Einen Monat danach war sie fünfzehn Kilometer weit nach Nordosten umgezogen, von wo sie nur zweimal im Jahr für kurze Zeit in die Gegend von Wuyipeng zurückkehrte. Wir konnten nur mutmaßen, daß sie entweder – ähnlich wie Pi – ihr fernes Heimatrevier beim Niutoushan gelegentlich zu Ausflügen in die Umgegend verließ oder daß sie als die Heranwachsende, die sie war, sich noch kein festes Aufenthaltsgebiet gewählt hatte.

Auch Hua-Hua verhielt sich atypisch. Nach seiner Freilassung verbrachte er, in puncto Lieblingsnahrung eine andere Geschmacksrichtung kultivierend als seine Artgenossen, eine Menge Zeit im Schirmbambus. In der Gefangenschaft war er überwiegend mit Schirmbambus gefüttert worden, und es mag sein, daß sich daraus eine Vorliebe entwickelte.

Angesichts einer Pfeilbambusknappheit standen einem Panda drei Wege offen: den Aktionsraum ausweiten, abwandern oder auf eine andere Bambusart umsteigen. Die verschont gebliebenen Bambusflächen um Wuyipeng herum gelangten auch in den Jahren unmittelbar nach dem Massenabsterben nicht zur Blüte (und haben bis zum Zeitpunkt der Niederschrift dieser Zeilen, Ende 1991, nicht geblüht), doch könnte es sein, daß die Pandas diese knappe Ressource bis zur Grenze der Belastbarkeit ausbeuteten (ungeachtet der Tatsache, daß die Population im Jahre 1985, dezimiert durch Wilderei und die natürliche Sterblichkeit, weniger Mitglieder zählte als 1981). Erst in den Wintermonaten 1985/86 und 1986/87, drei bis vier Jahre nach dem Massenabsterben, änderten die Pandas ihre Freßgewohnheiten (wie Don Reid feststellen sollte). Fortan fraßen sie einen größeren Anteil des einzelnen Bambushalms, was bessere Ausnutzung des verfügbaren Nahrungsangebots bedeutete, und sie stiegen – was sie früher höchst selten getan hatten – im Winter in tiefere Lagen hinunter, um dort Schirmbambus zu fressen. In Wolong hatten die Pandas das Glück, daß die meisten von ihnen während der Krise in ihrer Heimat bleiben konnten und sich lediglich auf eine Alternativkost umstellen mußten.

1987 bildeten die zehn bis dreizehn Zentimeter hohen Pfeilbambussämlinge erst einen flachen Grünteppich. Sie waren noch zu klein, um als Nahrung für die Pandas zu dienen, zumal wenn sie im Winter unter der Schneedecke versteckt waren. Aber spätestens Ende der neunziger Jahre werden wieder hohe Horste von Pfeilbambus die Hänge bedecken und den Pandas Nahrung und Versteck bieten.

Doch in einigen Regionen außerhalb von Wolong war das Glück den Pandas weniger hold.

Als im Frühjahr 1983 der Pfeilbambus zu blühen begann, hatte ich mich gerade im Kreis Baoxing aufgehalten, und für den nächsten Winter hatte man mir noch einmal einen einwöchigen Besuch dort bewilligt. Als ich am 2. Januar 1984 in Gesellschaft von Hu Jinchu und zwei anderen Chinesen wieder nach Baoxing kam, hingen die Wolken tief und die Hänge waren leicht mit Schnee gepudert. Behördenvertreter informierten uns in Kürze über die Krise. Bis jetzt war noch kein Todesopfer unter den Pandas zu beklagen, aber jedermann war besorgt. Mit einem geschätzten Bestand von zweihundert Pandas war der Kreis eine der Hochburgen der Spezies. Auf etwa neunzig Prozent seiner insgesamt tausend Quadratkilometer großen Wachstumsfläche war der Pfeilbambus abgestorben, und andere Bambusarten bedeckten nur eine Fläche von etwa siebzig bis achtzig Quadratkilometern größtenteils in der Umgebung von menschlichen Siedlungen. Schon mehrfach war das Auftauchen von Pandas in der Nähe von Bauerndörfern gemeldet worden, wo sie so atypische Kost wie Gras, Maisstengel und eine Lederjacke verzehrten.

In Yaoshi, dem Holzfällercamp, wo wir auch im vergangenen

Frühjahr logiert hatten, war es lausekalt; die Heizung in den Räumen beschränkte sich auf eine kleine Eisenpfanne mit glühender Holzkohle. Vor einem Küchenfenster standen wir nach einer Schale Reis mit einem Schlag pfannengerührtem Gemüse an. Die Eiseskälte im Gemeinschaftsspeisesaal lud nicht zum Verweilen ein: Im Freien war es wärmer. Doch draußen spie ein Lautsprecher stundenlang ohne Unterlaß ein ohren- und geistbetäubendes Geplärr aus.

Ein großer Teil des Pfeilbambus in dem Erosionstal war abgestorben, aber in den tieferen Lagen gab es anderen Bambus noch in Hülle und Fülle. Hier durfte es für die Pandas eigentlich keine Probleme geben. Aber ein Stück weit westlich, im Xi-Tal, einem anderen Wasserabzugsgraben, steckten die Pandas dem Vernehmen nach in Schwierigkeiten.

Zwischen den beiden Erosionstälern liegt ein starker Tagesmarsch über den Grat eines hohen Gebirgszugs. Mit einem einheimischen Führer an der Spitze, der uns den Weg bis zur Wasserscheide zeigte, stapften wir im halbmeterhohen Schnee mühsam bergauf. Die Höhenlagen verloren sich in den Wolken. Im unteren Bereich waren die Hänge abgeholzt, aber weiter oben kamen wir durch Wald, wo im Nebel mächtige Tannen und Rhododendronstämme wie Geistererscheinungen an uns vorüberzogen. In dreitausendzweihundert Meter Höhe traten wir aus dem grauen Gewaber jäh in die blendende Helligkeit einer wolkenlosen Himmelskuppel. Nach Norden und Westen erstreckte sich ein furchenreiches Feld von Gratlinien, grasbewachsenen Hängen und grauem Fels, alles fast schneefrei unter der herabbrennenden Sonne. Weit darüber emporragend hackte die Singunianspitze wie ein Eispickel in den Himmel. Auf unserem weiteren Weg wurden die Bäume zunehmend krüppeliger und zuletzt von Höhengrasland abgelöst. In dreitausendsiebenhundert Meter Höhe waren wir schließlich auf der Wasserscheide angelangt. Zu unseren Füßen verbarg ein langgestreckter Wolkensee das Xi-Tal; auf der gegenüberliegenden Seite verstellte eine gezackte Bergkette den Horizont. Die Chinesen zogen ihre durchnäßten

Turnschuhe aus, um sie in der Sonne trocknen zu lassen, und streiften mit bloßen Füßen durch das Wintergras und die weißen Immortellen. Wir ließen die Zeit verstreichen, weil keiner von uns große Lust verspürte, in die Wolken hinunterzusteigen, aber schließlich rafften wir uns zusammen und brachen auf.

Der Pfad tauchte in eine Schlucht ein, die hoch mit Schnee angefüllt und von Erdrutschen getreppt war. Nach einiger Zeit sänftigte sich das Gefälle, und auf einem breiten, von Holzarbeitern ausgetretenen Pfad zogen wir zu Tal. Eine Pandaspur kreuzte unseren Weg. Es dauerte nicht lange, bis der Wald von Feldern abgelöst wurde. Unter uns drängten sich in der zunehmenden Dunkelheit die Häuser des Weilers Zhung Gang zusammen. Anders als auf der anderen Seite des Kamms, wo die Tibeter in Stein bauten, waren die Bauten hier aus Holz, mit Wänden aus senkrechten Bohlen wie in Wolong. Am Ortseingang passierten wir einen Kaufladen mit dem üblichen Warenangebot: Seile, Kleider, Aluminiumtöpfe, Papier, Süßigkeiten und Zigaretten. Vor einem Hoftor waren ein paar zottige Ponys angebunden. Es gab einen Gasthof in dem Ort. Drinnen nahmen wir unter einem in Kopfhöhe im Raum schwebenden Rauchschleier auf Schemeln rund um eine im Boden ausgehobene Feuergrube Platz. Einheimische drängten sich in den Gastraum, um uns zu betrachten und den Grund unseres Hierseins in Erfahrung zu bringen. Ein alter Mann, der einen schwarzen Turban und eine Jacke aus schwarzem Homespun trug, hockte sich neben mir nieder, ergriff mein eines Handgelenk und starrte mir, den Mund zu einem breiten Lächeln geöffnet, ins Gesicht. Mich fort und fort anstrahlend, hielt er wortlos mein Handgelenk umfaßt. Jemand knuffte ihn und murmelte ihm etwas zu, woraufhin er die Erklärung abgab, er freue sich, mich zu sehen, seit seiner Jugend habe er keinen Ausländer mehr gesehen. Er war jetzt vierundsiebzig. 1929, daran erinnerte er sich noch, war die Roosevelt-Expedition durch das Dorf gekommen und hatte nicht weit flußauf kampiert, hatte aber keinen Panda auftreiben können und war bald wieder weitergezogen.

Während des Abendessens – eine Schale Nudeln und Maisbrot – huschten fuchsgesichtige Hunde um unsere Beine und suchten Krümel auf dem Boden. Später führte man mich in einen Lagerraum voller Körbe mit getrockneten Heilwurzeln, die einen angenehm würzigen Geruch ausströmten. In einer Ecke stand ein Bett, das jemand großzügig für mich freigemacht hatte. Auf dem Gang gab es einen Abort, der direkt in einen darunterliegenden Schweinestall abführte.

Am Morgen war es frisch in dem schattigen Tal, vier Grad unter Null; nur die Bergspitzen lagen im Sonnenlicht, während wir flußaufwärts wanderten. Die Flußufer waren mit Strauchwerk bewachsene Böschungen, in Abständen unterbrochen durch eine breite Uferterrasse oder das Delta eines Zuflusses. Steiniger Boden war mühsam zu Ackerland aufgebrochen worden. Viele Häuser hatten eine Veranda, längs deren Girlanden von goldenen Maisbüscheln hingen. Nach ungefähr zwei Stunden verengte sich das Tal, und die Felder blieben hinter uns. In tieferen Lagen wachsender Bambus war bisher nur mit wenigen Hainen aufgetreten; jetzt blieb er ganz aus und wurde von Pfeilbambus abgelöst, der größtenteils abgestorben war.

Die Bambusknappheit hier machte mir Sorgen. Wenn die Pandas nicht über den Grat ins Dong-Tal kletterten – was wohl die wenigsten tun würden –, wo sollten sie dann genug zu fressen hernehmen? Von den Tieren, die nicht in der Nähe eines Dorfes lebten, würden die wenigsten davonkommen. Am Oberlauf des Xi, wo nur eine einzige Bambusart wuchs, vegetierten die Pandas am Existenzminimum. Wahrscheinlich hatte schon in der Vergangenheit einmal ein Bambusabsterben zu einer Hungerkatastrophe geführt – und das könnte sich jetzt wiederholen.

Flußabwärts führte der Weg durch das Xi-Tal zunächst in die Kälte eines schattigen Cañons; die Steilhänge links und rechts waren stellenweise von senkrechten Felswänden durchschnitten oder mit Inseln von mickrigen Büschen und Bäumen besetzt. Dann weitete sich das Tal; auf den sanft geböschten Lehnen wurde Winterweizen angebaut, der mit seinem weichen Grün eine frühlingshafte Note in das schmutzfarbene Gelände brachte. Holz- und Landwirtschaft hatten nicht nur im unteren Hangbereich dem Panda jeglichen Lebensraum genommen, sondern auch die Bambuskorridore zerstört, durch die die Tiere ungesehen von einem Bergrücken auf den anderen hätten überwechseln können. Wie anderswo bedrohte auch hier ein unerbittliches Bevölkerungswachstum die Zukunft der Pandas und der gesamten Wildfauna.

Im Laufe der kommenden Monate sollte im Landkreis Baoxing eine Anzahl Pandas verhungern, andere wurden vom Hunger geschwächt aufgefunden. Nach kurzer Gefangenschaft wurden dann viele, sobald sie wieder zu Kräften gekommen waren, in Gebieten, wo Bambus wuchs, ausgesetzt. Hätte man diesen Pandas Funkhalsbänder angelegt, hätten sie wertvolle Informationen über ihre Bewegungen auf unbekanntem Terrain geliefert – Wissen von grundlegender Bedeutung für den Erfolg künftiger Wiedereinbürgerungsbemühungen. Aus nicht genannten Gründen wurden in diesem Fall die Möglichkeiten der Telemetrie ignoriert, so daß heute niemand über das Schicksal der freigelassenen Tiere Bescheid weiß.

Die Misere der liebenswerten Pandas, die da in einem unzugänglichen verschneiten Gebirge dem Hungertod ins Auge sahen, beschäftigte die Aufmerksamkeit und die Phantasie der Weltöffentlichkeit. Die Rettung des Pandas war ein leicht zu begreifendes Problem und obendrein eines, das ohne Ambivalenzen, konkret und in einer Zeit der Kriege und Umweltkatastrophen noch irgendwie überschaubar war. Die Agenturmeldungen, die China über sämtliche Facetten der Panda-Krise an die Öffentlichkeit gab, fanden ein Echo in der gesamten Weltpresse.

Zahllose Schlagzeilen kündeten eindringlich von der Misere der Pandas.

RETTUNG FÜR DIE PANDAS – BAMBUSKNAPPHEIT GEFÄHRDET GROSSE PANDAS – BEMÜHUNGEN ZUR RETTUNG DER GROSSEN PANDAS ANGELAUFEN – DER PANDA IN GEFAHR – SOFORTMASSNAHMEN ZUR RET-

TUNG DER GROSSEN PANDAS – EXPRESSLIEFERUNGEN VON FUTTER FÜR HUNGERNDE GROSSE PANDAS – SOFORTHILFEFONDS FÜR RETTUNG DES GROSSEN PANDAS – PROGRAMM ZUR RETTUNG DER GROSSEN PANDAS BENÖTIGT WEITERE HILFSGELDER.

In vielen Presseberichten wurden Angaben über die Zahl der Todesopfer und der geretteten Tiere gemacht.

– Im Zuge der Aktion wurden bislang 14 kranke oder vom Hungertod bedrohte Pandas gerettet.
– Die amtliche chinesische Nachrichtenagentur Xinhua und die Tageszeitung *Guangming* zitierten den Stellvertretenden Forstwirtschaftsminister Dong Zhiyong mit der Auskunft, daß 21 Pandas in der Wildnis tot aufgefunden wurden und sechs weitere verendeten, nachdem sie lebend geborgen waren. Laut Xinhua sagte Dong Zhiyong eine Verschärfung der Hungersnot voraus. Die Rettungsaktion wird mindestens zehn Jahre dauern.
– Naturschützer melden die erfolgreiche Rettung von 80 Großen Pandas.
– Einer im vergangenen Jahr ausgebrochenen Hungersnot fielen 42 Große Pandas zum Opfer.

Und etliche Meldungen hoben insbesondere die herzerhebende Sorge der Einheimischen um das Wohl der Pandas hervor – so zum Beispiel die folgende Notiz im *Hong Kong Standard* vom 14. Dezember 1984:

Ein Großer Panda stattete der Berghütte von Li Huaxian, einem Lackbaumzüchter, einen Besuch ab, fraß als ungebetener Gast den Reis seines Wirtes auf und trollte sich hochzufrieden wieder in die Wildnis.

Szenen wie diese sind keine Seltenheit im Landkreis Baoxing in der Provinz Sichuan, der Heimat des Großen Pandas, eines der seltensten Großsäugetiere der Welt.

Zhan Jiliang, ein im Verwaltungsbezirk Qiaoji ansässiger Jäger, hat seine Flinte an den Nagel gehängt und seine drei Jagdhunde in den Ruhestand geschickt. Für den Großen Panda hat er das mit Freude getan, obwohl es für ihn eine Einkommenseinbuße von über 1000 Yuan jährlich bedeutet.

Katastrophen mit anschließenden Spendenaufrufen – ob ein Hochwasser in Bangladesh oder eine Dürre in Äthiopien – aktivieren das Mitgefühl der Öffentlichkeit. Das publizistische Tamtam rief sowohl in China als auch im Ausland zahlreiche gebefreudige Spender auf den Plan. *Newsday* schrieb am 17. Juni 1984:

> Die Regierung hat sich langfristig das kostspielige Ziel gesetzt, den Panda als Spezies zu erhalten. Im vergangenen Jahr wandte sie für die Panda-Rettung 410 000 Dollar auf, und die Provinzregierungen von Sichuan, Shanxi [!] und Gansu verausgabten weitere 100 000 Dollar an eigenen Mitteln. Im laufenden Jahr hat die Zentralregierung eine Million Dollar für die Betriebskosten und noch einmal die gleiche Summe für den Bau von Panda-Fütterungs- und Zuchtstationen bereitgestellt. Weitere 100 000 Dollar sollen dieses Jahr von der Provinzregierung in Sichuan hinzukommen.
>
> Die Zentralregierung hat sich darauf festgelegt, dieses Ausgabenniveau mindestens über die nächsten zwei Jahre aufrechtzuerhalten.

Einzelpersonen und Kollektive in China griffen ebenfalls großzügig in den Beutel. Eine von Eisenbahnern unter ihren zwei Millionen Berufsgenossen durchgeführte Spendensammlung erbrachte die Summe von umgerechnet dreiundzwanzigtausend US-Dollar. Fabriken, die ihre Produkte – Süßigkeiten, Taschenlampenbatterien, Thermosflaschen, Toilettenpapier, Flit-Spritzen und Thermometer – mit einem Panda als Markenzeichen versahen, veranstalteten Sammlungen. Kalligraphen und andere bildende Künstler spendeten eigene Werke. In Shanghai veranstalteten eine halbe Million Schulkinder einen «Panda-Spendentag». Die Zeitschrift *China Reconstructs* zitierte einen Brief, den Kindergartenkinder in der Stadt Tangshan geschrieben hatten: «Das beiliegende Geld haben wir von unseren Mamis und Papis zu Neujahr geschenkt bekommen, aber wir schenken es den Großen Pandas, damit sie einen schönen Kindergarten zum Drinleben bekommen können.»

Hilfe aus dem Ausland ließ ebenfalls nicht lange auf sich warten. Ocean Park, ein Schau-Aquarium und Freizeitpark in Hongkong, spendete rund fünfundsiebzigtausend Hongkong-Dollar für die Panda-Rettungskampagne. Der WWF Japan spendete zwanzig Transporter, und die japanische Regierung stellte an die zweihundertdreißigtausend Dollar zur Verfügung. Die *San Francisco Chronicle* berichtete: «Im Rahmen einer Feierstunde im Weißen Haus nahm Nancy Reagan am Dienstag einen Scheck über 9589,93 Dollar entgegen, den Spendenbetrag amerikanischer Schulkinder für das *Pennies-for-Pandas*-Programm. Die First Lady wird den Scheck in Beijing Vertretern der chinesischen Regierung übergeben, wenn sie am 26. April mit dem Präsidenten nach China reist.»

Anfang 1984, während der intensivsten Phase dieses Medien-Bombardements, war ich erst in Wolong, dann in Baoxing und zuletzt in Tangjiahe, wo wir unser neues Forschungsprogramm auf die Beine stellten. Mir war nicht ganz wohl angesichts der nicht nachlassenden Publizität einer Krise, die ich für ein Lokalphänomen hielt. Ohne Frage ist schon der Hungertod auch nur eines einzigen Pandas eine Tragödie. Den Pandas würde es aber mehr schaden als nützen, wenn ein ausgedehnter Rettungsbetrieb auch in Gebiete übergriffe, in denen die Tiere gar nicht gefährdet waren. Das *China Daily* berichtete am 16. Dezember 1983:

> Der stellvertretende Leiter der Forstverwaltung Sichuan, Gong, erklärte, daß in jüngster Zeit mehr kranke und vom Hungertod bedrohte Große Pandas gefunden wurden.
>
> Ende November, so Gong, wurde in Tangjiahe im Landkreis Qingchuan ein toter Panda gefunden. Er war erst sechs Jahre alt und wog nur 40 Kilogramm. Dies ist laut Gong, der zugleich stellvertretender Leiter der Panda-Rettungsgruppe der Provinz Sichuan ist, das fünfte Opfer der Hungersnot, das seit Oktober in China gefunden wurde.
>
> Das erste Todesopfer wurde Anfang Oktober im Landkreis Pingwu (Sichuan) entdeckt. [...]

Ich wußte, daß es – entgegen dieser Meldung – in Tangjiahe keine Bambusknappheit gab und daß hier kein Panda verhungert war. Und wie ich erfahren hatte, war die Todesursache des in Pingwu gefundenen Pandas unbekannt. Anscheinend wurde nun jeder tote Panda als ein Fall von Hungertod verbucht. Jetzt, wo Rettungstrupps in den Bergen umherstreiften und die Bauern erstmals jeden Kadaverfund den Behörden meldeten, ergaben sich in der Todesfallstatistik zwangsläufig höhere Werte – aber wie viele der gezählten toten Tiere tatsächlich verhungert waren, ließ sich auf keine Weise feststellen.

In der Tat war ich verblüfft über das Gerede von einer Krise im Landkreis Pingwu. Pfeilbambus ist dort keine dominierende Spezies, und andere Bambusarten hatten größtenteils Mitte der siebziger Jahre geblüht und sich seitdem wieder regeneriert. Lokal begrenztes Bambusabsterben kam allerdings weiterhin vor, wie wir vergangenes Jahr im Jiuzhaigou festgestellt hatten. In Tangjiahe besuchte uns eine Anzahl chinesischer Journalisten, und alle redeten sie von der Panda-Krise in Pingwu. Aber keiner hatte sich ins Freiland hinausbegeben: Sie hatten lediglich Behördenvertreter in der Stadt interviewt. Ein Jahr nach dem Eintreten der Notsituation hatte noch immer kein einziger Biologe die tatsächlichen Verhältnisse vor Ort begutachtet. Ich selbst hatte mir das schon vor längerer Zeit vorgenommen, aber erst im Juni 1984 erhielten Hu Jinchu und ich die Genehmigung zu einer einwöchigen Informationstour durch die Region.

Die Fahrt von Tangjiahe nach Pingwu dauerte zweieinhalb Stunden. Der Landrat begrüßte uns mit einem Festessen. Ich erklärte, in Anbetracht unserer begrenzten Zeit sei es wohl das zweckmäßigste, wenn wir nur in die am allerschwersten von dem Bambusabsterben betroffenen Gebiete geführt würden. Es wurde vereinbart, daß Zhong Zhaomin, ein Forstbeamter, der stark in der Panda-Rettungsaktion engagiert war, uns eine Reihe solcher Stellen zeigen würde.

3. Juni. Wir steigen mühsam zum Rücken eines auf halbem Weg zwischen der Stadt und Tangjiahe gelegenen Höhenzugs auf. Die Luft ist schwül, bei stechender Sonne. Die Hänge sind abgeholzt;

übrig geblieben sind Fetzen von Gestrüpp und verstreute Bäume. Aber auch kleine Dickichte von *Indocalamus*-Bambus gibt es hier, und in einem finden wir frischen Pandakot. Weiter oben steht eine andere Bambusart; die Pflanzen sind fast alle abgestorben; noch jetzt, beinahe ein Jahrzehnt nach dem Blühen, ragen die dürren Stengel in die Luft. Sämlinge sind wenige zu sehen. In Wuyipeng hat Alan Taylor herausgefunden, daß Bambussamen zum Keimen die feuchte Kühle unterm Kronendach eines Waldes braucht. Unter der direkten Sonneneinstrahlung trocknen abgeholzte Hangflächen zu stark aus, so daß die Samen absterben. Auch wenn der Bambus verschont bleibt, kann also das Abholzen von Waldflächen in letzter Konsequenz die Pandas ihrer Nahrungsquelle berauben, insofern es unter Umständen die ausreichende Regeneration des Bambusbestands nach einem Massenabsterben verhindert. Wir kommen auf dem Grat an und wandern ihn unterm Blätterdach von Birken und Rhododendren entlang, dankbar für die Kühle, die hier herrscht. Wir sehen eine Menge Bambus, sowohl unerblühte Horste als auch Stellen mit ellenhohen oder noch höheren Sämlingen.

In einer Mulde steht einsam ein fünfzehn Meter hoher Taubenbaum, zu strahlend weißer Pracht erblüht. Die Blüte selbst ist unscheinbar, aber sie wird von zwei bis zu fünfzehn Zentimeter langen und sieben, acht Zentimeter breiten Hochblättern eingefaßt. Wenn der Wind in den Baum fährt, sehen diese unzähligen Hochblätter wie ein aufstiebender Taubenschwarm aus. Ernest Wilson, der 1899 mit dem Auftrag, den Samen dieses Baums zu beschaffen, nach China kam, fühlte sich von den Hochblättern an «zwischen den Bäumen schaukelnde große Schmetterlinge» erinnert, und das Gewächs im ganzen erschien ihm als «der interessanteste und zugleich schönste Baum im Pflanzenkleid der nördlichen gemäßigten Zone». Das Hochgefühl, in das mich der Umstand versetzt, einen dieser seltenen Bäume zu Gesicht bekommen zu haben, begleitet mich auf dem sauren Abstieg hinunter ins Tal, wo wir uns an einem Wasserlauf die schweißnassen Gesichter kühlen.

Am Abend beschließe ich meine Aufzeichnungen vom Tage mit der besorgten Notiz: «Man erzählt hier, auf dem Berg, den wir in Augenschein genommen haben, sei ein verhungerter Panda gefunden worden und auf dem gegenüberliegenden Hang habe man ein Junges gerettet. Ich glaube das nicht. Kein Panda verhungert mit soviel Bambus vor der Nase. Der Tod des verendeten Tieres hatte eine andere Ursache, und das Junge hat man der Belohnung wegen mitgenommen. Eine beunruhigende Sache.»

4. Juni. Bambus wächst in den Bergen nur stellenweise und spärlich, Pandas gibt es hier allenfalls wenige. Abseits von unserem Pfad fliegt ein Schwarzfuß-Haselhuhn auf; es erinnert mich an die Haselhühner zu Hause in den Wäldern von Connecticut. In einer flachen Bodenvertiefung liegen vier hühnereigroße Eier von bräunlicher Farbe mit vereinzelten Sprenkeln.

Unser Auto wartet im Dorf auf uns. Dort wird heute das Drachenbootfest gefeiert, und die Dorfoberen laden uns ein, das traditionelle *zongzi* – in die scheidige Außenhaut von Bambussprossen eingewickelten klebrigen Reis – mitzuessen. Bauern drängeln sich um uns herum. «Siehst du, er ist genau wie jeder andere Mensch», sagt ein älterer Mann zu dem kleinen Kind neben ihm. «Bis auf die große Nase.»

5. Juni. Bei Regenwetter fahren wir auf der Straße zum Wanglang-Reservat den Baima entlang flußaufwärts. Auf halber Strecke zwischen Pingwu und Reservat halten wir an und gehen zu Fuß das Shangyanwo-Tal hinauf. Im unteren Teil ist das Tal intensiv abgeholzt, doch weiter drinnen, wo es sich auf die Breite des Strombetts verengt, ist der Wald stehengeblieben. Wir steigen zum Grat eines dreitausend Meter hohen steilen Kamms hinauf. Der größte Teil des Bambus ist abgestorben; auf den hohen Halmen hat sich gelbbraunes Moos gesammelt, und auch der Boden ist mit Moos bedeckt. Geräuschlos ziehen wir durch den Wald, in dichtem Nebel, der die Bäume in Spukgestalten verwandelt. Zwischen den abgestorbenen Halmen wächst ein Teppich von fünf bis acht Zentimeter hohen Bambussämlingen. Der starke Regen dämpft unseren Elan ganz gewaltig, und so beenden wir für heute unsere Erkundungstour und steigen wieder zu Tal.

Wie an den vorangegangenen Tagen habe ich auch heute wieder gelegentlich ein Bambusbüschel entdeckt, das in Blüte stand – vollkommen asynchron zu den abgestorbenen Halmen ringsum. Nach chinesischen Berichten über das Bambusabsterben im Min-Gebirge in jüngster Vergangenheit soll nur eine einzige Spezies, und zwar – wie in Wolong – der Schirmbambus, betroffen gewesen sein. Doch diese Spezies kommt in Tangjiahe nicht vor, vielmehr haben dort nach meiner Feststellung zwei andere Arten geblüht. Jetzt reift beim Untersuchen und Vergleichen von Blüten in mir die Gewißheit, daß nicht eine und nicht zwei, sondern mindestens drei Arten von Bambus gleichzeitig geblüht haben – ein exorbitantes Massenblühen, das mithalf, das Ausmaß des Pandasterbens Mitte der siebziger Jahre zu erklären.

6. Juni. Im Wanglang-Reservat besichtigen wir Areale, die wir zuvor noch nicht besucht haben. Von einem Kammgrat hoch über dem Tal haben wir einen weiten Ausblick auf das Gebirge. Im Nordwesten haben sich Wolken um die Spitzen der Kalksteingipfel zusammengeballt, und nach Nordosten erstrecken sich bewaldete Kammlinien bis weit nach Gansu hinein. Der Blick aus dieser Höhe lehrt mich einiges über die Gewalt des Erdbebens, das 1974 die Region erschütterte. Bergflanken tragen Wunden, aus denen die rötliche Erde hervorschaut, als hätte ein scharfes Messer Stücke abgetrennt. Weiter unten sind Täler teilweise verbarrikadiert durch ein chaotisches Gemenge aus Felsblöcken, Erde und zersplitterten Bäumen. Felswände weisen gezackte Narben auf, deren Grau heller ist als das des umgebenden Gesteins, so als wären mächtige Stücke aus ihnen herausgebissen oder -gesprengt worden. Selbst die gemütlichen Pandas müssen während dieses Aufruhrs nervös gewesen sein. Seit dem Massenabsterben vor zehn Jahren hat noch etwas mehr Bambus geblüht, aber zu meiner Erleichterung kann ich feststellen, daß Wanglang keine erneuten Probleme hat.

Ich schickte dem WWF einen Bericht, in dem ich das Ergebnis unserer Informationstour wie folgt zusammenfaßte: «Im Gegensatz zum Qionglai-Gebirge mit seinem ausgedehnten Massenblühen erlebte der Landkreis Pingwu 1983 kein größeres Bambusabsterben. Im Jahre 1982 kam es auf einigen Bergrücken oberhalb der 2900-Meter-Grenze zur Bambusblüte, die lokale Verknappungen des Nahrungsangebots, aber auch nicht mehr als das zur Folge gehabt haben dürfte. Die Pandas sind nicht so sehr mit einer neuen Krise konfrontiert, sondern haben vielmehr noch immer mit den von dem Bambusabsterben Mitte der siebziger Jahre geschaffenen Problemen zu tun, wenngleich ihnen jetzt vielerorts neue, nach zehnjährigem Wachstum 50 bis 100 cm hohe Sämlinge als Nahrungsquelle zur Verfügung stehen.»

Ken Johnson kam bei den ausgedehnten Erkundungen, die er 1986 in der Region anstellte, zu einem ähnlichen Befund. In seinem Abschlußbericht schrieb er: «Die Regeneration des Bambus ist in den meisten Arealen hervorragend und dürfte eine tragfähige Basis für ein künftiges Expandieren der dortigen Pandapopulationen darstellen.»

Der Besuch in Pingwu bestärkte mich in dem Eindruck von mangelnder Koordinierung in der Organisation des Rettungsprogramms. China hatte eine unerhörte Anstrengung zur Mobilisierung seiner Ressourcen gemacht. Doch die Haupttätigkeit der Verantwortlichen in Beijing bestand darin, Direktiven nach Chengdu zu übermitteln und in Chengdu Konferenzen abzuhalten. Die Verantwortlichen in Chengdu schickten Direktiven in die Landkreise, wo die höheren Chargen im Verwaltungsapparat die Kleinarbeit an niederrangige Mitarbeiter delegierten, die kaum einen Begriff davon hatten, was nötig oder verlangt war, oder auch nur davon, wie sie ans Werk gehen sollten. So wurden im Regelfall praktische Maßnahmen auf unzulänglicher Informationsgrundlage beschlossen, und weil es keine detaillierten Handlungsanweisungen gab, ging man in jedem Landkreis seinen eigenen Weg. Unter dem Eindruck der Botschaft der Medien, daß allen Pandas das Wasser am Hals stehe, wurden Rettungsprogramme auch dort installiert, wo sie überhaupt nicht benötigt wurden. Und außerdem wollte von dem großen Kuchen an Geldmitteln, der da plötzlich auf dem Tisch stand, jeder Landkreis, der Pandas beherbergte, ob Krisengebiet oder nicht, ein Stück für sich abschneiden. Die Schwierigkeit, dergleichen Unternehmungen von Beijing aus zu koordinieren, faßte Wang Menghu einmal in die Worte zusammen: «Wasser in der Ferne löscht nicht das Feuer in der Nähe.»

Zu meiner Bestürzung wurde in Tangjiahe 1984 eine große dauerhafte Anlage zur Unterbringung und Haltung gefangener Pandas gebaut, obwohl es in der Region keine Probleme mit dem Bambus gab. In Pingwu entstanden zwei kleinere Anlagen dieser Art. Und eine weitere größere errichtete man mit einem Aufwand von über einer Million Dollar im Baishuijiang-Reservat in Gansu, gleich nördlich von Tangjiahe. *China Daily* meldete: «Die Farm besitzt acht vollklimatisierte Fütterungsräume, acht Spielzimmer, dazu Kinderzimmer für Pandababys und eine Küche. [...] Die Tierklinik der Farm ist ausgestattet mit Röntgenraum, Labor, Isolierstation und Apotheke.» Vier eingefangene Pandajunge hatte man bereits in dieser Bewahranstalt untergebracht.

Der Bau des Forschungszentrums in Wolong führte nicht zu der Koordinierung aller Anstrengungen zum Wohle des Pandas, die sein erklärter Zweck war, sondern regte andere Landkreise und Reservate statt zur Mitarbeit zum Wetteifern und Gleichziehen an. Was für ein in höchstem Grade verschwenderischer Umgang mit knappen Naturschutzgeldern! Und mit den Pandas!

Die mit so vielen guten Vorsätzen begonnene Rettungsaktion war zum Trauerspiel geworden. Den Chinesen selbst blieb dies nicht verborgen, und so war man denn seit dem Spätjahr 1984 bemüht, Fehlentwicklungen zu korrigieren. Darüber berichtete der Associated-Press-Korrespondent Mort Rosenblum in den *Dallas Morning News* vom 23. September 1984:

Die letzten wildlebenden Pandas, auf schrumpfenden Landinseln im Hochgebirge zusammengedrängt und von den Todesfallen der Wilderer bedroht, sind nach übereinstimmender Meinung chinesischer und nichtchinesischer Fachleute weit ernsteren Gefährdungen als durch den publizistisch ausgeschlachteten Bambusmangel ausgesetzt.

«Das ärgste Problem sind mangelnde Ernsthaftigkeit und mangelnde Kenntnisse bei einem Teil unseres Forschungspersonals», erlärte Wang Menghu, der Leiter der Abteilung Naturreservate im Forstwirtschaftsministerium. «Aber wir sind entschlossen, das abzustellen.»

Die Behörden räumen jetzt ein, daß sie den Bambusmangel überschätzt haben, aber er ist nach wie vor ein Problem.

In den Augen des Naturschützers blieb Wolong ein gravierendes Problem. Zwar hatte das Bambusabsterben den Pandas nicht viel ausgemacht, aber die menschlichen Aktivitäten im Reservat stellten auch weiterhin eine schwerwiegende Belastung dar. Das Reservat beherbergte zum damaligen Zeitpunkt zwei Dorfgemeinden mit zusammen sechshundertsiebenundvierzig Haushalten, die insgesamt rund dreitausendsiebenhundert Personen umfaßten. In den steilwandigen Tälern ist der bestellbare Boden so knapp, daß die Regierung alljährlich mit Getreide-Hilfslieferungen von vielen Tonnen ausgleichen muß, was am heimischen Ernteertrag zum Lebensunterhalt fehlt. Die Bauern nutzen den Wald in großem Umfang: Sie schlagen Holz, sammeln Heilkräuter und töten Wildtiere zur Gewinnung von Fleisch, Moschus und Fellen. Der Lebensraum des Pandas schrumpft, und viele Pandas verenden in den Schlingen von Wilderern.

Robert de Wulf von der Universität Gent (Belgien) verglich Satellitenbilder von Wolong aus dem Jahre 1975 mit solchen aus dem Jahre 1983. Im Laufe jener acht Jahre wurden über sechsunddreißig Quadratkilometer Wald vernichtet. Niemand weiß, wie viele Pandas in Schlingen umgekommen sind. Ohne Frage geht die Spezies selbst in Chinas bekanntestem und größtem Panda-Reservat einer ungewissen Zukunft entgegen.

Das Forstwirtschaftsministerium hat einen Plan zum Schutz der Wälder ausgearbeitet: Umsiedlung der zweihundertzweiundachtzig im oberen Teil des Reservats ansässigen Haushalte in den unteren Teil. Auf der ersten Etappe des Projekts sollen per Sofortmaßnahme die hundert in geringster Entfernung von Panda-Habitaten angesiedelten Haushalte – insgesamt fünfhundertneunzig Personen – ihren Wohnort wechseln. Man könne die Leute nicht ganz aus dem Reservat ausbürgern, wurde mir erklärt, weil draußen keine adäquaten Ausweichplätze zur Verfügung stünden, wo man sie ansiedeln könne.

Um den Leuten das Umsiedlungsprojekt schmackhaft zu machen, würde die Regierung ihnen am neuen Wohnort Neubauten in Massivbauweise zur Verfügung stellen, sowohl eine Volksschule als auch eine höhere Schule einrichten und ein Wasserkraftwerk bauen, damit zur Verminderung des Holzbedarfs Heizen, Kochen und Beleuchtung auf elektrischen Strom umgestellt werden könnten; außerdem sollte als Grundlage für den Ausbau der Viehwirtschaft neues Weideland geschaffen werden. Tatsächlich sollten so zehn Prozent der Reservatfläche für die Verbesserung der kritischen Lage in Panda-Wohngebieten geopfert werden. Da das neue Siedlungsgebiet nur begrenzte Möglichkeiten zu landwirtschaftlicher Betätigung bot und diese Möglichkeiten zudem teilweise schon von Altansässigen genutzt wurden, war nicht ganz klar, wovon all die Neusiedler leben sollten.

China nahm die Hilfe des World Food Programme in Anspruch, das die Lieferung von Reis und Pflanzenöl im Gesamtwert von siebenhundertsiebzigtausend Dollar zusagte. Die Nahrungsmittel sollten als Naturalzuwendungen an die Neusiedler gehen sowie an die auswärtigen Arbeiter, die man vorübergehend im Reservat beim Bau von Wohnhäusern und der Wiederaufforstung kahlgeschlagener Hänge zu beschäftigen vorhatte. Zudem bot das Bambusabsterben – worauf Alan Taylor hinwies – eine ideale Gelegenheit, in durch Holzeinschlag geschädigten Wäldern Bestandsergänzungen vorzunehmen. Dicht wachsender Bambus verhindert die Regeneration von Waldbestand. Aber jetzt, wo ein so großer Teil des Pfeilbambus abgestorben war, hatten neu gepflanzte Baumschößlinge eine Chance, sich zu entwikkeln. Der Plan des World Food Programme war im Prinzip praktikabel, wenngleich niemand zu sagen wußte, ob es tatsächlich zur Umsiedlung der Bauern kommen würde. Die chinesische Regierung tut sich im Umgang mit ethnischen Minderheiten schwerer als im Umgang mit Han-Chinesen. Das Umsiedlungsprojekt wurde durchaus nicht von allen Betroffenen stürmisch begrüßt, wie Jeff Sommer in *Newday* vom 17. Juni 1984 ausführte:

«Es ist nicht gut für die Pandas, wenn Menschen in so enger Nachbarschaft mit ihnen leben», meinte Lai Binghui, der Reservatleiter. [...]

Wenn Not am Mann ist, kann die Regierung genauso knallhart vorgehen wie jede andere auf der Welt. Daß sie bis jetzt noch nicht die harte Linie verfolgt, zeigt sich an dem aufmüpfigen Ton vieler Bauern in Wolong, die sich mit dem Regierungserlaß nicht abfinden mögen.

«Wir siedeln nicht um», meinte Li Tiaxing, 35. «Wir sind hier geboren, und hier bleiben wir auch.»

Lai allerdings erklärt, daß es der Regierung durchaus Ernst ist und daß die Bauern das schon bald begreifen werden. «Jetzt glauben sie noch nicht daran, weil die Mittel für den Umzug gerade erst langsam verfügbar werden und wir uns entschlossen haben, ihnen die Sache schrittweise einzutrichtern. Sie werden sich schon noch mit allem abfinden.»

«Meine Familie lebt hier schon seit ewig langer Zeit», sagte Yang, 32, Anfang des Monats. «Wir sehen nicht, wieso wir wegen ein paar Tieren von hier wegziehen sollen.»

Die erste Runde in diesem Kräftemessen ging an die Bauern von Wolong. Sie weigerten sich, in die mit Unterstützung des World Food Programme für sie gebauten neuen Häuser umzuziehen – die meisten Neubauten stehen noch immer leer. Statt dessen bauten sie sich neue Holzhäuser – das Baumaterial stammt natürlich aus den Wäldern von Wolong –, um für den Fall, daß sie unter Zwang schließlich doch noch umziehen müssen, ihren Entschädigungsanspruch an die Regierung zu erhöhen. Viele der im Rahmen des Programms neu gepflanzten Bäume gingen infolge mangelnder Pflege nach kurzer Zeit ein, und der Bambus wurde von Ziegen aufgefressen. Und die Zahl der Menschen in Wolong stieg immer weiter an – bis zum Ende der achtziger Jahre auf mehr als viertausend.

Als ich mich Anfang 1985 aus dem Panda-Projekt verabschiedete, war die Krise noch nicht vorbei. Aber andererseits wird die Krise nie vorbei sein, denn die Existenz des Pandas wird stets von irgendwoher bedroht. Ich wußte, daß die Spezies das jüngste Bambusabsterben überleben würde. Doch gegen die Wilderei, von der die größte akute Gefahr für den Panda ausging, war wenig unternommen worden, und mit dem Schutz seines Lebensraums hatte man gerade erst den Anfang gemacht. Dabei standen die zum Schutz des Pandas erforderlichen Maßnahmen außer Frage – sie mußten nur noch durchgeführt werden. Ken Johnson hatte vor, chinesischen Arbeitsteams bei der Zählung des Panda-Bestands zur Seite zu stehen, und Don Reid würde bald in die Forschungsaktivitäten in Wuyipeng und Tangjiahe mit einsteigen. Der WWF rechnete mit einer Fortsetzung seines Engagements in vielerlei Formen, unter anderem auch in Gestalt der Vorbereitung eines Managementplans.

Also verabschiedete ich mich voll aufrichtiger Hoffnung für die Zukunft des Pandas. Diese Hoffnung war weder eine romantische Illusion noch die Frucht irgendeines Bedürfnisses, Verzweiflung mit Optimismus zu kaschieren. Daß ernste Probleme bestehen blieben und die Kluft zwischen politischem Wollen und Vollbringen nach wie vor groß war, minderte nicht die Bedeutung der Tatsache, daß die Chinesen sich mit Betroffenheit und Einsatzfreude darangemacht hatten, den Pandas zu helfen, und das trotz der immensen sozialen Hypotheken, mit denen die Erfüllung dieser Aufgabe belastet war. Die Widerstandskraft, die Ausdauer und der Pragmatismus, denen die Chinesen ihr Durchhalten als große Nation verdanken, würden, so hoffte ich, auch dem Panda zugute kommen.

Es ist etwas Trauriges, ein Projekt abzuschließen, einen Lebensabschnitt zu beenden, dem unser ganzer Einsatz gehörte. In der Vorstellung würde ich noch oft zu all dem zurückkehren, was ich gesehen und genossen hatte – die Welt des Pandas würde ich in meinem Inneren mit mir nehmen. Ich würde noch oft an meine Kollegen in Sichuan denken, die mir mit der Geduld, der Freundlichkeit und der schweigenden Hilfsbereitschaft begegnet waren, aus denen in einer anderen Epoche mit der Zeit eine lange Freundschaft hätte erwachsen können: Die Wirklichkeit würde sich für mich bald in einen Traum verwandeln. Doch konnte ich die Zukunft des Pandas immerhin durch anderer Augen weiterverfolgen.

13
Gefangene des Schicksals

1985–1991

Nachdem ich Anfang 1985 aus dem Projekt ausgeschieden war, erhielt ich den Kontakt mit den Pandas nur mehr in abgeschwächter Form aufrecht. Aus der Rolle des Teilnehmers wechselte ich, je nachdem wie die Umstände es zu erfordern schienen, in die des Beobachters, Berichterstatters, Kommentators, Kritikers oder Protestierenden über. Etwas naiv hatte ich angenommen, ein gutes Panda-Schutzprogramm sei in die Anfangsphase seiner Realisierung eingetreten. Ich hatte jedoch übersehen, daß Pandas ebenso stark wie Liebe und Zuneigung auch das Unglück anziehen.

In weniger als Jahresfrist befand ich mich erneut auf der gewohnten Berg-und-Tal-Bahn-Fahrt zwischen Hoffnung und Verzweiflung. Ich übte leidenschaftlich Kritik, wann immer die Tiere Opfer von Fahrlässigkeit zu werden drohten. In mir lebte die Überzeugung weiter, daß ich verpflichtet war, den Pandas zu helfen; ich konnte ihnen jetzt nicht achtlos den Rücken kehren. War der Panda lediglich ein Gefangener des Schicksals mit einer unabänderlichen Zukunft vor sich, der er nicht entrinnen konnte? Ich las von einer Verlautbarung chinesischer Forscher, der zufolge die Pandas durch eine Unzulänglichkeit ihrer Spermien zum Untergang verurteilt sind: Aufgrund seiner geringen Größe sei für das Panda-Spermium «das Eindringen in die weibliche Eizelle sehr schwierig, die Aussicht auf eine gelungene Befruchtung somit gering». Zum Glück lesen die Pandas nicht Zeitung, so daß sie vor psychologischer Verunsicherung von dieser Seite sicher sind und sich in freier Natur weiterhin genausogut fortpflanzen, wie sie es seit Jahrtausenden tun. Es wäre allerdings tragisch, wenn man den Panda aufgrund von Fehleinschätzungen auf die Abfallhalde der Evolution abschieben wollte.

In Wolong und Tangjiahe war ich einmal zu Hause. Ich habe die Berge dort zum letztenmal im Jahre 1985 gesehen, aber meine Abreise bedeutete nicht wirklich ein Ende. Dafür habe ich zu viele Erinnerungen und auch einiges an Bedauern mitgenommen. Don Reid blieb bis Ende 1987 und Ken Johnson mit Unterbrechungen bis Ende 1988 bei dem Projekt und im Freiland aktiv. Durch sie nahm ich mittelbar am Fortgang der Forschungs- und Naturschutzanstrengungen teil.

Von den Pandas, die ich im Umkreis von Wuyipeng kennengelernt hatte, waren die meisten tot; um die Jahresmitte 1985 lebten nur noch Long und das Männchen mit der Ohrmarke Nr. 81. Beide Tiere trugen kein Halsband und gewährten daher wenig Aufschluß über ihre Lebensweise. Das Weibchen Li residierte hinter dem Niutoushan, weit außerhalb des Studienareals, und nur Huas Funksignal war zu empfangen. Das Projekt steckte in einer Flaute. Am 27. Dezember 1985 wurde dann allerdings ein neues Weibchen, Xin Xing, gefangen und bekam ein Halsband angelegt. Und ein Jahr danach, am 4. Januar 1987, ging Xin Yue in die Falle. Anders als die zuvor gefangenen Weibchen zog sie zum fraglichen Zeitpunkt ein Junges auf, und alles freute sich schon darauf, das Paar zu beobachten. Aber es kam anders.

Von Don Reid hörte ich, daß Xin Yue ihr Kleines im März verlor. Chinesische Forscher fanden den noch warmen toten Körper: von einem Räuber gerissen, der den größten Teil der Innereien und eine Hinterbacke aufgefressen hatte. In der Nähe kämpften zwei Pandamännchen miteinander. Die Indizien wiesen eindeutig auf einen Panda als Mörder hin, insbesondere auf den Halsbandträger Hua, der sich in der Umgebung herumgetrieben hatte. Aber in hundert Meter Entfernung wurde auf einem

Pfad die Spur einer Goldkatze entdeckt, und der legten die Chinesen den Tod des Kleinen zur Last.

Man weiß, daß Männchen von Löwe, Schwarzbär und anderen Großraubtierspezies gelegentlich Junge der eigenen Art reißen, und so bedrückend es auch sein mag, Hua mit der Untat in Verbindung zu bringen – allem Anschein nach ist ein solches Verhalten auch im Zusammenleben der Pandas nichts Abnormales. Das Leben erneuerte sich jedoch bald von selbst. Xin Yue, von zwei Männchen umworben, paarte sich erneut am 22. Mai, einem ungewöhnlich späten Zeitpunkt im Frühjahr. Hätte ihr Junges überlebt, wäre sie nicht nach so kurzer Zeit wieder brünstig geworden.

In Zusammenarbeit mit einem neuen Forschungsteam – Teng Qitao und andere waren versetzt worden – überwachte Don Reid in Tangjiahe mit der Telemetrieausrüstung sowohl Pandas wie Bären. Tang, das Pandamännchen mit Halsband, verbrachte weiterhin den größten Teil des Jahres an seinen Lieblingsaufenthaltsorten bei der Mündung des Shiqiao-Tals, zog sommers jedoch auf die Bergrücken hinauf. Dort oben starb er im Juli 1986, allem Anschein nach an einem Kieferabszeß, der Folge einer alten Verwundung unbekannten Ursprungs, die in Knochenfraß übergegangen war. Das Weibchen Xue, das nur wenige Wochen bevor Kay und ich abreisten, gefangen worden war, blieb seinem Aufenthaltsort im Hongshi-Tal treu; wie Tang zog es da sommers auf die Höhen hinauf und verlegte im Winter seine Residenz wieder auf die unteren Hangflächen. Im Mai 1987 wurde es tot aufgefunden; die Todesursache war nicht mehr aufzuklären – aber wieder hatte das Leben eines Individuums aus unserem Bekanntenkreis viel früher, als ich erwartet hatte, geendet.

Noch einem weiteren Panda legte Don ein Funkhalsband um; der steuerte freilich zu den Annalen des Projekts nur eine kurze Episode bei. Xi-Xi war ein erwachsenes Weibchen, das in entkräftetem Zustand östlich des Reservats aufgefunden wurde – offenbar hatte ein Angriff von Wildhunden sie in diese Verfassung gebracht. Sie wurde von einem Arzt in Qingchuan behandelt, mit

Halsband versehen und im April 1985 im Reservat freigelassen. Nach wenigen Tagen war ihr Signal aus dem Äther verschwunden. Auf einer der höchsten Bergspitzen im Reservat fing Don es wieder auf: Es kam von irgendwo weit im Westen her, aus dem Landkreis Pingwu, und meldete immerzu Inaktivität. Nach langwieriger Suche fand Don Xi-Xi tot in Höhe der Baumgrenze. Sie hatte nicht ihr altes Aufenthaltsgebiet angesteuert, sondern war in fast genau entgegengesetzter Richtung gezogen. Daß Xi, anders als Zhen in Wolong, nach ihrer Freilassung weder den Heimweg antrat, noch sich in einem nahen Bambushain niederließ, ist ein interessanter und besorgniserregender Umstand. Pandas in neue Wohngebiete umzusiedeln dürfte schwieriger sein als zunächst angenommen, sollten sie Xis Beispiel folgen und sich ins Blaue hinein davonmachen.

Nach dem Erwachen aus dem Winterschlaf im Frühjahr 1985 entledigte sich Chong, das kleine Kragenbärmännchen, seines Halsbands. Kui hingegen, das zweite Kragenbärmännchen, mit dem wir im Spätjahr 1984 die Verbindung verloren hatten, tauchte im Juni 1985 wieder auf. In der letzten Novemberwoche bezog er offenbar sein Winterquartier, eine hohle Tanne weit oben im Shiqiao-Tal, an der Grenze zwischen Sichuan und Gansu. Sein Sender stellte 1986 die Funktion ein. Im Juli 1985 fing Don Dan-Dan, einen lediglich etwas über siebenundzwanzig Kilogramm wiegenden männlichen Kragenbärjährling. Ungeschult im Auffinden eines guten Winterquartiers, überwinterte Dan in einem Nest aus Bambus und Moos auf einem Steinsims unter einem Felsüberhang, wo er der Zugluft und den Unbilden der Witterung ausgesetzt war. Er wurde bis zum Oktober 1987 telemetrisch beobachtet, dann löste sich sein Halsband und fiel ab – eine beabsichtigte Folge des mit den Jahren zunehmenden Halsumfangs des Bären.

So waren dann Ende 1987 bis auf Hua alle Tiere, die ich gekannt hatte, tot, oder ihre Sender hatten aufgehört zu funktionieren, so daß ihr Leben in den Schleier des Geheimnisses gehüllt war. Nach sieben Jahren war meine Teilnahme an Einzelexistenzen an ihr Ende gelangt. Und wie sich zeigen sollte, war es auch mit der Forschungsarbeit fast vorbei. Der Betrieb in Wuyipeng wurde im Frühjahr 1988 praktisch eingestellt. Hu Jinchu verzichtete nach meinem Weggang weitgehend auf Feldarbeit, und andere chinesische Forscher engagierten sich nur mehr kurzfristig. Die Funküberwachung der Pandas hörte auf. Eine WWF-Aktennotiz von 1989 enthält die Feststellung: «Zur Zeit liegt die Forschung in Wolong im wesentlichen brach.» Unsere alte Forschungsstation in Tangjiahe war «ausgestorben, wirklich trostlos und deprimierend», wie uns Jenny Johnson nach einem Besuch dort im Jahre 1988 schrieb. Jiang Mingdao, der dynamische Reservatleiter, wurde bald darauf aus Tangjiahe abberufen und zum Direktor eines Goldbergwerks ernannt; den Reservatleiterposten übernahm ein Phlegmatiker. Die Patrouillen wurden abgeschafft, und prompt blühte die Wilderei. Mein Kollege Teng Qitao schied ebenfalls aus dem Forstdienst aus. Zwei «gerettete» Pandajunge wurden, nach Auskunft von Besuchern aus dem Ausland, in der Bewahranstalt Tangjiahe unter beklagenswerten Umständen hinter Gittern gehalten. Eine Schule des wissenschaftlichen Engagements für die Pandas schienen wir in Wolong und Tangjiahe nicht begründet zu haben.

Immerhin setzt Pan Wenshi, bis 1984 ein wichtiger Mitarbeiter des Wolong-Programms, unsere Tradition anderswo fort. Assistiert von Lu Zhi und anderen, betreibt er seit mehreren Jahren Panda-Forschung im Qinling-Gebirge in der Provinz Shaanxi. Einer Reihe von Pandas wurden Funkhalsbänder angelegt, und die Tiere haben sich an die Gegenwart von Beobachtern gewöhnt. In der Folge konnten Pan Wenshi und Lu Zhi das verborgene Leben dieser Tiere studieren, wie dies vor ihnen noch niemandem gelungen war. So entdeckten sie beispielsweise, daß ein Muttertier sein Junges unter Umständen für eine Zeitdauer von bis zu zwei Tagen allein in einer Höhle zurückläßt. Jungtiere beginnen mit dem Duftmarkieren im Alter von vierzehn Monaten. Sie bleiben womöglich mindestens zweiundzwanzig Monate – nicht bloß achtzehn Monate, wie ich geglaubt hatte – bei der Mutter, selbst wenn sie sich in diesem Zeitraum erneut paart. 1988 veröffentlichten Pan Wenshi und seine Mitarbeiter ein Buch mit dem Titel *Das natürliche Refugium des Großen Pandas im Qinling-Gebirge*, das einen bedeutenden Beitrag zur Biologie des Pandas darstellt.

1985 fingen Pan Wenshi und sein Team ein ungewöhnliches Weibchen. Sein Fell war da, wo es beim normalen Panda schwarz ist, von einem hellen Schokoladenbraun. Ich sah das Tier, das den Namen Dan-Dan erhielt, im Zoo von Xian und fand die Abweichung höchst unattraktiv. Nach der Paarung mit einem normal gefärbten Männchen warf Dan am 31. August 1989 ein Junges. Als das Kleine vier Monate alt war, nahmen seine schwarzen Fellpartien die gleiche braune Farbe an wie bei seiner Mutter, meldete die Nachrichtenagentur Xinhua. Jetzt besteht die Gefahr, daß das für die Mutation verantwortliche Gen in der Gefangenenpopulation weitergegeben wird.

Qui Mingjiang, der beste unter unseren jungen Kollegen in China, repräsentiert die nächste Generation in der Schülerschaft des Projekts. Mitte 1988 reiste er in die USA, um hier in Naturschutzbiologie zu promovieren – eine würdige Krönung seiner jahrelangen hingebungsvollen Arbeit. Seine Ausbildung ist eine Investition in Chinas Zukunft.

Was hatte das Projekt nach sieben Jahren intensiven Bemühens erreicht? Auf diese Frage gab Don Reid in einer Aktennotiz an den WWF mit einem Anflug von Melancholie und Resignation eine knappe Antwort:

Die größten Leistungen ergaben sich in der Forschung: Aufhellung der Grundzüge des Verhaltens, der Freßgewohnheiten und der Habitatbedürfnisse des Großen Pandas; dazu die Entwicklung von Einsichten in die Dynamik von Bambuswachstum und -regeneration und deren Interaktionen mit dem Wald. Wir haben ziemlich schlüssig nachgewiesen, daß Wilderei und Habitatzerstörung unter den Faktoren, die das Überleben des Pandas bedrohen, den ersten Rang einnehmen und daß Panda-Populationen ein Bambus-Massenblühen verkraften können, vorausgesetzt, sie haben genügend Bewegungsraum und eine Vielfalt von anderen Bambusspezies zur Verfügung. Außerdem haben wir einige chinesische

Wissenschaftler und Techniker geschult. Wir haben einiges in ihrem Denken bewegt und einige motiviert, sich für die Interessen der Wildfauna und einen verbesserten Tierschutz in ihren Reservaten stark zu machen. Jetzt sind wir schon im besten Zuge mit Managementplänen für die Reservate und einem Generalplan für den Schutz des Großen Pandas.

Aber aufs Ganze gesehen ist es wenig, was wir an handfesten Erfolgsbeweisen haben.

Am 10. August 1986 warf Li-Li, ein seit langem im Forschungszentrum Wolong untergebrachtes Pandaweibchen. Manche behaupteten, das Neugeborene sei die Frucht einer artifiziellen Insemination, andere dagegen, die Mutter habe sich auf natürliche Weise gepaart. Egal. Es war ein Ereignis, das Anlaß zum Feiern gab, und Lian Tan, «Blauer Himmel», wie das Kleine genannt wurde, war, kaum geboren, schon ein Medienstar, wie die *WWF News* meldeten.

Lian Tans verschwommener Blick traf auf eine Welt, in der es zuging wie im Tollhaus. Nichts in ihrem kurzen Leben hatte sie auf das Höllenspektakel vorbereitet, das plötzlich in ihrem Zuhause im Herzen von Chinas schönem Qionglai-Gebirge losgebrochen war.

Ein paar Meter weit weg von ihr drängelten sich Fotografen und Fernsehkameraleute, um ihr Bild in ihre Zauberkästen zu bannen, aus denen es umgehend zu Satelliten hinaufgeschickt und um die ganze Welt gefunkt werden sollte. Denn Lan Tan – das allererste Pandababy, das in dem von der chinesischen Regierung und dem WWF gemeinsam erbauten Forschungszentrum Wolong das Licht der Welt erblickte – ist zu einem einzigartigen Symbol der Hoffnung geworden.

Eine der Hoffnungen, die das Neugeborene symbolisierte, war fraglos die, der ersten Leistung des Zentrums möchten bald weitere folgen. Doch die blieben aus, sowohl bei der Pandazucht wie in der Forschung. Lan Tian starb 1989, fast dreijährig, allem Anschein nach an einem Darmleiden.

In dem Zeitraum von sieben Jahren seit seiner Fertigstellung hatte das Forschungszentrum noch keinen kompetenten Forscher anzulocken vermocht und war weitgehend ungenutzt geblieben. In einer WWF-Aktennotiz hieß es seinerzeit: «Das Hetauping-Zentrum ist verwahrlost und heruntergekommen, und es wird wenig unternommen, um die Wahrscheinlichkeit zu erhöhen, daß hier Zucht auf natürlichem Wege stattfinden könne. [...] Der Allgemeinzustand der Labors und der Klinik war unzureichend: hier wie dort alles verdreckt.» Oder wie ein Chinese in amtlicher Funktion 1987 mit dürren Worten zu mir sagte: «Das Zentrum funktioniert nicht.»

Die beklagenswerte Situation im Forschungszentrum zog um die Jahresmitte 1990 die Aufmerksamkeit der Weltöffentlichkeit auf sich. John Phillipson, ein emeritierter Zoologieprofessor der Universität Oxford, erhielt vom WWF den Auftrag, das Wirken der Organisation in den vergangenen fünfundzwanzig Jahren einer kritischen Würdigung zu unterziehen. Zum Thema Forschungszentrum Wolong äußerte sich der Phillipson-Bericht mit ungeschminkten Worten:

> Der WWF hat bei der Sicherung seiner massiven Investitionen weder Effektivität noch Effizienz bewiesen. [...] Die Förderer des WWF wären bestürzt, wenn sie erführen, daß der Kapitaleinsatz praktisch abzuschreiben ist.

Von einem Reporter des englischen *Sunday Express* (29. Juli 1990) nach dem Phillipson-Report und der Multimillionen-Dollar-Spritze des WWF für den Panda befragt, gab Prince Philip, der Präsident des WWF, eine offene Antwort:

> Frage: Hat der WWF Kritik verdient, weil er ohne nennenswerten Erfolg Geld für den Schutz des Pandas ausgegeben hat?
>
> Das war sehr enttäuschend – eines von diesen Projekten, das seinerzeit eine gute Idee war. Wir sagten uns: Steigen wir da mit ein und helfen den Chinesen den Panda schützen.
>
> Das Ergebnis waren lange und nicht selten scharfe Debatten mit den Chinesen über die Frage, wie das zu machen ist. Zuletzt erklärte der WWF sich bereit, eine Menge Geld nach China zu pumpen, worauf wir uns, rückblickend festgestellt, nie und nimmer hätten einlassen sollen.

Das war vor langer Zeit, und wir hatten dann die Sache am Hals, und die Chinesen bestanden eisern auf der Einhaltung jeder einzelnen Vertragsklausel, obschon sie sehr wohl wußten, daß eine Menge Klauseln – wie zum Beispiel die über die Ausstattung mit komplizierten Geräten – Unfug waren. Es war schrecklich peinlich für sie, als sie dann niemanden beibrachten, der mit den Sachen umgehen konnte.

Ich war sehr besorgt, als ich dort war, weil 80 Prozent des Bambuswalds weg sind, und zwar größtenteils durch das Vordringen des Menschen. Die Schutzgebiete wurden erschlossen, und die Leute siedelten sich dort an, fällten Bäume und machten den Boden urbar.

Dann kam der Tiananmen-Platz und stürzte die ganze Sache in heillose Verwirrung.

Im Rückblick hätte das Projekt Kritik verdient, aber ich glaube, wir hätten uns noch sehr viel schwerwiegendere Kritik zugezogen, wenn wir es abgelehnt hätten, überhaupt etwas zu unternehmen, um den Panda vor der Ausrottung zu retten.

Bedauerlicherweise sind die Überlebensaussichten des Pandas ungeachtet der Tatsache, daß der WWF ein Vermögen dafür ausgegeben hat, bei dem gegenwärtigen Tempo des Fortschritts nicht groß.

Song Huigang vom Chinesischen Wildtierschutzverband fühlte sich durch die Kritik von seiten des WWF aufs Portepee getreten und erklärte einer Zeitungsmeldung zufolge: «Sie haben kein Recht, sich in die Angelegenheiten der Chinesen einzumischen. [...] Sie verwenden unseren Panda als Wappentier und haben 20 Millionen US-Dollar Spendengelder eingefahren. Aber nur 2 Millionen davon sind in die Anstrengungen Chinas zur Rettung des Pandas geflossen.»

Vor diesem Zornausbruch hatte das Forstwirtschaftsministerium sogar einen Versuch unternommen, die Erfolgsaussichten der Pandazucht im Forschungszentrum zu steigern, indem es viele seiner in Gefangenschaft gehaltenen Tiere dorthin verlegte. Bis zum Jahresende 1990 stieg die Zahl der im Zentrum untergebrachten Pandas auf rund fünfzehn. Im Frühjahr 1991 stellte der Zoo von Chengdu ein als Zuchttier ausgewiesenes Männchen nach Wolong ab – in Anbetracht der zwischen chinesischen Institutionen und Körperschaften obwaltenden eingefleischten Antipathie eine beachtliche Geste. Ich erfuhr, daß in Wolong in jenem Frühjahr zwei Männchen mit vier Weibchen gepaart wurden. Um die Jahresmitte traf Susan Mainka, eine Tiermedizinerin des Zoos von Calgary, ein, um für die Dauer von mindestens zwei Jahren bei der Durchführung des Zuchtprogramms zu assistieren – es war das erste Mal, daß ein ausländischer Wissenschaftler sich in größerem Umfang im Forschungszentrum engagierte. Am 7. September 1991 warf eines der Weibchen Zwillinge, und beide blieben am Leben, das eine von der Mutter, das andere von den Veterinären versorgt. Obwohl eines der Jungen im Februar 1992 starb, löste diese Zwillingsgeburt die Aura von verlorenen Hoffnungen und Vergeblichkeit auf, die jahrelang wie ein Smog das Zentrum umlagert hatte.

Der Chinesische Verband der Zoologischen Gärten hatte 1990, zwecks verbesserter Zusammenarbeit der Tierparks bei der Pandazucht, die Zoolandschaft in sechs Bezirke gegliedert. 1991 trug dieses lohnende Unterfangen Frucht in sieben Schwangerschaften und neun Neugeborenen, von denen fünf am Leben blieben. Allerdings waren zuvor dreiundzwanzig Pandaweibchen in der Brunst gewesen, woraus erhellt, daß die Kluft zwischen potentieller und tatsächlicher Geburtenzahl nach wie vor groß ist.

Der Panda-Rettungsbetrieb, eine Nebenwirkung des Bambus-Massenabsterbens von 1983, ging bis ins Jahr 1987 weiter, also bis weit über den Zeitpunkt hinaus, wo es für ihn noch irgendeine Berechtigung hätte geben können. Amtlichen Angaben zufolge wurden zweiundsechzig Pandas tot aufgefunden. Von einhundertacht gefangengesetzten Pandas gingen dreiunddreißig innerhalb kurzer Zeit ein und fünfunddreißig wurden bald nach der Gefangennahme in bambusreiche Gebiete umgesiedelt.

Meine Sorge galt den vierzig gefangengesetzten Pandas, die noch immer hinter Gittern schmachteten; zum Teil waren sie an chinesische Tiergärten verkauft worden, zum Teil waren sie in Einrichtungen untergebracht, die von den Provinzforstverwaltungen betrieben wurden. 1987 gab es in China rund neunzig – also viel zu viele – in Gefangenschaft gehaltene Pandas, und die waren nicht Teil eines koordinierten Zuchtprogramms. Die meisten von ihnen würden ihre Jahre damit hinbringen, sich zusammengekauert in einer Ecke ihres Gitterkäfigs von Massen begeisterter Besucher betrachten zu lassen, die nur ein Clownsgesicht erblicken und nicht das quälende Bild einer sterbenden Spezies. Die wenigsten dieser Gefangenen würden sich je fortpflanzen. Aber wenn man das Gros der nach dem Bambusabsterben geretteten Tiere wieder in die Freiheit entließe, würden diese Pandas vielleicht die Wälder mit neuem Leben füllen.

1987 begann der chinesische Zooverband in der Nähe von Chengdu mit dem Bau einer Panda-Zuchtanstalt, die sehr viel größer konzipiert war als die Station in Wolong. Woher wollte man zu gegebener Zeit den Tierbestand für die Anlage nehmen? Ich habe eine Alptraumvision, in der fort und fort Pandas aus der Wildnis abgezogen werden, bis von der Spezies nur noch in Gefangenschaft lebende Tiere übrig sind. Was nottut, wäre ein Pandafang-Moratorium. Aber noch im Jahre 1991 wurden elf Pandas «gerettet».

Im Frühjahr 1987 rief der WWF die Allgemeinheit in einer größeren Aktion zu Spenden auf, die mithelfen sollten, für den Schutz des Panda-Habitats zu sorgen. Es unterliegt selbstverständlich keinem Zweifel, daß auf lange Sicht die Existenz des Pandas am schwersten durch die Habitatzerstörung bedroht ist und sein wird – ein seit Jahren klar erkanntes Faktum. Das akuteste Problem jedoch, mit dem der Panda konfrontiert ist, ist die Wilderei, die seit Jahrzehnten selbst in bambusreichen Gebieten die Populationsstärke drückt. Das Wildern wäre verhältnismäßig leicht und mit bescheidenen Aufwendungen zu unterbinden oder zumindest einzudämmen, die dazu erforderlichen Patrouillen sind jedoch eine schwere und undankbare Aufgabe, die mit wenig Lob und öffentlicher Anerkennung verbunden ist. Zwar berichten die chinesischen Zeitungen regelmäßig darüber, wenn ein Wilderer gefaßt und hinter Gitter gebracht wird. Doch selbst dieser Druck der öffentlichen Meinung zeitigt bei den Verantwortlichen in der Lokalverwaltung kaum Wirkung, und meine persönlichen Beschwerden schienen am allerwenigsten zu verfangen. Das überraschte mich, bedeutet doch Anfälligkeit für Kritik in dieser Sache für ein Land, das den Panda als nationale Kostbarkeit reklamiert, einen Gesichtsverlust, und könnte doch mangelnde Handlungsbereitschaft auf diesem Gebiet in der Weltöffentlichkeit eine gegen die Unterstützung von Chinas Naturschutzbemühungen gerichtete Stimmung erzeugen. Ich zögerte zunächst, meine Besorgnis mit Nachdruck in der Öffentlichkeit zur Sprache zu bringen, weil ich befürchtete, Chinas Reaktion auf Kritik könnte sich hinderlich auf die Arbeit des WWF im Lande auswirken. Aber aus Sorge um den Panda mußte ich mich letzten Endes dann doch darauf gefaßt machen, Chinas Freundschaft zu verlieren, und auf das Risiko einlassen, mir Chinas Unmut zuzuziehen. Die Wahrheit mußte allgemein bekanntgemacht werden, denn wo man über Naturschutz spricht, muß die Sache von allen, nicht nur den erfreulichen Seiten angeleuchtet werden, und bei der Zuteilung der vorhandenen Geldmittel muß die richtige Prioritätenfolge eingehalten werden. Der andere Weg, den ich hätte einschlagen können – angesichts schwerwiegender Versäumnisse Schweigen zu wahren –, wäre die unendlich schlechtere Alternative gewesen.

Wolong war, wie immer, ein Mikrokosmos aller auf dem Panda als Spezies lastenden Probleme. 1986 nahmen Ken Johnson und ein chinesisches Team in Wolong eine Pandazählung vor, das erste derartige Unternehmen seit 1974: Damals waren rund einhundertfünfundvierzig Pandas gezählt worden. Das Resultat der neuesten Erhebung war erschütternd: 1986 wurden lediglich zweiundsiebzig Tiere ermittelt. In Anbetracht der Schwierigkeit, die Anzahl der vorhandenen Individuen anhand gefundener Kotballen und Schlafplätze zu schätzen, wird man, was die Genauigkeit jener Zahl betrifft, gewisse Abstriche machen müssen. Doch war überhaupt nicht daran zu rütteln, daß die Panda-Population während der Laufzeit eines größeren Projekts zum Schutz der Spezies drastisch – vielleicht um die Hälfte – abgenommen hatte. Ein in *Nature*, Großbritanniens führendem Wissenschaftsjournal, veröffentlichter Bericht buchte den Schwund auf das Konto des Bambusabsterbens: «Im Gefolge des Pfeilbambus-Massenblühens in Wolong 1983–1985 sind möglicherweise 40–50 Prozent der dortigen Pandas umgekommen und andere möglicherweise abgewandert.» Aber wir, die wir an Ort und Stelle im Freiland gearbeitet hatten, wußten es besser: Die Pandas sind nicht verhungert – sie wurden Opfer von Wilderern. Seit 1981 hatten die lokalen Verwaltungsorgane von uns Jahr für Jahr Berichte über Fallenstellerei und Beschwerden über die laxe Durchsetzung der Gesetze erhalten. Trotzdem ging das Wildern weiter, selbst in unserem kleinen Studienareal. 1987 stieß Don Reid innerhalb eines Zeitraums von vierzehn Tagen erst auf Jäger mit Gewehren und Hunden, dann auf zwei für Moschustiere aufgestellte Schlingenfallenreihen.

In Wolong und anderswo nahm die Wilderei Mitte der achtziger Jahre sogar noch zu. Die Wirtschaftsreform der Regierung ermunterte zu privater Initiative unter dem Motto: «Es ist etwas Wunderbares, dank harter Arbeit reich zu sein.» *Ge ti hu*, «private Unternehmer», drängten auf der Jagd nach dem schnellen Profit auf den Tierprodukte-Markt. Ein Staatsbetrieb mit dem prägnanten Namen «Nationale einheimische landwirtschaftliche Produkte- und tierische Nebenprodukte-Import-und-Export-Gesellschaft von China» schickte seine Agenten aufs Land und heizte damit das Töten von Wildtieren noch mehr an. Moschus, Bärentatzen, Felle, Geweihe, Knochen und andere Teile von Tierkörpern, nicht selten von bedrohten Arten stammend, wurden mit der größten Unverfrorenheit in ständig wachsenden Mengen auf offenem Markt verkauft (siehe Anhang 1). Und tragischerweise wurden Pandas jetzt nicht mehr nur ungewollt mit eigentlich für Moschustiere bestimmten Schlingen umgebracht, sondern gezielt um ihrer selbst willen gejagt. Händler zahlten Wilderern dreitausend Dollar und mehr für ein Fell. Die Felle wurden dann als Statussymbole nach Hongkong, Taiwan und Japan weiterverkauft – zu Preisen von über zehntausend Dollar pro Stück. Bei einer Mitte der achtziger Jahre in Japan angestellten Erhebung wurden einhundertsiebenundfünfzig ausgestopfte Pandas und Pandafelle registriert. In den Jahren 1986 und 1987 berichteten die Zeitungen häufig über Fälle von Wilderei, von der Pandas betroffen waren. Zum Beispiel wurden drei Männer und eine Frau mit einem Pandafell ertappt und festgenommen, das illegal nach Guangzhou verkauft werden sollte, und in Sichuan wurden drei Männer zu Geldstrafen sowie zu Haftstrafen zwischen sechs und zwölf Monaten verurteilt, weil sie einen Panda verwundet und einen zweiten getötet hatten. In einem in eine Steppdecke eingenähten Behältnis fand man zwei Pandafelle. Eine Bande, die systematisch Pandas gejagt hatte, wurde zerschlagen; die sechsundzwanzig Mitglieder wurden in Handschellen durch die Straßen der Innenstadt von Mianyang in Sichuan geführt.

Laut der von der Forstverwaltung Sichuan geführten Statistik wird nahezu die Hälfte der gewilderten Pandas geschossen, ein Drittel verendet in Schlingen und Fallen, und einige werden erst lebend gefangen und dann getötet. Siebzehn Prozent kommen durch Gift oder Sprengladungen zu Tode. Von Andrew Laurie, einem britischen Biologen, der Ende der achtziger Jahre am Panda-Projekt mitarbeitete, erfuhr ich, daß die Einheimischen im Liangshan-Gebiet mit einer Sprengladung präparierte Fleischköder für Kragenbären auslegen, denen auch Pandas zum Opfer fallen.

Ein Fundamentalproblem lag darin, daß es in China noch immer an einem umfassenden Gesetzeswerk zum Schutz der Wildfauna mangelte. Mit Gefängnishaft bis zu zwei Jahren bedrohte das Strafgesetzbuch lediglich den Jagdfrevel. Im allgemeinen wurde das Gesetz nur gegen in flagranti ertappte Täter angewandt und auch gegen solche höchst selten, wenn sie Angehörige einer ethnischen Minderheit waren. Obendrein war der Handel mit Fellen und anderen Teilen von bedrohten Tierarten nicht strafbar.

Im Juli 1987 wurde im Landkreis Pingwu ein Wilderer festgenommen, der zwei Pandas getötet hatte; nach seiner Aussage hatte die Strafandrohung von zwei Jahren Gefängnishaft keine abschreckende Wirkung. Das half mit, die Regierung zum Handeln anzutreiben. Bald darauf gab der Oberste Gerichtshof bekannt, daß die illegale Tötung schon eines einzigen Pandas sowie der Schmuggel auch nur eines einzigen Pandafells künftig mit Gefängnishaft von zehn Jahren bis auf Lebenszeit, unter Umständen sogar mit dem Tod bestraft werde.

Die Einführung der Todesstrafe für die Tötung eines Pandas unterstreicht deutlicher als alles andere den Ernst der Lage, in der die Spezies sich befindet.

Dennoch nahm die Wilderei kein Ende. In ihrer Ausgabe vom 7. April 1988 brachte die *New York Times* die folgende Meldung:

In China wurden 203 Personen wegen illegaler Jagd auf den vom Aussterben bedrohten Großen Panda verhaftet und 146 Pandafelle sichergestellt. [...] Agenturberichten zufolge erklärte der chinesische Forstwirtschaftsminister, daß im Zusammenhang mit Ermittlungen wegen Jagdfrevels und Fellhandels in der zentralchinesischen Provinz Sichuan nach 150 Personen noch gefahndet wird. [...] 26 Personen wurden zu Gefängnisstrafen verurteilt, deren Dauer von einem Jahr bis lebenslänglich reicht, gab der Forstwirtschaftsminister laut Agenturmeldungen an. [...] Für geschmuggelte Pandafelle werden in Hongkong und Japan hohe Preise gezahlt.

Die Meldung löste bei mir Trauer und Entsetzen aus – eine natürliche Gefühlsreaktion im Angesicht der Schändung des Schönen. Einhundertsechsundvierzig tote Pandas... Bilder von einem Geschiebe blutiger Körper und die Geister von Han und Ning und anderen, die in Wolong in Schlingen erstickt waren, tauchten vor meinem inneren Auge auf. Das Ausmaß der Zerstörung war in diesem Fall so groß, daß Wegsehen nicht länger möglich war. Jahrelang hatte ich gegen die Wilderei geeifert. Aber sowohl die Chinesen als auch der WWF hatten ihre eigenen Gründe, die Sache ängstlich unter den Teppich zu kehren. Jetzt war die Wilderei für den Naturschutz endlich zu einem Problem von anerkannt höchster Priorität geworden. «Die Wilderei hat ein so bedenkliches Ausmaß angenommen», bekräftigte Chris Elliott vom WWF im November 1988 in einer Pressenotiz, «daß sie für den Großen Panda eine noch ärgere Bedrohung darstellt als das Bambusabsterben.»

Und das Gemetzel ging weiter – trotz drastischer Maßnahmen zur Durchsetzung von Recht und Ordnung, die bis zur Hinrichtung von Gesetzesbrechern reichten, wie *China Daily* im Oktober 1989 berichtete:

> Zwei des illegalen Handels mit Pandahäuten für schuldig befundene Bauern wurden vom Vermittlungsausschuß der Stadt Mianyang (Provinz Sichuan) am vergangenen Mittwoch zum Tode verurteilt. Einer der Straftäter, Liang Yongzheng, hatte sieben Pandahäute verkauft und dabei 300000 Yuan [81 000 US-Dollar] erlöst. Der zweite, He Guanghai, hatte fünf Pandahäute verkauft und 30000 Yuan [8100 US-Dollar) erlöst. Zwei Komplizen Liangs wurden zu lebenslänglicher Haft verurteilt.

Aber der Gewinn, den der Verkauf eines Pandafells abwarf, war jetzt so hoch, daß selbst die drohende Todesstrafe die Wilderer nicht mehr abschreckte. «Soviel Geld würde ich sonst in meinem ganzen Leben nicht verdienen. Und wenn ich dabei mein Leben aufs Spiel gesetzt habe – die Sache war das Risiko wert», meinte – laut der chinesischen Zeitung für die Sicherheitspolizei – ein Wilderer gegenüber den Ordnungshütern, die ihn ergriffen hatten. «Wenn ihr mich nicht geschnappt hättet, wäre ich jetzt reich.»

Der siebte Nationale Volkskongreß nahm sich der Interessen des Pandas an, indem er die Inkonsequenz in der Gesetzgebung beseitigte, die darin lag, daß zwar das Töten von Pandas unter Strafe stand, aber nicht der Handel mit ihren Fellen. Am 1. März 1989 trat ein umfassendes neues Gesetz zum Schutz der Wildtiere in Kraft, das den Fang, das Töten, den Kauf und Verkauf in China für geschützt erklärter Arten verbot. Bisher sind die Auswirkungen dieses Gesetzes auf den verbotenen Handel allerdings bescheiden. 1990 schickte der WWF eine Naturschützerin, die sich als taiwanesische Kaufinteressierte ausgab, auf Chinareise. Im Laufe ihrer Tour erhielt sie Angebote über zwei lebende Pandajunge zum Preis von insgesamt einhundertsechzehntausend Dollar, über Tiger- und Goldstumpfnasenaffenfelle sowie über andere Raritäten.

Im Zeitraum 1985–1991 verurteilten chinesische Gerichte in einhundertdreiundzwanzig Verfahren wegen Panda-Wilderei und Pelzschmuggel zweihundertachtundsiebzig Menschen, drei von ihnen zum Tode und sechzehn zu lebenslanger Haft. Doch das Töten geht weiter, finanziert von reichen Leuten in Hongkong, Taiwan und Japan.

Angesichts der sich verschlechternden Lage der Pandas wurde der WWF 1986/87 in mancherlei aktueller Form initiativ. John Marsh von der Trend University in Ontario und Gary Machlis von der University of Idaho hielten einen dreimonatigen Naturschutz-Schulungskurs für Reservatleiter, Verwaltungs- und Forschungspersonal ab. John McKinnon und Andrew Laurie, beide aus England, erarbeiteten im Verein mit chinesischen Kollegen vorläufige Managementpläne für mehrere Reservate, so auch für Wolong und Tangjiahe, sowie einen Generalplan für den langfristigen Schutz der Pandas. Außerdem unterrichtete Andrew Laurie das Forschungspersonal in den Techniken der Überwachung und des Zensus von Wildfauna und -flora. Und in Wolong führte er einen Spähtrupp zum Aufspüren von Wilderern in den Wald, weil er hoffte, wenn die örtlich Zuständigen sich einmal eine eigene Anschauung von dem unseligen Treiben verschafften, würden sie endlich von sich aus dagegen einschreiten. Der Ausflug hätte drei Tage dauern sollen, verlief jedoch nicht nach Plan. Jeder Teilnehmer hatte seinen eigenen Lastträger mitgebracht, der mit einer gewaltigen Ladung Proviant – einschließlich lebender Hühner und Flaschen voll wärmendem *bei jiu* – bepackt war. Man war kaum im Wald, als der ganze Zug auf einer längeren Rast bestand. Als der von dieser Trödelei frustrierte und genervte

Andrew den Aufstieg einstweilen allein fortsetzte, gerieten die anderen in Panik, eilten schleunigst nach Hause zurück und schickten ihrem Führer einen aus ansässigen Bauern zusammengesetzten Rettungstrupp nach, der Andrew auf dem Bergrücken antraf, wo er auf das Eintreffen seiner unerschrockenen Begleiter wartete. Die Wilderer in Wolong blieben weiterhin ungeschoren. 1991 entsandte der WWF den Engländer Stuart Chapman, einen freiwilligen Helfer von den Vereinten Nationen, für zwei Jahre nach Wolong mit dem Auftrag, dort beim Schutz der Wälder gegen illegalen Holzeinschlag und Panda-Wilderei zu helfen – eine Aufgabe, mit der die Chinesen ohne Frage allein fertig werden könnten und sollten.

Der Belgier Robert de Wulf hielt einen Lehrgang über die für die Kartierung von Pandahabitaten wichtige Kunst der Interpretation von Luft- und Satellitenbildern ab. Michael Baron und Nayna Thaveri aus Hongkong lieferten Unterrichtsmaterial in Form von Schautafeln und Fibeln, die eine Anschauung von der Vielfalt der Tier- und Pflanzenwelt von Wolong vermittelten und den Pandaschutz im Bild darstellten.

Diese ganzen Unternehmungen hatten immerhin zur Folge, daß Wolong sein eigenes Öko-Erziehungsprogramm erhielt. Eine mobile pädagogische Einheit klapperte Schulen und Dörfer ab, und auf Spruchbändern und Anschlagtafeln wurde jetzt Naturschutz als Devise ausgegeben. Subventionen erhalten die Bauern heute im Rahmen eines Vertragswerks, das als Conditio sine qua non ihre Verpflichtung auf die «Fünf ‹Keines davon›» enthält – keine Brandrodung, kein Holzeinschlag, keine Jagd, kein Pflügen, keine zerstörerischen Eingriffe in die Waldregeneration –, wobei allerdings schon Kritik geübt wurde an der Laxheit, mit der die Einhaltung dieser Verpflichtung durchgesetzt wird.

Mit außerordentlicher Widerstandskraft gegen die niederdrückende Last von Desillusionierungen setzt der WWF sein Engagement für den Panda fort.

Mitte der siebziger Jahre war unter Mitwirkung zahlreicher Hilfskräfte eine Pandazählung durchgeführt worden, die sich auf das gesamte Verbreitungsgebiet der Spezies erstreckte. Die Gesamtzahl der Pandas wurde damals auf eintausendfünfzig bis eintausendeinhundert Individuen geschätzt. Da jedoch die Zähltechniken nicht standardisiert und die Hilfskräfte nicht geschult waren, schwankte die Genauigkeit der Schätzungen von einem Gebiet zum anderen beträchtlich. Das Ergebnis für Wolong war, wie ich glaube, in der Größenordnung korrekt; für Tangjiahe traf dies freilich nicht zu: Hier wurde die ursprüngliche Schätzung von vierhundert Individuen im nachhinein willkürlich halbiert, während die tatsächliche Zahl wahrscheinlich unter hundert lag. Als Grundlage für einen detaillierten, ausführbaren Naturschutzplan wurde eine korrekte Schätzung der Populationsstärke auf neuestem Stand benötigt. Die genaue Distribution der Pandas und der verschiedenen Bambusarten mußte Berghöhe für Berghöhe, Höhenzug für Höhenzug in graphische Darstellung gebracht werden. Das war ein erkleckliches Stück Arbeit, das mindestens zwei Jahre Zeit erfordern würde. Ich freute mich, als Ken Johnson und seine Frau Jenny sich bereit erklärten, in Zusammenarbeit mit fünfunddreißig Chinesen die Erhebung durchzuführen. Und aus Japan stieß später Seiki Takatsuki zu dem Team, um eine Weile als Bambus-Ökologe mitzuarbeiten.

Die von China und dem World Wildlife Fund gemeinsam durchgeführte Erhebung über den Großen Panda begann im September 1985. Die Landkreise einzeln abarbeitend, durchquerte das Team zu Fuß die Berge auf Kompaßpeillinien beziehungsweise Schnittlinien – allein im ersten Jahr legte es so rund dreitausend Kilometer zurück – und zählte die frischen Pandafährten, vor allem die angetroffenen Schlafplätze. Pandas schlafen im Durchschnitt zweimal am Tag zwei Stunden und länger. Anhand dieser Information läßt sich aus den längs der begangenen Schnittlinien erhobenen Befunden die ungefähre Pandadichte im Gelände errechnen. Die Exkremente geben Auskunft über Nahrungspräferenzen; die Länge von Halmfragmenten in den

Kotballen kann ein Indiz für die Altersstufe eines Pandas – Kleinkind, Heranwachsender oder Erwachsener – sein. Die Zusammensetzung und Dichte des Baum- und Bambusbestands wie auch die Größe der einzelnen Pflanzen werfen Licht auf die Kriterien der Habitatwahl des Pandas. Ebenfalls gesammelt wurden sozioökonomische Daten über die Bewohner der Dorfgemeinden am Rand des Panda-Verbreitungsgebiets; den Mitarbeitern des WWF wurden diese Informationen allerdings vorenthalten. Die Erhebung erstreckte sich auf dreißig Landkreise in der Provinz Sichuan, neun Landkreise in Shaanxi und einen Landkreis in Gansu. Das Datensammeln lief anfangs bestens, und Ken war beeindruckt von dem «Teamgeist» seiner Kollegen und ihrer «Bereitschaft, für das Gemeinwohl Opfer zu bringen und Entbehrungen zu ertragen». Doch nur allzu bald war der Schwung dahin, und die Arbeit wurde häufig – um es nachsichtig auszudrücken – mit einem Minimum an Interesse ausgeführt. Wie üblich gestand man der Arbeit nicht das Recht zu, einem beim Ausleben persönlicher Wünsche in die Quere zu kommen.

Nichtsdestoweniger erbrachte die nach drei Jahren abgeschlossene Erhebung wertvolle Informationen. Das Panda-Habitat ist heute so zersplittert, daß der Gesamtbestand an Pandas in vierundzwanzig durch landwirtschaftlich genutzte Flächen oder unwegsames Gelände voneinander isolierte Einzelpopulationen aufgespalten ist, von denen manche weniger als zwanzig Individuen zählen. In den meisten Landkreisen existieren nur noch Reste des einstigen Bestands an Bambuswäldern, die in vielen Fällen weniger als sechs Prozent der Gesamtfläche und nirgendwo mehr als sechsunddreißig Prozent der Gesamtfläche ausmachen. Die verbliebenen Wälder werden in erschreckendem Tempo abgeholzt. In Sichuan ist das geeignete Panda-Habitat – das nicht überall von Pandas bewohnt wird – seit 1974 auf knapp die Hälfte geschrumpft, und genauso ernst ist die Lage in Gansu und Shaanxi. Pandas leben heute nur noch auf einer Fläche von zwölftausend Quadratkilometern.

Die Befunde an den Schnittlinien lieferten die Basis für eine vorläufige Schätzung der Panda-Bestände. Der Gesamtbestand: achthundertzweiundsiebzig bis eintausenddreihundertzweiundfünfzig Individuen. Etwa die Hälfte der Pandas fand man im Min-Gebirge, achtzehn Prozent im Qionglai-Gebirge, die übrigen größtenteils im Liang- und Qinling-Gebirge. Wenn auch dem Anschein nach präzise, gibt diese Schätzung der Panda-Zahlen doch lediglich Aufschluß über die ungefähre Größenordnung. Beim Sammeln von Daten an Schnittlinien kann es zu allerhand Einseitigkeiten und Entstellungen kommen, zumal wenn unbeaufsichtigtes Personal am Werk ist. Dazu heißt es in einem Bericht an den WWF lakonisch: «Es gibt zahlreiche Diskrepanzen zwischen den Instruktionen im Arbeitsplan und der tatsächlich geübten Protokollierungspraxis.» Vermutlich belief sich 1988 die Mindestzahl von lebenden Pandas noch auf rund eintausenddreihundertfünfzig Individuen, doch hat es inzwischen – bedingt vor allem durch Wilderei – ganz ohne Zweifel einen Rückgang gegeben. Der jährliche Populationsschwund wird anhand ziemlich lückenhafter Daten auf fünf bis sieben Prozent geschätzt. Zufällig führten die Zählungen Mitte der siebziger und Ende der achtziger Jahre zum gleichen Ergebnis: Beide Male wurde die Gesamtpopulation auf ungefähr tausend Individuen geschätzt. Heute weiß man jedoch, daß bei der ersten Schätzung viel zu niedrig gegriffen wurde. Der neueste Zensus lieferte erstmals ein realistisches Bild des Panda-Bestands wie auch von der geographischen Distribution der Tiere, und auf diese Kenntnisse ließe sich ein effektiver Erhaltungsplan gründen.

Nach zehnjähriger Zusammenarbeit mit dem chinesischen Forstwirtschaftsministerium publizierte der WWF im August 1989 endlich eine Strategie für den Schutz des Pandas. Das Dokument trägt den Titel *Nationaler Erhaltungs-Managementplan für den Großen Panda und seinen Lebensraum* und ist eine Gemeinschaftsarbeit von John McKinnon, Bi Fengzhou, Qin Mingjiang und fünf weiteren chinesischen Koautoren. Der Plan liefert ein wichtiges Handlungskonzept zur Sicherung des Überlebens der Pandas. Seine erklärten Ziele sind:

1. Auf Dauer eine lebensfähige Population von wildlebenden Großen Pandas als integralen Bestandteil von Chinas natürlichem Erbe zu erhalten, und zwar zusammen mit den Pflanzen und Tieren, die gemeinsam den natürlichen Lebensraum des Pandas bilden.
2. Bereiche des Panda-Lebensraums zu restituieren, die durch menschlichen Eingriff geschädigt oder zerstört wurden, aber unentbehrlich sind für die Erreichung des unter Ziffer 1 genannten Ziels, weil sie beispielsweise die Möglichkeit des *outbreeding* zwischen räumlich getrennten Populationen – der Vermischung verschiedener Erblinien – oder Abwanderungsmöglichkeiten im Falle eines Bambus-Massenblühens gewährleisten.
3. Die Forstbetriebspraxis in Gebieten, wo Pandas außerhalb des Reservatsystems vorkommen, dahingehend abzuändern, daß Nutzungsarbeiten in diesen Wäldern in einer mit dem Überleben des Pandas verträglichen Weise ausgeführt werden.
4. Die Gefangenschaftszucht von Pandas zu verbessern, so daß keine Pandas mehr aus der Wildnis entfernt werden müssen und der Geburtenüberschuß von Gefangenschaftspopulationen zur Verstärkung der wildlebenden Population eingesetzt werden kann.
5. Alle Forschungen durchzuführen, die nötig sind, um ein besseres Verständnis von Biologie, Ökologie und Verhalten des Großen Pandas sowie der ihn bedrohenden Gefahren zu gewinnen und überdies das effektivste Management anzuwenden, um das langfristige Überdauern lebensfähiger und ökologisch stabiler Populationen sowohl wildlebender wie gefangener Pandas zu gewährleisten.

Gestützt hauptsächlich auf die von Ken Johnson und seinen chinesischen Kollegen im Datenerhebungsteam gesammelten Informationen, erörtert der Plan die Zahl und Distribution der Pandas sowie den Zustand ihres Lebensraums in jedem der vierunddreißig Landkreise, die Pandas beherbergen. Er enthält außerdem die Feststellung, daß die vierzehn vorhandenen Reservate zu wenig Raum für lebensfähige Panda-Populationen bieten, und entsprechend den Vorschlag, vierzehn weitere Reservate mit einer Gesamtfläche von knapp viertausend Quadratkilometern einzurichten. Elf der vorgeschlagenen neuen Reservate würden in Sichuan, eines in Gansu und zwei in Shaanxi liegen. Unter ihnen

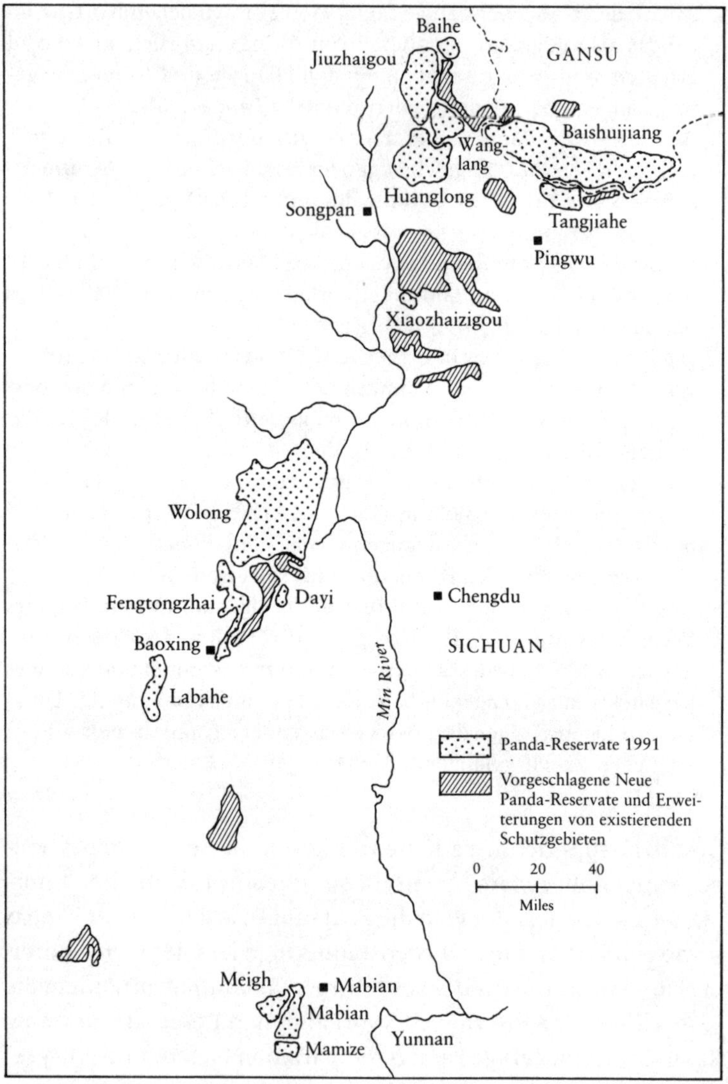

Existierende und vorgeschlagene Panda-Reservate

würde das 465 Quadratkilometer große Wujia-Reservat mit die bedeutendste Rolle spielen, weil es das Wanglang-, das Juizhaigou-, das Baihe-, das Baishuijiang- und das Tangjiahe-Reservat zu einem einzigen großen Naturschutzgebiet vereinigen würde. Ein weiterer entscheidend wichtiger Vorschlag zielt auf ein neues Reservat mit fast eintausenddreihundert Quadratkilometern ausgezeichneten Panda-Habitats in einer Region des Min-Gebirges («Minshan-Reservat»), wo bislang noch wenig Naturschutzgebiet ausgewiesen ist. Die anderen vorgeschlagenen Reservate sind meist klein – keines umfaßt mehr als zweihundertfünfzig Quadratkilometer –, würden aber alle für etliche isolierte Panda-Populationen neue Zukunftsaussichten mit sich bringen. Außerdem werden in dem Managementplan für mehrere existierende Reservate Grenzkorrekturen vorgeschlagen: für Tangjiahe eine Ausweitung nach Osten, für andere Reservate die Ausgrenzung von Bauerndörfern und Ackerland. Für Reservate wie Jiuzhaigou und andere, wo aufgrund der Gegebenheiten die Ausgrenzung der landwirtschaftlichen Betriebe nicht möglich ist, wird die Aussiedlung der Bauern empfohlen.

Der Plan zeigt außerdem diverse realistische Management-Möglichkeiten auf, die es allesamt verdienen, hier wiedergegeben zu werden (siehe Anhang 4), weil man nicht oft genug wiederholen kann, was getan werden muß, und nicht oft genug betonen kann, daß bereits ziemlich unaufwendige Maßnahmen für den Panda Sicherheit schaffen.

Freilich, der Plan hat auch seine wunden Punkte. Einige Empfehlungen scheinen weniger aus der Sorge um den Panda geboren als vielmehr von politischem Kalkül diktiert, und Rücksicht auf politische Empfindlichkeiten dürfte auch der Grund dafür gewesen sein, daß bestimmte Fragen ganz ausgespart wurden. So findet sich in dem Dokument kein Wort über die Rückführung von Pandas in geeignetes Bambushabitat in Provinzen wie Hubei, wo die Spezies zwar früher einmal heimisch war, aber heute nicht mehr vorkommt. Die Wilderei, von der gegenwärtig die schwerste Bedrohung der Existenz des Pandas ausgeht, wird zwar erwähnt, aber einer angemessenen Behandlung des Themas – die in detaillierten Empfehlungen zur Steuerung des Unwesens hätte resultieren müssen – weicht der Managementplan aus. Die soziologischen Aspekte der Panda-Krise werden schlicht ignoriert. Da die Reservatbewohner wildern und Habitat zerstören, wird es ohne ihre Mitwirkung keine Lösung dieser Probleme geben. Naturschutz läßt sich nicht per Dekret von oben realisieren. Jede Unternehmung in dieser Richtung muß für die Ortsansässigen – unter Berücksichtigung ihrer Interessen und Fertigkeiten, ihres Selbstwertgefühls und ihrer Traditionen – Anreize zum Mitmachen schaffen; dazu gehört, daß man Programme auf die Beine stellt, die ihnen neue spirituelle und ökonomische Vorteile bringen. Innovative Programme dieser Art werden – auf der Basis teils von Tourismus, teils der verkraftbaren Nutzung kritischer Ressourcen – bereits in Reservaten und / oder der Umgebung von Reservaten in aller Welt praktiziert, so in Amboseli (Kenia), den Virunga-Vulkanbergen (Ruanda) mit ihren Berggorillas, Guanacaste (Costa Rica), Ubaigubi (Papua-Neuguinea) und Chitwan (Nepal) – um nur einige Modelle zu nennen, die nützliche Lektionen und Einsichten auch zu der Frage vermitteln können, wie die Bedürfnisse von Pandas und Menschen unter einen Hut zu bringen wären.

Hinzu kommt ein weiteres Problem, das den Managementplan im ganzen betrifft. Der WWF veröffentlichte das Dokument, bevor es von der chinesischen Regierung ratifiziert worden war. Die für den Plan erforderlichen Haushaltsmittel waren so hoch, daß man im Forstwirtschaftsministerium befürchtete, mit der Zustimmung des Staatsrats könne es Probleme geben. Und nachdem die Regierung im Anschluß an die blutigen Ereignisse des Juni 1989 zu einer Politik der harten Hand übergegangen war, lag der Managementplan auf Eis. Zwei Jahre später war er noch immer nicht wieder aus den Amtsstuben der chinesischen Verwaltungsbürokratie hervorgekommen. Inzwischen hatte ihn das Forstwirtschaftsministerium einer umfassenden Revision unterzogen. Das Budget für den Fünfjahresplan 1991–1995 hatte sich auf umgerechnet fünfundfünfzig Millionen US-Dollar (nach dem amtlichen Wechselkurs von 1991) verdreifacht. Von den ursprünglich vorgeschlagenen neuen Reservaten wurden nach neuerlicher Begutachtung mehrere als sinnlos eingestuft, weil es auf dem fraglichen Areal zu viele menschliche Bewohner und zu wenige Pandas gab und die Wälder zu stark geschädigt waren. Um die in der ursprünglichen Fassung des Plans vorgesehene Zahl von vierzehn neuen Reservaten zu halten, zerteilte man einfach andere vorgeschlagene Reservate. Von den mittels Neuanpflanzung von Bäumen und Bambus zu schaffenden «grünen Korridoren», mit denen Verbindungswege zwischen derzeit noch isolierten Panda-Populationen hergestellt werden sollten, wurde die Mehrzahl als nicht machbar aus der Planung gestrichen.

Diese Informationen habe ich bei Gesprächen in China aufgeschnappt; für ihre Richtigkeit kann ich mich nicht verbürgen. Bei Ablauf des Jahres 1991 war der Stand der Dinge der, daß lediglich eine chinesische Version des Managementplans existierte, die das Forstwirtschaftsministerium noch nicht – auch nicht dem WWF – zur Übersetzung freigegeben hatte. Allerdings hatte der WWF im Oktober 1990 auf einer Konferenz in Beijing seine Zustimmung zu dieser Neufassung gegeben. Im Januar 1992 wurde der Plan schließlich vom Staatsrat gebilligt (wenngleich noch nicht vollständig in den Haushaltsplan aufgenommen).

Somit existiert jetzt eine Strategie zur Erhaltung des Pandas, und das ist ein entscheidend wichtiger erster Schritt. Der nächste, unendlich schwierigere Schritt ist die Ausführung des Plans. Über Jahrzehnte, ja Jahrhunderte wird man ohne Unterlaß Tatkraft, Wachsamkeit, Kooperationsbereitschaft und Engagement aufbieten müssen, will man das Ziel erreichen, den schwachen Halt des Pandas im Dasein auf Dauer zu kräftigen.

Am Anfang des Panda-Projekts standen eine – vielleicht aus romantischen Träumen geborene – ungestüme Leidenschaft für eine große Sache und ein Optimismus, wie er sich nur aus einem denkbar verschwommenen Begriff von den wahren Dimensionen der Probleme ergeben konnte, die da auf einen zukommen würden. Die Erkenntnis, daß der Panda litt und daß sein Bestand zusammenschrumpfte, während wir an der Chronik seines Alltags arbeiteten, ist mir eine schmerzliche Last. Mit Begeisterung und gutem Willen allein ist wenig auszurichten gegen eine Phalanx von lokalen Bürokraten, die in ihrer Kurzsichtigkeit mit allen Mitteln – mit Obstruktionen und Ausflüchten, unter Berufung auf überholte Grundsätze, mit kopflosem Handeln und anderem fatalem Unfug – die Direktiven der Zentralregierung unterlaufen und einer ökologischen Mißwirtschaft erschreckenden Ausmaßes Vorschub leisten. Von einem effektiven Schutz für Wildtiere und Wälder kann bis heute kaum die Rede sein und noch viel weniger von einem realen Habitat-Naturschutzmanagement. Auf Bergrücken abgedrängt, von Wilderern verfolgt, in wachsendem Maße seines Lebensraums beraubt, ist der Panda heute ein Todeskandidat. Illusionäre Aktionen, die man unternimmt, um das Gesicht zu wahren, können diesen Sachverhalt nicht verschleiern. Wenn nicht bald damit begonnen wird, solide Planungen in die Tat umzusetzen und mit aller Härte für die Einhaltung der Gesetze zu sorgen, werden alle Feldforschungen, imposanten Labors, Volkserziehungskampagnen, öffentlichen Aufrufe und gesetzgeberischen Kraftakte für die Rettung des Pandas keinen Wert mehr haben. Die Spezies in aller Stille in die Vergessenheit gleiten zu lassen hieße endgültig die Hoffnung verraten.

14

Rent-a-Panda oder «Hast du keinen, leih dir einen»

> Keine Frage, wir brauchen mehr Devisen, aber das darf nicht auf Kosten von Leben und Freiheit der eindrucksvollen Tierarten unseres Landes gehen.
>
> Indira Gandhi

Im Zeitraum 1936–1946 gelangten insgesamt vierzehn Pandas in westliche Tiergärten – die Ausbeute einer wilden Hetzjagd nach Ausstellungsexemplaren dieser seltenen Publikumslieblinge. Der Tierhändler Floyd Tangier Smith startete damals eine großangelegte Aktion mit dem Ziel, sich so viele Pandas wie nur möglich zu beschaffen. John Tee-Van, der seinerzeitige Direktor der New York Zoological Society, reiste 1941 nach China, um zwei gefangene Pandas abzuholen; dabei hatte er Gelegenheit, Smiths Vorgehensweise kennenzulernen, über die er in seinen Aufzeichnungen notierte:

> Mit Plakatanschlägen, auf denen er Jagdprämien auslobte, rührte er bei den Einheimischen die Werbetrommel. Außerdem richtete er längs seiner Reiseroute Informationszentren ein. Er stattete Anwerber mit Geld aus, mit dem diese Bauern, Heilkräutersammler, Köhler und andere Leute rekrutierten, die im Zuge ihrer Berufsausübung viel im Gelände herumkamen.

Man fragt sich, wie viele Pandas wohl auf dem Weg zu Mr. Smith verendet sein mögen. Der Zweite Weltkrieg, 1949 gefolgt von der Befreiung, machte dieser Ausbeutungspraxis ein Ende.

Einen neuen Status, nämlich den eines offiziellen Botschafters des guten Willens, erlangten die Tiere im Jahre 1957, als die chinesische Regierung der Sowjetunion einen Panda schenkte. In der darauffolgenden Zeit bis zum Jahre 1983 erhielten insgesamt neun Länder zum Zeichen der Freundschaft von China insgesamt vierundzwanzig Pandas als Geschenk (zwei davon – Ling-Ling und Hsing-Hsing – gingen 1972 in die USA). Die Periode der Panda-Geschenke endete 1985, kurze Zeit nach Beginn des Bambus-Massenabsterbens.

Im Zusammenhang mit den Olympischen Spielen 1984 lieh China an den Zoologischen Garten von Los Angeles für kurze Zeit unentgeltlich zwei Pandas aus. Nach drei Monaten wanderten die Tiere weiter nach San Francisco, wo sie ebenfalls drei Monate blieben – allerdings gegen Zahlung einer saftigen Leihgebühr. Diese von Geschäftstüchtigkeit zeugende Geste war für nordamerikanische und europäische Zoos das Signal, sich um Leihpandas für eine Sonderschau im eigenen Haus förmlich zu reißen, und die Chinesen ihrerseits überstürzten sich regelrecht mit dem Ausleihen der Tiere. Die Sache entwickelte sich zu einem Rent-a-Panda-Programm, bei dem die Zoos mit Panda-Ausstellungen um Prestige, Publizität und Profite wetteiferten, während China für jede Ausleihe sechsstellige Summen einstrich und in vielen Fällen auch noch einen Anteil an den Erlösen aus dem Andenkenverkauf kassierte. Obendrein verschaffte jede Ausleihe Scharen von Chinesen Gelegenheit zu Flugreisen ins Ausland. Eine Vorhut überprüfte die Unterkunftsbedingungen. Zusammen mit den Tieren wurden als Dreingabe ein, zwei chinesische Politgrößen geliefert, die bei den obligaten Empfangsfeierlichkeiten die Bedeutung der Pandas als Botschafter des guten Willens herausstrichen. Eine Crew von chinesischen Pflegern stieg in dem betreffenden Zoo ab, um während des gesamten Aufenthalts der Tiere hier die Sorge für sie zu übernehmen. Und zu guter Letzt trafen weitere Politgrößen ein, um bei den Abschlußfeierlichkeiten ein Loblied auf die Brücke der Freundschaft zu singen, die hier geschlagen worden war. Bei solchen Anreizen war es verständlich, daß chinesische Zoodirektoren zu Besuch weilende ausländische Kollegen bedrängten, sich von ihnen Pandas auszuleihen. Pandas wurden jetzt nicht mehr ihrer selbst, sondern ihres Schauwerts wegen geschätzt – sie waren ein *big business* geworden.

Sollten Pandas überhaupt ausgeliehen werden? Kein Wildtier erfreut sich bei Zoobesuchern größerer Beliebtheit. Hingerissen betrachten die Massen Pandas noch beim Schlafen, das einen großen Teil ihrer Zeit ausfüllt. Zoologische Gärten sind kulturelle und pädagogische Einrichtungen, die mit ihren Schauobjekten bei den Besuchern ein Bewußtsein für seltene Tiere und ihre Schutzbedürftigkeit wecken, und Pandas eignen sich natürlich hervorragend für diesen Zweck. Doch gibt es auch gute Gründe, die gegen den Panda-Verleih sprechen. Zu Recht könnte man von China verlangen, es möge doch erst einmal nachhaltigen Erfolg bei der Gefangenschaftszucht vorweisen, bevor es einzelne Tiere auf strapaziöse Weltreisen schickte, für deren Dauer bei ihnen die Fortpflanzungsfunktion vollständig zum Erliegen kommt. Denn schließlich nimmt China noch immer Pandas aus der Wildnis, um mit ihnen eine Gefangenschaftspopulation zu verstärken, deren Sterberate höher ist als ihre Fortpflanzungsrate. Anfangs war ich für ein Ausleihen unter strengen Auflagen, weil ich der Ansicht war, daß wir im Verkehr mit China eine Politik der offenen Tür brauchten, die Tiergärten außerhalb Chinas die Möglichkeit gab, mit den Chinesen zusammenzuarbeiten und bei ihnen mit Zuspruch, Wissen, praktischer Hilfe, Geld und nötigenfalls auch Druck auf ein verbessertes Management von Pandas in der Wildnis wie in der Gefangenschaft hinzuwirken. Ich habe jedoch meine Meinung geändert, als ich die Habgier, das Politisieren, den Mangel an Kooperationsbereitschaft und das disziplinlose Gerangel um Pandas erkannte, die das gesamte Verleihprogramm kennzeichneten.

Von Anfang an suchte die chinesische Zentralregierung alle Ausleihen unter ihrer Regie zu koordinieren, um die Einhaltung von CITES (der *Convention on International Trade in Endangered Species*, «Konvention über den internationalen Handel mit vom Aussterben bedrohten Arten», die den Handel mit gefährdeten Wildtier- und Wildfauna-Arten reguliert) sicherzustellen, in einigen Fällen setzte sich jedoch eine Stadtverwaltung kurzerhand über die Vorschriften der Konvention hinweg. Parallel dazu sah sich das Office of Scientific Authority des U. S. Fish und Wildlife Service, das jede Einfuhr von Tieren aus dem Ausland auf ihre Unbedenklichkeit hin zu prüfen und zu genehmigen hat, in die Panda-Politik verwickelt und unter Druck zum Nachgeben gezwungen. Als in einem bestimmten Fall die geplante Lieferung zweier Pandas an einen amerikanischen Zoo sich nicht mit den geltenden Vorschriften in Einklang bringen ließ und deshalb nicht gleich Bewilligungsbescheide ausgestellt wurden, griff das Weiße Haus in die Angelegenheit ein.

Der *New Yorker* vom 13. April 1987 zitierte ein Diktum des Rechtsanwalts Alan Cohen, dem zufolge der New Yorker Bürgermeister Edward Koch «unnachgiebig hinter Großen Pandas für den Bronx-Zoo her war. Daß er Ausdauer hat, muß man ihm wirklich lassen. Als er 1980 zu Besuch in Beijing war, redete er so viel darüber, wie gern er einen oder zwei Pandas hätte, daß Leute, die ihn sonst überhaupt nicht kannten, immer wenn sein Name fiel, sagten: ‹Ach, das ist doch der Mensch, der die Pandas haben möchte.›» Zu dumm, daß man im Bronx-Zoo die Begeisterung des Bürgermeisters nicht zu teilen vermochte; dort war man der Ansicht, daß China erst einmal ein effektives Gefangenschaftszuchtprogramm auf die Beine stellen sollte, bevor es die kostbaren Tiere auf Tournee schickte. Dennoch erhielt die Zooleitung im Dezember 1986 aus dem Bürgermeisteramt die Nachricht, daß ihr im kommenden Frühjahr zwei Pandas als Ausstellungsobjekte zur Verfügung stehen würden.

Zoologische Gärten in Los Angeles, San Francisco, New York, San Diego und Toronto, dazu die Busch Gardens in Tampa, Florida, erhielten in den Jahren 1984–1987 Pandas als Mietobjekt, und die Zoos von Calgary, Atlanta, Columbus, Ohio, Portland, Oregon und Seattle standen am Ende dieses Zeitraums in Verhandlungen mit China über die Überlassung von Pandapärchen. Der Zoo von Toledo und der Michigan State Fair (die Landwirtschaftsmesse des Bundesstaats) in Detroit, die weniger als hundert Kilometer voneinander entfernt sind, wetteiferten heftig darum, im Mittelwesten der erste zu sein, der seinen Besuchern Pandas zu bieten hatte. So ranghohe Persönlichkeiten des öffentlichen Lebens wie Nancy Reagan, Jimmy Carter und George Bush mischten bei einschlägigen Transaktionen mit. Leihpandas gingen sowohl nach Japan wie an Tiergärten in Holland, Belgien und Irland. Bei den Feiern zum zweihundertjährigen Jubiläum Australiens im Jahre 1988 umfaßte das Festprogramm auch die Ausstellung eines Pandapärchens; hinterher wanderten die Tiere nach Neuseeland weiter. Auch der Zoo von Mexiko-Stadt, der 1975 ein Pandapärchen als Geschenk erhalten und seither – das beste Zuchtergebnis außerhalb Chinas – erfolgreich vier Junge aufgezogen hatte, machte beim Panda-Verleih mit: Im Tausch für einen Gorilla, zwei Orang-Utans und etliche andere Tiere lieh er einen Panda für eine kurze Ausstellungsperiode an den Zoo von Memphis aus – sehr zum Verdruß der Chinesen, die anscheinend um ihr Monopol zu bangen begannen. Nur die Schweiz schloß sich – eine erfreuliche Ausnahme – diesem wilden kommerziellen Trubel nicht an: Seit 1987 sind dort alle Panda-Importe kategorisch verboten.

Da war irgend etwas schiefgelaufen. In veränderter Form waren die dreißiger Jahre wiedergekehrt. Damals hatte Ruth Harkness – die Initiatorin des Pandakults – geschrieben: «Man konnte die Überzeugung gewinnen, daß jede zoologische Gesellschaft von einiger Bedeutung sich vor Verlangen nach einem Panda verzehrte, daß die Erfüllung des Lebens für sie im Besitz eines dieser Tiere lag.» An dieser Einstellung hat auch ein drastischer Preisanstieg nichts geändert: 1938 bot die New York Zoological Society lediglich zweieinhalbtausend Dollar für die Lieferung eines Pandas frei Haus in ihren Bronx-Zoo. Fünfzig Jahre später reißen sich nicht nur nach wie vor die Tiergärten um die knuddeligen Zwangsemigranten, sondern auch Geschäftsunternehmen wie beispielsweise eine Supermarktkette oder eine Landwirtschaftsmesse.

Pandas waren in Gefahr geraten, zu bloßen Ausstellungsattraktionen zu werden. Tiergärten waren in Konflikt mit der Naturschützerrolle geraten, die sie als Teil ihres Auftrags übernommen hatten und in der sich praktisch zu bewähren nun von ihnen verlangt war. Gerechterweise muß erwähnt werden, daß man in manchen Zoos – so in New York und Calgary – gar keine Pandas haben wollte, sich aber dem anders gepolten Willen der vorgesetzten Stadtverwaltung beugen mußte. China schädigte sein Ansehen bei der internationalen Naturschützergemeinde, indem es dem Anschein nach den Panda zur Befriedigung reinen Gewinnstrebens nutzte. Ein Sprecher des Chinesischen Wildtierschutzverbands erläuterte diesen Punkt allerdings so: «Von Preisen kann gar keine Rede sein. Eine Spende nehmen wir freilich gern entgegen.»

Ich hatte den Trend bei den Vermietungen vorausgesehen und mich 1985 mit einem Schreiben an die American Association of Zoological Parks and Aquariums (AAZPA) gewandt, in dem ich anregte, bestimmte Richtlinien für kurzzeitige Ausleihen zu erarbeiten. Ich für meinen Teil hielt es für wünschenswert, daß in jüngster Zeit gefangene Individuen schnellstens wieder in die Wildnis entlassen würden, daß China ein koordiniertes Zuchtprogramm entwickelte, statt die Tiere über zahlreiche Zoos verstreut in Einzelunterkünften zu halten, und daß Pandas mit Fortpflanzungspotential (einschließlich noch nicht zur Geschlechtsreife gelangter Individuen) nicht den Strapazen einer Auslandsreise ausgesetzt und im selben Zug der Gelegenheit zur Paarung beraubt werden sollten. Die AAZPA nahm sich der Sache an und legte in der Folge einen Katalog von ausgezeichneten Richtlinien vor, die von der Reise bis zu den Unterbringungsbedingungen alles abdeckten; seinen Mitgliedern empfahl der Verband mit Nachdruck, nur solche Tiere als Mietobjekt anzunehmen, die entweder unfruchtbar waren oder das fortpflanzungsfähige Alter hinter sich hatten.

Die Chinesen kümmerten sich nicht um Richtlinien, bei deren Ausarbeitung sie nicht um ihre Meinung gefragt worden waren, und schickten Pandas in die Welt, wie sie sie gerade zur Hand hatten. So zum Beispiel wurde der New York Zoological Society ein wildgefangenes erwachsenes Weibchen angeliefert, das nach Auskunft der Chinesen steril war. Kurze Zeit nach der Ankunft kam es in die Brunst. Das mitgeschickte Männchen war noch nicht im fortpflanzungsfähigen Alter und so klein, daß es getrennt von dem Weibchen untergebracht werden mußte. Die Chinesen befürchteten, das Weibchen könnte ihm Verletzungen beibringen. Diese Leihgabe brachte die New York Zoological Society, die mehr als jede andere Institution ihrer Art für den Erhalt der Pandas wie der Wildfauna im allgemeinen getan hatte, in eine höchst peinliche Lage.

Als Peter Karsten, dem Direktor des Zoos von Calgary, ein vierzehnjähriges Männchen und ein elfjähriges Weibchen für die Dauer der Olympischen Winterspiele 1988 zur Miete angeboten wurden, telegraphierte er nach China: «Wir sehen uns außerstande, ihrem Alter und ihrer körperlichen Verfassung nach fortpflanzungsfähige Große Pandas als Ausstellungsleihgaben zu akzeptieren. Wir haben diesen Punkt bei unseren Verhandlungen in Beijing nachdrücklich klargestellt und erhielten die uneingeschränkte Versicherung, daß dies auch die Politik der chinesischen Behörden sei, so daß es dazu keiner schriftlichen Vereinbarung bedürfe. [...] Es ist uns wirklich nicht möglich, mit dem Ausleihvorhaben weiterzumachen, ohne Einbußen an Glaubwürdigkeit und Mitgliederzahlen hinnehmen zu müssen, womit es um unseren Rang als achtbarer und verantwortungsbewußter zoologischer Garten geschehen wäre.» Nachdem ihnen jemand solchermaßen klipp und klar die Meinung gesagt hatte, nahmen die Chinesen ihr Angebot umgehend zurück und sagten statt dessen die Lieferung richtlinienkonformer Tiere zu.

Wie alles, was mit Pandas zu tun hat, brachte auch die Frage des Panda-Verleihs viele Gemüter in Wallung, zumal der kommerzielle Hintergrund das Programm in eine Aura moralischer Laxheit gehüllt erscheinen ließ. Das Ganze wäre in der ethischen Dimension durchaus nicht in diesem Maße auf die Preisgabe von Grundsätzen hinausgelaufen, wenn man sich beim Vermieten und Mieten strikt an die AAZPA-Richtlinien gehalten hätte und wenn alle von China erzielten Erlöse direkt in den Schutz des Pandas geflossen wären. Die chinesische Wissenschaftliche Prüfbehörde äußerte die Überzeugung, «daß zumindest ein Teil der Erlöse für den Naturschutz zur Verfügung gestellt werden könnte, doch gibt es, wohlgemerkt, keine Möglichkeit zur unabhängigen Ermittlung der Höhe etwa gezahlter Hilfsgelder», resümierte eine Aktennotiz des WWF die Situation. So ist es.

Tatsächlich werden Pandas von zwei separaten chinesischen Organen verliehen, die ihre Gelder unabhängig voneinander verwenden, ohne sich groß um Koordination zu bemühen. Das eine ist das Forstwirtschaftsministerium, bei dessen Verleihprogramm der Chinesische Wildtierschutzverband die Regie führt. Das zweite Organ ist der Chinesische Verband der Zoologischen Gärten, der dem Ministerium für Bauentwicklung und Umweltschutz untersteht. Ein Großteil von dessen Geldern fließt in den Bau von Panda-Zuchtstationen.

So flossen beispielsweise einhundertzwanzigtausend Dollar vom Zoologischen Garten Antwerpen und sechshunderttausend Dollar von der New York Zoological Society gezahlte Panda-Leihgebühren in den Bau der Panda-Zuchtstation bei Chengdu. Im April 1987 zitierte *China Daily* einen amtlichen Sprecher, der erklärte: «In der Station werden wir den größten Teil der 24 augenblicklich in chinesischen Zoos vorhandenen fortpflanzungsfähigen Pandas und einige aus der Wildnis zusammenziehen.» Bislang waren kaum Anzeichen dafür zu erkennen, daß diese und die nicht weit von ihr entfernt in Wolong gelegene Station, deren jede einem anderen Ministerium untersteht, zum Wohle des Pandas zusammenzuarbeiten gedächten. Eine dritte Panda-

Zuchtanstalt, die ebenfalls in Chengdu ansässig sein und der Provinzregierung unterstehen soll, ist geplant.

1988 veranlaßte die weitverbreitete Besorgnis über das Rent-a-Panda-Programm eine Reihe von Organisationen zu Grundsatzerklärungen (siehe Anhang 5). Der WWF, der zuerst für das Ausleihen eingetreten war – und sogar an dem Leihgeschäft mit dem Zoo von Toronto mitverdient hatte –, sprach sich jetzt für die Ächtung jeglichen Pandaverleihs aus: «Der WWF richtet an die Zoos außerhalb Chinas und die chinesischen Behörden die dringende Aufforderung, das Mieten und Vermieten von Großen Pandas zu Ausstellungszwecken einzustellen.» Kurz danach, im Februar, wurde auf einer Versammlung des Weltnaturschutzbunds (International Union for the Conservation of Nature and Natural Resources, abgekürzt: IUCN) in Costa Rica die Anregung ausgesprochen, «daß jedwede Ausstellung von Großen Pandas nur mehr als *spin off* eines internationalen Nachzuchtprogramms und unter der Voraussetzung uneingeschränkter Verträglichkeit mit diesem stattfinden sollte».

Mitte Februar 1988 traf eine von der AAZPA eingesetzte «Arbeitsgruppe Panda» zusammen und erarbeitete eine aktualisierte Grundsatzerklärung, die das Ausleihen auch weiterhin befürwortete, allerdings unter der Voraussetzung, daß dabei präzise Richtlinien eingehalten wurden. In einer der Richtlinien hieß es: «AAZPA-Mitglieder sollten nur solche Tiere als kurzzeitige Mietobjekte akzeptieren, bei denen es sich um physiologisch fortpflanzungsunfähige erwachsene Exemplare handelt, und zwar vorzugsweise Männchen und vorzugsweise in Gefangenschaft geborene Tiere.» Offen blieb allerdings die Frage, wie die Chinesen herausfinden würden – oder ob sie sich auch nur die Mühe machen würden herauszufinden –, ob ein Tier tatsächlich unfähig zur Fortpflanzung war. Eine weitere Richtlinie legte fest, daß «alle speziell aus Ausstellungen gewonnenen Einkünfte ausschließlich zur Finanzierung bestimmter Einzelheiten des Erhaltungsplans für die Spezies verwendet werden sollten». Die Arbeitsgruppe hegte die Hoffnung, daß diese Richtlinie, indem sie

Gelder für chinesischerseits zu treffende spezifische Maßnahmen zur Erhaltung des Pandas bestimmte, die Aura der Kommerzialität abschwächen würde, von der die Verleihpraxis umgeben war. Im Mai 1988 erklärte auch das CITES-Sekretariat das Ausleihen von Pandas im Prinzip für vertretbar, wenn es der Erhaltung der Spezies zugute käme.

Der U. S. Fish and Wildlife Service (FWS) zeigte sich in einem Schreiben vom 4. März 1988 neuerlich besorgt über das Panda-Verleihwesen: «Das Amt sieht sich außerstande, irgendwelche Anträge abschließend zu bearbeiten, solange es nicht Gelegenheit hatte, mit chinesischen Regierungsstellen gleicher Ebene die Frage abzuklären, welche Auswirkungen derartige Verleihaktionen auf wildlebende und Gefangenschaftspopulationen haben, sowie ferner, auf welche Weise die aus dem Verleih erzielten Erlöse dazu verwendet werden würden, die Überlebensaussichten der Spezies zu verbessern.»

Doch war der FWS nunmehr in der Lage, auch unter politischem Druck zu seinen Idealen zu stehen? Ich war gespannt, wie die Chinesen und die nicht geringe Zahl der angesprochenen zoologischen Gärten auf diese Beschlüsse reagieren würden. Würde die Sorge um die Pandas den menschlichen Eigennutz besiegen?

Bis zum Frühjahr 1988 hatten sich mindestens dreißig Tiergärten und andere Einrichtungen in den USA bei den entgegenkommenden Chinesen um Leihpandas beworben. Politiker bedrängten den FWS, die Bewilligung für Anträge aus ihren Wahlkreisen zu erteilen, aber noch immer gab es keine konsequente Einfuhrpolitik. Tatsächlich hatten frühere Bewilligungen sowohl gegen das amerikanische Artenschutzgesetz (Endangered Species Art) als auch gegen das CITES-Abkommen verstoßen, die beide die Bestimmung enthalten, daß die Einfuhr vom Aussterben bedrohter Tiere und Pflanzen nur zu wissenschaftlichen Zwecken statthaft ist oder wenn sie zur Ausbreitung und dem Überleben der Spezies beiträgt. Zu einem bestimmten Zeitpunkt hatte der FWS die Ansicht vertreten, daß keine Importbewilligung erforderlich sei für Pandas, die vor dem 15. März 1984 – dem Tag, an dem die Spezies in die CITES-Liste der vom Aussterben bedrohten Tiere aufgenommen wurde – in der Wildnis gefangen worden waren. Dieser Standpunkt lief nicht nur auf eine in den USA einmalige, von der aller anderen Tierarten abweichende Rechtsstellung des Pandas hinaus, sondern drohte überdies die Möglichkeit staatlicher Kontrolle und Lenkung der Einfuhr gefährdeter Wildtierarten zu unterminieren. Denn unter Berufung auf die so geschaffene Präzedenz würden Tierhändler nun analoge Freistellungen auch für alle anderen Tierarten verlangen können, und die dabei angegebenen Fangdaten würden sich genauso der Nachprüfung entziehen wie im Falle der Pandas.

Von Naturschützern war zudem das Argument zu hören, daß die Panda-Verleihaktionen auch insofern einen Verstoß gegen das Artenschutzgesetz und das CITES-Abkommen darstellten, als sie in erster Linie einem kommerziellen Zweck dienten. Die Chinesen bewilligten eine Panda-Ausleihe an den Michigan State Fair, ein Geschäftsunternehmen. Und die Zoologischen Gärten machten keinen Hehl aus der Dollarträchtigkeit der Pandas. Eine Schlagzeile der Zeitung *San Diego Union* lautete «Zoo macht 4,4 Millionen Dollar Reinerlös aus Pandabesuch». Der Zoo von Toledo bezifferte die erwarteten Einnahmen aus der Sonderausstellung eines Pandapärchens öffentlich auf 3,3 Millionen Dollar, und die Handelskammer Toledo rechnete mit siebenundsiebzig Millionen Dollar Mehreinnahmen für die Geschäftswelt der Stadt.

Die öffentliche Kontroverse lief noch auf Hochtouren, als FWS-Leiter Fred Dunkle bekanntgab, daß keine Einfuhrbewilligungen für Pandas mehr erteilt würden, solange die Chinesen nicht nachgewiesen hätten, daß die Verleihpraxis sich nicht zum Schaden der Spezies auswirke und daß die Erlöse tatsächlich für Maßnahmen zum Erhalt der Pandas ausgegeben würden. Ein langes Leben war dieser Politik nicht beschieden. Schon Wochen später stellte der FWS nach einer Intervention des Kongreßabgeordneten Delbert Latta aus Ohio dem Zoo von Toledo gegen den

Protest einer breiten Öffentlichkeit eine Einfuhrgenehmigung aus. Freilich, als die Spitzen der Zooverwaltung mit ihren zwei Großen Pandas im Gepäck aus China zurückkehrten, wartete in der Heimat ein Rechtsstreit auf sie. Mit der Begründung, der kommerzielle Schacher mit den Leihpandas verstoße gegen das US-Artenschutzgesetz und das CITES-Abkommen, strengten der World Wildlife Fund USA und die AAZPA gemeinschaftlich eine Klage gegen den FWS an. Sie beantragten die sofortige Rücksendung der Pandas von Toledo nach China. Was in diesem Verfahren nicht zur Sprache kam, war die – von den Chinesen verschwiegene – Tatsache, daß die zwei Pandas aus der Zuchtstation Wolong genommen worden waren, ein Umstand von erheblicher Beweiskraft für die im Vortrag der Klägerseite enthaltene Behauptung, daß Leihtiere ohne große Rücksicht auf die Wohlfahrt der Spezies ausgesucht wurden.

Der Zoo von Toledo, nicht faul, schritt flugs zur Gegenklage; Begründung: der WWF-USA habe die Abwicklung des Vertrags mit China beeinträchtigt; Antrag: zehn Millionen Dollar Schadenersatz für entgangene Einnahmen und wegen Ehrabschneidung. Dann geißelte man in Toledo die Klage des WWF öffentlich als Reklametrick, mit dem es nur darauf abgesehen sei, das Herz und den Geldbeutel potentieller Förderer zu öffnen. Ed Bergsmark, der Präsident der Toledo Zoological Society, wurde in der Presse mit der Bemerkung zitiert: «Der WWF verwendet den Panda als Logo; er hat ihn in die Warenzeichenrolle eintragen lassen und an 57 verschiedene Produkte lizenziert; er verdient mit an allen möglichen Sachen, von Panda-Nobeloutfits bis zu Panda-Schlafanzügen.» Und in einem nicht sonderlich eleganten Pressionsversuch dachte Wang Menghu bei einem Besuch in Toledo laut über die Frage nach, ob das Gerichtsverfahren sich nicht vielleicht störend auf die zwischen China und ausländischen Organisationen praktizierte Zusammenarbeit in der Panda-Forschung auswirken würde.

Am 17. Juni bestätigte US-Bezirksrichterin Norma Holloway in unausdrücklicher Form den kommerziellen Zweck der Unternehmung des Zoos von Toledo, indem sie dem Antrag auf eine einstweilige Verfügung stattgab, mit der dem Zoo untersagt wurde, während der Panda-Sonderschau erhöhte Eintrittspreise zu kassieren. An der Kasse war ein Aufschlag auf den normalen Eintrittspreis verlangt worden, der für Erwachsene zwei und für Kinder einen Dollar betrug. Die Pandas blieben allerdings fünf Monate lang in Toledo.

Drei Tage nachdem das Gericht seine Entscheidung gefällt hatte, verweigerte der FWS – trotz starken Drucks von seiten der Lobby des Bundesstaats Michigan – dem dortigen State Fair die beantragte Einfuhrgenehmigung. Die Ausstellungsveranstalter mußten auf die Einnahmen verzichten, die ihnen die beim Publikum so beliebten Pandas beschert hätten, und das chinesische Forstwirtschaftsministerium mußte auf dreihunderttausend Dollar garantierten Mindestmietertrag verzichten, die für das moribunde Forschungszentrum Wolong bestimmt gewesen waren – nicht unbedingt die ideale Verwendung von knappen Naturschutz-Dollars.

Und am 24. Juni gab der FWS die Aussetzung aller Einfuhrbewilligungen für Pandas bekannt. Das Moratorium solle in Kraft bleiben, bis ein neuer Normenkatalog ausgearbeitet sei – eine Sammlung von Leitlinien mit dem Effekt stärkerer Kontrolle der zahlreichen Verleihaktionen, die «neue, zusätzliche Bedrohungen der wildlebenden wie der Gefangenschaftspopulationen in sich bergen».

In den Augen der Chinesen kam der Wirbel um den Pandaverleih einem Gesichtsverlust gleich, hauptsächlich weil sie die juristischen, biologischen und ethischen Gründe für die Verhängung des Moratoriums nicht recht verstanden und ebensowenig von den innenpolitischen Aspekten der Situation in den USA begriffen. Aber gleichzeitig zeigten sich mehrere Mitarbeiter des Forstwirtschaftsministeriums, mit denen ich sprach, hocherfreut darüber, daß das Panda-Vermieten zeitweilig zum Erliegen gekommen war, denn die stürmische Auslandsnachfrage nach Pandas und immer mehr Pandas hatte zu Meinungsverschiedenheiten und Spannungen im eigenen Lager geführt. Zur Eröffnung eines Dialogs mit China über den Komplex einschlägiger Fragen reiste Edward Schmitt vom Brookfield-Zoo in Chicago, der damalige Vorsitzende der «Arbeitsgruppe Großer Panda» der AAZPA, im Juli 1988 nach Beijing und traf dort mit Vertretern des Chinesischen Verbands der Zoologischen Gärten zusammen. Man führte fruchtbare Gespräche über die Notwendigkeit vermehrter Zusammenarbeit zwischen chinesischen und ausländischen Tiergärten, die Dringlichkeit der Aufgabe, ein Panda-Herdbuch einzurichten, und das Desiderat eines gemeinschaftlich produzierten Richtlinienkatalogs für den Panda-Verleih.

Als ich vor Vertretern des Forstwirtschaftsministeriums und seiner Unterbehörde, des Chinesischen Wildtierschutzverbands, den geplanten Besuch Ed Schmitts zur Sprache gebracht hatte, war großes Interesse an einem Gespräch mit ihm über die Problematik des Panda-Verleihs bekundet worden, zumal da die Pleite von Michigan und der Mißerfolg in Toledo das Forstwirtschaftsministerium und nicht dessen Konkurrenten im Panda-Verleihgeschäft, den Chinesischen Verband der Zoologischen Gärten, betroffen hatten. Doch als Ed Schmitt in Beijing eingetroffen war, waren die zuständigen Leute im Forstwirtschaftsministerium unabkömmlich. Sie machten sich ihr eigenes Verhandlungsprogramm und trafen schon bald mit Vertretern des U. S. Fish and Wildlife Service zu Gesprächen über den Panda-Verleih zusammen. Und dieselben Ministerialbürokraten waren auch noch unabkömmlich, als sie von dem Chinesischen Verband der Zoologischen Gärten, der AAZPA und dem WWF zu einer Tagung über Strategien der Panda-Gefangenschaftszucht eingeladen wurden. Zu der Zeit gebot das Forstwirtschaftsministerium über siebenundzwanzig Pandas, während in chinesischen Zoos insgesamt rund sechzig Pandas untergebracht waren. Es ist schwer, die Gefangenschaftspopulation exakt zu beziffern, denn China hatte noch immer kein Herdbuch angelegt, in dem alle Geburten und Todesfälle registriert und aktuelle Informationen über lebende Tiere festgehalten worden wären. Das Forstwirtschaftsministerium mied die Tagung wahrscheinlich deswegen, weil eine konkurrierende chinesische Institution teilnahm. Was auch immer der Grund gewesen sein mag – das Ministerium hätte dort einiges darüber in Erfahrung bringen können, wie der traurigen Fortpflanzungsbilanz der Pandas in der Zuchtstation Wolong aufzuhelfen wäre.

Die Konkurrenz und der Mangel an Kooperationsbereitschaft im Verhältnis zwischen dem Forstwirtschaftsministerium und dem Chinesischen Verband der Zoologischen Gärten bremste immer wieder kräftig den Fortschritt auf dem Weg zu einem umfassenden Erhaltungsplan für die in Gefangenschaft lebenden Pandas. Was das angeht, vermochte der Chinesische Verband der Zoologischen Gärten, als er sich seinerzeit um eine Verbesserung der Ausgangsbedingungen für die Pandazucht bemühte, nicht einmal seine Mitglieder in nennenswertem Umfang zur Kooperation zu bewegen. Von einundzwanzig chinesischen Zoos, die Pandas beherbergten, hielten nur zehn Pärchen. Da fragt man sich doch: Ist der Panda nun eine nationale Kostbarkeit oder Privateigentum der Tiergärten und der mit Tieren befaßten Staatsorgane?

Das Forstwirtschaftsministerium und der Chinesische Verband der Zoologischen Gärten hielten immerhin genügend Kontakt miteinander, um Mitte September gemeinsam bekanntgeben zu können, daß Panda-Ausleihen in die Vereinigten Staaten bis auf weiteres ausgesetzt werden würden. Was diese neue Maßregel denn nun in der Praxis zu bedeuten hatte, blieb offen. So wurde beispielsweise Forstwirtschaftsminister Zhang Yushan in den Medien mit den Worten zitiert: «Es geht nicht darum, daß absolut keine Pandas dahin sollen. Es geht nur darum, daß solche Ausstellungen unter Kontrolle gebracht werden müssen.» Und in einer Meldung der in Ohio erscheinenden *Columbus Dispatch* hieß es: «Die Chinesen werden ihr Columbus und Vizepräsident George Bush gegebenes Versprechen, daß zu den Feierlichkeiten [des Jahres 1992] Pandas hier sein werden, einlösen. [...]» Mit den Feierlichkeiten sind die Festivitäten aus Anlaß des fünfhundertjährigen Jubiläums der Entdeckung des amerikanischen Doppelkontinents durch Christoph Kolumbus gemeint. Was die Pandas mit dem Genueser Abenteurer und seinen geographischen Mißgeschicken zu tun haben, wird aus dem Zusammenhang nicht recht klar. Aber vielleicht will die Bemerkung, wie das Nachrichtenmagazin *Newsweek* vermutet, darauf hinweisen, «was Kolumbus erblickt haben könnte, wenn er tatsächlich nach China gelangt wäre». Aber wie dem auch sei – solange der U. S. Fish and Wildlife Service nicht wieder Einfuhrbewilligungen ausstellte, war Pandas der Weg in die USA versperrt.

Unterdessen setzte auch China seine spezielle Sorte Panda-Politik fort, indem es im Oktober 1988 Taiwan für den Zoo von Taipeh zwei Pandas als Geschenk anbot. Taiwan zeigte sich zunächst abgeneigt, denn die Annahme des Geschenks schien die Anerkennung des Standpunkts der chinesischen Regierung zu implizieren, daß die Insel in Wahrheit eine chinesische Provinz war, nicht das unabhängige Land, als das Taiwan selbst sich versteht. Das Verschenken von Pandas an fremde Länder hatte China offiziell eingestellt. Da jedoch auf Taiwan die Wahl zum Gesetzgebenden Yuan bevorstand, agitierten einige Volksvertreter für das Panda-Geschenk in der Hoffnung, daß die Popularität der Tiere auf sie selbst abstrahlen würde. Im April 1988 fand Taiwan sich zur Annahme der Pandas grundsätzlich bereit, doch «wünschte man nicht, die kostbaren Tiere sofort entgegenzunehmen, aus Furcht, ihnen nicht die angemessenen Haltungsbedingungen bieten zu können», wie eine Zeitung es taktvoll formulierte. Der politische Panda-Eiertanz ging weiter, als das Olympische Komitee Chinas sich der bepelzten Geschenkartikel annahm und die Pandas dem Olympischen Komitee Taiwans anbot. Im Jahre 1990 fällte Taiwan schließlich die – von Naturschützern beifällig aufgenommene – Entscheidung, die Pandas abzulehnen.

Ungeachtet mancher Probleme bildete sich – langsam und mit Umwegen – eine akzeptable Verleihpolitik heraus. Ende 1988 hatte dann der Chinesische Verband der Zoologischen Gärten seine Leitlinien betreffend die Ausstellung von Großen Pandas formuliert, und auch andere chinesische Körperschaften arbeiteten daran, Inkonsequenzen in ihren Verfahrensgrundsätzen zu beseitigen. So zum Beispiel waren jetzt nur noch nachgezüchtete oder vor 1983 wildgefangene Tiere als Mietobjekte zulässig. Die für sämtliche Ausleihvorhaben erforderliche amtliche Genehmigung zu erteilen lag allein in der Kompetenz des Forstwirtschaftsministeriums.

Das US-Justizministerium erklärte sich bereit, dem WWF-USA im Falle einer gütlichen Beilegung seines Rechtsstreits mit dem FWS ein Drittel seiner Prozeßkosten, anders gesagt: einen Betrag von fünfzigtausend Dollar zu ersetzen, und der WWF nahm das Angebot an. In seiner Klage hatte der WWF die Rechtmäßigkeit der Einfuhr zweier im Zoo von Toledo ausgestellter Pandas bezweifelt. Der Zoo von Toledo fand sich seinerseits bereit, seine Klage gegen den WWF und die AAZPA zurückzuziehen.

Doch Gong-Gong, der Panda-Star des Chinesischen Staatszirkus, sorgte dafür, daß der Wirbel um die Pandas nicht abriß. Im Herbst und Winter trat er im Rahmen einer Kanada-Tournee in rund einhundert Vorstellungen auf. Der kommerzielle Charakter des Unternehmens lag auf der Hand, dennoch hatte der Canadian Wildlife Service, der über die Einhaltung der CITES-Bestimmungen im Lande wacht, eine Einfuhrgenehmigung erteilt. Zu seiner Verteidigung wies der Canadian Wildlife Service darauf hin, daß in China eine Million Dollar in die Erhaltung des Pandas fließen würde. Dem hielten wiederum seine Kritiker entgegen, es sei durchaus nicht sicher, daß dieses Geld für den angegebenen Zweck – den Bau eines Naturschutz- und Ausbildungszentrums in Wolong – verwendet würde.

Unterdessen lieferten der Londoner Zoo, der Zoo von Cincinnati und der Chapultepec-Zoo in Mexiko ein phantasievolles Beispiel der Zusammenarbeit beim Management von Pandas in Gefangenschaft. In Großbritannien lebt ein einziger Panda, ein Männchen namens Chia-Chia, das 1974 hier eintraf. Der Chapultepec-Zoo besitzt zwei junge Weibchen und ein junges Männchen, die sämtlich am Ort geboren und Nachkommen desselben

Elternpaars sind. Da Inzucht zwischen Vater und Töchtern oder zwischen den Geschwistern aus naheliegenden Gründen nicht erstrebenswert war, mußte von irgendwoher ein anderes Männchen als Zuchttier ausgeliehen werden. London zeigte sich entgegenkommend. Auf dem Weg von Großbritannien nach Mexiko machte Chia-Chia für drei Monate Zwischenstation in Cincinnati, um hier als Besichtigungsobjekt Geld einzubringen, ehe er im Spätjahr 1988 in den Süden weiterreiste. Die so erworbenen Mittel wurden teils zum Ausbau des Panda-Geheges im Chapultepec-Zoo verwendet, teils bildeten sie den Grundstock eines neu eingerichteten, von London und Cincinnati gemeinschaftlich verwalteten Panda-Erhaltungsfonds.

Im Alter von achtzehn Jahren wurde Chia-Chia zum erstenmal Vater; seine mexikanische Paarungspartnerin Tohui warf im Juli 1990 ein Junges. Aber damit ist die Geschichte noch nicht zu Ende. Bei seinem Chinabesuch im Jahr 1988 bat der britische Ex-Premier Edward Heath Chinas starken Mann Deng Xiaoping um die leihweise Überlassung eines Pandaweibchens als Paarungspartnerin für Chia-Chia, dessen Gefährtin Ching-Ching 1985 gestorben war. Mitte des Jahres 1990 fand sich China schließlich zur Erfüllung der Bitte bereit und kündigte für das Frühjahr 1991 die Entsendung eines Weibchens in den Londoner Zoo an. Indes, zu diesem Zeitpunkt war Chia-Chia stillvergnügt zu längerem Aufenthalt als Züchtungs-Leiharbeiter nach Mexiko ausgewandert. Als Ersatz plante der Londoner Zoo, sich aus Mexiko ein anderes Männchen, den siebenjährigen Liang-Liang, zu beschaffen. Die Weichen waren gestellt für eine neue Runde von Panda-Politik auf höchster Ebene. Doch im April 1991 sah sich der Londoner Zoo zu der Ankündigung veranlaßt, daß er spätestens im Herbst seine Pforten schließen würde, es sei denn, der erwirtschaftete Verlust würde mit einer staatlichen Finanzspritze in Höhe von mehreren Millionen Dollar ausgeglichen. Das hätte eigentlich das Aus für die Panda-Transaktion sein müssen. Aber nein. Obgleich die Finanzkrise des Londoner Zoos unbereinigt geblieben war, schickte China im Oktober 1991 ein erwachsenes

Weibchen namens Ming-Ming als Leihgabe zu Züchtungszwekken zu einem zweijährigen Aufenthalt nach England. Und der noch immer in Mexiko weilende Chia-Chia suchte sich ausgerechnet diesen Zeitpunkt zum Sterben aus. Trotzdem könnte die Geschichte noch ein Happy-End haben: Der Berliner Zoo schickte sein Pandamännchen, dessen Gefährtin vor Jahren gestorben war, als Zuchttier nach London.

Das 1988 in den USA verhängte Moratorium für Panda-Importe hatte natürlich keinerlei Auswirkung auf andere Länder. 1989 mietete der Assiniboine Park Zoo in Winnipeg für einen Zeitraum von mehreren Monaten zwei Pandas. Die Miete steckte China erneut in eine Zuchtstation; diesmal war es die in Chengdu. Hätte man die Dollarmillionen aus den Verleihgeschäften für Maßnahmen gegen die Wilderei und zum Schutz der Wälder ausgegeben, statt für den Bau und die Erhaltung von Mauern zum Einkerkern der Pandas, wäre es um die Zukunft der Spezies besser bestellt. Positiv zu vermerken ist allerdings, daß die aus Australien eingegangenen Mieteinnahmen dazu verwendet wurden, in Gansu ein neues Reservat einzurichten. Auch in die japanische Stadt Kofu wurden zwei Pandas verschickt. Dort blieb freilich der erwartete Besucherstrom aus, so daß die Stadtverwaltung alle im öffentlichen Dienst Beschäftigten aufforderte, Eintrittskarten für die Panda-Ausstellung zu kaufen. In Japan wurden gemietete Pandas manchmal an andere Institutionen im Land untervermietet, wenn diese Garantien auf gigantische Mindesteinnahmen gaben. Im gleichen Taumel, wie er 1988 in den USA herrschte, rissen sich auch Kumamoto und andere japanische Städte um Pandas.

1990 verloren der WWF, die IUCN, die AAZPA und die International Union of Directors of Zoological Gardens schließlich die Geduld mit Tiergärten und anderen Institutionen, die sich vor lauter Habgier in nicht zu entschuldigender Weise über die Rücksicht auf das Wohl der Pandas hinwegsetzten. Sie beschlossen ein weltweites Moratorium für alle Panda-Mietaktionen.

Ende 1990 hatte der U. S. Fish and Wildlife Service, obwohl er zweieinhalb Jahre Zeit zum Überlegen gehabt hatte, noch immer keine neuen Normen für den Panda-Verleih vorgelegt. Zyniker sagten voraus, daß die Veröffentlichung des Normenkatalogs mit Sicherheit auf einen Termin gelegt würde, der dem Zoo von Columbus reichlich Zeit ließ, im Jahre 1992 seine zwei Pandas in Empfang zu nehmen, wie George Bush es ihm noch in Vizepräsidententagen versprochen hatte. Die neuen Richtlinien wurden am 14. März 1991 im *Federal Register* veröffentlicht. Sie riefen den sofortigen vehementen Protest der Naturschutzverbände hervor, deren Leitlinien und Beschlüsse von der Behörde ignoriert worden waren. Das neue Regelwerk war so lasch, daß praktisch jede Institution Anspruch auf Pandas erheben konnte, die über das nötige Geld verfügte und nachwies, daß die Tiere nicht «für primär kommerzielle Zwecke eingesetzt» wurden. Ausgespart blieb die Forderung nach einem internationalen Register in Gefangenschaft gehaltener Tiere, ausgespart die Forderung nach einer globalen Strategie zum Schutz der Art und ausgespart auch die Forderung nach einer Pflicht zur Rechenschaftsablegung über zweckgebundene Naturschutzgelder. Peter Karsten, der damalige Vorsitzende der AAZPA-«Arbeitsgruppe Panda», gab seinen Bedenken in einem vom 11. April 1991 datierten Brief beredten Ausdruck:

> Die Leitlinien des USDI / FWS [USDI = U. S. Department of the Interior, «US-Innenministerium»] werden eine neue Flut von Anträgen auf Ausleihgenehmigungen in Gang bringen und damit im Effekt nicht nur Tiere dieses ungemein wertvollen Genpools im Erreichen des Fortpflanzungsoptimums gefährden, sondern auch in bedenklichem Maße die Arterhaltungsstrategien aushöhlen, die soeben erst ihre Formulierung und auf dem internationalen Artenschutz-Diskussionsforum einhellige Zustimmung gefunden haben. Diese Leitlinien begehen regelrecht Sabotage an der eben auftauchenden ungemein fragilen Infrastruktur für die Entwicklung eines umfassenden Managementplans für Große Pandas in der Wildnis und in Gefangenschaft. Es fällt mir schwer zu begreifen, wie ein für den Schutz der natürlichen Ressourcen zuständiges Amt eine solche von jeglicher Sachkenntnis ungetrübte Entscheidung zu

treffen vermag – eine Entscheidung, deren Zustandekommen ich mir allenfalls erklären könnte, wäre sie von einem Amt getroffen worden, das für Wirtschaftsentwicklung und Tourismus zuständig ist.

In Ermangelung akzeptabler Regierungsrichtlinien für Panda-Leihgeschäfte setzte die AAZPA nun ihre eigene Autorität ein, um die Einfuhr von Leihpandas bei ihren Mitgliedszoos in Nordamerika zu unterbinden. Tiergärten, die sich einen Leihpanda zu beschaffen versuchten, riskierten den Verlust der Akkreditierung beim Verband. Abschreckende Wirkung hatte diese Drohung beim Burnet Park Zoo in Syracuse, New York. Der Zoo von Columbus indessen verlangte für sich eine Ausnahmeregelung, weil er seinen Antrag auf Leihpandas noch vor der Verhängung des AAZPA-Moratoriums gestellt hatte. Ähnlich beim Internationalen Zoodirektorenbund (International Union of Directors of Zoological Gardens), der im August 1990 ein Moratorium für das Mieten von Pandas beschlossen hatte: Der Zoo von Singapur stellte unter Berufung auf eine vor Beginn des Moratoriums getroffene Abmachung mit China noch im Spätjahr 1991 Pandas aus.

Ende November / Anfang Dezember 1990 hielt die IUCN in Australien ihre Generalversammlung ab. Bei dieser Gelegenheit wurde die Verlängerung des Panda-Moratoriums bis zum Juli 1991 beschlossen. Zu diesem Zeitpunkt würden die Empfehlungen einer großen internationalen Konferenz mit dem Motto «Der Panda – eine Initiative zu seiner Erhaltung» zur Verfügung stehen, die Anfang Juni unter der Ägide des National Zoological Park in Washington, D. C., stattfinden sollte. Hauptzweck der Tagung war die Erarbeitung einer globalen Zuchtstrategie und eines Aktionsplans für die Spezies einschließlich aller in Gefangenschaft gehaltenen Tiere. Bei ihrer wichtigsten Zielsetzung produzierte die Konferenz einen Fehlschlag. Über einen globalen Erhaltungsplan war keine Einigkeit herzustellen. Nicht einmal über die Auswahlkriterien für geeignete Leihpandas erzielte man Konsens. War es vertretbar, subadulte Tiere den Strapazen einer

Auslandsreise auszusetzen? Sollten nur Männchen vermietet werden, die Weibchen dagegen verschont bleiben, damit sie sich in Ruhe dem Fortpflanzungsgeschäft widmen konnten? Wildlebende Pandas sind Einzelgänger – aber warum werden sie dann immer paarweise zur Schau gestellt, was die Anzahl der auf Reisen befindlichen Tiere von vornherein verdoppelt?

Nachdem es der Konferenz nicht gelungen war, eine globale Panda-Strategie zu verabschieden, bekräftigten die einzelnen Teilnehmerorganisationen noch einmal ihren Standpunkt in Sachen Moratorium.

Am 14. August 1991 veröffentlichte die AAZPA folgende Erklärung: «Wie auf mehreren vorangegangenen Sitzungen beschloß der Vorstand einstimmig, sein Moratorium für die Einfuhr von Großen Pandas durch AAZPA-Mitglieder in Kraft zu belassen:»

Und der Generaldirektor der IUCN, Martin Holdgate, schrieb unter dem Datum vom 17. Juli 1991 an das CITES-Sekretariat:

Im Lichte des Unvermögens der Konferenz, in der Frage dieser umfassenden Strategie zu einer Entscheidung zu kommen, ist die IUCN zu dem Schluß gekommen, daß jetzt kein anderer Weg mehr offensteht als der, nachdrücklich die weltweite Durchsetzung eines Moratoriums für kurzzeitige, ausschließlich Präsentationszwecken dienende Verleihaktionen zu empfehlen. Die IUCN ist zu dem Schluß gekommen, daß diese *nicht Zuchtzwecken dienenden* Verleihaktionen dabei sind, sich als Ablenkungen von der eigentlichen Aufgabe zu erweisen, und die besteht in der Einführung einer Erhaltungsstrategie, die die Spezies vor der Ausrottung rettet. Wir bitten Sie daher dringend um Vollzug eines totalen *Moratoriums* für die Einfuhr von Großen Pandas im Rahmen von *kurzzeitigen, lediglich Präsentationszwecken dienenden Verleihaktionen,* bis eine zufriedenstellende Erhaltungsstrategie sowohl für Gefangenschaftspopulationen als auch für wildlebende Populationen der Spezies erarbeitet ist. Wir sind jedoch der Ansicht, daß das Verleihen und Leihen von Großen Pandas zu Zuchtzwecken von Nutzen sein könnte als ein Schritt vorwärts in der Entwicklung des benötigten kooperativen Managementprogramms für die Gefangenschaftspopulation, und dieses dürfte sich ausgezeichnet ergänzen mit dem vom Chinesischen Verband der Zoologischen Gärten zusammengestellten neuen Herdbuch für die Spezies. [...]

Auf dem Mietpanda-Markt hatte sich die Atmosphäre zu einem solch giftigen Nebel verdichtet, daß das Moratorium unverzichtbar geworden war. Als ich den ersten Entwurf dieses Buches niederschrieb, fragte ich mich, ob der Zoo von Columbus wohl im Interesse der Zukunft der Pandas 1992 auf Profitmacherei verzichten würde. Eine müßige Frage. Wie so oft triumphierte auch diesmal die Habgier über die Moral. Die massiven Proteste von Naturschutzorganisationen und auch der AAZPA mißachtend, setzte der Zoo von Columbus seine Verhandlungen mit dem chinesischen Forstwirtschaftsministerium über ein Pandapärchen fort. Dazu ermutigt fühlen durfte sich die Zoodirektion von Präsident George Bush, der dem Bürgermeister von Columbus, Dana (Buck) Rinehart, am 2. August 1991 schrieb: «Zu Columbus hat meine Familie eine ganz besondere Beziehung, weil mein Großvater viele Jahre lang dort gelebt und gearbeitet hat», um anschließend seine Zuversicht zu äußern, daß die Pandas «in nachhaltiger Form guten Willen und Freundschaft zwischen den Vereinigten Staaten und China» schaffen würden. Am 29. Oktober 1991 (nach dem amerikanischen Kalender; der chinesische Kalender war schon einen Tag weiter) unterzeichnete eine Abordnung von Vertretern der Stadt und des Zoos Columbus in Beijing eine Mietvereinbarung mit den Chinesen. Gleich danach, am 1. November, schickte Präsident George Bush dem Bürgermeister von Columbus ein eigenhändiges Gratulationsschreiben: «Lieber Buck, habe Ihre Nachricht erhalten. Ich freue mich außerordentlich, daß das Geschäft mit den Pandas zustande gekommen ist. Großartig gemacht. George Bush.» Mit Rückenwind aus dieser Richtung durfte die erforderliche Genehmigung des FWS wohl kaum noch ein Problem sein. Indes, die in Aussicht genommenen Miettiere entsprachen insofern nicht den Einfuhrrichtlinien, als beide 1986 wildgefangene und mutmaßlich fortpflanzungsfähige Erwachsene waren. Obendrein war der Antragstext lückenhaft: Er gewährte wenig Aufschluß darüber, auf welche Weise China die Mietgebühr zugunsten der Erhaltung des Pandas zu verwenden gedachte. Der FWS war drauf und dran, die Einfuhrgenehmigung zu verweigern. Doch dann setzte sich der Kongreßabgeordnete Wylie aus Ohio mit Innenminister Manuel Lujan in Verbindung, und der setzte sich mit dem FWS in Verbindung, und auf einmal war der unzulängliche Bewilligungsantrag doch in Ordnung. China erklärte sich nachträglich bereit, statt des erwachsenen Pärchens zwei junge, 1989 in Gefangenschaft geborene Männchen zu schicken, und der Mieterlös wurde für die Einrichtung eines neuen Panda-Reservats im Qinling-Gebirge in der Provinz Shaanxi bestimmt. Der Antrag des Zoos von Columbus genügte nun in allen wesentlichen Punkten den Bewilligungskriterien des FWS.

Während die internationale Naturschützergemeinde noch darauf wartete, ob der FWS sich dem Moratorium anschließen oder unter Druck von Politikerseite in die Knie gehen und die Einfuhrbewilligung erteilen würde, bekam der Zoo von Columbus es mit Schwierigkeiten von anderer Seite zu tun, die er sich selbst eingebrockt hatte. Direktor Jack Hanna wurde vor die Ethikkommission der AAZPA bestellt, die ihm eröffnete, daß dem Zoo der Verlust der Akkreditierung und die Aufhebung seiner Mitgliedschaft für die Dauer eines Jahres drohe, falls er die Panda-Mietvereinbarung nicht rückgängig mache. Für den Fall, daß der FWS die Einfuhrgenehmigung erteilen sollte, hatte der WWF-USA vor, bei Gericht eine einstweilige Verfügung gegen den Vollzug zu erwirken, um die Verschickung der Pandas zu verhindern. Aber der Zoo von Columbus entschloß sich zu einem Präventivschlag: Er stellte bei Gericht einen vorbeugenden Antrag auf Unterlassung störender Einmischungen seitens des WWF-USA sowie auf Geldbuße und Schadenersatz in Höhe von zusammen einer Million Dollar; ferner beantragte er Hauptverhandlung vor einem Geschworenengericht in Columbus – das alles zu einem Zeitpunkt, wo der WWF-USA noch keinerlei gerichtliche Schritte unternommen hatte. Letzten Endes ging es hier natürlich um die gewaltigen Einnahmen, die sich die Stadt Columbus von einer Panda-Ausstellung versprechen durfte. Man hatte ausgerechnet, daß Handel und Gewerbe in Toledo dank der Panda-Ausstellung von 1988 insgesamt rund sechzig Millionen Dollar Mehreinnahmen hatten verbuchen können, die größtenteils aus den Geldbörsen der vermehrt in die Stadt strömenden Touristen stammten. (China erlöst aus einer Vermietungsaktion etliche hunderttausend Dollar und macht damit in Anbetracht der Summe im Jackpot wahrlich ein mieses Geschäft.) Dem Unterlassungsantrag des Zoos wurde stattgegeben, aber gegen diese Entscheidung legte der WWF beim Sechsten Bundesgericht Berufung ein, und das Berufungsgericht verwies den Fall mit der Begründung, das Vorbringen des Zoos mache einen «wenig substantiierten Eindruck», zu erneuter Verhandlung und Entscheidung an die untere Instanz zurück. Am 20. April 1992 hatte der FWS die Einfuhrbewilligung für Columbus erteilt, und Ende Mai trafen die Pandas in der Stadt ein. Prompt suspendierte die AAZPA den Zoo von der Mitgliedschaft. Dann legten der WWF und der Zoo ihren Rechtsstreit durch Vergleich bei; der Zoo verpflichtete sich zu einer Spende von fünfundsechzigtausend Dollar an den WWF sowie zu einer Verstärkung seines Beitrags zur Erhaltung des Pandas; der WWF zog seinen Einspruch gegen die Mietaktion zurück. Und der WWF kündigte eine neuerliche Überprüfung seiner Leitlinien für Panda-Einfuhren an. Damit war der Stand der Dinge um die Jahresmitte 1992 nicht viel anders als im Jahre 1988.

Ich bin zuversichtlich, daß es mit dem Management von Pandas in Gefangenschaft bald aufwärts gehen wird. China wird ein Herdbuch veröffentlichen; es wird bei sich zu Hause ein effektives Zuchtprogramm auf die Beine stellen; und es wird im Rahmen weltweiter Bemühungen um die Vermehrung des Panda-Bestands mit ausländischen Institutionen zusammenarbeiten. Das Vermieten von Pandas wird unter strenger internationaler

Kontrolle wiederaufgenommen werden. Eines Tages wird China wahrscheinlich genausoviel oder mehr Geld aus dem Panda-Tourismus wie aus dem Panda-Verleih erlösen. Bei den Forschungsarbeiten in Wolong und Foping hat sich gezeigt, daß Pandas sich leicht an Menschen gewöhnen. Besucher würden für die Besichtigung von Pandas mit Sicherheit bereitwillig denselben hohen Preis erlegen, den sie in Ruanda und Zaire bezahlen, um Berggorillas beobachten zu können.

Was bisher für weite Teile des Panda-Mietbetriebs kennzeichnend war – Habgier und das Kochen von politischen Süppchen, gepaart mit schändlicher Gleichgültigkeit gegenüber dem Wohl oder Wehe des Pandas –, das wird auch in Zukunft nicht aussterben. Aber ich hoffe inbrünstig, daß der Mietbetrieb eingedämmt werden wird. Es gibt nicht so viele Pandas, und es wird nie so viele geben, daß alle, die nach einem schreien, auch einen vermietet, geschenkt oder verkauft bekommen könnten. Wenn wir dem Panda Symbolwerte aufbürden, ihn mit ehrfürchtigen oder gerührten Gefühlen überschütten – schön und gut. Aber wir haben auch die moralische Pflicht und Schuldigkeit, für das Überleben der Spezies in freier Natur zu sorgen. Angesichts eines von Jahr zu Jahr schwindenden Bestands kann nicht jeder Zoo, nicht jedes Land Pandas haben. Die Evolutionsgeschichte des Pandas hatte nicht das Ziel, apartes Material zur Stillung des menschlichen Amüsierbedürfnisses zu liefern.

Epilog

Ich habe mich bemüht, mit diesem Buch einen offenen und ehrlichen Bericht über das Panda-Projekt vorzulegen und dabei ganz in der Rolle des Biologen aufzugehen, der Zeugnis ablegt, Fakten präsentiert, der Wahrheit nachspürt; meine Hoffnung war es, die atmosphärische Seite jener Jahre in China vermitteln zu können, und mein Ziel, die Lebensform eines erstaunlichen Geschöpfs zu erhellen. Es war gewiß einfacher, über die Pandas zu schreiben als über die an dem Projekt beteiligten Menschen und Institutionen. Beim Wiederlesen des Geschriebenen merke ich, daß ich stellenweise wie jemand wirke, der einem aufgestauten Groll Luft macht oder öffentlich schmutzige Wäsche wäscht. Dergleichen liegt nicht in meiner Absicht. Zugegeben, in manchen Partien erweckt der Text den Eindruck eines Berichts von einer vergeblichen Mission; da drängt die schreckliche Enttäuschung ans Licht, die ich damals empfand und noch heute empfinde. Aber eine Chronik wie diese kann sich nun einmal nicht der Pflicht zu wertender Beurteilung entziehen; die Dämonen der Erinnerung, mögen sie auch in Gelassenheit herbeizitiert worden sein, verlangen nach Ausdruck. Offenheit mag nicht überall Anklang finden, besonders nicht in einem autoritären Staatswesen wie China, wo man mit Repressalien gegen abweichende Meinungen unter Umständen schnell bei der Hand ist. Was ich weiß, entspricht der Wahrheit, wie es scheint, doch nach asiatischer Sitte sollte ich es nicht aussprechen.

Jetzt, wo ich letzte Hand an das Manuskript dieses Buches lege, sind seit Beginn des Panda-Projekts über zehn Jahre vergangen. Vielleicht hätte ich meinen Bericht über die Misere der Pandas schon eher veröffentlichen sollen. Doch während der Zeit meines

Engagements in einem Wildtier-Projekt in Tibet scheute ich vor der Veröffentlichung zurück, weil ich befürchtete, sie könnte die chinesische Regierung veranlassen, meiner Forschungsarbeit in ihrem Einflußbereich ein Ende zu machen. Eigentlich benötigt der Naturschutz eine Organisation nach dem Muster der Menschenrechtsorganisation Amnesty International, der man unter dem Siegel der Vertraulichkeit Fälle von Umweltvandalismus und korrupte Praktiken melden könnte, ohne Vergeltungsmaßnahmen befürchten zu müssen.

Es gab noch einen zweiten, wichtigeren Grund für den Aufschub der Veröffentlichung. Um das Projekt bildete sich nach und nach eine Aura der Desillusionierung, der an der Wirklichkeit gescheiterten Vision, der bitteren Einsicht, daß der Panda zum Untergang verurteilt ist. Der Panda schien zum Inbild der Hoffnungslosigkeit geworden. Wenn ich auch unter Umständen das Vokabular der moralischen Entrüstung und des Pessimismus benutze, so bin ich dennoch auf Hoffnung und Optimismus angewiesen. Es ist das schwierige Los der gegenwärtigen Menschheitsgeneration, daß sie diejenige ist, die endlich die Größenordnung all der Untaten begreift, die am Panda wie an anderen Formen des Lebens begangen werden; das Ausmaß der Umweltzerstörung ist nichts Geringeres als die Vernichtung unseres spirituellen Erbes, eine Absage an Vergangenheit und Zukunft. Ich wollte nicht einfach nur ein melancholisches Buch über einen weiteren Fall von Niedergang im Tierreich schreiben, sondern eine leidvolle Vergangenheit schildern und zum Ausgleich am Ende Hoffnung verheißen können; das Ergebnis sollte eine Parabel von Sünde und Erlösung sein. Deshalb habe ich zugewartet, wobei mein Optimismus jeglicher Logik zu entbehren schien.

Daß der Panda zum Meditationsbild für das Umweltbewußtsein erhoben wurde, ist nicht zu verwundern. Das Tier besitzt die Kraft, den Betrachter im Innersten anzurühren und zu verwandeln; es braucht nur auf der Szene zu erscheinen, und schon wird es ringsum heller. Yin und Yang sind nach traditioneller chinesischer Lehre die polaren Grundkräfte von Trennung und Vereinigung: Schwarz und Weiß, Dunkel und Licht, Sonne und Mond, Sommer und Winter, Leben und Tod. Jede der beiden Kräfte enthält in sich den Keim der anderen, beide müssen gleichgewichtig zusammenwirken, wenn ein ausgewogenes, so geschmeidiges wie beständiges Ganzes zustande kommen und dauern soll. Der Panda ist eine Verkörperung von Yin und Yang. Aber die Menschen haben das Gleichgewicht zerstört, und das Dasein des Pandas ist nun von der Ausrottungsdrohung überschattet.

Nur mit Ironie vermag ich der Tatsache ins Auge zu sehen, daß die Ausrottung des Pandas noch nie so rapide voranschritt wie in den Jahren, als wir ihn studierten, während der Zeitspanne also, in der ihm mehr Aufmerksamkeit zuteil wurde als jemals zuvor in seiner ganzen langen Geschichte. Unser jahrelanges intensives Bemühen um den Schutz des Pandas hat ganz gewiß nicht zu einem Sieg geführt und vielleicht lediglich einen bescheidenen Aufschub der Niederlage bewirkt. Tatsächlich quält mich die obsessive Vorstellung, das Projekt könnte dem Panda mehr geschadet als genutzt haben. Viele Menschen und eine Reihe von Institutionen hatten mit ehrlicher Überzeugung die Interessen des Pandas auf ihr Panier geschrieben, und ihre guten Absichten sind nicht zu bezweifeln. Aber hätte man den Panda im Dunkel seiner Bambusdickichte belassen und ihm die weltweite Publizität – mitsamt der Habgier, die auf dem Humus dieser Publizität ins Kraut schoß – erspart, gäbe es heute vielleicht nicht so viele in Gefangenschaft gehaltene Tiere, die während des Bambusmassenabsterbens und hinterher überflüssigerweise aus der Wildnis genommen und eingesperrt wurden, und es gäbe vielleicht auch nicht so viele Zuchtstationen. Pandas wären vielleicht nicht so gewinnträchtig und würden nicht in lebendem Zustand als Mietobjekte in alle Welt oder tot als grausige Trophäen nach Taiwan und Japan verschickt werden. Indes, selbst wenn wir die Pandas in Frieden gelassen hätten, wären sie bald von Holzfällern und der expandierenden Bauernbevölkerung, die Berghänge in Anbaufläche verwandelt, um ihre Ruhe gebracht worden. Das Projekt beschaffte erstmals grundlegende Informationen über das zurückgezogene Leben der Pandas, es umriß die Erhaltungsprobleme der Spezies und entwickelte Konzepte zur Lösung dieser Probleme. Darin besteht der wichtige Ertrag des Projekts. Der anhaltende Niedergang des Pandas darf uns nicht in unserer Zielstrebigkeit, in unserem Willen zur Rettung der Spezies beirren. Der Panda hat bis heute überlebt, sein Lebensraum hat überdauert, und es existiert ein realistischer Plan zur Rettung beider. Aber wenn wir diesen Plan nicht *gleich jetzt* in die Tat umsetzen, wird unsere kurzlebige Liebe zum Panda in immerwährender Gewissensqual enden.

Für Pandas gibt es Freiheit nur in der Ungestörtheit und Sicherheit, die sie zwischen Bambuspflanzen im Schatten der Wälder finden. Sie können ihr Dasein nicht dem unseren anpassen, in ihren Bedürfnissen keine Kompromisse machen. Eine andere Auffassung zu vertreten und das Glücksspiel um die Zukunft des Pandas fortzusetzen wäre ein fataler Irrtum, der am Ende teuer bezahlt werden müßte. All unsere schönen Gefühle und humanitären Besorgnisse, all unsere Bemühungen, das Tier, solange es noch existiert, den kommenden Generationen ans Herz zu legen, sind ohne Bedeutung, wenn wir zulassen, daß der Panda von unserem Planeten verschwindet. Um die Gewähr dafür zu schaffen, daß der Panda als beständiger Zeuge für das Wunder der Evolution und als Unterpfand einer ökologischen Wende erhalten bleibt, müssen wir eine Kraftanstrengung auf globaler Ebene machen.

Die letzte Verantwortung für die Rettung des Pandas in seiner angestammten Heimat liegt bei China: Nur China kann die erforderlichen Maßnahmen zum Schutz des Tieres durchführen. Dabei muß freilich die übrige Welt mit Know-how, Geldmitteln und moralischer Unterstützung zur Hand gehen. Im Ernst der Lage liegen Hoffnung und Chance beschlossen. Versäumen wir es jedoch, jetzt die richtigen Entscheidungen zu treffen, werden die letzten Pandas verschwinden und uns in einer Schwermut wie nach einem mißglückten großen Abenteuer zurücklassen, und sie werden mit ihrem Verschwinden unsere Zivilisation als Zerstörerin anprangern. Eine untergegangene Welt wieder ins Dasein zurückzuholen übersteigt unsere Kräfte.

Der Panda hat keine Geschichte, nur eine Vergangenheit. Aus einer anderen Zeit ist er in einem fragilen Moment zu uns gekommen, als durch unser jahrelanges Verfolgen seiner Spuren in den Wäldern Licht auf sein abgeschiedenes Leben fiel. Dieses Buch präsentiert jenen Moment, keine urkundliche Geschichte.

Die Jahre meiner Beschäftigung mit dem Panda füllen mein Inneres aus, wie ein Panda mit seiner leuchtenden Gegenwart den Bambuswald erfüllt und seinen Charakter prägt. Meine Erinnerungen pendeln zwischen Glück und Gram, aber am liebsten verweilen sie bei Wei und Tang und den anderen freilebenden Pandas, die mit meinem Leben in Berührung kamen. Am häufigsten steht mir das Bild Zhens vor Augen. Ich erinnere mich lebhaft an eine Begegnung mit Zhen, die an einem Tag stattfand, an dem ich aus Wuyipeng abreiste, und mir wie ein Abschiedsgeschenk erschien.

Ich hatte sie nicht weit entfernt vom Camp angetroffen; die Schnauze zwischen den verschränkten Armen, saß sie zusammengesackt auf einem moosbewachsenen Findling. Leise näherte ich mich ihr bis auf weniger als fünfzehn Meter und wartete. Sie hob den Kopf, warf mir einen desinteressierten Blick zu, beugte sich vor und setzte, mit dem Rücken zu mir, ihr Schläfchen fort. In der Art, wie sie mich ignorierte, äußerte sich eine verblüffende Selbstsicherheit, eine beeindruckende Form von Ungebundenheit. Dann und wann wechselte sie die Haltung, legte sich auf die Seite oder auf den Bauch, und gelegentlich setzte sie sich auf, um sich zu kratzen oder mit den Tatzen Fliegen von ihrem Gesicht zu verscheuchen. Einmal blickte sie in die Richtung, aus der vom Camp her laute Stimmen zu hören waren. Als es nach zweieinhalb Stunden heftig zu regnen anfing, hob sie die Arme über den Kopf und streckte sich unter abgründigem

Gähnen. Sie kletterte von dem Felsblock und begann Bambussprossen zu mampfen. Ich entfernte mich; im Weggehen sah ich im Dämmer zwischen dem Bambus noch den gedämpften Schimmer ihres Fells, bis sie sich sanft auflöste wie fallender Schnee und mit dem Wald um sie herum verschmolz.

Anhänge

Anhang 1

Auf der Suche nach dem Qilin

Chinas gefährdete Wildfauna

ewigdauerndes kennen heißt klarheit
wer ewigdauerndes nicht kennt
wirkt blindlings zum unheil

Laozi, *Daodejing*, XVI

China zerfällt in zwei Teile, die Osthälfte, wo der größte Teil der Bevölkerung lebt, und die spärlich besiedelten Wüsten- und Hochlandgebiete im Westen. Im Osten fuhr ich mit der Bahn von Chengdu nordostwärts nach Harbin; die zweitausendfünfhundert Kilometer weite Reise führte ausschließlich durch eintönige Kulturlandschaft: Bis auf ein paar unfruchtbare Bergrücken wird hier jedes Fleckchen Erde seit Jahrtausenden landwirtschaftlich genutzt. Von ehemals vorhandener Waldfläche ist nichts mehr übrig. Selbst der Anblick eines Vogels ist eine Seltenheit. Einer landesweiten Kampagne gegen die «Vier Übel» – Fliegen, Stechmücken, Ratten und Spatzen – fielen 1958 nicht nur die als Getreideschädlinge verrufenen Spatzen, sondern auch andere Vögel zum Opfer. Luftgewehre und Zwillen sorgen seitdem dafür, daß der Vogelbestand gering bleibt. Hinzu kommt, daß Vögel in horrenden Zahlen – drei Millionen allein im Jahre 1985, den Schwarzhandel gar nicht mitgerechnet – auf ausländische Haustier- und Lebensmittelmärkte exportiert werden.

Selbst entlegene Regionen Westchinas sind von der Wildtiervernichtung nicht verschont geblieben. Riesige Weidelandflächen in Xinjiang, auf denen es alten Berichten zufolge einst von Kropfgazellen wimmelte, liegen heute ausgestorben im Hitzedunst. Man weiß fast nichts über die paar hundert Wildkamele, die es in den entlegensten Teilen der Taklimakan-Wüste in Xingjiang noch gibt. Riesige Herden von Mongolischen Gazellen zogen einst über die Staatsgrenze zwischen der Mongolei und der chinesischen Provinz Innere Mongolei hin und her. «Der ganze Horizont war eine Linie von gelben Leibern und geschwungenen Hälsen. [...] Zu Tausenden zogen sie dort vorn vorüber», schrieb Roy Chapman Andrews 1932. Von diesen gewaltigen Herden sind nur Rudimente übrig, und die werden von den Chinesen abgeschlachtet. Einer Meldung des *China Daily* zufolge wurden in der Zeit vom 26. Oktober bis zum 17. November 1989 in einem bestimmten Gebiet der Inneren Mongolei viertausend Gazellen abgeschossen. In vielen Gebirgstälern erwecken nur ganz sporadisch noch Argali-Wildschafe mit ihren mächtigen Hörnern die Erinnerung an frühere Zeiten, und höchst selten ziehen über die Felsen droben noch klappernde Steinbockhufe oder die lautlosen Pfoten eines Schneeleoparden. Der Ausbau des Straßennetzes, die Verfügbarkeit von Hochleistungsgewehren und ein aufnahmebereiter Markt für Fleisch, Häute und Hörner haben auch im Hochland von Tibet stellenweise zur Ausrottung oder Dezimierung des Wildtierbestands geführt. Arten wie der Wildyak, die Tibetgazelle und der Kiang (*Equus kiang*, der tibetische Halbesel) kommen heute fast nur noch in kahlen, dünnbesiedelten Regionen Nordwesttibets vor (siehe die Karte auf S. 283).

Aus Ostchina sind die meisten Großsäugetiere schon seit langem vertrieben, und die tatsächlich noch überlebenden Arten sind dort auf ein Rudiment ihres ehemaligen Verbreitungsgebiets zurückgedrängt. Panzernashörner, Schabrackentapire, Elefanten und Gibbons zum Beispiel waren noch im zehnten Jahrhundert nach Norden bis zum Huangho (dem «Gelben Fluß») hinauf verbreitet. Heute sind Nashörner und Tapire in China ausgerottet, und Elefanten und Gibbons leben nur noch in Restbeständen von Regenwald in Yunnan; hinzu kommt etwa ein Dutzend Gibbons auf der Insel Hainan, die letzten Vertreter einer eigenen Rasse. Der Davidshirsch, einst verbreiteter Bewohner sumpfiger Flußniederungen, ist in freier Natur vollständig ausgerottet und lebt nur in nachgezüchteten Exemplaren weiter. Das Brack- und Seewasser bewohnende riesige Leistenkrokodil ist aus den chinesischen Flußmündungen verschwunden. Im Laufe unseres Jahrhunderts starben in den Steppengebieten Westchinas das Przewalskipferd und die Saiga aus.

In China stehen derzeit insgesamt achtundneunzig Säugetier-, Vogel- und Reptilienarten unter staatlichem Schutz. Allesamt sind sie gefährdet durch Habitatzerstörung oder unkontrolliertes Bejagen oder beides – die

Grundmängel nicht nur in China, sondern überall auf der Welt –, und einige sind akut von der Ausrottung bedroht.

Der *baiji* oder Yangzi-Delphin könnte schon morgen das nächste Ausrottungsopfer sein. Die in kleinen Gruppen über viele Meilen trübes Flußwasser verteilten *baiji* zählen nur noch zwei- bis dreihundert Exemplare. Und ihre Zahl nimmt immer weiter ab, wie Bernd Würsig im *Whalewatcher* schrieb: Teils verenden die Tiere an den Legangeln von Fischern, teils nach der Kollision mit einem Flußdampfer oder als Opfer der Wasserverschmutzung. Ein geplanter Staudamm im Drei-Schluchten-Gebiet würde auf mehr als einhundertfünfzig Kilometer Flußlauf das ohnehin geschrumpfte Habitat des *baiji* zerstören. Binnen kurzem wird eine verzweifelte Anstrengung gestartet werden, für einige der Tiere in einem Altwasser des Yangzi einen Überlebensraum zu schaffen. Die Aktion, die dem anmutigen *baiji* zum Überleben in seiner natürlichen Umgebung verhelfen soll, wird in gemeinsamer Verantwortung von dem Institut für Hydrobiologie Wuhan und der Universität Nanjing durchgeführt.

Der Tiger indessen hat solche Freunde nicht, denn er gilt als grausam und angriffslustig. Von den fünf chinesischen Tiger-Unterarten ist eine – sie kam in Sumpfland und an Flüssen in Xingjiang vor – bereits ausgerottet, und die anderen werden es vielleicht bald sein. Die ausgedehntesten Waldflächen Chinas befinden sich im Nordosten des Landes. Die Region machte 1987 weltweit Schlagzeilen, als der «Schwarzdrachen»-Waldbrand über fast dreiundsiebzigtausend Quadratkilometer, ein Gebiet von der Größe Schottlands, hinwegfegte und jenseits der Staatsgrenze, auf der russischen Seite, weitere vierzigtausend Quadratkilometer Wald einäscherte. (Der große Waldbrand im Yellowstone-Nationalpark 1988 erfaßte sechstausend Quadratkilometer.) In den Wäldern im Norden lebten einst große Mengen Sibirischer Tiger, die sich von Sikas, Rothirschen und Wildschweinen nährten. Durch unkontrolliertes Bejagen sind sie bis auf vielleicht dreißig verstreut lebende Individuen ausgerottet. Im benachbarten Rußland, wo die Spezies in sowjetischer Zeit einen passablen Schutz genoß, hatten sich vielleicht drei- bis vierhundert Individuen erhalten, von denen heute wohl nur noch sehr wenige überleben.

Noch trauriger ist das Los des Südchinesischen Tigers, einer rein chinesischen Unterart, die ehedem über vierzehn Provinzen verbreitet war und deren Bestand noch im Jahre 1949 auf viertausend Individuen geschätzt wurde. 1959 wurde der Tiger (zusammen mit Kragenbär, Wolf und Leopard) zum Schädling erklärt; die Bevölkerung wurde von der

Regierung aufgerufen, die Großkatze «mit allen Mitteln» auszurotten, und das war ihr, als der Südchinesische Tiger 1977 unter Naturschutz gestellt wurde, schon beinahe gelungen. Aus einer von Gary Koehler im Auftrag des WWF 1990/91 durchgeführten Erhebung ergibt sich, daß in freier Wildbahn noch dreißig bis fünfzig der – nach wie vor bejagten – Tiere leben. Dieser zersplitterte Restbestand verteilt sich auf Waldfetzen in den fünf Provinzen Jiangxi, Hubei, Hunan, Fujian und Guangxi. Die einzige ernstzunehmende Aktion zugunsten dieses Tigers ist ein im Zoo von Chongqing laufendes Nachzuchtprogramm. In zoologischen Gärten leben etwa fünfzig Südchinesische Tiger, mit anderen Worten: die Gefangenschaftspopulation ist größer als die Wildpopulation. Wenn erst einmal der letzte Tiger in China hinter Gittern verstaut ist, wird die Spezies die Freiheit des Waldes nie wiedersehen. Wer wird für diese großen Beutegreifer Toleranz aufbringen? Wenn China freilebende Tiger haben will, muß es sein vordringlichstes Anliegen sein, diejenigen, die es noch hat, zu schützen.

Die seltenste Tierart in China – eine der seltensten der Welt – ist der Nippon-Ibis, *Nipponia nippon*, ein eindrucksvoller Vogel mit weißem Gefieder, rotem Gesicht und langem gebogenem Schnabel. Einst war der Nipponibis in ganz Ostchina, Japan und Korea anzutreffen, aber die Jagd hatte ihm so zugesetzt, daß er bis vor kurzem in der freien Natur als ausgerottet galt. Doch 1981 wurden im Qinling-Gebirge, nicht weit entfernt von Xian, sieben dieser Vögel entdeckt. Ihr letztes Refugium waren sieben alte Eichen auf einem Friedhof, in denen sie nisteten und von denen aus sie zur Futtersuche zu den nahe gelegenen Reisfeldern aufbrachen. Von der Regierung unter strengsten Naturschutz gestellt und schärfstens bewacht von engagierten Wissenschaftlern, vermehrten sich die Nipponibisse bis 1984 auf siebzehn, und heute zählen sie schon mindestens vierzig.

Chinaalligatoren oder «Erddrachen», wie sie regional genannt werden, gibt es heute nur noch nahe der Yangzimündung in der Provinz Jiangsu; die Überlebenden zählen weniger als fünfhundert, und ihr Aufenthaltsgebiet ist in der jüngsten Vergangenheit um fünfundneunzig Prozent geschrumpft. Alligatoren vermehren sich rasch, wenn sie selbst und ihre Eiablageplätze geschützt sind, wie amerikanische Hechtalligatoren beispielhaft demonstrierten. In China wurde jedoch durch Urbarmachung von Böden der größte Teil des Alligator-Habitats zerstört. Nachdem die Spezies sieben Millionen Jahre lang überlebt hat, führt sie heute in Speicherbecken und Reisfeldern ein prekäres Dasein. Chinaalligatoren wurden schon 700 v. Chr. in Gefangenschaft gezüchtet. Seit 1983 laufen wieder erfolgreiche Aufzuchtbemühungen, bei denen eine bestimmte Zuchtfarm es bislang auf über sechstausend geschlüpfte Junge gebracht hat. Doch diese Farm hat jetzt das Zuchtprogramm abgebrochen, weil man dort nicht weiß, was man mit all den Alligatoren anfangen soll. Es gibt keinen geeigneten Platz, wo man sie auswildern könnte, und die CITES-Bestimmungen verbieten den Verkauf dieser gefährdeten Tiere ins Ausland.

Gefährdet sind noch viele andere Tiere: die einhundertzwanzig Leierhirsche auf der Insel Hainan, etliche hundert Phayres-Languren in der Provinz Guanxi, die Restpopulation von Boulton-Buschwachteln. Solch schwache Bestände – vierzig Südchinesische Tiger, vierzig Nipponibisse – repräsentieren die letzten ihrer Art in freier Natur. Vielleicht reichen diese Zahlen aus, die Art zu erhalten, vielleicht auch nicht. Wie immer es um ihre Zukunft bestellt sein mag, diese gefährdeten Tiere versinnbildlichen die gleichermaßen unkontrollierte Jagd und Zerstörung der Wälder, die den größten Teil von Chinas Wildfauna ausgerottet haben.

Selbst obskure Arten haben in China unter der Vorliebe der Asiaten zu leiden, aus Wildtieren Ingredienzien für Arznei- und Stärkungsmittel aller Art zu gewinnen. Den Plumplori, einen Regenwaldprimaten, kocht man am besten mit Zitronenblättern. Mit Bambussprossen und getrockneten Pilzen gekochte Zibetkatze erwärmt im Winter das Blut. Den gleichen Zweck erfüllt ein Gericht mit dem Namen «Der Drache kämpft mit dem Tiger», das laut einem Artikel des Nachrichtenmagazins *Time* aus pfannengerührtem Schlangen- und Zibetkatzenfleisch, gewürzt mit einer Prise scharfem Pfeffer, besteht. Die Saiga ist in China der vermeintlichen Heilkraft ihrer Hörner wegen ausgerottet; heute führt China Saigahörner aus der früheren UdSSR ein – allein im Jahre 1990 waren es rund achtzig Tonnen. Auch der seltene Yunnan-Goldstumpfnasenaffe dürfte bald ausgerottet sein, wenn sein Gehirn weiterhin in der Arzneimittelherstellung als Rohstoff verwendet wird. Pangolinschuppen sind als Heilmittel heiß begehrt, und Hirschgeweihe im Bast erzielen so hohe Verkaufspreise, daß Zooverwaltungen ihren Hirschen die Geweihe abhauen lassen, um sie zu verkaufen.

In der Zeit von Januar bis Mai 1987 wurden über dreihundertsechzig Kilogramm Moschus, das – auf der Grundlage des heutigen Endverkaufspreises gerechnet, einen Wert von vierzehn Millionen Dollar darstellende – Produkt von über dreiundfünfzigtausend männlichen Moschustieren, aus China nach Japan geschmuggelt. Moschustiere werden mit Schlingen gejagt; bei dieser Jagdmethode werden unterschiedslos Tiere aller Altersstufen und beiderlei Geschlechts getötet – aber nur die geschlechtsreifen Männchen haben einen Moschusbeutel. Innerhalb von wenigen Monaten mußten mehr als hunderttausend Moschustiere ihr Leben lassen, damit japanische Gebresten behandelt werden konnten. Zwar existieren in China einige kleine Moschustierfarmen, aber deren Moschusausstoß ist unbedeutend.

1987 wurden dem *China Daily* zufolge in den Restaurants der Stadt Harbin rund zweitausend Kilogramm Braunbären- und Kragenbärentatzen sowie achthundert Kilogramm Elchnüstern verzehrt. Im September 1990 wurde in der Stadt Guangzhou ein streunender Kragenbär aufgegriffen. Die Untersuchung des Vorfalls brachte ans Licht, daß Funktionäre der Wildtierschutzgesellschaft den Bären zusammen mit acht Artgenossen in die Stadt geschmuggelt hatten, um die Tiere hier an teure Restaurants zu vermieten, für die sie Gäste anlocken sollten. Für ein Bankett, bei dem chinesische Bärentatzen serviert werden, zahlt man in Tokio bis zu tausend Dollar.

In Asien erfreut sich Bärengalle als Mittel gegen Geschwüre, Fieber, Verbrennungen und andere Übel solcher Hochschätzung, daß ihr Preis das Achtzehnfache des Goldpreises beträgt. In einem 1991 im Auftrag des WWF erstellten Bericht schrieben Judy Mills und Christopher Servheen, daß Japan allein im Jahre 1989 knapp siebenhundert Kilogramm Bärengalle aus China einführte. Zusätzlich zu den ihrer Gallenblase wegen getöteten wildlebenden Bären werden in China zwischen fünf- und achttausend Kragen- und Braunbären auf galleproduzierenden Farmen gehalten. Dort wird den Tieren per Operation ein Tubus in die Gallenblase implantiert. In gewissen zeitlichen Abständen wird jeder Bär in einen eisernen Preßkäfig gesteckt, der so eng ist, daß der Insasse sich nicht rühren kann; dort wird ihm Tropfen für Tropfen die Gallenflüssigkeit abgezapft. Ein einzelner Bär produziert jährlich fünfeinhalb bis sechseinhalb Pfund Gallenflüssigkeit für den Markt.

Rhinozeroshorn ist ein Ingrediens zahlreicher traditioneller asiatischer Arzneimittel. Gelöst eingenommen, soll es Fieber senken, Schlafstörungen beheben sowie gegen Epilepsie, Bluthochdruck und eine Reihe anderer Beschwerden helfen. In China werden rund sechshundertfünfzig Kilogramm Rhinozeroshörner jährlich verbraucht – der Tatsache zum Trotz, daß die heimische Nashornpopulation bereits im achten Jahrhundert so stark dezimiert war, daß die benötigten Hörner eingeführt werden mußten. Obwohl China seit 1981 Mitglied der Konvention über den internationalen Handel mit gefährdeten Wildtier- und Wildpflanzenarten (Convention on International Trade in Endangered Species of Wild Fauna and Flora, abgekürzt: CITES) ist, setzte es den Handel mit Rhinozeroshörnern noch fort, nachdem CITES 1987 einen absoluten Bann auch über den Binnenhandel verhängt hatte. Dem internationalen Druck, seine Vorräte an Rhinozeroshörnern offenzulegen, gab China 1989 schließlich nach: Es deklarierte einen Vorrat von mindestens zehn Tonnen. Taiwan, Thailand, Südkorea und China sind die einzigen Länder, in denen der illegale Schacher mit Rhinozeroshörnern noch heute ein lukratives Geschäft ist: Die Großhandelspreise liegen bei umgerechnet tausend Dollar pro Pfund für afrikanische und zehntausend Dollar für asiatische Hörner. Esmond Bradley Martin, der mehr als irgendein anderer dazu beigetragen hat, das Ausmaß des weltweiten Handels mit Rhinozeroshörnern aufzudecken, kam in China einem traurigen Fall von Kulturvandalismus auf die Spur, über den er im Januarheft 1991 von *Wildlife Conservation* berichtete. In der Ming- und Qing-Zeit fertigten Kunsthandwerker aus Rhinozeroshörnern aufwendige Becher und Pokale. Seinerzeit glaubte man, daß ein Trinkgefäß aus Rhinozeroshorn, mit einem Gifttrank gefüllt, zerspringen würde. Heute kaufen Pharmafabriken diese Kunstschätze von Sammlern und Kunsthändlern und pulverisieren sie zwecks Weiterverwendung in ihren Produkten.

1982 beschloß man im Forstwirtschaftsministerium, einige von den letzten Sibirischen Tigern des Landes einzufangen, um mit ihnen die genetische Vielfalt und damit das Züchtungspotential der Zoopopulation zu steigern. Um den Wildtieren die Freiheit zu erhalten, machten die New York Zoological Society und der WWF Hongkong in einer gemeinsamen Aktion den Chinesen acht Tiger aus zoologischen Gärten der USA zum Geschenk. Die Tiere trafen 1983 in China ein. In der Folgezeit schenkte ich der Sache keine Beachtung mehr, auch nicht, als China 1986 in der Provinz Heilongjiang eine Nachzuchtanstalt für Sibirische Tiger einrichtete. Von diesen Tigern existieren weltweit in Gefangenschaft so viele, daß die Zoos anderer Länder Geburtenkontrolle praktizieren. In der besagten Nachzuchtanstalt gab es 1990 fünfzig Tiger, unter denen sich womöglich auch etliche von den geschenkten Tieren aus den USA befanden. Ich war mir zunächst völlig im unklaren über den wahren Zweck dieses – vom Forstwirtschaftsministerium und einer dem Außenhandelsministerium unterstehenden Tierprodukte-Firma gemeinschaftlich betriebenen – Zuchtbetriebs, der darin bestand, Knochen, Schnurrbarthaare, männliche Geschlechtsorgane und andere Tigerteile für die Verwendung in traditionellen Arzneimitteln zu produzieren. 1989 betrug der Ausstoß an Tigerknochen rund achtzig Kilogramm. Für Tigerknochen, die der traditionellen asiatischen Pharmakopöe zufolge gut gegen Rheuma sein sollen, werden auf ausländischen Märkten Preise von über sechshundertfünfzig Dollar pro Kilo erzielt; Tigerpenisse bringen mehr als hundert Dollar das Stück. China hat CITES um die Genehmigung ersucht, Tigerprodukte auf dem Weltmarkt vertreiben zu dürfen. Als Esmond Bradley Martin die Zuchtanstalt besuchte, sagte ein chinesischer Funktionär zu ihm: «Wenn wir die Genehmigung nicht bekommen, bringen wir die Tiger einfach alle um.»

Dringend benötigte Devisen versucht China sich auch durch Verkauf seiner Wildfauna ins Ausland zu beschaffen. Von den späten fünfziger bis in die späten achtziger Jahre wurden in der Provinz Qinghai jährlich mehrere Tausend der hochlandbewohnenden Blauschafe geschossen, deren ausgeweidete Rümpfe dann auf den europäischen, vor allem den deutschen Delikateßwarenmarkt verkauft wurden. Man machte gar nicht erst den Versuch, auf einen kontinuierlichen Ertrag hinzuarbeiten: Die Blauschafe eines Gebiets wurden schlicht dezimiert oder vollständig ausgerottet; dadurch ihrer wichtigsten Beutetiere beraubt, gerieten auch die Schneeleoparden in eine bedrängte Lage. Ebenfalls in Qinghai erhielt ein deutscher Jäger 1987 gegen eine saftige Gebühr und ein Geschenk von zwei Jeeps die Genehmigung zum Abschuß von Weißlippenhirschen. Heute werden Jagden auf diesen eindrucksvollen Großhirsch angeboten, bei denen die Gebühr für den Abschuß eines Tiers dreizehntausend Dollar beträgt. Und dabei steht der Weißlippenhirsch unter dem strengsten Schutz der chinesischen Gesetze. 1988 erhielten vier amerikanische Trophäenjäger die Genehmigung, in der Provinz Gansu tibetische Argalis zu schießen, obgleich diese majestätischen Tiere durch CITES-Bestimmungen weltweit geschützt sind.

Das Bejagen ist eine legitime Form wirtschaftlicher Nutzung des Wildtierbestands, allerdings nur unter der Voraussetzung, daß der Bestand dadurch nicht gefährdet wird, daß er richtig gemanagt wird und daß ein nicht unerheblicher Teil der anfallenden Einnahmen dem Tierschutz und den Menschen am Ort zugute kommt.

In seinem Profitrausch hat China freilich eine Alternative zur Zerstörung vernachlässigt: das für Chinesen wie Ausländer interessante Potential an Wildtiertourismus. So ist zum Beispiel das Zhalong-Reservat in der Provinz Heilongjiang ein Ort, wo fünf verschiedene Kranicharten nisten oder auf ihrem Wanderzug Station machen. In der ältesten chinesischen Lyriksammlung, dem *Shijing* (Buch der Lieder), liest man die fast dreitausend Jahre alten Zeilen: «Wenn im fernen Sumpfland die Kraniche singen, hört der Himmel ihr Lied.» Doch diese wilde Weise wird vielleicht immer leiser und schwächer werden. Die Bauern schneiden in solchen Mengen Schilf für die Papierherstellung, daß die Mandschurenkraniche, des schätzenden Dickichts für ihre Nester beraubt, bald in einer prekären Lage sein könnten.

Der Poyang-See in der Provinz Jiangxi war Schauplatz einer der aufregendsten ornithologischen Entdeckungen dieses Jahrzehnts. Etliche Sibirische Kraniche hatten gelegentlich am Ufer des Sees, weit weg von ihren Nistplätzen in Rußland, überwintert. Im Laufe der achtziger Jahre nahm die Zahl der Kraniche dort – vielleicht infolge der Zerstörung von anderen Feuchtgebieten – rapide zu, bis schließlich im Winter 1988/89 mehr als zweitausendsechshundert Kraniche gezählt wurden, fast die gesamte Weltpopulation dieser eleganten weißen Vögel. Doch zugleich berichtete *China Daily*, daß allein eine einzige dörfliche Kooperative im Winter 1984/85 rund sechshundert Weißstörche, Sibirische Kraniche und Singschwäne getötet und die Federn der Tiere zu Fächern verarbeitet hatte und daß Berufsjäger ungeachtet des von der Provinzregierung verhängten Jagdverbots rund um den See etwa zweihunderttausend Stück Wildgeflügel geschossen oder mit Gift zur Strecke gebracht hatten. Die daraufhin aufbrausende Welle öffentlicher Empörung bewirkte, daß für die Tiere schließlich ein gewisses Maß an Schutz durchgesetzt wurde. George Archibald von der International Crane Foundation führte begeisterte Vogelfreunde auf Exkursionen sowohl nach Zhalong als auch an den Poyang-See und lieferte damit ein anschauliches Beispiel für jene Form von unschädlicher wirtschaftlicher Nutzung, die zum Wohle der Wildtiere wie der ortsansässigen Bevölkerung stärker gefördert werden müßte.

Notwendiges Gegengewicht zu meiner ökologischen Jeremiade sind Lobesworte für eine Regierung, die die nachteiligen Auswirkungen einer ungezügelten Entwicklung erkannt hat und ein beachtliches Quantum Energie und Engagement in den Naturschutz steckt. In der Tat hat kein anderes Land auf diesem Gebiet in nur anderthalb Jahrzehnten gleiches geleistet wie – seinem Mangel an Fachkräften und Geldmitteln zum Trotz – China. Unter Funktionsträgern im Verwaltungsapparat greift das

Bewußtsein um sich, daß Chinas natürliches Erbe nicht nur zur ökonomischen Gewinnmaximierung da ist, sondern daß es bewahrt werden muß als der integrale Bestandteil der glanzvollen chinesischen Zivilisation, der es ist und als der es eine Aussage über die Zukunftsvision der Nation wie über ihre historische Identität darstellt.

Die Sorge um die natürlichen Schätze der Nation hat in China eine lange Tradition. Schon unter der Zhou-Dynastie (1100–771 v. Chr.) war der Holzeinschlag in bezug auf Zeit und Ort durch amtliche Verordnungen aufs sorgfältigste geregelt. Nach der Befreiung beschloß der Dritte Nationale Volkskongreß im Jahre 1957 die Einrichtung von Waldreservaten, und 1962 erging an alle Provinzen eine Weisung des Staatsrats, «die Ressourcen an Wildtieren tatkräftig zu schützen und nach vernünftigen Grundsätzen zu nutzen». Ende der siebziger Jahre trat neben einem novellierenden Forstwirtschaftsgesetz auch ein Umweltschutzgesetz in Kraft. Die private Nutzung von Waldland ist seit 1980 zulässig: Den Bauern soll damit ein Anreiz gegeben werden, aus eigener Initiative Bäume anzupflanzen und zu hegen; zugleich ist die Umwandlung von Grasland in Anbaufläche erschwert. Es sind in der Tat viele zweckdienliche Gesetze verabschiedet und einschlägige Anweisungen und Verordnungen erlassen worden, doch derlei Direktiven werden auf lokaler Ebene häufig mißachtet, weil schnelles Geld hier eine höhere Priorität besitzt als der potentielle zukünftige Ertrag.

Kein anderes Land hat in der jüngsten Vergangenheit so viele Naturreservate eingerichtet wie China. Seit Ende der siebziger Jahre schaffen Forstwirtschaftsministerium und Nationale Umweltschutzagentur wie auch Provinzialregierungen in schwindelerregendem Tempo neue Reservate: Von vierundvierzig im Jahre 1956 kletterte die Zahl bis 1981 auf einhundertvier, bis 1986 auf dreihundertdreiundachtzig und bis 1991 auf rund sechshundert. Das Endziel ist eine Zahl von etwa achthundert Reservaten, die zusammen fünf Prozent der Bodenfläche des Landes beanspruchen. So zum Beispiel umfaßt ein Wildkamel-Reservat in der Autonomen Region Xingjiang gut zehntausend Quadratkilometer; das Taxkorgan-Reservat, das den letzten rund einhundertfünfzig Marco-Polo-Schafen des Landes Schutz gewährt, umfaßt vierzehntausend Quadratkilometer; und das Arjin-Shan-Reservat am Nordrand des Tibetischen Hochlands umfaßt über vierundvierzigtausend Quadratkilometer.

Nicht nur zum Schutz der einmaligen Hochlandfauna von wilden Yaks, Tibetgazellen und anderen Arten, sondern auch um ein intaktes

Ökosystem zu erhalten, wurde 1990/91 das Chang-Tang-Reservat in Nordtibet geschaffen. Mit rund dreihunderttausend Quadratkilometern ist es größer als der US-Bundesstaat Colorado oder das Vereinigte Königreich. Naturschutzinitiativen erfolgen gewöhnlich reaktiv, wenn der kritische Zustand der Dezimierung der Wildfauna und der fast vollständigen Habitatzerstörung bereits eingetreten ist. Daß China in diesem Fall ein solch riesiges Gebiet der von Menschen überfüllten heutigen Welt prophylaktisch unter Naturschutz gestellt hat, ist eine Maßnahme von seltenem Weitblick und außerordentlicher Bedeutung.

Es ist verhältnismäßig einfach, ein Gebiet zum Reservat zu ernennen, aber ungleich schwieriger, den Naturschutz an Ort und Stelle durchzusetzen und das Reservat effizient zu managen. China hat beim Betrieb seiner Reservate mit schwerwiegenden Problemen zu kämpfen, wie das Beispiel Wolong mit deprimierender Deutlichkeit lehrt. Eine Anzahl Reservate hat jedoch von diversen Naturschutzinitiativen profitiert. So zum Beispiel wurden im Tangjiahe-Reservat ansässige Bauern ausgesiedelt. Im Wuliangshan-Reservat in Yunnan genießen Schopfgibbons und andere Wildtiere den Schutz einer zwanzigköpfigen geschulten Wachmannschaft; das wichtigste jedoch ist, daß die im und beim Reservat lebenden Menschen dazu angehalten werden, Obst, Tee und andere marktgängige Produkte anzubauen, statt ihren Lebensunterhalt mit Jagen und Holzschlagen im Reservat zu bestreiten.

Im Zuge von Bemühungen, einstmals leichtsinnig verschleudertes Gut wieder herbeizuschaffen, startete die Regierung ein Wiedereinbürgerungsprogramm für das Przewalskipferd. Dieses in freier Natur in den fünfziger Jahren ausgestorbene Wildpferd kann vielleicht in ein, zwei Jahrzehnten wieder einen Teil seines – nach wie vor vorhandenen – Lebensraums bewohnen. Eine Herde von sechzehn – im Berliner Zoo, dem Münchener Tiergarten Hellabrunn und dem Zoo von San Diego gezüchteten – Tieren wurde auf einer vierhundert Hektar großen ummauerten Wüstenfläche des Junggar-Beckens ins Nordxinjiang ausgesetzt. Sobald die Herde auf achtzig Individuen angewachsen ist, können einige Mitglieder in die Freiheit entlassen werden. Eine weitere für die Auswilderung bestimmte Herde wird in der Provinz Gansu gehalten.

Von dem in freier Wildbahn seit ungefähr tausend Jahren ausgestorbenen Davidshirsch überlebten bis zum Ende des vorigen Jahrhunderts einige Exemplare im kaiserlichen Jagdpark, einem rund vierhundert Quadratkilometer großen ummauerten Stück Waldland bei Beijing. Bei der Plünderung Beijings während des sogenannten Boxeraufstands wurden sie im Jahre 1900 von Soldaten und Bauern abgeschlachtet und gegessen. Zum Glück hatte damals schon eine Anzahl Hirsche den Weg nach Europa gefunden; der Herzog von Bedford brachte sie auf seinem Familiensitz Woburn Abbey unter, wo sie seither gezüchtet werden. Im November 1985 gelangten dank den Bemühungen Maria Boyds und ihrer chinesischen Kollegen zweiundzwanzig Davidshirsche in die ursprüngliche Heimat der Spezies zurück. Die Herde wurde an den alten Standort zurückgebracht: in ein einhundertachtzig Hektar großes ummauertes Gehege auf dem Gelände des ehemaligen kaiserlichen Jagdparks. Dort leben heute über hundert Davidshirsche. Eine weitere Herde von Gefangenschaftstieren wird in der Provinz Liaoning gehalten, und eine dritte soll in der Provinz Hubei aufgebaut werden.

Der Bau einer Panda-Zuchtanlage in Wolong lag auf dem von der chinesischen Regierung beschrittenen Weg, gefährdete Arten durch Gefangenschaftszuchtprogramme zu schützen. Es irritiert mich jedoch, daß China, in wie löblicher Absicht auch immer, Millionensummen an Naturschutzgeldern in Zuchtanlagen für Pandas, Tiger und andere Tiere steckt, während die Mittel für nichts dringender als den Schutz der Spezies in ihrem natürlichen Lebensraum benötigt werden.

Bestimmte robuste Tiere wie der Chinaalligator und das Przewalskipferd haben von der Nachzucht enorm profitiert. Sie vermehren sich problemlos unter Gefangenschaftsbedingungen und lassen sich ohne große Schwierigkeiten auswildern. Gegenstand von Gefangenschaftszuchtbemühungen sind aber auch empfindlichere Spezies, wie zum Beispiel Tonkinlanguren und Goldstumpfnasenaffen. Laut Tan Bangjie vom Zoo von Beijing wurden in der Provinz Shaanxi in der Vergangenheit drei Treibjagden auf Goldstumpfnasenaffen veranstaltet, die letzte noch im Jahre 1979; bei diesen Kesseltreiben umstellte ein großes Aufgebot von Bauern einen Wald und scheuchte die vor Angst halb wahnsinnigen Tiere in eine Umzäunung. Von etwa dreihundertfünfundsiebzig gefangenen Affen gingen zwei Drittel innerhalb der ersten vierzehn Tage nach dem Fang ein. Man sollte sich fragen: Wozu Gefangenschaftszucht? Es ist äußerst schwierig, in Gefangenschaft geborene Primaten auszuwildern – was ja die Hauptlegitimation jedes Zuchtprogramms ist –, und überdies könnte ihr natürlicher Lebensraum, wenn er nicht geschützt wird, zugrunde gehen. Derzeit gibt es im Hochland von Tibet noch an die viertausend Schwarzhalskraniche. Um sich erfolgreich fortpflanzen zu können, müßten sie an ihren Nistplätzen im Moor vor Störungen durch Vieh, Menschen und Hunden geschützt werden. Statt sich diesem verhältnismäßig einfach zu lösenden Problem zuzuwenden, wälzt die Regierung Pläne für ein kostspieliges Gefangenschaftszuchtprogramm. Wie lautet doch ein chinesisches Sprichwort: «Für Särge ist Geld da, aber nicht für Arznei.»

Gefangenschaftszucht sollte die Ultima ratio sein, reserviert für Fälle, in denen alle ehrlichen Bemühungen, eine Spezies in freier Natur zu erhalten, eindeutig fehlschlagen. Solche Bemühungen wären erst noch zu machen. Nur zu oft vergißt man, daß der Panda, der Tiger und andere Tiere lediglich Symbole des Biotops, in dem sie vorkommen – sogenannte Flaggschiff-Arten –, sind. Der wirkliche Nationalschatz Chinas – und nicht nur Chinas, sondern jedes Landes – ist der Lebensraum mit all seinen Tieren und Pflanzen: Er bietet Schutz für Wassereinzugsgebiet, Erholung, ein genetisches Lagerhaus einzigartiger Spezies und anderer Ressourcen, auf die menschliches Leben angewiesen ist.

Das Qilin ist ein exquisites Wesen. Es hat den Körper eines Hirschs, einen langen Schwanz und auf der Stirn ein einzelnes gerades Horn. Seine Stimme gleicht einem Glockenspiel. Beim Gehen tritt es auf nichts, das organisches Leben besitzt, nicht einmal auf Gras. Es trinkt nur reinstes Wasser. Im fünften Jahrhundert vor Christus erreichte den Konfuzius die Nachricht, daß ein Qilin gesichtet worden war, doch als er am angegebenen Ort eintraf, war es bereits von einem Jäger erlegt worden. Nach chinesischer Lehre verkörpert das Qilin die herrscherlichen Tugenden. Eines dieser Tiere zu erblicken ist ein außerordentlich günstiges Vorzeichen, denn es bedeutet, daß das Land einer glücklichen Zukunft entgegengeht. Wenn die Chinesen sich nur entschließen könnten, mehr Gefühl für die fragile Schönheit ihres Landes aufzubringen, würde das Qilin sich vielleicht von neuem zeigen.

Anhang 2
Der Panda ist ein Panda

[...] doch was ich bin,
Verhüll' ich durch erborgten Schein.
Shakespeare, *Othello*, II, 1, 122f

Ist der Große Panda ein Bär? Sind Kleiner und Großer Panda nahe Verwandte? Diese zwei Fragen werden seit mehr als hundert Jahren kontrovers diskutiert. Anatomen, Ethologen, Paläontologen und Molekularbiologen haben die faszinierende Untersuchung der entwicklungsgeschichtlichen Beziehungen zwischen den beiden Arten mit Scharfsinn und Beharrlichkeit geführt, aber trotzdem kommen sie, auf unterschiedliches Beweismaterial gestützt, noch immer zu unterschiedlichen Schlüssen, und noch immer jagen sie hinter der irrlichternden Antwort her. Diese Jagd ist ein illustratives Beispiel für Logik und Methodik des wissenschaftlichen Fragens und Untersuchens, für die Suche nach einer den Ansprüchen des Verstandes genügenden Problemlösung. Da derlei Forschungen meinen Interessenkreis nur am Rande berühren, ist es mir auf der Ebene des Gefühls gleichgültig, zu welchem Ergebnis sie am Ende führen; was mich allerdings fasziniert, ist der Weg zu des Rätsels Lösung.

Zwischen dem Kleinen und dem Großen Panda besteht ein nicht wegzudenkender Zusammenhang. Die zwei haben nicht nur den Namen, sondern auch viele körperliche Merkmale gemeinsam. Beider Schädel, Gebiß und Vordertatzen ähneln einander, sind evolutionär demselben Zweck, der Bambusverarbeitung, angepaßt. Die beiden ergreifen sogar Bambus auf ganz ähnliche Weise, bis auf den Umstand, daß dem Kleinen Panda der nützliche sechste Finger oder «falsche Daumen» fehlt, der dem Großen Panda bei der Handhabung von Bambushalmen so gute Dienste leistet. Niemand stellt in Frage, daß die zwei einander ähneln. Aber sind sie tatsächlich verwandt? Die Frage ist Gegenstand einer wissenschaftlichen Kontroverse, die begann, als Père David 1869 den Großen Panda für die westliche Welt entdeckte. Père David gab seiner Entdeckung den Gattungsnamen *Ursus*, weil er annahm, das Tier sei ein Bär. Im folgenden Jahr nahm Alphonse Milne-Edwards dasselbe Skelettmaterial in Augenschein und kam dabei zu dem Schluß, daß der Große Panda kein Bär sei, sondern ein weitläufiger Verwandter des Waschbären. Seitdem werden die zwei Pandas mit immer esoterischer und verzwickter werdenden Begründungen in der zoologischen Systematik bald hier und bald wieder da angesiedelt.

Im Grunde geht es um eine einfache Frage. Einige Biologen untersuchten die zwei Pandas und kamen zu dem Ergebnis, daß sie nicht nah verwandt und ihre körperlichen Ähnlichkeiten evolutionäre Anpassungen an dieselben Freßgewohnheiten und dieselbe Lebensweise seien. Sie ordneten den Kleinen Panda in die Familie der sogenannten Kleinbären, der *Procyonidae*, und den Großen Panda in die Familie der eigentlichen Bären, der *Ursidae*, ein. Andere Biologen besahen sich dasselbe Faktenmaterial und kamen dabei zu der festen Überzeugung, daß die beiden *tatsächlich* verwandt seien und auf demselben Zweig des entwicklungsgeschichtlichen Stammbaums ihren Platz hätten. Sie ordneten die Pandas entweder in eine eigene Familie ein oder brachten sie in der Familie der Prokyoniden unter. Die Anhänger der einen wie der anderen Denkrichtung konnten zur Untermauerung ihrer Position auf spezifische körperliche Eigentümlichkeiten verweisen. So betonten die Verfechter der Ursiden-These zum Beispiel die bärenähnlichen Proportionen des Großen Pandas, was die Verfechter der Prokyoniden-These mit der Feststellung konterten, angesichts des ungewöhnlich schweren Knochenbaus des Großen Pandas gewinne man den «Eindruck, daß man es mit dem Skelett eines ‹falschen› Bären zu tun hat», wie Ramona und Desmond Morris schrieben. Der Große Panda sieht fraglos aus wie ein Bär, aber ist er auch ein waschechter Bär? Oder ist es nur ein hypertrophierter Kleinbär, dessen massiger Körper spezielle Anpassungen – wie zum Beispiel stämmige Beine zum Tragen dieser Last – bedingt?

Einerseits dreht sich die alte Streitfrage in gewisser Perspektive um Kaisers Bart und ist so gesehen lediglich ein weiterer Beleg für das wissenschaftliche Unbehagen angesichts fehlender Gewißheit und für den wissenschaftlichen Drang zur reinlichen Begriffsunterscheidung und säuberlichen Klassifizierung. Wenn der Große Panda ein Urside ist, dann verkörpert er eine Normabweichung hohen Grades. Wenn der Große Panda zur Familie der Prokyoniden gehört, erblickt er um sich einen seltsamen Mischmasch von Verwandten: die langnasigen Coatis (Nasen- oder Rüsselbären), das mit einem körperlangen Wickelschwanz ausgestattete Kinkaju (den Wickelbären), das altertümliche Kakamizli (Katzenfrett), ein lebendes Fossil, das sich von seinem Urahn, der vor dreißig Millionen Jahren im Oligozän lebte, nur wenig unterscheidet, und den allbekannten langfingerigen Waschbären (oder Schupp).

Andererseits geht es in der Kontroverse auch um ein fundamentales Wissenschaftsproblem: Welche Merkmale sind für die Klassifizierung eines Tieres wichtig und belangvoll? Das Klassifizieren war schon schwierig genug, als es allein auf der Grundlage makrophysikalischer Eigenschaften erfolgte, doch seit dem Aufkommen der Mikrobiologie müssen noch weitere, nicht selten konfligierende Indizienketten in die Betrachtung einbezogen werden. Überraschenderweise ist das Rätsel um den Stammbaum des Pandas in das öffentliche Bewußtsein eingedrungen, und ein Teil der Allgemeinheit verfolgt jetzt die Behandlung des Problems mit einer Faszination nicht unähnlich derjenigen, die die Frage nach dem Untergang der Dinosaurier auszulösen pflegt. Wenn ich einen Vortrag halte, bekomme ich hinterher aus dem Publikum häufig die Frage zu hören, ob der Große Panda denn nun ein echter Bär oder ein Kleinbär ist. Um keine langen Worte zu machen, antworte ich dann gewöhnlich: «Der Panda ist ein Panda.»

Mit dieser Ansicht stehe ich in den Reihen einer klaren Minderheit, denn zum gegenwärtigen Zeitpunkt sind es die Verfechter der Ursiden-These, die in der Diskussion lautstark das Feld beherrschen. Nehmen wir beispielsweise das 1986 von dem Wissenschaftsjournal *Nature* veröffentlichte Referat der Problemgeschichte: Der Verfasser, dem die ganze Kontroverse unverkennbar auf die Nerven geht, bemerkte, manche betrachteten die zwei Pandas noch immer als «nächstverwandt. Diese These erscheint eindeutig widerlegt durch das nahezu einhellige Zeugnis des ungemein mannigfaltigen Indizienmaterials», und er äußerte die Hoffnung, daß die «erdrückenden Beweise für das Bärentum des Großen Pandas dem Streit ein Ende machen. [...] Nur einige Verhaltensforscher waren noch nicht überzeugt.» Wo «erdrückende» Beweise bemüht werden, ist Vorsicht angebracht. Geht es dem Verfasser des Artikels vielleicht weniger um die gewissenhafte Prüfung der Fakten als vielmehr um die polemische Durchsetzung eines Dogmas? Echte Problemlösungen werden in der Wissenschaft geräuschlos rezipiert und disseminiert, ohne daß es nötig wäre, «nahezu einhellige» Zeugnisse wie einhellige zu behandeln und über Ketzern die Geißel der Rechtgläubigkeit zu schwingen.

Ist es vielleicht geistige Trägheit, was mich hindert, mich den Verfechtern der Ursiden-These anzuschließen? Bin ich vielleicht nicht in der Lage, mich einer überholten Vorstellung zu entledigen, oder gibt es vernünftige Gründe, an der Richtigkeit der Mehrheitsmeinung zu zweifeln? Ich bin zugegebenermaßen hoch erfreut darüber, daß der Große Panda allen Sektionen, Untersuchungen, Vermessungen wie auch den mikrobiologischen Studien sonder Zahl zum Trotz nach wie vor nicht säuberlich zu klassifizieren ist. So wie ich hoffe, daß es einen Yeti gibt, aber daß er niemals gefunden wird, genauso wünsche ich mir auch, daß der Panda sich sein kleines Geheimnis bewahren kann. Trotzdem ist der Versuch, das Rätsel zu lösen, ein intellektuelles Vergnügen.

In den vergangenen Jahren haben molekularbiologische Studien der Diskussion um die Klassifizierung des Großen Pandas wichtige neue Ausblicke eröffnet. Da die natürlich vorherrschende Form der DNA eiweißgebunden ist, spiegeln Eiweißmoleküle sehr genau die Geschichte der Erbmasse und somit auch die Stammesgeschichte von Tieren wider. Eiweiß setzt sich aus verschiedenen Aminosäuren zusammen. Die Zahl der Unterschiede zwischen den Aminosäuren der Eiweißmoleküle zweier beliebiger Tiere, so hat man sich überlegt, müßte proportional der Zeit sein, die seit der Verzweigung ihrer zu einem gemeinsamen Vorfahren zurückführenden Abstammungslinien vergangen ist. Dank ihrer angenommenen Unabhängigkeit von Umwelteinflüssen könnte die Molekularrevolution geregelt genug verlaufen sein, um als molekulare Uhr dienen zu können, die genaue Auskunft über den Umfang des in den letzten Jahrmillionen eingetretenen genetischen Wandels gibt. In einer einschlägigen Studie, deren Ergebnis er 1976 veröffentlichte, bediente sich Vincent Sarich immunologischer Methoden zum Vergleich zweier Plasmaproteine von Großen Pandas, Kleinen Pandas, Bären und Waschbären. Sein Verfahren bestand darin, die Proteine Kaninchen zu injizieren, die Antikörper entwickelten, welche dann sehr stark gegen die Proteine reagieren, gegen die sie gebildet sind, und mit abnehmender Intensität gegen Proteine von entfernter verwandten Spezies. Sarich kam zu dem Schluß, daß «die Zusammengehörigkeit von Großem Panda und den anderen Bären klar und eindeutig ist. [...] Das einzige einigermaßen unerwartete Ergebnis ist die Tatsache, daß der Kleine Panda, *Ailurus fulgens*, nicht zur selben Gruppe wie die anderen Prokyoniden gehört», also sehr viel früher als die Bären und der Große Panda auf eine eigene Deszendenzlinie abzweigte.

1985 veröffentlichten Stephen O'Brien und Mitarbeiter in *Nature* einen Artikel mit dem Titel *Die Stammesgeschichte des Großen Pandas – eine molekularbiologische Lösung des Rätsels*. Unter Zuhilfenahme der Gel-

Elektrophorese – eines Verfahrens, das es erlaubt, Protein-Kolloide nach elektrischer Ladung und Größe zu sortieren – wurden Proteine von Pandas, Bären und Prokyoniden verglichen. Die Ergebnisse prüften die Forscher anhand von DNA-Hybridisierungstests. Mit diesem Verfahren werden nicht lediglich Proteine, sondern die DNA, also das tatsächliche Erbgut der einzelnen Spezies, verglichen. Radioaktiv markierte DNA einer Spezies wird mit der DNA einer zweiten Spezies hybridisiert, anschließend wird die Stabilität des Hybrids gemessen. Am Ende kam die Forschergruppe zu dem Schluß, daß «der Kleine Panda von den Neue-Welt-Prokyoniden etwa um dieselbe Zeit abzweigte wie diese von den Ursiden, während die Vorfahren des Großen Pandas erst sehr viel später von der Ursidenlinie abzweigten, kurz vor deren Verzweigung in die Linien, die zu den heutigen Bären führten». Diese Abspaltung soll vor fünfzehn bis fünfundzwanzig Millionen Jahren stattgefunden haben. Mit anderen Worten: Der Große Panda ist ein Bär, der Kleine Panda ein Prokyonide. Doch binnen Jahresfrist nach der Veröffentlichung dieser Studie erbrachte eine andere an einem Plasmaprotein durchgeführte Untersuchung den Nachweis, daß zwischen dem Großen und dem Kleinen Panda mehr Ähnlichkeiten bestehen als zum einen zwischen dem Großen Panda und den Bären und zum anderen zwischen dem Kleinen Panda und den Prokyoniden. Welches Plasmaprotein soll nun bei der Einordnung in die zoologische Systematik den Ausschlag geben – das Albumin, das den Großen Panda zum Bären stempelt, oder das Hämoglobin, das ihn von den Bären trennt? Vielleicht geht die molekulare Uhr zuzeiten doch nicht so genau, wie man meint. Es könnte sein, daß die verschiedenen Proteine in einem Organismus in unterschiedlichem Tempo mutieren und daß die natürliche Selektion bestimmte Proteine, etwa das Hämoglobin, stärker beeinflußt als andere.

1989 kehrten David Goldman, Rathna Giri und Stephen O'Brien mit einer in dem Wissenschaftsjournal *Evolution* veröffentlichten molekularbiologischen Studie aller sieben Bärenarten, des Großen Pandas, des Kleinen Pandas und der Prokyoniden auf den Kampfplatz zurück. Die Untersuchung «basierte auf der elektrophoretischen Variationsbreite von 289 mittels zweidimensionaler Gel-Elektrophorese getrennten Fibroblastproteinen und 44 mittels eindimensionaler Elektrophorese getrennten Isoenzymstellen». Meine Kenntnisse in Mikrobiologie sind zu bescheiden, als daß ich solche Untersuchungen verstehen könnte, geschweige denn, daß ich mir ein kritisches Urteil über die angewandten

Verfahren und erhobenen Befunde erlauben dürfte. Das Ergebnis bestätigte im großen und ganzen O'Briens Ausführungen vom Jahr 1985. Die Vorfahren der Prokyoniden und die der Bären betraten im Oligozän verschiedene Entwicklungswege, und nach Ablauf von zehn Millionen Jahren zweigte die Abstammungslinie des Kleinen Pandas von der Prokyonidenlinie ab. Im Miozän verzweigte sich die Bärenlinie dreimal: Die erste Abzweigung führte zum Großen Panda, die zweite zum südamerikanischen Brillenbär und die letzte, eine Mehrfachverzweigung, zu den sechs anderen heutigen Bärenarten. Falls die Autoren gehofft hatten, mit ihrer Studie die Debatte um den Stammbaum des Großen Pandas zum klärenden Abschluß zu bringen, war diese Hoffnung von vornherein vergeblich gewesen. Konnte man doch nach der bisherigen Geschichte molekularbiologischer Studien so gut wie sicher damit rechnen, daß schon die nächste den Ergebnissen ihrer Vorgängerin widersprechen würde. Und so kam es dann auch.

1991 veröffentlichten Zhang Yapin und Shi Liming in *Nature* die Ergebnisse ihrer eingehenden Analyse von Mitochondrien-DNA der beiden Pandas, des Kragenbären und des Malaienbären. Das Fazit der Autoren: Der Große Panda ist enger mit dem Kleinen Panda als mit den Bären verwandt. Und: «In jeder Zelle existieren 1000–10000 Kopien der Mitochondrien-DNA; der Selektionsdruck auf diese DNA ist sehr gering. Demnach ist es durchaus möglich, daß die Ähnlichkeiten zwischen den beiden Pandas nicht auf konvergenter Evolution beruhen.»

Aus den widersprüchlichen Ergebnissen der verschiedenen molekularbiologischen Studien läßt sich für den Wissenschaftler eine wichtige Lehre ziehen. Hypermoderne clevere Methoden reichen unter Umständen nicht aus, das Unverständliche aufzuhellen. Morphologie, Paläontologie und Naturgeschichte spielen bei der Aufklärung der Evolution der beiden Pandas nach wie vor eine wichtige Rolle.

Fossilien eröffnen häufig Einblicke in die Vergangenheit einer Spezies, aber in der fossilen Urkunde, zumal derjenigen der Pandas, klaffen riesige Lücken. Die Familie der *Procyonidae*, ein früher Zweig der Familie der *Canidae* (Hunde und Hundeartige), entwickelte sich in Nordamerika und breitete sich auf dem Weg über Asien bis nach Europa aus, wo vor zwanzig Millionen Jahren, im Miozän, das waschbärenähnliche *Sivanasua* zu Hause war. Die Bären, ebenfalls ein Zweig der *Canidae*, erschienen im frühen Miozän in Gestalt des *Ursavus*, eines bärenähnlichen Tiers von der Statur eines mittelgroßen Hundes. Der erste veritable Panda, *Pailurus*, ein Kleintier nicht unähnlich dem heutigen Kleinen Panda, trat vor ungefähr zwölf Millionen Jahren, im Pliozän, in Südeuropa und Nordamerika auf; er hielt sich bis in die jüngste europäische Eiszeit, während deren er in den Wäldern milderer Klimazonen recht verbreitet war. Einige Forscher vertreten die Ansicht, daß ein kleiner, bärenähnlicher Vertreter der *Ursavus*-Linie namens *Agriarctos*, der im mittleren Miozän lebte, der Urahn des Großen Pandas war. Zur Untermauerung dieser Hypothese trug 1989 die von Qiu Zhanxiang und Kollegen vorgelegte Beschreibung eines in Yunnan neuentdeckten Fossils aus dem späten Miozän bei, dessen Gebiß Ähnlichkeiten sowohl mit dem des Großen Pandas als auch dem von Urformen der Bären aufweist. Das Tier, das den Namen *Ailurarctos lufengesis* erhielt, war weniger als halb so groß wie der heutige Große Panda.

Der Große Panda selbst erschien unvermittelt im späten Pliozän oder frühen Pleistozän, vor vielleicht nicht mehr als zwei oder drei Millionen Jahren. Pandafossilien wurden in Birma (Myanmar) und Vietnam gefunden, vor allem jedoch in Ostchina, wo sie, nach Norden bis zur Höhe von Beijing verbreitet, so häufig zusammen mit dem Pleistozän-Elefanten *Stegadon* auftreten, daß die beiden Spezies zur Bezeichnung einer spezifischen Fossilienfauna verwendet werden. Die Pandas des frühen Pleistozäns waren ungefähr halb so groß wie die heutigen Großen Pandas und gelten als eigene Spezies, die den Namen *Ailuropoda microta* erhielt.

Die Entstehung einer neuen Spezies sieht im typischen Fall so aus, daß ein kleines Segment einer Urpopulation in die Isolation gerät und im Zuge der natürlichen Selektion Gestalt und Verhalten ändert, bis eine Population mit neuen Merkmalen Fuß gefaßt hat. Dieser Prozeß kann so rapide verlaufen, daß in der fossilen Urkunde keine identifizierbaren Zwischenformen oder *missing links* begegnen. Die Evolution der Tiere kennt allem Anschein nach zwei Modi: einen schnellen, der in der umfänglichen Umlagerung von Chromosomen gründet, und einen langsamen, dessen Substrat die Mutation einzelner Gene ist. Hat die neue Spezies sich etabliert, bleibt sie unter Umständen über Jahrmillionen hinweg bis auf kleinere Modifikationen unverändert. Vom Großen Panda ist keine andere als die derzeit existierende Form bekannt, die entgegen einer häufig zu hörenden Behauptung kein urzeitliches Relikt, sondern verhältnismäßig jung ist. Über seine Vorformen herrscht noch immer Ungewißheit.

Liefert das Verhalten des Großen Pandas Anhaltspunkte für seine stammesgeschichtlichen Affiliationen? Dieser Frageansatz birgt Probleme. Spezies, die ähnliche Lebensräume bewohnen, bilden unter

Umständen ähnliche Vergesellschaftungsformen und ähnliche körperliche Erscheinungsbilder aus, Faktoren, die ihrerseits wieder ähnliche Verhaltensformen bedingen können, ohne daß eine enge Verwandtschaft vorliegt. Bevor man zwei Arten vergleicht, hat man zunächst festzustellen, welche Verhaltensaspekte in hohem Maße durch Umweltbedingungen geformt sind. So zum Beispiel beeinflussen Menge, Qualität und Verteilung des Nahrungsangebots die Wanderbewegungen, die Aktivitätsperiodik und die Sozialstruktur einer Tierart. Infolgedessen können zwischen getrennten Populationen ein und derselben Spezies Verhaltensunterschiede auftreten. Andererseits jedoch können bestimmte Verhaltensaspekte wie beispielsweise das Duftmarkieren oder stimmliche Lautäußerungen ihre Funktion selbst unter extrem verschiedenartigen Umweltbedingungen erfüllen und sind daher möglicherweise weniger stark modellierbar durch Druck von dieser Seite.

Der Große Panda bringt ein erstaunliches Gemisch von Lauten hervor, von denen er einige mit den Bären, andere mit dem Kleinen Panda und wieder andere sowohl mit diesem als auch mit jenen gemeinsam hat. So zum Beispiel ist das geräuschvolle Leerkauen mit Zähneklacken und Lippenschmatzen, in das der Große Panda im Angstzustand verfällt, auch bei Bären und – in abgewandelter Form – beim Kleinen Panda, ja sogar bei den Coatis anzutreffen. Das klagende Blöken des Großen Pandas, das leichtes Unbehagen signalisiert, ähnelt den Grunzlauten, die Bären und auch etliche Prokyoniden von sich geben, nur daß der Ruf bei diesen Tieren die Funktion hat, Kontakt zwischen Muttertier und Jungem herzustellen. Mehr Exklusivität eignet dem Stöhnen, einem Ruf von beträchtlicher Variationsbreite, die vom dumpfen Posaunenton über weinerliches Seufzen bis zu langgezogenen Stöhnlauten reicht; dieses Warnsignal lassen nur Große Pandas und Bären hören. Besonders bemerkenswert ist das ziegenhafte Meckern der Großen Pandas, ein freundlicher Ruf, der zur gegenseitigen Beruhigung dient, wenn Individuen einander begegnen. Wie Gustav Peters vom Alexander-König-Museum in Bonn bemerkte, hat dieses Meckern eine Entsprechung in dem Zwitschern und Zirpen der Kleinen Pandas und der Prokyoniden, während sich bei den Bären nichts Vergleichbares findet. Bei einem Tier von der Größe des Großen Pandas rechnet man nicht mit einer Lautäußerung in derart hoher Tonlage; tatsächlich ist bei vielen Pandarufen die Tonlage für einen großen Karnivoren überraschend hoch. Bärenjunge im Säuglingsalter bringen einen höchst eigenartigen Ruf hervor, ein anhaltendes rauhes und schnelles Keckern fast wie ein lautes Schnurren. Obzwar die Funktion dieser Lautäußerung noch unbekannt ist, darf man annehmen, daß sie der Mutter eine wichtige Botschaft übermittelt, möglicherweise die Aufforderung, sich zu lagern und den Zugang zum Gesäuge freizugeben. Der Große Panda hat diesen Ruf nicht. Wäre der Große Panda ein reiner Bär, fände ich es schwer zu begreifen, warum seinen Kleinsten eine derart eindringliche Lautäußerung fehlt.

Markierungsverhalten hängt naturgemäß davon ab, mit welcherart Drüse die Spezies ausgestattet ist und wo diese Drüse sitzt. Der Große Panda markiert, indem er mit den Klauen die Rinde von Bäumen fetzt, uriniert und seine drüsenbewehrte Analregion an Objekten reibt. Bären haben keine spezielle Duftdrüse; sie erheben sich auf die Hinterbeine und reiben Schultern, Hals und Kopf an Baumstämmen, zerfetzen die Rinde mit Zähnen und Klauen und hinterlassen lediglich ihren Allgemeingeruch. Der Kleine Panda stellt sich mit gespreizten Beinen über Baumstümpfe und andere Auswüchse und verteilt auf ihnen mit kreisenden Reibebewegungen Duftsekret aus seinen Analdrüsen, eine Vorgehensweise, die stark derjenigen des Großen Pandas ähnelt; außerdem verspritzen männliche Kleine Pandas Urin. Miles Roberts vom National Zoo, Washington, D. C., entdeckte, daß Kleine Pandas zudem in den Sohlen der Vorderfüße mehrere Poren haben, durch welche eine klare Flüssigkeit abgesondert wird, vermittels deren beim Gehen spezielle Informationen hinterlassen werden können. Die meisten Prokyoniden duftmarkieren mit Urin oder Sekret aus den Analdrüsen oder beidem und zeigen so in dieser Beziehung ein ähnliches Verhalten wie der Große Panda, wenngleich Einzelheiten differieren.

Ein weiteres Moment der Ähnlichkeit zwischen dem Großen Panda und den Bären ist die Winzigkeit der Neugeborenen. Eine Kragenbärenmutter ist zweihundertfünfzigmal, eine Pandamutter neunhundertmal so schwer wie ihr Neugeborenes. (Zum Vergleich: Eine Waschbärenmutter wiegt nur das Fünfundfünfzigfache des Neugeborenen.) Warum ist das Neugeborene des Großen Pandas soviel winziger als die andern? Der Funktionskomplex der Fortpflanzung wird von Umweltbedingungen beeinflußt, insbesondere von dem Angebot an hochwertiger Nahrung, das Mutter und Jungem zu verschiedenen Jahreszeiten zur Verfügung steht. Wie beim Großen Panda kommt es auch bei den Bären erst nach einer Verzögerungsphase zur Nidation («Einnistung» des befruchteten Eis in die Gebärmutterwand). In gemäßigten Klimaten finden bei Bären Paarung und Empfängnis um den Juni herum statt, aber erst ungefähr sechzig Tage vor dem Wurftermin – der in den Januar oder Februar, also in die Winterschlafperiode der Mutter, fällt – beginnt mit der Einnistung des befruchteten Eis in die Gebärmutterwand das Wachstum des Fetus. Wären die Jungen bei der Geburt groß und kräftig, würde ihr Milchbedarf die Produktionskapazität der lethargischen Mutter weit übersteigen; die Fettreserven, die bis zum Ende der Winterschlafperiode im Frühling den Energiebedarf der Bärin decken sollen, würden die zusätzliche Nachfragebelastung nicht verkraften. Da der Große Panda keinen Winterschlaf hält, muß Selektionsdruck anderer Art für die Winzigkeit seiner Neugeborenen verantwortlich sein. Die Tatsache, daß sowohl die Bären als auch die Großen Pandas kleine Junge zur Welt bringen, läßt also nicht auf engere Verwandtschaft schließen. Was aber ist denn nun der Grund dafür, daß die Großen Pandas so außerordentlich klein zur Welt kommen?

Die Betrachtung der Kleinen Pandas brachte mich auf eine Spur. Auch beim Kleinen Panda tritt eine Nidationsverzögerung auf (etwas, das man bei Prokyoniden nicht antrifft); die Tragezeit dauert im Durchschnitt einhunderteinunddreißig Tage und ist damit etwa genauso lang wie beim Großen Panda. Die tägliche Gewichtszunahme des Fetus beträgt beim Großen Panda nicht halb soviel wie bei den Bären; in dieser Beziehung besteht größere Ähnlichkeit zwischen dem Großen Panda, dem Kleinen Panda und den Prokyoniden. Kleine Pandas werfen gewöhnlich ein oder zwei Junge mit einem Geburtsgewicht von jeweils etwa einhundertzehn Gramm – mit dem gleichen Gewicht kommen auch die Jungen des Großen Pandas zur Welt. Bei den Kleinen Pandas hält das Muttertier seine Jungen in einer Baumhöhle versteckt, wo sie sich sehr langsam entwickeln; erst im Alter von drei Monaten verlassen sie den schützenden Hort – ein Nesthockertum, dessen Dauer die der entsprechenden Phase bei Waschbären und Coatis übersteigt. All diese Fakten zeigen, daß der Funktionskomplex Fortpflanzung beim Großen Panda in einer mehr für Kleinsäugetiere wie den Kleinen Panda als für Bären typischen Weise ausgeformt ist. Natürlich gibt es da auch einige durch die Körpergröße bedingte Anpassungen. So zum Beispiel verlängert sich durch die lange Abhängigkeit des neugeborenen Großen Pandas von der mütterlichen Fürsorge beim Muttertier die Laktationsperiode bis in die nächste Paarungszeit hinein, was die Fortpflanzung im Jahresrhythmus verhindert. Demgegenüber werden Kleine Pandas nicht wie die Großen erst mit achtzehn oder mehr Monaten, sondern bereits mit acht Monaten selbständig, und die Weibchen können jedes Jahr gebären. Aus alldem ziehe ich den Schluß, daß der Große Panda im Fortpflanzungskomplex zahlreiche Eigentümlichkeiten eines dem Kleinen Panda ähnlichen kleinen Vorfahren bewahrt und sich lediglich in manchen historischen Rudimenten den aktuellen Umständen angepaßt hat.

Vereinzelte Indizien sprechen für eine eindeutige Verbindung zwischen Großem und Kleinem Panda: die spezialisierte Form von Schädel, Gebiß und Vordertatzen, verschiedene Aspekte des Funktionskomplexes Fortpflanzung, gewisse stimmliche Lautäußerungen und das Duftmarkierungsverhalten. Sind die beiden Arten nicht verwandt, müssen wir ein hohes Maß an Konvergenz annehmen, mehr, als durch den empirischen Befund gedeckt ist. Wann haben sich ihre Evolutionswege getrennt? Höchstwahrscheinlich hatten der Große und der Kleine Panda einen gemeinsamen Vorfahren im Miozän. Wo soll man die zwei Pandas also einordnen – in die Familie der Ursiden oder die Familie der Prokyoniden? Wenngleich der Große Panda engstverwandt mit den Bären ist, glaube ich nicht, daß er nichts als ein Bär ist. Kleinste Unterschiede im Erbgut zweier Spezies können mit gewaltigen Unterschieden in Erscheinungsbild und Verhalten einhergehen. Das Genmaterial des Schimpansen und das des Menschen ist vielleicht zu neunundneunzig Prozent identisch. Keine Frage, wir sollten den Schimpansen bereitwillig als Familienmitglied annehmen. Aber ist der Schimpanse ein Mensch? Der Große Panda und der Kleine Panda stellen uns vor mehrere Wahlmöglichkeiten. Sollen wir den Großen Panda bei den Bären oder in einer eigenen Familie, den Kleinen Panda dagegen bei den Prokyoniden unterbringen? Sollte jeder der zwei Pandas in eine Familie für sich eingeordnet werden? Oder sollten beide zusammen eine eigene Familie, die *Ailuridae*, bilden? Meine Sympathie gehört der zuletzt genannten Option. Die Wissenschaft wird eines Tages dieser Paradoxie und Verdrehtheit der Evolution Herr werden und jedem der zwei Pandas seine endgültige Heimstatt in der zoologischen Systematik zuweisen.

Doch bislang ist in diesem taxonomischen Pingpong noch keiner Partei der Sieg zugefallen. Die Suche nach einer vollständigeren Antwort dauert an, «wobei die Verfechter der Bären-These und die Anhänger der Prokyoniden-These und die Advokaten des Mittelwegs ihre diversen Argumente mit messerscharfer Logik ausbreiten, indes der Große Panda in den Bergen Szetschuans seelenruhig dahinlebt, ohne den kleinsten Gedanken an die zoologischen Kontroversen, die er heraufbeschwört, nur weil er der ist, der er ist». Das schrieb Edwin Colbert im Jahre 1938. Der Große Panda dreht uns mit seinem falschen Daumen noch heute eine Nase.

Anhang 3

Im Umkreis von Wuyipeng (Naturreservat Wolong, 2500–3000 m ü. M.) beobachtete Wintervögel

(Mehr als zweihundertdreißig Vogelarten wurden in Wolong registriert, doch sind die meisten davon Zugvögel oder leben in tieferen Lagen. Im Winter traf ich im Umkreis unseres Camps nur auf die folgenden fünfunddreißig seßhaften Arten.)

VULGÄRNAME	WISSENSCHAFTLICHER NAME
Schwarzfuß-Haselhuhn	*Bonasia sewerzowi*
Blutfasan	*Ithaginis cruentus*
Temminckhornfasan (-tragopan)	*Tragopan temminckii*
Koklasfasan	*Pucrasia macrolopha*
Grünschwanz-Glanzfasan	*Lophophorus lhusysii*
Waldkauz	*Strix aluco*
Weißrückenspecht	*Picoides leucotus*
Sikkimspecht	*Picoides darjellensis*
Buntspecht	*Picoides maior*
Wasserschmätzer (-amsel)	*Cinclus cinclus*
Zaunkönig	*Troglodytes troglodytes*
Weißscheitel-Scherenschwanz	*Enicurus leschenaulti*
Stummelscherenschwanz	*Enicurus scouleri*
Braunkopfalcippe	*Alcippe cinereiceps*
Diademyuhina	*Yuhina diademata*
Moostimalie	*Pnoepyga pusilla*
Riesenhäherling	*Garrulax maximus*
Wellenhäherling	*Garrulax lunulatus*
Elliothäherling	*Garrulax elliotii*
Gelbstirn-Papageischnabel	*Paradoxornis fulvifrons*
Krähenmeise	*Conostoma oemodium*
Birkenmeise	*Parus dichrous*
Tannenmeise	*Parus ater*
Fichtenmeise	*Parus rubidiventris*

Davidsmeise	*Parus davidii*
Bergkohlmeise	*Parus monticolus*
Kohlmeise	*Parus maior*
Kleiber, Spechtmeise	*Sitta europaea*
Waldbaumläufer	*Certhia familiaris*
Japanbrillenvogel	*Zosterops japonica*
Maskengimpel	*Pyrrhula erythaca*
Gelbschenkel-Kernbeißer	*Mycerobas affinis*
Tannenhäher	*Nucifraga caryocatactes*
Rotschnabelkitta	*Urocissa erythrorhynchus*
Dickschnabelkrähe	*Corvus macrorhynchus*

Anhang 4

Auszüge aus:
Nationaler Erhaltungs-Managementplan für den Großen Panda und seinen Lebensraum (1989)

(Diese Auszüge fassen die wichtigsten Empfehlungen des Plans für das Panda-Management zusammen. Die 157 Seiten starke vollständige englischsprachige Fassung des Plans ist beim World Wide Fund for Nature, Gland / Schweiz, erhältlich.)

Management-Optionen
Reduzierung menschlicher Aktivitäten im Panda-Habitat

Am stärksten bedroht ist der Große Panda durch den Menschen. Die global gesunkenen Panda-Zahlen erzählen keine Geschichte vom Bambus-Massenblühen – sie erzählen von einer Spezies, die durch die Expansion der menschlichen Bevölkerung aus ihrem Lebensraum hinausgedrängt wird. [...]

Geeignetes Panda-Habitat läßt sich einigermaßen summarisch charakterisieren als miteinander zusammenhängende große Areale von nicht zu schroffem Terrain mit maßvoll dichter Walddecke und ausgedehntem Unterwuchs von mindestens einer (besser mehr) Bambusart(en), ohne Beeinträchtigung durch menschliche Aktivitäten, Hunde oder Vieh und mit fließenden Gewässern, die ganzjährig eine ausreichende Wasserversorgung garantieren.

Das Vorrücken ackerbauender, holzfällender und jagender Menschen sowie von Weidevieh hat im Laufe der vergangenen 150 Jahre zu einer erheblichen Degradierung und Zersplitterung des ursprünglichen Panda-Lebensraums geführt. Um den Panda zu retten, ist es notwendig, diesen Prozeß umzukehren und durch aktives Management menschliche Tätigkeiten innerhalb von Panda-Habitat zu reduzieren.

Ein solches Management kann hauptsächlich auf zweierlei Weise erfolgen:

1. indem man ein Netz von Panda-Reservaten einrichtet, in denen die Erhaltung der Pandas und anderer Wildtiere primäres Management-

ziel ist und die Nutzung durch Menschen auf Formen, die mit diesem Ziel vereinbar sind, eingeschränkt sein müßte; und

2. indem man – durch Einschränkung der menschlichen Aktivitäten und Abänderung der Praktiken des Forstwirtschaftsbetriebs in dem Sinne, daß die Überlebenschancen der vorhandenen Pandas gewahrt bleiben – das Überleben der Pandas an jenen Orten steigert, wo sie in geeigneten Habitaten noch außerhalb des Reservatsystems vorkommen.

In Naturreservaten müßten die üblichen Vorschriften, kraft deren menschliche Ansiedlungen, Holzeinschlag, das Sammeln von Heilpflanzen, das Weiden von Vieh und das Jagen verboten sind, gegen ausnahmslos alle Bürger – auch gegen ethnische Minderheiten – rigoros durchgesetzt werden. In Panda-Habitat außerhalb von Reservaten müßten außerdem einige neue Schutzmaßregeln getroffen werden:

- Jagen sowie Abbrennen der Vegetation ist verboten
- Modifikationen im Forstwirtschaftsbetrieb, so daß nachteilige Folgen für die Pandas begrenzt werden
- Wiederanpflanzung von Bambus, wo nötig
- Wiederaufforstung ausschließlich mit heimischen Arten
- Schutzmaßnahmen für neugeschaffene Übergangskorridore an allen Stellen, wo Straßen kreuzen, sowie für andere als kritisch erkannte Wanderwege
- geregelte Überwachung der Panda-Population und des Bambus
- Stopp für Aktivitäten wie beispielsweise Holzfällen, die erwiesenermaßen die Überlebenschancen des Großen Pandas beeinträchtigen

Verlegung menschlicher Ansiedlungen

Die Anwesenheit von Menschen in Naturreservaten bewirkt einen unerträglichen Interessenkonflikt. Menschen lassen sich fernhalten, indem man die Reservatgrenzen von vornherein so festsetzt oder nachträglich so revidiert, daß menschliche Ansiedlungen ausgegrenzt bleiben, oder – wo dies nicht möglich ist – indem man menschliche Sozialverbände effektiv aus- und neu ansiedelt. Ein Anfang bei der Umkehrung des Trends zur menschlichen Landnahme wurde mit der Aussiedlung von insgesamt 300 Personen beziehungsweise 60 Haushalten aus dem Naturreservat Tangjiahe (Landkreis Qingchuan, Provinz Sichuan) gemacht. Erreicht wurde dies, weil die Lokalregierung dafür gewonnen werden konnte, sich der Umsiedlung dieser Menschen in benachbarte Gemeinden außerhalb des Reservats anzunehmen, und durch die Zahlung einer ausgehandelten Geldsumme seitens des Forstwirtschaftsministeriums an die Lokalregierung zur Deckung von deren Kosten sowie zur Schaffung eines Fonds, aus dem die Bauern selbst eine angemessene Entschädigung für verlorengegangene Ressourcen wie beispielsweise im Reservat hinterlassene Obstgärten und Walnußbäume erhielten. [...]

Modifikation des Forstwirtschaftsbetriebs

China sieht sich mit einer gewaltigen Holzknappheit konfrontiert. Da ist es nicht mehr als natürlich, daß das Land es sich nicht leisten kann, auf das Schlagen von Nutzholz in Panda-Habitat vollständig zu verzichten. Allerdings ist es möglich, die nachteiligen Auswirkungen auf das Panda-Habitat durch Einhaltung der folgenden Prinzipien beträchtlich zu verringern:

1. Im Lebensraum des Großen Pandas werden keine neuen Holzfällertrupps mehr eingesetzt.
2. Für die existierenden Holzfällertrupps wird die Einschlagfläche nach und nach verkleinert; außerdem werden sie ihre Einschlagmethoden abändern müssen.
3. Man wende eine selektive Abholztechnik unter Einsatz kleiner Arbeitskommandos an, damite in leidlich geschlossenes Kronendach (nicht unter 30 Prozent) zum Schutz des Bambus übrigbleibt und der Wald sich auf natürliche Weise regenerieren kann. Große, hohle Bäume sollten als Samenquellen und potentielle Panda-Mutterschaftshöhlen ausnahmslos verschont bleiben.
4. Man holze nach einem Plan ab, der die Erhaltung von Wanderwegen und ruhigem Habitat garantiert, damit die Pandas für die Dauer der Ruhestörung durch die Holzarbeiten ihren Aufenthaltsort anderswohin verlegen können.

Eindämmung der Wilderei

Trotz schwerster Strafen für Wilderer, die innerhalb von Reservaten auf frischer Tat ertappt werden, sowie für jeden, der, egal wo, einen Panda tötet, stellt die Wilderei für den Großen Panda nach wie vor eine ernste Bedrohung dar. [...] Unter Kontrolle gebracht werden kann die

Wilderei nur durch verschärfte Patrouillen, eine verstärkte gerichtliche Verfolgung, das Verstopfen von Schlupflöchern im Gesetz und das Blockieren von Ausfuhrwegen für Tierprodukte. [...]

Rehabilitierung von Habitat

Wo natürlicher Lebensraum zerstört wurde, die Entfernung zwischen bewohnten Habitaten jedoch nicht groß ist, lohnt es, auf das Mittel der Habitat-Rehabilitierung zurückzugreifen, um die Verbindung zwischen getrennten Panda-Populationen wiederherzustellen. Eine solche Rehabilitierung wird im allgemeinen die Neuanpflanzung geeigneter Bambusarten und einer Walddecke mit einschließen. Dabei ist eine Anzahl von einschränkenden Bedingungen zu berücksichtigen:

- manche Bambusse hemmen das Wachstum von Baumsämlingen, so daß es tunlich sein mag, zuerst die Erneuerung des Waldbestands und danach die Neuanpflanzung von Bambus vorzunehmen
- rehabilitiert werden sollten vornehmlich von Pandas erfahrungsgemäß bevorzugte Habitate auf verhältnismäßig ebenem Terrain und in der Nähe von Gewässern
- die Rehabilitierung sollte dem Bedürfnis nach einem vielfältigen Bambus-Ökosystem Rechnung tragen und bei der Neuanpflanzung von Baum- und Bambusarten auf die ihnen gemäßen Höhenzonen achten
- Bäume müssen in geringerer Dichte angepflanzt werden als für Nutzwald, damit sich ein kräftiger Unterwuchs entwickeln kann. Verwendet werden sollte eine natürliche Mischung heimischer Arten.

Das Anpflanzen von Bambus ist ein mühsames Geschäft, zumal wenn große Flächen bedeckt werden müssen. Es ist wichtig, die geeignetsten Arten auszuwählen, am besten die, die früher am jeweiligen Ort vorherrschten. [...] *Unter gar keinen Umständen sollte man exotische Bambusse in das Ökosystem einführen.* Man kennt eine Reihe von Fällen in anderen Ländern, wo sich das als ökologische Fehlentscheidung mit desaströsen Konsequenzen erwies. [...]

Management von Bambus-Habitat

Periodisches Massenblühen mit anschließendem Absterben der ausgereiften Pflanzen ist nahezu allen Bambusarten der gemäßigten Zone eigen und durchaus kein Novum. Wir müssen daraus zweierlei schließen: erstens, daß dieses Phänomen adaptiv ist und folglich wichtig für das Überleben und die Gesundheit des Bambus, und zweitens, daß der Panda – unter der Voraussetzung, daß ihm das normale Spektrum höhenzonenspezifischer Bambusarten zur Verfügung steht – diesen Ereignissen gut genug angepaßt ist, um sie bewältigen zu können, selbst wenn sich während der fraglichen Periode bei den Pandas naturgemäß die Todesrate erhöht. Wir müssen uns von der Vorstellung befreien, daß menschliches Eingreifen in Form einer Steigerung der Bambus-Artenvielfalt und von Versuchen, das Blühen künstlich zu forcieren oder zu verzögern (um so dem Nahrungsmangel im Gefolge von Massenblüte-Ereignissen an Härte zu nehmen), eine notwendige und wünschenswerte Form des Managements sei. Es ist nicht nur überflüssig, sondern birgt auch Risiken für die lokale Bambusökologie und letztlich für den Panda. [...]

Manches spricht dafür, daß periodisches lokales Bambus-Massenabsterben wahrscheinlich unerläßlich für das Überleben des Bambus ist, eine unerläßliche Vorbedingung auch für den Regenerationszyklus des Waldes und insofern wichtig für die Pandas, als es Selektion übt und (indem es Abwanderung erzwingt) das *outbreeding* (Fortpflanzung durch Paarung nichtverwandter Partner) zwischen den schwach selektierten, durch Inzucht homogenisierten Genpools von zersplitterten Populationen Großer Pandas fördert. Womit wir es hier zu tun haben, sind koevolutionäre Zusammenhänge von beträchtlicher Komplexität und Gleichgewichtszyklen, die in den Grenzen eines Zeitraums von 50–100 Jahren, nicht von bloßen zwei Jahrzehnten gesehen werden wollen. Es wäre riskant, wollten wir in Zusammenhänge eingreifen, die uns nicht vollständig transparent sind. [...]

Ausweitung des Pandareservat-Systems

Es bedarf keines Beweises, daß die meisten der vorhandenen Panda-Reservate zu klein sind, um lebensfähige Panda-Populationen beherbergen zu können, und deshalb ist es notwendig, das existierende Reservatsystem zu erweitern und zu verstärken und, wo dies möglich ist, Verbindungen zwischen den Reservaten zu schaffen, indem dazwischenliegendes Panda-Habitat teilweise unter Naturschutz gestellt wird. [...]

Erzielen von outbreeding *zwischen Panda-Populationen*

Die Voraussetzungen für *outbreeding* (die Vermischung verschiedener Erblinien bei der Fortpflanzung) lassen sich sichern durch die Erhaltung noch vorhandener Korridore von geeignetem Panda-Habitat, die verschiedene Populationseinheiten miteinander verbinden. [...] Wo jedoch die natürlichen Verbindungen unwiderruflich unterbrochen sind, müssen wir aktives Management anwenden, um *outbreeding* auf natürlichem Niveau zu institutieren. Dabei müssen Genomanalysen von Subpopulationen die Unterschiede im Erbgut und optimale Paarungen beziehungsweise Verpflanzungen aufzeigen. *Outbreeding* läßt sich auf dreierlei Weise erzielen:

1. Durch Neuanlagen von Wald- und Bambuskorridoren, die eine Verbindung zwischen jetzt noch getrennten Populationseinheiten schaffen
2. durch Verpflanzung von Individuen einer Population in eine andere
3. durch Einbürgerung von in Gefangenschaft geborenen Jungtieren in eine Wildpopulation. [...]

Haltung einer Gefangenschaftspopulation

[...] Derzeit werden bereits rund 80 Tiere in Gefangenschaft gehalten, und diese Zahl reicht aus für eine geschlossene Zuchtpopulation. [...] Ein erfolgreiches Gefangenschaftszuchtprogramm wäre bei dem Bemühen um die Rettung der Spezies ein nützliches Hilfsmittel.

Es wäre jedoch riskant, für diesen Zweck noch mehr wildlebende Individuen einzufangen. Wir können nicht behaupten, wir hätten den Großen Panda gerettet, wenn wir am Ende nichts als eine lebensfähige Gefangenschaftspopulation zustande gebracht haben. Das eigentliche Ziel von Tierschutz ist die Rettung der Spezies in freier Wildbahn mittels Habitaterhaltung und Erhaltung der genetischen Variation. Gefangenschaftszucht ist für die Erhaltung der Spezies nur dann von Nutzen, wenn sie zur Erreichung dieses Ziels beiträgt, und das ist im Fall des Großen Pandas nur möglich, wenn wir Mittel und Wege finden, in Gefangenschaft geborene Tiere auszuwildern. Als massive Hindernisse auf dem Weg zum Erfolg in der Gefangenschaftszucht wirken bislang mangelhaftes Know-how bei Management und Aufzucht von Pandas in Gefangenschaft und mangelhafte Betriebsanlagen bei vielen der Institutionen, die Pandas in Gefangenschaft halten; verschlimmert wird die Situation noch durch mangelhafte Zusammenarbeit zwischen den diversen Pandahaltung betreibenden Institutionen, die meistenteils nicht dem Forstwirtschaftsministerium, sondern dem Städtebauministerium unterstehen. Derzeit ist bei gefangenen Tieren das Fortpflanzungstempo noch sehr langsam und die Geburtensterblichkeit zu hoch; außerdem kommt von der Gefangenschaftspopulation für die Wildpopulation weiterhin keine Verstärkung, sondern nur Belastung. Es wird vorgeschlagen, die Übernahme weiterer wildgefangener Pandas durch zoologische Gärten zu ächten. Wenn ihnen dieser Weg zur Auffüllung ihres Bestands versperrt ist, werden die Zoos zur Verstärkung ihrer Bemühungen und zur Verbesserung ihrer Zusammenarbeit auf dem Gebiet der Gefangenschaft gezwungen sein. [...]

Auswildern von in Gefangenschaft geborenen Pandas

[...] Endziel der Gefangenschaftszucht von Pandas sollte die Bereitstellung von Tieren sein, die zur Verstärkung und Auffrischung von Wildpopulationen verwendet werden können, damit diese Populationen in der Lage sind, sich wieder über früher bewohntes oder frisch rehabilitiertes Gebiet zu verbreiten oder sich von drastischen Bestandseinbußen im Gefolge von Bambus-Massenblüte-Ereignissen zu erholen, oder damit die genetische Vielfalt der Wildpopulationen gestärkt wird. Geeignete Methoden, dieses Ziel zu erreichen, müssen entwickelt werden. Bislang wurden Versuche zur Auswilderung in Gefangenschaft geborener Pandas noch kaum in Angriff genommen, doch gab es bereits etliche erfolgreiche Wiedereinbürgerungen von wildgeborenen Pandas.

Alle in Gefangenschaft geborenen Pandas nehmen Bambus mühelos als Nahrung an und wissen offenbar instinktiv damit umzugehen. Da Pandas eine sehr einfache Lebensform haben und sich von einem weitverbreiteten bodenständigen Gewächs ernähren, ist es unwahrscheinlich, daß sie vor der Auswilderung noch einer sonderlich umfangreichen speziellen Schulung bedürfen. Riskant wäre es, unerfahrene junge Pandas in Gebieten auszuwildern, wo es Leoparden oder beutereißende Hunde gibt oder wo sich ein aggressiver älterer Panda niedergelassen hat, doch junge erwachsene Tiere dürften in der Lage sein, sich gegen solche Gegner allein zu behelfen.

[...] Es ist nötig, einige beherzte Entscheidungen zu treffen und in Gebieten, wo reichlich Bambus wächst und sie problemlos Nahrung finden können, einige Tiere versuchsweise auszuwildern.

Anhang 5

Auszüge aus den Grundsatzerklärungen zur Frage der Vermietung von Großen Pandas zu Ausstellungszwecken

(Drei Organisationen gaben 1988 Grundsatzerklärungen zur Frage der Vermietung von Pandas ab. Aus diesen Erklärungen gebe ich im folgenden die Passagen wieder, die dokumentieren, wie die einzelnen Organisationen die Situation beurteilten, ehe sie 1990 ein Moratorium für sämtliche Mietaktionen verfügten.)

World Wide Fund for Nature (WWF), Januar 1988

Seit etlichen Jahren werden immer häufiger Pandas zu Ausstellungszwecken an Tierparks außerhalb Chinas vermietet. Der WWF ist sich im klaren darüber, daß diese Aktionen großen Anklang bei den Besuchern finden. Die so erwirtschafteten Mittel könnten der Ex-situ-Arterhaltung in China zugute kommen.

Beim WWF wachsen jedoch die Bedenken, daß in einem integrierten Zuchtprogramm für diese Vermiet- und Mietaktionen kein Platz sein kann, da sie den Gefangenschaftspopulationen potentielle Zuchttiere entziehen. Der WWF hat dies gegenüber den zuständigen Stellen in China mehrfach zur Sprache gebracht. Es wurde der Vorschlag gemacht, das Vermieten auf Tiere zu beschränken, die entweder zu alt oder zu jung für die Fortpflanzung sind. Es ist jedoch schwierig, eine bestimmte Altersgrenze anzugeben, jenseits deren ein Panda reproduktionsuntauglich ist, und es erscheint kaum ratsam, Jungtiere, die einen Teil des zukünftigen Reproduktionspotentials der Spezies verkörpern, den mit Auslandsreisen verbundenen Risiken auszusetzen.

Deshalb richtet der WWF an zoologische Gärten außerhalb Chinas und an die chinesischen Behörden das dringende Ersuchen, das Mieten und Vermieten von Großen Pandas zu Ausstellungszwecken einzustellen, sobald die laufenden Aktionen im kanadischen Calgary sowie in Sydney und Melbourne in Australien abgeschlossen sind. Der WWF wird an weiteren Aktionen dieser Art in Zukunft nicht mehr mitarbeiten. Außerdem ersucht der WWF die chinesischen Behörden dringend, dem Einsatz von Großen Pandas in Zirkussen ein Ende zu machen.

Der Weltnaturschutzbund (IUCN [International Union for the Conservation of Nature and Natural Resources]), Februar 1988

IN DEM WISSEN, daß der Große Panda, *Ailuropoda melanoleuca*, der für die biologische Wissenschaft seit über einem Jahrhundert ein Gegenstand von großem Interesse ist, in der Volksrepublik China endemisch und dort heute eine Seltenheit ist;

UNTER DANKBARER ANERKENNUNG DER TATSACHE, daß die Regierung der Volksrepublik China große Aufmerksamkeit und beträchtliche Geldmittel auf die Erhaltung des Großen Pandas verwendet hat;

UNTER BERÜCKSICHTIGUNG DES UMSTANDS, daß der Große Panda eine den Völkern der Welt gemeinhin wohlbekannte Spezies ist und als Wappentier des WWF für die Regierungen und Völker der Welt zum Symbol des universalen Bedürfnisses nach Wildtierschutz wurde;

AUS DER EINSICHT HERAUS, daß möglicherweise weniger als 1000 dieser Tiere in Freiheit und 100 in Gefangenschaft leben und daß dies für das Überleben der Spezies bedrohlich geringe Zahlen sind;

IN DER ÜBERZEUGUNG, daß alles getan werden muß, um den Großen Panda vor der Ausrottung zu retten,

hat die Generalversammlung der *IUCN* auf ihrer vom 1. bis 10. Februar 1988 in San José/Costa Rica tagenden 17. Sitzung folgende Beschlüsse gefaßt:

1. Sie spricht der Regierung der Volksrepublik China ANERKENNUNG aus für Wildtiergesetze und -verordnungen zum Schutz des Großen Pandas sowie für die Einrichtung von Reservaten zur Erhaltung des natürlichen Lebensraums des Großen Pandas;
2. sie LEGT der Regierung der Volksrepublik China MIT NACHDRUCK NAHE, auf die weltweit wachsende Besorgnis um das Überleben des Großen Pandas mit der Inkraftsetzung eines umfassenden Erhaltungsplans für die Spezies und der schnellstmöglichen vollständigen Durchführung dieses Plans zu reagieren, und zwar unter vollem

Einsatz der wissenschaftlichen, technischen und pädagogischen Ressourcen der Institute und Universitäten der Volksrepublik China;

3. sie EMPFIEHLT IM BESONDEREN die Inkraftsetzung eines strategischen und taktischen Langzeitplans für die Erhaltung des Großen Pandas;
4. sie RUFT alle Ämter und jeden einzelnen in der Volksrepublik China zur Mitarbeit im Rahmen eines solchen Langzeit-Erhaltungsplans AUF, die im optimalen Fall unter zentraler Leitung stattfinden würde, damit durch Koordination und Kontrolle aller Einzelaktionen höchste Effektivität erzielt werden kann beim Schutz des Großen Pandas in seinem natürlichen Lebensraum, beim Unterbinden von Wilderei und Habitatzerstörung und bei der Realisierung der Forderung, daß alle in Gefangenschaft gehaltenen Tiere einen funktionalen Beitrag zu Erhaltung und Fortdauer der Panda-Population als Ganze leisten;
5. sie RICHTET an die Behörden der Volksrepublik China DAS DRINGENDE ERSUCHEN, dafür zu sorgen, daß aus temporär oder permanent degradierten Habitaten gerettete Pandas alsbald wieder in die Wildnis zurückgeführt werden;
6. sie ERSUCHT FERNER DARUM, daß alle Körperschaften und Institutionen, die derzeit Große Pandas halten, diese Tiere mit uneingeschränkter Kooperationsbereitschaft in ein internationales Gefangenschaftszuchtprogramm einbringen und daß alle zuständigen Regierungsämter und nachgeordneten Stellen den freien Austausch gefangener Individuen zu diesem Zweck ermöglichen;
7. sie EMPFIEHLT, daß jeder anderweitige Einsatz von Großen Pandas, der möglicherweise nicht unmittelbar im Dienst der Arterhaltung steht, insbesondere zeitweilige Ausstellungen, von geeigneten Behörden und Wissenschaftlern der Volksrepublik China in Abstimmung mit internationalen Naturschutzgruppierungen und den Zooverbänden verschiedener Länder auf ihre Auswirkungen hin untersucht werden und daß, solange die damit zusammenhängenden Fragen nicht geklärt sind, weitere Verleihaktionen nur nach sorgfältiger Prüfung bewilligt werden;
8. sie EMPFIEHLT, daß Wissenschaftler und Regierungsbehörden der Volksrepublik China im besonderen den Vorschlag bedenken mögen, daß Ausstellungen von Großen Pandas nur noch in Verbindung und bei vollständiger Verträglichkeit mit einem internationa-

len Zuchtprogramm für die Spezies statthaft sein und auf den volkspädagogischen Zweck, die Allgemeinheit über die Biologie und die Fragen der Arterhaltung des Großen Pandas zu informieren, ausgerichtet sein sollen; und daß alle speziell aus solchen Ausstellungen erzielten Erlöse ausschließlich für die Finanzierung bestimmter Teile des Erhaltungsplans für die Spezies verwendet werden und daß über den zweckgebundenen Einsatz dieser Mittel Rechnung gelegt wird;

sie ZOLLT ANERKENNUNG UND BEIFALL dem WWF, der Wildlife Conservation International / New York Zoological Society, der Zoological Society of London und anderen für ihre Bemühungen, Kollegen und offiziellen Stellen in der Volksrepublik China durch Bereitstellung von Know-how und finanzielle Unterstützung bei der Arterhaltung des Großen Pandas zu helfen; und

10. sie SAGT ZU, verantwortungsbewußten Regierungsstellen in der Volksrepublik China gemeinsam mit ihren Mitgliedorganisationen und dem WWF im Rahmen der verfügbaren Mittel Hilfe zu leisten bei der Entwicklung und Realisierung eines umfassenden Erhaltungsplans für den Großen Panda, unter anderem bei Planung und Durchführung der erforderlichen Forschungsarbeiten, beim Management von Tierparks und Reservaten, bei der Schaffung und Führung eines internationalen Herdbuchs und bei der Entwicklung volkspädagogischer Projekte.

American Association of Zoological Parks and Aquariums (AAZPA), Februar 1988

Bei dem anhaltenden starken Interesse an kurzzeitigen Mietaktionen ist es wichtig, daß AAZPA-Mitglieder, die sich um ein Miettier bewerben, dabei an allererster Stelle das Wohl des Großen Pandas im Auge haben. [...]

Das Kurzzeitmietprogramm

Wir müssen sicherstellen, daß Kurzzeitmietaktionen nicht der Zukunft des Pandas schaden, indem sie möglichen Gefangenschaftszuchtprogrammen in China Pandas entziehen oder deren Rückführung in die freie Natur verhindern oder bewirken, daß Pandas aus der Wildnis genommen werden.

Verträge zwischen Zoos und chinesischen Partnern werden im Einvernehmen darüber geschlossen, daß die von dem vertragschließenden Zoo für die Arterhaltung des Großen Pandas zur Verfügung gestellten Mittel ihre konkrete Zweckbestimmung nur durch ein von der AAZPA anerkanntes Panda-Schutzkomitee erfahren.

AAZPA-Mitglieder sollten im Rahmen von Kurzzeitmietaktionen nur physiologisch fortpflanzungsunfähige erwachsene Individiuen akzeptieren, vorzugsweise erwachsene Männchen und vorzugsweise in Gefangenschaft geborene Tiere.

Ein Transfer von Tieren sollte möglichst selten und möglichst schnell erfolgen.

Große Pandas müssen auf dem Transport von Personal begleitet werden, das jederzeit in der Lage ist, den Tieren sachverständige Pflege zukommen zu lassen.

Bereits vor dem Eintreffen der Tiere müssen geeignete Unterbringungsmöglichkeiten verfügbar sein.

Ausgewählte Literaturhinweise

Bücher

Die folgenden Bücher bieten brauchbare Hintergrundinformationen über Pandas und ihr Wohngebiet.

Catton, Chris: *Pandas.* New York: Facts on File 1990. – Ein ausgezeichneter Überblick von einem Autor, der seine Hausaufgaben gemacht hat, und zwar sowohl im Freiland als auch beim Studium der wissenschaftlichen Literatur.

David, Armand: *Abbé David's Diary.* Ins Engl. übers. u. hrsg. von Helen Fox. Cambridge: Harvard University Press 1949. – Reisetagebuch 1866–1869 des Panda-Entdeckers, ins Englische übersetzt und gekürzt.

Harkness, Ruth: *The Lady and the Panda.* London: Nicholson and Watson 1938. – Die Geschichte von Su-Lin, dem ersten Panda, der in den Westen gelangte.

MacClintock, Dorcas: *Red Pandas: A Natural History.* New York: Scribner's 1988. – Ein ausgezeichnetes Resümee des Faktenwissens über die Spezies.

Morris, Ramona, und Desmond Morris: *Men and Pandas.* New York: McGraw-Hill 1966 (Neuausgabe, überarbeitet von J. Barzdo, unter dem Titel *The Giant Panda* 1981). – Ein hervorragendes Resümee der Biologie des Pandas und der Begegnungen von Westlern mit dem Tier 1869–1960.

Roosevelt, Theodore, und Kermit Roosevelt: *Trailing the Giant Panda.* New York: Scribner's 1929. – Bericht über die erste erfolgreiche Panda-Jagdexpedition von Westlern.

Schaller, George, Hu Jinchu, Pan Wenshi und Zhu Jing: *The Giant Pandas of Wolong.* Chicago: University of Chicago Press 1985. – Forschungsbericht über die Anfangsjahre des Panda-Projekts.

Sheldon, William: *The Wilderness Home of the Giant Panda.* Amherst: University of Massachusetts Press 1975. – Bericht über die Sage-Expedition von 1934, bei der ein Panda erlegt wurde.

Smil, Vaclav: *The Bad Earth.* Armonk, N.Y.: M.E. Sharpe 1984. – Ein Protokoll der Umweltzerstörung in China.

Tang Xiyang: *Living Treasures: An Odyssey through China's Extraordinary Nature Reserves.* New York: Bantam Books 1987. – Kurzdarstellungen einer Reihe von Chinas schönsten Naturreservaten, u. a. Wolongs, mit zahlreichen Farbfotos.

Wilson, E. H.: *A Naturalist in Western China.* London: Cadogan Books 1986. – Nachdruck der Erstausgabe von 1913; Schlüsselwerk über das Reisen, die Menschen und die Natur im Pandaland zu Anfang dieses Jahrhunderts.

Zeitschriftenartikel

Das Panda-Projekt lieferte Stoff für zahlreiche populär- und fachwissenschaftliche Zeitschriftenartikel, die den Inhalt des vorliegenden Buches mit zusätzlichen Informationen und Fotografien ergänzen. Im nachfolgenden eine Auswahl von Artikeln aus den Jahren 1981–1991.

Populärwissenschaftliche Artikel

Johnson, Kenneth, und Jenny F. Johnson: Mystery of the Other Panda. In: *International Wildlife* (1990). 20(6):30–33.

Machlis, Gary, und Kenneth Johnson: China: Panda Outposts. In: *National Parks* (1987). 61(9–10):14–16.

Reid, Donald: Some Pandas Are Red. In: *Dinny's Digest* (Calgary Zoo: Frühjahr 1988). 3–11.

Schaller, George: Pandas in the Wild. In: *National Geographic* (1981). 160(6):735–749.

Ders.: Zhen-Zhen, Rare Treasure of Sichuan. In: *Animal Kingdom* (1982). 85(6):5–14.

Ders.: Chinas Golden Treasure [Goldstumpfnasenaffen]. In: *International Wildlife* (1985). 15(1):29–31.

Ders.: A Face Like a Bee-Stung Moose [Takin]. In: Ebd. (1986). 16(6):36–39.

Ders.: Secrets of the Wild Panda. In: *National Geographic* (1986). 169(3):294–309.

Ders.: Notes of a Professional Panda Watcher. In: *Animal Kingdom* (1987). 90(4):20–25.

Ders.: Towards the Dark Abyss of Extinction. In: *World Magazine* (Juli 1988). 23–28

Fachwissenschaftliche Artikel

Campbell, Julian, und Qin Zhisheng: Interaction of Giant Pandas, Bamboos, and People. In: *Journal of the American Bamboo Society* (1983). 4:1–35.

De Wolf, Robert, Roland Gossens, John McKinnon und Wu Shen Cai: Remote Sensing for Wildlife Management: Giant Panda Habitat Mapping from LANDSAT MSS IMAGES. In: *Geocarto International* (1988). 1:41–49.

Johnson, Kenneth, George Schaller und Hu Jinchu: Responses of Giant Pandas to a Bamboo Die-Off. In: *National Geographic Research* (1988). 4:161–177.

Dies.: Comparative Behavior of Red and Giant Pandas in the Wolong Reserve, China. In: *Journal of Mammalogy* (1988). 69:552–564.

Reid, Donald, Hu Jinchu, Dong Sai, Wang Wei und Huang Yan: Giant Panda *Ailuropoda melanoleuca* Behavior and Carrying Capacity Following a Bamboo Die-Off. In: *Biological Conservation* (1989). 49:85–104.

Reid, Donald, und Hu Jinchu: Giant Panda Selection between *Bashania fangiana* Bamboo Habitats in Wolong Reserve, Sichuan, China. In: *Journal of Applied Ecology* (1991). 28:228–243.

Reid, Donald, Hu Jinchu und Huang Yan: Ecology of the Red Panda *Ailurus fulgens* in the Wolong Reserve, China. In: *Journal of Zoology* (1991). 225:347–364.

Reid, Donald, Jiang Mindao, Teng Qitao, Qin Zhisheng und Hu Jinchu: Ecology of Asiatic Black Bears *(Ursus tibetanus)* in Sichuan, China. In: *Mammalia* (1991). 55:221–237.

Reid, Donald, Alan Taylor, Hu Jinchu und Qin Zhisheng: Environmental Influences on Bamboo *Bashania fangiana* Growth and Implications for Giant Panda Conservation. In: *Journal of Applied Ecology* (1991). 28:855–868.

Schaller, George, Teng Qitao, Pan Wenshi, Qin Zhisheng, Wang Xiaoming, Hu Jinchu und Shen Heming: Feeding Behavior of Sichuan Takin *(Budorcas taxicolor)*. In: *Mammalia* (1986).

Schaller, George, Ten Qitao, Kenneth Johnson, Wang Xiaoming, Shen Heming und Hu Jinchu: The Feeding Ecology of Giant Panda and Asiatic Black Bear in the Tangjiahe Reserve, China. In: *Carnivore Behavior, Ecology, and Evolution*, hrsg. von John Gittleman. Ithaca: Cornell University Press 1989, S. 212–241.

Taylor, Alan, und Qin Zhisheng: Regeneration Patterns in Old-Growth *Abies-Betula* Forests in the Wolong Natural Reserve, Sichuan, China. In: *Journal of Ecology* (1988). 76 : 1204–1218.

Dies.: Tree Replacement Patterns in Subalpine *Abies-Betula* Forests, Wolong Natural Reserve, China. In: *Vegetatio* (1988). 78 : 141–149.

Dies.: Regeneration from Seed of *Sinarundinaria fangiana*, a Bamboo, in the Wolong Giant Panda Reserve, Sichuan, China. In: *American Journal of Botany* (1988). 75 : 1065–1073.

Dies.: Structure and Composition of Selectively Cut and Uncut *Abies-Tsuga* Forest in Wolong Natural Reserve and Implications for Panda Conservation. In: *Biological Conservation* (1989). 47 : 83–108.

Taylor, Alan, Donald Reid, Qin Zhisheng und Hu Jinchu: Spatial Patterns and Environmental Associates of Bamboo *(Bashania fangiana Yi)* after Mass-Flowering in Southwestern China. In: *Bulletin of the Torrey Botanical Club* (1991). 118 : 247–254.

Taylor, Alan, Donald Reid und Qin Zhisheng: Bamboo Dieback: An Opportunity to Restore Panda Habitat. In: *Environmental Conservation* (1991). 18 : 166–168.

Nachwort zur deutschen Ausgabe

Das Manuskript der Originalausgabe von *Der letzte Panda* ging im Spätjahr 1992 in Satz; seitdem ist die Panda-Saga mit der gewohnten Mischung von hochherzigen Anstrengungen und krasser Gleichgültigkeit für das Wohlergehen des Tiers weitergegangen. Das «Rent-a-Panda»-Programm in seiner herkömmlichen Form nahm 1992 ein Ende. Ein internationales Moratorium für derlei Vermiet- und Mietaktionen war in Kraft; der Zoo von Columbus war wegen Verletzung dieses Moratoriums durch die Einfuhr eines Pandapärchens zeitweilig von der Mitgliedschaft in der American Association of Zoological Parks and Aquariums (AAZPA, heute: AZA) suspendiert worden; und der U. S. Fish and Wildlife Service (FWS) hatte die Erteilung von Einfuhrgenehmigungen bis zu dem Zeitpunkt ausgesetzt, an dem das Ergebnis einer erneuten internen Überprüfung seiner Importrichtlinien für Pandas vorliegen würde. Ich nahm an, daß die Zoogemeinde fortan mit einem gemeinsamen Konzept auftreten und mit *einer* Stimme sprechen würde, um in Zusammenarbeit mit China eine integrierte Erhaltungsstrategie für wildlebende und in Gefangenschaft lebende Pandas zu entwickeln. Von solchen Illusionen und derartiger Naivität hätte ich eigentlich längst kuriert sein sollen. Aber die Hoffnung stirbt eben nie.

Ungeachtet des Moratoriums und der Suspendierung des Zoos von Columbus trat der Zoo von San Diego mit China in Geheimverhandlungen über ein Pandapärchen ein. Es war eine veränderte Neuauflage des «Rent-a-Panda»-Programms, daß man in San Diego jetzt Tiere für drei Jahre zu Zuchtzwecken mieten wollte und die Hoffnung äußerte, das Pärchen würde während seines Aufenthalts ein Junges produzieren. In Anbetracht der prekären Zukunft der Pandas, so hieß es von seiten des Zoos, brauche man dieses Pärchen, um etwas für die Rettung der Spezies tun zu können. Über die Frage nach der Substanz einer moralischen Haltung, die sich in einer profitträchtigen Unternehmung zu artikulieren gedenkt, könnte man nun freilich eine interessante Diskussion führen. Als man in San Diego Ende der achtziger Jahre zum erstenmal Pandas ausstellte, hatte der Zoo in bestimmten Monaten einen Besucherandrang zu verzeichnen, wie es ihn in seiner ganzen Geschichte noch nie gegeben hatte. Ein Pandababy würde ihm ein Vermögen einbringen. China stimmte dem Mietgeschäft gegen eine verhältnismäßig niedrige Gebühr von einer Million Dollar pro Jahr zu; sollte ein Junges zur Welt kommen, würde China eine zusätzliche Gebühr von einhunderttausend Dollar pro Monat erhalten, die jedoch insgesamt den Betrag von sechshunderttausend Dollar nicht übersteigen sollte. Im Zoo von San Diego war die Zuversicht, daß man das Moratorium würde umgehen und dem FWS eine Einfuhrbewilligung abnötigen können, so groß, daß man auf der Stelle mit dem Bau eines Schaugeheges und eines Andenkenladens – einem Millionenprojekt – begann. Als Termin für das Eintreffen der Pandas hatte man den Juni 1993 in Aussicht genommen.

In San Diego wollte man wildgefangene Pandas haben, obwohl nach den einschlägigen AZA- und FWS-Richtlinien (die verhindern sollten, daß aufgrund der Nachfrage von Zoos noch mehr Pandas eingefangen würden) für solche Mietaktionen nur in Gefangenschaft geborene Tiere in Frage kamen. China fügte sich dem ungewöhnlichen Wunsch aus San Diego. Der Zoo von Chengdu, eine der an dem Mietgeschäft beteiligten chinesischen Institutionen, ließ den Zoo von San Diego mit Schreiben vom 16. Januar 1992 wissen, daß «die Rettung der wilden Pandas die Hauptsorge des Zoos sein wird». «Rettung» ist in diesen Kreisen seit langem als Euphemismus für «Fang» in Gebrauch. Und wie der Zufall so spielt: Zwei Monate nach der Abfassung des Schreibens wurden zwei wildlebende Pandas «gerettet» – einer von ihnen allem Anschein nach ein krankes Tier –, die für die Verschickung nach San Diego bestimmt werden konnten. Und noch ein Zufall: Bei den «geretteten» Tieren handelte es sich um ein Männchen und ein Weibchen.

Viel zu lange war die Reaktion auf das Panda-Mietprogramm krasse Gleichgültigkeit gewesen, hatten die meisten es einfach ignoriert oder nur halbherzig gegen die Ausbeutung der Tiere protestiert. Doch die Geschäftstüchtigkeit des Zoos von San Diego erregte in der Naturschützergemeinde Aufsehen. Auch in anderen Tiergärten begann man sich die Finger nach Pandas zu lecken. Die Busch Gardens in Tampa, Florida, schlossen mit China einen Vorvertrag über ein Zuchtpärchen, das ihnen für dreizehn Millionen Dollar zehn Jahre lang zur Verfügung stehen sollte; aber immerhin war dieser Zoo bereit, die Aktion noch eine Weile aufzuschieben. Und im Mai 1993 schloß der Abenteuerwelt-Zoo in Japan einen Zehn-Millionen-Dollar-Mietvertrag mit zehnjähriger Laufzeit für ein Zuchtpärchen ab.

Daß zoologische Gärten Individuen bedrohter Arten zur Steigerung der Fortpflanzungsrate untereinander langfristig austauschen, ist eine gängige Praxis. Wenn solche Transaktionen im Rahmen eines koordinierten Zuchtprogramms stattfinden, können sie der jeweiligen Art beträchtlichen Nutzen bringen. Am 19. Januar nahm ich an einer Sitzung der «Aktionsgruppe Großer Panda» der AZA teil, die sich die Erarbeitung just eines solchen Programms für den Panda vorgenommen hatte. Leitziel aller einschlägigen Planungen würde «das langfristige Überleben der Großen Pandas in freier Natur» sein müssen. Es bestand Einmütigkeit darüber, daß die wildlebende Pandas und die in Gefangenschaft lebende Pandas betreffenden Anstrengungen voll integriert sein müßten und daß es einer engen Zusammenarbeit zwischen China und Institutionen außerhalb Chinas bedürfe.

Unter der Voraussetzung, daß aus anderen Ländern je nach Bedarf Know-how und technisches Gerät zur Verfügung gestellt wird, könnte ein Zuchtprogramm natürlich auch vollständig in China abgewickelt werden. Schließlich besitzt China genug und übergenug Zuchtstationen, in denen heute alles in allem mehr als hundert Pandas untergebracht sind. Chinas Zuchtprogramm, einst eine reichlich zufallsgesteuerte Angelegenheit, hat sich in den letzten Jahren stark verbessert. Im Jahre 1992 – dem Jahr mit der bisher besten Erfolgsbilanz – kamen dreizehn Junge zur Welt, von denen elf am Leben blieben; 1993 dagegen beliefen sich die Geburten auf ganze drei. In der Zuchtstation Wolong, wo jahrelang praktisch nur Fehlschläge produziert wurden, kamen 1991–1993 sechs Junge zur Welt, und drei davon blieben am Leben. Überdies kamen auch zoologische Gärten zu Erfolgen bei der künstlichen Aufzucht der Zweitgeborenen von Zwillingswürfen, die normalerweise von der Mutter vernachlässigt werden und eingehen. In Wolong, Beijing und Chengdu brachte man solche Pfleglinge heil über die kritischen ersten Monate hinweg. Wenn es mit den Zuchterfolgen so weitergeht, könnte die Gefangenschaftspopulation bald Geburtenüberschüsse produzieren, aus denen späterhin Miettiere rekrutiert werden könnten und Neubürger zur Wiederbesiedelung der Wildnis rekrutiert werden müßten. Die Steigerung der Fortpflanzungsrate ist dringend notwendig, weil viele der heute erfolgreichen Zuchttiere sich dem Alter der Fortpflanzungsunfähigkeit nähern.

1989 veröffentlichten der WWF und das chinesische Forstwirtschaftsministerium eine Erhaltungsstrategie für den Panda. Nach mancherlei Hin und Her kam im April 1993 aus den Mühlen der chinesischen Regierungsbürokratie die Endfassung des Plans ans Licht. China stellte im

Staatshaushalt zehn Millionen Dollar für den Zehnjahresplan bereit und bemühte sich um die Beschaffung von weiteren vierundsechzig Millionen Dollar aus Quellen außerhalb des Landes. Meines Erachtens ist der wichtigste Rechtfertigungsgrund für das Vermieten von Pandas zu Zuchtzwecken, daß man damit die Mittel zur Finanzierung dieses Erhaltungsplans zusammenbringt. Sechs Pandapärchen würden, für zehn Jahre außer Landes vermietet, alle benötigten Millionen einbringen. Und würde die Jahresmiete nicht eine Million, sondern zwei Millionen Dollar betragen – in Anbetracht der Tatsache, daß Pandas für einen Zoo zur veritablen Goldgrube werden können, immer noch eine bescheidene Summe –, müßten nicht sechs, sondern bloß drei Pärchen für ein Jahrzehnt aus China emigrieren. Ein Problem bei der Sache ist, daß China, soweit bekannt wurde, seine Einnahmen aus der Panda-Vermietung keiner sonderlich vernünftigen Verwendung zugeführt hat.

Die AZA griff diese Frage in einem Aktionsplan zur Erhaltung des Pandas auf, den Sydney Butler, der geschäftsführende Direktor der AZA, am 16. April 1993 auf einer Pressekonferenz in Washington, D. C., der Öffentlichkeit vorstellte. Ich nahm an der Veranstaltung teil. Die AZA regte an, die Stelle eines hauptamtlichen Koordinators zu schaffen, der die Unternehmungen von zoologischen Gärten, Tierschutzorganisationen und Regierungsbehörden aufeinander abzustimmen hätte. Eine wichtige Aufgabe dieses Koordinators wäre es, bei der Entwicklung von gemeinsam mit China zu realisierenden Naturschutzprojekten mitzuwirken und deren Ausführung zu überwachen, um sicherzustellen, daß die Mittel aus der Panda-Vermietung auch tatsächlich zum Nutzen der Pandas verwendet würden. Zu diesem Punkt meinte Devra Kleiman vom National Zoo gegenüber Lena Sun, der Reporterin der *Washington Post*: «Die nordamerikanische Zoogemeinde wird aller Wahrscheinlichkeit nach auch nicht die kleinste Summe herausrücken, solange wir nicht die hinreichende Gewähr dafür haben, daß irgendein Mechanismus für einen einheitlichen Entscheidungsfindungsprozeß, die Verpflichtung zur Rechenschaftsablegung über die Verwendung von Geldern und ein wissenschaftliches Management der Gefangenschaftspopulation existieren.» Und, so könnte man hinzufügen, nicht nur der Gefangenenpopulation, sondern auch der Wildpopulation. Des weiteren sollten nach dem Willen der AZA alle Unternehmungen nordamerikanischer Zoos, in die Pandas involviert waren, der Zustimmung des Verbands unterliegen und von ihm koordiniert werden. Der Plan war ein Schritt in die richtige

Richtung, und in der Tat wurde der vorgeschlagene hauptamtliche Koordinator schon bald ernannt.

Aber ein wirklich ausführbarer Plan setzt das Mitmachen auch des Weltnaturschutzbunds (IUCN), des WWF, des FWS, der Konvention über den Internationalen Handel mit gefährdeten Arten (CITES) und verschiedener chinesischer Institutionen voraus, die, was Aktivitäten zum Wohl des Pandas betrifft, allesamt ihre eigenen Grundsätze und Programme haben. Der AZA-Plan enthielt außerdem ein Detail, das mich höchlich verwunderte: Er billigte die Einfuhr von wildgefangenen Pandas. Damit geriet die AZA in Konflikt mit CITES- und FWS-Bestimmungen und stellte ihre eigenen früheren Prinzipien auf den Kopf – so als ob sie dem Zoo von San Diego entgegenkommen und seinem Vorhaben ihren Segen erteilen wollte.

In San Diego hatte man für Juni mit den beiden Pandas gerechnet. Der Juni kam, und der Juni verstrich, aber das kostspielige Panda-Schaugehege blieb leer. Gegen den Antrag auf Einfuhrbewilligung, den der Zoo beim FWS gestellt hatte, wurden von verschiedenen Seiten, nicht zuletzt vom WWF, energische Einwände erhoben; Begründung: Es handelte sich um wildgefangene Tiere, die Aktion stand nicht im Zusammenhang eines integrierten Zuchtprogramms, und es bestand keine Verpflichtung zur Rechenschaftsablegung über die Verwendung der erlösten Gelder. Die Reagan-Bush-Ära der ökologischen Laxheit war vorbei. In Bruce Babbitt hatte das Land erstmals seit zwölf Jahren einen Innenminister, der sich in Naturschutzfragen auskannte und sie ernst nahm. Mit politischem Druck allein war jetzt keine Panda-Einfuhrbewilligung mehr zu beschaffen. Der FWS prüfte den Antrag aus San Diego rein nach seinem Inhalt und lehnte ihn am 21. September 1993 ab. «Verweigerte Einfuhrbewilligung verschärft bedrohliche Lage der Spezies» lautete daraufhin eine Schlagzeile der *San Diego Union-Tribune*, eines Blatts, dessen Artikel zum Thema Panda nur allzuoft den Anschein erweckten, als seien sie in der Public-Relations-Abteilung des örtlichen Zoos abgefaßt worden. Zoodirektor Douglas Myers jammerte in einem Interview: «Wenn es bei der Entscheidung bleibt, dann haben die Pandas wahrhaftig keine Chance.» Und Jeff Jouett, ein Sprecher des Zoos, erklärte: «In Sachen Panda geben wir nicht auf. Wir werden uns mit allen erdenklichen Mitteln zur Wehr setzen.» Und das tat der Zoo denn auch mit grotesker Verbohrtheit. Bei einem der für San Diego ausersehenen Pandas hatte sich an der Schulter eine faustgroße Geschwulst gebildet. Der Zoo stellte beim FWS den Antrag auf eine notfallbedingte Ausnahmegenehmigung, das Tier zwecks ärztlicher Behandlung den ganzen weiten Weg von China bis nach Kalifornien transportieren zu dürfen. Der FWS reagierte am 20. Dezember mit der öffentlichen Erklärung, daß er bis zur internen Festlegung neuer Leitlinien für die Behandlung von Pandas keine Einfuhranträge mehr bearbeiten wird. «Das Timing könnte gar nicht besser sein», meinte Sydney Butler von der AZA gegenüber einem Reporter.

Immerhin schärften diese erbärmlichen Histörchen das öffentliche Bewußtsein für die Misere der Pandas. So zum Beispiel brachte die Fernsehgesellschaft ABC in ihrer Sendung *Day One* einen ausgezeichneten Beitrag über das Panda-Mietgeschäft. Als die Präsidentin des Stadtverwaltungsvorstands von San Francisco, Angela Alioto, in China nach einem Mietpanda anfragte, gab ihr der *San Francisco Examiner* den Rat, sie solle sich «lieber an Plüschpandas halten. [...] Tierschutz – ja. Showgeschäft (und Politik) – nein.»

Am 20. November 1993 legte das Pandaschutz-Komitee der AZA seinen Aktionsplan in einer Neufassung vor, die darauf abzielte, dreißig bis fünfzig Millionen Dollar Hilfsgelder für China zu beschaffen. In dem Plan heißt es an einer Stelle: «Wir werden uns bemühen, im Rahmen langfristiger Mietaktionen zu Zuchtzwecken bis zu 17 Tiere in die USA zu bringen, davon acht in Gefangenschaft geboren, neun wildgeboren und jetzt in Gefangenschaft lebend. [...] Das Zuchtvorhaben und der mit ihm verbundene geballte Einsatz der Ressourcen und Erfahrungen von AZA-Mitgliedsinstitutionen werden sich auf Tiere konzentrieren, die in China bisher noch keine Zuchterfolge produzierten. [...] Wir müssen außerdem sicherstellen, daß einnahmeträchtige Mietaktionen nicht zur Entnahme weiterer Pandas aus der Wildnis animieren. Deshalb werden zu dem Vorhaben keine Tiere zugelassen, die nach März 1993 gefangen wurden.» Dem Zoo von San Diego und den Busch Gardens räumte die AZA insofern eine Sonderstellung ein, als sie unter den interessierten Tiergärten die ersten sein werden, die im Rahmen des neuen Programms Pandas erhalten.

Wenn Nordamerika bis zu siebzehn erwachsene Pandas aus China abzieht und Pandapärchen auch in andere Länder verschickt werden, ist dann China überhaupt noch in der Lage, ein eigenes funktionierendes Zuchtprogramm zu realisieren? Ich habe die Sorge, daß zuletzt noch mehr Pandas aus der Wildnis genommen werden. Schon aus der Vermietung von wenigen Pärchen könnten, wie gesagt, die Dollarmillionen erlöst werden, um deren Beschaffung es China zu tun ist. Und wenn die

Tiergärten sämtliche Profite, die sie mit Pandas machen, für Zwecke des Naturschutzes spendeten, könnten die Mittel nicht nur den Pandas, sondern vielen gefährdeten Arten und ihren Habitaten in China zugute kommen. Es verdient hier nochmals klargestellt zu werden, daß Panda-Mietaktionen, und seien sie mit noch soviel hochtönender Naturschutzrhetorik untermalt, unmittelbar gegen CITES- und FWS-Bestimmungen verstoßende kommerzielle Unternehmungen sind, wenn der beteiligte Zoo finanziellen Profit aus der Sache zieht. Wie sagte doch Lisa Stevens vom National Zoo zu der Associated-Press-Reporterin Brigitte Greenberg: «Ich denke, das Eigeninteresse der einzelnen Zoos muß hier zurückstehen [...] zugunsten des Wohls der Spezies im ganzen.»

Die berichteten Vorgänge sind nur einige der Windungen und Verschlingungen in der amerikanischen Panda-Politik der vergangenen zwei Jahre, einer Periode der nicht abreißen wollenden Memoranden und Konferenzen, des Fortschritts ohne ersichtlichen Wandel. Doch inmitten von Rivalitäten, Habgier und Kompromissen sind engagierte einzelne dabei, eine akzeptable Panda-Politik zu gestalten.

Unterdessen hat China beim Pandaschutz beachtliche Fortschritte gemacht. Chinesische Funktionäre wirken vielleicht zuerst reserviert und abweisend, wenn man sie mit fremdländischen Ideen bedrängt, aber ich habe festgestellt, daß sie solche Ideen immer prüfen und sie sich, wo dies möglich ist, auch zu eigen machen, zumal dann, wenn ein pragmatischer Vorschlag mit ihrer Auffassung vom moralisch Richtigen harmoniert. Anfangs ging der Fortschritt beim Pandaschutz so langsam vonstatten, daß ich von blanker Verzweiflung gepackt war, aber einige Maßnahmen der chinesischen Regierung aus jüngster Zeit berechtigen zur Hoffnung für die Zukunft des Pandas. Von vierzehn geplanten neuen Panda-Reservaten sind mehrere bereits eingerichtet, und die übrigen werden es bald sein. Am Ende werden fünfundneunzig Prozent der Pandas in Schutzgebieten leben. In Wolong sind jetzt vierzig Forstaufseher stationiert, die zur Bekämpfung der Wilderei durch das Reservat patrouillieren. Dieses Programm muß auf alle Wälder, in denen Pandas leben, ausgedehnt werden, damit der lukrative Fellhandel zum Erliegen kommt. In gemeinsamer Arbeit verfaßten Zhao Qingguo, Fan Zhiyong, Jonathan Gipps und Devra Kleiman ein internationales Herdbuch, das 1992 veröffentlicht wurde. Es verzeichnet Fangort, Geburts- und (gegebenenfalls) Todesdatum, Zuchterfolge sowie andere relevante Informationen über Panda-Individuen und ist damit ein wichtiges Hilfsmittel bei der Verbesserung des Managements der Gefangenschaftspopulation.

Im September 1993 fand in Chengdu ein Internationales Panda-Festival statt, eine Kombination von Naturschützerkonferenz und Messe. Zufällig kam ich um diese Zeit auf dem Weg nach Tibet durch die Stadt. Girlanden von Wimpeln mit Panda-Emblemen schmückten die Straßen, und auf Spruchbändern waren Slogans zu lesen wie: «Fünf Milliarden Menschen lieben die 1000 Großen Pandas, die sich mit ihnen die Erde teilen.» Ich begegnete alten Freunden wie Bi Fengzhou, Pan Wenshi und Lü Zhi, nahm jedoch nicht an der Konferenz teil. Etwa hundert Teilnehmer aus elf Ländern waren gekommen, darunter auch Delegierte des amerikanischen und des japanischen Zooverbands. Gastgeber waren der Chinesische Verband der Zoologischen Gärten und der Chinesische Wildtierschutzverband, zwei Organisationen, denen die Zusammenarbeit gewöhnlich genauso schwerfällt wie manchen Zoos in den USA. Auf der Konferenz wurden alle Aspekte des Pandaschutzes thematisiert. Nach Abschluß der Tagung schickten neunundzwanzig Teilnehmer aus verschiedenen Ländern einen gemeinsamen Brief an Ministerpräsident Li Peng. In dem Schreiben wurde darauf hingewiesen, daß «der Lebensraum des Pandas im Laufe der letzten zehn Jahre um 50 Prozent geschrumpft ist. [...] Die größte Bedrohung der Wildpopulation geht heute von der Holznutzung in von Großen Pandas bewohnten Habitaten aus. [...] Wir würden uns freuen zu hören, daß die Holznutzung in Panda-Reservaten so bald wie möglich eingestellt oder drastisch reduziert wird. Wir verkennen nicht, daß Konflikte zwischen Naturschutz- und Partikularinteressen auftreten können (wie dies auch in entwickelten und Entwicklungsländern außerhalb Chinas der Fall ist), doch wir sind der Überzeugung, daß die chinesische Regierung mit diesem weithin sichtbaren wichtigen Schritt der ganzen Welt ein nachahmenswertes Beispiel geben würde.» Im November erfolgte von seiten der chinesischen Regierung eine entgegenkommende Reaktion auf den Brief: Das Forstwirtschaftsministerium erhielt die Anweisung, im Laufe der nächsten drei, vier Jahre Einschlag und Weiterverarbeitung von Holz in krisenbedrohten Panda-Gebieten zu stoppen und bei der Aussiedlung der Bewohner solcher Gebiete mitzuhelfen. Zum Teil wurde der Holzeinschlag sogar schon innerhalb weniger Monate gestoppt.

Fan Zhiyong vom Forstwirtschaftsministerium faßte den Geist der

Konferenz in Worte, als er sagte: «Laßt uns gemeinsam unseren Großen Panda retten.»

Im Dezember 1992 ging ich zum erstenmal seit acht Jahren wieder durch einen Pandawald. Pan Wenshi und Lü Zhi hatten mich auf ihr Studiengelände im Qinling-Gebirge in der Provinz Gansu eingeladen, wo sie seit 1985 Pandas beobachteten. Ihr Camp befand sich in dem knapp zweihundert Quadratkilometer großen Chang-Qing-Wald-Reservat – zerklüftetem Bergland, das mich an unser Forschungsareal in Tangjiahe erinnerte. Am Morgen des 11. Dezember war die Luft frisch und klar, als wir am Ufer eines Gebirgsbachs entlang ein schmales Tal hinaufzogen. Bambus und Buschwerk bedeckten die abgeholzten Hänge, doch weiter oben, über dunklen Felswänden, waren mit Eichen, Schierlingstannen und Fichten bewachsene Bergrücken zu sehen. Irgendwo vor uns befand sich Jiao-Jiao, die «Zweimal Schöne», ein Weibchen mit Funkhalsband, das am 13. oder 14. August ein Junges geworfen hatte. Jiao-Jiao hatte ihr Baby am 13. November aus der Mutterschaftshöhle geholt und versteckte es jetzt mal in dieser, mal in jener Schlucht. Lü Zhi war gerade aus den USA zurückgekehrt, wo sie in Stephen O'Briens Labor am National Cancer Institute die Panda-DNA studiert hatte, um sich Einblick in die genetische Vielfalt innerhalb der Spezies zu verschaffen. Sie hatte das Pandajunge seit September nicht mehr gesehen und hastete jetzt von Neugier getrieben den Pfad hinauf.

Xiang Dingqian, ein einheimischer Helfer, war schon einige Zeit vor uns aufgebrochen, um Jiao-Jiao mit dem Funkpeilgerät zu orten. Nach einstündigem Fußmarsch kamen wir zu der Stelle, wo er auf uns wartete. Die Pandas hielten sich direkt vor uns in einem dichten Bambusdikkicht auf. Während wir uns leise näher pirschten, flüsterte Lü Zhi mir zu: «Wenn sie angreift, brauchen Sie ihr nur ‹Jiao-Jiao› zuzurufen.» Eingedenk des Unmuts, den Zhen-Zhen bekundet hatte, als sie mich in der Nähe ihres Jungen antraf, sah ich mich vorsichtshalber schon einmal nach einem leicht zu erreichenden Baum um. Aber Jiao-Jiao hatte sich in den Bambus verdrückt, und nur ihr Funksignal verriet, daß sie irgendwo in der Nähe lautlos herumstrich.

Das Junge, ein Weibchen, steckte in einer natürlichen Bambuslaube am Fuß eines Baums. In ungefähr anderthalb Meter Abstand von der Kleinen hockten wir uns nieder. Mit ihren vier Monaten war sie, auf ihren gebogenen Beinen stehend, gerade mal so groß wie eine gutgenährte Katze. Unsere Aufdringlichkeit quittierte sie mit Ungehaltenheit. Sie ließ ein schrilles Bellen hören und hieb angriffslustig mit einer Tatze durch die Luft, um anschließend ein paar kindliche Grein- und Maunztöne von sich zu geben. Aber als ob wir ihr unversehens aus dem Sinn gekommen wären, legte sie sich plötzlich hin, rollte sich in Seitenlage mit geschlossenen Augen zusammen und schlief allem Anschein nach sofort ein. Vom Wutausbruch zum Tiefschlaf in Sekunden. Dieses Verhalten gab mir Rätsel auf, aber ich wollte den harmonischen Eindruck, der von ihrem Tun ausging, nicht durch Eintreten in die Zergliederung ihres Verhaltens zerstören.

Jahraus, jahrein
Auf dem Pandagesicht
Eine Pandamaske.

Diese freie Paraphrase von Bashôs Haiku über den Affen gibt etwas von der fortdauernden Geheimnishaftigkeit des Pandas wieder. Es war das erste Mal, daß ich in Muße ein Pandajunges in freier Natur betrachten konnte. Wir blieben lange dort hocken und taten die ganze Zeit nichts, als uns dieses magische Fellknäuel anzusehen, das da ruhig atmend in seinem Bambusschlupfwinkel lag.

Später, als wir, im Geist noch immer bei der leuchtenden Kleinen, auf dem Trampelpfad abwärts stiegen, stießen wir auf Huzi, den «Kleinen Tiger». Huzi war ein etwas über dreijähriges Pandamännchen, ein Sohn von Jiao-Jiao. Obgleich er sein Leben für sich lebte, hielt er sich noch immer im selben Gebiet wie seine Mutter auf. Nicht weit von ihm saß in den unteren Zweigen eines Baumes ein weiterer Panda, wahrscheinlich ein Weibchen. Weder Lü Zhi noch Pan Wenshi kannten es vom Sehen. Beide Pandas waren verschmutzt, als hätten sie sich im Dreck gewälzt, und Xiang Dingqian erzählte uns, daß er in der Frühe die zwei hätte miteinander kämpfen sehen.

Pan Wenshi und Lü Zhi haben Jahre gebraucht, um ihre Pandas auf individueller Ebene so gut kennenzulernen, daß sie heute in der Lage sind, Generation auf Generation beobachtend die feineren Mechanismen ihres Soziallebens zu enträtseln. Ich hege die größte Bewunderung für die Hingabe der beiden an Wissenschaft und Naturschutz. Und ich verfolge ihre Forschungsarbeit mit einem stillen Stolz. Wir alle streben nach dem Gefühl, uns etwas ganz persönlich als Verdienst anrechnen zu können, etwa eine gelungene Studie oder einen Beitrag zum Artenschutz. Aber nichts gewährt mehr Befriedigung, als aus einem fremden

Land, das man besucht hat, abzureisen in dem Bewußtsein, daß man dort ein intellektuelles Vermächtnis hinterläßt, daß man einem einheimischen Biologen die Leidenschaft zur Fortsetzung der begonnenen Arbeit eingeflößt hat. Pan Wenshi und ich begannen 1980 gemeinsam mit der Pandaforschung, und wir haben über Jahre Gedanken und Methoden geteilt, ehe er sein eigenes Forschungsprojekt in Angriff nahm. Als Biologieprofessor an der Universität Beijing hat er viele Studenten betreut, unter ihnen auch Lü Zhi, eine außerordentlich fähige und zielbewußte Freilandforscherin. Sie promovierte 1992 im Alter von siebenundzwanzig Jahren zum Doktor der Naturwissenschaften. Als Mitglied des Lehrkörpers der Universität Beijing wird sie nun ihrerseits Studenten ausbilden, so daß die Erkenntnisse und der Geist unserer ursprünglichen Zusammenarbeit auch dann noch lebendige Tradition sein werden, wenn die Erinnerung an mein kurzes Gastspiel in China bestenfalls schon lange zu einem vagen Schatten verblaßt ist.

Während ich – im April 1994 – diese Zeilen niederschreibe, streift Jiao-Jiao noch durch das Qinling-Gebirge, zusammen mit ihrer Tochter, ihrem Geschenk an die Zukunft. Die Kleine heißt Xiwang, und dieser Name bedeutet «Hoffnung».

Namenregister

Pandas

Personen

Sachregister